安衡柱 牧師의
개혁주의 조직신학 강설

개혁주의 조직신학 강설

출판일 · 2021년 11월 8일
편저자 · 박종만
펴낸이 · 안이영/맹균학
편집인 · 윤효배
펴낸곳 · 대한예수교장로회(합동한신) 총회, 도서출판 말씀과 언약
디자인 · Yoon & Lee Design

ISBN : 997-11-970601-5-1   93232

가격 : 36,000원

*잘못된 책은 교환하여 드립니다.

安衡柱 牧師의
개혁주의 조직신학 강설

박종만 편저

대한예수교장로회(합동한신) 총회
도서출판 말씀과 언약

발간사

　신학은 모든 학문의 여왕이고 그 중에 조직신학은 여왕이 쓴 면류관이라 부릅니다. 구슬이 서 말이라도 꿰어야 보배라는 속담이 있습니다. 이는 아무리 좋고 훌륭한 것이라고 해도 다듬고 정리하여 쓸모 있게 만들어 놓아야 값어치가 있다는 의미일 것입니다. 이와 같이 조직신학은 구슬을 다듬고 꿰듯이 다양한 신학의 각 분야를 체계화 하고 조직화 하여 조화를 이루게 합니다. 기독교 신앙을 수호하기 위한 변증도 하고, 때로는 교리를 제정하고 타 종교나 이념과의 논쟁을 벌이기도 합니다. 또 기독교 신앙이 옳은 이유를 설명하기도 하고 기독교에 대한 사상적 공격이나 반론에 대한 반론을 펼치기도 합니다. 교회가 속한 그 시대와의 관계 설정이나 시대정신을 정확히 이해하면서 교회가 직면한 문제와 위기를 해결하고 나아갈 방향을 제시하는 것도 조직신학의 몫이라고 할 수 있습니다. 이런 의미에서 조직신학의 위치는 신학교의 꽃이 되는 것입니다.

　고(故) 안형주 목사님께서는 평소 성경의 신적권위와 영감과 무오를 강조하셨고, 반면에 자유주의와 인본주의를 철저히 배격하고 신본주의와 개혁주의에 입각한 조직신학을 체계적으로 연구하시어 강의 하셨는데 안형주 목사님이야 말로 우리 교단의 자랑이자 위대한 조직신학자로 손색이 없음을 확신합니다. 이렇게 값지고 귀한 안형주 목사님의 조직신학이 사장(死藏) 되지 않고 후배들에 의해서 새로운 책으로 출판하게 되어 더없이 기쁘고 이렇게 귀하신 분을 곁에 모시고 신앙과 신학을 정립하여 목회를 할 수 있다는 사실에 큰 영광으로 생각합니다.

안형주 목사님의 학문적인 자질은 세계적이셨으며, 강단에서 외치시던 열정은 용광로와 불같으셨습니다. 청중들의 마음과 혼을 빼앗아 몰입시키시며 열정적으로 복음을 외치시던 모습이 주마등처럼 스치면서 지금도 기억에 생생합니다. 이 조직신학 책이 자유주의와 인본주의가 범람하고, 세속화로 급격히 무너져가는 우리 신학계와 교계가 다시 하나님중심, 예수중심, 교회중심의 올바른 신학과 신앙으로 회복하는 전환점이 되기를 바라는 마음을 담습니다.

아울러 이 귀한 조직신학 책이 출판되기까지 심혈을 기울여 감수를 맡아주신 교수님들, 그리고 총회장 맹균학 목사님과 총무 이향우 목사님의 노고에 진심으로 감사를 드립니다. 특별히 집필을 맡아 불철주야 수고하심으로 옥고(玉稿)가 나올 수 있도록 헌신한 부총회장 박종만 목사님을 격려하며 맘껏 축복하고 싶습니다.

2021년 11월 1일
한양신학교 학장
신학박사 안이영

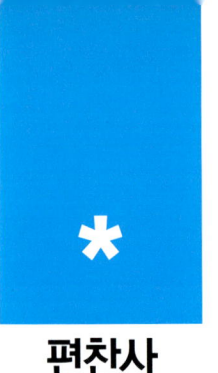

편찬사

안형주 목사님은 후학(後學)들에게 끊임없이 존경받는 스승으로 회자(膾炙)되는 우리 총회의 사부(師父)이시다. 우리 총회 조직신학의 대부이신 안형주목사님에게 사사받은 제자들의 자부심은 어디에 기인하는가? 그것은 안형주목사님의 신학이 '사변적(思辨的)'이지 않으며 그렇다고 주관적 신앙이나 종교적 경험에 있지 않고 철저히 성경에 기초한 바른 신학의 토대 위에 세워진 바른 신앙, 바른생활이 있었기 때문이다.

우리 총회의 창립정신인 교권주의를 배격하고 성경이 말하는 하나님의 교회 세우기는 종교개혁자들이 부르짖은 '오직성경'(sola scriptura)의 정신과 같다. 그러므로 안형주 목사님의 조직신학은 개혁주의 신학에 기반하고 있다. 한국 장로교회의 표준 신학은 박형룡 박사에게서 찾을 수 있다. 박형룡 박사는 그의 교의신학 서문에서 자신은 루이스 벌코프(Louis Berkhof)의 조직신학을 기본으로 하여 다른 여러 신학자들의 저술들을 참고한 편집자에 불과하다고 겸손히 말한 바 있다. 그런 면에서 안형주 목사님의 조직신학도 보수 정통신학의 태두(泰斗) 루이스 벌코프(Louis Berkhof)의 조직신학을 기본으로 하고 있는 것은 지극히 자연스러운 것이다.

본서는 풍부한 참고서적과 안형주 목사님의 끊임없는 계시의존사색으로 깊이 있는 연구의 결과물이다. 신학교에서 강의안으로만 사용되었던 한국교회 소중한 유산인 안형주 목사님의 조직신학이 이제 책으로 출판되어 한국교회에 내어놓게 되니 한국교회의 경사요 총회의 큰 경사가 아닐 수 없다. 부디 본서가 한국교회의 신학의 길잡이가 되기를 바란다.

본서가 출판되기까지 신학적 조력을 아끼지 않으시고 추천사를 기고해주신 개혁주의 신학자들에게 감사를 드린다. 또한 본서의 출판을 위해 지원을 아끼지 않으신 안형주 목사님께서 창립하신 영화교회와 안형주 목사님의 신학의 계승자라 할 수 있는 안이영 박사님께 감사를 드린다. 특히 신학교에 근무하며 고서(古書)와 같은 강의안을 오늘이 오기를 기대하며 타이핑해준 이향우 목사님과 초고(草稿)와 같은 강의안을 산고의 수고로 편찬(編纂)해주신 박종만 박사님에게 지면을 빌어 감사의 인사를 드린다.

무엇보다도 우리 총회에 개혁주의 신학사조에 입각한 소중한 조직신학을 유산으로 물려주신 안형주 목사님에게 감사를 드리며 그 후손들에게 하나님의 평강과 은혜가 있으시기를 기도드리는 바이다. 총회의 신학을 세우는 이 귀한 일에 기도해주시고 참여해주신 총회산하 교회와 목회자들에게 감사를 드리며 본서를 한국 교회와 하나님께 헌정합니다.

2021년 11월 9일

총회장

맹균학 목사

추천사

박종만 목사님께서 심혈을 기울여 편저한 『安衡柱 牧師의 개혁주의 조직신학 강설』은 전통적인 개혁신학의 내용을 아주 잘 드러내고 있습니다. 간결하고 명료하여 군더더기 없이 필요한 부분들을 잘 표현하였기에 읽기에도 부담이 없고 이해가 쉽습니다. 이것은 조직신학 전반을 충분히 이해할 때 가능한 일입니다.

박 목사님께서 자신이 속한 교단의 스승이자 대 선배이신 안형주 목사님으로부터 영향받은 바를 한층 업그레이드 된 모습으로 잘 정리하였기에 읽는 사람들에게 큰 도움이 될 것이라 확신합니다. 지금은 신학이 매우 혼란하고 종교개혁의 이신칭의 교리가 심히 도전을 받고 있는 때입니다. 이럴수록 기본으로 돌아가는 것이 중요한데 그것이 개혁신학입니다. 이런 요소의 충족에 박종만 목사님이 편저한 이 책이 좋은 길잡이가 될 것으로 봅니다.

2021년 10월 25일

전 총신대 조직신학 교수

서철원 박사

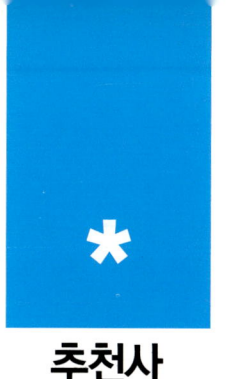

추천사

　우리나라 장로교회의 여러 교단들이 개혁신학을 지향하는 것에 대해서 우리들은 하나님께 감사를 표해야 합니다. 참으로 감사하는 길은 그것이 그저 말로만 하는 말이 되지 않도록 해야 합니다. 대한예수교 장로회 (합동 한신) 총회도 개혁신학을 지향하며, 초단 초창기에 개혁 신학을 잘 가르쳐 주신 안형주 목사님의 가르침을 모든 분들이 마음에 새기면서, 그 가르침이 참으로 성경에 근거하여 개혁신학을 향해 나아간다고 믿으며, 이번에 박종만 목사님의 노력으로 그 개혁신학을 이 시대에 전달 될 수 있는 방식으로 잘 제시하는 이 귀한 책이 나오게 되었습니다.

　교단이 장로교회답게 참으로 개혁신학을 지향하되, 참으로 성경에 근거해서 더 철저한 개혁신학을 향해 나가는 것임을 분명히 하는 이 작업은 여러 세대가 같이하며 다음 세대도 참으로 성경적 개혁신학의 터 위에 있게 하려는 의도를 지닌 것이니, 세 세대가 관여된 이런 작업은 매우 귀한 일입니다.

　이제 모든 사람들은 일치해서 참으로 성경적 개혁신학의 방향으로 나아가야 합니다. 그래서 (1) 우리들이 믿고 가르치는 바가 성경적 개혁신학의 내용이고, (2) 우리들의 교회가 성경적 개혁신학이 말하는 그 교회의 모습을 지향하며, (3) 우리들의 목회가 성경적 개혁신학이 말하는 그 목회를 향해 나가고, (4) 우리들이 참으로 온전히 성령님께 의지해서 성경의 내용을 살아 내도록 해야 합니다. 이것이 우리의 사명입니다. 이 책이 그 일에 도움이 되기를 바라면서 여러 분들에게 읽고 생각하며 이것이 과연 그러한가 하여 성경에로 나가 그 성경에서 확인한 것을 믿고 확신한 가운데 있도록 하기 위해, 이 책을 추천합니다.

합동신학대학원대학교

조직신학 교수

이승구 목사

추천사

공동체 안에 위대한 학자가 있다는 것은 무척이나 자랑스런 일입니다. 특별히 그가 위대한 신학자라면 역사를 이어가며 후학들의 삶의 등대가 되고, 교회와 신학의 여정을 개척하는 용기와 열정의 근간이 되기 때문입니다. 고 안형주 목사님(前한양신학교 원장)은 존경받는 목회자이자 위대한 신학자 중 한 분이라 자신 있게 소개합니다.

고(故) 안형주 목사님께 배웠던 50여 년 전을 기억해 봅니다. 그분은 훌륭한 설교가이셨습니다. 뜨거운 열정으로 사경회를 인도하며 오직 말씀을 기반으로 카리스마적인 설교를 하시던 안 목사님의 모습이 생생히 기억됩니다. 안형주 목사님은 1930년에 목회를 시작하셨고, 1933년에 목사 안수를 받았는데 성결교회에서 하나님의 교회가 새로이 창립하여 복음 사역을 할 때에 중심인물로 일했습니다. 한국교회의 뜨거운 부흥사이자 설교가로 후에 예장한신으로 이름 된 하나님의 교회의 시작과 그 여정에서 안형주 목사님은 큰 발자취를 남기신 분입니다. 특별히 오직 성경으로 신학을 바라보고 해석하며, 그에 입각한 교회를 만들어 가자는 그 분의 신학과 신앙의 정수는 제게도 많은 영향을 주고 제가 그리스도의 교회에서 사역하게 하는데 큰 영향을 주었습니다. 그러한 의미로 안형주 목사의 개혁주의 조직신학 강설은 다시 새로운 후학들과 교회에게도 신선한 도전을 주며 복음을 향한 새로운 방향을 제시할 것이라 기대합니다.

특별히 안형주 목사의 신실한 제자로 이 책을 새로이 편저하여 출판하는데 큰 역할을 한 박종만 목사를 이 글을 통해 크게 칭찬하고 싶습니다. 박목사님은 제가 케이씨대학교(그리스도대학교) 총장시절에 우리 대학의 교수로 학생들에게 훌륭한 신학적 가르침을 전수하였을 뿐 아니라 많은 외국인 학생들에게 큰사랑을 베푼 것을 기억합니다. 어려움을 겪는 유학생들의 삶을 가까이 돌보며 스승으로 때론 아버지로 그들의 삶을 돌아본 박목사님의 사역은 많은 이들에게 큰 귀감이 되었습니다. 그 신앙의 중심이 이 안형주 목사의 조직신학 강설에서 비롯된 것이라 생각하면 박종만 목사가 편저하신 개혁주의 조직신학 강설은 더 많은 학생들과 교회에 전해져야 하는 중요한 보물 일 것입니다.

'깊도다, 하나님의 지혜와 지식의 풍성함이여!'(롬 11:33)의 말씀으로 이 책을 추천합니다. 부디 많은 교회와 성도들에게 특별히 사명자의 길을 걸어가는 사랑하는 후배 목회자들에게, 깊은 하나님 말씀의 지혜와 지식의 풍성함이 이 책을 통하여 넓은 이해와 통찰로 이어져 초대교회의 순수함과 성경을 이야기하는 온전한 신앙의 모습으로 회복하여 가기를 그리스도의 이름으로 축복 드립니다.

(前)케이씨대학교 총장

(現)학교법인 그리스도의교회학원 이사장

고성주 목사

추천사

　　박종만 목사님은 기독교 교리의 다소 어려운 주제들을 누구라도 쉽게 이해할 수 있도록 해설하는 소중한 은사를 지닌 분입니다. 소통을 중시하는 목회자로서의 경험과 대학 강단에서의 다년간의 가르침이 이를 더욱 빛나게 했을 것입니다.

　　박 목사님께서 편저한 『安衡柱 牧師의 개혁주의 조직신학 강설』은 성경적이며 복음적이고, 개혁신학적 전통을 충실히 반영하고 있습니다. 이 책을 읽으면 기독교 교리의 성경적인 토대와 복음적 해설에 대한 매우 적확한 안내를 받을 수 있을 것입니다. 따라서 이 책은 범람하고 있는 이단적 사조를 능히 막아 낼 수 있는 나침반 역할을 하게 될 것입니다.

　　이 책의 가장 돋보이는 점은 쉽지만 깊이가 있다는 것이고, 조직신학 책으로서는 처음으로 이단에 대한 내용을 삽입한 점은 획기적인 일로서 우리 신학계와 교회에 긍정의 반향을 일으키기에 충분하며 교회를 보호하는 데 큰 일익을 담당하리라 확신합니다. 그런 의미에서 신학교 조직신학 교재로서, 또한 개 교회 현장에서 기독교 신앙을 알기 쉽고 깊이 있게 습득할 수 있는 훌륭한 교재가 될 것입니다.

　　또한 목회자들에게 이 책을 적극 추천하는 바입니다. 교회 현장에서 기독교 교리를 신학을 전공하지 않은 평신도에게 쉽게 설명하기란 대단히 어렵습니다. 성경 해석이라면 다들 나름대로 자부심을 가질 터이지만, 기독교 핵심 교리 각론들의 중심 내용을 성경적이면서 복음적으로 설명하기란 쉬운 일이 아닙니다. 그러다 보면 자칫 교리 교육을 등한시하게 되고, 이단들에게 목양하는 양들을 빼앗기는 아픔을 겪게 되기도 합니다. 이러한 점에서 박 목사님의 『安衡柱 牧師의 개혁주의 조직신학 강설』은 오늘의 교회 현장에 매우 적실한 교육 교재가 될 것입니다.

지금까지 조직신학은 재미없고 딱딱하다는 인식이 있는 것이 사실입니다. 그러나 조직신학은 교회의 기초와도 같이 매우 중요합니다. 또한 개혁주의적 입장에서 새롭게 오늘의 현실에 부합한 조직신학은 시대적 요청과도 같습니다. 이 책은 그러한 의미에서 기독교 신앙을 가진 분들과 기독교에 대해 알고자 하는 모든 분들에게 소중한 선물이 될 것입니다.

쉽고 재미있지만 깊이 있는, 성경적이며 복음적인 박 목사님의 역작 『安衡柱 牧師의 개혁주의 조직신학 강설』을 읽는 모든 분들이 기독교 신앙 위에 뿌리 내리고 굳게 세워지기를 주님 안에서 기원합니다.

2021년 11월 1일
사)국제기독교이단대책협의회 대표회장
전) 통합 이단대책위원장
목양교회 담임
임준식 목사

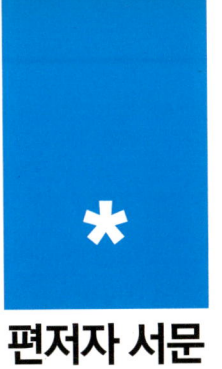

편저자 서문

　　일을 시작하게 하신 하나님께서 일찍이 상하좌우를 분별할 줄 알고 신앙이 투철하고 사명감에 불타오르고 있는 청년 안형주를 부르셔서 신학에 입문하게 하셨습니다. 말씀과 기도, 독서를 통해 영성과 지성을 쌓으며 하나님 쓰심에 합당한 도구로 빚어 내셨습니다. 1951년 휘문고등학교를 인수한 그곳에 한양신학교가 개교하였고 초대 교장을 맡으신 그때로부터 은퇴하실 때 까지 고(故) 안형주 목사님께서는 많은 세월 동안 후진 양성에 진력해 오셨습니다. 일을 성취하게 하신 하나님께서 이제 안형주 목사님의 강의안을 근간으로 하여 『安衡柱 牧師의 개혁주의 조직신학 강설』을 새롭게 리빌딩하고 채색하여 책으로 출간함으로 본 교단의 노선과 정체성을 분명하게 확립하게 하셨을 뿐 아니라 이 책을 대하는 모든 독자 제현(諸賢)들께도 성경적이고 개혁적인 신앙과 신학을 확립하는 기회를 제공해 주셨습니다.

　　안형주 목사님은 신학교를 졸업하고 전도사 시절인 1929년 10월에 황해도 봉산군 사리원면 북리 48번지에 개척된 사리원교회를 1930년부터 담임하여 섬기셨고, 1933년도에 목사 안수를 받아 충성스럽게 목회사역을 감당하셨습니다. 당시 한국에 파송되어 활동하던 선교사들이 선교비라는 금력(金力)을 매개로 일부 교권주의자(敎權主義者)들과 결탁하여 한국교회를 죄지우지하려는 움직임에 깊은 우려를 갖고 지켜보며 아픈 기도를 하게 됩니다.

　　우리나라 선교 초기 미국 북장로회 선교부는 10여 명의 선교사를 한국에 파송하였으나 갓 20대로 목회와 사회 경험이 전무(全無)하다시피 한 상태의 초년병들이 대부분이었던 선교사들은 많은 시행착오와 갈등을 겪게 됩니다. 이런 상황에서 당시 중국에서 활동 중이던 네비우스(J. L. Nevius) 선교사는 1890년 6월 서울을 방문하여, 선교 정책의 기본 이념으로 '자진전도(自進傳導)', '자력운영(自力運營)', '자주치리(自主治理)'라는 세 가지 삼자(三自) 선교정책을 제시하였습니다. 대단히 합리적이고 한국교회 발전에 고무적일 수밖에 없었던 네비우스의 선교정책은 자연스럽게 한국 장로교회의 보편적인 선교 정책이 되었을 뿐 아니라 여타 교단에도 크게 영향을 미쳤고, 안형주 목사님께서 소속 된 성결교단도 예외 없이 1932년 3월 26일 자립을 표방하며 비장한 각오와 결심으로 이제까지 선교부(사)에 예속되어 의존적이고 소극적으로 눈치를 보며 움직이던 나약한 모습을 탈피하고자 자치(自治)를 선언하는 쾌거를 이루어 냅니다.

이 자치선언의 기세는 한국 교역자들의 독자적인 의사결정권이 사라진 채 선교사들에 의해 거수기(擧手機)처럼 움직이는 어용단체(御用團體)에 불과한 연회를 과감하게 해체하였고, 한국인 교역자들에 의한 제1회 총회가 1933년 4월 12일 개최되어 민주주의의 꽃이라 할 수 있는 직접 비밀선거에 의해 이명직 목사를 총회장으로, 곽재근 목사를 부총회장으로 선출하게 됩니다. 이런 흐름은 그 이듬해에도 계속 이어졌고, 이사 선출권도 총회에 이양(移讓)하는 것으로 결의가 되자 자신들의 영향력이 줄어든 것에 불만을 품은 선교사들이 미국의 선교부에 부정적인 보고를 함으로 선교비가 대폭 삭감되었고, 한국 교역자들의 생활비를 끊는 등 한국교회의 자활의지(自活意志)를 강제하며 무력화 하였습니다. 제3회 총회는 소집조차 되지 않은 가운데 선교사들은 계속해서 권위주의적이고 고압적인 자세로 일관하며 정치적인 주도권을 장악한 채 이사회를 통한 교권을 휘두르는 형국이 되었습니다.

그러나 돈 몇 푼에 신앙과 양심을 팔수 없었고, 사대주의적(事大主義的) 비굴함에서 벗어나 주체적인 입장과 정체성을 확보하려는 개혁적인 교역자들의 열망은 마침내 총회를 개최하기에 이릅니다. 1936년 3월 24일부터 경성성서학원 대강당에서 개최된 제3회 총회에서는 1-2회 총회장을 역임한바 있고 선교사들과의 친분을 과시하며 교단 실세로 활동하던 이명직 목사를 제치고 교단의 개혁과 자치를 요구하는 신진 개혁세력들의 지지를 받는 변남성 목사가 무기명 비밀 투표를 통해 새로운 총회장에 당선됨으로 파란(波瀾)을 일으키게 됩니다. 그러나 미국 선교사들이 중심이 되어 있는 이사회가 기득권에 연연하던 일부 정치목사들과 함께 정상적인 총회 절차에 따라 합법적으로 선출된 신임 총회장 변남성 목사의 당선을 무효로 선언하고, 변남성 목사로 하여금 총회장직에서 사임할 것을 종용하다가 자신들의 뜻이 관철되지 않자 3월 25일자로 26개항에 이르는 죄목을 뒤집어 씌워 신임총회장 변남성에 대해 목사 면직, 곽재근 목사에 대해서는 자신들의 말에 동조하지 않는다는 죄목으로 6개월 근신이라는 초유의 파렴치한(破廉恥漢) 마녀사냥을 자행하게 됩니다.

성결교단의 대부(代父) 격인 이명직 목사는 제1회와 2회 두 번에 걸쳐 총회장을 역임하였으면서도 무엇이 부족했던 것인지 3회 총회장 선거에 또다시 출마해서 후배인 변남성 목사에게 고배(苦杯)를 마시자 이내 미국 선교사들과 밀착하여 사랑하는 동료, 후배들을 면직하고 징계하는 일에 있어 적극 만류하고 반대해야 할 위치에 있으면서도 오히려 협력함으로서 선교사들에 의해 다시 총회장에 임명되는 반대급부(反對給付)를 톡톡히 챙기는 흑사심(黑私心)을 여지없이 드러내고 맙니다. 자신의 유익과 양지(陽地)만을 쫓아 행동하였던 비굴한 그의 행적은 결정적으로 1943년 성결교회가 일제에 의해 강제 해산을 당할 때 주역이 되어 주도적으로 앞장섬으로 적나라하게 드러나게 되는데(노윤식, 성결신문, 2015. 10. 26.) 흔히 말해 친일파라는 오명(汚名)을 그 스스로가 자취(自取)하게 된 것입니다. 어둠은 빛을 이길 수 없고, 혼자 외쳐도 진리는 진리입니다. 이제라도 왜곡된 역사를 바로 잡고 형제애(兄弟愛)를 회복할 기회를 붙드는 양식 있는 지도자들의 출현을 기대하는바 입니다.

이렇게 불의하고 일개 시정잡배(市井雜輩)들보다도 못한 일련의 사태를 현장에서 직접 목도한 안형주 목사님의 마인드는 더욱 개혁적이 되었고 '오직 성경'적인 사고로 무장하게 되는 전환점이 되었습니다. 양지만을 찾아 개인의 입신출세(立身出世)와 사리사욕에 눈이 멀어 신앙양심과 동료애마저도 팽개치고 일제의 앞잡이 노릇을 하며 동지들에게 씻을 수 없는 아픔을 안긴 사람들도 있었으나 안형주 목사님은 불의와 타협하지 않는 불굴의 신앙자세로 초지일관 초연한 삶을 사셨고, 신사참배 반대로 인해 1944년도에는 투옥되어 옥고를 치루는 고통도 겪으셔야 했습니다. 이후 곽재근 목사님, 변남성 목사님 등과 뜻을 같이하면서 오로지 성경이 말하는 교회를 세워 '하나님께만 영광'(Soli Deo Gloria)이 되려는 일념으로 '하나님의 교회'(현재 대한예수교장로회 합동한신)를 세웠습니다.

안형주 목사님은 본래 웨슬리 알미니안주의 신학을 했으나 목사 안수 3년차에 친히 목도하고 체험한 인본주의적인 금권(金權)과 교권(敎權)주의에 대해 심한 회의감을 느꼈고, 면벽(面壁)하며 기도를 통해 깊은 영성을 쌓아 나갑니다. 한학에 조예가 깊으셨던 목사님께서는 책과 씨름하는 지난(至難)한 여정을 거치면서 우찌무라 간조(내촌감삼, 內村鑑三)와 구로자끼(흑기, 黑崎) 선생의 도서를 가까이 하며 정독하셨고, 루이스 벌코프의 조직신학을 섭렵하시면서 당대 한국교회가 낳은 위대한 신학자이셨던 박형용 박사님과 박윤선 박사님의 사상을 공유하는 가운데 스스로 개혁주의 신학을 정립하시게 된 것으로 사료됩니다.

안형주 목사님의 개혁주의에 대한 열망은 사경회를 통해서는 불 같은 말씀으로 사자후(獅子吼)를 토하게 되었고, 강의 시간에는 아무리 피곤한 학생이라도 졸릴 수 없는 카리스마 넘치는 논리적이고 체계적인 명(名) 강의를 하심으로 이 소문을 듣고 타교(他校) 학생들과 주변 목사들이 청강을 올 정도로 정평이 나 있었습니다. 학교를 퇴임하신 후에는 도미(渡美)하여 문서선교에 매진하다가 교회를 개척하여 섬기셨는데 그때 장로교를 표방한 것을 보아 그 분의 사상이 철저히 개혁적이었음을 알 수 있습니다.

안형주 목사님은 『조직신학』 강의안 뿐 아니라 『창세기 강해』, 『이사야서 강해』, 『예레미야 강해』, 『열왕기서 강해』, 『공관복음 강해』, 『요한계시록 강해』, 설교집인 『까닭이 있어 신앙인가』 등 30여 권에 이르는 강의안을 남기셨습니다. 때가 되면 이런 내용들도 책자로 발간이 되어 많은 분들에게 도전과 감동을 주는 날이 올 것을 소망하고 있습니다.

본 책은 알파(A)와 오메가(Ω) 되시는 주님의 섭리에 따라 서론부와 마지막 종말론을 깊이 있게 다루었습니다. 특이한 점은 2000년대 이후 이단이 조직신학의 한 파트로 들어가 있으나 여전히 낯설 뿐만 아니라 아직까지도 미개척분야로 남아 있는 실정인데 본 책에서는 과감하게 삽입하여 신학교에서부터 이단에 대한 교육이 이루어지도록 함으로서 주님의 교회를 이단사설(異端邪說)로부터 순결하게 보호하고자 했으며, 특히 초창기 한국교회 주변에서 암약하며 교회를 훼파하는 이단자들의 상당수가 신흥종교로부터 많은 영향을 받았고, 그 여파로 한국교회 안에 기복주의와 신비주의가 깊이 파고들어 오늘날까지도 이어지고 있다는 연계성과 그 계보(系譜)에 대해 소상히 밝혀 놓았습니다. 또한 각 시대마다 이단사설을 예방하고 대책을 강구하기 위해 제정된 바 있는 신조들의 성경관을 수록하여 더욱 말씀에 대한 소중함을 갖도록 하였습니다. 마지막 장인 종말론에 가서는 세대주의의 영향으로 교회 안에 만연되어 있는 시한부 종말론을 경계하며, 좀 더 건강하고 성경적인 종말관이 정립되어 오시는 주님을 맞이할 수 있도록 상세하게 기술하였습니다. 특히 칼빈의 종말론을 다룸으로 종말론에 대한 혼선을 피하고자 했습니다. 종말론은 신학의 한 부록(附錄) 정도로 취급될 가벼운 주제가 결코 아니며, 기독교 신앙이 궁극적으로 지향하는 목적이 종말에 있다는 점을 확실히 하고자 하였습니다.

기독교 2000년 역사를 회고하며 분석해 볼 때 교회부흥기가 몇 차례 있었습니다. 첫째는 A. D. 100년대로 사도들이 생명의 말씀을 담대히 선포하던 시기입니다. 둘째는 A. D. 300-430년대로 서방교회에서는 어거스틴이 활동하던 시기요, 동방교회에서는 황금의 입으로 불리던 크리소스톰이 활동하던 시기입니다. 셋째는 12-13세기로 프란시스를 중심으로 한 수도원 운동이 활발하여 중세 천년의 암흑기를 말씀으로 밝히던 시기입니다. 넷째는 16세기 루터와 칼빈을 중심으로 말씀으로 돌아가자는 운동이 활발하게 펼쳐진 종교개혁시대입니다. 마지막 다섯 번째는 18-19세기로 존 웨슬리와 찰스 스펄전, 조나단 에드워드 목사 등을 중심으로 영국과 미국에서 대 각성 운동이 펼쳐질 때 교회가 건강하게 성장하였습니다. 이 시기의 특징은 말씀에 대한 바른 이해와 해석으로 바른 복음을 선포했다는 것입니다.

그러므로 우리의 나아갈 방향은 자명합니다. "말씀으로 돌아가는 일"입니다. 그러기 위해 바른 신학, 바른 신앙을 소유해야 합니다. 이 책은 그런 점에서 목회자, 신학도, 일반 성도, 독자 제현들에게 나침반이 되며, 많은 도움을 주리라 확신합니다.

이 책은 과거와 현재의 만남이라는 시공(時空)을 초월한 합작(合作)으로 탄생하게 되었습니다. 지금은 하늘나라에 계시는 스승이시자 대 선배이신 안형주 목사님의 선행 연구를 골간으로 그 사상을 계승하고 이어 받은 수많은 제자들 가운데 감히 부족한 소자가 후속연구를 수행하여 현대적인 감각에 맞게 각색하고 보충함으로 세상에 빛을 보게 된 것입니다. 개혁교회는 계속적으로 개혁되고 또 개혁되어 가야만 합니다.

끝으로 본 교단의 정체성 확립을 위한 목회자 세미나를 개최하여 선구적인 일을 수행해 주신 재단이사장 문귀병 목사님과 금 번 조직신학 책이 나오기까지 이 일을 세심하게 기획하고 큰 틀에서 성(聖) 사업을 추진해 주신 총회장 맹균학 목사님께 감사를 드립니다. 또한 이 책의 출판을 위해 물심양면으로 헌신해 주신 영화교회와 대 선배로서 사랑으로 품어주시며 격려를 아끼지 않으신 학장 안이영 목사님께도 깊은 감사를 드립니다. 현장에서 실무를 맡아 조율하며 중단 없는 전진을 할 수 있도록 산소와 같은 에너지를 불어 넣어 주신 총무 이향우 목사님께도 감사를 드립니다. 멀리 미국에서 안형주 목사님의 자제되시는 안병호 목사님께서도 소식을 들으시고 출판에 힘을 보태주셨음에 감사드립니다. 출판을 맡아 편집과 디자인에 이르기까지 수고해 주신 윤효배 목사님께도 감사를 드립니다. 이 작업을 위해 협력해주신 예향교회 당회원들과 성도들께, 모든 편의를 봐주며 기도로 힘을 북돋아 준 사랑하는 아내 유영순과 제 사역의 최고 협력자로 열 아들 부럽지 않은 두 딸 유은, 희은에게 고마움을 전하며 이 책을 결혼선물로 주고 싶습니다.

2021년 11월 9일

목동의 골방에서

박종만 識

安衡柱 牧師 近影

* 안형주 목사 연보(年譜)

1899년 6월 23일 경북 금능군 개령면 광천리에서 출생

1917년 보통학교 졸업

1922년 경북선산 일신학교 교사근무

1923년 기독교 귀의(入信)

1924년 동경 대성중학교 졸업

1926년 동경 일본대학 졸업(종교학과)

1927년 경성성서학원 입학

1930년 경성성서학원 졸업

1930년 황해도 사리원교회 시무

1933년 성결교 연회에서 목사안수

1936년 하나님의 교회(교단) 창립

1938년 평양 하나님의 교회 창립 시무

1944년 신사참배 반대로 투옥

1946년 서울 영화교회 창립 시무

1951년 한양신학교 개교(초대 교장 취임)

1973년 한양신학교 퇴임

1973년 도미 이주

1976년 "말씀" 발행(문서전도지)

1978년 뉴욕 영광교회 창립 시무

1980년 뉴욕 영광교회 원로목사 추대

1982년 6월 10일 소천(召天)

창세기 강해를 위시해 30여 권의 강해집 발간

목차

발간사_4
편찬사_6
추천사_8
편저자 서문_15
安衡柱 牧師 近影_22

서론_27
I. 신학이란 무엇인가?_28
II. 개혁주의란 무엇인가?_50
III. 교의학의 개념과 제 원리_78
IV. 종교_87
V. 계시_95
VI. 성경_107
VII. 이단이란 무엇인가?_117
VIII. 신흥종교와 한국교회 이단 형성사_145

신론_213
제 1부 "하나님의 존재" 213
I. 하나님의 존재_214
II. 하나님을 아는 지식_235
III. 하나님의 존재와 속성의 관계_247
IV. 하나님의 이름들_252
V. 하나님의 속성 개관_260
VI. 하나님의 전유적(비공유적) 속성_264
VII. 하나님의 유비적(공유적) 속성_269
VIII. 삼위일체론_283

제 2부 "하나님의 사역"_303
I. 하나님의 작정 일반_304
II. 예정(Predestination)_315
III. 창조_326
IV. 천사들의 창조_336
V. 물질세계의 창조_357
VI. 섭리(Providence)_369

인간론_383

　제 1부 "원상태의 인간"_383
　　I. 인간의 기원_384
　　II. 인간의 구성_392
　　III. 하나님의 형상으로서의 인간_399
　　IV. 행위 언약_409

　제 2부 "죄의 상태의 인간"_415
　　I. 죄의 기원_416
　　II. 죄의 본질적 특성_425
　　III. 죄의 전가_431
　　IV. 인류의 죄_437
　　V. 죄의 형벌_445

　제 3부 "은혜 상태의 인간"_449
　　I. 언약의 명칭과 개념_450
　　II. 구속 언약_452
　　III. 은혜 언약_457
　　IV. 은혜 언약의 시대들_462

기독론_467

　제 1부 "그리스도의 위격"_467
　　I. 기독론의 역사_468
　　II. 그리스도의 명칭과 그의 양성_473
　　III. 그리스도의 일위성_479

　제 2부 "그리스도의 신분"_483
　　I. 그리스도의 신분 교리 개요_484
　　II. 비하의 신분_486
　　III. 승귀의 신분_492

　제 3부 "그리스도의 직분"_503
　　I. 그리스도의 직분에 대한 개요_504
　　II. 선지자직_506
　　III. 제사장직_510
　　IV. 속죄의 원인과 필요성_516
　　V. 속죄의 성질_521
　　VI. 교회사에 나타난 속죄에 대한 그릇된 이론들_527
　　VII. 속죄의 효력과 범위_532
　　VIII. 그리스도의 중보 사역_537
　　IX. 왕직_541

구원론_545

- I. 구원론 개요_546
- II. 성령의 사역 개관_551
- III. 일반 은혜(Common Grace)_555
- IV. 신비한 연합_562
- V. 부르심 일반과 외적 부르심_568
- VI. 중생과 효과적 부르심_572
- VII. 회심(Conversion)_580
- VIII. 신앙_589
- IX. 칭의_598
- X. 성화_609
- XI. 성도의 견인_621

교회론_627

제 1부 "교회에 관한 교리"_627
- I. 서론_628
- II. 교회의 명칭과 구분_629
- III. 교회론의 역사적 개요_634
- IV. 교회의 성질_637
- V. 교회의 정치_648
- VI. 교회의 권세_659

제 2부 "은혜의 방편"_665
- I. 은혜의 방편 개요_666
- II. 은혜의 방편으로서의 하나님의 말씀_670
- III. 성례 개요_674
- IV. 기독교 세례_678
- V. 성찬_682

종말론_687

- I. 종말론이란_688
- II. 천년 왕국에 대한 제 견해들_704
- III. 종말론의 다양한 논의들_746
- IV. 칼빈의 종말사상_776
- V. 칼빈 사상에 나타난 종말관 _827

참고문헌_833

安德柱 牧師의
개혁주의 조직신학 강설

서론

The Reformed Systematic Theology

신학이란 무엇인가?

A. 신학의 정의

신학에 대한 사전적 정의는 어떤 종교의 신(神), 교리(敎理) 등을 연구하는 학문, 특히 기독교 신앙에 대해 연구하는 학문이라고 되어 있다.[1] 그러나 신학(theology)은 헬라어 '신'(theos)과 '말'(logos)이라는 두 단어의 합성어로서 인간이 하나님을 이해하고, 하나님에 대해 연구하고, 하나님에 대해 인식한 것을 학문적인 체계로 서술한 것이다. 탁상공론(卓上空論)에 빠져 공허한 이론을 제시하거나 철학적이고 사변적인 학문을 다루는 차원이 아니라 하나님의 계시를 믿음으로 받아 계시를 통해 하나님에 대한 지식을 구하는 학문이라 말할 수 있다.

이렇게 하나님에 대한 학문(scientia Dei, science of God)으로서 신학은 하나님과 하나님의 경륜 전체를 생각하고 그 함의를 이끌어 내어 우리를 하나님 앞에서 살게 하는 매우 이론적이면서도 동시에 실천적인 학문이다. 그러므로 이는 우리가 하나님께 대해서 믿고 있는바 신앙이 마땅히 표현되어야 하는 바른 방식을 찾아 진술하고 그에 근거해 사는 것이라고 할 수 있다. 이런 의미에서 신학은 신앙의 문법(the grammar of faith)이라는 말로 표현되기도 하는데, 이는 좋은 의도로도 사용될 수 있으나 동시에 다양한 의미로 사용되기 때문에 이 용어를 사용하는 사람이 어떤 의미에서 이 용어를 사용하

---

[1] 고려대학교민족문화연구원, 「한국어 대사전」, 제2권 (서울: 고려대학교민족문화연구원), 2009, 127.

는지를 깊이 검토할 필요가 있다. 우리의 믿는 바를 하나님께서 제시하시고 정하신 규칙에 따라서 표현하며, 그것에 근거해 사는 일이라는 의미에서 이 신앙의 문법이라는 용어를 사용한다면 그것은 우리가 받아들일 수 있는 표현2이라고 할 수 있다.

기독교 신앙의 교리를 일관성 있게 진술하려고 노력하는 이 학문은 주로 성경에 근거하고 있고, 일반적인 문화의 맥락에 놓여 있으며, 현대의 언어로 표현되고, 삶의 문제들에 관련3되어 있다.

일반적으로 조직신학을 논하거나 연구함에 있어 서론부에서는 주로 창조주 하나님, 삼위일체 하나님 등을 다루고, 그 존재에 맞게 하나님의 지식을 얻는 방법을 세우며 하나님 지식의 원천인 성경계시를 다루고 있다. 이런 이유로 슐라이어마허는 서론부에서는 설명을 설정하고 교의 신학적 방법과 내용, 배열과 설명을 주로 다루기에 신학본론에 속할 수 없다4고 단정적으로 말하였으나 신학서론은 하나님의 존재를 제시하고 그 존재에 대한 지식을 얻는 방식을 택함으로 당연히 신학본론에 속한다고 할 수 있다.

B. 신학의 대상

신학은 하나님을 아는 지식을 목표로 하는 학문이다. 먼저는 하나님의 존재 곧 인격에서 지식을 얻으며 하나님의 사역에서도 하나님 지식을 얻는다. 하나님의 존재 방식 때문에 이성으로 접근하여서는 하나님을 알 수가 없다. 전적으로 하나님의 자기 계시에 의존하여야만 하나님을 아는 지식을 얻게 된다. 곧 하나님의 계시를 믿음으로 받아들일 때 하나님에 대한 지식을 얻는다. 왜 이 방식으로 신학을 해야 하는지는 신학의 대상 곧 하나님의

---

2 블로그, "이승구 교수의 개혁신학과 우리 사회의 이야기", (https://blog.daum.net/wminb/13718812?category=1582133).
3 밀라드 J. 에릭슨, 『복음주의 조직신학』, 신경수 옮김 (서울: 크리스챤 다이제스트, 2005), 27-8.
4 서철원, 『서철원박사 교의신학』, 신학 서론 (서울: 쿰란출판사, 2018), 20-1.

존재와 사역을 살핌으로 확인이 되고 확신할 수 있다.[5]

1. 하나님의 존재 방식

하나님의 존재는 종교의 첫 번째 의(義)이다. 하나님이 계시고 나서 종교가 있는 것이지, 하나님이 없이는 종교고 신앙이고 아무것도 없다. 아무리 성경을 깊이 연구하고, 종교의 비밀을 꿰뚫었다 하더라도 하나님이 계시다는 것을 똑똑히 모르는 경우에는 성경 지식은 아무 소용이 없다고 우찌무라 간조는 단호하게 강조한다. 성경을 가르치기도 하고 배우기도 하지만 정작 신앙의 대상이신 하나님을 잃어버릴 때가 있다[6]는 것이다.

신학이 대상으로 삼는 하나님은 그 존재가 피조물과는 전혀 다르다. 그렇기에 인간 이성으로 아무리 궁구한다하여도 이 땅의 문제, 자기 자신에 대해서도 제대로 파악하고 있지 못한 인간이 창조주 하나님을 안다는 것, 영적인 세계를 파악한다는 것은 불가능한 일이고, 하나님의 자기 계시하심이 없이 일반계시만으로는 결단코 하나님을 알 수가 없다. 일반 학문은 창조 세계의 일부 영역을 이성으로 직접 탐구하고 있지만 그러나 신학은 하나님의 자기 계시에 의존해서만 하나님에 대한 지식, 영적인 지식을 얻을 수 있다.

하나님은 실제로 만물을 창조하시고 자신을 창조주로 계시하셨다. 그의 작정대로 무한한 지혜와 권능으로 만물을 단번에 창조하셨다. 또 창조주 하나님은 반역한 인류를 돌이키게 하시기 위해 구속주로 나타나셨다. 또 창조주는 자신을 삼위일체 하나님으로 계시하셨다. 한 하나님이 그 내적 존재방식에서는 아버지와 아들과 성령으로 계신다. 이 존재방식은 영원부터 영원까지 존재하심이어서 시간의 진행과 무관하다.

하나님은 자기 완결적 존재이시다. 하나님은 자기 스스로 존재하신다.

---

[5] 서철원, 『서철원박사 교의신학』, 신학 서론, 21.
[6] 우찌무라 간조, 『內村鑑三 全集 제4권』, (서울: 크리스챤서적, 2002), 38-9.

자기가 자기 존재의 원인이시다. 곧 자존하시는 하나님이시다. 하나님은 무한한 영이시므로 자기가 자기 존재의 원인이 되시는 것이다. 그는 필연적으로 존재하시고 영원히 존재하신다. 무한한 영이시니 하나님은 절대적 인격이시다. 이런 하나님은 자기 계시에 의해서만 알 수 있다. 결코 이성으로 직접 하나님을 접근할 수가 없다.[7]

하나님이 계시다는 증거를 우찌무라 간조는 일반계시적인 예를 들며 이렇게 설명한다. 첫째는 우리 각자에게 영혼이 있음이요, 둘째는 사람에게 양심이 있음이라고 했다. 양심은 사람에게 울려 퍼지는 소리이긴 하지만 그 자신의 소리는 아니다. 양심이란 사람 아닌 이 외의 분의 소리라고 진단한다. 이 양심이 때론 칭찬을 하기도 하고, 반대로 책망도 하고, 큰 권위로 그 자신을 심판하기도 하는데 이 음성이 누구의 소리냐는 것이다. 양심에 있어서만은, 동서양을 비롯하여 아프리카, 오세아니아, 토인들에 이르기까지 공통적이라는 것이다. 동양인인 내가 싫은 것은 남미 사람, 유럽사람 할 것 없이 모두가 싫어하니 이건 필경 인류를 통치하시는 분이 계시다는 증거라 한다. 양심은 사람 안에서 속삭이는 하나님의 음성이기에 그러므로 하나님의 음성을 듣지 못했다고 하는 것은 거짓말이라고 진단하고 있다. 우리가 양심의 소리를 들을 때마다 하나님의 음성을 듣는 것이나 마찬가지라고 한다. 이 외에도 불의가 가득한 세상에서 정의가 여전히 살아 숨 쉬고 있고, 마음에 품은 바를 염원하며 기도할 때 응답이 있음도 하나님이 살아 계신 증거요, 인류 전체를 볼 때 하나님의 존재를 인정하고 있고, 소크라테스를 비롯한 칸트에 이르기까지 대부분의 지성인들과 철학자들도 하나님의 존재를 인정하고 있으니 이것이야 말로 하나님이 계신 확실한 증거라고 진단을 내리고 있는 것이다.[8]

---

[7] 서철원, 『서철원박사 교의신학』, 신학 서론, 21-2.
[8] 우찌무라 간조, 40-3.

2. 하나님은 어떤 일을 하시는가?

하나님께서 어떤 일을 하시는지 그것도 역시 인간의 이성이나 연구에 의해 알 수 없고 하나님의 자기 계시에 의해서만 알 수 있다. 하나님은 우주 만물을 창조하셨다. 이 하나님은 무한한 지혜와 권능을 지니고 계시므로 아무것도 없는 데서 그의 작정을 따라 영적 세계와 물리적 세계를 창조주간 첫 날 첫 순간에 단번에 다 창조하신 것이다.

그 다음 6일간에 태양계와 지구를 정비하시고 지구상의 생명체들을 창조하시고 특별한 조물(造物)로 사람을 창조하셨다. 하나님께서는 사람을 그의 형상대로 창조하시고 언약을 맺으시고 자기 백성으로 삼으셨다. 창조 경륜을 이루기 위하여 언약을 체결해서서 창조주만을 하나님으로 섬기며 찬양하고 경배하도록 약정을 맺으셨다.

그런데 첫 사람이 유혹을 받아 창조주이신 하나님만을 섬기는 것을 거부하였다. 하지만 하나님은 창조 경륜을 성취하기로 하셨다. 하나님이 사람이 되시어(Incarnation) 사람의 죗값을 갚으시므로 처음 반역죄를 무효화하고, 마귀의 손아귀에서 하나님의 백성으로 다시 삼으신 것이다. 이 일을 하나님께서 친히 이루신 것이다.

하나님은 구원의 완성과 창조의 완성으로 역사를 마감하시므로 만유(萬有) 안에 만유(all in all)가 되기로 하신 것이다.[9] 구속주 하나님이 역사를 마감하신다. 그때 하나님이 그의 백성 가운데 충만히 거주 하신다. 이 모든 진리들은 하나님의 계시로만 알 수 있다. 계시만이 하나님을 알 수 있는 지식에 이르게 하기 때문이다.

C. 신학의 방법

---

[9] 서철원, 『서철원박사 교의신학』, 신학 서론, 23.

우리가 신학을 함에 있어서 어떠한 방법이 가장 합리적이고 하나님께서 기뻐하실 수 있을까? 흔히 일반대학교에 떨어져 진학할 학교가 마땅치 않으니 신학교를 간다고 하는 것은 대단히 유감스런 일로서 하나님의 뜻에 반하는 것이고, 결코 바람직한 모습이 아니다. 신학을 하려는 사람은 철저히 소명감에 불타올라야 하고, 부르심에 대한 확고부동한 확신이 있을 뿐 아니라 부르심에 합당한 삶을 살면서 철저한 준비가 필요하다. 그럼 어떤 자세로 신학을 해야 하는 것일까?

1. 믿음으로 해야 한다.

창조주 하나님에 대한 지식은 인간의 이성으로 직접 얻을 수 없고 하나님의 자기 계시에 의해서만 가능함을 언급한 바 있다. 신학은 이성으로 할 수 없고, 또한 하나님을 감성적(感性的) 지각의 대상으로 삼아 신학 할 수 없다. 신학은 하나님의 계시를 믿음으로 받아서 하나님을 아는 지식을 얻게 되는 것이다.

하나님의 계시도 논증과 증명에 의해서 하나님의 말씀으로 받는 것이 아니라 믿음으로 받아야 한다. 믿음은 논증 없이 직각적(直覺的)으로 확실성을 얻는 영혼의 기능이다. 성령의 역사로 이 믿음의 작용이 변화되어 하나님의 계시와 구원사역을 가장 확실하고 분명한 것으로 받는다. 성령이 사람을 거듭나게 하고 믿음을 조성하셔서 하나님의 계시와 구원을 확실한 진리로 받게 하신다.

그러므로 신학은 믿음으로 하는 것이다. 하나님을 믿는 것이 하나님을 아는 것이고, 하나님의 일 역시 요란스럽고 분주한 어떤 일이 아니라 하나님이 보내신 자를 믿는 것이다.[10] 예수 그리스도의 구원을 믿음으로 받는

---

[10] "그들이 묻되 우리가 어떻게 하여야 하나님의 일을 하오리이까 예수께서 대답하여 이르시되 하나님께서 보내신 이를 믿는 것이 하나님의 일이니라 하시니"(요 6:28-29)

것이 곧 하나님이 구원을 성취하신 것으로 아는 것이다. 또 성경이 자기 가신성[11](自己 可信性,, 自證, autopistia, authenticatio in se)을 가져 그 가르침을 즉각적으로 진리로 받게 한다.

신학서론의 핵심과제는 신학은 이성으로 하지 않고 하나님의 계시를 믿음으로 받아서 신(神) 지식을 얻는다는 것을 확립하는 것이다. 일반학문은 이성으로 하지만, 신학은 하나님의 계시에 의존해서 한다. 이 방법이 신학과 일반학문과의 근본적인 차이점이다.[12]

2. 계시(啓示, revelation)에 입각해서 해야 한다.

하나님은 무한한 영이시고 창조주이시므로 자신을 우리들에게 알려영주시지 않으면 그 누구라도 하나님을 아는 지식을 가질 수 없다. 그러나 감사하게도 영이신 하나님은 인격적인 하나님이시므로 자신을 드러내시기를 (계시) 기뻐하셨다.

하나님은 자기의 창조에 그의 신성과 영원한 능력을 인각(印刻)해 놓으셨다(롬 1:20; 시 19:1-4). 그리고 사람의 구조와 종족들의 삶에 도덕적 계시를 주셨다. 하나님이 무에서 만물을 창조하시므로 하나님이 영원한 신적 존재이시고 전능하신 분이심을 드러내신 것이다. 이 창조 계시가 일반계시이다. 이 계시에서 신학을 시작하고 전개하면 자연신학(自然神學)이 된다. 자연신학은 존재유비(存在類比, Analogia Entis)[13]에 의해 피조물에서 시작하여 최고 존재에 이르는 방식이다. 존재유비에 의한 방식으로는 창조주 하나님에게 도달하는 것이 아니라 존재 동참의 도(度)가 최상인 최고 존재자이다. 존재 동참에 의해서 만들어진 최고 존재자는 사고(思考)의 영역에 속한 최고의 지

---

[11] 가신성이란 하나님께서 성경을 통해 스스로를 증명하시는 것을 말한다.

[12] 서철원, 『서철원박사 교의신학』, 신학 서론, 23-4.

[13] 유비란 두 개의 사물이 몇몇 성질이나 관계를 공통으로 가지며, 또 한쪽의 사물이 어떤 성질이나 관계를 가질 경우, 다른 사물도 그와 같은 성질이나 관계를 가질 것이라고 추리하는 일을 말한다.

성일 뿐이다. 자연신학은 이런 최고 지성을 존재의 영역으로 변역(變易, 변하여 바꿈)해야 하는 작업을 해야 한다. 이런 자연신학으로는 창조주요 구속주이신 하나님께 이르러 갈 수가 없다.

그러므로 신학은 특별계시(特別啓示)에 의해서 해야 한다. 창조주 하나님은 창조계시로만 자신을 계시하신 것이 아니고, 창조 후에 하나님은 말씀으로 피조물에게 자신을 계시하셨다. 말씀 계시로 하나님은 자기의 존재, 지혜와 권능, 작정과 경륜 등을 다 알리신 것이다. 인류의 범죄 이전에도 말씀을 통해 창조세계를 다스리고 지키라고 명령하신바 있다. 또 말씀으로 언약을 체결하여 첫 인류를 자기의 백성으로 삼으신 것이다.

첫 인류의 반역 후에도 말씀으로 자기의 구원 경륜과 역사의 진행도 계시하셨다. 구원을 위한 모든 준비도 말씀계시로 알리셨다. 구원이 완성되면 하나님께서 그 백성 가운데 충만히 거주하실 것도 알리셨고, 마침내 하나님께서 친히 구원받은 백성 가운데 거하시므로 만유 안에 만유가 되실 것을 계시하셨다.

또 하나님은 자신의 존재 방식도 말씀으로 계시하셨다. 한 하나님이 아버지와 아들과 성령으로 계심도 말씀을 통해 밝히셨다. 하나님을 믿고 섬기는 법, 완전한 구원을 마련하시고 충만한 구원에 이르는 법도 다 계시하셨다. 하나님은 그리스도로 모든 것을 계시하셨고, 사랑으로 율법을 완성하셨다. 구원받은 백성들이 성령을 따라 거룩해 지는 법까지도 계시하셨다.

그러므로 하나님 말씀계시에 의존해서만 바른 하나님의 지식을 얻을 수 있다. 그리고 바른 하나님 지식을 얻음으로 하나님을 바르게 믿고 섬길 수 있다. 신학은 계시에서 출발하고 계시로 마감해야 한다. 이 경우만 바른 그리스도교 신학이 되어서 하나님을 바르게 섬기게 한다.[14]

---

[14] 서철원, 『서철원박사 교의신학』, 신학 서론, 27-8.

3. 성경에 근거해서 해야 한다.

하나님 계시에 의존해서 신학 한다는 것은 성경계시에 의거하여 신학함을 말한다. 하나님은 성경에 자기의 인격, 창조경륜과 구원경륜, 그리고 창조와 역사의 진행에 대해서 계시하셨다. 그러므로 성경계시에 의존해서 하나님을 알고 구원에 이른다. 성경계시로 우리가 하나님께 이르러 가고 구원에 동참한다. 우리는 전적으로 성경에 의존해서만 신학을 해야 한다. 더구나 성경은 하나님의 최종 계시이고 궁극적 계시임을 잊지 말아야 한다. 하나님께서 세상에 그리스도로 말미암아 마지막 말씀을 하셨다.[15] 또 성경은 완결된 계시이므로 신적권위로 역사한다. 그리하여 모든 신학과 교리와 종교를 판정한다.

교리도 성경적 진리대로 공식화 되었는지를 성경이 판정한다. 성경은 자기 가신성으로써 새로 구성된 신학을 받을 수 있는지 아닌지를 판정한다. 그러므로 이렇게 명료한 성경의 가르침대로 신학 해야 한다. 성경은 하나님 지식의 원천이고 신학함의 원리이다. 그러므로 성경에 의존해서 믿음으로만 신학 할 수 있다.

하나님은 세상을 구원하여 다시 자기 백성 삼으시기로 하셨기 때문에 성경에 자기의 계시를 기록되게 하셨다. 하나님은 성경에 자신을 계시하시고 그의 경륜과 작정, 창조와 창조 후의 모든 것을 계시하셨다. 그러므로 성경에서 하나님을 아는 바른 지식을 얻는다. 하나님을 알고 섬겨 구원에 이르는 길은 성경계시의 가르침을 알고 깨달음으로만 된다. 성경은 신적권위를 가지기에 성경을 통해서 하나님에 대한 지식을 가지려면 성경의 자기주장에 순종해야 한다. 곧 성경의 진술과 주장에 전적으로 순종하여 그 가르침대로 이해해야 한다. 자연이성으로 이해하고 이성의 법에 맞추어서 성경을 이해하면 결코

---

[15] "옛적에 선지자들을 통하여 여러 부분과 여러 모양으로 우리 조상들에게 말씀하신 하나님이 이 모든 날 마지막에는 아들을 통하여 우리에게 말씀하셨으니 이 아들을 만유의 상속자로 세우시고 또 그로 말미암아 모든 세계를 지으셨느니라"(히 1:1-2)

성경 본래의 내용을 이해할 수 없다. 자연 이성으로 성경을 이해하려고 하면 성경을 하나님의 말씀으로 이해할 수 없고 성경을 파괴하는 무서운 일이 나타나게 되고 만다. 성경은 하나님의 자기계시이므로 피조물인 인간이성은 전적으로 계시에 순종하여 그 주장대로 하나님 지식을 얻어야 한다.

성경은 최종계시이고 궁극적 계시이다. 성경계시에서 하나님을 알고 믿어 구원에 이르는 길을 얻는다. 그러므로 성경계시를 바르게 이해함이 바른 신학 함의 필수요건이다.

교회의 근본 진리인 삼위일체(三位一體) 교리와 성육신(成肉身) 교리가 성경에서 나왔고, 또 이신칭의(以信稱義) 교리도 성경에 근거하고 성경에 의해 확정되었다. 성경이 교리의 뿌리이고 원천이다. 따라서 성경은 교리의 규범으로 역사한다. 동시에 교리가 성경에서 나오고 성경에 근거되어 있으므로 교리는 성경적인 권위를 갖게 되는 것이다.

또한 성경은 모든 신학의 표준이고 진위를 판결하는 재판관이다. 신학이 성경적 진리대로 구성되면 합당한 기독교신학이 된다. 그렇지 못하면 성경의 판결을 받아 기독교신학이 되지 못하여 배척되고 만다. 이처럼 하나님을 아는 지식 곧 신학은 성경에서 나오고 성경에 근거할 뿐만 아니라 그 정당성을 판결 받는다. 따라서 모든 신학은 성경에서 나오고 성경과 합하게 구성되어야 한다.[16]

4. 교리의 지도를 따라 해야 한다.

예루살렘 초대 교회나 초기 교회시대는 교리의 작성을 필요로 하지 않았으나 교회 안에 이설(異說)이 발생하게 됨에 따라 교회는 "공적인 고백"을 하지 않을 수 없게 되었다. 그래서 교회는 자연스럽게 "고백 교회"(The Confessional Church)의 성격을 지니게 된 것이다.[17] 성경에 근거하여 신학 한

---

[16] 서철원, 『서철원박사 교의신학』, 신학 서론, 29-30.

다는 것은 성경의 내용을 재구성하는 것을 말한다. 그러나 처음부터 새롭게 신학을 구성한다는 것이 아니다. 성경을 이해하여 종합할 때 교리의 지도를 따라서 해야 한다는 것이다. 교리는 교회 존립에 필수불가결한 신앙조항이 된 것이다. 교리는 성경에서 유래한 근본진리들을 신앙고백 형식으로 표현한 신앙의 근본진리이다.

성경을 해석하고 종합하고 정리할 때 교회의 교리의 지도를 따라서 해야 기독교신학이 된다. 기독교의 기본 교리에는 삼위일체 교리와 성육신의 교리가 있다. 종교개혁은 이 두 교리에 이신칭의(以信稱義) 교리를 추가하여 기독교를 은혜의 종교, 구원의 종교로 서게 만들었다.

신학 할 때 교리가 규범으로 서 있다. 이 교리의 지도를 따라 신학 할 때만 바른 기독교신학을 구성할 수 있게 된다. 교리는 성경의 근본진리를 공교회(公敎會, catholica ecclesia)가 이해하여 믿음고백 형식으로 공식화한 명제이다. 그러므로 교리도 신적권위를 갖는다.[18]

조직신학 역시 교리의 지도를 받아 계시의 모든 내용을 통일하고 종합하여 믿음의 내용으로 확정해야 한다. 조직신학은 믿음의 사고로서 전체 계시를 종합한다. 계시의 자기주장을 순종하여 그 주장을 정당화 하는 작업을 한다.

D. 신학의 역할

신학은 누가 하는 것일까? 목사들이나 특별한 사람들만의 전유물인가? 일반 신자들이야 말씀대로 살면 되고, 신앙생활 잘하면 되지 굳이 신학에 관심을 가질 필요는 없다고 생각할 수 있다. 한국 사회 속에서 목회자들의 권위가 크게 떨어져 있고, 교회가 세상으로부터 많은 욕을 먹고 있는 실정이어서 신학에 입문하려는 사람들이 갈수록 줄어들고 있는 실정이기도

---

17 김해연, 『개혁파 신학개론』 (서울: 성광문화사, 1996), 190-91.
18 서철원, 『서철원박사 교의신학』, 신학 서론, 31-3.

하다. 각 신학교마다 학생 수급에 비상등이 켜졌고, 흔히 말해 메이저 신학대학들마저도 학생 수급에 애를 먹고 있는 형편이 되었다. 더구나 신학은 딱딱하고 재미가 없다는 인식이 팽배해 있어서 문을 두드리는 사람들을 찾아보기가 쉽지 않다. 이런 상황에서 일반 신자들이 신학적 소양을 갖출 필요가 있을까? 이 질문에 대한 답은 신학의 역할을 어떻게 규정하느냐에 따라 달라질 것이라고 본다. 이제 신학은 어떤 역할을 담당하는지를 살펴봄으로 목회자 뿐 아니라 일반 신자들도 신학에 관심을 가져야 할 당위성을 숙고하려고 한다.

1. 신학은 성경을 통일성 있게 볼 수 있는 토대를 제공한다.

성경 안에는 하나님의 뜻과 인간의 구원 계획이 담겨 있을 뿐 아니라 그 내용과 표현 방식에서도 다양한 모습을 갖고 있다. 그러다보니 성경을 읽을 때 어느 구절들은 상충되거나 모순되는 듯한 내용이 나오는 것 같아 당황스러울 때도 있다. 또 성경을 표현함에 역사적 문헌의 성격이 등장할 때도 있고, 문학적 기법이 나오는가 하면 수사학적인 표현이 사용되기도 한다. 때로는 역사적인 사건을 사실적으로 기술하는 경우도 있고, 어느 경우에는 시적인 상징과 은유적(隱喩的, metaphor[19])인 함의가 들어 있기도 하다. 어느 성경은 문자 그대로 쉽게 이해가 되는가 하면, 어떤 성경은 문자로 표현 된 그 이면에 영적인 깊은 뜻이 숨어 있는 경우도 있다. 그러므로 신학적 기초가 없으면 성경에 대한 지식이 단편적이고 모자이크장식처럼 되고 만다. 왜냐면 성경 전체를 통합적으로 통일성 있게 볼 수 있는 배경이 약하고 안목이 열려 있지 않기 때문이다. 성경을 통합적으로 볼 수 있어야 상충되는 구절들에 대한 이해, 다양한 기법이 동원 되어 기록 된 성경 이면에 감춰진 하나님의 뜻과 의미를 조화롭게 이해할 수 있게 된다. 그렇지 않으면 많은 혼란이 생기고 교리적 의문에 사로잡혀 더 이상 믿음의 진보를 보이지 못

---

[19] 비유법의 하나로, 행동, 개념, 물체 등을 그와 유사한 성질을 지닌 다른 말로 대체하는 일을 말한다.

하고 중단하거나 포기하게 되는 것이다.

성경을 덮어 놓고 믿는 것이 아니라 성경을 열어서 읽고 듣고 묵상하며 살아야 역동적인 믿음의 소유자가 될 수 있을 텐데 그런 의문에 부딪치게 되면 그때부터 성경을 덮어 놓고 믿게 되니 영적 소경이 되고 마는 것이다. 일반적으로 한국교회에서 널리 사용하고 있는 용어 중에 평신도(平信徒)라는 말이 있는데 그 말 자체가 매우 어폐가 있기에 사용하지 말아야 할 것이다. 평신도가 있다면 특신도(特信徒)가 있다는 뜻이니 이 얼마나 황당한 일인가. 직분은 계급이 아니라 섬기라고 주신 하나님의 선물(은사)이자 역할이 다를 뿐이지 결코 차별이 아닌 것이다. 그런데 덮어 놓고 성경을 믿으면 평신도[20]가 되고 말 것이다. 오죽 하면 『평신도를 깨운다』[21]는 책이 나왔겠는가?

오늘날에는 평신도도, 특신도(성직자)도 존재하지 않는다. 사도들도 존재하지 않는다. 만인이 법 앞에 평등하듯이 다만 사도적 전승이 있을 뿐이고, 하나님의 자녀들이 존재할 따름이다. 각자에게 맡겨 주신 직분은 섬기라고 주신 하나님의 선물임을 잊지 말자. 사도직은 단회적이며 반복되지 않는다. 예수님으로부터 직접 사사(師司)를 받으며, 십자가와 부활을 목도한 사도들은 오늘날 존재하지 않기 때문이다. 사도들로서의 부름도 더 이상 없었기에 그러므로 후계자도 있을 수 없다. 직무로서의 사도는 1세대 사도들의 죽음과 더불어 사라진 것이다. 그러나 그 과업과 직분은 남아 있다. 사도는 사라졌고 새로 사도(新使徒)[22]가 된 사람도 없지만 그 직분은 사라지지 않았고 여전히 그 사명은 교회에 맡겨져 있는 것이다. 그 사명은 어느 개인이

---

[20] 지구촌교회를 담임한바 있는 이동원 목사는 양수리 수양관에서 개최 된 한신목회자 세미나에서 한국교회 목회자들이 평신도를 병신도로 만들고 말았다고 일갈(一喝) 한 적이 있는데 공감이 간 바 있다. 각자에게 주어진 은사대로 하나님을 섬김이 하나님께서 원하시는 뜻이 될 것이다.

[21] 옥한흠, 『평신도를 깨운다』 (서울: 국제제자훈련원, 2019)

[22] 피터 와그너를 통해 촉발되고 일부에서 계속적으로 시도되고 있는 신사도운동은 대단히 비성경적인 신비주의 운동에 불과함을 알아야 한다. 요한계시록에 의하면 소아시아 일곱 교회에 보내는 서신에서 예수께서 에베소교회에게 "자칭 사도라 하되 아닌 자를 시험하여 그 거짓된 것을 네가 드러낸 것"(계 2:3)을 칭찬하셨다. 자칭 사도라는 것은 초대교회부터 있었다. 에베소교회는 사도적 신앙에 굳게 서서 자칭 사도 행세를 하는 사이비와 거짓 사도들을 드러내어 교회의 순결성을 지켰다. 구약 정경 예언자의 예언이나 신약의 사도적 계시는 유일회적이며, 정경이 완성된 후에 다시 반복될 필요가 없는 것이다.

나 특정인들이 감당해 가는 것이 아니라 온 교회가 이 유업을 계승해 가는 것이다. 한스 큉은 '사도적 계승은 근본적으로 사도적 신앙과 고백의 계승이다.'라고 정확한 진단을 내리고 있다.[23] 신앙과 고백의 계승에 방점을 찍고 있는 것이다. 그러므로 우리 모두는 깨어나야 한다. 그러기 위해서는 신학적 토대를 갖추는 일을 게을리 해서는 안 된다.

2. 신학은 설교와 삶을 연결시켜 준다.

신학은 설교의 내용을 충실하게 만들어 주고, 청중들로 하여금 들은 바 설교를 자신의 삶에 적용시켜 주는 역할을 한다. 동방정교회는 향을 피우고 초를 켜놓아 코를 자극함으로 믿음의 동기를 불러일으키려 하고, 로마 가톨릭은 마리아상과 12제자 성화나 성상, 성인들의 동상 등을 통해 눈을 자극함으로 믿음의 동기를 불러일으키려 하지만, 우리 개신교, 특히 개혁교회는 예배를 중시하며 그 중심에는 설교가 들어 있어 듣는 귀를 중요하게 여긴다. 예배에서 설교가 차지하는 비중은 막중하다. 하지만 설교는 제한 된 시간에 이루어질 뿐 아니라 성경을 삶과 충분히 연결시켜 주지 못할 때가 많다. 설교는 주로 믿음의 당위성을 강조하고 결신을 선포한다. 어떤 설교는 알맹이가 빠진 채 내용은 없는 상태로 그저 '믿어라'고 결신에 대한 요청만을 반복하기도 한다.

물론 상당수 신자들은 설교를 하나님의 말씀으로 받아들이고, 믿음으로 들으며 '믿음대로 살겠다.'는 결단을 하지만 그러나 교회의 문을 나서 삶의 현장으로 복귀하면 믿음대로 사는 것이 쉽지 않다는 사실을 알게 된다. 쉽게 말해 교회 안에서의 예배 생활은 이론이라고 한다면 교회 밖에서의 삶은 실제인데 이론과 실제가 조화를 이루지 못하고 다르다는 것이 오늘 한국교회 신자들의 문제점이자 커다란 딜레마가 아닐 수 없다. 자신이 들었던

---

[23] 한스 큉, 『교회란 무엇인가』 이홍근 옮김, (서울: 분도출판사, 1994), 148-49.

설교에 내용이 부족했다거나, 삶과 믿음을 구체적으로 연결시켜 주지 못하기 때문이다. 설교가 삶과 연결되지 못하고 적용되지 못한다면 그 신앙은 활기를 잃고 자칫 율법주의나, 매너리즘에 빠질 위험성이 있게 된다.

신학은 설교의 내용을 채워주고, 설교를 우리 삶과 연결시켜 주는 다리 역할을 해준다. 그러므로 신학은 설교자와 설교를 듣는 신자 모두를 위한 것이 된다. 더 나아가 신학은 우리 삶과 관련 된 많은 문제들에 대한 해답을 줘서 우리로 하여금 바른 삶을 구가하게 하는 것이다. 그러므로 신학의 역할은 결코 간단치 않으며 대단히 중요하다는 확신을 준다.

3. 신학은 신앙의 눈으로 세상을 보게 한다.

그리스도인들은 천국 시민으로서 그 나라에 대한 소망을 갖고 살아가지만 그렇다고 해서 구름을 타고 다닌다든지 이 세상을 떠나 별천지에서 사는 삶이 아니라 이 세상에 속하여 더불어 살고 있다. 다시 말해 성경의 세계와 자신이 속한 우리 시대 사이에 '긴장'을 갖고 살아가는 것이다. 그 어느 누구도 그 시대의 가치관이나 세계관의 영향에서 자유로울 수 없다. 그렇기에 그 시대의 가치관이나 세계관이 성경의 가치관과 괴리가 있을 때 그리스도인들은 혼란에 빠지는 것이다.

기독교적인 가치와 세상적인 가치관의 충돌은 우리 삶에 흔하게 나타나고 있다. 그래서 혼란스러울 수밖에 없는 것이다. 그 예로 교회에서는 창조론을 배우지만 학교에서는 진화론을 배우고, 인간 복제가 가능하다면 창조신앙은 어떻게 될까? 집에서 자녀들을 교육할 때 성경의 가치관과 세상에서 성공하기 위한 가치관 중 어느 것을 가르쳐야 할까? 신학은 이런 주제들에 대한 답변을 줄 뿐 아니라 기독교 세계와 우리가 속한 세상 사이의 긴장을 해소할 수 있는 방향을 제시해 준다.

기독교 2천년 역사를 볼 때 어느 시대를 막론하고 일반신자들이 신학적으로 탄탄할 때 교회가 건강하였다. 일반신자들이 신학적 기초가 부족할 땐 신앙과 삶이 분리되고, 교회의 대 사회적 역할을 상실하였다. 또 신학이 약하면 이단에 쉽게 휩쓸리면서 교회가 약해지는 일이 있었다. 신학은 추상적이거나 공허한 메아리가 아니고 확실한 답을 예비하고 있기에 접근전을 펼칠 이유가 충분하다고 본다.

일반신자들이 신학적 토대를 공고히 하는 방법은 비단 신학교에 진학해야만 가능한 일은 아닐 것이다. 자신이 섬기고 있는 교회의 목사나 교역자들이 이미 신학교육을 마쳤고 목사가 되었다 할지라도 재교육의 기회[24]를 가질 수 있도록 충분한 뒷바라지를 한다면 교육 받은 그들을 통해 신학적 소양을 쌓을 기회는 계속 이어질 것이라고 본다. 또한 교회나 기관의 모임을 통해 개혁주의로 무장한 신학자를 초청해 강의를 들을 수도 있을 것이다. 개인적으로는 엄선 된 개혁주의 양서를 구입해 꾸준하게 책을 읽는 것도 신학적 소양을 쌓는 좋은 방법이 될 수 있을 것이고, 교회적으로는 작은 도서관을 만들어 이런 책을 비치해 신자들로 하여금 읽고 토론이나 독후감을 써서 함께 나누게 하는 것도 한 방법이 될 것이다.

E. 신학은 왜 하는 것인가(목적)

우리는 신학 작업을 통해 완전한 하나님 지식을 얻을 수 있기를 바라고 있다. 그러나 지금 이 땅 위에서 하는 신학 작업은 나그네와 같은 작업이라고 해야 할 것이다. 완전한 하나님 지식을 목표로 하지만 도달하지 못한다. 종말에 하나님 앞에 설 때 얼굴과 얼굴을 마주 대하여 봄으로 비로소 하나님 지식이 완성되는 것이다.

---

[24] 목회자들의 재교육 방법으로는 노회나 총회차원의 목회자 연장교육, 동계, 하계 목회자 세미나도 생각해 볼 수 있고, 목사가 된 이후에도 실제 신학석사과정(Th. M), 신학박사 과정(Th. D), 철학박사 과정(Ph. D), 박사 후 과정(Post-Doctor) 등에 진학하여 학교에 적을 두고서 목회와 연구를 병행하게 하는 방법도 고려해봄직 하다. 소경이 소경을 인도하면 둘 다 구덩이에 빠지게 되나 제대로 된 교육은 우리의 교회와 신앙을 튼실히 세워가는 기회가 될 수 있다.

그러나 하나님을 마주 대하여 볼 때 하나님의 특별한 빛을 받아 영혼이 신화(神化)되는 일은 결코 일어나지 않는다. 그때도 피조물로서 하나님 얼굴 앞에 서서 산다. 하나님을 아는 것은 창조주 되심과 구속주 되심을 아는 것을 말한다. 창조주가 구속주 되시어 나를 죄와 사망에서 구원하셨다는 것을 알게 되면 하나님을 믿고 섬기지 않을 수가 없게 된다. 하나님을 믿고 섬기며 영생에 이르기 위해서 신학 함은 필수적이다.

이 목적에 이르기 위해서 신학을 하기 때문에 신학은 하나님의 계시에서 출발하고 계시에 근거하고 계시에 맞도록 구성해야 한다.[25] 신학을 한다는 것은 목사가 되고, 부흥사가 되고, 교수가 되려는 그 무엇에 있지 않고 하나님을 바로 알고, 바로 믿어 영생에 이르게 하기 위한 중단 없는 작업으로서 누군가는 해야 하고 하지 않으면 안 되는 생명 살림의 거룩한 여정이 아닐 수 없다.

신학은 정확한 교리적인 신념들이 신자와 하나님 사이의 관계에 필수적이기 때문에 대단히 중요하다 아니할 수 없다. 정확한 믿음을 정의하고 확립하는데 관계하는 신학은 이렇게 중요한 위치를 차지하고 있다고 할 수 있다. 또한 신학은 진리와 경험이 관련되기 때문에 필요하다.[26] 오늘날 다양하게 분출되고 있는 갖가지 주의(主義, ism) 주장들에 대한 세속적인 대안들은 더 많은 혼란을 야기하고 있다. 이런 논점들에 대한 명확한 성경적인 대안을 위해서도 신학이 차지하는 비중은 크고 그 필요성 역시 지대하다 할 것이다.

F. 신학생 됨의 의미(정체성)

신학생의 정체성에 관해서는 이승구교수의 잘 정리 된 글[27]을 공유하

---

[25] 서철원, 『서철원박사 교의신학』, 신학 서론, 33-4.
[26] 밀라드 J. 에릭슨, 35-7.

면서 깊이 성찰해 보고자 한다. 세상 사람들은 신학생들을 향해 흔히 "신학하는 사람들"이라고 말한다. 이는 일반적으로 하는 말이지만, 잘 생각해 보면 우리에게는 아주 황송한 말이 아닐 수 없다. 이 고귀한 명칭을 듣는 이들은 과연 어떤 모습을 가지고 있어야 할까? 가장 이상적인 상황을 중심으로 해서 진정한 신학생은 어떤 사람이어야 하는지를 생각해 보기로 하겠다.

1. 진정한 그리스도인이자 한 교회의 신실한 교인이어야 한다.

진정한 그리스도인이자 한 교회의 신실한 교인이어야 한다는 이 두 가지 거창한 말은 우리의 신학생 됨의 필요조건의 하나이다. 따라서 우리는 신학생 되기 이전과 이후에도 그렇지만 진정한 그리스도인 됨과 교회의 지체됨에 대해서 진지하게 물어야 한다. 교회의 지체 역할을 제대로 감당하지 않는 이들은 그 교회의 부름을 받아 신학을 공부하고 그것을 토대로 하여 청빙 받을 수 있는 자격이 없기 때문이다.

그러므로 다른 어떤 것보다도 참으로 바른 개혁 교회의 신실한 교우 역할을 하는 것이 우리에게 일차적으로 요구되는 일이라고 여겨진다. 특히 이 땅에서는 개혁 신학을 말해 주는 일은 어느 정도 있었지만, 참으로 성경과 개혁 신학에서 말하던 진정한 개혁 교회가 존재하고 잘 유지되어 온 일이 드물기 때문에, 무엇보다 먼저 참으로 바른 개혁 교회의 일원으로 그 회원 역할을 하는 일이 신학생 됨의 선결 과제로 있어야 한다고 여겨진다.

교회의 교우(지체) 역할을 하면서 우리는 교회와 함께 성장해 가고 전진해 가는 것이 어떤 것인지를 절실하게 알 수 있어야 한다. 성경에서는 따로따로 떨어져 있는 개개인 성도들이라는 현대적 개념은 낯선 것이다. 온 교회가 함께 성장해 가는 유기적 교회의 모습이 성경이 친숙히 알고 제시하는 교회의 모습이다. 따라서 교회와 함께, 교회의 일원으로서 은혜의 방도로서

---

27 블로그, "이승구교수의 개혁신학과 우리사회이야기", https://blog.daum.net/wminb/category/신학이야기?page=14

의 하나님의 말씀을 공급 받고, 그 지체로 성장해 간 경험을 가진 이들만이 후에 개혁 교회를 바르게 섬겨 나가는 일을 감당할 수 있다.

또한 교회의 회원으로서 동료 교우들이 우리들에 대해서 과연 다음 세대를 감당해 갈 수 있는 목회자 후보생으로 적절하다고 생각하는 지에 대한 점검을 받는 일이 매우 중요하다. 물론 신학교 오기 전에 여러 사람들로부터 여러 번에 걸쳐 신학교에 가라는 말을 들었을 것이다. 그러나 그것이 과연 교회 생활을 같이 하는 가운데 다음 세대의 교회를 생각하면서, 즉 목회자 후보생을 염두에 두면서 신학교에 가야 한다고 하는 대다수 교우들의 일치된 의견인지를 깊이 생각해 보아야 한다.

혹시 그런 경험이 없었던 분들은 신학교에 들어 와서 소위 교육 전도사를 사역하는 기간 동안에 우리가 사역하는 모습을 지켜보는 주변에 있는 분들이 냉정하게 평가했을 때 우리의 성품과 사역을 어떻게 평가하며 앞으로 목회자가 되기에 적절한 사람으로 평가하는 지를 마음 속 깊이 새겨 보아야 한다. 후에 목사 청빙을 받을 때뿐만이 아니라, 신학생 되는 일의 시초와 과정에서도 우리의 성품과 사역을 다음 세대의 목회자다운 존재로 대다수의 교우들이 평가하는 지가 매우 중요한 것이다. 함께 교회 생활을 하는 우리 교우들이 우리를 진정한 그리스도인으로, 교회의 바른 지체의 한 사람으로 여겨야만 우리는 앞으로 교회를 섬겨 나갈 수 있는 최소한의 준비가 된 것이라고 할 수 있다.

물론 우리 자신으로서도 다른 일로 보다는 이렇게 교회의 사역자로 주님을 섬기는 것이 자신이 하나님과 그의 나라와 교회를 섬기는 최선의 방도라는 확신이 있어야 하지만 말이다. 그 개인적 확신과 열망이 매우 중요하지만, 더 중요한 것은 과연 우리와 함께 하는 성도들이 우리를 참된 그리스도인과 다음 세대의 목회자로 적절하게 보느냐 하는 것이다. 그러므로 우리는 무엇보다도 진정한 그리스도인으로서 교회의 바른 지체 역할을 하는 성도여야 한다.

2. 신학 하는(doing theology) 사람이어야 한다.

교회의 추천을 받고 신학 하는 사람은 참으로 "죽도록"(죽기까지) 신학적 공부를 연마해야 한다. 목사는 평생 공부하는 사람이다. 따라서 신학생의 기간 동안에 앞으로 평생 공부하면서 교회를 섬겨 나가는 기본적인 방법을 익숙하게 연마해야 한다. 신학생은 모든 신학을 다 배우는 사람이 아니라(그것을 하기에는 3년, 혹은 7년의 과정이 너무 짧다!), 앞으로 평생 공부해 갈 수 있는 기본적인 방법을 배우는 사람이다. 따라서 신학생 때만 공부하는 사람이 되지 않도록, 평생 공부하는 사람으로서의 준비를 학교에 있는 기간 동안에 습득함에 힘써야 한다.

목회학석사(M. Div.) 과정에서 다루는 과목들은 가장 기본적인 과목들이지만 신학내의 모든 학문 분야의 기초를 놓는 과정으로서 우리는 어떤 과목과 관련해서는 이 M. Div. 과정에서 공부하는 것이 그 과목에 대해서 공식적으로 가르침 받는 마지막 과정인 경우가 많다. 그러므로 우리는 모든 과목에 대해서 평생 그런 고찰을 하여 나가는 기본적인 태도와 연구 방법에 대한 지도를 받아야 한다는 마음으로 공부해야 한다. 그러니 어떤 과목에 대해서고 한 시간이라도 소홀히 할 수 없는 것이다(물론 학교와 교수들도 그런 태도로 우리를 지도해 주셔야 한다). 모든 과목을 골고루 잘 준비해서 평생 개혁 신학을 공부해 가는 사람으로서의 충분한 준비를 갖추어야 한다.

특히 헬라어, 히브리어를 잘 연마해서 앞으로 평생 바른 성경 주해에 근거한 쉽고도 유익한 설교를 할 수 있도록 해야 하고, 조직 신학적 토대를 분명히 해서 개혁 신학의 틀에서 벗어나는 사고와 설교를 하지 않도록 하며, 교회사를 잘 살펴서 과거의 어떤 이단들이 말하고 행동한 바를 우리가 모르거나 알면서 따라가지 않도록 해야 할 것이다. 이런 토대를 잘 마련한 후에는 전통적 신학 분과 중 1, 2 분과를 선정해서 앞으로 평생 그 분야에 대한 아마츄어 전문가로서의 연구를 계속해 보려고 노력해야 할 것이다. 그래야 효과적으로 깊이 있게 탐구해 가기가 쉽기 때문이다.

신학 하는 사람은 참으로 신학 하는 사람(비전문적 의미에서라도 theologian)이어야 하는 것이다. 신학생은 교회 안에서는 신학과 성경의 전문가로 섬기는 것이다. 물론 모든 교회의 선생님(doctor ecclesiae)들인 교수님들과 함께 하는 것이므로 평생 같이 연구하고 도움을 받고 할 것이지만, 개개의 교회 안에서는 성경과 신학과 2000년 기독교 역사의 대변인과 전문가로서 파송 받는 다는 의식을 가지고 모든 준비를 갖추어야 한다.

3. 하나님께 속한 거룩한 사람(divine)이어야 한다.

물론 신약적 개념이나 종교 개혁적 개념에서는 진정한 그리스도인들 모두가 다 거룩한 사람들이며, 신령한 자들이다. 그러므로 신학생이 되고, 목회자가 되는 이들도 당연히 거룩하고 신령한 자여야 하는 것이다. 다른 이들과 구별된 의미에서의 신령한 자라기보다는 모든 진정한 그리스도인들이 마땅히 그래야만 하는 신령한 자, 즉 그 안에 성령이 계셔서 성령의 인도하심을 받는 사람의 모습을 드러내어야만 한다.

개신교에서는 목회자와 성도들에 대한 이중 기준(double standards)을 말하지 않는다. 우리는 모든 그리스도인들에게 사람이 할 수 있는 최고의 한도로 거룩하고 신령한 자들이 될 것을 요구하고, 우리도 마땅히 그렇게 되도록 해야 한다. 물론 이 일은 우리의 노력과 의지로 되는 것이 아니라, 우리가 성령님께 온전히 복종하는 가운데서 성령님께서 우리를 인도하셔서 자연스럽게 우리를 성숙시켜 주시는 가운데 이루어지는 것이다. 그러므로 성령님의 인도하심을 받고 살아가는 실상을 잘 알고, 그런 실제 가운데서 우리의 삶을 살아가야 한다. 성령의 인도하심을 받아 살아가는 신령한 자로서의 삶만이 그리스도인의 바른 자태이기 때문이다.

4. 성경이 말하는 교회의 모습을 이루기 위해 노력해야 한다.

우리의 신학은 근본적으로 교회를 위한 신학(theology for the church)이다. 그러므로 우리의 모든 생각과 말에서는 비판을 위한 비판이 있어서는 안 된다. 다음 세대의 교회를 위해 우리의 교회가 진정 하나님이 원하시는 교회의 모습을 드러낼 수 있도록 우리는 성경이 가르치는 교회의 바른 모습을 찾아 제시하는 일에 앞장 서야 한다. 그리하여 개혁자들처럼 교회로 교회되게 하며, 바른 교회를 세워가는 일꾼이 되어야 하는 것이다.

신학생들이 현재 나누는 말이 다음 세대의 교회의 모습을 결정한다는 것을 명심하자. 우리는 과연 어떤 대화를 나누고 있는가? 우리가 추구하는 교회는 과연 어떤 모습을 지니고 있는가? 그 교회의 모습은 과연 개혁 신학적 교회 이해에 충실한 것인가? 이런 질문을 스스로에게 던지면서 신학생 됨의 의미를 깊이 생각하고 자질을 갖춰 나가야 할 것이다.

개혁주의란 무엇인가?

A. 개혁주의 신학

일반적으로 장로교 신학을 칼빈주의라 한다. 이 칼빈주의는 '성경으로 돌아가자'고 외친 종교개혁자들에 의해 주창되고 생성되었기에 개혁주의라 하고 성경을 바로 깨달아 성경대로 살고자 하기에 성경주의라고도 부른다. 칼빈주의란 하나님 중심(행 4:12; 히 4:15; 롬 11:36; 엡 1:6, 12, 14), 성경 중심(요 5:39; 롬 1:16-17; 딤후 3:15-17; 벧후 1:19-21), 교회중심(마 16:18; 28:19; 엡 1:22-23)의 기본 원리를 토대로 하는 유기적 총체로서 교회 역사 속에서 형성 된 가장 성경에 충실한 공교회적 신학전통으로 종교개혁시대에 시작되었다. 예수 그리스도를 통해 촉발 된 하나님 나라 운동, 복음운동이 사도 바울과 어거스틴을 통해 계승되고 발전되는 가운데 칼빈이 이 교의들을 조직적으로 설명 하고 체계화 시켜 내 놓은 사상체계를 말한다.

종교 개혁 이후 루터교회는 복음주의로, 개혁교회는 개혁주의로 신학의 맥이 이어지며 계승되고 있다. 함께 개신교회가 되었지만 루터파와 개혁파가 하나를 이루지 못한 이유는 개혁파는 계속해서 성경에 입각한 개혁을 추구하여 왔기 때문이다. 루터파는 당시부터 지금까지도 루터라고 하는 개인의 이름을 사용하고 있지만 개혁교회는 사람의 이름을 따라 교회의 이름을 부르지 않았던 것이다.

개혁교회의 중요한 교리와 신조에는 하이델베르크 요리문답(1563)과 웨스트민스터 신앙고백, 대·소요리문답, 예배지침과 교회정치와 권징조례 등이 있다. 개혁교회는 중단 없는 개혁으로 개혁주의 신앙과 생활을 추구하며, 이 땅에 천국 복음으로 하나님나라를 건설하고 주님의 몸인 단일교회를 형성함을 목표로 하고 있다.

B. 개혁신학의 특성(핵심원리)

1. 하나님의 주권사상

개혁신학에서 가장 도드라지게 드러나는 핵심 사상 가운데 하나는 하나님의 주권(sovereignty of God)을 철저히 인정하는 점이다. 성경에 충실한 하나님 개념을 제시하고, 하나님의 주권을 인정하고 강조할 뿐만 아니라 하나님으로 하나님 되게(let God be God) 하는 일이야 말로 개혁신학에 있어서 가장 큰 매력이 될 것이다. 하나님은 온 세상을 창조하셨고, 과거나 현재 뿐 아니라 미래에서도 여전히 전 우주를 통치하시며 섭리해 가시는 분으로서 온 우주에 대한 주권을 가지고 계신다.

3대 칼빈주의자로 불리는 워필드(B.B. Warfield)는 "칼빈주의자는 진정으로 하나님을 봬 온 이"라고 표현하기를 즐겨했다.[28] 하나님 앞에 서서 하나님을 제대로 인식한 사람은 하나님의 주권을 받아들이고 그에 충실할 수 밖에 없는 것이다. 하나님 앞에서(Coram Deo) 하나님의 주권을 인정하지 않는다는 것은 심각한 신성모독으로 엄위하신 하나님 앞에 어찌 다른 생각을 가질 수 있겠는가?[29]

하나님의 주권이 바르게 인식되지 않거나 인정되지 않으면 많은 문제점들이 발생하게 된다. 이 주권이 왕에게 있다고 오판을 하게 되면 왕권신

---

[28] B.B. Warfield, *Calvin and Augustine*, ed., Samuel G. Craig(Philadelphia: Presbyterian and Reformed Pub. Co., 1956), 292, 491, 503, 재인용.

[29] 이승구, 『21세기 개혁신학의 방향』 (서울: CCP, 2018), 16.

수설(王權神授說)30로 둔갑하여 철권통치를 휘두를 수 있고, 이에 반발하여 저항하는 이들에 의해서는 권력은 국민에게 있다는 주권재민(主權在民)을 강조하면서 '백성의 소리'(vox populi)가 곧 '하나님의 소리'(vox dei)라고 지나친 주장을 하여 주권이 하나님께 있음을 부인하는 데로 나아가는 일도 있었다. 이에 반해서 그리스도인들, 특히 개혁주의는 모든 주권이 하나님께 있음을 철저히 인정하고 그 주권을 잘 받아들여 하늘에서 그 뜻이 이루어진 것 같이 이 땅에서도 구현되도록 하는 것이 본분과 자세가 될 것이다.31 이렇게 하나님의 주권을 인정하고 받아들일 때, 다시 말해 하나님의 참 된 주권 하에 있을 때 개인의 권리와 국민의 권리, 더 나아가 이 세상 모든 권리가 세워질 수 있고 보장 받을 수 있는 것이다. 하나님의 주권이 무시되고 사라지고 나면 결국 인권의 기초가 사라지게 되므로 그 어떤 권리도 주어질 수 없고 철저히 뭉개짐을 알아야 할 것이다.

　　모든 지혜와 지식의 근본이 여호와 하나님을 경외함에 있듯이 모든 인권과 권리의 기초는 하나님의 주권을 인정하는데서 부터 출발한다. 이것이 무너지면 아무리 화려하고 그럴싸하게 포장 된 이론이나 법조항이라 할지라도 온전하게 집행될 수 없으며, 또 다른 인권의 사각지대가 형성되면서 많은 피해자들이 양산될 수밖에 없는 구조적인 악을 낳게 된다. 특정 소수자 집단에 대한 차별을 막기 위해 제정 절차를 밟고 있는 차별금지법도 마찬가지이다. 성경에 반하는 종교다원주의와 해체주의적인 배경을 가지고 출발하는 것 자체가 대단히 모순이며, 이러한 법조문 뒤에 가려진 또 다른 인권의 무시를 발견할 수 있어야 한다.32

---

　　30 왕권신수설은 17세기 절대주의 국가를 옹호했던 정치사상으로, 왕권이 신으로부터 주어졌기 때문에 왕은 신에 대해서만 책임을 지며, 인민은 저항권 없이 왕에게 절대 복종하여야 한다는 주장이다. 따라서 신하인 국민이 왕에게 반역하는 것은 곧 신에게 반역하는 것을 의미한다. 루이 14세의 "짐이 곧 국가다"라는 말은 왕권신수설을 가장 잘 표현한다. 왕권신수설은 군주 주권론의 대표적 이론으로, 보댕(J. Bodin)에 의해 주장되었다. 이러한 왕권의 절대성을 비판하며 국민들이 계약에 의해 국가를 구성하고 자신들의 권리를 국가에 위임한 것이라 보는 사회 계약설이 등장했다. 결국 1688년 영국에서는 로마 가톨릭을 신봉하며 왕권신수설에 입각한 제임스 2세의 전제 정치에 반대하여 명예혁명이 일어났다(천재교육편집부, 『학습용어사전 법과 정치』, 134).

　　31 이승구, 『21세기 개혁신학의 방향』, 17.

우리 모두는 개인이나 가정, 교회, 그리고 전(全) 역사의 전개과정에서 하나님의 통치권과 주권을 겸허히 인정하며 때론 우리의 이성으로 이해할 수 없고 다소 억울한 측면이 있을지라도 하나님의 섭리를 생각하며 하나님의 주재권(主宰權) 앞에 경거망동하지 말아야 할 것이다. 하나님의 주재권이 찬연히 빛나고 하나님의 뜻이 이 땅에서 우리를 통해 아름답게 구현되기를 바라야 한다.

2. 성경의 권위

개혁주의 신학이 성경을 중심으로 하는 '계시 의존 신학'(啓示依存神學)을 표방하고 있음은 주지의 사실이다. 개혁신학이 이렇게 성경중심주의를 추구하는 것은 그만큼 성경에 대한 권위를 철저하게 인정하고 있다는 반증이자 '오직 성경'(sola scriptura)을 강조하는 이유는 성경이 아주 독특한 의미에서 하나님의 감동으로 기록 된 말씀임을 믿는다는 것을 분명히 하는 것이다. 인간의 이성이나 경험, 전통이나 역사를 신학의 궁극적 원천으로 하지 않고 이것들에 대해서는 폭넓게 참조하되 모든 논의의 최종적인 결론은 '오직 성경'의 원리[33]에서 내리는 개혁주의가 성경주의인 이유가 여기에 있다. 성경의 저자가 하나님이시므로 신적 권위가 성경에 부여되어 있고, 성경이 하나님의 말씀으로서 갖는 권위와 특성이 나타나 있는데 이것을 가리켜 성경의 신성성(神性性)이라고 한다.[34] 이렇게 성경은 단순한 글이 아니라 하나님의 말씀이므로 인간은 이성을 동원하여 하나님의 말씀에 대적하려는 시도를 멈추고 성령의 조명(照明, Illumination)을 받아 무조건적인 믿음과 성경

---

[32] 예를 들어 동성애법이 통과되어 합법화 되었을 때 이는 곧 입양도 가능하게 된다는 것인데 그렇다면 자신의 의지와 상관없이 입양 된 어린 아이가 평생 한 남자를 엄마라고 불러야 되고, 평생 한 여자를 아빠라 불러야 하는 기막힌 현실 앞에 이 아이의 인권은 어디서 보상 받을 수 있고 누가 책임져 줄 수 있을 것인가, 자못 심각한 문제가 야기 될 수 있는 것이다.

[33] 이승구, 『21세기 개혁신학의 방향』, 19.

[34] 서철원, 『서철원박사 교의신학』, 신학 서론, 244.

계시에 순종하는 수납으로 인간의 도리를 다하여야 할 것이다.

성경은 진리의 유일 원천으로서 완전하고 명료하므로 모든 진리가 성경으로부터 도출되며, 믿음 또한 이 말씀(요 5:39, 롬 10:17, 요 20:31)을 통해 일어나게 된다. 성경의 권위는 성경의 진리들을 믿고 순종하게 하는 힘 자체이다. 성경의 권위는 다른 모든 기록들보다 탁월한 존엄성과 우수성으로 인간의 지성을 움직여 그 진술을 진리로 받아들이게 하고 그의 명령들을 순종하도록 의지를 움직인다.[35]

성경의 권위는 하나님을 저자로 갖기 때문에 성경 자체가 진술하는 진리들을 믿고 순종하도록 하고 확신을 갖게 하는 권세이다. 그 권위는 성경의 자기 가신성(可信性)이다. 이 권위 때문에 성경이 모든 신학의 원리이고 교회 교리의 배타적 규범이며 모든 논쟁에 있어서 착오 없는 심판관이 된다. 그리고 성경 단어와 거기에서 나온 귀결이 내포하는 것은 꼭 믿어야 할 진리 곧 교리가 된다.[36]

이어서 서철원 교수는 성경의 권위는 결코 교회의 인정에 근거하지 않고 성경 자체에만 의존하고, 하나님의 권위와도 일치하므로 절대적이며, 그 내용에 따라 역사적 권위와 규범적 권위로 구분을 짓고 있다.[37] 성경은 구원에 관한 모든 진리를 담고 있으므로 완전한 것이다.

성경이 성령의 감동으로 기록 된 하나님의 말씀이므로 성령의 조명을 받아 본문의 뜻을 바르게 이해하려는 바른 해석이 있어야 바른 신학을 세워갈 수 있다. 개혁신학이 추구하는 바른 성경신학적 태도는 "특별계시의 역사적 과정"(the historical progression of the special revelation)을 중시하면서 그 틀 위에서 사고하며 사는 태도이다.[38] 성경이 완성 된 이후에 사는 우리들

---

[35] Auctoritas Sanctae Scripturae est dignitas et excellentia soli sacrae scripturae Prae 0mnibus aliis scriptis competens, Polanus, Ⅰ, 16.

[36] 서철원, 『서철원박사 교의신학』, 신학 서론, 245.

[37] 서철원, 『서철원박사 교의신학』, 신학 서론, 246-47.

[38] 신학 하는 일에서 계시의 무오성, 객관성, 영감 됨에 대한 바른 인정과 그 중요성, 그리고

에게 잘못 된 사유의 예는 많이 있다. 구약적 사유를 그대로 적용하여 '건물로서의 성전'이라든가, '제사장', '제단', 우리의 삶 전체로 드리는 산제사(living sacrifice) 외에 '제사'가 있다고 한다든지, 한국을 제2의 이스라엘이라고 표현하는 것들은 모두 바른 성경신학적 표현이 아님을 이승구 교수는 지적하고 있다.[39] 그러므로 우리 시대에 성경을 들먹이면서 함께 하나님을 섬기는 것 같음에도 불구하고 잘못 된 방향으로 나아가는 교회들을 쉽게 분별할 수가 있다. 그러므로 '사제'(司祭, priest)라는 호칭을 여전히 사용하고 있는 천주교나 성공회, 사제와 목사 칭호를 겸하여 사용하고 있는 루터파 등의 교회들은 성경적이지 않다고 할 수 있다.

이 뿐 아니라 성경 해석에 있어서 특별계시의 역사적 진전을 유념하지 않는 것은 모두 다 성경 신학적이지 않다고 볼 수 있다. 그 예를 이승구 교수는 다음과 같이 들고 있다.[40] a) 계시의 흐름을 생각하지 않고 무시간적으로 성경을 연결시키려는 무시간적인 해석, b) 계시의 유기적 연관성을 생각하지 않고 세대별 구원 방도의 차이를 생각하며 이스라엘과 교회라는 두 개의 하나님 백성의 도식을 아주 강하게 대조시키며 강조하는 세대주의적 해석, c) 이른 시기에 후대의 계시를 무리하게 부과하려는 지나친 모형론적 해석 같은 것이 여기에 해당되기에 성경해석이나 설교에 적용되어서는 안 될 것이다. 성경신학적 사고가 중요한 이유가 여기에 있다.

3. 교회를 위한 신학

신학을 하려는 주된 이유와 목적은 예수님께서 피 흘려 사신 주의 몸된 교회를 건강하게 세워나가는 데 있음을 분명하게 인식하여야 한다. 이런

그에 대한 축약적 설명으로 G. Vos, *Biblical Theology*, 이승구 역, 『성경신학』, 개정역 (서울: CLC, 2000), 31-3을 보라. 재인용.

[39] 이승구, 『21세기 개혁신학의 방향』, 20.
[40] 이승구, 『21세기 개혁신학의 방향』, 21.

연유로 진정 바른 신학은 "교회를 위한 신학"일 수밖에 없다. 이것을 바르게 인식한다면 오늘날 교회 안팎에서 벌어지고 있는 덕스럽지 못하고 은혜롭지 못한 수많은 일들이 정화되고 일소되어 건강한 교회로의 탈바꿈이 이루어질 수 있을 것이다. 그렇다면 교회를 위한 신학은 무엇이고 우리가 할 일은 무엇인가? 이것은 우리의 나아갈 방향과 맞물려 있을 뿐 아니라 교회의 정체성을 확보하는 일이기에 대단히 중요한 일이 될 것이다.

  교회를 위한 신학을 하기 위해서는 a) 성경이 말하는 교회가 무엇이며, 그런 교회가 현실적으로 세워지도록 우리가 해야 하는 바를 정확히 인식하여 제시할 수 있어야 할 것이다. 교회를 위한 신학은 성경에 뿌리를 내리고 있는 신학이고, 성경이 말하는 교회의 진정한 모습을 제시하는 신학이어야 한다.[41] 그렇다면 이런 교회는 어떤 교회인가? 그것은 교회 본연의 사명에 충실한 교회라 할 것이다. 교회란 이 땅 위에 예수 그리스도께서 우리에게 가져다주신 하나님의 나라를 증시(證示)하기 위해서 이 땅 위에 세워진 공동체이다.[42] '증시 한다'고 하는 것은 '나타내 보인다.'는 뜻으로 예수님께서 공생애에 접어드시며 외치신 첫 일성(一聲)이 "때가 찼고 하나님의 나라가 가까이 왔으니 회개하고 복음을 믿으라"(막 1:15)는 것인데 그것은 하나님 나라가 영적인 실재(spiritual reality)로 임하였음을 말씀하신 것이다. 예수 그리스도를 올바로 믿어 세상의 빛과 소금이 되어 착한 행실을 나타냄으로 하나님 나라를 찬연하게 잘 드러내 보이는 공동체가 하나님께서 이 땅에 디자인 하여 세우시려는 참 된 교회인 것이다.

  b) 성경이 말하는 교회의 참된 모습을 가감 없이 제시해 주는 신학자들과, 그 말씀에 비추어서 자신이 섬기는 교회의 모습을 냉철하게 진단하고 복음을 바르게 선포하는 진지한 목회자들과, 그런 말씀을 오늘 우리 시대에 주시는 하나님의 뜻에 대한 선포로 받아들이며 그 말씀을 붙들고 기도하면서 성령께 의존하며 삶의 현장에 바르게 적용하여 실천에 옮기려는 성도들

---

[41] 이승구, 『21세기 개혁신학의 방향』, 22.
[42] 이승구, 『교회란 무엇인가』, (서울: 나눔과 섬김, 2010), 294-95.

이 함께 있어야 한다. 바로 그곳에 진정 "교회를 위한 신학"이 있는 것이다. 그러므로 신학자들과 신학교, 목회자들과 교회가 참으로 성경적 교회를 위해 함께 한 마음과 한 사상을 가지고 나아가야만 한다.43

  c) 그 다음으로 신학에 입문하는 이들이 성경적 사고를 할 수 있는 장(場), 곧 신학교육 기관이 필요하다. 신학교는 목회적 기능인(技能人) 양성소가 결코 아니며 엄밀한 의미에서 내일의 교회의 바른 모습을 제시하고44 그런 교회를 이루기 위해 생명을 초개(草芥)와 같이 버릴 줄 아는 헌신자들이 성경적 사상을 형성해 나가는 기관이라 할 수 있다. 그런 의미에서 신학교에서 공부하는 동안 신학생들은 자신의 생각과 사상을 성경적인 방향으로 바르게 정립시키는 일, 올바른 기독교적 가치관과 세계관을 정립시키는 일, 자신의 생각을 성경에 근거해서 비판적으로 살피고 정립할 수 있는 소중한 기회로 삼아야 한다. 이 기간 동안 바른 신학을 정립하지 못하고 숙지하지 못한다면 그런 사람들은 평생 교회를 바르게 섬길 수 없고, 오히려 해를 끼치는 문제아로 남아 있게 될 것이다. 교회를 해치는 신학, 교회를 무너뜨리고 그리스도 십자가의 원수로 영혼을 죽이는 괴물이 되어선 결단코 아니 될 것이다. 이런 트러블 메이커(trouble maker)가 되지 않기 위해서 학업의 기간 열심히 성경을 읽고 기도하며, 선배들이 피땀 흘려 연구한 선행적인 연구 자료(책)들을 읽으면서 바른 신학, 바른 신앙을 정립하여 장차 주어질 사역지에서의 사명을 부끄럽지 않게 감당해야 할 것이다. 그렇지 않고 대충 대충 학교생활을 보내고 만다면 바르게 교회를 섬겨보겠다고 입문했던 그 신학의 과정은 오히려 교회를 해치는 일이 될 수 있음을 마음 깊이 새겨야 한다.

  d) 그런 다음 우리가 그토록 갈망하면서 정립하고자 했던 바른 신학이 무엇인지를 알아야 한다. 그것은 간단히 말하자면 성경적 신학이다. 성경적 신학이 아닌 신학은 바른 신학이 아니다.45 종교개혁자들은 그 시대의

---

43 이승구, 『21세기 개혁신학의 방향』, 23-4.
44 이승구, 『21세기 개혁신학의 방향』, 24.
45 이승구, 『21세기 개혁신학의 방향』, 25.

교회가 잘못 된 신학가운데 접어들었을 때 성경의 가르침을 통해 본질에로 들어서도록 회복시키는 일을 하였다. 이런 과정 속에는 많은 아픔이 수반되었음은 주지의 사실이다. 개혁이라는 말 자체가 주는 의미 속에는 이런 아픔이 함의되어 있는 것이다. 개혁이라고 했을 때 한자어를 보면 고칠 개(改)에 가죽 혁(革)자를 쓴다. 부드러우면서도 질긴 가죽을 얻기 위해서는 짐승이 죽어야 하며, 수많은 무두질이 있어야 만이 가능한 일이다. 개혁은 그렇게 죽음과 방불한 커다란 고통과 아픔을 거쳐서 이루어지는 것이다.

교회의 역사적 과정을 생각해 보면46 천주교의 신학보다는 루터의 신학이, 루터의 신학보다는 칼빈과 그를 따르던 개혁파의 신학이 전반적으로 좀 더 성경적 가르침에 가까운 신학이라고 판단 할 수 있었기에 장로교회와 개혁파 교회들에서는 개혁파 신학을 성경의 가르침에 가장 가까운 신학으로 존중하여 왔고, 좀 더 성경에 충실한 신학을 제시하기 위해 지금까지 끊임없이 노력해 오고 있다. 워필드(B.B. Warfield)가 말하는 바대로 칼빈주의는 정상에 이른 복음주의요, 가장 정순한 형태의 기독교라고 하는 믿음이 개혁파 선배들의 믿음과 확신 가운데 있다. 우리는 그 개혁자들의 후예로서 우리 시대의 교회를 가장 잘 섬길 수 있는 것이 이 땅 위에 진정한 개혁파 교회를 드러내고, 참 된 개혁파적 목회를 하는 것이라고 생각하고 그렇게 진력해 나가야 할 것이다. 이를 잘하기 위해서 우리는 참 된 개혁파 신학을 배우고, 그것에 충실한 성경적인 개혁파 신학을 수립하고, 개혁파 교회를 개혁파 목회자로서 섬겨감으로 진정 "교회를 위한 개혁파 신학"을 하여 나가야 할 것이다.

4. 하나님 나라의 신학

이승구 교수는 개혁신학을 신국적(神國的) 신학이라 표현하고 있다. 그것은 하나님나라 백성들은 이 세상을 바라볼 때 필연적으로 하나님나라의

---

46 이승구, 『21세기 개혁신학의 방향』, 25-6.

관점과 성격적인 입장에서 바라보기에 신국적(神國的)일 수밖에 없다고 하였다. 신국(神國), 즉 '하나님 나라'(ἡ βασιλεία τοῦ θεοῦ)라는 용어는 기본적으로 하나님의 다스리심(rule or reign)을 뜻하는 용어이다.47 이렇게 하나님의 나라라는 말은 일차적으로 하나님의 다스리심과 그의 주재권(主宰權)을 뜻하고, 부차적으로 그 다스리심을 받는 존재들과 그 다스리심이 미치는 범위와 영역을 포함하는 포괄적인 개념이다.48

본래 이 세상은 하나님에 의해 창조되었을 때 전 분야에서 하나님의 통치가 드러났어야 한다. 특히 피조계의 대표자인 사람이 하나님의 뜻의 성취를 위해서 자신들이 먼저 하나님의 뜻을 깨닫고 그 뜻대로 "다스리고 지배하고 정복하라"는 말씀대로 순종함으로 하나님의 통치하심의 실재를 드러냈어야만 한다. 그러나 대단히 유감스럽게도 인간이 하나님의 뜻이 아닌 사탄의 유혹에 넘어가 타락함으로 하나님의 통치하심이 다시 임하여 와야만 하는 상황이 되고 만 것이다. 물론 타락한 세상이라 할지라도 하나님의 힘과 전능 아래 있으므로 하나님의 통치 아래에 있다고 할 수 있기에 이를 "권능의 왕국"(regnum potentiae)으로 불려왔으나 적극적인 의미에서 하나님의 통치에 의한 하나님 나라라고 하기에는 미미한 점이 있기에 하나님께서는 "은혜의 왕국"(regnum gratiae)을 이 세상에 도입시키신 것이다. 이 은혜의 왕국이 신약성경이 말하고 있는 하나님의 나라이다.49 이 하나님 나라를 마태복음을 위시한 다른 곳에서는 천국(天國)이라고 부르고 있는 것이다. 그러므로 하나님 나라와 천국이라는 의미는 동일한 말이다.

아브라함의 자손들로 구성 된 구약의 하나님 나라 백성을 계승하면서 갱신시키는 새로운 하나님 나라 백성이 이 세상에 있게 된 것을 하나님 나

---

47 이승구, 『기독교 세계관이란 무엇인가』(서울: SFC, 2005), 51-2.

48 이런 개념에 대한 잘 된 정리로 다음을 보라: G. E. Ladd, *presence of the future*(Grand Rapids: Eerdmans, 1974), 134-38, 127, n. 11; H. Ridderbos, *The coming of the Kingdom*, trans. H. de Jongste, ed. Raymond O. Zom (Philadelphia: Presbyterian and Reformed, 1962), 24-5, 27. 재인용.

49 이승구, 『21세기 개혁신학의 방향』, 27.

라, 즉 천국이 이 땅에로 온 것이라고 할 수 있다. 예수 그리스도 안에서 하나님 나라(天國)가 이 땅에로 임하였다고 했을 때는 이 "은혜의 왕국"이 임했다는 뜻이다. 이 은혜의 왕국은 이 세상 안에서 성장을 하면서 진행을 하다가 그리스도의 재림과 심판에서 급기야 "영광의 왕국"(regnum gloriae), 즉 "새 하늘과 새 땅"으로 화(化)하게 될 것이다. 그 때에는 "권능의 왕국"과 "은혜의 왕국"이 "영광의 왕국"이 될 것이다. 이를 "극치(極致)에 이른 천국"이라고 할 수 있다.[50]

개혁파 교회들은 무엇보다도 이 땅에서 그리스도에 대하여 정당한 이해를 가진 교회가 복음을 바르게 선포하는 것이 천국 열쇠를 사용하는 것이라고 생각하여 왔다. 신약성경에 의하면 복음은 기본적으로 "천국 복음", 즉 하나님 나라(天國)에 대한 기쁜 소식을 말한다. 그것은 예수 그리스도께서 이 땅에 오셔서 하나님 나라(天國)를 세우시고, 십자가의 구속을 이루셔서 이를 믿는 이들을 그 하나님 나라(天國)에 들어오게 하시며, 이 하나님 나라는 그리스도의 재림 때에 그 나라의 극치(consummation)에 이르게 된다는 소식이다. 그러므로 누구든지 예수 그리스도께서 십자가에서 우리의 죄에 대한 유일한 구속을 이루셨음을 믿고, 그리스도를 의존하는 이들은 이 땅에서 이미 하나님 나라(天國)의 백성이며, 그 나라의 극치를 사모하며 기다리는 이들이 된다는 것이다. 이 소식이 천국 복음이므로 이 천국 복음이 선포되어 이를 믿는 이들은 이미 하나님 나라(天國)에 들어오는 것이다.[51]

하나님 나라 백성은 이 세상 전체를 이런 신국의 진행 과정을 중심으로 살펴보아야 한다. 개혁신학은 처음부터 하나님의 작정으로부터 시작되며 창조와 타락과 구속과 그 극치의 과정을 살피면서 신학적 작업을 하여 왔으므로, 개혁신학은 근본적으로 신국적 신학이라고 할 수 있다.[52]

---

[50] 이승구, 『21세기 개혁신학의 방향』, 27-8.
[51] 이승구, 『성령의 위로와 교회』 (서울: 이레서원, 2001), 288-89.
[52] 이승구, 『21세기 개혁신학의 방향』, 28.

5. 하나님의 영광

'영광'이라는 단어는 '찬양하거나 높일 가치가 있는 것, 광채, 아름다움, 명성'을 뜻한다. 그리스도인의 삶에서 우리들의 처음이며 최종의 목적은 "하나님을 영광스럽게 하고 영원히 즐거워하는 것"(to glorify God and to enjoy him forever)이다.53 칼빈은 기독교강요에서 하나님의 영광에 대해 이렇게 천명하고 있다.54

"우리는 하나님께 성별 되어 바쳐진다. 그러므로 우리는 이제부터 그의 영광을 위해서가 아니면 아무것도 생각하거나 말하거나 묵상하거나 행해서는 안 된다. … 우리는 하나님의 것이다. 그러므로 그를 위해 살고 그를 위해 죽자"

재론의 여지없이 우리 모든 그리스도인들의 삶과 목표는 하나님의 영광에 있다. 여기 하나님의 영광에는 두 가지 면이 있다.

첫째는 하나님의 타고난 또는 '고유의 영광'이다. 하나님은 모든 존재 가운데 타고난 영광을 소유하고 계시다고 말할 수 있는 유일한 존재이시다. 우리가 하나님께 영광을 드리는 것이 아니다. 그것은 본래 하나님의 것이다. 아무도 하나님께 찬양을 드리지 않는다 해도, 하나님은 여전히 영광스러운 하나님이시다. 왜냐하면 모든 존재가 창조되기 전부터 그분은 영광스러운 분이었기 때문이다. 그러기에 예수님께서도 "나는 사람에게서 영광을 취하지 아니하노라"(요 5:41)고 하셨고, "너희가 서로 영광을 취하고 유일하신 하나님께로부터 오는 영광은 구하지 아니하니 어찌 나를 믿을 수 있느냐"(요 5:44)고 안타까워하신 것이다. 하나님의 영광을 구하지 않으니 헛된 영광에 사로잡혀 서로 노여워하고 투기하므로(갈 5:26) 불나방 같이 피차 멸

---

53 J. Rogers, d. Mckim. E. Hartill 著, 俞柄宇 譯, 『改革主義 聖經解釋學』 (서울: 韓國基督敎社會學會, 2013), 17.

54 John Calvin, *Institutes of the Christian Religion*, Ed & Tr. by John T. McNeill & Ford L. Battles, (Philadelphia: The Westminster Press, 1976), Ⅲ-7-1.

망의 길로 추락하고 있는 것이다.

사람들은 고유의 영광을 갖고 있지 않다. 사람의 영광은 주어지는 것이다. 만일 날아가는 새라도 떨어뜨릴 수 있는 막강한 권력을 소유한 왕이라 할지라도 그가 입고 있는 곤룡포와 왕관을 벗기고 깨끗이 목욕시킨 거지 옆에 함께 있게 한다면, 아마 누가 누군지 구별이 안 될 것이고 특별한 차이를 발견할 수 없을 것이다. 그러므로 왕의 영광은 외적이고 후천적으로 습득된 영광에 불과하다. 그러나 하나님의 영광은 그의 본성에 포함된 본질적인 것이다. 그것은 없앨 수도 없고 더할 수도 없다. 줄어들 수도 없는 온전한 영광이다. 하나님의 영광은 곧 하나님의 존재 자체이시다. 우리가 그것을 인정하는 데 있어 무엇을 하든 안하든 상관없이 하나님의 존재를 압축해서 보여주는 것이다.

하나님을 알고 싶은 열망이 불타올랐던 모세는 하나님께 "원하건대 주의 영광을 내게 보이소서."(출 33:18)라고 요청했다. 그러자 하나님은 "내가 내 모든 선한 것을 네 앞으로 지나가게 하고 여호와의 이름을 네 앞에 선포하리라"(출 33:19)고 말씀하셨다. "여호와의 이름"은 성경에서 종종 사용되는 문구로 하나님의 모든 것, 즉 그분 속성들의 총합을 뜻하는 것이다. 또 그것은 하나님의 영광과 동의어이다. 하나님이 자신의 이름을 선포할 때는 자신의 영광을 선포하시는 것이다. 그분의 영광은 그분의 속성을 종합해 놓은 것이기 때문이다.

사도행전 7:2에서 하나님은 "영광의 하나님"으로 불린다. 태양이 빛나는 것처럼, 하늘이 푸른 것처럼, 물이 마르지 않는 것처럼, 영광은 하나님의 본질적인 특성이다. 사람이 물을 촉촉하게 만드는 것이 아니다. 물은 원래 촉촉하다. 사람이 하늘을 푸르게 만들거나 태양을 빛나게 하는 것이 아니다. 그들 본성이 본래 그런 것이다. 우리들은 그것을 없앨 수도 없고 더할 수도 없다.

하나님은 어떤 의미에서든 자신의 영광을 나누어주거나 함께 나누지 않으신다. 이사야 48:11에서 하나님은 "내 영광을 다른 자에게 주지 아니하리라"고 말씀하신다. 하나님은 우리에게 일시적인 축복, 지혜, 부, 명예를 주시지만 자신의 영광은 주지 않으실 것이다. 하나님 자신의 본질을 어떻게 벗어버리시겠는가. 그분은 신자들 안에 그분의 영광을 심어두지만, 결코 자신에게서 떠나게 하지 않으신다. 영광은 우리의 것이 되지 않는다. 그것은 여전히 하나님의 영광이며, 우리를 통해 나타날 뿐이다. 바로 하나님 자신이 성령의 사람 안에 거하시기 때문이다.

하나님의 영광의 두 번째 면은 '주어진 영광'이다. 일반적으로 우리가 하나님께 영광을 돌린다고 말할 때 뜻하는 것이 바로 그 영광이다. 시편 29:1-2에서는 "너희 권능 있는 자들아 영광과 능력을 여호와께 돌리고 돌릴지어다 여호와께 그의 이름에 합당한 영광을 돌리며 거룩한 옷을 입고 여호와께 예배할지어다"라고 말한다.

물론 하나님의 영광을 더한다는 의미에서는 우리가 하나님께 영광을 드릴 수 없다. 우리가 하나님께 능력을 드릴 수 없는 것과 마찬가지다. 그러나 시편 29:1에서는 "영광과 능력을 여호와께 돌릴지어다"라고 말한다. 여기서 시편 기자는 우리에게 하나님의 영광을 '인정'하고 시인할 것을 촉구한다. 비록 우리는 하나님의 영광을 더할 수 없지만, 그 영광을 확인하고 그로 인해 하나님을 찬양할 수 있으며, 세상이 그것을 인식하도록 도울 수 있다.

하나님께 영광 돌리는 것은 그분의 영광을 인정하고 크게 나타낸다는 뜻이다. 예를 들면, 빌립보서 1:20에서 바울은 자신의 바람은 언제나 그랬듯이 지금도 "내 몸에서 그리스도가 존귀하게 되는 것"이라고 말했다. 그 말은 그리스도에게 개선이 필요하다는 뜻이 아니다. 바울의 삶의 증거를 통해 다른 사람들이 그리스도를 더 잘 알 수 있게 된다는 뜻으로 말한 것이다.

시편 19:1에서는 "하늘이 하나님의 영광을 선포"한다고 말한다. 다시 말해, 피조물을 통해 하나님의 영광을 조금이나마 볼 수 있다는 것이다. 로마서 1:20은 "창세로부터 그의 보이지 아니하는 것들 곧 그의 영원하신 능력과 신성이 그가 만드신 만물에 분명히 보여 알려졌나니"라고 말한다. 우리가 하나님께 영광 돌릴 때 하는 일이 바로 그것이니, 곧 하나님의 속성이 사람들에게 분명히 보이도록 하는 것이다.

하나님은 전능하신 우리의 왕이시기에 그에게 마땅히 기도해야 하고, 찬송도 오직 하나님께만 돌려져야 한다. 시가서, 특별히 시편에서는 '하나님께', '하나님을', '여호와께', '여호와를' 찬양하라고 하신다. 여하한 경우에라도 다른 피조물, 다른 사람을 찬양할 수 없고 오로지 경배와 찬양은 하나님께만 돌려져야 하는 것이다.

각종 좋은 은사와 온전한 선물들이 빛들의 아버지이신 하나님께로부터 우리에게 풍성하게 주어지고 있지만 그러나 이 모든 것이 우리를 위한 것이 되지 않고, 아버지의 영광을 가로채는 서글픈 일이 일어나지 않도록 삼가면서 영광은 하나님께만 있다는 것을 분명히 하여야 한다. 이승구 교수는 요리문답강해시리즈Ⅳ 『하나님께 아룁니다』에서 우리 자신이 아니라 당신님의 거룩하신 이름이 영원히 모든 찬양을 받으셔야 하기 때문이라고 하였고, 기도도 우리 자신의 유익을 위해 "사용"(私用)하지 않도록 해야 한다고 하면서 하나님과 하나님의 영광을 위한 기도만이 정상적 기도라고 언급하고 있다.[55]

뿐만 아니라 사람을 최고의 것으로 여기면서, 모든 것이 사람을 위한 것이라고 여기는 사상이야 말로 "가장 고상해 보이는 우상숭배"라고 이승구 교수는 지적하고 있다. 이른바 '인도주의'(人道主義), '인간주의'(人間主義), '인간중심주의'(人間中心主義)로 번역되는 '휴머니즘'(humanism)은 이렇게 하나님과 단절될 때에 무시무시한 사상이 되어버리고 만다는[56] 사실을 절대 잊지 말아야 한다. 인간의 제일 된 목적은 "영원히 하나님을 사랑하고 즐거워하는 것"이며, 그 하나님의 영광을 추구하는 것이야 말로 인간들이

---

[55] 이승구, 『하나님께 아룁니다』 요리문답강해시리즈Ⅳ, (서울: 말씀과 언약, 2020), 461-2.

[56] 여기서 하나님과의 관계를 단절하지 않은 휴머니즘은 이것과는 전혀 다른 성격을 가진 것임을 말해야 한다. 그것이 바로 칼빈 등이 말한 "기독교 휴머니즘"이다(이승구, 『하나님께 아룁니다』, 463.).

가질 수 있는 "최고의 선"(summum bonun)이다. 그것이 우리 인간들이 소유하고 추구해야 할 최고의 복이라 할 수 있다.[57] 우리는 결단코 자신의 영광을 위하여 하나님의 영광을 추구하는 사람이 되어서는 안 될 것이다.

C. 종교개혁의 원리

로마 가톨릭은 마태복음 16장에 나오는 베드로의 신앙고백을 크게 왜곡하고 자의적으로 해석하여 베드로를 1대 교황으로 오판하여 조작하는 일이 오늘날까지도 계속 이어지고 있는 실정이다. 베드로 대성당을 짓기 위해 반성경적인 면죄부를 판매하고 교황 무오설을 바탕으로 교황권전횡을 일삼게 되므로 이에 맞서는 저항(Protestant) 운동이 나타나기 시작했는데 이른바 종교개혁운동으로서 그 대표적인 사람이 루터였다. 교황 레오10세는 돈을 긁어모으기 위해 '속죄권'을 발매하는 일을 착수했고, 당시 웅변가인 요한 텟젤 신부로 하여금 이 일을 책임지도록 했는데 그는 이렇게 사람들을 호도했다.

> "지금은 맬 수도 있고 풀 수도 있는 권세를 받은 로마 가톨릭교회가 천국과 지옥문을 열어 놓았다. 이 속죄권을 사는 사람들은 이 자리에서 사함을 받을 것이요, 연옥에 있는 이를 위하여 이 표를 사면 은화가 헌금궤에 떨어지는 소리와 함께 그는 곧 천국으로 옮김을 받을 것이다."

이에 루터는 면죄부의 근거는 성경에 없으며, 연옥에서 영혼을 해방시킬 권위 역시 교황에게 없다는 사실을 강하게 비판 했고, 1517년 10월 31일 비텐베르크 교회 정문에 라틴어로 쓴 95개 조항의 대자보를 붙여 토론을 제안하였는데 그가 외친 주제는 '성경으로 돌아가자!'는 것이었다. 이것이 도화선이 되어 2주 만에 들불처럼 독일 전역으로 번져 나갔고 계속 유럽으

---

[57] 이승구, 『하나님께 아룁니다』, 466.

로 번짐으로 종교개혁이 시작 된 것이다. 이 종교개혁은 기독교 2,000년 역사에 있어서 가장 중요하고 의미 있는 사건이었다. 만일 이 개혁운동이 없었더라면 기독교는 그 본질과 복음이 결여된 외형적이고 변질 된 단체로 전락해 버렸을 것이다. 이런 개혁의 과정을 통해 사도들의 원 복음을 되찾게 되었고, 참 된 교회의 회복이 이루어지는 쾌거를 이룩하게 되었으니 하나님은 하나님의 일을 쉼 없이 이어가고 계심을 알 수 있다. 종교개혁의 주된 내용은 다음과 같다.

1. 구원은 인간의 공로나 행위로서 주어지는 것이 아니라 오직 믿음(Sola Fide)으로 얻는다.

2. 교황이나 사제(천주교에서 말하는)들의 말이 우선이 아니고 우리 삶의 모든 표준과 신앙의 규범은 오직 성경(Sola Scriptura)이다.

3. 우리의 중재자는 교황이나 신부가 될 수 없고 오직 그리스도(Solus Christus) 한 분 뿐이시다.

4. 우리에게 선물로 주어지는 믿음에 의한 구원은 오직 은혜(Sola Gratia)로 가능한 것이다.

5. 예수 그리스도를 믿는 그리스도인들은 하나님 앞에서 만인 제사장(Priesthood of all believers)들이다. 더불어 각자에게 주어진 직분은 계급이 아니기에 차별이 있어서는 안 되고 기능적 구별의 원리로 이해하여야 한다.

6. 우리를 구원하신 하나님의 섭리와 목적은 선한 일(엡 2:10)을 하게 하시는데 있는 만큼 이 일을 위해 주어진 직업을 하나님의 소명과 성직으로 알고 최선을 다해야 할 것이며, 구원 받은 자로서 윤리적 책임을 다해야 할 것이다.

7. 신앙공동체인 교회는 그 어떤 단체와도 비교할 수 없이 중요하다. 하나님을 아버지로 부르는 하나님의 가족인 교회는 예수님의 신부, 성령의 전, 성도들의 어머니인 교회로 본질에 대한 이해와 접근이 필요하며, 하나님을 제

외하고 이 땅의 그 어떤 기관이나 단체보다 더 존귀하며 가치가 있다. 그러므로 주님의 몸이자 만인이 모여 기도하는 전당이며 오고 오는 세대들이 복음을 듣고 구원받아야 할 교회이기에 사유화(私有化) 하거나 개인의 왕국을 만들려는 행태는 단호히 배격되어야 하고 사라져야 할 것이다.

8. 삶과 죽음, 노동과 휴식, 사역과 봉사 등 삶의 전 영역에서 어떤 경우에도 사람이 아닌 오직 하나님께 영광(Soli Deo Gloria) 돌리는 삶을 살아야 한다.

진정한 교회는 복음의 불변성과 그리스도의 영원성을 믿기 때문에, 아무리 시대와 상황이 바뀌어도 기독교의 본질은 변할 수 없고 변해서는 안 된다. 따라서 끊임없이 세속화와 변질의 유혹을 받는 교회는 계속적으로 복음을 수호하고 교회를 교회되게 하는 반복적인 자체 개혁과 원상회복을 필요로 한다. 이러한 의미에서 개혁교회(Ecclesia reformata)는 칼빈이 정의한 대로 '부단히 자기를 개혁하는 교회' 인 것이다.58 고여 있는 물은 썩는 것같이 개혁을 거부하고 현실에 안주하는 교회는 부패하게 마련이다.

D. 개혁신학의 역사적 계보

개혁신학의 역사적 측면을 살펴 볼 때 사도 바울의 사상을 가장 잘 계승한 인물은 어거스틴(Augustine, a.D. 354-430)으로서 그는 역사적 기독교신앙과 신학을 정립하였고, 하나님의 말씀을 토대로 한 바른 신앙의 기초를 놓았다. 어거스틴의 신앙적 계보는 칼빈을 비롯한 개혁자들에게 전승되었고, 특히 칼빈을 통하여 개혁주의 신학이 확립되었다.

19세기에 와서 신학계에 자유주의 물결이 도미노처럼 밀려올 때 워필드(B.B. Warfield, 1851-1921), 카이퍼(A. Kuyper, 1837-1920), 바빙크(H. Bavink, 1895-1964) 등의 신학자들을 중심으로 개혁주의 신학과 신앙이 전승되고 변호

---

58 이정석, 『세속화 시대의 기독교』(서울: 이레서원, 2000), 187.

되어왔다. 여기에 찰스 하지(Charls Hodge, 1797-1878)를 비롯하여 메이첸(G. Machen, 1881-1939) 등의 개혁주의 신학과 신앙옹호자들이 자유주의의 물결을 막아내는데 노력하였고, 이들을 계승한 반틸(C. Van Til, 1895-1987), 게할더스 보스(Geerhardus Vos, 1802-1949), 스톤하우스(N. B. Stonehouse, 1902-1965), 존 머레이(J. Murray, 1898-1975), 에드워드 영(E. J. Young, 1907-1969) 등의 예비 된 하나님의 사람들에 의해 개혁주의 신학과 신앙이 끊어지지 않고 전승되고 보수되어 왔다.[59]

E. 한국에서의 개혁주의

선교 2세기를 지나고 있는 한국교회 안에서의 개혁주의는 과연 어떤 모습을 하고 있는 것일까? 감사하게도 우리나라에 파송 된 선교사들 대부분은 청교도적 신앙을 가지고 있었고 그런 배경 하에서 이들의 선교와 지도를 받은 한국교회는 개혁주의 신학과 신앙을 전수 받아 큰 주류를 형성하고 있었다. 한국에서 개혁파 정통주의 신학을 발전시킨 인물로는 죽산(竹山) 박형용 박사(1897-1978)와 정암(正巖) 박윤선 박사라 할 수 있다. 박형용 박사는 개혁파 정통주의 신학을 잘 정리하여 우리나라 최초의 조직신학 교과서를 내었고, 그 뒤를 이어 박윤선 박사께서는 한국 최초로 신구약 전체 주석서를 썼고, 교의학에 관한 책[60]도 냈다. 이 두 분은 한국교회에서 개혁 신학의 토대를 구축하는 일에 큰 역할을 하셨고,[61] 한국 장로교사에 큰 획을 긋는 족적을 남겼다고 볼 수 있다. 또한 이근삼 박사는 네델란드에서 개혁주의 신학을 연구하여 학위를 받은 첫 학자로서 개혁주의를 한국교회에 소개하여 지성인들에게 큰 영향을 미쳤다.[62]

---

59 鄭正淑, 『改革主義神學과 信仰』 (서울: 예수교문서선교회, 1979), 7.
60 박윤선, 『개혁주의 교리학』 (서울: 영음사, 2003). 이는 유작(遺作)으로서 김재성 교수께서 수고하신 결과라고 이승구 교수는 밝히고 있다(이승구, 『21세기 개혁신학의 방향』), 102.
61 이승구, 『21세기 개혁신학의 방향』, 101-3.
62 손봉호 박사는 이근삼 박사를 '박윤선 박사에 이어 학문과 경건을 겸비하고 융합한 분이며, 이

그 다음 세대의 첫 주자는 서철원 박사로 그는 사변적인 요소들을 제거하고 성경중심주의, 교리교육의 강조, 복음 선포의 회복에 초점을 맞춘 신학을 추구함으로 교회를 세우는 신학에 거보를 내 디뎠다고 평가할 수 있다. 그분의 많은 저서 가운데 교의신학 7권은 신학도들과 목회자들의 필독서로 추천하고 싶다. 현금 한국 신학계에서 활동하고 있는 조직신학자들 가운데에서는 김길성, 김재성, 문병호 교수 등이 계시고, 철저한 개혁주의로 무장한 이승구 교수께서 개혁신학의 흐름과 전통을 충실히 잘 이어 받아 전수하고 있다고 본다. 이승구 교수는 단순한 이론 신학이 아니라 개혁신학이 목회 현장에 잘 접목되어 건강한 교회로 탈바꿈 되도록 하는 일과 개혁주의 사상이 삶의 전 영역에 걸쳐 폭넓게 적용되어 열매 맺을 수 있도록 명쾌한 논리로 강의를 주도하고 있으며, 다양한 주제의 글들을 책으로 저술하여 한층 업그레이드 된 개혁신학의 지평을 열었다고 평가할 수 있다.[63]

그러나 근자에 이르러 한국교회 전체적으로 봤을 때 교회 성장이라는 미명하에 이런 개혁주의적 진리의 경계선이 상당 부분 모호해지고 무디어져 가고 있음을 부인키 어렵다. 강단교류를 통한 이합집산으로 개혁주의 교회로서의 정체성이 사라지고 있고, 장로교로서 Presbyterian Church가 아닌 Community Church가 한국교회의 주보 앞면을 장식하고 있는 서글픈 현실이 오늘 한국교회의 자화상이기도 하다. 이는 교회 성장과 함께 맘모스 교회를 이룩해 보려는 과욕의 발로라는 생각이 든다.[64]

전까지 한국교회가 가르쳤던 성경과 신학, 기도와 전도를 넘어 칼빈주의 문화관을 심어 주어 젊은이들로 하여금 문화와 정치, 경제와 사회에까지 관심의 영역을 확장시켰고 자신의 삶에도 지대한 영향을 미쳤다'고 하였다(이근삼 전집 편찬위원회 엮음, 『개혁주의 조직신학 개요』, 서울: 생명의 양식, 2007, 서문에서).

[63] 위에서 언급한 교수님들 외에도 훌륭한 조직신학자들이 많이 계시나 굳이 몇 분만을 언급한 것은 짧은 식견의 소치이기도 하고, 편집자의 지극히 주관적이고 관계적인 결과로서 직접 강의를 받았거나 아니면 책을 통해서라도 영향을 받은 것임을 밝힌다. 이에 대해 이승구 교수께서는 모든 신학자를 일정한 틀에 넣어 표시하는 것은 사실 옳지 않은 일이라고 지적(이승구, 『21세기 개혁신학의 방향』, 103.)한 바 있는데, 이에 깊이 공감하면서 이 지면에 모시지 못함을 대단히 유감으로 생각하는 바이다.

[64] 한국의 대표적인 장로교회인 사랑의교회는 옥한흠 목사께서 담임목회 하실 땐 Presbyterian Church였다가 후임자가 와서부터 Community Church로 전환을 했는데, 이는 미국의 텍사스 기쁨의 교회(joyful Community Church PCA), 워싱턴에 위치한 은혜교회(Grace Community Church), 빌 하이벨스 목사가 담임하고 있는 미국의 대형교회인 윌로우 크릭 교회(Willow Creek Community Church)등의 영향

개혁주의 교회는 보수주의(保守主義)라는 이름으로 불리어지는 통례대로 수구적이고 폐쇄적인 경향을 나타내는 잘못들로 인해 정치적인 프레임에 갇히는 우(愚)를 범하는 경우도 있다. 개혁주의 교회는 말씀 중심의 교회로서 부단히 자기 정화를 계속해 나가야 한다. 개혁자들은 성경으로 돌아가 오직 말씀만을 신앙과 생활의 유일한 규범이라고 고백하였다. 목사들이 어찌하여 정치판을 기웃거리며 정치인 만나는 것과 정치인들의 방문을 기쁨으로 여기고 있는지 안타까울 따름이다. 아직도 하나님의 영광이 아닌 자기 영광에 목말라 하며 개혁주의 노선에서 이탈하여 배타적이고 수구적인 형태로 변질되고 있는 일부의 양상은 개혁주의를 오해한 결과라고 총신대 정정숙 교수는 지적하고 있다.65

그러므로 한국교회는 개혁주의 신학과 신앙을 정립하고 유지하려는 노력을 게을리 하지 말아야 한다. 그것은 우리 자신들 뿐 아니라 말씀으로 섬기라고(Verbum Dei Minister) 맡겨진 교회와 양떼들을 반석 위에 굳건히 세우는 일이자, 곧 한국교회의 정체성이 되기 때문이다. 한국교회, 특히 개혁주의 교회들이 이런 정체성을 지키는 가운데 질과 양이라는 양 측면에서 조화 있게 성장하며, 대 사회적 책임을 방기하지 않고 빛과 소금으로서의 역할을 잘 감당해야 한다. 오히려 개혁주의 교회가 개혁되어야 한다는 말이 나돌지 않도록 자정 능력을 배양하여 개혁주의로서의 정체성을 확보해 나가야 할 것이다.

F. 개혁주의의 용례들66

1. 종교 개혁적 신학 전체를 포괄하는 의미

을 받고 롤 모델로 삼은 결과가 아닐까, 한국교회 내에서 영향력이 큰 교회인지라 우려스런 마음이 크다.

65 鄭正淑, 9.

66 이승구, 『전환기의 개혁신학』, (서울: 이레서원, 2016), 5.

이는 여러 가지 신학적 작업들 가운데서 16세기에 일어난 종교 개혁적 전통을 유지하는 신학들이 모두 이에 포함된다. 즉, 천주교신학과 동방정교회 신학에 반하고 대조되는 개혁파 신학, 루터파 신학, 성공회의 저교회파 신학, 재(再) 침례파의 급진적 종교개혁의 신학, 메노나이트와 그 전통의 신학, 심지어는 정통파 개혁신학에 의해 이설(異說)로 정죄되었던 알미니안 신학,[67] 그리고 이것을 새로운 상황에서 독특하게 발전시킨 웨슬리에 의한 감리교 신학까지가 모두 다 여기에 포함 된다. 그러나 의도적으로 종교 개혁적 신학이라는 넓은 의미로 이 용어를 사용하지 않고서는 이런 용례로 사용하는 일은 매우 드물다고 할 수 있다.

2. 개혁신학이라는 두 번째 용례

이들 종교 개혁적 신학들 가운데서 루터파나 재세례파 전통의 '급진적 종교개혁파' 신학, 또는 고(高)교회적 성공회 신학이나 알미니안 신학과는 대조되는 칼빈의 신학적 전통을 유지하거나 그 전통으로부터 나온 신학 모두를 포괄하는 의미로 사용하는 경우이다. 이것은 전통을 따져 볼 때에 개혁신학이라는 말이 사용되는 용례라고 할 수 있다. 예를 들어서, 칼 바르트나 에밀 부룬너의 신학은 이렇게 그 전통을 따질 때에는 천주교 신학도, 루터파 신학도 아니고, 따라서 개혁파의 전통에 서 있다고 할 수 있고, 위르겐 몰트만의 신학도 전통적 개혁파의 입장에 가깝게 서 있다고 할 수 있을 것이다. 그러나 개혁신학이라는 말을 이런 용례에 따라서 사용하는 것은 많은 오해를 낳을 수 있다. 이들은 그들 나름대로의 독특성을 지닌 새로운 형태의 신학을 발전시킨 것이기 때문이다.

---

[67] 1618년 11월 13일 도르트(Synod of Dort)에서 총 127명의 각국의 사절, 교회지도자, 화란의 정부 관리들이 7개월 동안 154회에 걸쳐 회합을 갖고 알미니안주의의 5대 항론(Remonstrance)에 대한 심층적인 연구 분석을 통한 결과 만장일치로 이 5대 항론은 인간의 공로를 내세우는 흉악한 이설(異說)로 정죄되었다.

3. 정통주의적 개혁파의 전통

우리가 일반적으로 사용하는 개혁주의 신학의 용례는 정통주의적 개혁파의 전통에 서 있으면서 그 전통적 특성들, 특히 a) 성경을 정확무오한 하나님의 말씀으로 보는 점, b) 제한속죄를 받아들이는 점, c) 구원사역에서의 하나님을 철저히 받아들이는 점, d) 교회의 조직과 예배에 대한 성경적 원리를 강조하는 점 등을 포기하지 않고 그 특성을 계속 유지하려는 신학만을 '개혁신학'으로 부르려고 한다는 이승구교수의 견해[68]를 지지하며 우리의 나아갈 방향 역시 이렇게 정하는 것이 바람직하다고 본다.

G. 개혁신학이 극복해야 할 과제들

1. 세속화의 문제

우리가 살고 있는 현대는 세속화(世俗化, secularization)라는 영속적이며 우주적인 현상 앞에 놓여 있다. 이러한 과정이 우리 시대에 와서 극에 달하고 있기 때문에 현대를 '세속화의 시대'라고 부른다.[69] 현대의 세속화는 보다 조직적이고 범세계적이어서, 1928년 국제선교대회에서는 세속주의를 '힌두교, 이슬람교 등 기독교의 경쟁 세력들과 함께 나열하고, 그 중에 가장 위협적'이라고 평가하였다.[70] 이것은 단순한 주관적인 판단이 아니라 하나의 분명한 객관적인 과정이며 역사적인 문제이다.[71]

---

[68] 이승구, 『전환기의 개혁신학』, 7.

[69] 이정석, 15.

[70] L. Newbigin, *Honest Religion for Secular Man*, London 1966, 7; 그러나 이 입장은 멕시코 선교 회의에서 다음과 같이 변경되었다: "우리는 세속화의 과정 자체에 대하여는 낙관적이지도 비관적이지도 않다. … 세속화는 인간에게 새로운 자유와 새로운 속박이라는 두 개의 가능성을 열어준다."(19); 이 두 가능성에 대해서 하나는 그리스도 안에 있는 자유의 새로운 삶인 반면, 다른 하나는 기존의 절대 가치들을 폐기시킴으로써 혼란의 홍수에 수문을 열어 인간의 상실을 초래하는 것이다.

[71] O. Chadwick, 『19세기 유럽 정신의 세속화』, 이정석 역 (크리스챤 다이제스트, 1999), 369; "단순히 말하자면 … (세속화는) 지난 200여 년 동안 유럽 사회에서 일어난 모종의 현상에 대한 서술(이다)"

네덜란드의 기독교 현황에 대한 연구 보고서 "화란의 세속화 1966-1991"은 1909년에 화란 인구의 95%가 기독교인이었으나[72] 1991년에는 불과 43%로 격감하였음을 보여 준다.[73] 그리고 이 보고서의 예측에 의하면 이러한 감소 추세는 앞으로도 계속되어 2020년에는 화란 국민의 24%만이 기독교인으로 남을 것이라고 진단하고 있다.[74] 교회적 관점에서 볼 때 이 시기는 의심할 여지없이 세속화의 시대이다. 현재 서구 교회는 전반적으로 측정과 조절의 한계를 넘어 교인들을 잃고 있다. 1988년 한국을 방문하여 약 10개월에 걸쳐 한국교회를 면밀히 분석하며 연구한 레오 오스터롬(Leo Osterrom)은 "한국의 모든 교회가 가까운 미래에 직면하게 될 최대의 이슈는 세속화의 문제가 될 것이다."라고 결론을 내렸다.[75] 그런데 심히 유감스럽게도 오늘날 한국교회도 예외 없이 주전자 속의 개구리(frog of kettle)처럼 세속화가 빠른 속도로 진행되고 있는 상태여서 서구 교회들의 모습이 재현될 소지가 다분하다고 할 수 있다. 더구나 코로나19 바이러스라는 복병을 만난 한국교회가 커다란 위기상황에 놓여 있는 상황인지라 개혁신학의 역할과 과제가 크다 하지 않을 수 없다.

2. 포스트모더니즘의 문제

세속화와 더불어 현대 교회, 특히 개혁주의 교회가 뛰어넘어야 할 또

---

(371).

[72] Cf. J. W. Becker and R. Vink, *Secularisatie in Nederland 1966-1991: De verandering van opvattingen en enkele gedragingen*, Sociale en Culturele Studies 19, Sociaalen Cultureel Planbureau, Rijswijk 1994, 46.

[73] Cf. J. W. Becker and R. Vink, 182: " … 단지 인구의 16%만이 교회에 정기적으로 출석한다."

[74] Cf. J. W. Becker and R. Vink, 189: "1958년부터 2020년까지 60여 년의 기간을 분석해 보면, 이 시기 초에는 국민의 75% 정도가 기독교인이었고 25% 정도만이 아니었으나, 이 시기 말에는 그 수치가 거꾸로 전도(顚倒)되었다. 현재는 이 과정의 중간에 있어서, 교인과 비교인의 비율은 대략 50:50이다."(192).

[75] L. Osterrom, *Contemporary Thought in the Republic of Korea: Three case-studies on the missionary thought of Presbyterian churches in Korea*, IIMO Research Publication 28, Utrecht-Leiden 1990, 115.

다른 장벽은 전통과 권위와 경전을 해체시키는 포스트모더니즘이라 할 수 있다. 성경의 권위에 도전장을 내밀고 있는 작금의 포스트모더니즘에 어떻게 대처하느냐 하는 문제는 개혁신학의 사활이 달려 있는 문제이기에 반드시 극복해야 할 과제가 아닐 수 없다. 종래의 로고스 중심심주의적인 철학과 신학노선을 근원적으로 비판하는 포스트구조주의의 핵심인 해체주의(le de constructionisme)는 우리에게 매우 낯설 수 있지만 개혁신학에는 엄청난 위험요소가 되고 있다. 주창자들인 데리다, 들뢰즈, 료타르는 우선 철학 중심의 존재론과 형이상학을 부정하고 해체시키는 반 철학적인 모습을 지니고 있기에 그 이론과 논리는 "진리"를 추구해 온 모든 존재론과 신학, 형이상학과 동일철학의 이론과 논리를 때려 부수는 괴이함을 지니고 있다. 포스트모더니즘은 정경(正經)을 부인하는 인본주의적 사상이다.[76]

1994년 11월 27일 미국복음주의신학회 제46차 연례대회에서 "미래의 역사- 또는 지금 우리는 무엇을 해야 하는가?"(The History of the Future- or What should we do now?)라는 제목으로 행한 강연에서 러스 부쉬(L. Russ Bush)는 미국의 복음주의 신학자들이 성경관과 해석학에 있어서 자연주의 사상의 전제와 고등비평의 영향을 받고 있는 자들이 있다고 우려를 표명하고 있다.[77]

> "복음주의자들의 성경연구와 방법론에 자유주의적 전제가 침투해 들어오고 있는 형편이다. 종교개혁 당시에는 교황주의에 의하여 복음이 은폐되었다면, 21세기에는 세속주의에 의하여 복음이 은폐당할 것이다. 이때 우리는 종교개혁자들이 발견한 오로지 성경만으로(sola scriptura)라는 종교 개혁적 슬로건을 높이 들어야 할 것이다. 성경만이 기독교의 핵심 진리를 우리들에게 보장해 줄 수 있는 원천이기 때문이다."

---

[76] 金英漢, 『21세기와 개혁신학』 (서울: 한국장로교출판사, 1998), 326.

[77] L. Russ Bush, "The History of the Future- or What should we do now?", *Journal of the Evangelical Theological Society* 38, 1 March 1955, 3-10.

3. 성경 비평에 대한 문제

19세기에 일어난 자유주의 신학의 성경 비평은 성경을 인간의 책으로 격하시키고 성경의 권위를 무너뜨렸다. 그리고 부흥운동 역시 성경이 주는 하나님의 말씀 보다는 인간의 체험을 앞세우는 일로 결국 하나님의 주권과 성경의 권위가 무너지는 결과를 가져오게 되었다. 성경은 성령의 영감으로 된 하나님의 말씀이면서도 동시에 영감 된 인간 저자들의 개성이 그대로 살아 있는 인간의 책[78]인 것이다.

또한 성경의 고등비평과 역사 비평적 방법은 끊임없이 성경의 권위에 도전해 오고 있다. 고등비평은 성경을 초자연적으로 주어진 하나님 계시의 말씀이 아니라 원시 히브리 종교의 역사적 발전 과정과 초대교회의 발전 과정에서 유래 된 인간의 종교경험의 산물로 보고 있다.[79] 튀빙겐대학교의 신약학자인 마이어(G. Maier)가 지적한 바와 같이 고등비평은 물론이거니와 역사 비평적 방법의 극복[80]이 새로운 개혁신학의 과제라 할 수 있다. 그러하기에 성경에서 말하는 바를 비판적으로 보지 않고 사실적으로 보는 믿음이 필요하다.

4. 성령이해에 대한 문제

신학적인 기초를 바로 세우는 것은 단지 교리적인 차원의 지식으로는 추상적인 것에 머물고 만다. 신앙이란 근본적으로 주어진 말씀에 대한 신뢰(fiducia)이지 진리에 대한 동의(assensus)가 아니다. 여기서 신뢰를 주는 것은 지성이 아니라 성령의 역사이다.[81] 개혁신학의 전통 가운데 카이퍼(A.

---

[78] b. b. Warfield, *The Inspiration and Authority of the Bible*(Philadelphia: Presbyterian and Reformed, 1948), 153.

[79] George M. Marsden, "*Evangelical and Fundamental Christianity*", *The Encyclopedia of Religion*, Vol. 5, 1987, 192.

[80] G. Maier, *Das der Historisch-Kritischen Methode*, Wuppertal, 1975.

Kuyper), 워필드(B. b. Warfield), 호크마(A. a. Hoekema), 던(J. d. G. Dunn), 개핀(R. Gaffin) 등은 성령 강림의 단회성을 주장하고 연속성을 부인함으로써 은사 종결론을 주장한다.[82] 이 학자들의 주장은 초대 교회 당시 교회의 초석을 다지기 위하여 사도라는 비상 직분이 주어진 것처럼 은사도 정경이 완성됨으로써 그쳤다[83]고 주장한다. 성경적인 근거로 고전 13:8의 "온전한 것이 올 때에는 부분적으로 하던 것이 폐하리라."는 말씀을 든다. 여기서 이들은 온전한 것을 '완성 된 정경'으로 보는 것이다. 웨스트민스터 신학교나 화란 전통을 이어 받고 있는 칼빈신학교 등의 개혁신앙 고백을 지니고 있는 고백주의 복음주의자들은 교회의 신앙 고백서들과 종교개혁 정신에 충실한 상태라 할 수 있다.

현금 세계 각국의 교회들과 특히 한국교회에서 성령 이해에 대한 일치가 이루어지지 않는 가운데 다양한 형태의 성령론이 추구되고 있다. 이런 점들은 자칫 교회의 분열과 함께 서로에 대한 정죄에 빠지는 위험에 노출 될 수 있기에 개혁신학적 관점에서 정리가 필요할 것이다. 그렇지 않다면 여전히 빈야드 운동이나 신사도 운동, 직통 계시파 같은 신비주의와 이단들이 교회를 어지럽히는 일들이 계속해서 발생하게 될 것은 명약관화(明若觀火)하다. 잘못된 성령 이해는 "성령세례를 중생 이후의 체험으로 간주"함으로써 "그리스도 안에서 완전하고도 최종적으로 얻은 구원"을 무시하는 위험성[84]에 직면하게 된다. 그렇게 되면 고린도전서 12:3의 "성령으로 아니하고는 누구든지 예수를 주시라 할 수 없다."고 단언하시는 말씀이 무색하게 되지 않겠는가? 신자들의 중생에 대한 개혁신학의 입장은 전통적으로 성령의 역사로만 가능하다는 것이다. 그러므로 성령 강림은 단회적이지만 성령의 역사인 감화와 내주, 조명(照明, Illumination), 충만하심은 여전히 지금도 계속

---

[81] 金英漢, 348.
[82] 차영배, "성령론", 『성경과 신학』 제7권, 1989년 10월, 137-151.
[83] R. Gaffin, *Perspectives on Pentecost*(Philipsburg: Presbyterian and Reformed, 1979).
[84] R. Gaffin, 139.

되고 있음을 인정해야 한다. 단지 계시와 관련해서는 이미 성경이 완성이 되어 정경화(正經化) 되었기에 더 이상 재론의 여지가 없음을 분명히 해야 할 것이다.

예수께서 죽기까지 순종하심으로 오로지 말씀만을 이루어 가셨듯이 성령께서도 말씀의 마차를 타고 다니시며 한 치의 오차 없이 말씀 안에서 사역을 수행하고 계심을 알아야 한다. 어떤 경우에도 성령께서는 말씀을 떠나 독단적으로 일하시지 않으신다. 강력한 전력이 전깃줄을 타고 들어와 변압기나 트랜스(transformer)에서 전압이 조절되어 적당하게 공급됨으로 불이 켜지고 동력을 일으키듯이 성령은 반드시 말씀이라는 전깃줄을 타고 다니시며 하나님의 뜻을 이루신다. 전선이 없는 상태로 전력을 끌어당겨 사용한다면 감전사(感電死)하게 되고 모든 기계가 터져 폭발하고 만다. 이렇게 전선을 무시하거나 전선이 없이 전류가 흐를 때 번개가 치고 이때 천둥소리가 나며 땅으로 떨어질 때 그걸 대지방전(對地放電), 흔히 말해 벼락이라고 하는 것이다.[85] 성부, 성자, 성령 하나님은 여하한 경우에도 상호의 권리나 영역, 사명을 침해하시는 경우가 없고, 월권하시거나 훼방하는 일이 단 한 번도 없으심을 기억하여 지고지선(至高之善)하신 삼위일체 하나님의 조화로움과 품성을 배워 겸허한 자세로 사역을 감당해야 할 것이고 신앙의 길을 가야 할 것이다.

---

[85] 번개가 칠 때 전압은 10억 V(볼트), 전류는 수만 A(암페어), 번개가 치는 순간 온도는 태양표면 온도의 5배인 약 3만℃ 정도로 알려져 있다. 5천 A의 벼락은 100 W(와트)의 전구 7천 개를 여덟 시간 동안 켤 수 있는 에너지다.

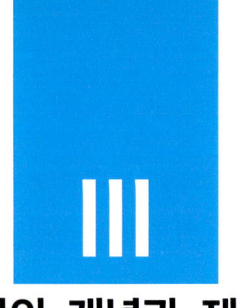

III

교의학의 개념과 제 원리

A. '교의'(Dogma)라는 명칭과 의미

조직 신학을 교의학이라고도 하는데 교회가 하나님의 말씀을 기초로 해서 규범적인(normative) 것으로 간주하는 교리(가르침, doctrine)86이자, 교회의 신앙조목(articuli fidei)을 말한다. 교의는 폴라누스(polanus)의 정의대로 하나님의 명령 때문에 반드시 믿고 순종해야 할 문장들이다.87 교리는 넓게는 성경에 포함되어 있는 모든 진리들이지만, 복음이 가르치고 율법이 확증한 진리(doctrina evangelii et legis)라고 할 수 있다. 교리는 성경의 근본진리로서 그리스도교를 그리스도교 되게 하는 근본이다. 따라서 교리를 부정하면 그리스도교가 넘어지고 만다. 이 근본 진리를 인정하면 기독교가 되고 그렇지 않으면 기독교가 되지 못하며 또 구원종교가 되지 못한다. 그러므로 이 근본진리가 바로 기독교의 생명이며 교리이다. 이 교리를 인정하면 기독교로 존속하고 이것을 부정하면 기독교가 기독교이기를 그친다. 교회의 서고 넘어짐의 신앙조항이 바로 교리인 것이다.88

로마 가톨릭 교회는 자신들의 교의를 사실상 교회의 권위에 의존한 것으로 만들었지만, 종교 개혁자들과 개신교 신학자들은 합법적인 교회가 하나님의 말씀으로부터 나온 교의들을 신적인 진리로 여기고 그 권위를 인정

---

86 J. 판 헨더렌 & W. H. 펠레마 지음, 『개혁교회 교의학』, 신지철 옮김 (서울: 새물결플러스, 2018), 24.
87 서철원, 『서철원박사 교의신학』, 신학 서론, 123.
88 서철원, 『교리사』 (서울: 총신대학교출판부, 2005), 3-27.

하였다. 교회가 없다면 교의도 없다. 교회가 없다면 사실상 아무런 교의학도 없고, 그저 순전히 교의에 대한 개인적인 진술만 있을 것이다. 교의학은 교회가 요청하는 또는 적어도 요청해야만 하는 일종의 봉사(ministry)다.[89] 교의학의 기능은 군림하는 자세가 아니라 봉사에 있음을 다시금 상기할 필요가 있다. 교의는 교회가 성경의 메시지에서 핵심적이며 본질적이라고 생각하는 것을 간명하게 표현한 것으로,[90] 교의학은 그것을 분석하여 제시하고, 논의하며, 더 자세하고 명료하게 설명한다.

B. 교의의 형식적 특성

1. 교의의 주 자료는 성경에서 나온다.

성경은 말씀 계시이며 또 행동 계시인데, 이 둘 다 교의의 자료를 제공해 준다. 하나님의 말씀에서 나오지 않은 교리 명제들은 절대로 교회의 교리가 될 수 없다. 하지만 로마 가톨릭 교회는 성경과 함께 전승이 교의의 자료가 될 수 있다고 여겼다. 교의는 성경의 문장을 단순히 반복하는 것은 아니기에, 개신교는 교의로 표현된 교리 진술은 성경에 명백하게 담겨 있거나, "선하고 필연적인 추론"에 의해 성경으로부터 추론해 낼 수 있는 것이어야 한다고 정당하게 주장했다.

교리는 계시 곧 성경계시에서 유래하고 하나님의 말씀의 권위에 근거하고 있다. 그러므로 모든 사람으로 믿게 하는 의무를 지운다. 교리가 성경의 근본 가르침이므로 그 진리를 믿어야만 구원이 가능하다. 교리는 그리스도교 성립의 필수요건이다. 이 교리는 성경계시에서 유래하며 교회에 의해 이해되어 신앙고백 형식으로 표현되었다. 교의는 교회가 구원진리를 이해

---

[89] J. 판 헨더렌 & W. H. 펠레마, 31.

[90] Cf. Louis Berkhof, 『조직신학』, 권수경·이상원 옮김 (고양: 크리스찬다이제스트, 2007), 24-6.

한 것을 신앙조항으로 표현하고 늘 고백하며 그 진리를 지키고 그 가르침대로 살아야 하는 진리이다. 이 교리의 고백과 순종이 교회를 교회로 유지하며 그리스도교를 그리스도교 되게 한다. 교의신학은 이 신앙조항(articuli fidei)의 체계이다.[91]

2. 교의들은 교의적 성찰의 산물이다.

기독교적 의식은 성경으로부터 나오는 교의를 거대한 통일체로 만들고자 한다. 이를 위해 교회는 성령의 인도 속에서 교의적 성찰 활동을 한다. 교회가 성령의 인도를 받아 진리에 대해 숙고할 때 진리는 교회의 의식 속에서 명확한 모양을 갖게 되고 명료하게 정의된 관점 내지 주장으로 구체화된다. 이 작업은 한 시대의 한 지역에 있는 교회의 몫이 아니고 모든 시대의 모든 지역의 교회가 함께 해야 할 대업이다.

3. 교의들은 어떤 합법적인 교회가 공적으로 정의한 것이다.

교의를 구성하는 마지막 단계는 합법적인 교회(이단 사이비 단체가 아닌)가 그것을 구체적으로 공식화하고 공적으로 받아들이는 것이다. 개혁교회는 모든 개 교회가 예수 그리스도의 교회를 완전히 대표하고 있으며 따라서 교의의 권위 또는 가르침의 권위, 즉 교회 내에서 무엇을 교의로 인정할 것인가 하는 것을 결정할 권한을 갖고 있음을 강조해 왔다. 그러나 만약 하나의 개 교회가 많은 교회로 구성된 보다 큰 조직의 일원이 된다면 교회는 이 문제를 당연히 더 넓은 회의에 일임해야 한다. 그리고 교회가 공적으로 확증한 교의는 그 교의를 인정하는 영역 내에서 권위를 갖게 된다.

참 된 교회란, 모든 일이 하나님의 말씀에 따라 이뤄지며 동시에 말씀

---

[91] 서철원, 『서철원박사 교의신학』, 신학 서론, 123-24.

에 어긋나는 모든 일이 제거될 때, 그리고 예수 그리스도께서 교회의 유일한 머리 되신 분으로 인정됨으로 그 누구도 이 분에게서 벗어날 권리가 없다는 사실을 인정할 때에야만 참 교회로 알 수 있는 것이다. 그리스도인들 역시 마찬가지이다. 모든 생활에 있어서 성령을 힘입어 모든 죄악과 싸워나가면서 그리스도를 믿는 믿음을 통하여 모든 죄를 사해주신 우리 주 예수 그리스도의 보혈과 돌아가심, 그리고 고난당하심과 순종하심에 힘입어 살아가는 것이다.92 이것이 참 된 그리스도인들의 모습인 것이다.

반면에 거짓 된 교회란, 하나님의 말씀의 능력과 권위보다는 그들 스스로의 능력과 권위를 내세우면서 그리스도의 명령에 따르지 않는 교회이다. 또한 그들은 그리스도께서 가르치신 말씀대로 성례를 시행치 않고 그들 스스로의 생각에 맡긴 채 말씀에서 무언가를 더하는데, 다시 말해서 그리스도보다는 사람들에게 더 의존하며, 하나님의 말씀에 따라 거룩하게 사는 자를 핍박하며, 그들의 죄와 욕심과 우상숭배를 책망하는 자를 핍박하는 것이다.93 이것이 거짓 교회들의 모습이다.

C. 교의의 필요성

교회의 발전 과정 속에서 필연적으로 대두 된 문제는 이단이었다. 참 된 교회와 거짓 된 교회, 성경을 왜곡하고 성경으로부터 이탈하고 있는 이단과 사이비를 분별하고, 바른 믿음이 무엇이며, 유사하면서도 바른 믿음이 아닌 것이 무엇인지를 분명히 해야 했다.

교의가 필요한 이유는 발호하는 이단세력에 대처하기 위해 이렇게 분명하다. 그러기 위해 바른 믿음의 조항들(articuli fidei orthodoxae)을 정할 수밖에 없었다. 바른 신앙의 조항들을 정하는 과정에서 사도신경과 신앙의 규

---

92 김의환 편역, 『개혁주의 신앙고백』 (서울: 대한예수교장로회총회, 2004), 229.
93 김의환, 229.

범(regula fidei)이 공식화 되어 이단을 식별하고 바른 신앙을 지키며 교회 교육을 위해서도 사용되었다. 그 후 이단들이 더 격렬해지자 공교회가 정통신앙을 확정할 수밖에 없었다. 이렇게 교의는 교의신학(dogmatica)의 산물로서 교회의 위기 상황94에서 진리를 사수하고 교회를 수호하기 위한 자구적 일환에서 발생하였다.

또한 교회 내에서 세례자 문답을 위한 교육 등 믿음의 가르침(catechism)에 있어서 믿음의 내용을 분명히 할 필요성이 제기 되었다. 이 필요에 의해서 초대교회의 신앙의 규범(regula fidei)과 사도신경(Symbolum Apostolicum)이 나왔으며, 종교개혁 때 칼빈의 요리문답과 기독교강요 등이 나왔다. 이 교회 교육의 필요에서 생긴 믿음의 조항들은 교육에만 사용 된 것이 아니라 이단 방지에도 사용되어졌다. 고대 교회에서 생겨난 신앙의 규범과 사도신경은 후에 니케아신경(Symbolum Nicaenum)과 콘스탄티노폴리스 신경(Symbolum Constantinopolitanum)의 기초가 되었다. 또한 칼빈의 요리문답과 기독교강요가 개혁교회(ecclesia reformata)의 신앙고백서들의 기초가 되었고, 루터의 신앙고백과 요리문답이 아우구스브르크 신앙고백(confessio Augustana)의 기초가 되었다.95

교의는 이런 과정을 통해 발전을 거듭하여 오늘에 이르고 있다. 이제 조금 더 구체적으로 그 필요성을 살펴보기로 하자.96

1. 성경이 교의를 기독교에 없어서는 안 되는 것으로 제시한다.

복음은 그리스도 안에 있는 하나님의 자기 계시로서 명제적 진리 형태로 인간에게 전달된다. 영생을 얻는 것은 그저 신비적 은혜 주입이 아니라 지식 전달이 전제가 된다. 예수님은 "영생은 곧 유일하신 참 하나님과 그의

---

94 서철원, 『서철원박사 교의신학』, 신학 서론, 124-25.
95 서철원, 『서철원박사 교의신학』, 신학 서론, 125.
96 Cf. Berkhof, 『조직신학』, 32-7.

보내신 자 예수 그리스도를 아는 것이니이다"(요 17:3) 라고 말씀하셨다. 기독교가 말하는 영생에 참여하는 것은 자기를 나타내신바 그리스도에 대한 믿음을 조건으로 하며, 여기에는 성경에 기록되어 있는 구속적 사실들에 대한 지식이 당연히 포함된다.

2. 교회의 통일성이 교리적 일치를 요구한다.

에베소서 4장에서 바울은 교회의 통일성을 강조하면서 성도들이 하나님의 아들을 아는 일에 있어서 하나 됨의 전제와 필요성을 말한다. 사도 바울은 고린도 교인들에게 "같은 말을 하고" 그들 가운데 분쟁이 없게 하라고 권면한다.[97] 만일 교회에서 교리에 대한 일치가 없다면, 그 교회 안에는 분쟁과 다툼이 끝이 없게 될 것이다.

3. 교회의 의무가 교리상의 일치를 요구한다.

예수 그리스도의 교회는 진리의 수탁자로, 보호자로, 또 증인으로 임명 받았다. 하지만 이를 위해서는 교리의 일치가 전제되고 또 요구된다. 이를 위해서 교회는 공통된 신앙고백을 가지고 있어야만 한다. 진리에 대한 명확한 이해와 분명한 판단 기준이 없다면 거짓 가르침을 분별해 낼 수 없다. 교회가 이단을 바르게 판단하기 위해서는 공적인 표준을 반드시 가져야만 한다.

4. 교의가 없어서는 안 된다는 것을 경험이 가르쳐 준다.

교의에 반대하는 자들까지도 결국 자신들의 교의를 가지고 반대한다는 사실 자체가 교의의 필요성에 대한 강력한 증거이다. 교의가 없는 교회는 침묵하는 교회일 뿐이고, 침묵하는 교회란 무의미하며, 그 자체가 모순

---

[97] 형제들아 내가 우리 주 예수 그리스도의 이름으로 너희를 권하노니 모두가 같은 말을 하고 너희 가운데 분쟁이 없이 같은 마음과 같은 뜻으로 온전히 합하라"(고전 1:10)

이다. 침묵하는 고백은 없고, 침묵하는 증언도 없다.

D. 교의학의 원천

1. 하나님의 계시

a. 바르고 합당한 원천인 성경

성경은 하나님이 인류에게 주신 모든 계시를 담고 있으므로 하나님의 마지막 계시이다. 따라서 새로운 계시가 추가 되는 것이 아니다. 하나님은 예수 그리스도로 마지막 말씀[98]을 인류에게 하셨다. 예수 그리스도가 모든 계시의 완성이시고 계시의 절정이다. 그러므로 새로운 계시로 성경을 보충할 필요가 전혀 없다.[99] 성경은 유일한 원리(principium unicum)로서, 신학의 유일한 원천이요, 규범이다. 교의학은 오직 성경(sola scriptura)의 토대 위에 서만 세워질 수 있다. 동시에 교의학은 성경의 일부분이나 특정 부분이 아니라 성경 전체를 그 원천으로 삼아야 한다. 이 원리가 개혁파의 "모든 성경"(tota scriptura)의 원리이다. 이를 위해 교의학자는 성경으로 성경을 해석하는 성경의 유비(analogia scriptura)에 따라 성경을 연구해야 한다.[100]

b. 일반 계시의 2차적 성격

하나님은 그가 지으신 피조물을 통해서도 자신을 전달하신다. 이 일반 계시는 성경의 계시에 의해 해석되었을 때, 신학의 자료로 사용될 수 있다. 인간은 타락하여 자연을 통한 하나님의 계시를 바르게 읽어낼 수 없게 되었으므로, 오직 성경의 조명을 따라 이 계시를 읽어내야만 하고, 그렇게 읽혀

---

[98] "옛적에 선지자들을 통하여 여러 부분과 여러 모양으로 우리 조상들에게 말씀하신 하나님이 이 모든 날 마지막에는 아들을 통하여 우리에게 말씀하셨으니 이 아들을 만유의 상속자로 세우시고 또 그로 말미암아 모든 세계를 지으셨느니라"(히 1:1-2_

[99] 서철원, 『서철원박사 교의신학』, 신학 서론, 84-85.

[100] Cf. Berkhof, 『조직신학』, 66-75.; 김달생, 『바른신학』, (서울: 생명의 말씀사, 2010), 29-31.

진 계시는 신학의 자료로 사용될 수 있는 것이다.

일반계시는 언어, 사상, 종교, 도덕생활을 가능하게 하므로 복음전파의 길을 예비하였다. 희랍철학과 문화와 언어체계는 특별계시와 무관하게 진행되었어도 복음이 전파될 수 있는 토양을 마련하였다. 언어들로 복음의 내용이 전달되는데 희랍어가 이방세계에 복음을 전달하는 주요한 도구가 되었다. 그러므로 일반계시는 예수 그리스도의 오심을 예비하는 일을 하였다. 그리스도의 오심이 이스라엘에서만 준비된 것이 아니라 이방 세계에서도 준비되었다. 그리하여 진리 체계로 전달된 복음의 내용이 사람들에게 이해될 수 있게 예비 되었다. 언어가 발달한 종족들이 복음을 먼저 받아들이고 이해하기 때문이다. 이스라엘은 그리스도의 모태 어머니로 준비되었지만 모든 인류에게 미친 일반계시는 이방세계에서 복음전파의 지반과 접촉점을 이루었다. 일반계시도 특별계시처럼 하나님의 로고스에서 유래하였다. 그러므로 그리스도는 일반계시로 이방세계에서도 자기의 오심을 준비하셨다.[101]

2. 교의학의 원천에 대한 잘못된 주장들

a. 교회의 가르침

이는 로마 가톨릭주의자들의 주장이다. 이들에 의하면 신자는 성경과 전승 둘 모두를 교회의 손을 통해 받는데, 이 모두 교회가 해석을 해 주는 대로만 이해되어야 한다. 성경과 전승 모두 신학의 원천으로 인정될 수 있기는 하지만, 신앙의 참된 원천은 사실 교회의 가르침이다. 이들은 진리를 교회에 의존된 것으로 만들고 주장하지만 사실 진리가 교회에 의존하는 것이 아니라 교회가 진리에 의존하는 것이다. 교회의 모든 주장과 가르침은 성경의 시험을 받아야만 한다.

b. 그리스도인의 의식

---

[101] 서철원, 「서철원박사 교의신학」, 신학 서론, 168-70.

이는 슐라이어마허의 오류이며 일부의 현대 신학자들의 오류이다. 이들은 그리스도인의 의식이나 신비적 체험 또는 기독교 집단의 의식을 교의의 원천으로 삼았다. 하나님의 무오한 성경에 의지 하지 않고, 아직 오류 속에 있는 그리스도인의 의식을 기독교 신앙의 규범과 교의의 원천으로 삼으려는 것이다. 하지만 신학의 많은 원리들은 인간의 경험을 초월할 뿐만 아니라, 인간의 경험은 실수와 오류의 가능성과 위험이 높아서 절대로 교의의 원천이 될 수는 없다.

c. 인간 이성

이는 합리주의자들과 자유주의 신학자들의 주장이다. 이들은 인간 이성이 신앙의 궁극적 근거와 척도가 되어야 한다고 주장한다. 그리하여 성경의 주장들조차도 인간 이성에 의해 조사, 판단 받아야 하고, 이성이 승인한 것만 진리로서의 가치를 지닌다는 것이다. 그러나 인간의 타락은 인간의 이성에까지 영향을 미쳤다. 타락한 이성은 절대로 진리의 궁극적 원리가 될 수 없다.

일반계시는 구원종교의 기초가 되지 못하므로 하나님에게 이르는 길이 아니다. 그러므로 일반계시에 기초한 자연신학은 하나님에게 이르는 길이 아니다. 인간의 지성으로 자연의 구조에서 하나님의 존재와 성품을 증명하고 정립한다는 토마스 아퀴나스(Thomas Aquinas)의 신학은 아브라함과 이삭과 야곱의 하나님에 이르게 하지 못한다. 일반계시에 기초해서 그리스도교의 자연적 기초를 구축하고 특별계시에 의해 삼위일체와 성육신과 구속의 은혜의 교리를 합친다고 하더라도 바른 그리스도교가 되는 것이 아니다. 토마스 아퀴나스는 희랍철학과 그리스도교 신학을 조화할 수 있다고 믿었던 것이다.[102]

---

[102] 서철원, 『서철원박사 교의신학』, 신학 서론, 176.

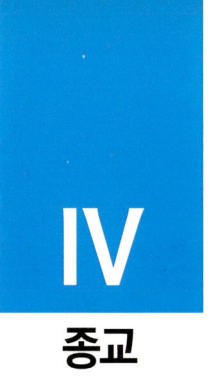

IV 종교

A. 종교의 본질

1. '종교'라는 용어의 어원

'종교'라는 말의 어원은 확실하지는 않은데, 이를 설명하는 최초의 시도는 키케로로서 '다시 읽다, 반복하다, 조심스럽게 준수하다'의 뜻을 지닌 re-legere에서 유래했다고 설명한다. 칼빈은 이런 키케로의 이론을 채택하면서도 그 설명은 받아들이지 않는데, 칼빈에 의하면 종교는 대부분의 인간이 무엇이든 자기의 길에 먼저 나타나는 것을 무분별하게 취하는 그런 식의 떠도는 방탕에 반대하여 사용된 단어라고 설명한다.[103]

락탄티우스(Lactantius, 250-325)는 "창조주 하나님과 피조물인 인간의 재결합"이 종교라고 말했고, 어거스틴(Augustine)은 종교에 대해 "인간이 하나님께 다시 돌아간다."고 정의 하였다. 그러나 어원적인 정의만으로는 인간의 근본적인 죄와 구속을 말하여 주지 못한다.

종교는 일반적으로 세계관과 인생관, 즉 전체 현실에 대한 전망이나 전반적인 윤곽, 그리고 이런 전망의 빛에서 개인이 세계와 관계를 맺는 방법에 대한 개념을 포함하고 있다. 의식적인 행동이든 아니면 윤리적인 행동이든, 혹은 이 두 가지가 다 이든 간에 일련의 의식들이 종교에 부수된다. 또한 두려움이나 죄책감, 그리고 신비감과 같은 어떤 태도나 감정들이 종교에서

---

[103] Calvin, *Institutes.*, I. 7. 1.

발견된다. 개개의 인간보다 더 높은 대상에 대한 몇 가지의 관계들이나 반응, 예를 들면 헌신과 예배와 혹은 기도와 같은 것들이 존재한다.[104]

종교는 신념이나 교리, 감정이나 태도들, 그리고 삶의 방식이나 행동의 자세들이라 할 수 있다. 기독교는 이 모든 종교의 기준에 적합하다. 이것은 삶의 방식이고, 일종의 처신이며, 삶의 양식이다. 그리고 이것은 단순히 유리된 개인의 경험이 아니라 사회적 집단들을 산출한다는 의미에서 종교이다. 기독교는 또한 의존성, 사랑, 그리고 성취와 같은 어떤 감정들을 수반한다. 그리고 기독교는 가장 확실하게 일련의 가르침과 실재와 자신을 조망하는 방식, 그리고 전체 경험을 의미 있는 것으로 만들어 주는 전망을 포함한다.[105]

2. 종교에 대한 일반적인 정의

막스 베버(Max Weber, 1864-1920)는 사회학적인 측면에서 종교를 분석한 후 "종교의 정의를 내리는 것은 불가능하다."고 하였다. 공산주의 창시자인 칼 막스(K. Marx, 1818-1883)는 헤겔의 『법철학 강요』를 비평하는 가운데 '종교는 인민의 아편'이라고 하였는데 이것은 종교는 우리 생활에 무익할 뿐 아니라 해롭다는 차원에서 내린 반종교적(反宗敎的) 정의라 할 수 있다. 막스 뮐러(Max Müller, 1823-1900)는 "인간으로 하여금 여러 가지 이름과 모양으로 무한자(無限者)를 알 수 있게 하는 능력, 혹은 성향이 종교"라고 했고, 슐라이어마허(Friedrich Schleiermacher, 1768-1834)는 "절대의존 감정"(A feeling of absolute dependence)이라고 정의를 내린바 있다. 기독교는 계시(啓示)의 종교인데 반해 일반적인 여타 다른 종교들은 하나의 철학과 같다 할 수 있다. 철학은 인간의 주관이 주체가 되어 모든 면을 궁극적으로 연구하는 하나의 학문이기 때문이다.

---

[104] W. P. Alston, "Religion", in Encyclopedia of Philosophy, ed. Paul Edwards(New York: Macmillan, 1967), vol. 7, 141-42.

[105] 밀라드 J. 에릭슨, 26-27.

3. 종교에 대한 성경의 용어들

개혁주의 신학은 통례적으로 '종교'라는 이 용어를 객관적 종교와 주관적 종교로 구분하여 설명하였다. 객관적 종교는 인간의 종교의 성격을 결정하는 것, 하나님에 관한 지식과 하나님에 대한 인간의 관계에 관한 지식을 가리키는 것으로서, 사실상 하나님의 계시를 의미한다. 주관적 종교는 객관적 종교에 대응하는 것으로서, 이 주관적인 종교에 대한 신약의 일반적인 표현은 믿음(pistis)이다.106

성경은 출애굽기 20:3에서 "너는 나 외에는 다른 신들을 네게 있게 말지니라."고 종교에 대한 계명을 말씀하셨다. 또 아덴 사람들이 범사에 종교심을 많이 가졌다고 표현하는 것은 그들이 각종 이방 신들을 섬겼기 때문이다.107 기독교는 하늘에서 내려온 계시 종교로 죄인을 구원하시는 생명의 종교인데 반해 이방종교들은 인간이 만들어 낸 우상종교로 유사종교일 뿐이다.

따라서 종교에 대한 성경적 관점에서 광의적으로 보면, '종교는 인간과 하나님의 관계'로서 하나님의 형상대로 지음 받았기에 하나님의 능력과 신성이 깃들어 있어서 종교심을 내면에 가지고 있다고 할 수 있다.108 협의적인 면에서는 '종교는 인간이 오직 하나님을 경외하며, 하나님의 계시에 대한 신앙과 경건한 행위'이다. 스트롱(A. H. Strong)은 "종교는 그 본질적 개념상 하나님 안에 있는 생활이자, 하나님과 교제를 이루는 생활이며, 내주하시는 성령의 지도를 받는 생활"이라고 하였다. 이런 관점에서 볼 때 기독교만이 참 된 계시의 종교로서 생명을 줄 수 있음을 알 수 있다.

---

106 Cf. Berkhof, 『조직신학』, 107-10.

107 "바울이 아레오바고 가운데 서서 말하되 아덴 사람들아 너희를 보니 범사에 종교심이 많도다."(행 17:22)

108 "창세로부터 그의 보이지 아니하는 것들, 곧 그의 영원하신 능력과 신성이 그가 만드신 만물에 분명히 보여 알려졌나니 그러므로 그들이 핑계하지 못할지니라."(행 1:20)

B. 종교의 자리

인간의 영혼에서 종교의 자리가 어디인지를 살펴보는 것은 종교의 본질적 속성이 무엇인지를 아는 것에 있어 매우 중요하다. 여러 견해들이 있는데, 그 각각의 견해들은 다음과 같다.[109]

1. 종교의 자리는 지성(intellect)이다.

이는 종교의 본질을 지식이라고 보는 견해이다. 이 견해를 지지하고 부각시킨 사람은 헤겔인데, 그에 의하면 종교와 역사는 절대 정신이 자신의 인식을 펼쳐나가는 과정일 뿐이라 한다. 하지만 이런 견해는 종교의 본질에 대한 심각한 왜곡을 가져오는데, 결국 종교는 일종의 불완전한 철학으로 축소되고, 사실상 어떤 이의 경건은 곧 그의 지식의 정도를 의미하는 것이 되어버린다. 그러나 종교가 비록 지식적 측면을 포함한다 하더라도, 단지 지식일 수는 없으며, 도리어 종교는 의지와 감정을 포함하는 것이다.

2. 종교의 자리는 의지(will)이다.

이는 종교의 본질을 도덕적 행동이라고 보는 견해이다. 이 견해는 펠라기우스로부터 시작해서 여러 기독교 분파에서 계속 나타났고, 이를 현대에 새롭게 유행시킨 사람은 칸트이다. 이들에 의하면 기독교는 새로운 법이며, 믿음은 새로운 순종이다. 이들의 목표는 실천적 경건에 있다. 도덕성 자체가 종교의 토대라는 것이다. 하지만 이는 종교의 객관적 성격을 유기(遺棄)하는 것이다. 종교와 도덕 사이에는 매우 밀접한 관계가 있지만, 이들의 주장은 이 둘의 순서를 뒤집어 버린 것이다. 도덕에 종교가 의존하지 않고, 오히려 도덕이 종교에 의존한다. 그러므로 종교에 뿌리내려 있지 않는 도덕이란 도덕적일 수도 없고 종교적일 수도 없다.

---

[109] Cf. Berkhof, 『조직신학』, 115-19.

3. 종교의 자리는 감정(feelings)이다.

이는 신비주의와 경건주의 진영에 있는 사람들의 주장이다. 현대에는 슐라이어마허가 이를 지지하고 새롭게 일으켰다. 이에 따르면 종교는 절대자에 대한 의존 감정으로서, 종교에서 인간은 절대자와 하나임을 느낀다. 물론 감정이 종교에서 중요한 위치를 차지하지만, 감정을 종교의 원천으로 삼는 것은 종교를 완전히 주관적인 것으로 만들어 버린다. 종교는 단지 감정의 문제가 아니다.

4. 종교의 자리는 마음(heart)이다.

종교의 자리에 대한 바르고 건전한 유일한 관점은 종교의 자리가 마음이라는 견해이다. 마음은 영혼의 중심 기관으로서, 인격적, 도덕적 삶의 초점이다. 종교는 사람에 있는 하나님의 형상에 근거하고 있는데, 마음이 바로 이 형상의 중심이다. 종교는 지·정·의와 함께 전체 인간을 포괄하는데 그것이 바로 마음이다. 마음은 지식(롬 10:13, 14; 히 11:6), 감정(시 28:7; 30:12), 의지(롬 2:10, 13; 약 1:27; 요일 1:5-7)를 소유한다.

c. 종교의 기원

종교의 기원을 연구하는 것은 크게 두 방법으로 구분된다. 하나는 위로부터의 방법이고, 다른 하나는 아래로부터의 방법인데, 아래로부터의 방법은 진화론 철학에 근거한 방법으로서 역사적 방법과 심리적 방법이 있고, 위로부터의 방법은 성경이 말하는 신학적인 방법이다.[110]

1. 역사적 방법

---

[110] Cf. Berkhof, 『조직신학』, 119-25.

이는 원시 종교를 탐구함으로써 종교의 기원을 발견하고자 하는 방법이다. 이는 역사적 방법을 통해서 인류 최초의 종교를 관찰 파악하고자 하는 시도이다. 하지만 역사가는 종교적으로 되어가는 과정에 있는 인간을 관찰할 수 없다. 왜냐하면 역사의 여명(黎明)에서부터 인간은 이미 종교적이었기 때문이다. 어떤 이들은 사제들의 교활함 또는 통치자들의 꾀에서 종교의 기원을 찾고, 어떤 이들은 물신(物神) 숭배, 또는 조상 숭배로부터 종교의 기원을 찾으려 하지만 그 어느 것도 만족할 만한 답변을 주지 못한다.

프랑스의 볼테르(Voltaire)는 제사장들이나 통치자들의 간지(奸智)와 궤계(詭計)에서 종교가 생겼다고 설명한다. 콩트(Agust Comte)는 서물숭배(fetishism)에서, 타일러(Edwardb. Tylor)와 스펜서(H. Spencer)는 조상숭배(animism)에서, 플라이더러(Pfleiderer)는 자연숭배에서 종교의 기원을 설명하고 있다. 무속(shamanism)은 엄격한 의미에서 애니미즘(Animism)에 속한다 할 수 있다. 역사적인 관점을 종합하면 종교는 인간의 연약함에서 발생된 산물로 보는 것이다.

2. 심리적 방법

오늘날에 와서는 역사적 방법보다 심리적 방법을 더 중요하게 여기는 경향이 있다. 이 방법은 인간 안에 있는 요소들, 즉 그 자체로 종교적인 것은 아니지만 인간과 자연 환경과의 관계에서 종교를 탄생시키게 되는 특정한 요소가 있었다고 추론한다. 어떤 이들은 인간 안에 종교적 본능과 종교적 기능이 있다는 것으로 설명하려 하지만, 사실 이는 만족스러운 대답이 아니다. 왜냐하면 이런 본능과 기능의 존재가 설명을 요구하기 때문이다. 심리적 방법에 따른 인간이 자기의 하나님을 창조하고 그 하나님을 어떻게 섬겨야 하는지를 결정한다. 객관적인 종교와 주관적인 종교 사이의 관계가 뒤집혀 버리고, 주관적인 종교가 객관적인 종교의 원천이 된다. 하지만 이는 결국 종교의 본질과 모순을 일으켜서 사실상 자기가 설명해야 하는 그 현상을 파괴시켜 버린다.

그리스의 철인 에피쿠로스(Epicurus, b.C. 342-270)와 독일의 심리학자인 분트(Wundt, 1839-1917)는 '인간의 공포심이 종교 의식을 만들어 냈다.'고 말한다. 프랑스의 자유주의 신학자 사바티어는 종교의 기원을 '인간의 공포심 위에 희망을 더하여서 구원을 위하여 기도를 드림으로 발생했다.'고 설명하기도 했다. 칸트(Kant)는 '도덕적 요청에 의해서 신은 존재해야 하며, 양심의 소리가 들리는 것은 곧 신이 있음이며 신이 있음을 인정하는 것이 종교'라고 주장했다.

3. 신학적 방법

신학적 방법은 위로부터의 방법으로 종교의 기원을 찾기 위해 신적 계시에까지 추적해 올라가는 방법이다. 이는 성경적 관점이며, 다른 어떤 방법보다 더 만족스러운 결론을 주는 방법이다. 오직 이 관점만이 종교의 보편적 현상에 대해 바르게 답할 수 있을 뿐만 아니라, 낮은 형태의 종교 뿐 만 아니라 높은 형태의 종교까지 모두 설명할 수 있다. 또한 이것은 종교의 참된 속성과 조화를 이루는 유일한 방법이다. 이 방법은 하나님의 계시에 기초해 다음 세 가지 진리를 설정하는데, 첫째는 하나님의 존재이다. 인격적인 하나님이 존재하신다는 것이다. 하나님이 없는 종교는 불가능할 뿐만 아니라 의미도 없다. 둘째는 신적 계시이다. 참된 종교는 하나님께서 자신을 계시하신다는 전제를 지닌다. 하나님의 계시가 없다면 종교는 존재할 수 없기 때문이다. 마지막 셋째는 인간을 하나님의 형상으로 만드셨다는 사실이다. 즉 인간은 하나님의 객관적 계시를 이해하고 그것에 반응할 수 있는 능력을 갖도록 지으셨다는 것인데, 이것이 없다면 종교는 설 수 없다.

역사적인 견해나 심리학적인 견해는 모두 종교의 기원을 인간에 두고 있다. 그러나 성경은 그 기원을 하나님의 계시[111]에 두고 있다. 기독교는 하나님의 계시에 의해 세워졌기에 여타 종교와는 분명 구별되어야 마땅하다.

---

[111] "예수 그리스도의 계시라 이는 하나님이 그에게 주사 반드시 속히 일어날 일들을 그 종들에게 보이시려고 그의 천사를 그 종 요한에게 보내어 알게 하신 것이라."(계 1:1)

이슬람도 쿠란(Q'uran)을 알라가 직접 계시하였다고 주장하고, 힌두교도 베다(Veda)경을 신의 직접 계시라 주장하고 있기도 하다. 그러나 다른 종교(異宗敎)들은 하나님의 직접 계시가 아님은 자명하다. 이런 종교가 존재함은 하나님을 알지 못하는 사람들의 종교성의 발로에 불과하다 할 것이다.

그러므로 타종교들은 하나님의 형상대로 지음 받은 인간이 하나님을 떠난 상태로 어렴풋이 남아 있는 종교성에 의해 파생 된 인간의 산물이지만, 기독교는 하나님의 직접 계시에 의해 창안 된 계시종교로 그 기원이 영원자존(永遠自存)하신 삼위일체 하나님이시다.

칼빈(John Calvin)은 『기독교 강요』(Institutes of the Christian religion)에서 "인간의 마음속에 타고난 본능에 의하여 하나님을 알 수 있는 지각이 있다는 것은 논란의 여지가 없다"고 하였고, 벌코프(Berkhof)도 『基督敎敎理要約』에서 "성경은 하나님께서 인간을 창조하시되 자기 형상을 따라 지으셔서 이 계시를 이해하고 따를 수 있는 능력을 주셨으며, 또한 하나님과 교제하고 하나님을 영화롭게 하고 싶은 마음이 나도록 인간의 마음속에 자연적인 충동을 심어주셨다."[112]고 진단을 내리고 있다.

오직 인간만이 종교성을 가지게 된 원인은 무엇일까? 모든 동식물들은 흙으로 지음 받았지민 사람민이 하나님의 형싱을 따라 영과 육으로 지음 빋은 것이 특별하다. 육체적 생명과 영적생명(창 1:19; 요 3:6; 롬 8:10)을 가졌기 때문에 인간은 영생하며(창 2:17), 영적세계를 분별하고(고전 1:21; 2:13), 만물을 통치할 수 있다(창 1:28). 그러나 인간이 범죄하고 타락한 후에 영적생명이 단절됨으로(창 3:23-24; 6:3; 엡 1:20; 2:1; 고전 2:14) 전적으로 부패하게 되어 인간의 특권을 상실하게 된 것이다. 거듭나기 전에는 인간이 참 하나님을 알 수 없기 때문에 하나님을 찾으려 해도 찾지 못하며 그렇다고 부인하지도 못한다. 그 이유는 인간의 종교성 때문이다.[113]

---

[112] 루이스 벌코프, 『基督敎敎理要約』, 박수준 역 (서울: 소망사, 2003), 12.

[113] 루이스 벌코프, 『基督敎敎理要約』, 36-37.

V
계시

A. 계시의 명칭 및 개념

　종교에 대한 고찰을 한 후에는 그 기원이 되는 계시에 대하여 상고하지 않을 수 없게 된다.114 "모든 종교는 계시에서 시작된다."고 오르(Orr) 박사는 말했다.115 인간이 하나님을 알고 섬기려면 반드시 하나님께서 자신을 드러내 보여 주셔야 한다. 이것을 계시라고 한다. 본래 계시(revelation)는 라틴어 '레벨라티오'(revelatio)에서 유래했는데, 이는 능동적인 의미로는 하나님께서 이것을 통해서 사람에게 지식을 전달해 주시는 것을 의미하고, 수동적 의미로는 하나님의 자기 전달의 결과를 가리킨다. 성경에서는 히브리어 '갈라'(גלה)와 헬라어 '아포칼륩토'(ἀποκαλύπτω)가 계시를 의미하는 단어로 사용되었는데, '갈라'는 벗는다(to be naked, 창 35:7)의 의미가 있고, '아포칼륩토'는 '열어 보이다', '벗기다', '드러나 보이게 하다'의 의미를 지닌다.116

　벌코프(Berkhof)는 "계시는 하나님께서 은폐하셨던 자신의 베일을 벗으시고 자신을 드러내신 것"이라 했고, 박형용 박사는 "계시는 하나님이 사람에게 자신을 나타내시거나 혹은 진리를 전달하셔서 다른 방법으로는 알려지지 못할 것을 그의 피조물들에게 보여주시는 행위"라고 했다. 서철원 교수는 "하나님은 무한한 영으로서 인격적 존재이므로 스스로 자기의 기뻐

---

114 루이스 벌코프, 『基督敎敎理要約』, 15.
115 James Orr, *The Christian View of God and the World* (Grand Rapids: Eerdmans, 1954), 4.
116 Cf. Berkhof, 『조직신학』, 133.

하신 뜻에 따라 자기 자신을 계시하셨다. 그 계시를 통해 자기의 존재와 성품, 그의 뜻을 알리셨으므로 하나님을 알 수 있다."117고 했다.

B. 계시의 구분

1. 자연 계시와 초자연 계시

모든 계시는 그 기원의 측면에서 볼 때 모두 초자연적 계시이다. 하나님으로부터의 계시이기 때문이다. 그런데 이 계시는 양식 또는 매개를 기준으로 구분할 때, 자연 계시와 초자연 계시로 구분될 수 있다. 자연 계시는 자연 현상을 매개로 전달되는 계시다. 하나님이 창조하신 만물의 현상, 역사적인 사건, 인간의 심리구조와 같은 자연적인 방법으로 구체화 된 계시로 창조하신 하나님과 그의 영원하신 능력과 신성을 알게 하시는 계시이다(롬 1:20). 초자연 계시는 하나님께서 자연적 과정에 개입하시는 자기 전달이라고 할 수 있다. 여기에는 말씀, 꿈, 환상, 이적 등이 있다. 그러나 가장 확실하고 분명한 초자연계시는 성령의 감동하심을 받은 사람들이 하나님께 직접 문서로 기록한 계시, 곧 성경이다(딤후 3:16; 벧후 1:21).118

2. 일반 계시와 특별 계시

이 구분은 계시의 대상과 성격, 목적에 따른 구분이다. 일반 계시는 하나님의 창조에 근거를 둔 계시로서 모든 지적인 피조물에게 전달되는 것이다. 이 계시는 모든 사람들을 신성, 전능, 지혜와 같은 속성들을 가지신 하나님 앞에 마주하게 한다. 그리하여 그들은 하나님 앞에 자신의 범죄에 대해 핑계할 수 없게 된다. 그럼에도 불구하고 죄로 인해서 타락한 인간은 이 계

---

117 서철원, 『서철원박사 교의신학』, 신학 서론, 81.
118 Cf. Berkhof, 『조직신학』, 136-39.

시를 늘 왜곡한다. 특별 계시는 구속의 계시로서 죄인인 인간들에게 그들을 구속할 목적으로 전달되고, 중생한 사람은 이를 바르게 이해할 수 있다.

일반계시는 하나님의 창조 사역에 있어서 하나님과 인간에 대한 일반적인 계시로써 모든 사람들을 대상으로 한 계시이고, 특별계시는 하나님의 구속사역에 있어서 택자(擇者)들의 구원을 위하여 특별히 기록하게 하신 문서계시를 말한다. 성령의 감동하심이 없는 사람은 이 계시를 아는 것이 쉽지 않다. 모든 사람이 죄로 인하여 일반적인 계시를 알지 못하나, 구속함을 받아 믿는 사람은 특별계시로 일반계시를 알 수 있다. 특별계시는 죄인이 구원을 얻는 도리를 말씀한다. 자연계시는 일반계시로, 초자연계시는 특별계시로 통용하는 것이 일반적이다.

C. 일반 계시

1. 일반 계시에 대한 개괄

일반 계시는 언어(verva)가 아닌 사물(res) 계시이다. 인간 마음의 구조와 자연의 전체 구조, 하나님의 섭리로부터 인간의 지각과 의식을 향해 전달되는 계시이다. 사도 바울은 "하나님의 보이지 아니하는 것들 곧 그의 영원하신 능력과 신성이 그가 만드신 만물에 분명히 보여 알려졌다"고 말한다(롬 1:20). 개혁신학은 처음부터 일반 계시의 중요성을 인정하고 가르쳐 왔다. 칼빈은 그의 기독교 강요를 일반 계시에 대한 가르침에서부터 시작하고 있음을 볼 수 있다.[119]

모든 피조물은 각각 그 종류대로 창조하신 하나님의 신성과 그 능력을 보여 주고 있다. 정밀하게 만들어진 시계를 보면 그것을 만든 사람과 작업과정을 보지 않아도 그의 기술능력을 충분히 짐작할 수 있게 된다. 이와 같이 들의 백합화나 공중에 나는 새들을 보면 하나님의 창조의 솜씨를 희미하게

---

[119] Cf. Berkhof, 「조직신학」, 139-44.

나마 알 수 있다. 광활한 우주는 하나님의 광대무변하심을 보여주고, 질서정연한 천체들의 조직적인 운행과 생명체들이 조화롭고 유기적으로 기동하며 살아가는 모습은 창조주가 계시고 창조주에 의해 모든 것들이 움직이며 존재하고 있음을 보여준다.

역사적인 사건들은 하나님의 목적과 예정, 창조와 섭리를 계시하신 것이다. 범죄자들에 대해서도 오래 참으시며(롬 2:4; 벧전 3:20), 악인과 선인들에게 동일한 해를 비춰주시고, 의로운 자와 불의한 자에게도 똑 같이 비를 내려주신다(마 5:45). 범죄 한 인간에게 오래 참으심은 택자들을 구원하시기까지 계속 되고, 최후에는 하나님의 심판이 있게 될 것을 계시하셨는데 이는 사랑과 공의의 하나님이시기 때문에 가능한 일이다.

하나님의 형상대로 창조함을 받은 인간의 심리 구조도 하나님이 주권 섭리하신다. 선한 양심은 하나님을 찾아가며(벧전 3:21), 마음이 청결한 자는 하나님을 볼 수 있다(마 5:8). 그러므로 우리는 만물의 현상뿐만 아니라 인류의 역사적인 사건들과 인간의 심리구조를 보아서 하나님의 신성과 능력을 깨닫고 믿어야 한다.

계시가 없어서 인간들이 하나님과 진리를 모르는 것이 아니고 명백한 계시에 둘러싸여 있으면서도 하나님을 모른다고 하는 것이다. 그것은 불의로 진리를 막는 의도적인 행동이다(롬 1:18, 28). 분명한 진리의 지식에 거슬러서 범죄하고 있는 것이다. 일반계시가 명료하게 하나님의 존재와 영광을 말하며, 그가 섬김을 받으셔야 할 분임을 사람들에게 가르친다(롬 1:21-23). 사람들이 하나님을 알지 못한다고 하는 것은 명료한 계시를 거슬러서 범죄하는 것이다. 따라서 일반계시는 하나님을 알지 못한다고 핑계할 수 없게 정죄하는 일을 한다.[120] 모든 창조와 인간의 전 조직이 명료하게 하나님을 계시하고 증거 한다.

---

[120] 서철원, 『서철원박사 교의신학』, 신학 서론, 171.

2. 일반 계시의 가치와 중요성

a. 이방 세계와 관련하여

자연 및 역사에서 나타나는 하나님의 계시는 이방 종교들의 토대가 된다. 이로 인해 사람들이 자기가 하나님의 소생임을 알게 하고(행 17:28), 하나님을 더듬어 찾게 하며(행 17:27), 본성으로 율법의 일을 행하게 한다(롬 2:14). 그럼에도 불구하고 이 일반계시에 따라 인간이 만들어내는 종교는 참된 종교와 약간의 차이만 나거나 단지 부족한 차원이 아니라, 진리에 대한 독단적인 배교요, 우상 숭배이며 헛된 것일 뿐이다(사 41:29; 42:17; 렘 2:28; 행 14:15; 19:26; 갈 4:8; 고전 8:4). 타락한 인간은 그것으로 하나님의 목적에 이르지 못함으로 일반계시에 의하여 자신들의 범죄를 핑계하지 못한다(롬 1:24이하; 계 9:20; 행 14:15; 17:30; 엡 4:18).

b. 기독교와 관련하여

일반 계시는 기독교 안에서 자신의 진정한 가치를 드러낸다. 일반 계시가 하나님의 말씀의 조명을 따라 바르게 읽혀질 때, 그는 자연에서 하나님의 손을 보고, 역사에서는 하나님의 발자국을 보며, 자신의 모든 환경 속에서 하나님을 보고, 세상을 올바로 이해하게 된다. 또 일반 계시로 인해서 특별 계시가 단지 허공에서 떠도는 이야기로 전락하지 않고 모든 점에서 세상의 모든 생명에 실제적으로 미치게 된다.

3. 일반 계시의 불충분성

일반계시는 하나님과 영적인 사물과 인간 구원에 대한 확실한 지식을 충분히 전달하지 못한다. 아브라함 카이퍼(A. Kuyper)가 언급했던 것처럼[121]

---

[121] Kuyper, *Encyclopaedie der Heilige Godgeleerdheid* II, 214, 228, 233.

타락이 없었다면 우리 안에 있는 하나님의 형상의 역사(役事)로 우리 안에 심겨져 있는 종교의식(sensus divinus), 곧 종교의 씨(semen religionis)에 의해 우리 조직들의 역사로 하나님을 잘 알 수 있다고 하였다.[122] 또한 죄는 일반계시와 이 계시의 감수성을 어둡게 하였고, 우리의 유일한 구원자이신 예수 그리스도를 배울 수 없다. 더불어 일반계시로는 구원의 은혜, 속죄 등을 알 수 없으니 구원에 이를 수 없다는 한계가 있다.

일반계시가 중요한 가치를 가지고 있는 것은 분명하나 계시로서의 불충분성은 다음 세 가지로 정리될 수 있다. 첫째, 일반 계시는 구원의 길을 인간에게 알려 주지 못한다. 둘째, 일반 계시는 영적인 사실들에 대해 절대적으로 신뢰할 만한 지식을 인간에게 줄 수 없다. 셋째, 일반 계시는 종교를 위한 충분한 토대를 제공해 주지 못한다. 그러나 이런 불충분성은 일반 계시 자체에 결함이 있다는 것은 아니다. 한편으로 일반 계시는 그 목적에 대하여는 충분하다. 계시는 하나님의 완전성을 충분하고 명료하게 나타낸다. 그러나 인간의 타락이 그것을 읽어내지 못하게 하고 있는 것이다. 뿐만 아니라 일반계시는 신자들에게도 하나님에 대한 지식을 주는 독자적인 자료가 될 수도 없다.[123]

D. 특별 계시

특별계시는 인간의 죄로 말미암아 불가피하게 초래 된 타락 이후의 현상이라는 주장을 일반적으로 받아들이고 있다. 그것은 종종 '치료적인 것'(remedial)으로 간주된다.[124] 물론 우리는 타락 이전에 하나님과 인간에 있던 관계의 정확한 상황에 대해서는 알 수 없다. 우리는 단순히 그것에 대하여 많은 것을 알고 있지 않다. 아담과 하와는 하나님에 대한 분명한 의식을 가지

---

[122] 서철원, 『서철원박사 교의신학』, 신학 서론, 172.

[123] J. 판 헨더렌 & W. H. 펠레마, 103.

[124] Benjaminb. Warfield, 'The Biblical Idea of Revelation', in *The Inspiration and Authority of the Bible*, ed. SamuelG. craig (London; marshall, Morgan and Scott, 1951), 74.

고 있어서 그들 자신의 내적인 경험에서나 자연을 인지할 때에 어느 곳에서든지 그를 끊임없이 의식하였을 수 있었을 것이다. 만약 그렇다면 이러한 하나님 의식은 일반계시로 생각될 수 있었을 것이다. 그러나 죄가 인간 속으로 들어왔을 때, 특별계시의 필요성은 더 심화되었다. 이 죄로 인해 직접적이고 완전한 형태의 특별계시는 상실되고 말았다. 뿐만 아니라 이 죄는 일반계시에 대한 이해력도 감소시켰고, 따라서 특별계시는 하나님에 대한 인간의 지식과 하나님과 인간 사이의 관계를 모두 다 치료하지 않으면 안 되게 되었다.125

서철원 교수는 이 특별계시를 비구속적(非救贖的) 특별계시와 구속적 특별계시로 분류하여 설명을 한다.126 창조 직후에 말씀으로 와서 사람과 하나님과의 관계를 언약관계로 만들었고 또 창조개발과 보존의 책임을 지우신 것은 구원과 상관없는 특별계시이다. 그러므로 이 계시는 특별계시로서 비구속적 특별계시이다. 그러나 타락 후에 온 특별계시는 인류 구원을 위해서 왔다. 구원의 방식과 구원자와 구원에 이르는 길을 계시하시므로 구원계시가 되었다. 이것을 구속적 특별계시라고 한다.

1. 특별 계시의 수단

a. 하나님의 나타나심(顯現, theophany)

하나님은 외적 현현으로 나타나셔서 자신의 뜻을 전달하셨다. 하나님은 그룹들 가운데 임하셨고(시 80:1; 99:1 등), 폭풍 가운데 나타나셨고(욥 38:1; 40:6; 시 18:10-16), 세미한 바람 가운데(왕상 19:12) 나타나셨다. 그 중에 "하나님의 사자"(the Angel of God)는 특별한 위치를 차지하는데, 왜냐하면 이는 하나님과 구별되지만(출 23:20-23; 사 63:8, 9), 동시에 하나님과 동일시되고 있기 때문이다(창 16:13; 31:11, 13; 32:28 등). 이에 대한 우세한 견해는 그가 삼위일체의 제 2위의 구약적 현현이라는 것이다.127

---

125 밀라드 J. 에릭슨, 201-02.
126 서철원, 『서철원박사 교의신학』, 신학 서론, 180.

서철원 교수는 구약에 나타난 하나님의 현현에 대해 헤르만 바빙크의 해석을 인용 한다. 구약 당시 삼위일체 하나님의 존재를 말하면 다신교로 오해될 수 있었기 때문에 하나님의 사자로 나타나 그렇게 계시하셨다고 설명을 한다. 그러므로 주의 사자로 명명하면서 일면 하나님과 일치시켰다. 그때는 삼위일체 교리가 이해되지 못하였기 때문이다.[128]

하나님의 현현의 절정은 예수님의 성육신(Incarnation)이다. 예수 그리스도의 성육신으로 하나님의 임재가 그의 육체 안에 완전히 임하였다(골 2:9). 구약에서는 하나님께서 성전에서 현현하셨고, 성육신 후에는 돌과 나무로 지어진 성전을 헐어버리셨는데 그것은 그리스도의 육체가 하나님의 성전이어서 완전하게 자기를 현현하셨기 때문이다.

b. 의사 전달(주로 예언)

성경은 하나님이 자신의 뜻을 전달하시는 다양한 방식들을 알려준다. 때로 하나님은 인간이 들을 수 있는 음성으로 아브라함과 이삭과 야곱에게, 그리고 모세와 다윗에게 직접 말씀하심으로 구원의 역사와 메시아 왕국을 세워나가셨다(창 2:16; 3:8-19; 4:6-15; 6:13; 9:1,8,12; 32:26; 출 19:9 이하; 신 5:4,5; 삼상 3:4). 또 제비와 우림과 둠밈을 사용하셔서 그 뜻을 나타내시기도 하셨고, 꿈을 통해서도 구약의 요셉이나 선지자들, 제사장들, 신약의 요셉에게 말씀하셨다(민 12:6; 신 13:1-6; 삼상 28:6; 욜 2:28).

그렇지만 하나님께서 가장 일반적으로 진리에 대해 전달해 주신 방식은 바로 그의 선지자들을 통한 것(구약성경)이었다. 하나님은 선지자들을 통해 여러 방식대로 말씀해 오시다가 마지막 날들에는 자신의 아들을 통해 최종적인 계시를 주셨다(히 1:3). 구약에서 하신 하나님의 직접적 말씀은 그리스도를 통한 최종 말씀의 예비였다.[129]

---

[127] Cf. Berkhof, 『조직신학』, 144-50.
[128] 서철원, 『서철원박사 교의신학』, 신학 서론, 193.

c. 기적

성경은 기적 또한 특별 계시 가운데 하나의 수단으로 말한다(신 4:32-35; 시 106:8; 요 2:11; 5:36; 10:37,38; 행 4:10). 이적은 하나님이 그의 섭리와 경륜을 따라 자기의 구원사역을 이루기 위해서 하시는 특별 동작이다.[130] 말씀 계시와 사실 계시는 서로 상호 작용을 하는데, 말씀 계시는 사실 계시를 해설하고, 사실 계시는 말씀 계시를 확증하고 표현한다. 성경의 기적은 그리스도의 성육신과 부활에서 가장 극적으로 나타난다. 그러므로 그리스도 자신이 가장 절대적인 의미에서 기적이시다.

이런 이적의 발생이 자연법칙을 헐어 버리는 것은 아니다. 다만 여기에서 주의 할 사항이 있다. 마리아에게 동정녀 탄생이 발생했다고 해서 다른 사람도 동정녀 탄생을 하는 것은 아니다. 예수님께서 부활하셨다고 죽은 사람들이 아무나 살아나는 것은 아니다. 부활사건 이후에도 죽음은 인류사회에 정해진 법칙이다. 출애굽 당시, 바벨론 포로시대, 예수님 당시, 사도시대에 수많은 이적이 발생하였다. 이적을 허락하시는 이유는 구원계시와 구원 집행의 방식으로서 하나님의 특별한 구원섭리를 이루시기 위함이다.

이적 중에 최고의 이적은 오실 수 없는 하나님의 독생자 예수님이 이 땅에 오셨다는 것이다. 그토록 많은 이적을 예수님을 통해 현장에서 수없이 목도했고, 벳세다 들녘에서는 이적으로 만들어진 빵을 직접 먹었으면서도 여전히 이적에 목마른 사람들이 예수님께 이적을 보여 달라고 하자 그 세대를 향하여 악하고 음란하다고 평가하신 후, 악하고 음란한 세대의 특징이 바로 표적을 구하는 것이라고 지적을 하신다. 오늘날에도 이적을 구하는 부류들의 면면을 보면 상당수가 신비주의와 기복주의에 매몰 된 상태로 이단이, 사이비 단체들에 속한 경우가 많은 것을 볼 수 있다. 계속해서 표적을 구하는 그들에게 예수님께서는 요나의 표적 외에 보여줄 표적이 없다고 하셨다.

---

[129] 서철원, 『서철원박사 교의신학』, 신학 서론, 191.
[130] 서철원, 『서철원박사 교의신학』, 신학 서론, 194.

구약에 나오는 요나가 삼일 동안 물고기 뱃속에 있다가 토해져 니느웨에 가서 심판을 외친 이 표적은 예수님의 십자가에서의 죽음과 부활을 예표 하는 것으로 오로지 십자가를 통한 구속과 부활만이 우리에게 영원한 생명을 주신다는 함의가 담겨 있음을 알 수 있다.

2. 특별 계시의 특징

특별계시는 특정한 시간, 특정한 장소에서 특정한 사람들에게 하나님께서 스스로를 드러내심으로써 사람들이 그와 구속적인 관계를 맺을 수 있게 하시는 것을 의미한다.131 그 특징은 다음과 같다.

a. 삼위 일체적(Trinitarian)이다.

하나님은 특별 계시에서 자신을 성부와 성자와 성령으로 알려주셨다. 일반 계시에서는 절대로 발견할 수 없는 하나님의 삼위 일체적 특성이 특별 계시에서는 열려지고 알려진다. 구원의 위대한 사건들을 통해서 말씀이 육신이 됨과 성령이 우리에게 부어지는 삼위일체적인 특별계시의 특성은 구약성경의 계시보다 신약성경 안에서 훨씬 더 자세하고 분명하게 선포되었다. 이제 성부와 성자와 성령의 이름으로 세례가 베풀어진다(마 28:19). 또한 삼위일체 하나님의 이름으로 교회에 축복이 선언된다(고후 13:13).132

b. 구원론 적이다.

특별 계시의 목적은 구원이다. 특별 계시는 인간의 전(全)존재의 구원을 목적으로 한다. 타락한 인간은 구속을 필요로 하고, 진리 되신 그리스도 안에서 참된 구속의 진리가 전달된다(요 1:17). 하나님의 계시는 처음부터 끝까지 구원론 적이다.133

---

131 밀라드 J. 에릭슨, 200.

132 J. 판 헨더렌 & W. H. 펠레마, 106.

타락 이후 특별계시는 구속계시이다. 인간을 갱신하고 이성을 새롭게 하되 고치고 치료하는 일을 한다. 죄를 제거하여 인류를 고치고 흐트러진 창조를 변환시켜 완전한 세상이 되게 하는 것이 특별계시이다. 그리고 미래의 구속을 가져오는 계시이고, 종말에 가면 구속계시의 역사, 곧 은혜의 계시는 중단된다. 구원이 완성되어 창조가 회복되었으므로 치료하는 계시의 역사가 계속 될 필요가 없다. 하나님이 완전히 고치셨으므로 특별은혜, 곧 특별계시는 자연의 질서에 통합된다.134

c. 역사적이다.

특별 계시는 역사와 함께 역사 속에서 점진적(progressive)으로 주어졌다. 이 점진적 계시의 중심에는 언약이 있다. 하나님은 역사 속에서 언약을 체결하시며 그 언약을 성취하는 방식으로 역사 속에서 구원 계시를 나타 내셨다. 전체 계시가 지향하는 신적인 목표로서의 언약의 성취는 계시록에서 다음과 같이 묘사된다. "보라 하나님의 장막이 사람들과 함께 있으매 하나님이 저희와 함께 거하시리니 저희는 하나님의 백성이 되고 하나님은 친히 저희와 함께 계시리라"(계 21:3)

처음 구속계시는 씨의 형태로 왔으므로 원시복음, 혹은 어머니복음이라고 칭한다. 씨의 형태로 온 계시도 그것을 받은 당사자들에게는 구원 얻음에 충분하다. 이 구원계시는 한 민족의 역사에서 진행되고 개진되며 성취되었다. 약속과 성취의 형태로 계속적으로 전개되었다. 그러므로 특별계시는 역사적 형태를 지니며 시대의 제약성을 지닌다.135

d. 말씀과 사실의 계시이다.

특별 계시는 단순히 지성에만 전달되는 말씀 계시만이 아니라, 동시에

---

133 J. 판 헨더렌 & W. H. 펠레마, 106.
134 서철원, 『서철원박사 교의신학』, 신학 서론, 195-96.
135 서철원, 『서철원박사 교의신학』, 신학 서론, 196.

능력과 생명을 전달하는 사실의 계시이기도 하다. 그리스도는 단지 선지자만이 아니라 백성을 위해서 사역하시는 제사장이시며, 또 왕이시다. 말씀 계시이면서 동시에 사실의 계시여야만 진정한 의미에서 구원론적 계시일 수 있다.

3. 특별 계시의 목적

일반계시의 불확실성과 인간의 타락으로 인한 심령이 어두워졌기 때문에(창 3:22-24) 하나님의 특별계시가 필요하게 되었다. 특별 계시의 목적은 궁극적이고 최종적인 목적과 근접한 목적으로 구분 지을 수 있다.

a. 최종적 목적

특별 계시의 궁극적이고 최종적인 목적은 하나님의 영광이다. 하나님은 타락한 인간을 구원 하시는 사역과 그 결과 속에서 자신의 영광을 드러내시고 하나님의 속성을 빛나게 하신다. 그 어떤 것도 하나님의 영광보다 더 높은 가치는 있을 수 없다.

하나님의 계시는 하나님이 계시하시는 모든 것을 포함한다. 성경이 말하는 대로 그리스도는 모든 계시의 중심이시다. 계시의 목적은 그리스도를 통해서 하나님을 아는 것이다. 곧 "하나님께서 예수 그리스도의 얼굴에 있는 하나님의 영광을 아는 빛을 우리 마음에" 비추신 것이다(고후 4:6).[136]

b. 근접한 목적

특별 계시의 가까운 목적 즉 근접한 목적이 있는데, 이는 바로 죄인들의 구원이다. 타락하여 영원한 형벌 속에서 소망이 없는 인간을 구원하여 지극한 복락 가운데 하나님의 자녀로서 살게 하시는 것이 특별 계시의 근접한 목적이다.

---

[136] J. 판 헨더렌 & W. H. 펠레마, 211.

VI 성경

하나님의 계시와 성경이 동일한 것은 아니다. 하나님께서 계시하신 모든 것이 빠짐없이 성경에 기록된 것은 아니기 때문이다(요 21:25). 하나님은 모든 시대의 모든 사람을 위해서 특별 계시를 보존하시기 위해서 그 계시를 기록하게 하셨다.137

A. 성경 영감의 성격과 범위

하나님은 계시를 주실 때 선지자와 사도들을 영감하시고 사용하셨다. 그들의 지각을 조명하사 주신 계시를 바로 이해하게 하셨다. 또 그들을 깨끗하게 하시므로 받은 계시를 원형대로 보존할 수 있게 하셨다. 계시를 거룩한 책에 문자로 기록하게 하실 때도(in scripturis sanctis propositum) 순수하고 정확하게 기록되도록 하기 위해 선지자들과 사도들과 기록자들을 사용하셨다. 하나님은 기록자들과 그들의 기록에 호흡하셨다(theopneustos; 딤후 3:16; 벧후 1:20-21). 하나님께서 호흡하셨다고 하는 것은 성령의 역사(役事)를 뜻한다. 성령의 특별하고 직접적인 역사로 성경이 기록 된 역사를 영감이라고 한다. 하나님의 특별계시가 기록되기 때문에 성령이 특별한 역사를 하셨다. 이 특별 역사는 선지자와 사도들 등 성경 기록자들에게 국한하고 모든 신자에게 공통인 조명(illuminatio)과 구분된다. 왜냐하면 성령이 성경 기록자들을 계시의 기관으로 사용하셨기 때문이다.138

---

137 J. 판 헨더렌 & W. H. 펠레마, 114.

1. 성경 영감의 성격

영감이란 성령께서 성경 저자들로 하여금 받은 계시를 기록하도록 추진하고 충동함이요, 그 결과로서 그들이 기록한 것이 실제적으로 하나님의 말씀이 되도록 하기 위하여 성경의 저자들에게 미친 초자연적인 영향력을 의미한다.[138] 곧 계시를 기록하도록 유도하고 충동하므로 성경을 저술하게 하신 것이다. 하나님께서는 계시에 합당한 개념(conceptus)과 단어와 문장을 영감(Inspiration)을 통해 기록자에게 주셨고, 기록 내용과 기록과정에도 개입하셔서 혹시 모를 오류를 모두 제거하도록 역사하셨다. 형식과 내용이 성령에 의해 주어지고 조성된 것이다.[140]

a. 기계적 영감론(구술 이론)

기계적 영감론은 성경을 기록할 때에 그것을 기록하는 제2차적인 저자들(인간)의 정신 상태는 정지되어 있어서 쓰여 지는 기록에 아무런 영향도 미치지 못하고, 그들은 단지 기계처럼 수동적이어서 성경의 모든 스타일까지도 다 제일차적 저자이신 성령의 스타일이라는 의미를 지닌다. 구술설(the dictation theory)은 하나님께서 실제로 성경을 서사들에게 구술하셨다는 가르침이다.[141] 축자 영감은 자동적으로 기계적 영감이라는 오해가 있지만, 그것은 옳지 않다. 축자 영감은 영감의 범위에 관한 것이고, 기계적 영감은 영감의 성격과 관련된 것으로서, 기계적 영감은 축자 영감으로 귀결되지만, 축자 영감에 대한 지지가 자동적으로 기계적 영감으로 귀결되는 것은 아니다.[142]

---

[138] 서철원, 『서철원박사 교의신학』, 신학 서론, 230.
[139] 밀라드 J. 에릭슨, 227.
[140] 서철원, 『서철원박사 교의신학』, 신학 서론, 231.
[141] 밀라드 J. 에릭슨, 236.
[142] Cf. Berkhof, 『조직신학』, 162-68.

b. 조명적 영감론(또는 동력적 영감, 역동적 영감)

조명적 영감론은 동력적 영감이라고도 하는데 이는 성경을 쓸 때 제2차적인 저자들이 지닌 영감을 일반적인 영감으로 대치시켜서, 그리스도인들이 일반적으로 지니는 영적 조명과 정도의 차이 밖에 없는 것으로 이해함으로, 결국 성경 기록에 있어서 초자연적인 요소를 제거하게 되는 영감설이다. 성경의 영감을 이렇게 이해할 때, 성경은 비록 최고의 진리들이 담겨 있다고 주장될 수는 있지만, 완전하고 무오한 책이라고 주장될 수는 없게 된다.

c. 현실적 영감론

이는 성경 영감에 대한 바르트의 견해이다. 그는 영감을 완료 시제(perfectum)로 사용하지 않고, 언제나 현재 시제(prasens)로 사용한다. 계시의 현장에 있는 목격자들이 증언하도록 이끄신 성령께서 현재 그 증언을 듣고 읽는 사람들에게 그것이 진리라고 증언한다는 것이다. 여기서 성령의 영감과 조명이 혼동된다. 바르트에 의하면 성경의 영감은 교회의 삶과 교회 구성원의 삶 안에서 반복적으로 나타나는 하나님의 작정이다.[143]

d. 유기적 영감론

유기적 영감론은 성령께서 성경의 제2차적인 저자들로 성경을 쓰게 하실 때에, 그들을 로봇이나 기계 같이 사용하신 것이 아니라, 그들의 내적 존재의 법칙에 조화되도록 유기적 방법으로 그들에게 작용하셨다는 이론이다. 이 관점은 성경이 설명하는 것과 가장 잘 조화된다. 성경은 그 기록자들이 수동적이라기보다는 오히려 능동적이었다는 사실을 보여준다. 기록자들은 자신들의 글에 개인의 흔적들을 남긴다. 바울의 글들에는 바울의 문체와 바울의 스타일이 나타나고, 요한의 글들에는 요한의 문체와 요한의 스타일

---

[143] J. 판 헨더렌 & W. H. 펠레마, 148–49.

이 나타나는 것이다. 이렇게 인간의 모든 특성을 사용하시되 인간적 오류가 그 글에 스며들지 않도록 하신 것이 유기적 영감이다.

다시 말해 성경의 저자들은 필기자로서 기록만 한 대서자(amanuensis)가 아니라는 것이다. 그들의 인격, 지식, 교육, 문화적 배경이 활용되었다. 저자들이 영감 되었을 뿐 아니라 문장과 단어들까지 저자들에게 공급되었으므로 영감 되어 오류가 끼어들지 못하게 한 것[144]인데 이는 기계적 영감과는 다르다. 기계적 영감은 저자의 특색이 전혀 개입되지 못하게 되었지만 유기적영감은 저자들의 특색이 고려된 것이다.

2. 영감의 범위

a. 부분 영감론(이중적 영감론, The dualistic theory of inspiration)

이는 현대 자유주의자들이 주장하는 이론이다. 이들은 성경의 일부분은 영감 되었고 다른 부분들은 영감 되지 않았다고 주장한다. 어떤 이들은 신약 성경만, 또 다른 이들은 예수의 말씀에만, 또 산상보훈에만 영감을 국한시키는 사람들이 있다. 하지만 이런 주장들은 오히려 이 이론이 객관적인 토대를 상실한 순전히 주관적인 견해임을 잘 보여준다. 싱경은 영감이 하나님의 말씀 모든 부분에 똑같이 미친다고 말한다. 모든 성경이 다 성령의 인도 아래 기록되었고, 따라서 모두가 똑같은 정도로 '그 성경기록'(헤 그라페)인 것이다.

b. 사상 영감론

사상 영감론은 그 글에 담긴 사상은 영감이 되었으나 그 사상을 나타내는 문자와 단어는 영감 된 것이 아니라는 주장이다. 하지만 이런 언어 없는 사상의 영감은 사실상 생각할 수 없는 것이다. 사상은 언어로 나타나기

---

[144] 서철원, 『서철원박사 교의신학』, 신학 서론, 232-33.

때문에, 문자와 단어가 영감 되지 않았다면, 사상 또한 영감 될 수 없는 것이기 때문이다.

c. 축자적 영감론

이는 모든 문자와 단어들이 다 성령님의 영감에 의해 기록되어서 성경의 한 부분도 영감 되지 않은 곳이 없다는 주장이다. 성경은 성경의 모든 부분이 영감 되었다고 가르친다. 이 주장은 다음 네 가지의 근거를 가진다. (1) 축자적인 전달에 대한 언급이다. 모세 오경은 "여호와께서 모세에게 일러 가라사대"와 같은 표현으로 계시의 축자적 전달을 언급한다(출 3장; 4장; 6:1; 7:1; 8:1; 10:1; 12:1; 레 1:1; 4:1; 6:1, 24; 7:22, 28; 8:1; 11:1). 이는 여호수아서에서도 동일하게 나타난다(수 1:1; 4:1; 6:2; 8:1). (2) "여호와께서 가라사대", "여호와의 말씀을 들을지니라" 등과 같은 선지자들의 예언 선포의 공식적인 표현들은 선지자들이 축자적 전달을 의식하고 있었음을 보여준다. (3) 사도들은 자기들의 글을 이미 하나님의 말씀으로 인정한 구약의 말씀들과 동일 선상에 두며 하나님의 말씀이라고 하였다(고전 2:13; 고후 13:3). (4) 성경에 나타나는 한 단어에 근거한 논증들은 축자적 영감을 지지한다(요 10:35; 마 22:43-45; 갈 3:16 등).

B. 영감 교리에 대한 반론들과 이에 대한 반박[145]

1. 순환 논리라는 반론

어떤 이들은 성경에 대한 이런 주장을 순환논리 주장이라고 반대한다. 왜냐하면 영감에 관한 성경의 증거 때문에 성경을 진리로 여기고 성경을 진리로 여기는 이유를 그것이 영감 되었다고 말하기 때문이다. 그러나 이것은

---

[145] Cf. Berkhof, 『조직신학』, 168-71.

인간 사유의 가장 근본적인 근거에 대해서 인간이 가지는 유일한 사유 방식이라고 할 수 있다. 인간의 참된 지식은 그것이 오직 참되신 하나님의 계시를 기반으로 할 때만 가능하고, 그 기반은 그것 자체로 권위 있는 것이어야 하기 때문이다. 그러므로 성경에 대해서 순환논리라고 반론을 펴는 것은 오히려 성경이 인간 사유의 참된 기반임을 드러내는 것이다.

우리는 성경의 영감을 전제하고서 시작하고, 그 다음에 그 전체를 성경이 영감 되었다는 주장의 진리에 대한 보증으로서 사용할 때에만 순환적이 된다. 우리가 성경 저자들의 주장을 최종적인 증거로서 제시하지 않는다면, 순환적이 되지 않는다. 성경을 하나의 역사적 문서로 사용하고, 또한 그것이 자기 자신의 문제를 변호하도록 하는 것은 허용될 수 있다.[146]

2. 원본에만 적용될 수 있다는 반론

영감 교리는 최초의 원본에만 적용될 수 있고, 그러므로 현재의 사본들에 대해 그것을 논의하는 것은 실질적인 가치가 없다는 반론이 있다. 물론 엄밀한 의미에서 영감은 원본에만 적용되는 개념이다. 그러나 성경의 영감 교리는 또한 성령께서 자신의 계시를 지키시고 보전해 주실 것을 기대하게 한다. 영감은 보존을 요구한다. 계시의 목적은 참된 구원 지식의 전달이고 하나님은 사본과 역본이 생겨나는 모든 과정에 관여하셨을 것이 틀림이 없다. 개혁주의 신학자들은 성경을 보호하시는 하나님의 특별 섭리를 주장해 왔다.

성경저자들의 한결 같은 증언이 성경은 하나님께로부터 기원하였으며, 또한 인간에 대한 그의 메시지라고 하는 결론을 내릴 수 있을 것이다. 이것은 성경이 영감 받았다는 사실을[147] 분명히 밝히고 있는 것이다.

---

[146] 밀라드 J. 에릭슨, 229.

[147] 밀라드 J. 에릭슨, 231.

3. 예수께서 영감 교리를 가르치지 않으셨다는 반론

현대의 자유주의 학자들은 사도들은 영감 교리를 믿었으나 예수님은 그것을 받아들이지 않았다고 주장한다. 하지만 그들의 주장과는 달리 예수님은 구약 성경의 지속되는 중요성과 권위, 그리고 신적 특성에 대해 적극적으로 주장하셨다(마 5:17,18; 24:35; 눅 16:17; 요 10:35).

4. 영감과 모순되는 성경의 현상들이 있다는 반론

성경 비평학자들은 성경의 내적 모순들을 제시하면서 이런 현상들이 영감 교리를 부정한다고 주장한다. 하지만 이들이 제시하는 대부분 본문들은 그들의 왜곡된 관점에 의한 오류임이 곧 드러난다. 많은 본문들이 과거에 모순이라고 주장됐지만 이후에 놀라운 방법들로 성경의 정확성을 확증하는 증거로 밝혀지는 일들이 있음을 인정해야 한다. 우리의 제한된 지식과 경험을 근거로 하나님의 말씀인 성경이 말하는 바를 모순으로 속단하는 것은 올바른 태도가 아니다.

C. 성경의 완전성

1. 성경의 신적 권위

로마 가톨릭 교회에 의하면 성경의 권위는 교회에 의존한다. 하지만 종교 개혁자들은 이런 로마 교회의 주장에 반대하여 성경의 권위는 자증(自證)하는 권위 즉, 본질상 스스로 하나님의 말씀이라는 권위를 갖는다고 주장하였다. 성경은 하나님의 말씀으로서 독자적인 권위를 가지고(마 5:17, 18), 그래서 성경은 인간의 모든 삶의 유일한 규범과 준칙이다. 성경의 신적 권위는 성경의 일부분이 아니라 성경 전체(tota Scriptura)가 우리에게 하나님의 말씀으로서 권위를 지닌다는 사실을 의미한다.[148] 성경은 하나님의 감동으로 기록된 하나님의 말씀이므로 하나님이 성경의 저자이시다. 성경은 그 내용이 그 원리를 스스로 증거하고 있다.[149]

2. 성경의 필요성

하나님은 온 인류를 구원하사 자기의 경륜을 이루게 하시려고 계시를 허락하셨으므로 계시가 바로 보존되게 하셨다. 계시가 바로 보존되어 계시의 수여 목적을 이루는 길은 문자로 기록되는 것이다. 구원계시는 하나님을 반대하는 적성(敵性)세계에 주어졌으므로 계시의 파괴와 변조가 끊임없이 시도되어 왔다.[150]

로마 가톨릭 교회는 교회를 성경보다 더 우위에 둠으로서 성경의 필요성을 거부한다. 이들에 의하면 교회가 성경을 필요로 하기 보다는 성경이 교회를 필요로 하는 것으로 바꾸어 놓은 것이다. 로마 교회가 교회에 대한 거짓된 근거로 성경의 필요성을 부정했다면, 종교 개혁 당시 재세례파는 성령에 대한 거짓된 근거로 성경의 필요성을 부정했다. 그들은 성경을 단지 죽이는 문자로 이해했고, 참된 하나님의 말씀은 성령의 내적 계시에 의한 것이라고 이해하였다. 하지만 종교 개혁자들은 이런 로마 가톨릭 교회와 재세례파에 맞서 성경의 필요성을 옹호하였다. 물론 기록된 성경 이전에도 교회가 있었고, 구원의 길은 성경 기록 이외에 다른 방법으로 접해질 수 있다는 면에서 절대적으로 필요하다고 하지는 않았지만, 말씀을 교회의 기초로 만드시는 하나님의 기쁘신 뜻에 의해 성경이 필요한 것으로 이해하였다.[151]

---

[148] J. 판 헨더렌 & W. H. 펠레마, 161.
[149] 이근삼 전집 편찬위원회 엮음, 『개혁주의 조직신학 개요 I』, 37.
[150] 서철원, 『서철원박사 교의신학』, 신학 서론, 225.
[151] Cf. Berkhof, 『조직신학』, 174-81.

3. 성경의 명료성

성경의 명료성은 성경에 담겨 있는 구원진리와 믿음생활에 필수적인 진리를 누구나 읽어 밝히 이해할 수 있는 것을 말한다. 따라서 교회나 다른 권위 있는 자들의 지도가 없이도 그 내용을 잘 알 수 있다.[152] 성경은 구원의 도리에 있어서 누구나 이해할 수 있는 명료성을 가졌고 또 성경은 성경으로 해석한다는 것이 개혁주의의 성경해석 원리이다.[153]

로마 가톨릭 교회는 성경은 모호하기에 교회에 특별한 집단의 해석이 절대적으로 필요하다고 주장하였다. 하지만 종교 개혁자들은 성경의 명료성을 강조했다. 물론 모든 사람에 똑같이 성경이 명료한 것도 아니고, 성경의 모든 부분이 똑같이 명료한 것은 아니라 할지라도, 성령의 조명하심 아래에서 성경을 읽는 일반의 사람은 다른 사람의 도움 없이 구원에 필요한 지식을 얻을 수 있다고 주장하였다. 개혁자들은 이를 염두에 두고 성경이 성경의 해석자(Scriptura Scripturae interpres)라는 위대한 원리를 세웠다.

4. 성경의 충족성

성경의 완전성은 구원 얻음과 믿음생활에 필요한 모든 진리를 성경이 담고 있어서 다른 보충 곧 추후적인 계시나 유전에 의해 새롭게 보충되는 것을 전혀 필요로 하지 않음을 말한다.[154] 성경의 완전성은 충족성인데 믿음과 행동의 요목들을 포함하는 모든 부분들의 완전이요, 계시의 모든 단계들을 포괄하는 단계의 완전성이다. 성경 66권은 인간의 모든 필요를 위하여 완전하고 충분하게 계시되었다(계 22:18-19; 갈 1:8-9).[155] 그러므로 더 이상

---

[152] 서철원, 『서철원박사 교의신학』, 신학 서론, 250.
[153] 이근삼 전집 편찬위원회 엮음, 『개혁주의 조직신학 개요 I』, 41.
[154] 서철원, 『서철원박사 교의신학』, 신학 서론, 247.
[155] 이근삼 전집 편찬위원회 엮음, 『개혁주의 조직신학 개요 I』, 40.

어떤 신비한 방법을 통하여 음성을 들으려고 한다거나 새로운 계시를 받을 필요가 없도록 완전하게 하나님의 뜻이 성경을 통하여 나타나 있다는 성경관을 확실히 정리하여야 할 것이다.

로마 가톨릭 교회는 성경을 충분한 것으로 여기지 않고 이에 대한 보충으로 사도적 전승이 필요하다고 여겼다. 재세례파는 내적인 빛 또는 내적인 특별 계시가 필요하다고 주장하였다. 그러나 종교 개혁자들은 성경은 그 어떤 보충 물도 필요로 하지 않는다는 성경의 충족성을 주장하였다. 사람들은 구원받기 위해서 성경 이외에 다른 것으로부터 가르침을 받을 필요가 없고, 그렇게 해서도 안 된다(갈 1:18). 하나님의 백성들의 구원과 교육을 위해 성경이면 충분하고(딤후 3:15), 모든 교의는 오직 성경으로부터 나와야 한다는 것이 개혁파의 주장이다.

결국 성경의 완전성은 성경이 하나님의 존재와 뜻, 자기 자신을 알리기에 필요한 모든 것과 구원에 필수적인 것을 다 담고 있다는 것이며, 여기에는 본질적 완전성(perfectio essentialis)과 보존의 완전성(perfectio intergralis)이 있다. 본질적 완전성은 영원한 구원 얻음에 필요한 모든 진리를 담고 있는 것을 말한다. 보존의 완전성은 성경이 파괴나 허위화(虛僞化, 위조, 왜곡, falsification)가 결코 이루어지지 않게 보존되었으므로, 어떤 한 책이나 한 부분이 성경외의 다른 것에 의해 보충 될 필요가 전혀 없다는 뜻이다. 하나님을 섬김과 구원에 필요한 모든 진리들이 손상 없이 보존되도록 하나님께서 섭리하셨기 때문이다.[156]

---

156 서철원, 『서철원박사 교의신학』, 신학 서론, 248-49.

VII
이단이란 무엇인가?

초대교회 당시부터 현대에 이르기까지 교회를 가장 힘들게 하고 문제를 일으키며 많은 영혼들을 노략질했던 세력은 다름 아닌 사탄의 사주를 받은 이단들이다. 아담을 미혹하여 말씀을 변개시키며 이단 짓을 한 장본인, 인간을 타락하게 한 장본인, 교회 역사 이래 끊임없이 교회를 흔들며 훼파했던 장본인 이단들, 그런데 왜 한국교회와 신학계에서는 이렇게도 중요한 이단 문제에 대해서 탁상공론에만 빠져 있는 것인가? 왜 소 잃고 외양간 고치려 들고, 사후(死後) 약방문(藥方文)인지 안타까운 마음이다. 신학교에서부터 확실하게 교육시켜 이단이 무엇이고 어떤 이단들이 있는지 파악한 후 현장에 파송되어야 한다. 준비되지 않은 상태로 필드에 나가 문제가 발생하고 나서야 그때 허둥지둥 대처하는 것은 이미 늦다. 지피지기(知彼知己)면 백전백승(百戰百勝)이라 하지 않던가, 현대에 와서 교회 앞에 놓인 가장 큰 문제는 이단에 대한 것이고, 이에 신학이 해결해야 할 가장 중요한 과제 중 하나가 이단문제라 할 수 있다. 90년대 이후, 그리고 2000년대에 들어와 이단을 조직신학의 한 부류로 넣으려는 시도가 있긴 하지만 실제 이 분야는 아직까지도 생소한 미개척분야와도 같다. 이제 신학교에서도 이단에 대한 심층적인 연구와 대책이 나오기를 바라는 마음으로 본 고(稿)에서는 과감하게 조직신학에 이단을 삽입하기로 하였다. 그래야 조직신학 시간에 이단에 대한 강의가 다루어질 것이고 교수와 학생 모두가 더 많은 관심과 연구로 신학이 목적하는 바 주님의 교회를 더 건강하게 섬겨 나갈 수 있고 교회의 순결성을 지켜갈 수 있으리란 기대감이 있다.

A. 조직신학과 이단

이단의 발흥(發興)은 교회에 많은 위해(危害)를 주었으나 역설적이게도 교리 발전에 큰 영향을 끼친 점도 있다. 그것은 교회와 계시에 대해 더 주의를 주었고, 깊은 성찰과 연구를 하게 했으며, 진리를 세워서 과오에 반대하고 잘못을 시정하고 성도들을 일깨워 불신앙의 침입을 대항하는 경각심을 크게 일으켜 주었다. 이런 연유로 이근삼 교수는 신학이 반드시 긍정적이어야만 하고 부정적인 것을 피해야 한다고 주장할 필요는 없다고 주장한다. 죄와 죄의 경향이 없었다면 부정적인 것이 있었을 리가 없다. 만일 신학적 과오가 없었다고 한다면 신학논쟁도 필요가 없었을 것이다. 계시는 실재적이고 또 죄를 대적하는 것이다. 아마도 교회가 대면했던 가장 치명적인 과실은 아리안파(Arianism)였을 것이다. 첫 번째로 등장한 세계적 신조는 교회의 기초를 공격하는 이단들의 주장에 대한 교회의 공적인 답변으로 나오게 된 것이다.

그리스도의 신성에 대한 성경적 증거를 확신하는 자로서 325년에 'Homoousios'(동일본체) 구절을 고수한 니케아의 교부들에게 감사하지 않을 자가 어디 있겠는가? 교회의 신잉고백은 균형적이었지민 교회의 머리되신 주님은 그 신성의 영광을 원하신다. 그러나 한 시대가 아무리 획기적인 진전을 가져왔거나 위대한 인물들이 큰 공헌을 했다고 하더라도 신학적 건설이 확정된 종착점에 이르렀다고 생각해서는 안 된다. 신학적으로 정체된 전통주의는 위험한 것이다. 한편으로는 정체된 전통주의의 위험이 있고, 다른 한편으로는 역사적 정박지(碇泊地)를 버리는 위험도 안고 있다. 신학도들은 칼빈이 종교개혁 당시에 야기된 성자의 신성에 관하여 성자의 자존성을 주장하는 데 열광적이었다는 것을 다 알고 있다.

칼빈은 너무나도 철저한 신학자였기에 이 문제에 대한 니케아 정통파라고 생각되는 주장을 따를 수 없었다. 니케아신조의 'Homoousios'를 포함한 니케아 교부들이 같은 신조에서 말한 '참 하나님의 참 하나님'(very God of very God)에 대한 해석에 대하여 그는 동의할 수 없었다. 이 표현은 정통파 사람들이 틀림없이 니케아 교부들의 기록에서 나온 증거가 의도하는 것이 무엇이었던가를 전연 생각하지 않고 반복하고 있었다. 그런데 그것이 의도하는 뜻은 성자는 그의 신성을 성부로부터 얻었다. 그러므로 '성자는 자존하시는 분이 아니었다.'(the Son derived his deity from the Father and that the Son was not therefore αὐτοθεος)라는 것이다. 즉, 칼빈은 주장하기를 위격구별에 있어서 성자는 성부로부터 나오나 신성으로서는 성자는 자존(Self-existent)하신다[157]고 한 것이다.

이 입장은 니케아 전통에는 반대된다. 그러나 '성자는 자존하시는 분이 아니었다.'(the Son was not αὐτοθεος)라는 것은 성경에 맞지 않고 예수의 신성에도 반대되기 때문에 칼빈이 자기 생각을 굽히지 않은 것은 매우 잘한 것으로 평가를 한다.

칼빈의 이 논쟁은 성경만이 유일한 정확무오한 규범임을 증명하는 신학 형성에 필요한 좋은 본보기가 된 것이다. "개혁교회는 항상 개혁한다."(ecclesia reformate reformanda est)함이 참인 것과 같이, 이 "개혁신학도 항상 개혁한다."함도 진리이다. 어느 세대든지 그 신학적 유산에 의존하는 것으로만 만족하고 자체를 위하여 신적 계시의 부요함을 개발하기를 거절할 때에 벌써 퇴보의 길을 걷고 있는 것이며, 그 결과 이단들이 다음 세대의 몫을 차지하게 될 것이다. 결코 어둠의 권세는 놀고 있지 않고 부단히 도전해 오고 있다. 우리는 어둠을 물리칠 수 있는 빛을 가져야 하는데, 신학지석(誌石)의 비축으로 시대마다 공헌이 있어야 그때그때의 어둠의 세력을 물리칠 수 있다.

그러므로 시대마다 복음의 적용이 따라야 한다. 복음은 시대의 요구에 따라 증거 되어야만 하기 때문이다. 또한 그것은 신학이 동반한다. 과거의 역사 위에 세워지지 않은 신학은 역사에 대한 빛을 무시하고 현재가 역사로

---

[157] 칼빈, 「기독교 강요」, I, 13:19-29.

말미암아 조건 지워진다는 사실을 거부한다. 그리고 과거에 의존하는 신학은 현재의 도전을 회피한다.

우리의 정통적 개혁주의 신학전통에는 할 일이 아직 많이 있다. 하나님의 놀라운 역사와 기록된 말씀을 연구하는 신학도들에게 무한한 계시의 보고(寶庫)를 깊이 이해하여 하나님의 영광을 더욱 충만하게 나타내고, 찬양이 온 땅에 선포되기를 기다리고 있다. 신학도들은 겸손한 마음과 기도하는 마음으로 하나님의 계시에 접하며 성령의 조명으로 말씀을 깊이 깨달아 교회와 세계에 선포하는 사명을 감당해야 할 것이다.[158]

이근삼 교수가 위에서 언급한 것처럼 이단의 출현으로 인하여 교리적 발전을 가져오게 하는 측면이 있음을 부인할 순 없다. 그러나 이것은 어디까지나 소극적인 처방이자 효과라 할 수밖에 없다. 이단들로 인하여 영혼이 유린되고 가정이 해체되며 교회가 훼파되어 그 폐해가 너무나 크기에 위에서 언급한 긍정적인 면들이 있음에도 불구하고 이제 소극적인 면들을 떨치고 분연히 일어나 발호하는 이단들에 대한 처방을 내리고 더 적극적으로 대처해 나가야 할 것이다.

무엇보다 각 교단에서는 이단대책위원들을 선정할 때 교회가 크다거나, 노회나 총회에서 영향력이 있기 때문에, 그리고 돈이 많아서 세우는 것이 아니라 정말 이단에 대한 충분한 지식이 있고, 불의와 타협하지 않으며, 돈을 밝히지 않고 돈에 끌려 다니지 않는 청렴결백한 목사들을 위원으로 선정해서 실제적인 예방과 대책이 강구될 수 있도록 해야 할 것으로 사료된다. 각 교회는 물론이고 노회나 총회 차원에서도 수시로 이단에 대한 교육을 시키고 전문 사역자들을 훈련시켜서 사전에 대처해야 할 것이다. 현재 대다수 신학교에서는 '비교종교학'을 통해 한 학기 정도 가볍게 지나치고 있는 실정인데 이제는 이단과목을 커리큘럼에 넣어서 선택이 아닌 졸업필수 과목으로 이수하도록 해야 할 것이며, 이 분야의 교수 요원을 양성하는 일도 교

---

[158] 이근삼 전집 편찬위원회 엮음, 『개혁주의 조직신학 개요 Ⅰ』(서울: 생명의 양식, 2007), 32-35.

단과 학교 차원에서 계획적으로 준비해 가야 할 것으로 본다.

더불어 조직신학을 연구하는 신학도들이나 강의를 담당하고 있는 교수들께서도 이제는 이 분야에 대한 관심을 갖고 적극적으로 연구에 임해야 할 것이고, 조직신학을 저술할 때 반드시 이단 파트를 삽입하여 책을 편찬하고 강의 시간에도 커리큘럼에 배정하여 함께 연구 공유하면서 이단에 대한 분명한 대처를 해나가야 한다.

찰스 하지(C. Hodge)가 조직신학의 임무가 "절대적으로 확실한 진리를 학문적인 형식으로 서술하며 기독교교리의 전부를 포용하는 것"이라고 규정지었듯이 조직신학이야말로 다양한 교리를 포용하고 연구해 가야 하는 책무가 있기에 이단에 대해서도 분명한 태도를 표명함은 조직신학을 전공한 신학도들과 교수들의 커다란 사명이라 아니 할 수 없다. 더구나 신학의 목적이 하나님을 아는 것이라고 한다면 진리 자체이시고 의(義) 자체이신 하나님과 벨리알이 어찌 함께 할 수 있겠으며, 신학의 기능과 역할이 영혼을 살리고 교회를 세우는 일이라고 한다면 더더욱 이단에 대한 연구와 대책을 강구하는 일은 아무리 강조하여도 지나치지 않을 것이다.

B. 이단연구의 목적과 필요성

한국 교회는 선교 1세기라는 짧은 기간에도 불구하고 순전히 하나님의 은혜와 축복하심으로 세계 교회가 놀랄 만큼의 경이적인 성장을 이룩하였다. 그러나 선교 2세기로 접어들면서 더욱 매진해야 할 한국교회는 뭔가 커다란 장애물을 만난 듯 정체된 채 극소수의 교회를 제외하면 대부분 제자리걸음을 하거나 퇴보하고 있는 실정이다.[159] 부흥하고 있다는 교회들의 이

---

[159] 주요 교단의 교세현황을 보면 한국교회가 심각한 위기상황에 직면하고 있음을 알 수 있다. 2010년 '예장 300만 성도 성취 축하 감사예배'를 가졌던 예장 통합총회는 불과 10년 만에 전체 교인 수가 20%나 감소했다. 2020년 12월 31일 현재 기준, 전체 교인 수는 239만 여명으로 보고됐다. 교인 10명 중 2명이 교회를 떠난 셈이다. 전체 교회 수는 전년도 9,288개 교회에서 53개가 늘어 9,341개 교회로 소폭 늘었는데 이는 코로나 팬데믹 상황에서 인건비를 줄이려는 기존 교회들의 슬림화에 갈 곳 잃은 부교역자들

면을 들여다봐도 부흥이라기보다는 수평이동에 의한 경우가 더 많은 것이 오늘 한국교회의 현주소이기도 하다.

이렇게 성장이 둔화되면서 퇴보하고 있는 데에는 나름의 여러 동인들이 있겠으나 그 중 대표적인 요인을 꼽으라고 한다면 그것은 바로 양적 성장(External Growth)과 질적 성장(Internal Growth)의 부조화라고 할 수 있을 것이다. 이단들은 바로 이 틈새를 비집고 들어와 한국 교회뿐이 아니라 사회 각 분야에 침투하여 개인과 가정을 파괴하며 사회의 기강을 무너뜨리고 때로 공권력을 비웃기라도 하듯 테러를 일삼는가 하면 언론사를 습격하거나 점거하는 등 비윤리적이고 반사회적인 집단으로서 그 폐해와 심각성이 갈수록 심화되고 있는 실정이다.

그러므로 하나님 나라 건설과 진리 수호를 위해 전 교회와 성도들은 분연히 일어나야 하며 무엇보다 지도자들이 이단에 대한 분명한 이해와 인식을 공유하여 바로 교육하고 계몽하므로 더 이상 이단이 발호(跋扈)하지 못하도록 하여야 할 것이다. 그리하여 안으로는 성도들을 보호하고, 밖으로는 미혹된 자들을 끌어내어 저들이 정상적인 가정생활과 신앙생활을 영위해 나갈 수 있도록 적극 선도해야 할 것이며, 이단으로 인한 피해와 교회에 대한 세상으로부터의 많은 오해를 불식시키는 작업을 결코 소홀히 해서는 이

이 새로 개척을 했기 때문으로 파악된다. 교회 수 규모 국내 최대 교단을 자랑해온 예장 합동총회는 한 해 동안 무려 17만 명 교인이 감소한 것으로 파악됐다. 2020년 12월 31일 기준 238만 여명으로, 전년도 255만 여명보다 6.8%나 감소했다. 10년 전과 비교해 보면 교인 수 감소는 통합총회보다 더 심각해 보인다. 2010년 합동총회 교세보고서에서 전체 교인 수는 295만 여명이었다. 10년 사이 무려 57만 명이나 교단 교회를 떠났다고 볼 수 있는 결과다. 최대치를 기록했던 2012년 299만 여명과 비교하면 60만 명에 달한다. 한 해 동안 전체 교인 수는 줄었지만 전년 대비 목회자 수만 2만4,855명에서 2만5,477명으로 2.5% 증가했다. 반면 교회 수와 목사, 강도사, 전도사, 장로 수는 감소했다. 강도사 수는 -6.3%, 전도사 수 -4.2%로 감소폭이 큰 것도 눈에 띄는 부분이다. 예장 고신총회는 전체 교인 수는 41만 여명에서 올해 40만 여명으로 전년에 비해 약 1만 명이 줄어들었다. 고신 총회는 2010년 46만 여명으로 6만 정도가 감소했다고 할 수 있다. 전년 대비 목사 수는 3,867명에서 4,059명으로, 교회 수는 2110개에서 2113개로 증가했다. 합신총회 전체 교인 수는 올해 4,400여명 감소해 13만 4,531명을 기록했다. 교회 수는 전년보다 1개 교회가 증가했다. 한편, 기감도 2020년 기준 전체 교세는 122만 여명으로 전년도 128만 여명보다 5만7천여 명이 감소했다. 2010년 158만 여명으로 최고치를 기록했던 당시와 비교하면 36만 명이 감소한 결과다. 기성도 2020년 기준 처음으로 교인 수 40만 명 선이 무너져 39만 9천여 명을 기록했다. 이 같은 결과는 한국교회가 성장이 둔화되고 정체기에 머무르고 있는 것을 단적으로 보여주는 한 예라고 할 수 있다. 한편 각 교단마다 교세가 정체 내지 감소추세에 있어 이를 극복하기 위한 종합 대책이 절실히 요구되고 있는 실정이다(기독교연합신문, 2021. 9. 24).

니 될 것이다. 한국교회에 독버섯처럼 침투하여 수많은 영혼들을 미혹하여 유린하고 있는 이단에 대하여 바로 알고 대처하지 않으면 안 된다. 그 동안 너무 미온적이며 대처 능력이 없이 목소리를 내지 못하다가 어떤 사태가 발생하면 그때서야 자료를 수집하는 등 호들갑을 떠는 한국 교회의 무관심과 진리에의 열정이 회복되기를 바라는 바이다.

C. 이단이란 무엇인가?

이단에 대한 정의는 매우 다양하고 복잡하다. 월터 바우어(Walter bauer)는 말하기를 이단(異端; Heresy)이란 용어는 헬라어 '하이레시스(αἵρεσις)에서 유래된 것으로 원래는 '선택된 물건'을 뜻하였으며, 행동 또는 사고의 방식에 적용될 경우 그것은 체제, 학파, 분파를 의미하기도 한다. 후에 신학적인 의미로 사용되어 정설(正說)에 반대되는 입장, 즉 정통적인 교리의 부정(否定)을 의미하게 되었다.[160]

키텔의 신약신학사전(Theological Dictionary of the New Testament)에서는 이단이란 '하이레인(αἱρεῖν)'에서 나온 말로써 원래 한 도시의 '포로'를 의미했고, 수동태형으로는 '선택(αἱρέομαι)'이란 의미로 쓰였다. 또한 '해결', 기획한 목표를 향한 '노력' 등 다양한 뜻으로 사용되었다고 정의를 내리고 있다.[161]

일반적인 의미에서 이단을 규명하는데 사용되는 대표적인 말로는 이단(heresy), 종파(sect), 분파(schism), 그리고 사이비(cult) 등 네 가지가 통용된다. 서양 교회사에서는 이단종파를 지칭할 때 '이단'이라는 단어를 보편적으로 사용하는 것이 상례가 되어 있다. 그러나 현대에 와서 나타나는 이단들을 지칭할 때는 사이비 종파적인 이단(cultic-heresy)이라고 표현해야 좋

---

[160] Walter Bauer, *A Greek-English Lexion of the New Testament and other Early Christian literature trans.*, F. Wilbur Gingrich and Frederick W. Danker (Chicago: The University of Chicago press, 1979), 23-24.

[161] Gerhard Kittel ed., *Theological Dictionary of the New Testament Geoffrey W. Bromiley trans.*, (Grand Rapids: Eerdmans Publishing Co., 1995), 180-81.

을 것 같다. 왜냐하면 그들은 단순한 교리적인 이단일 뿐만 아니라 사이비적 요소가 너무 많기 때문이다.162

다시 이단을 정리한다면,

1. 이단은 성경곡해(聖經曲解)의 논설로 이루어진 기독교 형태이다. 여기서 말하는 성경곡해의 논설이란 하나님의 말씀인 진리를 거역하고 인간이 사적인 탐심을 인하여 지어낸 말로 그 진리에 어긋난(벧전 2:3-4) 이론을 말한다. 이것은 자동적으로 비 성경적이며(행 5:17), 반 복음적(갈 1:17)이다.

2. 이단은 전통부정(傳統否定)의 교리로 전통에 역행하는 기독교 형태이다. 전통부정교리란 사도 시대부터 내려온 제도와 관행을 변경함으로 교회의 단결을 저해하고 분열을 획책하는(고전 1:11-12; 11:18-19, 벧후 2:1) 것을 말한다.

3. 이단은 공해사익(公害私益)의 행위로 남에게는 막대한 손해를 입히면서 자신에게는 한없이 관용하고 유익을 추구하는(벧전 2:3, 골 2:4, 고후 2:17, 딤전 6:5) 자들을 말한다. 그러나 여기에서 우리가 간과하지 말아야 할 분명한 한 가지 사실은 자신과 견해를 달리하거나163 체험이 다르다는 이유로 무조

---

162 심창섭, 『기독교의 이단들』, (서울: 대한예수교장로회총회, 1997), 16.

163 예를 든다면 천년왕국에 대해서는 하나님의 어떤 섭리에 의해서인지는 몰라도 아직까지 명쾌한 해답이 나와 있지 않다. 계시록 19장에서부터 21장까지를 순차적으로 해석하게 되면 역사적 전천년설이, 계시록을 문자적으로 보지 않고 점진적 병행법의 해석을 적용한다면 무천년설이 더 성경적이라고 볼 수가 있기에 내 견해에 맞지 않는다고 이것을 이단으로 정죄 하는 극단에 빠진다면 엄청난 오류가 발생될 수 있는 것이다. 19세기 미국 교회 안에서는 무디 등의 부흥운동을 통하여 세대주의적 천년설이 등장하였고, 스코필드를 중심으로 이론이 전개되었는데 우리나라에 선교사로 온 언더우드가 이 스코필드의 성경을 번역한 것이 계기가 되어 한국 교회는 거의 100년 가까이 개혁주의 전통이 무시 된 채 문자적 천년설을 신앙화 하였으며 더구나 한국 보수주의 신학의 기초를 다지는데 태두 역할을 한 박형용 박사가 근본주의 입장을 취하면서 전천년설은 보편화되어 있었다. 그러나 개혁주의 신학자들과 목회자들이 이제는 문자적 의미의 전천년설에서 탈피하여 무천년설에 대한 진지한 논의와 전환이 일어나고 있는 현상은 매우 다행스러우며 바람직한 일이라 하겠다. G. E. Ladd 교수는 그의 글 마지막에서 "천년왕국에 대한 교리는 매우 심각한 신학적인 난제들을 안고 있다. 그러나 모든 질문에 대한 대답을 할 수 없을지라도 복음적인 신학은 성경의 분명한 가르침 위에 세워져야 한다"(G. E. Ladd, 『요한계시록』, 서울: 크리스챤서적, 1990, 40.)고 했으며, 입장을 달리하는 사람들과의 관계에 대해서 L. Boettner 교수는 "그리스도의 재림 방법과 그가 이 세상에서 세우고 또 앞으로 세울 그 왕국에 대하여는 의견상 일치를 보지 못하고 있다. 이 때문에 모든 교파의 교회는 실제에 있어서 여러 천년 왕국론 중에 어느 하나를 그 신조의 조항으로 삼기를 거절하고 오히려

건 이단이라고 낙인찍어서는 아니 된다는 것이다. 뿐만 아니라 이단은 불신앙과도 엄연히 구별을 해야 한다. 때로는 기독교 신앙을 갖고 있고 근본적인 교리나 교의를 인정하면서도 마음에 회의가 찾아오거나 의심이 찾아오는 경우가 있을 수 있는데 이것까지도 이단으로 정죄를 해서는 안 된다.

또한 한국교회의 교단 형성사를 보면 분열의 역사라고 해도 과언이 아닌데 이런 경우에도 상대방을 지칭하여 이단이라고 매도해서는 안 될 것이다. 물론 분열은 결코 바람직하지 않으며 콘스탄티누스 황제가 325년 소집된 니케아 공의회의 석상에서 "교회의 분열은 전쟁보다도 더 악한 것입니다."164라는 짧막한 인사말을 우리 한국 교회는 다시금 깊이 음미 해 볼 만한 가치가 있다. 그럼에도 불구하고 함께 하지 않는 반대적 입장에 있는 교단을 이단으로 매도하는 일은 없어야 한다. 그런 논리의 비약에서 자유로울 교회는 없을 것이며 그것은 곧 교회를 파괴하고 하나님 나라를 훼파하는 사탄의 전략에 놀아나는 처사로 밖에 볼 수 없다. 어디까지나 이단을 규정하기 위해서는 정통진리의 기준이 성경적으로 분명해야만 한다.

D. 성경에 나타난 이단의 의미

이단의 성경적 개념은 광의적으로 말하면 하나님의 뜻, 곧 진리에 거슬린 이론과 그것에 의해 나타난 행동과 모든 행사이며, 협의적으로는 하나님이 싫어하시는 삶의 행위이자 하나님이 허락하신 것이 아닌 종교적 이론이나 행동을 말한다.165

그리스도께서 재림하신다는 사실을 믿는 모든 사람들을 그리스도안의 형제로 받아들이기를 기뻐한다. 따라서 우리는 개인적으로는 그리스도의 재림과 그 시기에 관하여 확고한 견해를 가질지 모르나 우리의 이념은 본질적인 면에서는 일치하고 비본질적인 면에서는 자유를 허용하고, 기타 모든 면에서는 사랑으로 포용하는 것이 되어야 할 것"(R. G. Clause, 「천년왕국」, 서울: 성광문화사, 1989, 141.)이라는 R. Baxter의 말을(이승구 교수 강의 내용 중) 인용하여 상이(相異)한 상태에서의 관계정립을 시도하고 있는데 공감하는 바이다.

164 미주 크리스챤 헤럴드 편저, 「기독교 100대 이벤트」, (서울: 크리스챤 헤럴드 서울사무소, 1996), 26.

신약성경에서는 다음과 같이 이단이란 용어를 사용했다.

> 1. 사두개인이나 바리새인을 지칭할 때(행 5:17; 15:5; 26:5),
> 2. 반 그리스도적 입장에 있을 때(행 24:5; 28:22),
> 3. 교리적으로 이설(異說)을 보일 때(딛 3:10)[166] 등이다. 그러나 1과 2는 분파를 의미하는 말에 불과한 것으로써 그리스도교의 이해에 대한 견해 차이로 생긴 개념으로 교리상의 이단이라 볼 수는 없는 것이며, 3의 경우는 교리적인 각도에서 이단으로 규정할 수가 있다.

성경에서 나타난 이단이란 의미의 용례를 좀 더 구체적으로 살펴보기로 하자.

a. 선택(A choice)

이 뜻은 70인역(LXX) 레위기 22:18; 21절에서 볼 수 있는데 '그들의 선택에 의한 선물들' 즉, 그들이 택한 대로 드리는 예물로서 낙헌제[167]를 의미했다.[168] 즉, 자의적 선택이란 의미가 포함되어 있는 것이다.

b. 선택된 의견(A chosen opinion)

신약성경에는 오직 베드로 후서 2장 1절에 나오는데 '멸망케 할 의견들'이란 말로서 거짓 가르침에 기인한다.[169] 이 말은 문자적으로는 '멸망의

---

[165] 이대복, 『이단종합연구』, (서울: 기독교이단문제연구소, 2000), 36.

[166] 탁명환, 『주요이단종파비판』, (서울: 국제종교문제연구소, 1996), 8.

[167] 낙헌제 (Freewill offering)란 자발적이고 즐거운 마음으로 하나님께 예물을 드리는 제사이다. 감사하는 마음으로 드린다는 점에서는 감사제와 비슷하지만 축복을 받는 것에 상관없이 드린 점이 다르다. 소제와 함께 드릴 수 있다.

[168] Waltera. Elwell, ed., Evangelical Dictionary of Theology (Grand Rapids: Baker book house, 1992), 508.

이단'이란 뜻을 갖는데 이단은 그 자체로 멸망할 것이며 또한 다른 사람을 멸망케 한다.

c. 분파(A sect)[170]

신약성경에 가장 넓은 의미로 사용되었는데 먼저 사두개인들이나 바리새인들의 파를 지칭하는데 쓰였다. 사도 바울은 이단이란 말 대신에 '도(way)'라고 하였는데 아마도 그 단어가 나쁜 의미라고 생각한 때문인 것 같다.[171] 또한 그리스도 교회 안의 분파나 당파를 지칭했다.[172]

이것은 거짓 선생에 의해 기인되는 결과라기보다는 오히려 사랑의 결핍과 자기를 내세우는 행동에서 나오는 결과로 그리스도인의 집단 내에 분리를 야기 시켰다. 베드로 후서에 나오는 '하이레시스(αἵρεσις)'라는 의미가 이 뜻과 가장 가깝다.

그 외에도 사도행전 24장 5절에서는 의미상 나쁜 뜻으로 예수 그리스도를 '나사렛 이단의 괴수'라고 지칭했으며, 디도서 3장 11절에서는 이단은 부패하여 저 스스로 정죄한 자로서 죄를 짓는다고 했다. 또한 자기를 그리스도의 사도로 가장하는 자들,[173] 우리의 전파하지 아니한 다른 예수를 전파하는 자들, 너희의 받지 아니한 다른 영을 받게 하고 너희의 받지 아니한 다른 복음을 받게 한 자들을 의미하는 것으로 나타난다.[174]

신약성경에는 '이단'과 엄밀하게는 구별되지만 비슷한 의미를 가진

---

[169] Waltera. Elwell, 508.

[170] '분파'란 특별히 어떤 의견을 고집하는 그룹을 지칭하며 '당'이란 뜻으로도 사용되었다.

[171] 고린도전서 11:19에서는 저희의 모임이 유익이 못되고 도리어 해로운 것이 된다고 하여 '편당'이라고 지칭했다. 갈5:20 참조.

[172] "대제사장과 그와 함께 있는 사람 즉 사두개인의 당파가 다 마음에 시기가 가득하여 일어나서"(행 5:17)

[173] "저런 사람들은 거짓 사도요 궤휼의 역군이니 자기를 그리스도의 사도로 가장하는 자들이니라(고후 11:13).

[174] "만일 누가 가서 우리의 전파하지 않은 다른 예수를 전파하거나 혹 너희의 받지 아니한 다른 영을 받게 하거나 혹 너희의 받지 아니한 다른 복음을 받게 할 때에는 너희가 잘 용납하는구나(고후11:4)"

많은 이름들이 등장한다. 가장 대표적인 것이 "적그리스도"로서 이단과 어떻게 다른지 살펴보고자 한다.

1. 성경에 나타난 적그리스도

a. 적그리스도의 다른 명칭

신약성경에는 적그리스도를 지칭하는 수많은 용어들이 있다. 무서운 이리(행 20:29), 거짓사도, 궤휼의 역군(고전 11:13), 불법의 사람(살후 2:3), 불법한 자(살후 2:8), 대적하는 자(살후 2:4), 거짓 예언자(딤전 4:2), 거짓말하는 자(요일 2:22), 거짓 선지자(마 7:15; 요일 4:1), 미혹의 영(요일 4:6), 거짓 선생(유 1:8), 무저갱에서 올라오는 짐승(계 11:7), 옛 뱀(계 20:2), 붉은 용(계 12:3) 등이다.

b. 적그리스도의 하는 일

적그리스도는 스스로를 일컬어 하나님이라고 한다. 신약성경에는 범사에 일컫는 하나님이나 숭배함을 받는 자 위에 뛰어나 자존하여 하나님 성전에 앉아 자기를 보여 하나님이라고 한다고 하였다(살후 2:4). 또한, 사단의 역사를 따라 행하며, 모든 능력과 표적과 거짓 기적과 불의의 속임을 행하고(살후 2:9-10), 예수께서 그리스도이심을 부인하고, 아버지와 아들을 부인한다(요일 2:22). 즉, 하나님의 신성과 인성을 부인하는 것이다. 그는 하나님을 향하여 훼방하고 하늘에 거하는 자들을 훼방하며, 권세를 받아 성도들과 싸운다고 했다(계 13:6-7). 자칭 그리스도(메시야)라 하며 많은 사람을 미혹케 하는 적그리스도(마 24:5)는 양의 옷을 입고 나오지만 속에는 노략질하는 이리가 들어 있는 것이다(마 7:15).

요한계시록의 주요한 주제들 가운데 하나는 하나님과 사단 사이의 전쟁으로서, 이는 역사상 그리스도와 적그리스도 사이의 전쟁으로 나타난다.[175] 그리스도의 승리의 장면을 묘사하고 있는 최후의 장면에서, 요한은 먼저 적그리스도와 그의 지원자들에 대한 그리스도의 승리를 제시하는데, 이를 큰 전쟁의 관점에서 묘사하였으며, 그 다음에는 사단에 대한 그리스도의 승리를 제시하는데 이는 두 단계, 곧 사단이 무저갱에 속박되는 것과 불못에서 파멸을 당하는 것을 통해 발생한다. 적그리스도에 대한 승리는 필연적으로 적그리스도와 동맹을 맺고 그를 지원하고 있는 지상의 국가들과 왕들에 대한 승리를 포함한다. 이것이 바로 아마겟돈 전쟁으로서, 이는 이미 여섯째 나팔을 통해서 예기적(豫期的)으로 선언되었으며(계 16:12-16), 이때 마귀적 영들은 "전능하신 하나님의 큰 날에" 적그리스도와 동맹을 맺은 지상의 왕들을 모았다. 요한이 묘사하고 있는 큰 전쟁 개념은 에스겔 39:17-20에서 유래하였다.[176] 적그리스도와 그를 추종하는 세력들의 결정적인 패배를 생생하게 묘사하고 있는 상징적인 표현 방식으로서 그들의 운명은 짐승이 잡히면서 이적을 행하는 거짓 선지자도 함께 잡혀 이 둘이 산채로 유황불 붙은 못에 던져지게 된다고 했으며, 적그리스도는 메시야의 입의 기운에 의해 살해되어 진다고 했다.[177]

E. 교회사에 나타난 이단의 의미

이단은 교회가 시작한 초기부터 존재했었다.[178] 이들을 가리켜 초대 교부들 중 유스티누스는 "신의 존재를 부인하는 자", "신앙심이 없는 자", "불경스러운 신앙 모독자"라고 했으며 이레네우스는 "올바른 진리의 기준

---

[175] Ladd, 332-33.

[176] Ladd, 333-35.

[177] "그때에 불법한 자가 나타나리니 주 예수께서 그 입의 기운으로 저를 죽이시고 강림하여 나타나심으로 폐하시리라"(살후 2:8)

[178] "이단에 속한 사람을 한두 번 훈계한 후에 멀리하라 이러한 사람은 네가 아는 바와 같이 부패하여서 스스로 정죄한 자로서 죄를 짓느니라"(딛 3:10-11). "미혹하는 자가 많이 세상에 나왔나니 이는 예수 그리스도께서 육체로 임하심을 부인하는 자라 이것이 미혹하는 자요 적그리스도니 너희는 너희를 삼가 우리의 일한 것을 잃지 말고 오직 온전한 상을 얻으라 지나쳐 그리스도 교훈 안에 거하지 아니하는 자마다 하나님을 모시지 못하되 교훈 안에 거하는 이 사람이 아버지와 아들을 모시느니라 누구든지 이 교훈을 가지지 않고 너희에게 나아가거든 그를 집에 들이지도 말고 인사도 말라 그에게 인사하는 자는 그 악한 일에 참예하는 자임이니라"(요2서 1:7-11).

에서 이탈한 자"라고 했다. 터툴리안은 "그리스도의 이름을 그릇되게 부르고 전통적인 가르침을 그르치는 교의"라고 했다.[179]

초대교회의 이단에 대한 정의는 모두 신학적 초점에 따라 기독교 교리의 탈선 여부를 기준으로 하고 있는데 사도신경에 구현된 모든 신조를 문자적으로 모두 수락하는 것은 정통이고, 이단은 정통주의 신조에 다른 의견을 말하는 것을 일컬었다. 이단은 드러난 진리가 오류가 있다고 하여 고의로 진리를 부인했으며, 자기들의 신조들이 참된 진리의 표준이요 옳은 신앙을 내포한다고 생각했다. 국가와 교회가 연합하여 이런 이단들을 공식적이며 합법적으로 정리한 때는 니케아 종교회의 이후이다.[180]

로마 가톨릭교회는 이단을 사랑이 없어서 분리되어진 "종파" 혹은 "편당"과 기독교를 저버리는 "배교"를 구별한다. 그들은 이단을 로마 가톨릭이라고 불리면서 그릇된 교리를 고수하는 형식적인 형태와, 로마 가톨릭이 아니면서 무식하기 때문에 그릇된 교리를 주장하는 실질적인 것으로 구분했다.

F. 사교, 이단, 사이비의 정의

이단은 통속적인 의미로 "시작은 같거나 좋았지만 끝은 다른 것(異端)"

---

[179] 탁명환, 『기독교이단연구』, (서울: 도서출판연구사, 1989), 17.

[180] 325년 7월 4일 흑해와 지중해 사이의 보스포로스 해협에 위치한 조그마한 도시 니케아에서 동로마 제국의 콘스탄틴 황제의 통치하에 있는 전국 교회의 주교와 장로들 300여명이 운집하여 개최 된 종교회의로서 이집트 알렉산드리아 보카리스의 아리우스에 의해 제기 된 아리아니즘이 중심 논제였다. 아리우스는 "그리스도는 인간보다 위에 있으나 하나님보다는 아래에 있다. 하나님만이 시작이 없이 원존하는 분이며 아들이 없었다. 하나님께서 아들을 지으셨고 그리고 아들은 만물을 지으셨다"고 주장하였다. 이방 종교의 교리와 비슷한 아리우스의 이 가르침은 이방 신화에 젖어있는 새로 입교한 많은 사람들에게 인기가 있었다. 이때 콘스탄틴 황제는 교리의 통일성에 대한 필요성을 느끼고 이 회의를 소집한 것이다. 아리우스의 이러한 주장에 대해 젊은 감독인 아다나시우스는 "아리아니즘에 의하면 기독교의 중심인 구세주가 없어지는 결과이기 때문에 예수 그리스도는 하나님이라는 교리는 타협할 수 있는 것이 아니다"고 주장했다. 이에 씨자리아의 감독이며 교회사가인 유세비우스의 중재가 있었는데 그는 아리우스의 교리에 일부 동조하여 "진실한 하나님의 하나님으로서 창조된 것은 아니지만 탄생하였으며 아버지와 동질이다(True God of true God, begotten not made, of one substance with the Father…)"라는 아버지와 아들은 동질이며 영원한 아들로서의 정의가 내려진다. 황제는 친구이면서 동조자인 유세비우스의 주장에 동의하여 "진실한 하나님의 진실한 하나님인 주 예수 그리스도 안에서"라는 신앙고백에 동의하고 니케아 공의회는 결론을 내린다. 아리우스는 여기에 반대함으로 아리아니즘은 이단으로 정죄를 받고 교회에서 추방된다(미주 크리스챤 헤럴드, 25-27.).

이라고 생각하기 쉽다. 그러나 이것은 엄밀하게 보면 기독교 안에서 정의하는 "이단"은 아니다. 신학적인 체계로 볼 때 이단은 "처음부터 끝까지 잘못된 것"이다. 일반적으로 한국 교계에는 이단과 관련된 많은 용어들이 있어 그 뜻을 혼동하기 쉽기 때문에 그 대표적인 것들을 정리해 보기로 한다.

1. 사교

사교란 근본적으로 성경에 합당하지 아니하며 매우 요란스러운 종교 행위로[181] 사회에 해악을 끼치고 건전한 국가의 도덕이나 사회제도에도 어긋나는 종교이다.[182] 사이비 종교와 어원상 유사하지만 보다 더 구체적인 범죄행위가 내포된 범죄 종교집단이라고 할 수 있다.

2. 이단

기독교 성경교리에 어긋나는 이론이나 행동 및 일정한 기독교 전통이나 권위에 반항하며 성경을 제하거나 더하는 설을 의미하며 성경 용어에 반하는 의견을 택하여 불화와 논쟁을 일으키며 분열과 파당을 일으키는 종파를 의미한다.[183]

3. 사이비

겉으로는 제법 기독교의 교훈과 비슷하나 본질적으로 완전히 다른 것을 의미하며 이단요소를 공유하나 윤리적으로 부패한 상태로 무속적 요소

---

[181] 기독교 이단 사이비 연구대책협의회, 『정관』, 제1장, 제3조, 1항, 2.

[182] "악인은 모태에서부터 멀어졌음이여 나면서부터 곁길로 나아가 거짓을 말하는도다"(시 58:3). "거짓 행하는 자가 내 집안에 거하지 못하며 거짓말하는 자가 내 목전에 서지 못하리로다"(시 101:7).

[183] 기독교 이단 사이비 연구 대책협의회, 2.

를 혼합한 상태이다. 이는 이단이 기성교단이나 기독교를 배타적으로 공격하나 사이비는 기성교단 교회 안에서 공존하는 거짓 집단이다.[184] 즉, 종교로써 기본 요건을 갖추지 못하고 있으면서도 외적으로 종교단체를 위장하여 비종교적인 목적을 추구하는 거짓 종교인 것이다.

4. 신흥종교

완전한 종교로서의 체계를 갖추고 수 천년동안 인류에게 신앙되어온 종교들을 제외하고 새로 일어난 모든 종교를 지칭하는 말이다. 발생한 시점을 기준으로 하여 새로운 시대에 일어난 종교라는 것이다.

5. 유사종교

일제하에서의 용법으로, 일본 사람들이 식민통치를 위하여 그들의 법률에 신도, 불교, 기독교를 종교로 하고 그 밖의 종교들을 유사종교라고 규정한 데서 시작된 용어이다. 법적으로 공인된 종교와 구별해서 법적으로 공인되지 않는 기타 종교들을 지칭한 법적인 용어이다.

G. 한국교회와 이단

한국교계에는 각종 사이비, 이단들의 활동이 활발하고 그 숫자만도 100여 개가 넘는다고 한다. 최근 들어 이단의 세력이 급격히 증가하는 추세임을 부인할 수 없다. 그렇다면 무엇이 이런 이단 활동의 급격한 증가를 가져오게 했으며, 그 배후에는 어떤 원인이 작용하고 있는가?

---

[184] 기독교 이단 사이비 연구 대책협의회, 2.

1. 한국교회 이단 발생의 원인

"한국교회는 예수와 그리스도가 싸우는 난장판"이라고 한국에 온 어느 선교사가 지적했다고 하듯이 한국교계는 분열을 거듭해 왔다.[185] 그 결과 한국교계에는 "대한예수교장로회 ○○측"이라는 교단이 170여 개 이상 존재하고 있으며 심지어는 총회산하 교회가 단 2개뿐인 초소형 교단까지도 존재한다고 한다.[186] 그 과정에서 이단들은 그들의 입장을 정당화하기 위해 기성교회의 타락과 부패를 질타하며 비난한다. 물론 한국교회가 교회로서의 사명을 다하지 못하여 교회 주변에서 발생하는 이단들을 방치하였고, 성도들이 이단에 미혹되는 것에 적극적인 대책 또한 미흡했었던 것이 사실이다. 중요한 것은 우후죽순처럼 발생하는 이단들이 대부분 기독교회를 중심으로 일어나고 있다는 것이다. 그러므로 이단 발생의 책임이 기성 교회에도 있음을 부인할 수 없고, 대오각성하지 않으면 안 될 것이다.

전후의 사회적 불안에 제대로 기성교회가 대처해 나가지 못하고 보수와 진보의 양극단에 서 있을 때인 50년대에 일종의 신흥종파들의 출현은 교회의 혼란과 비정치적 신비주의의 도피신앙을 불러 왔다. 문선명의 통일교와 박태선의 전도관, 그리고 이와 비슷한 유형의 사이비 이단들이 말세론을 내세워 사회를 풍미하였다. 이러한 유형은 역시 반공논리와 함께 자본주의에 편승한 기복신앙을 강조함으로써 기성교회에까지도 상당한 영향을 주었

---

[185] 한국교회의 분열에 관하여는 여러 가지 분석이 있다. 예를 들어 세속화의 과정에서 필연적으로 대두되는 신학상의 견해 차이, 교권의 쟁탈 문제, 개 교회주의, 집단 이기주의적 전통, 또는 지역 중심이나 교파주의가 그 문제였다고 이야기한다. 또는 교회내부의 신학적, 신앙적 그리고 선교사들이 전승한 교파 전통을 말하기도 한다. 그러나 한국교회의 분열은 사회현상(Context)에 대한 교회의 대응과 교권의 확보라는 방법상에서 이루어졌다고 볼 수 있다. 그것이 신학적 이해의 차이이던 이념적 입장의 차이이던, 정치권력에 대한 입장이던 또는 지역성에 따른 구조적 갈등이던 간에 우리의 해방 전후의 역사과정에 대한 대응에서 분열과 일치를 도모해 왔다고 할 수 있다. 그러나 분명한 공통점은 신앙운동의 범주로 묶어 볼 수 있다는 것이다. 그리고 그것은 한국인이 전통적으로 실천해 온 종교적 열의에 기인한다고 보아야 할 것이다. 그럼에도 불구하고 기독교는 본질적으로 역사적 종교라는 관점에서 교회의 분열은 가장 교회를 교회답지 않게 만드는 요인이 된다는 사실을 잊어서는 안 된다.

[186] 참고로 각 교단의 분파 수는 다음과 같다. 장로교 173개, 감리교 6개, 성결교 6개, 침례교 4개, 순복음 4개, 초교파 4개, 기타 70개, 합계 267개이다(월간,『교회와 이단』, [서울: 큰샘출판사, 2000], 2월호, 54).

을 뿐만 아니라 이후 카리스마적 교회운동의 계기를 만드는 결과를 초래하였다. 사실 이러한 사이비 이단들의 출현은 교회를 사회와 유리시키거나 기독교 자체의 사회적 공신력을 떨어뜨리는 데 일조를 한 셈이었다.

한국의 정치적 혼란과정에서 이후 끊임없이 대두되는 대소 사이비 이단들의 출현은 사회문제로까지 발전하게 되었으며 여기에는 상당 부분 기성교회의 책임이 있다고 보아야 할 것이다.

사람들이 이단에 빠지는 이유를 크게 네 가지로 살펴보면,

a. 기성교회의 제도적인 부패와 타락

일부 극단적인 물량주의 중심으로 흐르는 병리적인 모습과 외형적인 신앙 판단에 대한 거부감, 또한 교회의 분열과 사랑의 결핍, 독단적인 교회 행정에서 초래되는 실망과 갈등으로 인해 이단의 유혹에 빠지게 된다.

b. 교회의 신학사상의 변질

기독교회에 발생한 수많은 신학사상들, 즉 자유주의, 인본주의, 해방신학, 민중신학, 한의신학, 신비주의, 기복주의 등 성경을 떠난 변질된 사상들이 교회 안에 들어와 혼란을 야기했고, 교회가 세속화되어 황금만능주의, 배금주의를 신봉하게 됨으로 쉽게 이단의 유혹에 노출되었다.

c. 신학교육의 미비와 교회교육의 부재

무인가 신학교뿐만 아니라 일반 신학교[187]에서 행해지는 신학교육이 바른 목회자들을 양성하지 못하고 무자격 목사들을 배출하여 이단이 발생하도록 그 단초를 제공했고,[188] 설상가상으로 교회 안에 교리교육의 부재로

---

[187] 전국 신학 대학 협의회(KAAST)의 조사에 의하면 KAAST 회원교 32개, 무인가 신학교 270개, 기타 100여 개로서 자그마치 402개나 되는 것으로 조사되었다(『교회와 이단』, 55).
[188] 무인가 신학교를 포함한 신학교의 난립은 무자격 목회자들을 양산해내는 제조 공장이 되어 있는 실정이다. 평신도들의 성경공부를 위해 시작된 3개월짜리 통신신학을 수료해도 안수를 받을 수 있고 가

교인들이 성경 해석에 대한 올바른 판단을 하지 못하여 믿음의 표준에서 방황하고 무지로 인해 이단에 빠지게 되었다.

한천설 교수[189]에 의하면 고등 종교가 타락할 때 나타나는 현상으로 성직자의 급등과 종교기관의 급등, 그리고 기복신앙의 강조를 꼽았으며, 우리나라 전체 신학생수가 전 세계 교회의 모든 신학생수와 맞먹는다고 하니 진정 이들이 소명의식이 분명하다면 모르되 그렇지 않다면 커다란 사회 문제가 아닐 수 없다. 실제로 우리 한국 교회 내에서 무임 목회자가 수 만 명에 이르고 있으며 이로 인한 사회 문제 또한 심각하다 아니할 수 없다.[190]

d. 극단적, 율법적인 신앙생활의 반작용

기성교회가 비성경적인 극단주의로 치우치거나, 바리새파처럼 완전무결한 신앙을 요구할 때 교인들이 가지고 있는 심리적, 감정적, 사회적인 욕구를 무시해 버리기 쉽다. 나아가 교인들의 영적 상황을 적절히 대처해 주지 못하는 과정에서 이단들이 만사형통, 만병통치, 영생불사, 사업성공 등을 내세워 교인들을 쉽게 유혹한다. 그리고 그들이 열어놓은 거짓되고 잘못된 집회에 참석하여 이단에 빠져들게 되는 것이다.

짜 졸업장을 들고 가도 안수를 주는 행태는 중세기 성직을 매매하는 타락한 교회상을 여실히 드러내고 있는 것이다. 돈에 눈이 어두워진 일부 그릇된 목회자들과 영세한 교단들의 세 불리기를 통한 장사 속에 성스러워야 하는 교회는 균형을 잃고 있고 중증을 앓고 있는 모습이다.

189 총신대학교 신약학 교수, 『바울 신학 강의록 중에서』, 2001년 11월 5일.

190 실제로 이런 무임 목회자들의 문제는 남의 일이 아니라 전체 한국 교회의 문제이자 커다란 사회 문제가 아닐 수 없다. 막상 물질적인 어려움을 타개하기 위해서 생활전선에 뛰어 들다 보니 많은 문제점들이 드러나고 있는 실정이다. 다단계 판매사원, 노동, 택시운전 등으로 간신히 생활을 연명하는 상당수의 목회자들이 있는가 하면, 반면에 사기를 쳐서 교도소를 들락거리기도 하고, 강도짓을 일삼고, 심지어는 자기 집에서 부인과 함께 포르노를 찍어 그것을 돈벌이 수단으로 삼다가 구속되어 매스컴을 떠들썩하게 하는 한심스런 목회자도 있었다. 한국 교회가 문제 해결에 나서지 않는다면 주님의 영광은 가려지고 교회와 목회자들의 권위는 계속해서 실추될 수밖에 없을 것이다. 이제라도 신학교를 정비하고 신학에 입문하는 사람들에 대한 철저한 검증을 거쳐 선발해야 할 것으로 사료된다. 단순히 학교를 운영하는 수단으로 무분별하게 학생들을 받아들이는 어리석은 일은 반드시 피해야 한다. 장차 하나님 앞에서의 준엄한 심판이 기다리고 있음을 간과해서는 안 될 것이다. "청지기가 속으로 이르되 주인이 내 직분을 빼앗으니 내가 무엇을 할꼬 땅을 파자니 힘이 없고 빌어먹자니 부끄럽구나"(눅 16:3).

H. 한국교회 이단 발생의 공통점

한국교계에는 수많은 이단, 사이비들이 있는데 놀랍게도 그들은 한결같이 공통점을 가지고 있다. 그것을 간략하게 살펴보면,

1. 이단의 발생 모체는 기독교

현재 활동하고 있는 한국 기독교 이단의 교주들은 과거 기성교회의 성직자나 장로, 일반 신도들이었음을 본다. 예를 들면, 세계 기독교 통일신령협회 교주 문선명은 평양 광해교회를 다녔었고, 한국 예수교 전도관 부흥협의회 교주 박태선은 남대문교회 장로였다. 안식교 교주 윌리엄 밀러는 침례교회 회원이었으며, 여호와 증인의 교주 찰스 테즈 럿셀 또한 미국 회중교회의 신자였음을 살펴볼 수 있다.

2. 교주 숭배

이단의 교주들은 자신이 직접 하나님과 교통하고 계시를 받는다고 주장하며 자신을 중보자요 심지어는 재림주, 감람나무, 동방의인, 심판주라고 한다. 예를 들면, 통일교의 문선명은 예수께로부터 직접 사명을 받았는데 그리스도의 직분을 대신하도록 되었다는 것이다.[191] 즉, "아직 내가 할 일이 많은데 유대교 지도자들의 모략으로 십자가에서 죽었으니 내가 하지 못한 일을 네가 대신하라"는 계시를 받았다고 한다. 또한 전도관의 박태선은 신으로부터 성령의 새 피를 받았다고 주장했었다. 이단의 교주들은 그리스도 중심이 아닌 자신들 중심으로 신도들에게 충성과 복종을 요구하고 자신의 명령이 곧 하나님의 명령이라고 주장한다.

---

[191] R. Enroth, 오희천 역, 『신흥종교와 이단들』 (서울: 생명의 말씀사, 1992), 186.

하나님의 교회 안상홍증인회에서는 이 마지막시대에 생명의 유월절 떡과 포도주로써 영원한 생명을 주기 위해 이 땅에 두 번째 온 재림 멜기세덱이 바로 안상홍이라고 하고 있다.[192]

3. 다른 경전

이단 종파들은 한 결 같이 성경보다 더 큰 권위를 부여하는 그들의 경전을 가지고 있다. 예를 들면, 통일교의 '원리 강론'과 '성약서', 전도관의 '오묘 원리'와 '피의 복음', 여호와새일교의 '말세비밀', 세계 일가 공회의 '영약', 몰몬교의 '몰몬경', 크리스챤 사이언스의 '과학과 건강', 여호와 증인의 '새 세계 번역 성경', 바하이즘의 '숨겨진 말씀', 제칠일 안식일 예수재림교의 '교리 문답집' 등이다.

4. 시한부 종말론

종말론은 이단들의 핵심교리로서 이들은 세계의 종말을 강조함으로 사람들을 절박한 위기의식에 빠지게 하며, 특히 시한부 종말론을 내세워 말세 심판의 구원 얻는 길은 오직 자신들의 공동체에 가담해야 하는 것뿐이라고 주장하여 사람들을 미혹한다.

5. 극단적인 선민의식과 독선주의

이단들은 자신들이 마지막 날에 택함 받을 백성이요, 자기들을 통해야만 구원받을 사람들이 결정된다면서 자기 집단 안에서의 지상천국을 주장한다.

---

[192] 『교회와 이단』, 33.

6. 열광주의

이단들은 입신, 접신, 환상, 신유, 진동 등의 신비하고 격렬한 체험을 신앙의 전부로 알고 있다. 그들의 예배는 광신적이요 비윤리적인 생활과 폐쇄 지향적, 현실도피주의 현상이 강하다.

I. 한국교회 이단 분별의 기준

우리가 흔히 이단과 적그리스도를 동일어로 생각하기 쉽다. 엄밀하게 이들의 구별은 할 수 있지만 양자가 일맥상통한 점은 정통진리의 다른 끝에 있다는 사실이다. 적그리스도(Anti-christ)라는 말은 요일2장 22절에 '예수께서 그리스도이심을 부인하고… 아버지와 아들을 부인하는 자'라고 규정하고 요일 4:3에 '적그리스도의 영'은 예수를 시인하지 않는 영이라고 했다. 요한 서신에 나타난 적그리스도는 교회를 떠난 자들을 의미하고 있는데 이들은 예수의 신성을 부인하거나 인성을 부인하는 자들이었다(요일 2:18-23, 요일 4:1-6, 요이1:7).

사도 바울은 '적그리스도'라는 직접적인 용어를 사용하지는 않았지만 살후 2:1-2에 '불법자', '멸망의 자식들', '악마의 왕' 등으로 책망하였다. 결국 적그리스도가 범하는 중대한 죄악은 그 자신이 스스로 하나님이라고 공언하든지(살후 2:4) 장차 올 메시아임을 주장하는 자들이라는 사실이다(마 24:23-24, 고후 11:4).

계시록에는 적그리스도에 대해 정치적 성격을 가미하고 있다. 즉 깊은 심연(무저갱)에서 올라오는 짐승(계 11:7)을 교회를 박해하는 세력으로 상징했다(계 3:9). 적그리스도는 거짓말하는 자(요일 2:22), 멸망의 아들(살후 2:3), 무저갱에서 올라오는 짐승(계 11:7), 불법한 자(살후 2:8), 거짓 그리스도(요일2:18) 등의 명칭을 갖고 있다. 또 적그리스도가 행하는 일은 때때로 기적을 행하기도 하며(살후 2:9), 그리스도에게 대적하고(살후 2:4), 그리스도의 성육신을 부인하고(요이 1:7), 법대로 행하지 않으며(살후 2:2-12), 사탄의 역사를 따라 행하고(살후 2:9), 세상을 미혹하고(요이 1:7, 계 19:20), 예수를 부인하고(요일 4:3), 자기를 하나님이라 칭하며(살후 2:4), 성도들과 싸워 이기기도 한다(계 13:7). 이 적그리스도는 그리스도가 오기까지 행동을 하며(살후 2:8), 마지막 때임을 나타내고(요일 2:8), 사탄의 역사로 나타내며(살후 2:9-10), 적그리스도의 출현은 미리 예고되며(살후 2:5), 지금은 억제 당하고 있다(살후 2:6).

1. 이단을 어떻게 분별할 것인가? 분별하는 기준을 소개한다.[193]

a. 사도신경의 신앙고백여부를 가지고 이단여부를 판별할 수 있다.

보편적으로 교회는 그 많은 교파에도 불구하고 모두 다 사도신경을 신앙고백으로 채택하고 있는데 있어서 일치하고 있다. 그러나 통일교, 여호와의 증인, 몰몬교, 박태선의 천부교(전도관), 안식일교, 신천지 등 거의 대부분의 이단들은 사도신경을 신앙고백으로 받아드리기를 거부한다.

b. 정통교회가 예수 그리스도의 십자가 구속의 도리를 믿는데 반하여 이단들은 이를 부인하고 있다. 십자가는 유대나라에서 흉악범을 처형하던 무시무시한 형틀이었던 것이 예수의 십자가 대속의 죽음 이후에는 인류 구속의 상징이 된 것이다.

c. 이단들은 거의가 마 24:24에 기록되어 있는 바와 같이 하나님의 택함을 받은 자, 즉 기성 교회 교인들을 대상으로 삼아 미혹하고 있다는 것이다.

d. 이단들은 그들의 지도자들을 반드시 숭배의 대상으로 삼거나 신격화한다. '재림의 예수'나 '말세 마지막 종', '하나님의 어린양', '선지자', '보혜사 성령', '심판주 하나님', '새 하나님', '하나님의 부인', '하나님의 둘째

---

[193] 탁명환, 『주요 이단 종파 비판』, 10-11.

아들' 등 그야말로 갖가지 신격화된 명칭으로 불리 운다. 그래서 한국에는 자칭 자기 자신이 재림주라거나 그에 준한 자칭 절대자가 35명이며 스스로 '하나님', '보혜사 성령님', '새 하나님' 등이 12명이나 된다.

　　e. 이단들은 불건전한 신비주의의 온상에서 독버섯처럼 발생한다. 기독교는 온통 신비로 가득한 진리를 내포하고 있다. 그러나 성경을 벗어난 불건전한 신비주의가 그 신행의 내용이 될 수는 없다.

　　f. 성경해석에 있어서 이단들은 오류를 범한다. 개혁자 마틴 루터는 성경의 가장 정확한 주석은 성경이라고 하여 원리적인 해석(Principle Interpretation)을 주장했으나 이단자들은 대부분이 은유적인 해석(Allegorical Interpretation)을 시도하다 지나쳐서 성경해석의 오류를 범하는 경우가 많다. 또 자신들만이 성경을 100퍼센트 통달할 수 있다는 교만에 빠져 있다.[194]

2. 이단을 분별하는 기준으로 두 가지 측면에서 살펴보면,

a. 성경적 신학 교리를 중심으로

　　가장 먼저 우리는 이단을 분별할 수 있는 길이 성경에 있음을 알 수 있다. 성경이 모든 교훈과 원리를 최종적으로 판단하는 유일한 표준이기 때문이다. 그러므로 성경에 나타난 기독교 주요 교리를 중심으로 이단 분별의 기준을 간략하게 정리해 본다.

　　첫째, 성경관-성경 66권만을 정경으로 인정하며 유일무이한 최종의 신앙법칙으로 믿는가? 또한, 계시의 종결성을 믿는가?

　　둘째, 신론-삼위일체 하나님을 믿는가?

　　셋째, 인죄론-모든 인생이 죄인임을 인정하는가?

---

[194] 탁명환., 12-15.

넷째, 기독론―예수 그리스도의 신성과 인성을 믿는가?

다섯째, 구원론―예수 그리스도의 십자가 구속을 믿는가?

여섯째, 교회론―그리스도의 몸 된 교회로서 구원받은 성도들의 모임임을 믿는가?

일곱째, 종말론―종말의 시와 때는 하나님만이 아신다는 것을 믿는가? 예수 그리스도의 재림을 믿는가?

이 외에도, 우리가 고백하는 사도신경을 신앙고백으로 받아들이는지 살펴보면 그들을 분별할 수 있다. 이단들은 기성교회 교인들을 대상으로 포교하기 때문에 확실한 분별기준으로 그들의 정체를 파악해야 할 것이다.

b. 생활태도를 중심으로

신약성경 마태복음 7장 16절에서 20절 말씀을 보면, 열매로 그들을 분별할 수 있다고 말씀했다. 예수께서는 좋은 나무가 좋은 열매를, 나쁜 나무는 나쁜 열매를 맺게 됨을 우리에게 말씀하신 것이다(눅 6:45).

3. 사단법인 기독교 이단, 사이비 연구대책협의회(대표: 정군효목사)에서 발표한 사이비 이단을 식별하는 표준은 다음과 같다.[195]

a. 성경근거: 마 7:15-23, 갈 5:19-21, 마 24:25-28, 고후 11:13-15, 갈 1:6-9, 살후 2:9-15

b. 기존 전통적 공인된 교단의 공통적 성경교리를 벗어나는 주장을 하는 행위

c. 자신을 교조 또는 교주로 신격화 또는 특권자로 묘사하거나 주장하는 행위

d. 신자들의 가정을 파괴하거나 학생들로 학교에 가지 못하도록 미혹하고 주장하는 행위

---

[195] 기독교 이단 사이비 연구 대책협의회, 2-3.

e. 사기횡령, 금품갈취, 재산탈취를 감행하는 행위

f. 반대 의견에 공갈협박, 집단폭행, 인권탄압을 행하는 행위

g. 감금, 성폭행, 혼음 등으로 인권 유린하는 행위

h. 집단의 재산을 교주 사유화 하는 행위

i. 거짓을 깨닫고 반항하면, 살해, 암매장 하는 행위

j. 교주의 거짓 교리를 따라 가출, 집단생활로 사회와 단절시키는 행위

k. 정신 신체상 장애를 일으키거나, 그리스도의 형상을 닮지 않고 더욱 사나워지는 집단 행위

l. 무속적 기복신앙을 강조 교주의 축복권과 저주권을 행사하는 행위

m. 특정 교회만 교회로 강조하여 들림 받는다고 신도를 현혹하는 행위

n. 이단. 사이비로 지적될 때에 고치지 않고 금력, 인맥 이용 소송을 제기 합법화하는 행위

o. 교리적인 이단을 합리화하려고 교계 유명 인사를 초청 사례하고 선전 이용하는 행위

p. 교리적 충고나 지적사항을 기독교 언론을 이용하여 거짓을 합리화하는 행위

q. 거짓을 합리화하기 위하여 폭력, 시위, 위협을 과시하는 집단 행위

r. 교주의 피를 섞기 위하여 혼음하는 행위

s. 시한부 종말론과 특정 교회만 하나님이 방문한다고 광고하고 영안을 빙자 사기 치는 집단

t. 한국 무속의 귀신관을 끌어들여 귀신을 쫓는 자들과 집단

u. 자신을 하나님이나 재림주, 성령이라고 암시하는 자들

v. 거짓말을 계속하는 자들(요 8:44, 살후 2:9, 고후 11:15)

w. 신비주의적이며 자신을 신격화하는 행위

x. 정부기관과 밀착하여 거래하며 이것을 이용 신도를 학대하는 행위

y. 이단. 사이비를 보호 육성하는 기성교회 부흥사나 유명 인사들

z. 이단. 사이비를 보호 육성하는 언론기관(연구방법)

4. 바른 신학, 바른 교리를 표방하는 사단법인 국제기독교 이단, 대책협의회(회장: 임준식목사)가 이단을 처리하는 원칙은 다음과 같다.[196]

a. 이단은 결코 용납하지 않는다.

b. 이단으로 규정함은 반드시 본질적 준거에 의한다.

c. 과거 이단이었다고 할지라도 회개하고 바른 가르침을 받는다면 받아들인다.

d. 이단을 해제하는 문제는 결코 정치적이어서는 안 된다.

J. 이단의 공통점

잡다한 이단들이 많지만 그들은 한 결 같이 공통된 점을 지니고 있다.

1. 그들은 세계의 종말이 눈앞에 다가왔다고 말하면서 숨 가쁘게 세상 멸망의 카운트다운을 함으로써 사람들로 하여금 절박한 위기의식에 빠지게 한다. 무시무시한 세상의 종말에 살아남을 수 있는 유일한 길은 자신들의 공동체에 가담해야 된다고 역설한다.

2. 이단자들은 그리스도 중심적이 아니고 자기중심적이다(롬 3:9~20). 자기 이익과 자기중심적인 사람은 다른 사람의 가치관을 인정하지 않고 이타적(利他的)인 행동을 못한다. 이단의 교주들은 모두 자기에게 충성하고 복종하기를 요구하고 자기의 명령은 신의 명령이나 계시라고 주장한다. 그들은 인간 개개인의 영혼이나 인권에는 관심이 없고 오직 자신의 이익과 지위 안

---

[196] 국제기독교이단대책협의회, 『한국교회를 살리는 제13차 신학세미나, "바른 신학, 바른 교리"』, (서울: 국제기독교이단대책협의회, 2021), 3.

락을 위하여 신도들을 도구와 기계처럼 이용할 뿐이다.

3. 이단자들은 하나님과 직접 교통하고 계시를 받는다고 주장하며 자신을 신격화한다. 그들은 딤전 2:5 말씀과 상반되게 자신이 스스로 하나님과 인간 사이에 중보자로 나선다. 그러나 하나님이 그를 택하여 세운 적도 없으며, 객관적인 인증이 없이 자기 주관적인 계시나 환상 등 신비체험을 내세워 신도들을 미혹한다.[197]

4. 이단자들은 자기들을 통해야만 구원을 받을 수 있고 마지막 때 환란에서 살아남을 수 있다고 주장한다.

5. 이단들은 불가시적인 사후(死後)의 천국을 주장하는 게 아니고 가시적인 생전(生前)에 이 땅에서 이루어지는 지상천국을 내세운다. 그들은 내세관이 없고 매우 현세적인 관념을 갖고 있다.

6. 그들은 가급적이면 외부와 단절시키려는 노력을 하는 등 폐쇄 지향적이다. 항상 '비밀'을 강조하지만 듣고 보면 비밀이랄 것도 없는 것을 마치 세상에서 가장 심각한 비밀이나 되는 것처럼 법석을 떨어댄다. 사람들은 '비밀'이라면 매우 흥미와 관심을 갖는다. '우리끼리만 알고 넘어가야 하는 비밀'을 누설하는 것은 곧 천기(天氣)를 누설하는 중죄(重罪)에 해당하므로 폐쇄적일 수밖에 없다.

7. 비윤리적이며 부도덕한 면을 공통점으로 들 수 있다. 이단들은 상식으로 납득할 수 없는 비윤리성과 부도덕을 교리적으로 합리화하고 있다.[198]

---

[197] 탁명환, 『주요 이단 종파 비판』, 10.
[198] 탁명환, 『주요 이단 종파 비판』, 15-19.

VIII
신흥종교와 한국교회 이단 형성사

A. 신흥종교가 한국교회 이단에 미친 영향

1860년 동학이 발생한 이래 한국사회에서는 수많은 신종교운동이 전개되어 왔는데 광복 이후 등장한 신종교만도 수백 개에 이르는 것으로 집계되고 있다.[199] 조선시대 계급 간의 가치적 분절현상은 병자호란과 임진왜란을 거치면서 표출 된 성리학적 가치체계의 기능약화를 계기로 표면화되기 시작하였다. 특히 조선 후기에 심화 된 사회 해체 상황은 억압과 고통으로부터 벗어나려는 민중의 열망과 기존 질서의 청산 및 새로운 질서의 도래를 약속하는 여러 형태의 종교운동[200]이 촉발되기 시작한 것이다.

신종교들의 계보나 경전, 조직규모, 활동 내용은 저마다 다양하였으나 그럼에도 불구하고 놀랄만한 공통점이 발견되고 있다. 그것은 한국의 신흥종교들이 동일한 역사적 체험과 문화적 유산을 바탕으로 발생하였다는 것이고, 현실 사회질서에 대한 민중의 태도와 종교에 대한 그들의 욕구가 동일

---

[199] 김홍철, "신종교학연구 어디까지 왔나", 한국종교학회 편, 『해방 후 50년 한국종교 연구사』, (서울: 창, 1997), 149-150. 1965년 장병길교수의 조사에 의하면 121개, 1968년 내무부 조사에서는 67개, 1969년 문화공보부 조사에서는 83개, 같은 해 이강오교수의 조사에서는 160개, 1974년 문화공보부 조사에서는 183개, 1975년 신종교문제연구소에서는 343개, 1985년 한국종교연구소에서는 404개, 같은 해 실시한 문화공보부 위촉에 의한 한국종교학회 조사에서는 155개로 밝혀졌다. 그러나 이들 조사에서는 많은 종단들이 누락되어 있을 뿐만 아니라 계속적으로 신흥종교단체들이 발생하고 있어 그 수효는 훨씬 더 많은 것으로 추산하고 있다(노길명, 『한국의 신흥종교』, [대구, 가톨릭신문사, 1988], 24).

[200] 노길명, 『한국의 종교운동』, (서울: 고려대학교출판부, 2006), 131.

하기 때문인 것[201]으로 해석할 수 있다.

조선후기에 들어와 종교운동의 분화현상은 유교라는 특정가치를 통치의 이념으로 삼았지만 유교의 모순과 한계성에 봉착하면서 유교적 사회체제로부터 소외와 억압을 받아 왔던 피지배 계급이 주어진 사회적 여건의 변화를 계기로 하여 자신들의 욕구와 열망을 체계화하려는 운동으로 나타난 것이 신흥종교들이다. 더불어 근대화와 일제의 강점기를 거치면서 나타난 급격한 사회변동과 민족의 아픔은 다수의 신비주의 종교가들이 등장하는 배경이 되었다.

신비주의와 기복주의에 바탕을 둔 신흥종교의 발흥은 민족종교라는 미명하에 빠른 속도로 번져나갔으며, 기독교가 정착되지 않은 한국적 상황에서 교회 안에도 깊숙이 침투하여 많은 문제점들을 노출시키게 되었으며, 오늘날까지도 그 영향력이 이어지고 있다고 볼 수 있다.

그러므로 한국기독교를 바로 이해하고 한국내의 이단을 연구함에 있어서 반드시 선행적으로 짚고 넘어가야 할 분야가 바로 신흥종교라 할 수 있다.[202] 그것은 한국의 자생적 이단들 대다수는 샤머니즘과 같은 토속신앙과 신흥종교들의 영향을 깊이 받았고 그 영향 하에 있음을 부인 할 수 없기 때문이다.[203]

예를 들면 정감록[204]을 신앙화 한 통일교에서는 메시아가 한국에 임할

---

[201] 문상희, "한국의 신흥종교", 한국종교사학회 편, 『한국종교』 (익산: 원광대학교종교문제 연구소, 1973), 325.

[202] 신종교의 성격이나 용어에 관해서는 연구자들 사이에서 일치를 보지 못하고 있고, 일반적으로는 '신종교', 또는 '신흥종교' 라는 용어를 사용하지만 종교운동의 특수성을 강조하고자 할 때는 '민족종교' 또는 '민중종교' 라는 용어를 사용하기도 한다(노길명, 130).

[203] 이순화를 위시해 양도천 등이 계룡산을 찾아 그곳에 뿌리를 트는 것은 정감록의 예언사상과 풍수지리설의 영향을 받은 바가 크고, 샤머니즘과 신종교운동의 영향으로 신비주의와 기복주의가 성행하게 된 면이 있다. 또한 일부 남성들 사이에서 남자가 여자를 범한 사건을 '따먹었다고' 표현 하듯이 아담이 선악과를 따먹은 사건 역시 '따먹은 사건' 으로서 이것이야말로 성적타락이라고 주장하는데 이것도 민간신앙이 구전된 결과물이라 할 수 있다.

[204] 정감록은 이씨 왕조의 멸망과 정씨의 왕조 개창을 예언하면서 전란 발생시 피난처 십승지를 밝힌 책이었다. 이조 500년을 통해서 민중들에게 커다란 영향을 준 책 이었다(민병소, 『한국종교사』, 상, [서울: 왕중왕, 2006], 363-4). 정감록신앙에 대해서는 문상희교수의 "한국의 신흥종교", 앞의 논문 336-9

것을 예언한 것으로 받아들이고 있으며, 이순화의 정도교에서는 정도령(正道令)을 정도(正道)로 해석하여 수용하였고, 우주일주평화국205에서는 교주를 정도령으로 부르기까지 한다.

또한 풍수지리설은 각 종단들이 자신들의 본부가 자리 잡고 있는 지역을 성지(聖地) 또는 지상천국의 건설지로 해석하고 있다. 전도관이 위치한 소래산, 일월산 기도원의 일월산, 우주일주평화국과 세일수도원 및 세계종교연합법황청의 계룡산, 호생기도원206의 천등산, 장막성전의 청계산,207 팔영산기도원208의 팔영산, 시온산제국의 매산을 바로 메시아의 재림지 또는 지상천국의 도래지로 자의적으로 해석하고 있는 것이다. 그리고 음양설과 한국인의 심성 속에 깊이 내면화 된 가족주의적 성격 등도 이들 기독교계통의 신흥종교의 교리와 사상 속에서 빈번히 발견되는 요소들이다.209

를 참고하라.

205 양도천은 1924년 10월 10일 평안북도 정주군 마산면 신오동에서 태어나 1950년 서울신학교를 졸업하고 목사생활을 하였다. 1964년 계룡산에 입산, 특별 기도를 하던 중 우주가 '한님'의 집이며, 새 역사 창조의 사명이 한국에 있고, 그 사명자가 바로 자신이며, 그 근거지가 바로 계룡산이라는 것을 깨달았다 한다. 그 해 충청남도 노산시 두마면 석계리 계룡산 성도봉(成道峯) 아래에 '하나님의 집 공회'라는 간판을 걸고 종교 활동을 시작하였다. 1969년 평화건설대회, 1974년 한국통일선언서 발표, 1977년 평화헌장 선포, 1978년 어린 양(새로 오는 메시아)에 취임, 만왕(萬王)의 왕위에 취임하는 등 기이한 행동으로 세상을 떠들썩하게 하였다. 1985년 계룡산 일대 민간인 철거계획에 따라 대전시 석교동으로 본부를 옮겼다. 1969년부터는 '세계일가공회'로 불렀으며, 1979년에는 '세계일주국'으로, 그리고 1980년에는 '세계일주평화국'으로 개칭하고 1981년에 스스로 성황(聖皇)에 취임하였다. 1994년 2월 5일에 다시 '우주일주평화국'으로 개칭하였다. 한때 신도 수가 수백 명에 달하였으나 현재는 극소수만 남아 있는 것으로 알려져 있다(한국민족문화대백과사전, 검색일: 2021.3.17.).

206 김종규(본명: 김용기)는 1925년강원도 인제에서 출생하여 23세 때 경찰에 투신, 6·25전쟁을 거치는 동안 전가족을 잃는 아픔을 겪고 크게 충격 받은 이후 10여 년간 정신이상과 합병증으로 고생하였다. 39세 때 예수의 계시를 받고 인제에 있는 교회에 입교하여 3일 만에 질병이 낫는 체험을 하였다고 한다. 40세 때 서울특별시 관악구 상도동 사자암에서 가진 첫 집회 이후 점점 신도가 불어나게 되자 계시에 의하여 호생기도원을 만들었다. 자신의 치병체험을 신도들에게 선전하고 안수·안찰·방언 등으로 환자들의 치병을 주로 하여 한때 500여 명의 신도들을 가지기도 하였다. 1965년경기도 과천 청계산 기슭으로 옮겨갔는데, 이 때 50여 명의 신도들이 같이 이주해갔다. 다시 1966년 충청북도 중원군 산척면 석천리로 옮겨 같이 이주해 신도들과 집단생활을 하였으나 그 뒤 소멸하였다. 신도들은 교주를 주님 또는 아버님이라고 불렀으며, 말세의 심판이 지금 일어나고 있고 지상천국이 건설되고 있으며, 말세의 피난처가 호생기도원이라고 믿었다(한국민족문화대백과사전, 검색일: 2021.3.17.).

207 신천지의 이만희교가 과천에 본부를 정하고 그들이 말하는 대성전을 과천에 지어 자신들의 정통성을 확보하려는 수작도 여기에 근거하고 있다.

208 교주 전병도는 1972년 8월 25일 인류의 종말이 온다고 했다가 미국 전도 집회 중 1972년 11월13일로 변경하는 등 시한부 종말론자이다(창골산봉서방, https://cafe.daum.net, 검색일: 2021.3.17.).

이들 이단들의 면면을 살펴보면 누구로부터 배우거나 특정 단체의 영향을 받은 측면도 있지만 무엇보다 사단의 역사와 인도를 가장 많이 받았다는 사실을 간과해서는 안 된다. 동서양을 막론하고 이단들의 행태가 시대와 문화가 다름에도 불구하고 그 수법이나 진행과정이 대부분 비슷한데 그것은 이단자들이 시공을 초월하여 상호 연락을 취하거나 정보를 공유하며 전수를 해주고 배웠기 때문이 아니라 그 배후에 도사리고 있는 사단의 조종을 받고 있기 때문이다.

결국 한국의 신흥종교들은 전통문화와 토속신앙을 자신들의 교리와 사상체계 속에 채색시켰다고 볼 수 있다. 이단들은 이것이야말로 기독교의 토착화요, 복음의 육화(肉化, incarnation)라고 강변하지만 복음의 토착화와는 거리가 먼 견강부회(牽强附會)식 짜 맞추기요, 이단적 주장에 불과하다 할 것이다.

B. 비기독교 계열의 신흥종교들

1. 동학계열

동학은 서학[210]에 대응하기 위해[211] 최제우가 유불선(儒, 佛, 禪)을 통합하여 창시하였다. 이는 곧 한국 신흥종교의 효시가 되었으며, 사람이 곧 하늘이라는 인내천(人乃天)을 주장하여 당시 큰 반향을 불러일으키며 성장하였

---

[209] 노길명, 『한국신흥종교연구』 (서울: 경세원, 1996), 60.

[210] 서학이란 명, 청, 조선 등 유교적 전통사회의 일부 학자들이 서구의 과학 기술과 한역서학서(漢譯西學書)를 자료로 하여 전개하였던 서양문명에 관한 학문 활동과 그 내용을 뜻한다(이원순, 『한국천주교회사연구』 [서울: 한국교회사연구소, 1986], 4-5).

[211] 일제의 침략과 식민통치에 대한 반동, 민족의 자주권 회복에 대한 강한 염원을 가진 신종교운동은 동학이 대표적이었으며 특히 일제의 잔악한 식민통치가 있음에도 불구하고 무관심하거나 초월하도록 유도하는 선교사들의 신앙유형과 선교정책에 반발하여 가난으로부터, 그리고 손상 된 민족의 자존과 긍지를 회복하려는 민중의 열망을 바탕으로 전개 되었다(노길명, 『한국의 신흥종교』, [서울: 가톨릭신문사, 1988], 49-50).

다. 최제우가 동학을 창교한 기본적 동기는 천주교의 영향과 서구문화의 충격이 가져오는 문화적 위기 상황에서 전통문화의 정체성을 확립하고 보존하는데 있었던 것이다.

동학은 이후 친일성향의 시천교와 이를 반대하는 천도교로 나뉘게 되었으며, 동시대에 등장하여 수백 명을 살해 암매장하여 세상을 경악케 한 백백교212도 동학에서 파생 된 사교 집단이었다.

그러나 윤성범 교수는 전혀 다른 시각으로 동학을 천주교의 토착화로 보고 있다.213 천도교의 주요 핵심교리라 할 수 있는 시천주(侍天主: 내 안에 한울님을 모심)는 천주교가 추구하는 것과 같으며, 수운(최제우) 선생의 선각자로서의 위대한 점은 그리스도교의 근본사상을 받아들인 점이라고 진단하고 있다. 전체적으로 볼 때 수운선생이 창설한 동학사상은 그리스도교 진리를 한국 샤머니즘의 토양 속에다가 토착화(土着化) 시킨 것이기에 결코 그릇되지 않았다고 보았으며, 수운에게는 그리스도의 진리만 남아 있다고 하였다. 뿐만 아니라 윤성범교수는 천도교를 그리스도교의 한 종파(sect)로 보아야 한다고까지 주장하였으나 동의할 수 없는 주장이다214

2. 증산계열

강일순215이 창시한 증산도의 중심교리는 천지공사(天地公事)216로서

---

212 백백교 전신은 동학에서 파생한 백도교(白道敎)로 전정운이 1900년 금강산에서 도를 닦고 평안남도 영변군에서 창시하였다. 그는 60여명의 여인을 거느리고 교인 재산을 갈취해 방탕한 생활을 하였다. 전정운이 1919년에 사망하자 그의 세 아들이 각각 인천교, 백백교, 도화교로 분열되었으며, 그 중 둘째 아들인 전용해가 창시한 게 백백교다. 그들은 '백백교의의의적적감응감응하시옵숭성'(白白白衣衣衣赤赤赤感感感應應應하시옵崇誠)이라는 주문을 외우면 무병장수한다고 믿었다(위키백과사전, 검색일: 2021. 3. 11.). 백백교는 여러 문제를 일으켰는데, 그들은 신도 재산 상납을 요구하였고, 딸을시녀로 바치게 하여 성적 학대를 일삼았다. 그들에 의해 살해 암매장 된 숫자가 346명에 달했는데 끔찍한 일이 아닐 수 없다.

213 윤성범, 『기독교와 한국사상』, (서울: 대한기독교서회, 1998), 213.

214 윤성범, 226.

215 증산 강일순은 1871년 9월 19일 전라도 고부군(현, 정읍)에서 출생하였고, 동학혁명 때 민중들의 참상을 목도하고 민중을 구제하고자 유불선(儒, 佛, 禪)과 기성종교의 교리, 음양오행, 풍수, 복서, 의

천지인(天地人)의 삼계(三界: 하늘, 땅, 인간계)를 주관하는 절대신 강일순이 강림하여 모든 원한을 해소하고,217 후천선경(後天仙境)218을 이룬다고 주장하였는데 이는 동학과 민간신앙의 혼합종교라 할 수 있다. 태극도, 대순진리회, 보천교, 용화사, 미륵불교, 모악교 등이 이 부류에 속한다. 대학가 동아리를 중심으로 민족종교라는 이름으로 뿌리를 내렸고, 상생방송이라는 케이블 채널까지 운영하고 있다. 이중 대순진리회219가 가장 큰 몸집을 형성하고

술 등을 공부했고, 모악산에 들어가 수도를 하던 중 성도(成道)하였다고 한다(노길명, 140). 증산도의 경전인 〈대순전경(大巡典經)〉에 의하면, 그의 어머니인 권씨의 태몽에 갑자기 하늘이 남북으로 갈라지며 큰 불덩어리가 내려와서 몸을 덮고 하늘과 땅이 밝아짐을 보았으며 그로부터 잉태하게 되어 13개월 만에 그를 낳았다고 한다. 그리고 출산 때에는 그의 아버지가 두 선녀가 하늘에서 내려와 산모를 간호하는 것을 비몽사몽간에 보았는데, 이상한 향기가 온 집안에 가득하고 밝은 기운이 집을 둘러 하늘로 뻗쳐올라 7일간 계속되었다고 한다. 가난한 농가의 2남1녀 중 장남으로 태어났다(자치세상, "증산교창시자 강일순", https://blog.daum.net/nzeropen/11735823, 검색일: 2021.3.16.).

216 천지공사는 상극(相克)이 지배하는 선천시대의 원한을 해소하고 상생(相生)이 지배하는 후천세계를 건설한다는 증산교(甑山敎)의 중심교리로서 선천에서는 인간과 사물이 모두 상극에 지배되어 세상에 원한이 쌓이고 맺혀 하늘·땅·사람의 삼계를 채웠으니, 천지가 상도(常道)를 잃고 갖가지 재난이 일어나서 세상은 참혹하게 되었다고 진단한다. 천지공사는 천●지●인의 삼계를 모두 구제하는 구원관(救援觀)이면서도 개벽관(開闢觀)이 내포되어 있음을 알 수 있다. 구원의 순서는 제1단계로 하늘의 운세를 여는 것에서 시작하여 땅의 운세를 열고 나아가 세계의 운세를 여는 순으로 이루어지며, 제2단계로 이웃 나라의 광정(匡正)에서 시작하여 조선을 치국(治國)하고, 제3단계에서는 명부(冥府)의 신명들을 해원(解冤)하는 것에서 사람을 높이는 인존(人尊)에로 과정이 진행된다고 주장한다(한국민족문화 대백과사전, 검색일: 2021. 3. 11.).

217 이것을 그들은 해원(解冤)이라 한다. 훗날 통일교가 이 사상을 도입하여 조상들의 원한과 얽키고 설킨 문제들을 풀어야 하고 조상들을 구원시켜야 하기에 해원식을 거행해야 한다고 했다. 통일교의 경제 기반이 되는 자금원의 상당 부분이 이 해원식을 통해서 조달되고 있다. 조상해원 헌금은 금액이 정해져 있다. 최초 1-7대까지는 직계, 모계 각 70만원이다. 8대 이후는 7대마다 5만원 이상, 그와 별개로 7대마다 접수비 2만5000원을 내야 한다. 1991년 11월 문선명은 "만약 조상해원식을 하지 않고 영계에 가면 조상들에게 참소를 당한다."고 강변 하면서 신도들로 하여금 해원식에 동참하도록 유도하였다. 조상해원식을 치른 다음에는 조상축복식도 해야 한다. 해원헌금을 완납한지 100일이 지난 신도에게만 자격이 주어진다. 접수비는 7대마다 5만원, 통일교측에 따르면 해원을 했어도 축복을 받지 않은 조상의 영(靈)은 구원받지 못한다는 해괴한 논리로 돈을 긁어모으고 있다. 애초 120대 조상까지만 해당됐던 해원 대상은 계속 늘어나고 있다. 처음엔 직계와 모계 조상만 해당됐으나, 지금은 부의 모계(친할머니 직계), 모의 모계(외할머니 직계) 조상에 대해서도 해원식을 갖도록 하고 있다. 해원 대상은 앞으로 210대까지 늘어날 전망이다. 1대를 30년으로 잡아도 무려 6300년 전 조상들까지 해원식을 하고, 조상축복식까지 해야 한다(반통일교, 통일교피해대책 시민연대, "통일교의 자금원-조상해원식", https://blog.naver.com/nachoiyo/50035181277, 검색: 2021. 3. 12.).

218 후천선경이란 그들이 추구하는 이상향으로서 천지공사가 완결 된 때를 기준으로 우주의 가을에 해당하는 때를 선천이라 하고, 신선의 생명을 가지고 오래 사는 때가 후천으로 선천의 때에는 사람이 신명을 섬겼으나 후천의 때는 신명이 사람을 받들어 섬긴다고 주장한다. 그들이 염원하는 후천선경이란 인간이 우주 자연과 조화를 이루며 참 생명을 누리는 무궁한 세계라고 주장한다(개복이[gnbone] 블로그, "증산도, 참 진리의 세계", https://blog.naver.com/gnbone/220759810645, 검색일: 2021. 3.13.).

219 대순진리회의 창교주는 박한경인데 조철제의 태극도에 입도하였다가 돈 문제로 나와 대순진리

있는데 증산도의 입장에서 보면 대순진리회는 이단인 셈이다.

증산도에서는 1871년에 이 땅에 온 증산 상제(강일순)가 바로 천상에서 예수, 석가, 공자를 모두 내려 보내신 참 하나님이라고 가르친다. 상제는 이들 성자를 이 세상에 먼저 내려 보내 상제님의 가르침을 펴고, 장차 상제님이 이 땅에 오시는 걸 알리기 위해 보낸 것이라고 말한다.

증산도는 조상선령신을 통해 상제님, 태모님께 구원을 받는다고 믿고 있으며, 신앙의 성소를 도장(道場)이라고 한다. 신앙예식으로 치성(봉청수 태을주 수행, 반천무지 사배심고)이 있으며, 성지로는 시루산과 대전 등이 있다.

치성은 상제님 태모님을 위시하여 천지성신과 조상 선령신을 받드는 제사 의식을 일컫는 말로 불교의 법회, 서교의 예배에 해당한다고 볼 수 있다. 국내외 각 도장에서는 매주 일요일 오전 10시, 수요일 오후 7시 30분에 치성을 모시고 있다.[220]

3. 단군계열

단군을 국조로 여기고 신앙의 대상으로 섬기고 있으며, 단법숭조회, 한얼교, 천상환인미륵대도, 선불교, 삼신교, 삼성궁, 개천교 등이 있다. 이중 나철이 단군교를 중광하여 창교한 대종교[221]가 가장 큰 세력권을 형성하고 있다. 나철의 사상은 "순명삼조"에 나타나 있는데 전통적으로 한민족의 신앙 대상이었던 철저한 신앙과 강한 민족의식으로 집약된다고 할 수 있다.[222]

회를 만들었다. 대진중고등학교에서부터 대진대학교, 제성병원 등 막강한 세력을 형성하고 있다. 그들은 예수님은 세상의 원한을 풀고자 했으나 실패했다고 주장하는데 이런 황당한 논리를 통일교를 위시한 대부분 이단자들의 전형적 수법이다. 그들의 본부도장이 여주에 있는데 기독교인들은 지난 2천년 동안이나 여주를 모르고 "주여"를 찾고 있다고 비아냥거리기도 한다. 교세는 450만이라 밝히고 있다.

[220] 증산도의 진리, "한국에서 태동한 민족종교 증산도, 개벽을 말하다.", (https://cafe.daum.net/jsd/5Es3/2990, 검색일: 2021.3.16).

[221] 대종교총본부,『대종교중광 60년사』(서울: 대종교총본사, 1971), 5-80.

[222] 순명삼조란 나철이 1915년 일제의 '종교통제안' 발표로 인해 대종교가 불법화 되고 교단이 어려움에 봉착하자 단군신앙의 성지인 황해도 구월산에서 시봉자 6인과 함께 제천의식을 거행한 후 단식수

4. 유교계열

조선왕조의 몰락으로 유가(儒家)[223]가 쇠퇴하자 이를 수정 보완하려는 운동이 일어나면서 공자를 신앙대상으로 태극교[224]가 생겨나게 되었고, 현재는 강대성[225]이 창시한 갱정유도가 그 명맥을 유지하고 있다. 갱정유도를 '일심교'라고도 한다. 갱정유도의 교리는 유·불·선에 근거하고 동·서학을 합일하되 그를 다시 유도로 구세한다는 기본 골격을 갖고 있다.

갱정유도의 경전으로 『부응경』이 있는데, 이는 강대성이 쓴 영서와 토설을 모은 것이다. 신자들은 치성 드릴 때 한복에 푸른 조끼를 입으며, 성인은 갓과 망건을 쓰고 아이들은 머리를 기른다. 교세는 강대성이 사망한 다음 많이 위축되었고 그가 법통을 전하지 않은 관계로 교단에 분열이 일어났다. 그 결과 한때 남원본부파와 원평파, 그리고 계룡산 신도안의 김옥기파 등으로 분열되기도 했으나, 이중 남원본부파가 주류를 이루어 2대 교주로

도를 할 테니 문을 열지 말라고 했는데 인기척이 없어 문을 열고 들어가 보니 이미 숨진 뒤로서 이때 유서로 남긴 내용이다(『홍암신형조천기』, 대종교총본사, 개전 4428[1971], 52-55; 신철호, 『한국중흥종교교조론-홍암 나철 대종사』, 대종교총본사, 1992, 15-16). 순명삼조의 내용은 다음과 같다. "첫째는 나는 죄가 무겁고 덕이 없어도 능히 한배님의 큰 도를 빛내지 못하며 능히 한겨레의 망케 됨을 건지지 못하므로 리어 오늘의 없우임을 받는지라. 이에 한 오리의 목숨을 끊음은 대종교를 위하여 죽는 것이다. 둘째는 내가 대종교를 받든 지 여덟 해에 빌고 원하는 대로 한얼의 사랑과 도움을 여러 번 입어서 상자 붓 사람을 구원할 듯 하더니 마침내 정성이 적어서 갸륵하신 은혜를 만에 하나도 갚지 못할지라. 이에 한 오리의 목숨을 끊음은 한배님을 위하여 죽는 것이다. 셋째는 내가 이제 온 천하의 많은 동포가 가달길에서 떨어지는 이들의 죄를 대신으로 받을지라. 이에 한 오리의 목숨을 끊음은 천하를 위하여 죽는 것이다"라고 하였다(『홍암신형조천기』, 대종교총본사, 개전 4428[1971], 62-4).

[223] 필자가 2013년 안동에 소재한 도산서원(경상북도 안동시 도산면 토계리 680)을 방문하였을 때 당시 전국유림대표자 회의가 진행되고 있었고 질의응답 시간에 "유교를 유가교 할 수 있는지" 질문하였을 때 좌장격인 한 대표께서 솔직히 말해 유교는 종교가 아니기에 유가라 말함이 정확하다는 답변을 들을 수 있었다.

[224] 1907년 송병화가 창교

[225] 강대성은 1928년, 기도 중에 "금강산 금강암에 가서 수도하라"는 천신의 외침을 듣고 회문산에 있는 승강산 금강암에 초가삼간을 지은 다음, 부인과 10세 된 아들을 데리고 나와 함께 고행과 정진을 하였다고 주장한다. 1929년 7월 어느 날 천지를 뒤흔드는 듯한 뇌성소리와 흔들림, 그리고 자욱한 안개가 덮이는 이상한 현상이 일어나면서 그는 도통을 이루게 되었다고 한다. 도통을 이룬 다음 7일간 하늘에 올라가 거기 머무르면서 천상 무형세계의 도수(度數)를 다 보고 내려왔다고 한다. 이때 그는 상제로부터 천지(天地)가 지천되었다가 다시 천지되는 대법정도(大法正道)와 노천노지(老天老地)를 신천신지(新天新地)로 변역(變易)시켜 부부자 3인(본인, 부인, 아들)이 광제창생(廣濟蒼生: 널리 백성을 구제함)하라는 천지공사(天地公事)의 대임을 받았다고 주장한다(노길명, 147-9).

김창석이 선출돼 교단을 이끌었다. 1965년에는 신도 200여 명이 서울로 올라와 통일과 외세경계를 내세운 시위를 벌이다 입건되는 사건을 일으키기도 했다.[226]

5. 불교계열

불가(佛家)에서도 정통 불교라 할 수 있는 조계종을 위시해 482개의 신흥종파[227]가 산재하고 있다. 박대륜의 태고종, 박상월의 천태종, 손규상의 진각종 등이 대표적인 불교계 신흥종교들이라 할 수 있다.

불교계에서 가장 두드러진 신흥종교는 1916년 박중빈[228]에 의해 창시된 원불교이다. 시주나 동냥, 불상 등을 폐지하고, 우주의 근본 원리인 일원상(○으로 표현)의 진리를 신앙의 대상과 수행의 표본으로 삼았고, 생활불교를 내세워 상당한 성장을 이룩하였다. 익산에 위치한 원광대학교가 대표적인 학교이다.

특히 우리나라 최대 기업인 삼성그룹 고(故)이건희 회장 부인인 홍라희 씨가 열렬한 신도로 남편 이건희 회장도 신도였고 그의 장례식도 원불교식으로 진행되었다. 홍여사는 중앙일보 회장을 지낸 아버지 홍진기와 모친 김남윤의 영향으로 원불교에 입교했다. 홍여사의 모친 김남윤은 '국신장학회'를 설립해 원불교 인재양성에 힘을 보탰고, 인혜장학회를 설립해 서울대 법대생들에게 장학금을 지원하기도 했다. 막강한 자금력을 동원해 각종 행

---

[226] 다음백과, 검색일: 2021. 3. 13.

[227] 2018년 문화관광부가 조사한 〈한국 종교현황 보고서〉에 따르면 현재 우리나라에는 무려 482개의 다양한 불교 종파가 파악되었다. 이중 스님과 신도·소속 사찰의 수가 파악된 종파가 146개, 파악되지 않는 종파가 336개나 된다고 한다(불교신문, http://www.ibulgyo.com).

[228] 소태산 박중빈은 15세에 결혼을 해서 처가에 갔다가 도사 이야기를 듣고 그를 만나기 위해 정성을 다하다가 26세 때 입정삼매(入定三昧)에 빠졌다가 새벽에 정신이 밝아지면서 우주의 자연현상과 인생의 모든 이치가 환히 떠올라 "만유가 한 체성이며 만법이 한 근원이다. 이 가운데 생멸 없는 진리와 인과응보 되는 이치가 서로 바탕하여 한 뚜렷한 기틀을 지었다"는 것을 대각(大覺)하게 되었다고 한다(원불교정화사 편, 『원불교전서』, [익산: 원불교중앙총부 교정원, 1989], 1038-41).

사를 지원하며 원불교 포교 확산에 일등공신이 되었다. 원불교 내 재벌기업인들의 부인들 모임인 불이회의 회장을 홍여사가 맡기도 하였다.

고 이건희 회장과 홍라희 여사는 교단의 크고 작은 불사(佛事)에 많은 도움을 준 것으로 알려져 있다. 대표적인 예로 전북 익산시에 위치한 원불교 교무들의 훈련기관인 중도[229] 훈련원을 지어 시주했고, 원불교 미주 총본부 역할을 하며 수행 공간 겸 미주지역 포교의 전진기지인 원다르마센터(15만 평)를 2011년 당시 120억이라는 큰 금액을 시주하여 봉양하였던 것이다.

위에서 언급한 신흥종교들의 태동과정을 보면 다분히 신비주의적이고 기복주의적인 경향이 강하게 나타나고 있다. 여기에 편승해 기독교를 표방하지만 그 이면에는 토속적이고 신령적 민간신앙이 교묘하게 교회 안에도 침투하여 이단 사설이 난무하게 됨을 부인 할 수 없다.

6. 미륵신앙 진표율사

인간은 누구나 완전한 사회에서 살고자 하는 열망을 가지고 있다. 이러한 인간의 자유와 평등, 평화와 복지가 실현되는 이상사회에 대한 갈구로 나타난다. 이런 이상사회에 대한 실현은 종교에서도 똑같이 강조되고 있다. 모든 종교가 궁극적으로 지향하고 추구하는 목적은 인간의 구원이라 할 수 있다. 현실 세계의 모순과 부조리, 죄악과 고통으로 가득 찬 이 세상으로부터의 자유와 해방, 평화와 복지가 실현되기를 바라고 약속한다. 이러한 이상세계는 흔히 말하는 '천당'이나 '극락'과 같은 내세 개념으로만 나타나는 것은 아니고, 언젠가 실현될 이상적인 공간 개념으로 나타나기도 한다.[230]

불가에서 말하는 용화세계(龍華世界), 이슬람 영역(dar al-islam)이라는 공간 개념은 지상에서 이루어질 이상세계를 가리키는 용어들이다. 중국이

---

[229] 고(故) 이건희회장의 법호인 '중산'과 홍여사의 법호인 '도타원'에서 첫 이니셜을 따 '중도훈련원'이라 명명했다고 한다.
[230] 노길명, 「한국의 종교운동」, 43.

온 천하에 영향을 미친다는 뜻으로서의 '중화사상(中華思想)'도 이와 같은 종교적 상징의 유교적 표현이라 할 수 있다231

이상사회를 향한 인간의 열망은 사회운동의 동인으로 작용한다. 기존 사회질서를 혁파하거나 개혁하려는 모든 형태의 집합행동(collective behavior)은 보다 나은 사회를 이루려는 인간의 의지를 바탕으로 전개된다.232 이러한 의지는 칼 막스가 주장하는 급진적이고 물리적인 계급투쟁과 같은 세속적 방식으로 나타나기도 하지만 경우에 따라서는 종교적 방식으로 표출되기도 한다. 특히 사회적 부조리와 모순을 혁파할 대안이 없을 때에는 그 현실로부터 해방시켜줄 메시아 출현에 대한 대망으로 나타난다. 대부분의 메시아운동이 사회 변혁기나 혼란 시에 나타나는 이유가 여기에 있다.

한국의 민중운동이나 신종교운동에 지대한 영향을 끼친 메시아 대망사상은 미륵신앙(彌勒信仰)과 비결신앙(祕訣信仰)233으로서 한국 메시아운동의 이념적 기반이 되어왔다. 미륵신앙은 불가의 메시아사상이라 할 수 있다. 이 신앙은 석가모니불이 그 제자 중 한 사람인 미륵에게 장차 성불하여 제1인자가 될 것이라고 한 내용을 편찬한 미륵삼부경(彌勒三部經)을 토대로 발생한 신앙이었다.

이에 따르면 석가가 입멸한 후 56억 7천만 년이 지나면 미륵이 도솔천으로부터 세상에 내려와(彌勒下生) 성불하고 용화수(龍華樹) 아래에서 세 번에 걸친 설법으로 중생을 제도한다고 한다. 미륵신앙은 상생신앙(上生信仰)과 하생신앙(下生信仰)으로 구분된다. 미륵상생신앙은 사람이 죽은 후 미륵이 있는 도솔천에 상생했다가 미륵이 하생할 때 염부제234로 내려와 세 차례에

---

231 중화사상에 대한 종교적 의미에 관해서는 로버트 벨라, 『사회변동의 상징구조』, 박영신 옮김, (서울:삼영사, 1981, 160-2를 참조하라.

232 노길명, 『한국의 종교운동』, 44.

233 비결이란 세상에 알려지지 않은 비밀스런 방법, 비밀스런 약(藥), 비밀스런 이야기 등을 뜻한다. 일반적으로는 신선이 되는 방법을 알려주는 득도비결과 앞으로 일어날 국가의 장래 사건을 알려주는 국사비결의 두 가지를 뜻하는 것으로 사용 된다(권오호, "비결", 『한국민족문화대백과사전』, 10, [서울: 한국정신문화연구원, 1989], 635).

234 인도신화에 나오는 수미산의 사방에 위치한 네 육지 중 남쪽에 위치한 육지를 말한다. 염부(閻

걸친 설법 중 첫 번째 법회에 참여하여 구원을 받게 된다는 신앙이며, 미륵하생 신앙은 미륵을 믿고 착한 행실을 함으로써 용화삼회에 참여하기를 바라는 신앙이다.235

민족을 구제하고 이 국토 위에 미륵불국토(彌勒佛國土)를 실현하려는 종교운동은 신라시대 진표율사236에 의해 처음으로 전개되기 시작하였다. 그는 모악산 금산사를 제1도량으로, 금강산 발연사를 제2도량으로, 속리산 법주사를 제3도량으로 창건함으로서 용화삼회의 설법도량으로 표시코자 하였으며, 미륵신앙을 통한 새로운 종교운동을 시도해 나갔다.237

인간세계가 혼란에 빠졌을 때 미륵이 출현하여 모든 혼란을 제거하고 새로운 이상사회인 정토세계(淨土世界)를 열어 줄 것이라는 미륵신앙은 정치적, 사회적 변혁기마다 현세의 고통으로부터 벗어나려는 민중의 열망과 결합하면서 민중세계에 널리 확산되어 왔다.238

7. 이승헌의 단학선원

이른 아침 공원, 학교운동장, 구민회관, 복지관 등에 모여 전통체조를 동해 포교활동을 하고 있다. 학교, 관공서, 기업체 내에 단학수련장이 개설

浮)는 잠부(Jambu)나무를 의미하고 제(提)는 섬·육지를 의미하는 범어이다.

235 노길명, 『한국의 종교운동』, 45.

236 진표율사는 어린 시절 친구들과 들판에 놀러갔다가 개구리를 잡아 막대기에 꿰어 두고 그대로 집으로 돌아왔다가 그 이듬해 다시 가보니 그 자리에는 작년에 꿰어 두었던 개구리들이 그대로 파닥이며 있었다고 한다. 이때 진표는 너무 충격을 받고 인생에 대해 생각하다가 속세를 떠나 스님이 되고자 출가하였고, 3년간의 행자수행을 거쳐 진표란 법명을 받았지만 어떠한 계시도 없자 이내 고뇌가운데 자살하고자 높은 절벽에서 몸을 날렸는데 저 밑에서 푸른 옷을 입은 동자가 진표를 받아 다치지 않게 하니 다시 온 몸을 돌멩이로 두들기며 수행을 하니(亡身懺法) 3일 만에 팔이 부러지고 다리가 부러지고 피투성이가 되었다. 그러자 7일째 되는 날, 지장보살(地藏菩薩)이 나타나서 진표율사를 간호하여 몸이 회복이 되었다고 한다. 그리고 21일째 되던 날 도솔천에서 미륵부처가 천중들을 거느리고 와서 "잘하는구나 대장부여! 이처럼 열심히 계(戒)를 구하다니…" 하면서 189개의 간자(簡子)와 점찰경(占察經) 두 권을 전해 주면서 "이제 너는 이 몸을 버리고 이 뒤에 대국왕(大國王)의 몸을 받아 다시 태어나리라."는 말을 남기고 떠나니 진표율사는 도통을 하고 김제 금산사에 와서 이 대업을 이루었다고 주장한다.

237 노길명, 『한국의 종교운동』, 48.

238 노길명, 『한국의 종교운동』, 454.

되어 운영되고 있는 실정이기도 하다. 체조는 하나의 입문과정에 불과하고 그 이면에서는 자신을 알면 신앙도 불필요하고 스스로 구원에 이를 수 있다고 주장하고 있는 실정이다.239 자신의 본성을 찾고 천지인(天地人)이 하나라는 사실을 깨달을 때 신령한 사람이 되며 뇌와 뼈에 입력된 고유정보도 명상을 통해 바꿀 수 있다고 주장하고 있다. 다분히 범신론적이고 뉴에이지 사상과 비슷한 주장을 한다. 국선도, 단월드, 단요가, 마음수련원 등이 이에 속한다.

단학선원은 설립자인 이승헌을 살아 있는 단군으로 숭배하고 있다. 유명인사들 중에서도 이 단학선원에 가입하여 깊이 물들어 있는 사람들이 상당수이다. 오적(五賊)으로 유명한 김지하시인도 이 단체에 가입하여 활동하다가 수많은 비리와 부도덕함을 목도하고 그 부정을 폭로한 바 있다. 다음은 김지하의 폭로 내용이다.240

첫째, 이 집단은 반민족적이고 반사회적인 범죄 집단이다. 둘째, 그들의 영적 수준은 단 0%에도 미치지 못하며 단지 이승헌을 신으로 여기는 스탈린 체제와 흡사하다. 셋째, IMF당시 외화를 밀반출하여 초호화 저택과 요트를 구입하고 매춘행위를 하는 등 국제적으로 망신스런 행위를 저지른 비윤리적인 집단이다. 넷째, 이승헌은 극도로 문란한 성도착증 범죄자로서 200명 이상(일부에서는 500명으로 보기도 함)의 제자들을 성폭행한 혐의를 가지고 있다고 한다.

---

239 "단학의 목적은 천지기운과 천지마음을 아는 것. 그럴 때 혼이 살아나고 하늘의 마음을 알 수 있고 신인이 합일돼 영생을 얻을 수 있다. 단학선원은 하늘의 문화를 깨우칠 단체이고 하늘의 문화를 부활하는 단체이다. 이 단체를 이끄는 지도자는 확실한 한의 원리와 하늘의 도를 꿰뚫어 봤다"고 주장하면서 회원들에게 이승헌의 사상을 주입시키고 있다. 도인체조로 신체를 단련하는 초기단계가 거의 끝날 무렵에 특정한 원리가 개인의 의식과 정신세계에 서서히 주입되기 시작한다. 이것은 바로 천지기운을 받기 위해서는 무조건 단학선원이 인도하는 대로 따라와야 한다는 것이 이승헌의 원리이다. 그리고 평생회원 가입이라는 상술이 필수적으로 따라붙는다. 평생회원은 1인당 회비가 3백만 원에 달하는 본격적인 입문과정이지만 깊이 있는 훈련으로 들어간다는 의미보다는 각지원의 실적 올리기와 직결된 단계일 뿐이다. 바로 이 평생회원제는 단학선원 효자 노릇을 하는 주요 수입원이므로 지원자들은 개개인의 수련단계에 상관없이 무조건 가입을 권유하고 있어 피해가 계속 되고 있는 실정이다(몸치대마왕 블로그, "설립자 이승헌을 살아 있는 단군으로 숭배", https://blog.daum.net/pleta1003/4260, 검색일: 2021.3.13.).

240 cleanrich블로그(http://blog.daum.net/cleanrich/8934507, 검색일 2021.3.13.).

참고로 중국에서 들어 온 파룬궁(法輪功)도 기체조를 통한 건강을 목적으로 하는 것 같지만 그 이면에는 리훙즈(李共志)라는 교주가 자칭 예수, 석가, 공자, 마호메트와도 비교 할 수 없는 구원자로서 완전한 구원을 완성하였다고 강변하고 있음을 알아야 한다.

C. 기독교계열의 이단들

1. 정도교 이순화

교주 이순화는 직통 계시파로 정도교를 창시하였다. 1924년에 소위 계시를 받았다고 하면서 추종자들과 함께 계룡산에 터전을 잡았다. 신앙의 대상은 무극성불(無極聖佛) 아버지, 생불(生佛)조물주, 천신 하나님 천주, 천지 부모님이다. 이순화는 무극성불 아버지로부터 대업을 이룰 명을 받았다하여 대천주님 또는 주님으로 불렸다. 정도교의 교리는 유,불,선(儒, 佛, 禪), 기독교, 음양도참이 혼합되어 형성되었다.[241]

2. 목갈음 황국주

1933년경 용정중앙교회를 출입하던 30세의 황국주는 백일 간의 기도를 마친 후에 계시를 받았다고 주장하기 시작하면서 머리를 기르고 수염을 기르니 그 풍채가 예수의 사진과 비슷하게 생겼고, 자신을 신언(神言)의 대변자로 자처하면서 "머리도 예수의 머리, 피도 예수의 피, 마음도 예수의 마음, 이적도 예수의 이적"이라고 주장하였다.[242]

그는 기도 중 예수가 자신의 목을 떼고 예수의 머리로 갈아 붙였기 때

---

[241] 이길구『鷄龍山』(서울: 도서출판 대문사, 1997), 203.
[242] 김인서,『신앙생활』, 1955. 23.

문에 곧 자신이 재림한 예수라고 호언하였고, 이름도 '국주'와 '구주'가 비슷하다243고 하면서 이어 새 예루살렘을 찾아 서울로 향하니 위장된 가짜 예수의 화신을 보려고 연도에 사람들이 운집하였고, 가정까지 버린 부녀자들 70여 명이 그를 주님이라 부르면서 추종하며 그와의 동침(同寢)을 영광스럽게 생각하기에 이른다. 이에 안주노회(장로교)는 조사단을 파견하여 그들의 행위를 문책하니 오히려 자신들은 새 예수님을 통하여 성적인 문제를 해결했다고 큰소리를 쳤다고 알려진다.244

훗날 황국주는 자기를 따르던 무리들에 대해 "세상에서 가장 미련하고 바보스런 무리들이 있다면 조선기독교인들이다. 어찌 산사람의 목을 잘라내고, 예수의 목을 갖다 붙였다는 황당무계한 사기를 꾸며도 그대로 믿고 돈을 바치고 여자들이 정조를 바치고 했으니 우둔한 자들이다."라고 비아냥거렸다고 한다. 황국주는 운산 유치원의 보모와 함께 자취를 감추었다가 1953년에 대구에서 자신을 추종하던 두 명의 첩을 데리고 술장사를 하다가 죽었다고 이찬영 목사는 증언한다.245 이대 황국주의 나이는 43세였다고 한다.

3. 대성모(大聖母) 백운도사 정득은

정득은은 이혼녀로서 방탕한 생활을 하다가 43세가 된 1939년 신앙을 회복한 후 성신의 불을 받아 난치병을 기도로 쾌유케 하는 영통력의 소유자246로 알려지게 된다. 그녀는 광해교회를 출석하면서 황국주를 알게 되었고 이때 황국주의 영향을 받았다. 정득은의 신통력과 치유능력이 알려지면서 사람들이 몰려들기 시작했고 동자동에 모여 집회를 하다가 삼각산기도

---

243 최중현, 『한국메시아운동사 연구』, 제1권, 107.
244 김성준, 『한국기독교사』, (서울: 기독교문화사, 1993), 140.
245 이찬영, "황국주의 목가름 사기사건", 303. 총신에 재학 중이던 이찬영은 황국주와 동향으로 황국주가 대구에서 막걸리장사를 한다는 소식을 듣고 직접 찾아보고자 했으나 찾지 못하고 그 뒤에 그의 사망소식을 들었다고 전한다(최중현, 108).
246 최중현, 192.

원으로 옮겨 집회를 이어갔다.247

자신을 대성모(大聖母) 백운도사라 자처한 정득은은 자신의 집을 찾아온 문선명을 맞이하게 되고, 문선명은 김백문을 통해 배운 창조, 타락, 복귀원리를 설파한다.248 이때 자신을 대성모라 주장하는 정득은과 재림 예수라고 주장하는 문선명이 혈통복귀를 위해 '모자협조'의 성관계를 맺게 된다.

정득은이 계시를 받아서 썼다는 『생의 원리』에서249 창세기의 선악과 사건을 성적행위로 해석하였다. 여기에는 창조론, 타락론, 생의 원리로 구성되어 있다. 성모마리아와 예수의 성교를 통해 성체복귀가 필요했다는 것인데 이것이 '모자협조' 교리로 문선명은 '복귀론'이라 하고, 정득은은 '생의원리'라 하였으나 내용은 대동소이하다.

정득은의 주장에 의하면 성모 마리아가 하나님의 씨를 받은 예수와 성교를 하게 하여(모자협조) '혈통적 신민을 번식'하려는 것이 하나님의 계획이었고 그것이 초림 예수의 사명이었는데 마리아의 무지로 실패하였다고 주장 한다.250

1949년 2월과 3월에 걸쳐 당시 50대 중년이었던 정득은은 환상 중 계시를 받아 김한, 방호동, 이수완 세 사람을 택해 박태선의 집에서 성교를 시행하였는데 이것을 '성혈전수', '혈분', '혈대교환', '영체교환'이라 불렀다. 김한은 정득은을 통해 받은 새로운 피를 민은순이라고 하는 여신도에게 주고, 민은순은 이태윤에게 주고, 이태윤은 장애삼이라고 하는 여신도에게 주었는데 모두 섹스를 통해서이다. 이수완은 원경숙과 박정원(박태선의 처)에게, 원경숙은 박태선에게, 박태선은 자신의 형수(박태국의 처)와 장모에게 시

---

247 엄유섭 편, 5-6. 엄유섭은 정득은이 구술을 하면 받아 적은 작성자였다.

248 1946년 6월 6일 정득은이 "하나님이 중요한 책무를 지워 세상에 보낸 한 사람"이 3.8선을 넘어 평양으로 향하고 있으니 그 청년을 맞이하라는 계시를 받게 되는데 그가 바로 문선명이었다(박정화, 『야록 통일교회사』 [서울: 큰샘출판사, 1996], 158).

249 1947년 정득은 김백문의 상도동교회에서 제자 방호동으로 하여금 본인의 계시를 받아쓰게 했는데 원고지 300매 분량으로 이것을 엄유섭이 정리하여 『생의원리』라는 제목으로 1958년 출판하였다.

250 엄유섭 편, 23-7.

행했다고 한다.251

이런 행위를 할 때 정득은의 입회하에 기도를 한 후 실시했으며, 남자가 여자에게 혈분 할 때는 남상여하(男上女下)이고, 여자가 남자에게 권할 때는 여상남하(女上男下)였다고 한다. 이런 내용은 당사자들의 고백에 의해 세계일보(1957. 3. 18.)에 기사화됨으로서 알려지게 되었다. 정득은은 이러한 사실을 비밀리에 시행한 이유를 이렇게 밝히고 있다.252

"사실 나는 처음에 세 남성에게 내 피를 넣어주기 위해서 성교하였다. 그 세 남자들은 또 다른 여성들을 전도해서 내 앞에서 성교하였다. 박태선 집사는 그의 장모와 형수, 그리고 원경숙이라는(약혼 상대가 있었음) 처녀와 관계하였다. 그때 내가 옆에 앉아 안찰 기도한 것은 사실이다. 지금도 이 교리가 전혀 엉터리가 아니란 것을 신의 계시로 믿고 있다. 다만 세상이 죄악시하기에 비밀리에 행했을 따름이다."

한국교회의 대표적 이단자인 백남주, 김백문, 문선명, 박태선이 모두 정득은의 품안에서 놀아났으며 그녀의 피를 받았다는 것을 알 수 있다. 드러나지 않은 내용은 얼마나 많을 것인가, 참람하지 않을 수 없다. 1957년도에 세계일보 김경래기자가 정득은을 취재할 때 그녀의 온몸에 악창과 종기가 나 있어 그 이유를 묻자 "너무 많은 남성들과 그런 관계를 하다 보니 임질과 매독에 걸려서 그렇다. 고행하기 위해서 약을 쓰지 않고 있다."고 털어 놓았다.253

정득은의 친딸은 한 탈퇴 신도에게 '자기 어머니가 인간 이하의 더러운 짓만 하고 다니므로 누구든지 자기 어머니를 가두어 주면 좋겠다.'고 한탄했다고 한다.254

---

251 김경래, 『사회악과 사교운동』, 40-1.
252 최중현, 207.
253 최중현, 207.
254 위키백과, 정득은, (검색일: 2021.3.16.).

4. 원산신학원 백남주

　백남주(1901-1948)는 1927년 원산의 여학교 교사로 재직하던 중 이 학교 출신인 유명화와 교제를 하기 시작한다. 유명화는 자신을 예수의 친림(親臨)으로 소개하며 여러 교회의 부흥회에서 접신상태로 강신극을 한 것으로 유명하였다. 1933년 평양신학교를 3년 만에 마친[255] 백남주는 1932년 봄에 처남 한준명, 그리고 이용도와 함께 김성도에 대한 소문을 듣고 철산을 방문하게 된다.[256] 김성도를 통해 신비주의와 잘못된 영적인 영향을 받게 되는 계기가 된다.

　백남주는 1930년에 감리교에서 목사안수를 받은 지 3년 차가 되는 이용도에게 1933년에 목사안수를 받는다.[257] 그리고 그해 6월 이용도, 한준명, 이호빈과 함께 '예수교회'라는 교단을 새로 창설하고, 『새 생명의 길』이라는 책자를 발간하면서 "제1시대는 구약시대이고, 제2시대는 신약시대이고, 제3시대는 새 생명의 시대"라는 시대론을 주장한다. 그러면서 새 생명의 시대가 제3시대인 이유와 함께 장차 자신의 정체성(직통계시)이 들어 있는 씨와 같은 내용을 이렇게 말하고 있다.[258]

　소자문(小子問)[259]: "주여 당신께서 육체로 세상에 계신 기록이 너무도 적고 희미하오니 좀 자세히 가르쳐 줍소서." 주의 답변이 "알고 싶으냐"… "나는 마리아의 피 한 방울도 받지 않았다"라고 하였고, "마리아가 23세에 나를 잉태", "1월 3일에 탄생", "요셉은 내가 14세 때 죽고", "부활은 4월 14일에 하였다."는 말이 기록되어 있다.

---

[255] 국제종교문제연구소 편, 『한국의 종교단체 실태조사 연구』 (서울: 국제종교문제연구소, 2002), 18.
[256] 이영호, "새주파와 신비주의자들", 『현대종교』 (서울: 2000년 4월호), 24.
[257] 국제종교문제연구소 편, 『한국의 종교단체 실태조사 연구』, 23.
[258] 국제종교문제연구소 편, 『한국의 종교단체 실태조사 연구』, 22.
[259] 소자(백남주)가 묻기를 이다.

백남주는 1933년 9월 9일에 원산에 '원산신학원'을 세웠고, 예수교회의 기관지 『예수』를 창간하고 주필을 맡았다. 여기서 신문편집 실무를 담당하고 있던 김정일이라는 아가씨와 '천국결혼' 예행실습을 한다는 미명하에 불륜을 범한다. 그리고 이를 은폐하기 위해 하나님의 계시라고 하면서 자기 아내(한인자)에게 강제로 40일 금식을 시켜 굶겨 죽게 했고, 두 달 뒤 김정일과 결혼하였다.

어린양의 천국잔치(섹스)를 시행한 장본인인 백남주의 그 뒤 행태를 보면, ① 성경의 권위를 부정하고, ② 삼위일체를 부정했으며, ③ 재림도 부정하였다. ④ 그리고 천계에 대한 이설을 주장하였으며, ⑤ 예수의 가현설을 주장했고, ⑥ 원죄와 속죄의 공로까지도 부정하였다. ⑦ 1월 3일을 예수의 생일로 주장하며 피가름을 실행하였다. ⑧ 성기를 예찬하는 등의 외설스런 내용을 실은 우리나라 최초의 성인 잡지 혈명(血命)을 만들어 처남 한준명에게 맡기기도 하였다.

백남주는 김성도의 성주교에서 함께 지내면서 총회가 열렸을 때 거기에 모인 무리들 49명에게 목사안수를 남발하기도 했고, 부부가 아닌 1남1녀를 동숙(同宿)하라 명하고 이렇게 밤을 함께 지내면서 범간(犯姦)하지 않아야 천당에 갈 수 있다고 하였다.[260] 이뿐 아니라 25세의 총각과 42세의 과부인 여전도사로 하여금 '거룩한 성교'를 시행하도록 강요하기도 했다.[261]

결국 백남주는 황국주, 한준명, 유명화와 함께 1932년 11월 28일 평양노회로부터 이단으로 정죄 되었고, 그 이듬해인 1933년 9월 총회에서도 예수교회를 창설한 이용도, 한준명, 이호빈과 함께 이단으로 규정되고 말았다.[262] 이들은 이후에도 회개를 거부하고 이미 이단으로 규정 되어 출교 당한 김성도 일파인 성주교를 예수교회 회원으로 받는 등 계속적으로 이단 짓

---

[260] 변종호, 『이용도목사 연구 40년』 (서울: 장안문화사, 1993), 165.
[261] 탁명환, 『기독교 이단 연구』 (서울: 도서출판연구사, 1986), 101.
[262] 대한예수교장로회총회, 『종합사이비, 이단 연구 보고집』 (서울: 한국장로교출판사, 2001), 19.

을 서슴지 않았다.

5. 이스라엘 수도원 김백문

'원산신학원'에서 백남주를 만나 그의 제자가 된 김백문(1917-1990)은 경북 칠곡 출신으로 신비주의적 체험이 3년을 넘기지 못함을 알고 김성도, 유명화, 정득은 등의 신령적 체험을 교리화 시키고 체계화 시킨 장본인이다.[263] 조선신학교를 다니다 신사참배 반대로 고문을 당한 후[264] 파주에서 은신 가료 중 "뒷산 후미진 바윗골에서 먹지도 자지도 않고 밤낮없이 울부짖다 성음(聲音)을 받고 하산한 후 뜻을 세우고 섭절리에 수양원을 설비했다"라고 회고하였다.[265]

이스라엘 수도원[266]을 세우고 이즈음 심혈을 기울여 수도원의 '신조내의(信條內意)'를 작성하였는데 제1조 내용을 분석해 보면 재림주가 부활승천 하신 예수님이 아니라 사람으로 이룰 것을 밝히고 있으며, 복귀의 시작을 본격적으로 알리고 있는데 그 내용은 다음과 같다.

신이 사람이 되어 오심을 내가 믿고 예수의 죽으심을 내가 받아 예수의 부활은 성신과 신부로서 재림의 새 세계를 사람으로 이루실 바 복귀의 시작임을 내가 믿사오며[267]

문선명과 박태선은 1946년 초부터 약 6개월에 걸쳐 김백문의 이스라엘수도원에서 원리교육을 받은 바 있다.[268] 황국주의 광해교회를 참석하던

---

[263] 그는 신령 역사의 이론적 뒷받침이 있어야 한다는 신념을 갖고 이런 교리 작업을 수행했다고 한다. 불의의 병기가 아니라 의의 병기로 사용됨이 얼마나 소중한지를 깨닫게 한다.

[264] 최중현, 146-147.

[265] 이 날이 1943년 3월 2일 오전 11시경이다(김백문,『기독교 근본원리』, [서울: 동아출판사공무부, 1958], 42).

[266] 1943년 6월 2일경 파주군 임진면 섭절리에 세워, 이듬해 제1기 수도생들 10명 내외의 입수식을 가졌다고 한다(국제종교문제연구소, 41).

[267] 국제종교문제연구소, 42.

[268] 탁명환,『기독교 이단연구』, 110.

정득은도 월남한 이후 이스라엘 수도원의 집회에 참석한다. 정득은은 이때 기도하는 중 "손을 잘라 그 피를 김백문에게 먹이라"는 계시를 받았고[269] 이를 시행하려 하자 김백문이 거부함으로 성사가 안 되었다고 한다.

본래 혈대교환 방식은 성관계를 통해 이루어야 하는 것인데 당시 30세인 김백문이 50대인 정득은 보다 훨씬 더 어렸고, 대구의학전문학교에서 의학을 공부하다 중퇴한 적이 있는 김백문이었기에 정득은이 손을 잘라 그 피를 먹이려고 했을 때 위생상의 문제와 더불어 이미 많은 남성들을 상대하고 있던 정득은을 알고 있었기에 김백문의 입장에서는 마음이 썩 내키지 않았을 것이라고 본 편집자는 추정을 해본다.

추정하는 근거로 20세에 이미 결혼을 한 김백문은 아내 조선애가 있었음에도 불구하고 자신이 세운 이스라엘 수도원 1기 수사인 김정애를 신부로 맞이하여 백남주를 통해 배운 바 있는 '어린양의 혼인잔치'를 치르고, 8년 후 합의이혼을 하는 것[270]을 보아 충분한 이유가 된다고 본다. 김백문은 여자가 싫은 것이 아니고 이미 더럽혀 질대로 더럽혀져 있는 불결한 여인 정득은을 기피했다고 보는 것이 타당하다.

김성도가 계시를 받아 주장한 원죄의 성적 타락론을 교리적 체계로 발전시키기 위해 한때 신학을 공부한 적이 있는 김백문은 1953년 『기독교 근본원리』를 집필하였고, 1954년에 『성서신학』, 『신앙인격론』을 차례로 써서 출판하게 된다. 이 책에서 피가름 원리 등을 선명히 하였으며, '동방의 의인', '이긴자', '감람나무', '두 증인'이라는 표현을 함으로 후에 문선명, 나운몽, 이만희 등 후대 이단자들에게 큰 영향을 미쳤다.

『기독교 근본원리』에서는 창조원리, 타락원리, 복귀원리를 다루고 있는데 이는 '성적 타락론'을 가장 심도 있고 방대한 체계로 다루면서 세분화하였다고 볼 수 있다. 요약된 내용은 다음과 같다.

---

[269] 엄유섭, 『생의 원리』 (서울: 세종문화사, 1958), 6.
[270] 최중현, 160-1.

첫째, 선악과는 '식물성의 실과'가 아니고 하와가 육체적으로 처녀로서의 정조를 뱀에게 빼앗긴 것이다.[271] 선악과를 따먹은 것을 성욕으로 인한 음행으로 해석하는 이유로서 범죄 후 부끄러워서 가린 것이 입이 아니라 아랫도리이기 때문이다. 구식도(口食道)로 범죄한 것이 아니라 '생식기국부(生殖器局部)'가 범죄 한 실증이다.[272] 따라서 하와의 선악과 사건은 사신(蛇身)으로 나타난 악령과의 육체적 음행이라고 주장한다.

둘째, 하와가 정욕에 빠져 악령과 성관계를 한 후 성욕에 빠지게 되어 미성년자인 아담과 성관계를 맺음으로써 아담에게 성욕을 감염시키고 악령의 혈통을 유전하게 하였다는 주장이다. 이것이 결정적인 아담과 하와의 배신(背信), 범신(犯神), 이신(離神)이라고 주장한다.[273]

셋째, 악의 기원에 있어서 하나님이나 인간에게서 기원 된 것이 아니고 악의 실제적 발생근원은 천사의 타락에서 기인한 것[274]이라고 보았다. 타락한 천사가 신이 지은 세계에 기생하게 되었다는 의미에서 악은 선성(善性) 세계에 기생 된 무근거한 정체성을 지녔다는 기생적 기원설을 주장하고 있다.

넷째, 타락한 천사가 피조세계에 기생하면서 하와를 유혹한 뱀과 마귀와 사탄을 악령의 삼위일체라고 하면서 옛뱀은 성부격이고, 사탄은 성자격이라고 한다.[275]

다섯째, 타락한 천사가 루스벨(루시퍼, lucifer)인데 타락한 이유가 인간에게 가지고 있는 생식권을 찬탈하기 위함이라고 주장한다.[276] 생육하고 번성하는 번식권이 인간에게 주어졌는데 그것을 탐한 나머지 신을 배반하고

---

271 김백문,『성서신학』(서울: 평문사, 1954), 362.
272 김백문,『기독교 근본원리』, 478.
273 김백문,『기독교 근본원리』, 490-8.
274 김백문,『기독교 근본원리』, 367.
275 김백문,『기독교 근본원리』, 429-36.
276 김백문,『기독교 근본원리』, 472.

창조세계에 침입하여 하와와 성관계를 맺음으로 인간의 생육과 번식권을 찬탈하였다는 것이다.

여섯째, 하나님께서 인간으로 하여금 선악과와 영생과를 먹지 못하게 한 것은 악령의 에덴동산 피침(彼侵)을 막기 위한 하나님의 예방 조치라고 설명한다.[277]

일곱째, 복귀원리에서 말하는 복귀란 로마서 11:36의 "만물이 다 주에게서 나오고…주에게로 돌아가나니"라는 말씀에서 차용한 것이다. 원죄라고 하는 것은 의식적 관념이 아니라 혈통적 유전의 악성(惡性)의 문제이므로 신의 용서만으로 회복이 불가하며, 그리스도의 성혈을 통한 혈통적 복귀가 불가피하다고 주장한다.[278]

6. 통일교 문선명

문선명(1920-2013)은 평북 정주 출신으로 본명은 문용명(文龍明)이었다. 1946년 상도동에 있는 김백문의 이스라엘 수도원을 다니면서 그의 가르침에 빠져[279] 박태선과 함께 6개월간 김백문의 원리교육을 받았다. 평양으로 가서 정득은의 계시에 의해 그녀의 집에 머물며 10여명을 모아 놓고 "천사 루시엘이 하나님의 창조목적을 알아차리고 해와를 유혹해서 타락시킨 일, 예수의 모친 마리아가 모자협조(성교)를 하지 않아서 예수가 십자가 위에서 죽게 되었다. 육체는 죽어버리고 영혼만이 하늘나라에 올라가게 될 것이므로 또 재림하게 될 것을 약속한 것이다"[280]라는 김백문으로부터 배운 바를 가르쳤다.

최선길과 결혼한 그는 유부녀인 김종화와의 동침을 통해서 '어린 양의

---

[277] 김백문, 『기독교 근본원리』, 480-1.
[278] 김백문, 『기독교 근본원리』, 474-5.
[279] 박정화, 『야록 통일교회사』, 39.
[280] 박정화, 『야록 통일교회사』, 40.

혼인잔치'를 하였다. 이때 마을사람들의 신고로 1948년 2월 2일 체포되어 5년형을 받아 흥남형무소로 이감된다. 형무소 생활을 하는 가운데 그 안에서 박정화를 만나 모자협조 즉, 마리아와 예수 간의 성교라는 교리를 주입시킨다.[281]

박정화가 출옥하여 서울로 왔는데 이때 정득은을 만나 그녀로부터 문선명과의 성관계에 대한 증언[282]을 듣게 된다. 정득은은 자신이 꿈속에서 여호와와 섹스를 하였으므로 자신은 여호와의 부인으로 성모(聖母)이고, 자신과 섹스를 한 문선명은 신과 동격으로 타락한 여인들을 복귀시킬 수가 있게 된다고 주장을 한다. 마리아와 예수가 모자협조를 하지 않아 실패한 혈통복귀가 성모 정득은과 재림 예수 문선명이 성취시켰다는 것이다.[283]

통일교가 확장하는데 교리적 뒷받침이 되었던 『원리강론』의 출처에 대해서도 숙고할 필요가 있다. 통일교의 창립에 지대한 공로가 있는 박정화에 의하면 1952년 초 부산 피난시절 문선명이 김백문이 저술하고 있던 '타락복귀 원리'를 교정봐 주겠다고 가져간 적이 있다고 한다.[284] 통일교의 『원리강론』[285]과 김백문의 『기독교의 근본원리』가 거의 동일한 내용이라서 이때 문선명이 베꼈을 것이라고 추측을 하고 있다.

문선명은 가는 곳마다 커다란 물의를 일으켰는데 그 대표적인 사건이 이른바 이화여대 사건이다. 1955년 김영운을 비롯한 이화여대 교수 5인과 재학생 70여 명이 문선명과 혼음한 것으로 드러나 1955년 3월 27일 교수 5명이 파면당하고 5월 11일에는 재학생 14명이 퇴학을 당하였다. 이어 7월 4

---

[281] 박정화, 『야록 통일교회사』, 51.

[282] 복귀의식에서 문선명은 밑으로, 정득은은 상위 자세로 소생, 장성, 완성의 3회 섹스를 하였다고 한다(박정화, 『야록 통일교회사』, 158). 당시 문선명은 26세, 정득은은 40세였다. 이 나이 차이를 모자관계로 표현하고 있는 것이다.

[283] 허호익, 『한국의 이단기독교』, (서울: 동연, 2016), 102.

[284] 박정화, 『야록 통일교회사』, 196.

[285] 일제 강점기 때 경성제대(현 서울대학교) 의학과를 중퇴한 유효원이 구성하고 정리하여 1957년 8월 15일에 『원리해설』을 만들었고, 그 후 1966년 6월 1일에 『원리강론』이라는 이름으로 재출간을 하여 통일교의 경전으로 삼고 있다.

일에는 문선명이 병역법 및 사회혼란과 간통죄목으로 피검되어 문선명의 혼음문제가 사회이슈가 되었다.[286]

통일교 초기의 피가름 교리와 혼음행위가 사회적 파장을 일으키자 이를 종교적 의식으로 정교하게 체계화하여 공개적으로 시행한 것이 합동결혼식이다. 문선명이 사진을 보고 현장에서 즉석으로 지명해 주면 곧 부부로서 합동결혼식을 거행하게 되는데 1960년대부터 시작해서 2001년까지 무려 9억 2천 4백만 쌍이 합동결혼식에 참여한 것으로 주장한다.[287]

이런 합동결혼식이 필요한 이유는 참감람나무인 문선명의 피를 받는 것이 혈통전환을 이루는 최상의 방법인데 현실적으로, 사회적으로 쉽지 않은 상황이기에 참감람나무에 접붙임을 받는 방법으로 교차축복결혼(합동결혼)으로 대신하는 것이다. 교차, 교체 축복결혼의 목적은 생식기 주인 찾기라고 한다. 사탄이 하와의 생식기 주인 노릇을 했기에 절대혈통, 절대사랑, 절대평화가 깨졌다는 논리이다. 아내의 생식기 주인은 남편이고, 남편의 생식기 주인은 아내이므로 이런 주인의 자리를 확보하기 위해 인간은 결혼을 하는 것이라고 말한다.

하나님이 짝지어 준 아담과 하와가 각자의 생식기의 원주인이듯이 문선명이 짝지어 준 남편과 아내가 본래의 생식기 주인이라는 논리이다. 생식기에 대한 설명을 들어보자.[288]

> "인간의 생식기는 지극히 성스러운 곳입니다. 생명의 씨를 심는 생명의 왕궁이요, 사랑의 꽃을 피우는 사랑의 왕궁이요, 혈통의 열매를 맺는 혈통의

---

[286] 이대복, 『통일교 원리비판과 문선명의 정체』 (서울: 큰샘출판사, 1999), 19.

[287] 박준철, 『빼앗긴 30년 잃어버린 30년-문선명 통일교 집단의 정체를 폭로한다』 (서울: 진리와 생명사, 2000), 37-8. 통일교 신도가 7만에 불과하므로 이러한 통계는 허세에 불과하다는 것이 박준철의 주장이다.

[288] 황선조 편, 『평화훈경- 평화메시지와 영계보고서』 (서울: 천주평화연합, 세계통일평화가정연합, 2007), 62. 평화훈경은 2007년 원리강론을 대신할 교리서로서 내용의 변화를 꾀하고자 편찬한 것으로 보인다.

<blockquote>
왕궁입니다. 이 절대생식기를 중심삼고 절대혈통, 절대사랑, 절대생명이 창출됩니다. 절대화합, 절대해방, 절대 안식이 벌어집니다."
</blockquote>

교차, 교체결혼을 통해 문선명이 짝지어 준 생식기 주인을 바로 찾아 결혼축복을 받으면 탕감 복귀하여 결혼하기 전, 무죄한 자손을 낳기 전 십자가에 달리신 예수도 받지 못한 축복을 받아 원죄, 혈통죄, 연대죄, 자범죄도 없는 축복의 가정이 된다고 강조한다.[289]

이 축복된 가정을 통해 혈통권, 장자권, 소유권을 회복하여 개인천국과 가정천국을 이루어 죄 없는 자녀가 탄생한다고 한다.[290] 그러므로 이 생식기가 천국과 지옥의 경계선이라고 한다.[291] 생식기 주인을 바로 찾으면 프리섹스, 근친상간, 스와핑 같은 성적 범죄를 물리치고 성적 순결의 절대사랑을 실천할 수 있다고 강조한다.[292]

선문대학교[293] 순결학부 2003년 11월 학술대회 주제가 "당신의 생식기 주인은 누구입니까?"이며, 도서관의 통일신학 자료실에서 '생식기'를 검색하면 460개의 자료를 찾아 볼 수 있을 정도이다.[294] 아이러니하게도 성적으로 가장 문란한 집단에서 이런 가르침을 준다는 것이 가소롭기 짝이 없는 노릇이 아닐 수 없다.

통일교는 진진화의 생령교회, 정명석의 애천교회(jms)가 문선명의 영향하에 그 맥락을 이어 가고 있다.

---

[289] 박준철, 50.
[290] 황선조 편, 「평화훈경- 평화메시지와 영계보고서」, 147.
[291] 문선명, 「문선명 전집」 (서울: 성화출판사, 1996), 263-80.
[292] 황선조 편, 「평화훈경- 평화메시지와 영계보고서」, 60-1.
[293] 본래 선문대학교는 기독교 계통인 예수교감리회 성화신학교(학장: 신신묵 목사)였으나 통일교에 팔림으로 성화(聖化)신학교가 성화(成和)신학교로 바뀌게 되었고, 후에 선문대학교로 교명이 바뀌게 된다.
[294] 허호익, 108.

7. 천부교(전도관) 박태선

박태선(1917-1990)은 평북영변 출신으로 남대문교회에 출석하다가 문선명과 함께 김백문의 이스라엘수도원에서 6개월에 걸쳐 원리교육을 받고, 1949년 정득은을 만나 혈분을 한다. 이때 박태선은 26세인 원경숙과, 박태선의 처 박정원은 이수완과 혈분을 맺는 등 난잡한 짓을 서슴없이 행하였다. 박태선은 우선 집안에서 이 거룩한 의식을 행하기로 하고 장모와 형수하고도 혈분을 했고, 그의 아내 박정원은 또 다른 남자 신도에게 혈분을 했다고 한다.[295]

박태선은 1951년 1.4후퇴 이후 평택에서 피난생활을 하던 중 소변을 통해 피가 다 빠져나가고 주님의 피로 바뀌는 성혈전수의 놀라운 체험을 하였다고 주장 한다.[296]

> "마지막 피가 다 빠져 나간 후 때가 낮인데 주님께서 나타나시었다. 피 흘리는 주님이 나에게 말씀하시기를 '내 피를 마시라' 하시며 그 피를 내 입에 넣어 주시어서 내 심장 속에 정한 주님의 보혈을 흘려주셨다"

만민중앙교회 이재록도 부모로부터 받은 피를 다 쏟아냈기에 자신은 원죄도 자범죄도 없다고 강변하였다. 다음은 이재록이 설교 중 했던 발언을 살펴보자.

> "여러분 가만히 지난 일들을 돌이켜 보세요. 제가 감히 어떻게 아버지 보좌 좌편에 있을 수 있나요? 그러나 이제 여러분이 수없이 보셨으니까 제가 말할 수 있죠. 또 해, 달 속에, 빛 속에 저와 주님이 함께 있으니까 말할 수 있

---

[295] 김경래, 40-1.
[296] 김성여, 『박태선 장로의 이적과 신비경험』, (서울: 한국예수교전도관부흥협회, 1974), 89.

는 것이죠. 이젠 말할 수 있죠. 저만 안다고 말할 수 있는 게 아녜요. 이제 여러분들이 증인입니다. 이제 말할 수 있죠. 그러면 어떻게 그럴 수 있습니까? 바로 그 작업이 지금부터 수 년 전에 바로 92년인가요? 피 흘렸을 때 그 때 시작된 것입니다. 제가 피 흘렸을 때 팔 일 동안 피를 흘리면서 제 부모로부터 받은 피, 제 몸 속 있는 모든 피는 다 쏟았고, 팔 일 동안에 물로, 피가 되어서 물을 마셔 피가 되고 해서 팔 일 동안 그 피를 걸러서 깨끗한 피로 만드셨습니다. 물로 피가 됐으니까 곧 물은 영적인 말씀, 영생이죠. 이 말씀은 하나님, 곧 하나님. 말씀으로 내 피를 만드셨기 때문에 이 피안에는 죄성이 없다는 것이죠. 원죄가 없다는 얘기죠. 그래서 원죄와 자범죄가 없는, 이렇기 때문에 하나님 아들로 인 쳐지고, 이제 해, 달 속에 오셔서 우리주님이 세상에 공포하는 것이고, 바로 좌편에 앉을 수 있는 권세를 쥐어준 것이고 그래서 전에도 배운 말씀을 들어보시면 바로 죽고 사는 권세를 네게 주었다는 것이 바로 그런 연유입니다.…… 그런데 그렇게 흘린 피를 장장 8일 동안 흘리고 있었는데, 그 피가 어디서 나옵니까? 물을 마시면 피가 되고, 물을 마시면 피가 돼서 8일 동안 그 상태로 만드시고 다시 생명을 얻게 해 주셨는데 그리고 나서 저번에 말씀하시는 것 봤는데 '너는 그 때 피를 흘림으로 네게 원죄가 없어졌고, 그래서 너는 죽음이 너를 피해 가는 것이고, 악한 자가 너를 만지지를 못한다.'라고 말씀하셨어요. '너에게 그래서 무한한 권능이', 우리 주님이 가지신 무한한 권능이 '네게도 주어져서 너도 이제 그렇게, 그 이상으로 그게 역사가 된다.'고 말씀해 주셨습니다. 그래서 그런 연유가 왜 생긴 지를 설명해 주셨고 '그러므로 너와 나는 하나이기 때문에 바로 해, 달 속에 빛 속에 넣어서 세상에 공포하고 있노라'고 말씀하시고 그래서 아버지가 저를 너무나 가까이서보고 싶으셔서 금요철야 때 강림하여 이 제단에 오신 것이고, 여러분들이 수많은 성도님들이 눈으로 직접 봤던 것이고 그 영광을 봤던 것입니다. 그렇게 때문에, 그렇게 인 쳐졌기 때문에, 이제 하나님 아버지의 좌편에 인 쳐졌기 때문에 수많은 천군 천사는 물론 우리 선지자들이 저하고 함께 하는 연유가 그것입니다."297

"하나님께서 나에게 개척을 허락하셨을 때 나의 그릇은 깨끗한 그릇이 되어

---

297 이재록, "만민중앙교회 주일3부 예배 설교", 테이프 녹취, (1998년 7월 5일).

있었다. 어떠한 죄악도 용납하지 않으시고 오직 성결 된 자가 되도록 인도 하셨다. 십계명을 그대로 지켰고 성령의 9가지 열매가 맺혀 있었다."298

"하나님께서 나의 그릇이 깨끗함을 원수마귀, 사탄이 인정하게 한 후 개척을 이루어 하나님의 능력됨을 갖가지로 보여 주셨다. 시험을 이기고 나니 하나님의 축복은 이루 말할 수 없을 지경이었다."299

일반적으로 죄는 원죄와 본죄로 구분된다. 모든 사람은 아담과의 관계로 인해서 타락 후 죄의 신분과 상태에서 태어난다. 이 상태를 원죄라고 하며, 또 이것은 인간 생명을 더럽히는 모든 본죄의 내적 근원이 된다. 여기에는 원시적 죄책(Original Guilt)과 원시적 오염(Original Pollution)의 두 가지 요소를 포함하고 있다. 원시적 죄책은 아담의 죄의 죄책이 우리에게 전가됨을 뜻한다. 또한 아담의 후손들은 아담의 죄책으로 무거운 짐을 졌을 뿐 만 아니라 그로부터 도덕적 오염을 상속받았다.300 본죄란 말은 외부적 행위에서 오는 죄를 가리킬 뿐만 아니라, 원죄에서 나오는 모든 의식적 사고와 의지를 의미한다. 본죄는 한 개인이 행동한 죄로 이것은 자기의 고유한 성질과 경향과는 구별된다.301

죄라는 말의 뜻은 과거에 선하고 순결하던 본질에서의 타락을 의미한다. 아우구스티누스는 우리가 후천적이니 방법으로 부패한 것이 아니라 우리의 출생하는 그 순간부터 생득적 타락(生得的 墮落)에 빠져 있다는 것으로 보았다. 그러므로 불결한 근원에서 난 후손은 나면서부터 죄에 전염되었다. 우리가 생명의 빛을 쳐다보기 전에 이미 우리는 불결하고 부패되어 있었다.302

그러므로 박태선이나 이재록의 인죄론은 죄가 인간의 피 속에 있다는

---

298 이재록, 『죽음 앞에서 영생을 맛보며』, 146.
299 이재록, 『죽음 앞에서 영생을 맛보며』, 147.
300 박종만, "이단이 교회와 사회에 미치는 영향에 관한 연구", (서울: 석사학위논문, 국제신학대학원, 1999), 31.
301 Louis Berkhof, 신복윤 역, 『기독교 신학개론』, (서울: 성광문화사, 1987), 134-6.
302 John Calvin, 이종성 역, 『기독교 강요선』 (서울: 대한기독교서회, 1969), 49.

것으로써 원죄와 자범죄가 없다는 주장은 인간으로서는 상상할 수도 없는 것으로 이단의 전형이라고 본다. 이는 하나님만이 하실 수 있는 선언이다. 부모로부터 받은 피를 소변으로든지, 코피를 통해서든지 다 쏟아버렸기 때문에, 그리고 물을 마셔서 새 피가 되었기 때문에 죄성이 없고 원죄와 자범죄도 없다는 것은 성경적인 근거가 전혀 없고 사탄에 사로잡힌 박태선이나 이재록 그들 개인의 자의적 주장일 뿐이다.303

죄가 없다는 이들의 황당한 주장은 메시아가 필요 없다는 것이고 결국은 자신이 하나님이 되는 교만의 극치라고 밖에는 달리 설명할 길이 없다. 오직 흠 없고 점 없는 예수 그리스도의 보혈로만 죄 사함을 받는 것이지304 소변을 통해 피를 쏟았기 때문에, 부모로부터 받은 피를 코피로 쏟았기에 죄가 없다는 논리는 사람들을 미혹하려는 사탄의 노림수로써 이단자들의 전형적인 수법에 불과하다.305

1970년대에 전도관 신학원 강의 교재인 『오묘』306에는 통일교의 『원리강론』과 아주 유사한 '오묘원리'인 창조론, 타락론, 구원론이 소개되어 있다. 창조론에는 3수의 원리에 따라 하나님께서 태초에 3씨를 보유하고 있었는데 첫째 씨는 아담에 의해 타락하였고, 둘째 씨가 예수이고, 셋째 씨가 '동방의 의인'이요, '이긴자' 박태선이라고 주장한다. 박태선이 주장하는 교리의 핵심은 '하나님의 피' 사상이다. 그는 여호와 하나님이 흙으로 사람을 지으시고 그 코에 불어 넣은 '생기'가 바로 '하나님의 피'라고 말한다.307

1980년 1월부터는 전도관을 한국천부교전도관부흥협회라고 변경하고 자신을 영모(靈母)라고 주장해온 박태선은 자신이 천상천하에 하나님인 천

---

303 박종만, 32.
304 "그 아들 예수의 피가 우리를 모든 죄에서 깨끗하게 하실 것이요"(요일 1:7), "하나님께 드린 그리스도의 피가 어찌 너희 양심으로 죽은 행실에서 깨끗하게 하고"(히 9:14).
305 박종만, 32.
306 전도관 편, 『오묘』 (서울: 제9중앙전도관 청년천성회, 1970), 142.
307 전정희, "사람 지으시고 불어넣은 '생기'는 하나님의 피", 『교회와 신앙』, 2013. 8. 22.

부가 되었음을 선언하고 '천부교'를 세웠다. 1981년 2월 7일자 박태선의 설교에는 예수가 진짜 하나님의 아들이 아니라 마귀의 아들이며, 자신이 이슬성신을 내리는 감람나무요, 구세주라는 내용이 나온다.[308]

이슬성신인 자신의 말씀을 받아야 피를 깨끗케 할 수 있다고 주장하는 박태선을 통해 영향을 받고 세워진 조희성의 영생교, 이영수의 에덴성회, 천옥찬의 천도관 등이 가지로서 그 명맥을 유지해 나가고 있다.

8. 장막성전의 유재열

교주 유재열은 1949년 2월 충북 청주에서 태어났다. 교주 유재열은 1964년 서울 영등포구 상도동 사자암이라는 절 아래에서 신비주의 집단인 호생기도원을 다녔다고 한다. 호생기도원에서 교주 김종규를 "주님, 아버님"이라고 부르는 것을 보고 크게 마음이 동요된 것 같기도 하다. 유재열의 부모가 이곳에 열심 있는 신도였다.

전도관의 박태선과 호생기도원 김종규의 영향을 받은 유재열은 '성경은 비유로 감추어져 있기에 말씀의 짝을 찾아 풀이해야 한다'고 주장하였다. 특히 계시록 풀이를 중요하게 여겨야 되며 비유풀이를 해야 한다고 주장하였는데 이는 후에 신천지 이만희에게 큰 영향을 미치게 되었다. '어린 종'이라 불린 유재열은 계시록에 나오는 '두 증인' 중 한 명이라 여기고 추종하였다. 이 교리에 따라 일곱 천사, 24장로, 구원 받을 수 144,000명의 신도를 모집해 '지상왕국'을 건설하고 육신영생을 꾀하고자 하였다.

1965년 1월 유재열이 친구들과 함께 호생기도원을 가는 도중 갑자기 눈앞이 캄캄해져서 놀라 무릎을 꿇자 어둠속에서 예수님의 환상이 나타나셨는데 예수님의 머리위에는 무지개가 있고 일곱별이 떠있었으며 한 손에는 어린양 한 마리를 안고 계시더라는 것이다. 이때 유재열이 "사람이 나타

---

308 대한예수교장로회총회 외 편, 23.

났다"고 외치자 같이 동행했던 친구들이 무슨 소리냐고 물으며 어리둥절해 했다. 그때 유재열이 "흰 강아지를 사람이 안았다"며 큰소리를 쳤다고 한다. 그 순간 하늘에서 소리가 나기를 "사랑하는 아들아 내 아들아… 내가 네게 큰일을 맡기겠노라"는 영음이 들렸다고 한다.

그 후 호생기도원을 더욱 열심히 다녔으며 학교를 중퇴하라는 계시를 받고 학교를 그만두고 기도생활만 열심히 하여 방언, 강필(降筆), 통변 등의 계시의 은사를 받았다고 한다. 그때 호생기도원 교주 김종규의 여신도 추행 사건이 일어나 그 일로 교주를 추방하였다. 그런 뒤 장막성전이 만들어졌고 자신들 나름대로 교리를 내놓기도 했다.

중요한 교리로는 특이하게 '일곱천사'가 있고 그 일곱천사가 과천장막성전에 있어야 될 이유를 "또 이일 후에 내가 보니 하늘에 증거장막의 성전이 열리며 일곱재앙을 가진 일곱천사가 성전으로부터 나와 맑고 빛난 세마포 옷을 입고 가슴에 금띠를 띠고"(계 15:5-6)라는 성경을 인용하여 설명한다.

어린종 유재열이 만국을 다스릴 철장권세를 가졌다고 추종하였고, 또 어린종은 예루살렘성 교회에 다니면서 불의와 불법으로 인하여 탄식하는 자들의 이마에 인치는 사명을 맡았으며, 이 인맞은 자만이 14만 4천의 반열에 들어가 구원을 받을 수 있다고 주장한다. 기성교회의 목사는 믿음이 교만해져 자멸할 수밖에 없으며 이를 따르는 양떼들은 거짓된 인도로 멸망할 수밖에 없다고 말한다.

장막성전에서는 계급별로 뺏지를 달았다. 7천사는 은색, 24장로는 흰색, 48집사는 붉은색, 72문도는 푸른색, 일반 신도는 검정색 뺏지를 달고 다녔고 제사장 모세 장로는 은색에 하얀색 바탕을 한 뺏지를 달고 다녔다고 한다.

이곳에 신령한 예배 시간이 있는데 흔히 무당들의 초혼 의식과 같이 각종 영들을 불러들이는 예배 의식이다. '사무엘' 정창래가 방언을 하면 어린종 유재열이 방언 통역을 한다. 신령을 불러들이는 순서에서 가령 '모세의 영'을 불러들이려 한다면 방언하는 자가 "모세스 모세스. 따따따"하면 모세의 영이 임하여 방언이 터진다는 것이다.309

장막성전부터 현재 신천지까지 '배멸구'는 핵심 교리라 할 수 있다. 그것은 배도, 멸망, 구원의 역사를 말합니다. 구인회의 '천국복음전도회', 이만희의 '신천지증거장막성전,' 김풍일의 '새빛등대중앙교회' 등이 영향을 받았다.

9. 용문산기도원 나운몽

용문산기도원은 애향숙에서 출발하였다. 설립자 나운몽은 1914년 1월 7일 평북 박천 맹중리에서 태어나 오산중학을 중퇴하고 일본을 거쳐 만주와 시베리아 유랑생활을 하다가 1940년 귀국하여 동년 6월 13일 용문산에 들어가 일부의 땅을 사 애향숙이라는 사설학원을 세워 계몽 사업을 하다가 일제 강점기에 폐숙했고 해방이 되자 서울로 돌아와 수표교교회에서 장로장립을 받았다.310

장로가 된 이후 다시 용문산으로 돌아온 나운몽은 애향숙을 이번에는 기도처로 재건하고 기도 운동을 벌이던 중 입신, 방언 등의 신비체험을 했다고 전해진다. 이에 자신감을 얻은 나운몽은 전도운동에 나서 전도서 4:12에 있는 삼겹줄이라는 문구를 모토로 기도전도, 부흥전도, 문서전도를 전개했다.

그러나 성경해석에 있어서 나운몽은 동양철학과 주역(周易)을 바탕 하여 해석함으로 많은 문제점들을 드러내고 있었다. 그의 설교를 담은 구국설교 제5집에 나타난 문제점은 다음과 같다.311

---

309 한빛교회, https://cafe.daum.net/ccm2(검색일 : 2021. 3. 18.).
310 김성준, 『한국기독교사』, (서울: 기독교문화사, 1993), 267.
311 김성준, 268.

① 공자, 석가는 동방의 선지자요, 이방의 선지자이다. 또 공자의 말인 후생가외(後生可畏)는 성경의 오실 메시아와 동일한 것으로 우리 조상도 믿고 기다렸다. 기독교가 들어오기 80년 전에도 우리 조상이 인명재천(人命在天)을 알았으니 다 지옥에 갔다고 할 수는 없다.

② 기독교의 부활이나 불교의 불타, 유교의 선인 등은 그 표현이 다를 뿐 구원 받는 자들의 동일어이다.

③ 유교 불교도 몽학선생이다. 유교의 공(公), 불교의 자(慈)도 복음 안에서 소화되는 때가 곧 완성이요, 거기가 천국이다.

나운몽은 전도서 4:12의 말씀에 나오는 삼겹줄을 근거로 삼각기도단이라는 조직망을 만들어 한 사람이 두 사람을 위하여 기도하고, 또 한 사람이 두 사람을 위하여 기도하는 방식으로 삼각형식의 그물망식 기도단을 조직하여 기하학적으로 교세를 확대해 갔으나 사생활의 문제가 드러나는 등으로 그를 이단으로 규정하기에 이른다.312 초원 김백문으로부터 영향을 받았다.

10. 현대판 목갈음 시행자 김옥경

현금 한국교회 안에도 C-2에서 언급한 바 있는 황국주와 같은 황당한 이단설을 주장하는 여인이 나타났으니 한국의 주요 8개 교단으로부터 이단 내지는 참여금지 단체로 규정 된 바 있는 사랑하는 교회(구, 큰믿음교회, 변승우목사) 부담임목사로 있는 김옥경313이 그 주인공이다. 그녀는 『영광에서 영광으로』라

---

312 1954년 9월 대구 서문교회에서 경북노회가 조사단의 보고를 받은 후 참여금지 조치(엄금), 1956년 9월 새문안교회에서 모인 41회 총회에서 박태선, 나운몽, 여호와의 증인 엄애경, 노광공 등의 집단을 불허하고 엄금 조치, 고려파총회도 1958년 7월 엄금, 1956년 성결교회 총회도 엄금, 감리회도 1962년 엄금 조치, 기장측도 1967년 서울노회에서 참여금지 조치를 취하며 이단으로 규정하였다(김성준, 269).

313 김옥경은 원산신학산파의 줄기인 철원대한수도원 전진원장과 양평대한수도원 원장인 지옥현 원장의 영적인 영향과 지도를 받았으며(올바른 신앙지킴이 진리수호, https://blog.naver.com/johnjinjjin/221459404265, 검색일: 2021. 3. 11.), 사랑하는교회 변승우 목사의 비서출신으로서 2010년 5월 예장 부흥교단(총회장:변승우목사)에서 첫 여성목사 안수를 받았다(김옥경, 『영광에서 영광으로』 [서울: 거룩한진주, 2019], 13). 전진원장은 원산 루씨신학교 출신으로 원산감리교회 전도사 사역을 했고, 백남주, 김백문의 제자로 알려져 있다.

는 책에서 황국주의 목갈음과 비슷한 형태의 신비주의를 주장하였다.314

> "저는 꿈속에서 '나'로 인식되는 사람을 보고 있었습니다. 그런데 넓게 펼쳐진 잔디밭을 걷고 있는 '나'는 목 아래로는 정상이었는데 머리가 없었습니다. 섬뜩한 모습에 흠칫한 저와는 달리, 정작 '나'는 아무렇지도 않은 것 같았습니다. … 놀랍게도 그곳에는 앞 장면에서 머리 없는 '나'로 인식되었던 그가 앉아 있었습니다. '도대체 어찌 된 영문인가! 어찌 이런 일이 있을 수 있는가?' 놀람과 충격으로 모든 사고가 정지되는 듯 한 그때, 갑자기 그의 모습이 클로즈업 되었습니다. 그런데 그는 머리 없는 '내'가 아니라 정상적인 머리와 얼굴을 가지고 있는 남자의 모습이었습니다. 더욱 더 놀라서 자세히 보니, 그 남자는 바로 주님이셨습니다."315

바로 김옥경 자신의 머리가 예수님 머리로 대체되었다는 것인데 그것은 곧 자신이 예수님이라는 끔찍한 이단적 주장을 스스럼없이 펼치고 있는 것이다. 이런 김옥경에 대해 담임목사인 변승우는 엄히 책망하며 바르게 교정해 주기는커녕 오히려 한술 더 떠 아낌없이 신비주의를 부추기고 있음을 알 수 있다. 김옥경이 인정받고 신비롭게 비쳐질 때 그 영광은 고스란히 담임목사인 변승우 자신에게 돌아옴을 알기 때문일 것이다. 꿩 먹고 알 먹는 격이 아닐 수 없다. 다음은 김옥경의 책 『영광에서 영광으로』에 대한 변승우의 추천서이다.316

> "김옥경목사님은 우리나라가 낳은 세계적인 하나님의 종입니다. 그리고 하나님 앞에서 매우 큰자입니다. … 세계에서 몇 안 되는 강력한 중보기도자

---

314 두기고(samapp)의 블로그에서 소개하고 있는 김옥경목사는,. "하늘에 속한 사람입니다. 크리스찬으로 사는 것이 아니요, 기독교인으로 사는 것도 아니고 주님의 심장으로 사는 분이십니다. 『영광에서 영광으로』는 김옥경목사님의 실제적 주님과의 사랑이야기이며, 주님으로 사는 살아 있는 간증"이라고 신격화를 하고 있다(https://blog.naver.com/samapp/60166910803, 검색일: 2021. 3. 11.).

315 김옥경, 56-57.

316 두기고(samapp)의 블로그, https://blog.naver.com/samapp/60166910803, (검색일: 2021. 3. 11.)

> 이며 세계적인 수준의 강력한 치유의 종입니다. 그리고 김옥경목사님은 예수님 다음으로 저의 가장 친한 친구이며, … 가장 중요한 동역자입니다. … 김옥경목사님은 저와 큰믿음교회에 큰 복입니다. 임박한 대부흥과 대추수 때 예수님의 심장을 가지고 세계적으로 사역함으로 아브라함처럼 만민에게 큰 복의 근원이 될 것입니다. … 심히 보배로운 책입니다. … 읽다가 수없이 무릎 꿇게 할 것이며, 마침내 여러분을 변화시킬 것입니다."

황당하기 짝이 없는 김옥경의 신격화를 좀 더 들여다보자. "네가 나의 책을 쓰게 될 것이다."라는 하나님의 음성을 들었다고 주장한다.[317] "나의 책"이라 함은 성경 외의 또 다른 성경을 말하는 것이 아니겠는가, 그녀는 입신과 환상을 통해 수시로 영계에 드나들며 하나님을 만나는가하면 공중에 떠 지구를 날아다니기도 하고 꿈속에서 외국관광지를 여행하기도 했다고 말하고 있다.[318]

심지어 그녀는 예레미야 23장에 나오는 하늘의 회의까지 참석한다고 주장을 한다.[319]

> "저는 보좌로 이끌려 예상치 못한 말씀을 들었습니다. 이제부터는 하늘의 회의에 참여하며 하늘의 전략을 알고 중부를 하며 … 하나님과 동역하는 삶을 살게 될 것"이며, '대한민국에 영적 정부와 지도자가 세워지도록 기도하라'는 사인을 받았다고 한다. 김옥경목사는 이 말을 듣고 걱정하던 중 렘 23:18-22절[320]에 '천국에 여호와회의를 하는 전략실이 있음을 알고 안심하게' 되었다고 말한다.

---

[317] 김옥경, 10.

[318] 김옥경, 164-170.

[319] 김옥경, 233.

[320] "누가 여호와의 회의에 참여하여 그 말을 알아들었으며 누가 귀를 기울여 그 말을 들었느냐 보라 여호와의 노여움이 일어나 폭풍과 회오리바람처럼 악인의 머리를 칠 것이라 여호와의 진노가 내 마음의 뜻하는 바를 행하여 이루기까지는 그치지 아니하나니 너희가 끝 날에 그것을 완전히 깨달으리라 이 선지자들은 내가 보내지 아니하였어도 달음질하며 내가 그들에게 이르지 아니하였어도 예언하였은즉 그들이 만일 나의 회의에 참여하였더라면 내 백성에게 내 말을 들려서 그들을 악한 길과 행위에서 돌이키게 하였으리라"(예레미야 23:18-23)

그러나 김옥경이 참석했다는 하늘의 전략회의는 예레미야 23장에서 언급하고 있는 '여호와의 회의'가 아닌 사탄의 회의가 아닐까. 먼저 이 '여호와의 회의'가 의미하는 바는 바로 23:5에서 말씀하는 "다윗의 의로운 가지"로서 곧 메시아 예수님을 지칭하는 것이다. 그 회의를 통해 하나님께서 이루시고자 하는 뜻은 다윗의 가지인 독생자 예수님을 이 땅에 성육신하게 하시어 구원을 성취케 하시려는 것이다.

예레미야 23장 전체를 살펴보면 '여호와 회의'를 통해 밝히시려는 하나님의 섭리는 더욱 분명해지고 있다. 그것은 쑥을 먹이며 독한 물을 마시게 하여 양떼를 멸하고 흩어지게 하는 자들, 소돔 고모라와 다름없이 가증한 악을 행하며 바알을 의지하여 거짓 예언을 하고 거짓 된 꿈으로 백성들의 구원을 흐리며 미혹하는 자들에게 하나님의 엄한 진노가 임할 것을 말씀하시는 내용인 것이다.

김옥경이 입신과 환상으로 본 또 다른 몽사(夢事)를 살펴보자.[321]

> "그날도 기도 중 보좌로 올라가게 되었습니다. 그 곳의 분위기는 마치 경주를 마친 선수들에게 상을 주는 시상식처럼 들떠 있었습니다. 놀랍게도 주인공이 바로 저였습니다. … 천사들에 의해 아름다운 드레스와 위엄을 갖춘 매우 존귀하게 보이는 면류관, 그리고 갖가지 장신구로 단장된 후 마지막에 망토가 입혀지자 주님께서 저의 손을 잡으시고 하나님 앞으로 이끄셨습니다."

이제 김옥경의 영적교만이 극으로 치달으며 예수 그리스도의 반열에까지 오르는 모습을 보자.[322]

"다른 꿈입니다. 아주 크고 아름다운 교회의 내부가 제 앞에 펼쳐졌습니다.

---

[321] 김옥경, 201.
[322] 김옥경, 57-8.

성도들이 식당에 앉아 식사가 나오기를 기다리며 한곳을 바라보고 있었습니다. 잠시 후 한쪽 문이 열리고 푸짐한 식사가 차려진 만찬 상이 들어왔습니다. 순식간에 사람들은 식탁주변으로 몰려들었습니다. 약간 떨어진 곳에서 호기심어린 눈으로 그 광경을 지켜보던 저는 식탁위에 차려진 음식을 보는 순간 모든 사고가 정지되는 것 같았습니다. 상식적으로 도저히 납득되지 않는 일이 눈앞에 펼쳐져 있었습니다. 식탁위에는 머리와 양팔 양다리가 잘려나간 사람의 몸통이 놓여 있었습니다. 제 눈을 의심하며 자세히 들여다보는데 그 몸통은 바로 저였습니다. 보고 또 보고, 이 모양 저 모양, 아무리 살펴보아도 분명히 저였습니다. 터져 나오려는 비명을 애써 참으며 숨을 죽이고 성도들의 반응을 살폈습니다. '이 요리를 누가 먹을 수 있을까? 어떻게 먹겠는가?' 그런데 예상을 깨뜨리고 성도들이 너무나 즐거워하며 맛있게 그 요리를 먹는 것이었습니다. '어떻게 저토록 기뻐할 수 있을까? 내가 이처럼 끔찍하고 참혹한 모습으로 있는데…' 충격으로 슬퍼하는 저와는 달리 심지어 가까운 사람들조차도 아랑곳하지 않고 만족스러워하며 음식을 먹고 있었습니다. 저 자신만 충격과 비통 속에 있을 뿐 모든 성도들은 평화스러운 축제를 즐기고 있었습니다."

이 모습은 마치 예수님께서 요한복음 6장에서 하셨던 다음의 말씀이 연상이 된다. "내가 곧 생명의 떡이니라"(요 6:48) "나는 하늘에서 내려오는 떡이니 사람으로 하여금 먹고 죽지 아니하게 하는 것이니라 나는 하늘에서 내려온 살아 있는 떡이니 사람이 이 떡을 먹으면 영생하리라 내가 줄 떡은 곧 세상의 생명을 위한 내 살이니라"(요 6:50-51) "내 살은 참된 양식이요, 내 피는 참된 음료로다"(요 6:55) 이 말씀은 그리스도께서 육신의 양식을 비유로 영혼의 양식을 말씀하신 것이다. 길이요, 진리 자체이시며, 말씀이 육신이 되어 우리 가운데 거하신 아버지의 독생자의 영광으로 은혜와 진리가 충만하신 예수님만이 하실 수 있는 말씀이다.

물론 김옥경이 밝히고 이 내용은 자신이 십자가에서 그리스도와 함께 죽을 때, 생명의 떡이신 예수 그리스도께서 내 안에 살게 되신다는 사실을 보여주신 것, 뭇 영혼들이 우리를 통해 참된 음료요 양식이신 예수 그리스도를 먹고 마심으로 그들에게 생명이 된다는 교훈이라고 했고, 주님처럼, 바울처럼 모든 영혼들을 위한 생명의 양식이 되는 삶을 살기를 원한다고 밝히고 있지만[323] 이런 표현은 결국 신도들로 하여금 자신을 신령하게 포장하여 어필시키려는 것이고 거침없이 성경을 넘나드는 모습을 볼 때 전형적인 이단자들의 행태를 보이고 있다 할 수 있다. 자신이 곧 진리라는 뉘앙스를 풍기는 내용이 아닐 수 없다. 이는 명백한 하나님의 영광을 도둑질하는 모습으로 예수님의 거룩성을 침탈하는 모독적 행위이자 하나님의 주권에 대한 도전 행위가 아닐 수 없다.

사도들의 전승과 개혁자들의 전통을 따르는 그리스도인들은 구원을 성경적인 개념으로 이해하고 가르치며 배워야 한다. 이와 같은 전통은 '교회가 서고 넘어지는 조항'(articulus stantis et cadentis ecclesiae)[324] 이기에 대단히 중요하게 간주되고 있고 이 전통 위에 굳게 서지 않으면 안 된다.

김옥경은 아이러니하게도 거짓 된 예언과 거짓 된 꿈을 통해 하나님의 백성들을 구원으로부터 멀어지게 하고 마귀의 자식들이 되게 하는 자신과 같은 거짓 부류들에게 하나님의 무서운 진노가 기다리고 있음을 알아야 할 것이다. 계시록 22:18-19에서는 성경을 더하거나 빼는 자들에게 주어질 심판이 경고 되어 있고, 에스겔 13장에서는 자기 심령에 따라 자의적으로 예언하는 자들, 하나님께서 말씀하시지 않았는데도 말씀하셨다고 하면서 허탄한 묵시와 거짓된 점괘를 일삼는 자들, 백성들의 영혼을 새 사냥하듯 사냥하여 호의호식하며 자기 배를 채우는 자들, 거짓말로 죽지 않을 영혼들을 죽이는 그들을 하나님께서 친히 치실 것이라 하셨고, 호적에도 기록되지 못할 것이라 했으니 구원과도 영영 멀어진다는 사실을 깨달아야 할 것이다.

---

[323] 김옥경, 61-2.

[324] 김영한, 『현대신학과 개혁신학』 (서울: 성광문화사, 1996), 47.

D. 한국교회 이단의 원조

1. 김성도는 누구인가?(1882-1944)

17세에 27살 위인 44세나 되는 정항준의 셋째 부인으로 결혼하였다.[325] 첫 아이는 1년 만에 죽고, 딸 셋을 낳은 후 아들을 낳았으나(정석천) 이후 정신분열 증세로 무당을 불러 굿을 하고 병원을 찾았으나 차도가 없었고, 한 전도부인의 권면으로 교회에 출석, 본인도 완치가 되고 아들도 병이 들었으나 기도로 치유가 되자 이에 확신을 갖고 교회생활에 박차를 가하게 되었다.

남편 정항준은 김성도의 교회 출석을 반대했고 자녀들의 증언에 의하면 목침으로 때리는 일도 있어서 맞아 죽지 않을까 걱정할 정도로 핍박이 심했다고 전해진다.[326] 결혼 17년 차에 남편이 죽었는데 이후부터는 금식과 철야 기도에 힘을 쓰면서 성경의 난해 구절을 풀기 위해 애썼다고 전해진다.[327]

1923년에 2차에 걸쳐 예수님을 면담하고 직접 계시를 받게 되었고, 또 입신을 했는데 "때가 급하니 속히 세상에 널리 알리라"는 영음을 듣고 담임목사께 알렸는데 사탄의 역사라며 자제하라는 지도를 받았다고 한다. 김성도의 이런 신비주의적 체험이 알려지면서 일반 신도들이 그녀의 집을 찾게 되자 1925년 교단으로부터 출교[328] 처분을 받게 되었으니 그래도 당시는 권징이 살아 있었던 것이다.

1932년 봄에는 감리교 목사인 이용도를 비롯, 백남주, 한준명이 신령하다는 김성도를 찾아와[329] 의기투합이 이루어졌고, 이들은 함께 신비주의에 도취되어 신구약 66권만이 성경이라는 고집을 버리라고 하면서[330] 성경의

---

[325] 최중현, 『한국메시아운동사연구』 제1권(서울: 생각하는 백성, 1999), 20.
[326] 최중현, 『한국메시아운동사연구』 제1권, 22.
[327] 정석천, "어려울 때 모신 영광", 199.
[328] 최중현, 『한국메시아운동사연구』 제1권, 24.
[329] 이영호, "새주파와 신비주의자들", 『현대종교』, 2000년 4월호, 22-3.

권위를 무시하고 직접계시를 주장함으로 직통 계시자들의 효시가 되었다.

1933년 1월 3일에 백남주가 주축이 되어 이용도, 한준명과 함께 『새 생명의 길』을 선포하게 되는데 이날은 백남주의 생일이자 예수의 친림(親臨)이라는 유명화가 예수의 탄생일이 1월 3일이라고 함으로331 이용도는 이날을 성탄절로 지켜야 한다고 주장하기에 이른다.332

큰 틀에서 김성도의 영향 하에 있었던 정득은, 유명화가 당시 일부 목사들에게 끼친 영향은 상당했고, 이것은 오늘날까지도 이단 집단들을 통해 끊어지지 않고 계속 이어지고 있는 형국인바 이는 곧 말씀 위에 바로 서지 못한 증거이자 신학의 부재로 인한 결과라 할 수 있다. 유명화가 이용도에게 계시를 말함으로 이용도는 자신의 모교단인 감리회를 떠나 1933년 '예수교회'333를 세우는데 그 과정이 참으로 가관이다.

"용도야, 너는 조선 제일의 나의 사자(使者)이니 너는 무병(無病)하다. 73세를 너와 함께 하리라. 너는 내 교회를 따로 세워라. 이놈 네가 교회를 분립하지 않으면 나를 위하여 십자가를 진다는 것이 무엇이냐"334

결국 병약하였던 이용도는 유명화의 거짓 계시 놀음에 속아 73세는 고사하고 그해도 넘기지 못하고 10월 2일 33세의 짧은 나이로 생을 마감하고 만다. 당시 평양노회장 남궁혁은 이런 일련의 영적신비주의를 경계하였고, 김인서는 이들의 가장 큰 과오는 성경의 권위를 부인하는 것335이라고 비판하였다.

---

330 김인서, "龍道敎會의 내막 조사 발표, 3. 교리 문제와 책동자의 가면", 『신앙생활』 1934년 4월호, 『김인서 저작전집』 2, 124. 재인용.

331 김인서, "龍道敎會의 내막 조사 발표, 4. 降神 문제와 유여사의 歸正", 『신앙생활』 1934년 5월호, 『김인서 저작전집』 2, 130. 유명화를 통하여 "이놈아 내가 하일(何日)에 탄생하였는지 알고 싶으냐? 1월 3일에 탄생하였나니라"라고 하였다.

332 이영호, "새주파와 신비주의자들", 28.

333 민경배, "백남주", 『기독교대백과사전』 제7권 (서울: 기독교문사, 1982), 353.

334 김인서, "龍道敎會의 내막 조사 발표, 4. 降神 문제와 유여사의 歸正", 130.

335 김인서, "龍道敎會의 내막 조사 발표", 124.

히브리서 1:1-2을 보면 옛날 구약시대에는 선지자들을 통하여 이스라엘 백성들에게 말씀하셨고, 마지막 날 신약시대에는 예수님께서 우리에게 말씀해 주셨다. 구약에서 선지자들과 천사들을 통해 말씀하시던 하나님께서 신약에 와서는 더 이상의 다른 인물, 다른 말씀이 필요치 않도록 최후통첩으로 예수님을 보내셔서 말씀하신 것이다.

마태복음 11:13에서 "모든 선지자와 및 율법의 예언한 것이 요한까지"라고 단정 지음으로 구약 선지자는 세례요한이 마지막으로 옛 언약인 구약은 종결이 되었고, 광야에서 외치는 자의 소리인 세례요한을 통해 새 언약의 중심인 메시아 예수님이 소개 되면서 이 예수님을 통해 새 언약인 신약이 완결이 된 것이다.

목사들은 안수를 받을 때 '웨스트민스터 신앙고백'으로 문답을 받는다. "성경의 가르침을 총괄한 줄로 알고 신종하겠느뇨?"라는 질문에 "예"라고 답을 한다. 성경의 가르침이 모든 것을 총괄한다는 사실을 믿고 따르겠다는 고백인 것이다. 그런데 이 '웨스트민스터 신앙고백' 1항에는 "하나님께서 계시해 주시던 과거의 방법들은 이제 중지되었다"고 선언하고 있고, 6항도 "성경 외에 성령의 새로운 계시나 인간의 어떠한 것도 더 할 수 없다"고 명시하고 있다.

한국교회 이단 교리 형성에 결정적이고 지속적인 영향을 끼친 장본인 김성도는 1923년 4월 2일 입신하여 천군천사들을 만났고, 예수와의 대화를 통해 "죄의 뿌리가 음란"이며, 교회당에서 십자가를 떼어 내는 운동을 하라는 당부를 받았다고 주장한 바 있다.[336]

10일 후 "재림주가 육신을 쓴 인간으로 한반도에 온다."고 주장함으로 자칭 하나님, 재림 예수, 보혜사 성령이라는 이단자들이 자그마치 70명 이상[337] 한국에 등장하는 단초가 되었으며, 시한부 종말론자들의 효시요,[338]

---

[336] 세계기독교통일신령협회 역사편찬위원회 편, 『史報』, No. 157호, 76.: 이영호, "새주파와 신비주의자들," 『현대종교』, 2000년 4월호, 22-3.

토종이단의 원조339라 할 수 있고, 최초로 피가름을 주장한 장본인이 되었다.

2. 김성도의 사상에 담긴 이단적 요소들

김성도의 장남인 정석천의 증언에 의하면 모친인 김성도가 받은 계시의 골자는 다음과 같다.340

a. 죄의 뿌리는 선악과를 따먹어 생긴 것이 아니고, 음란이 타락의 동기가 되었다.

b. 예수님은 십자가에 돌아가시지 않고 뜻을 이루어야 한다.

c. 하나님께서는 두 가지 큰 슬픔이 있으니 하나는 아담의 타락을 아시면서도 간섭하지 못하고 바라보고만 계신 것이요, 또 하나는 예수님은 십자가를 지시지 않고 구원을 이루어야 하는데 인간의 불신으로 십자가에 못 박히시는 장면을 보시는 것이다.

d. 재림주는 여인의 몸을 통해 오신다.

e. 재림주는 한국으로 오시며 전 세계인들이 한국을 신앙의 종주국으로 알고 찾게 될 것이다.

평북 철산에 살던 김성도는 지주였던 남편이 죽자 그 유산을 가지고 환자들을 먹이고 재우며 위해 기도해 주었는데 이때 김성도의 도움을 받았던 사람들이 그녀를 권사로 부르지 않고 즉석에서 '새주님'이라고 호칭함으로341 〈새주파〉로 불려 지게 되었고, 백남주가 새주파에 합류하여 그 아

---

337 현대종교 편집부, 『한국신흥종교실태조사연구집1- 자칭 한국의 재림주들』, (서울: 한미사, 2002), 23.
338 최중현, 『한국메시아운동사연구』, 19.
339 이영호, "토종이단의 원조(元祖), 성주교의 김성도권사", 『교회와 신앙』, (인터넷판), 재인용
340 정동섭, 『한국의 종교단체실태조사연구』(국제종교문제연구소 책임연구원, 2000), 8-9.
341 김선환, "국산재래이단의 후계자", 김경래 편, 『사회악과 사교운동』, (서울: 기문사, 1957), 166.

들 정석천을 대표로 하여 총독부에 '성주교(聖主敎)'로 등록시키면서 〈성주파〉로 불려 지게 되었다.

3. 새주파의 영향

김성도의 신비주의와 잘못된 직통계시관은 당시 신앙의 토양이 얕은 한국교회에 엄청난 영향을 미쳤고 그 결과물들은 오늘날까지도 계속 이어지고 있는 실정이다. 오늘날 한국에서 기생하며 활동하고 있는 대부분의 이단들은 새주파의 영향을 받아 그 명맥을 유지해 가고 있다고 볼 수 있다.

김성도의 원죄 음란론과 혈통적 타락론은 교리적으로는 김백문의 『기독교 근본원리』, 정득은의 『생의 원리』, 문선명의 『원리강론』, 박태선의 『오묘』를 통해 다양하게 재해석되고 전승되었다.342

E. 피가름의 변천사

1935년 여름 새주파에 합류해 김성도로부터 영향을 받은 김백문도 1946년 3월 경기도의 한 산골에서 예배 하는 중 흰옷 입은 예수께서 나타나 심으로 하늘이 열리고 재림이 실현 되었다고 주장하게 된다. 그는 그날을 '개천일'로 기념하였다.

그는 '부활은 성신과 신부로서 재림의 새 세계를 사람으로 이루실 바 복귀의 시작'이라고 주장하며 이것을 신조 1로 삼아 성부 시대와 성자시대가 가고, 성약시대가 시작되었음을 선언하였다.

김백문의 3시대론은 많은 이단들의 기초가 되기도 했는데 '성신과 신부의 재림 교리'는 통일교에서 문선명과 한학자의 신격화 교리로, 안상홍증인회에서는 성령의 새이름인 안상홍과 둘째 부인 장길자가 아버지 하나님

---

342 김항제, "인간타락의 성적 이해: 현대신학과 한국 신령집단에서의 타락설화 해석", 『신종교 연구』, 창간호(1999. 12), 249-70.

과 어머니 하나님이라는 어처구니없는 모습으로 이어져 오고 있는 실정이 되었다. 신천지의 이만희 역시 직통계시를 주장하며 재림 때에는 이긴 자인 자신이 하나님의 새이름으로 왔다고 주장을 하고 있다.

김성도의 원죄 음란설을 발전시키고 체계화 시킨 인물은 김백문으로서 그는 창조, 타락, 복귀라는 3대 원리를 주제로 『기독교 근본원리』라는 책을 저술, 후대의 모든 성적 타락론자들의 원조가 되었다.

1. 문선명의 피가름

통일교의 교주 문선명은 25세에 서울에서 최선길과 결혼했다. 한 때 통일교의 2인자 소리를 들었던 박보희의 인터뷰 내용을 보면 "문목사님(문선명을 지칭)은 위대한 분이다. 우리는 그분의 그림자 역할도 못하는 존재이다. 그분은 기도할 때 예수와 석가와 공자와도 대화를 한다."[343]고 신격화(神格化)를 주장한바 있는데 그런 문선명은 이미 1946년 6월경 평양으로 가서 포교활동을 하며 남녀 혼숙 및 혼음관계와 사회 혼란 죄로 8월 2일 형사 구속[344]된 전력이 있다. 그 후(1960. 3. 1.) 자신을 따르던 여신도인 홍순애의 딸 한학자(당시 17세)를 간택한 신부라고 지명, 결혼한 것으로 알려졌다.[345] 이 때 문선명은 40세였고, 한학자는 고등학생으로 간호조무사 수습훈련을 하고 있었다. 40세와 17세 여학생의 이 결혼을 '어린양의 혼인잔치'로 명명하고 예식 때 춤을 추었다고 한다. 결혼 후 그들 부부는 모두 13명의 자녀를 낳아 입적시키고 있다.

1948년 2월 22일 오전 10시 문선명은 유부녀인 김종화와 어린양 혼인잔치 사건으로 김종화의 남편의 고소로 수감되었고, 1948년 4월 7일 실형 언도를 받고 흥남형무소로 이감되었다. 1950년 10월 14일 유엔군 진주로

---

[343] 손충무, 『문선명 그 실상과 허상』, (서울: 문학예술사, 1986), 18.
[344] 이대복, 『통일교 원리비판과 문선명의 정체』, 16.
[345] 손충무, 272.

형무소를 탈출, 월남하게 되었다. 부산에 정착하던 중 1951년 1월 27일 동경유학 동창생인 엄덕문의 신혼 단칸방에서 함께 생활하다가 부산이 동구 범4동(범냇골) 1531번지 산중턱에 토담집을 짓고 포교활동을 시작한다. 1952년 남한 최초 고려신학교 재학생인 강현실(범천교회 여전도사)을 포섭하는데 성공하여 1953년 7월 통일교 최초로 강현실을 전도자로 임명하여 대구에 파견하여 개척전도를 시작하였다. 1954년 3월 경북 김천시 나운몽이 운영하는 용문산 기도원 집회에 참석한 후 이요한 목사 등과 함께 서울로 상경하여 5월 1일 기독교통일신령협회를 창립하고 본격적인 통일교의 포교활동이 시작된다(서울시 성동구 북학동 391번지).[346]

통일교 원리강론 타락론에서는 인간조상 아담 하와의 미완성기 때 성적(섹스) 사랑 행위가 선악과요, 그 선악과가 죄의 발생 근원이요, 뿌리라고 주장하고 있다(창 2:17 인용). 생명나무는 남성격 아담을 비유한 것이요, 선악을 알게 하는 나무는 여성격 하와를 비유한 것이라고 주장한다. 선악과란 문자 그대로 선악과가 아니라고 한다. 마 15:11을 예로 들어 어떻게 입으로 먹는 것이 사람을 범죄케 하며 타락시킬 수 있느냐고 주장한다. 선악과는 누자 그대로 나무 열매인 과실이 아니고 비유로서 아담과 하와가 아직 미성숙한 시기에 성적행위를 한 것이고, 그들의 이런 사랑의 행위는 간음행위로 범죄가 되는 것이요, 이 간음행위가 선악과요, 죄(타락)의 뿌리요, 근원으로 비유한 것이라고 주장한다. 또한 선악과를 따먹게 한 뱀은 문자 그대로의 들짐승이 아니고 뱀은 천사를 비유한다고 주장한다(벧후 2:4; 유 1:6; 계 12:9). 뱀으로 비유된 천사는 간음죄를 지었다고 설명 한다.

피가름이란 죄악의 혈통을 뽑아 버리고 깨끗한 무죄한 혈통을 받는 것을 말한다. 다시 말해서 더러운(죄) 피를 깨끗한(성결하고 죄 없는) 피로 바꾸는 것을 말한다. 죄가 있는 남녀가 무죄한 자로부터 성적(섹스) 사랑행위를 통하여 죄를 씻는 방법을 피가름이라고 하는 것이다. 그러나 통일교에서 말하는

---

346 이대복, 『통일교 원리비판과 문선명의 정체』, 16-9.

피가름 교리는 우리 말 사전이나 성경 어디에서도 찾아 볼 수 없는 것이고, 더욱이 혼음교리란 있을 수 없는 범죄행위이다. 성경 어디에도 섹스인 피가름을 통해 죄 씻음 받고 구원 받는다는 교리는 나오지 않는다. 통일교에서 주장하는 피가름과 혼음교리는 기독교의 죄론과는 아무런 상관이 없는 거짓 이단교리임을 분명히 알아야 한다.

다음은 월간 『통일세계』에 수록 된 피가름에 관한 문선명의 설교문이다.

"생태적인 모든 여건을 가만히 볼 때 암놈이 있고 수놈이 있는 것을 아는 것입니다. 동물도 그렇고 곤충도그렇고 다 그러니까, 아담 하와도 보니까 같다 이겁니다. 그러니 '아! 저렇게 하는 구나' 하고 다 알게 마련이라는 것입니다. 알겠어요? 천사장은 그렇지 않아도 본래부터 알고 있는데 이런 사실들을 알고 있는 천사장은 하와가 슬플 때 위로의 대상이 되어주고, 아담은 그걸 생각하지 않고 천하의 주인으로서 갖춰야 할 주관성, 모든 자주적인 능력을 갖추기 위해 동산이나 바다나 돌아다니고 동물이란 동물은 다 잡으러 다니고 그랬을 것입니다.

그래서 얼마나 차이가 있습니까? 그러니까 아담 하와 둘이 어디 갈 때는 하와가 뒤떨어져 가지고 울고불고했을 것입니다. 외로울 때 천사장이 위로하는 입장에 서 가지고 나이가 들어 가지고도 벌거벗은 채로 옛날 같이 안아주는 것입니다. 16세쯤 되었으면 세상만사 다 알고, 여자로 말하면 월경도 나오고 그럴 수 있는 때입니다. 그런데 이 철부지 아담은 그저 놀고 들어오니 하와에 대해 관심이 없었습니다. 그랬다는 것입니다.

그러니까 울고 있는 하와를 천사장이 안으면 벌거벗고 있으니 여기에 문제가 벌어진 것입니다. 그렇게 때문에 하나님은 그걸 선악을 알게 하는 나무의 열매를 따먹지 말라 하는 것을 하와에게 경고했다는 것입니다. 그거 이해 돼요? 몇 센티미터 안 떨어져 가지고 다 닿을 수 있는 자리이기 때문에 동물들이 쌍쌍으로 돼 있어 가지고 전부 저렇게 해가지고 자기들이 좋아하고 새끼를 치고 있구나 하고 알고 있는데 자기도 그런 생각을 해 가지고 그러면 어떤가 하고 힘주면 끝나는 것입니다. 이러기 때문에 타락할 수 있는

> 비근한 내용이 벌어집니다.
>
> 남자 완성, 여자 완성, 하나님까지 완성시킬 수 있는 본 고장이 어디? 어디서 하나님의 사랑을 완성시킬 수 있고 어디에서 남자 여자 완성 시킬 수 있느냐?347

문선명의 주장은 예수님은 십자가에 돌아감으로 실패했다고 주장한다. 그리고 계속 강조하기를 "여러분, 하나님이 제일 중요시하는 것이, 하나님이 제일 정성을 들여 만든 곳이 어딘 줄 알아요? 생식기입니다. 여자에게 남자가 없으면 암흑이요, 남자에게 여자가 없으면 절대 암흑입니다." 이렇게 그 스스로 통일교가 섹스교임을 밝히고 있다.348

통일교 초창기 6마리아의 한 사람으로 문선명과 직접 복귀(섹스) 의식을 치렀던 유신희씨의 고백은 너무 큰 충격을 안겨주고 있다. 이 부부는 통일교의 원리강론에 세뇌되어 재림주인 문선명의 수종을 들기 위해 부산 집에서 서울로 올라오는데 슬하에 다섯 아이들을 고아원에 맡기면서까지 깊이 빠졌음을 그녀 스스로가 나중에 토설하고 있는 것을 볼 수 있다. 본인이 문선명과 한 번의 복귀의식을 치르고 나서 다른 남성 6명과 복귀의식을 치른 것도 밝힌바 있다.

어린 학생들을 위시해 이루 헤아릴 수 없는 피해자들이 발생하였는데 모두 문선명의 거짓에 속아서 몸도, 마음도, 재산도 다 바치고 걸레가 되어 당장 내일 생활을 걱정해야 하는 처지에 내몰린 사람들 뿐 이라며 피해자들끼리 만나면 단 한 가지 소원을 서로가 이심전심으로 이야기 한다고 하는데 그것은 "문선명은 재림 메시아가 아니다. 죽어 마땅한 사나이, 하루라도 빨리 죽었으면349 하는 인간이다."라는 것 뿐350 이라고 고백하고 있다.

---

347 결국 이 완성은 통일교 내에서 남녀의 결합인 섹스를 통해서 이루어진다는 것을 강변하고 있는 것이다(이대복, 『통일교 원리비판과 문선명의 정체』, 37–50).

348 이대복, 『통일교 원리비판과 문선명의 정체』, 121.

349 그들의 바람은 문선명이 2012년 9월 3일 새벽1시 54분에 폐렴합병증으로 92세로 사망함으로 이루어진다.

또 다른 피해 양상도 있다. 처녀를 임신시켜서 아이를 낳게 하기도 하고, 유부녀나 어머니와 딸들의 정조를 닥치는 대로 짓밟아서 가족이 풍비박산이 되기도 하고, 유복했던 사람이 재산을 다 빼앗겨서 빈털터리가 되기도 하고, 여러 가지 비극이 셀 수 없을 정도로 속출하고 있는 것을 알게 되어 모두가 참말로 분개하고 있다고 토로하고 있음을 알 수 있다.[351]

섹스 릴레이 실천자인 김덕진의 고백은 더 가관이다. 남자 6인, 여자 3인이 즐겁게 [복귀 게임]을 한 일이 있다고 실토하였는데 섹스를 게임이라고 표현하고 있는 것이다. 그는 통일교의 원리를 실천 한 것뿐이지만 거기에는 종교다운 것은 하나도 없었다고 했고, 문교주의 섹스 원리는 잘못되었음을 깨달았다고 고백하고 있다. 문선명의 본 부인이었던 최선길이 김덕진을 찾아와 털어 놓는데 통일교의 정체성을 분명하게 드러내고 있다고 본다. 최선길은 문선명의 인격과 문란한 성생활의 난맥을 파악 한 후 이혼하였고, 통일교는 종교가 아니고 음란한 섹스교일 뿐[352]이라고 단호하게 말하고 있다.

> "김 선생님, 이 기회에 문선명이란 남자가 재림주가 아니라는 것은 물론 사람도 아닌 무서운 독사 같은 자식이라는 것을 온 세계에 알립시다. 문선명은 호색가로서 성욕이 왕성해 내가 문과 결혼해서 자식(문성진)을 낳기까지 부부관계를 매일 밤 수회 이상을 해도 기운이 펄펄 날았습니다. 이것은 뱀처럼 이상하게 정력이 강하기 때문입니다. 통일교는 종교가 아닙니다. 음란한 섹스교단일 뿐입니다."

2. 정명석의 피가름

문선명을 통해 피가름 교리를 배워서 현장 실습을 가장 성공적으로 수

---

[350] 이대복, 『통일교 원리비판과 문선명의 정체』, 127.
[351] 이대복, 『통일교 원리비판과 문선명의 정체』, 122.
[352] 박정화, 『야록 통일교회사』, (서울: 큰샘출판사, 1996), 133.

행한 장본인은 정명석이라고 할 수 있다. 초기에 애천교회로 출발했다가 후에 기독교복음선교회라 개칭했다. 이제는 정명석의 영문 첫 이니셜을 따 jms(jesus morning star 또는 jesus messiah savior)라 부르는 것이 일반적인 명칭이 되어 있다.

정명석은 2009년 4월 여신도 성폭행 혐의로 대법원에서 징역 10년형 확정 판결을 받아 형기를 마치고 2019년 2월 18일 대전교도소에서 만기 출소하였는데 이에 대하여 마치 예수님께서 십자가의 고난으로 3일간의 죽음에 계셨던 것처럼 정명석이 그런 고난을 받았다고 미화시키고 있고, 출소 당시에도 꽃을 들고 맞이하면서 부활했다고 했던 것이다. 현재는 전자발찌353를 부착한 채 충남 금산군 진산면 석막리 월명동에서 생활하고 있는 것으로 알려져 있다. 예장 고신측이 1991년 41회 총회에서 이단, 예장 통합측이 2002년 87회 총회에서 이단, 예장 합동측이 2008년 93회 총회에서 반기독교적 이단으로 규정했다.

정명석의 주장은 이단들의 전형적인 수법으로서 김성도가 주장한 내용을 답습한 것으로 보인다. 재림주가 육체를 갖고 한국 땅에서 1945년 경 태어난다고 주장하고 있는데 그 내용은 다음과 같다.354

> "하나님과 예수님이 오신다고 약속했으니 오는 것은 틀림이 없다. 그러나 우리의 상식뿐 아니라 실체로 확인해 보아도 신은 보이지 않기 때문에 강림하여도 모른다. 하나님과 예수님은 영체이시다. 인간과 같은 육체가 아니다. 고로 인간들이 보고 느끼게 하려면 육신을 쓰고 나타나신다. 그 대상은 하나님이 택하신 메시아이다. 신약 때 하나님은 예수님의 육신을 쓰고 나타나셨고, 성약 때 예수님은 땅의 재림주의 육신을 쓰고 나타나신다."

---

353 전자발찌 제도는 성폭력, 미성년자 유괴, 살인, 강도 범죄를 저지른 자의 발목에 전자발찌를 채우고 위치추적과 보호관찰을 통해 재범을 억제할 목적으로 2008년 9월부터 시행됐다. 전자발찌 부착자는 GPS 시스템을 통해 24시간 위치추적을 받는다. 아울러 야간 등 특정 시간대 외출 제한, 특정 지역이나 장소 출입금지, 주거지 제한, 범죄 피해자 등 특정인에 대한 접근 금지 등의 제한도 받는다.

354 정명석, 『구원의 말씀』 I 권, (서울: 도서출판 명, 2005), 191-92.

"신약 2천년이 끝나면 하나님과 예수님의 강림과 함께 땅에 메시아가 나타나 성약역사를 펴게 된다. 때로 보아 하나님이 보내신 메시아는 와서 모든 자들의 마음 문을 노크하고 간 지 꽤 오랜 시간이 흘렀음을 깨달아야 되겠다. 하나님이 예언한 대로 지상천국을 이루고 계심을 알고 부지런히 찾아 시대의 구원을 받을 때다. 공중에서 메시아를 맞는다는 말은 지구에서 메시아를 맞는다는 말이다."355

"영은 보이지 않기 때문에 반드시 땅에 육을 쓴 자를 통해 나타나신다. 하나님이 강림하여 예수님의 육신을 쓰고 오셨듯이, 하나님과 예수님이 강림하여 구원역사를 펴신다면 땅에 있는 이 시대 사람의 육신을 쓰고 오신다. 그를 재림주라 한다. 이것이 천륜의 법칙이고 이치다. 천하가 변해도 변할 수 없는 말씀이다. 신약의 말세라고 하는 1999년~2000년을 기하여 지구촌 여기저기에서 엄청난 재난들이 많이 일어났다."356

결국 신약 2천년이 끝나는 현재는 성약시대로서 예수님이 이 시대에 사람의 육신을 입고 나타나는데 그가 곧 재림주로서 초림주는 서남아시아에서 태어나고, 재림주는 해가 돋는 나라 극동아시아인 한국에서 태어난다고 주장한다.357 정명석은 여기서 멈추지 않고 자기가 태어난 해인 1945년도에 재림주가 탄생할 것이라는 주장까지 하고 있다.

"루터 죽고 400년 있다가, 1546년에서 400년 더하면 얼마죠 1946년이잖아. 메시아는, 재림주는 1946년, 1945년에서 6년이에요. 왜, 양력으로 따질 때 음력으로 따질 때 있잖아. 1945년생이나 1946년생에서 메시아가 결정된다는 것입니다."(교회와 신앙, 정윤석기자, 2004년 5월 22일 수료식 정명석 직강 동영상 갈무리)

---

355 정명석, 『구원의 말씀』 II권, (서울: 도서출판 명, 2005), 215-16.
356 정명석, 『구원의 말씀』 I권, 129.
357 정명석, 『구원의 말씀』 II권, 228-29.

그러나 예수님의 재림은 모든 족속들이 볼 수 있도록, 심지어 예수님을 십자가에 못 박고 찌른 자들까지도 볼 수 있도록 오신다고 했고(마 24:30), 때와 기한은 아버지께서 자기의 권한에 두셨기에 너희가 알바 아니고(행 1:7), 하늘로 승천하신 그대로 다시 오신다(행 1:11)고 말씀하셨으니 정명석의 주장이야 말로 완전 비성경적이고 자신을 영험하게 보이려는 술수이자, 이단적 요소에 다름 아니다.

또한 정명석은 선악과 사건을 성적인 타락이라고 주장한다. 이 역시 정명석의 독특한 주장이 아니라 이미 김성도와 정득은을 거쳐 김백문과 문선명으로 이어지는 이단자들의 주장을 차용하여 모방하고 있음을 알 수 있다. 이제 정명석의 『비유론』에 나오는 성적 타락론을 살펴보기로 한다.[358]

> "하와는 선악과를 따먹은 후 자기와 함께 한 아담에게도 그 과일을 주었으며 그도 먹었다고 했다. 먹었다는 말은 취했다는 말이다. 과일은 입으로 먹지만 이것은 취하여 먹는다는 단어로 풀어야 이치에 맞다고 하겠다. 그들은 그 과일을 따먹은 후 우선 자기들의 벗은 수치를 알게 되었다. 어느 과일이 따먹으니 옷의 벗음을 알게 될까? 그러면 과일을 안 따먹으면 벗은 것을 모른단 말인가? 여기서도 모순이 있음을 알아야 된다. 그리고 하와의 행동을 볼진대 따먹고 치마로 가렸다고 했으니 '치마 속에 감추인 사랑의 과일'이라는 점에서 힌트를 얻고 깨달을 수 있다.
>
> 사랑과 관계있고 연관되는 것 중에 치맛자락 속에 감추인 과일로 비유할 것이 또 다른 무엇이 있단 말인가. 각자가 깨닫고 알아야 할지니 그것은 두말할 것도 없이 하와의 사랑이 금단의 열매 곧 과일로 비유되었음을 근본적으로 알 수 있고 또 이 같은 내용들은 흔히 우리 사회 속에서 상식 밖의 내용이 아니라 상식 안에서 늘 일어나는 내용들이다.
>
> … 금단의 열매임을 알고 보니 하나님께서는 정말 꼭 인간을 위하여 만들 수밖에 없는 인간 지체 중의 하나요, 창세기 1장 22절의 하나님의 삼대 축

---

358 정명석, 『비유론』, (서울: 도서출판 명, 1998), 21.

> 복인 '생육, 번성, 만물 주관의 뜻을 이루기 위해서도 만들어야 할 금단의 과일이었다. … 하나님께서는 이것을 평생 따먹지 말고 취하지 말라는 것이 아니라 하나님적 가치로 성장하기 전에, 완성 전에 사랑의 행위를 저지르지 말라는 것이었다. 에덴동산의 생명나무와 선악나무는 이 지구촌 동산의 집 집마다 존재하며 지금도 하나님이 동일하게 명하심을 알고 이제 우리는 성경을 제대로 풀어 깨달아 타락의 길을 가서는 안 되겠다"

정명석의 주장의 요지는 생명나무는 아담을, 선악을 알게 하는 나무는 하와를, 선악과는 하와의 금단의 사랑의 열매 즉, 여성의 성기를 비유한다고 주장하고 있다. 아담과 하와는 미성년자와 같아서 아직은 사랑의 행위를 저지르지 말아야 하는데 이 명령을 어기고 성관계를 함으로 타락했다는 주장이다. 이 주장 역시 통일교 문선명의 영향을 받은 것으로 심각한 문제를 안고 있다고 할 수 있다.

그러나 정명석의 주장처럼 만일 선악과가 하와의 '사랑의 열매', 즉 성기를 상징하는 것이라면 하와가 자신의 성기를 따먹었다는 말이 되기 때문에 이런 주장은 자의적인 해석으로 도무지 맞지 않는 해설법인 것이다. 창세기 3:6에서는 하나님이 금하신 '선악과'를 하와가 따먹음으로 타락하게 된 것이라고 분명하게 말씀하고 있으며, 하와의 성기와는 아무런 관련이 없는 것이다.

뿐만 아니라 구약, 신약, 성약이라는 세 시대로 시대 구분을 하면서 구약 시대는 여호와 하나님과 인간이 주종관계를 맺는 시대요, 신약시대는 부자(아버지와 아들)관계를 맺는 시대라 한다. 지금 시대는 성약시대로서 새섭리 시대, 애인시대, 신부시대로 칭할 수 있다고 주장한다.

> "마태복음 9장 14~17절에서 예수님은 신약시대 때 하나님의 아들로 오셔서 자신의 입장이 마치 혼인집 신랑과 같음을 말씀하셨고 요한복음 3장 29절에서 세례요한은 예수님을 들어 신랑이라고 말하였으며 그를 맞는 자들

은 신부들이라 칭했다. 메시아로 오는 자는 종교적으로 볼 때 신랑이며 기다리는 자들은 신부라고, 종교적으로 밀접한 관계로써 비유하고 있다. 그러므로 지상의 이상세계, 곧 지상천국이 주님의 재림으로 이루어질 때 주님과 우리들의 종교적 친분관계는 애인적 관계, 신랑과 신부의 시대가 됨으로써 지상천국 시대를 신부시대, 애인시대로 부를 수 있으며 재림으로 말미암은 주님의 새섭리 시대 천년은 애인시대, 신부시대로 칭할 수 있을 것이다. 종에서 아들, 아들에서 애인으로 회복되고 복귀됨을 완전 회복이라 한다면 종으로서는 더 이상의 회복이 없을 것이다"359

애인교리라는 해괴하기 짝이 없는 정명석의 이런 황당한 주장은 엄청난 위험성이 내포되어 있음을 알 수 있다. 그의 주장에는 '하나님은 영이시기에 인간들이 보고 느끼게 하려면 육신을 쓰고 나타나야 한다.'는 것이다. 그의 주장을 살펴보자.

"하나님과 예수님은 영체이시다. 인간과 같은 육체가 아니다. 고로 인간들이 보고 느끼게 하려면 육신을 쓰고 나타나신다. 그 대상은 하나님이 택하신 메시아이다. 신약 때 하나님은 예수님의 육신을 쓰고 나타나셨고, 성약 때 예수님은 땅의 재림주의 육신을 쓰고 나타나신다."360

결국 정명석의 '애인시대' 교리는 육신을 쓴 재림주와 애인관계가 되어야 한다는 함정이 도사리고 있는 것이다. JMS에 포섭되어 세뇌가 이루어지면 어느 누구를 막론하고(특히 여성들) 이 함정(정명석을 거치도록)을 빠져나갈 수 없도록 교묘하게 교리적 시스템을 구축해 놓은 것이다. 성경에 '신부'라는 표현(사 62:4; 요 3:29; 계 21:2, 9)은 하나님과 이스라엘의 관계, 메시아 예수님과 교회와의 관계를 표현할 때 사용 된 것이지 '애인관계'라는 이런 육적

---

359 정명석, 『비유론』, 21.
360 정명석, 『구원의 말씀 I』, (서울: 도서출판 명, 2005), 191-92.

인 묘사가 전혀 아닌 것이다.

정명석의 성추문에 대한 논란은 지난 84년부터 꾸준히 제기되어 왔으나 그때마다 피해당사자의 신변안전과 프라이버시 보호 등을 이유로 그 실체가 제대로 밝혀지지 않았다가 SBS 〈그것이 알고 싶다〉를 통해 용기 있는 피해자들의 증언이 방영되면서부터 그의 성폭행이 세상에 알려지게 되었다. 여성으로서 치명적인 불명예를 감수하면서 정명석과의 성관계를 털어놓은 피해자들의 이야기는 우리 사회를 경악과 분노로 몰아넣었다.[361]

이전에 정명석의 아지트였던 서울 평창동, 그리고 그의 생가가 있어서 성지라 불리는 충남 금산의 월명동 주변에는 마치 왕조시절의 궁녀들처럼 수많은 젊은 여성 신도들이 정명석의 주변에 살면서 성적 착취를 당하고 있다. 뿐만 아니라 면담이라는 이름으로 수많은 여성 신도들이 암암리에 성적 피해자가 되었으며, 그 수는 밝혀진 피해자만 수백 명이고, 지금까지 그 수는 수천 명에 이를 것으로 예상하고 있다.

3. 이재록의 피가름

이재록에 대해서는 그의 간증 수기인 『죽음 앞에서 영생을 맛보며』에 상세히 나와 있다.[362] 인생의 우여곡절을 겪었지만 막노동, 만화 가게 등을 하면서 물질적인 축복도 받아 꿈에 부풀어 있던 중 1978년 5월 어느 날 기도 중에 주님의 음성이 자세히 들려왔다고 간증한다.

---

[361] SBS 〈그것이 알고 싶다〉, 1999년 '구원의 문인가, 타락의 빛인가-JMS' 편을 시작으로 6차례나 다뤘다.

[362] 그의 수기는 상당 부분이 미화되어 있음을 알 수 있다. 그 스스로가 밝히고 있듯이(1997년 5월 2주 연속 부흥성회 설교 테이프) 자신의 간증수기라고 하지만 자신은 한 번도 이 책을 읽어보지 못했다고 하는 사실이 이를 뒷받침하고 있다. 또한 그의 친조카이며 중국에 있다가 탈북하여 한 때 시흥동에서 시해선교회를 운영한바 있는 주O수(요한) 목사의 증언 역시 그의 수기가 엉터리임을 증언하고 있다(교회와 신앙-어떤 목사 이야기에서). 만민중앙교회의 편집국장이자 여선교회 총연합회 회장인 반금선이 대신 이 책을 편집필을 하였으며 자체적으로는 항상 기독교 판매 서적 1위, 베스트셀러 또는 스테디셀러라고 선전하고 있는데 이 역시 등록하는 새 교인들과 교도소, 군부대 등에 무료로 보급하고 있으며, 교회내 직원들이 수시로 시중의 서점(종로서적)에서 돈을 주고 직접 구하는 전략을 구사하여 홍보 효과를 극대화하고 있는 것으로 밝혀졌다(탈퇴한 조OO 목사 증언).

> "만세 전에 택한 종아! 내가 너를 3년 연단하였으니 3년 말씀 준비하라. 너는 나 사랑하기를 네 부모, 형제, 아내, 자식보다 더 사랑하였느니라. 네가 즉시 가게를 내놓고 나의 길을 가며 아내가 가게를 맡게 하라, 나의 생각은 인간의 생각과 같지 아니하며 너의 둘이 버는 수입보다 나으리라. 꾸어줄지언정 꾸지 아니하며 누르고 흔들어 넘치도록 축복해 주리라. 순종하면 쌀통에 쌀이 떨어지지 아니하고 돈궤에 돈이 넘치리라! 3년 말씀을 무장하고 나면 산을 넘고 강을 건너고 바다를 건너다니며 기사와 표적을 행하리라."[363]

　이렇게 그는 목회의 길에 들어서게 된다. 여기에서도 그의 출발이 대단히 신비주의적이고 "너의 둘이 버는 수입보다 나으리라. 꾸지 아니하며 누르고 흔들어 넘치도록 축복해 주리라. 쌀통에 쌀이 떨어지지 아니하고 돈궤에 돈이 넘치리라"는 표현을 보면 다분히 기복적인 수준을 벗어나지 못하고 있으며, 목회를 마치 돈벌이 수단 정도로 착각하고 있는 것을 볼 수 있다. 그의 목회관은 한마디로 기복주의적이고 기사와 표적을 구하는 신비주의의 틀을 벗어나지 못하고 있는 것으로 요약할 수 있다.

　그는 부모로부터 받은 피를 코피를 통해 쏟아 냄으로 원죄가 없어졌고, 철저히 말씀대로 살았기에 자범죄도 없다고 강변하였다. 자신은 모든 육신의 일을 벗었고 온 영을 이루었으므로 무엇을 먹거나 누구를 취하여도 죄가 되지 않는다는 해괴한 논리로 신도들이 자신을 신뢰하고 따르도록 하였던 것이다. 이런 신격화는 메시아 예수님도 필요 없다는 논리이자, 자신이 전 세계를 다니며 꿈속에서 심방을 하고 자신이 해와 달 속에 들어 있으며, 급기야 야곱과 에서처럼 예수님과 쌍둥이 형제인데 자신이 야곱이라고 설파하면서 자신이 예수님의 '형'이자 '성령'이라는 이단성을 적나라하게 드러내고 있다. 이런 신격화는 그가 교회 내에서 절대적인 위치를 점하며 군림하게 되면서 악수라도 하고 싶고, 눈이라도 마주치기를 바라는 모습으로 신성

---

[363] 이재록, 『죽음 앞에서 영생을 맛보며』, (서울: 도서출판우림, 1981), 6-10.

시 되면서 그루밍(Child Grooming)364 범죄가 가능하도록 했던 것이다.

무수한 피해자들이 있는 가운데 그 중 9명이 고소를 하여 성폭행 혐의로 구속되었고, 1심에서 15년형이 나와 자신의 무죄함을 항변하며 항소했지만 대법원의 최종심에서는 1심보다 더 많은 징역 16년형을 언도 받고 현재 대구교도소에 수감되어 있다. 이는 국내적으로 성폭행으로만 법정형에서 가장 최장 언도를 받은 기록을 갖게 된 것이다.

F. 생수치유의 변천사

1. 진표율사의 물 치유

물을 통한 치유에 대해서도 신흥종교의 영향이 크게 작용했음을 알 수 있다. 766년 진표율사는 미륵의 계에 따라 전각을 지으니 이것이 3층 전각으로 목조건물의 미륵전이다. 그 불사(佛事) 과정을 더듬어 보면 진표율사가 처음으로 한 것이 금산사의 연못을 메우는 것이었다. 처음에는 흙을 부어 메우려 했으나 아침이면 흙이 없어져 메꾸어지지 않았다. 다시 기도한 진표율사는 숯으로 못을 메우라는 계시를 받게 되는데 그 큰 연못을 메우기 위한 숯의 양은 엄청나게 필요했었다.

이때 진표율사는 요술을 부려 그 지역 사람들에게 눈병이 돌게 하고 이 눈병을 고침받기 위해서는 모악산 금산사에 숯을 가져와 연못에 넣고 그 물로 씻으면 낫게 된다는 소문을 낸다. 그 소문은 순식간에 지역사회에 퍼지게 되고 삽시간에 몰려든 사람들로 인해 그 큰 연못이 숯으로 메워지게 되었다고 한다.

---

364 그루밍(Grooming)이란 '다듬다, 길들이다' 라는 뜻이다. 사전에 피해자와 신뢰 관계를 형성해 성적 학대가 쉽게 이뤄지도록 만들고 학대가 시작된 뒤에는 이를 은폐하기 위해 하는 행위 전반을 의미한다. 이재록은 자신의 신격화에 따른 종교성을 이용해 수많은 여성들을 유린한 것으로 나타났다. 이재록의 성폭력의 특이한 점은 화관(피해자가 스스로 함께 함, 돈을 주는 것)의 형태를 띠고 있다는 점이었다.

그 물로 씻으면 눈병 뿐 아니라 나병 등 많은 병들을 고치게 되었다고 주장한다. 그리고 그 메워진 연못 위에 솥을 놓고 다시 그 위에 육장금신을 모시게 되었다. 그리고 외부는 3층이요 내부는 일체인 3층 전 목조건물의 전각을 완성하니, 이 건물이 금산사 미륵 신앙을 대표하는 미륵전이 되었다 한다.[365]

이미 미륵신앙을 추구하던 진표율사와 그 신도들에 의해 이런 소문이 흘러내려 왔고 민간에 널리 알려지게 되었는데 그 설화는 이내 초기 기독교 계통의 신자들에게도 암암리에 남아 있었던 것이다.

2. 김성도의 생수 치유

한국교회 이단 형성에 있어서 지대한 영향력을 끼쳤던 인물이 김성도인 것은 자명한 사실이다. 김성도의 남편은 3백석 부자였는데 남편이 죽자 유산을 이어 받은 김성도는 창고에 멍석을 깔고 병자들을 먹이고 입히면서 매일 예배를 하고 치유 기도를 했다고 한다. 새주파는 '역사, 역사, 새 주님 역사, 진주문 들어가서 새 주님 만나자'고 외쳤고,[366] '새 주는 성신을 부어 줄 터인 즉 입들을 벌리고 기도하라' 고 하여 냉수를 뿌리면 그것을 받이먹으려고 한바탕 큰 소동이 일곤 했는데 이 물을 받는 것이 곧 성신을 받는 것으로 착각했던 것이다.

3. 박태선의 생수 치유

이러한 생수 교리는 전도관(천부교)의 박태선을 통해 크게 발전되었다. 박태선의 생명수는 3가지가 있는데, 제1호 생수는 박태선이 손과 발을 씻은

---

[365] 지혜로운하늘님의 블로그, http://blog.naver.com, (검색일: 2021.3.16.).
[366] 김선환, "국산 재래 이단의 후계자", 166.

물, 제2호 생수는 그가 세수한 물로서 중환자용, 제3호 생수는 물속에 손을 넣어 기도한 물로 나누어 훗날 특별생수는 20만원, 정기생수는 10만원에 판매하였다고 한다.

청교도 설교가였던 요나단 에드워드는 사탄은 기적과 치유를 통해 그리스도인들이 성경만을 의지하지 못하도록 이적과 신유를 사용하고 있다고 하면서 이를 엄히 경계해야 한다고 했다. 진정 우리가 보아야 할 표적은 예수께서 말씀하신 바대로 요나의 표적으로서 이는 예수님의 고난과 부활이다. 오직 십자가와 부활만이 우리를 사유(赦宥)하며 영원한 생명으로 인도해 줄 것이다. 우리 신앙과 모든 삶의 표준, 최종적 권위와 증표는 오직 말씀뿐 임을 한시도 잊지 말자.

4. 김계화의 생수 치료

김계화는 1947년 3월 21일 전북 옥구군(현 군산시)에서 본처가 아닌 후처의 소생으로 출생했다. 고아와 같은 처지인 김계화를 부친의 본처인 큰어머니(원불교 정녀[여자교무] 출신)가 불쌍히 여겨 수양딸로 삼아 익산 원불교에서 원불교 교리를 가르치며 김계화를 키웠고 다니던 중학교도 원불교 계통이어서 김계화는 어려서부터 원불교 사상에 깊이 영향을 받고 자랐다고 할 수 있다. 중학교를 졸업한 후로는 무작정 서울로 상경했다. 가장 예민했던 청소년기를 원불교의 영향 하에서 자랐기에 후에 지닌 기독교 신앙 역시 유교적이고 무속적인 요소가 강할 수밖에 없었을 것이라고 그녀의 사촌 여동생인 김정희집사는 증언하고 있다.[367]

---

[367] 김정희집사와 김계화는 친사촌지간으로 김정희집사는 김계화가 원장으로 있는 할렐루야 기도원에서 6년 동안 중견간부로 근무하고 있다가 김계화의 언어폭력과 행동폭력, 노동착취와 인권유린의 안하무인인 모습, 비성경적이고 신비주의적인 요소들, 당시 천문학적인 100억이라는 큰돈을 주식에 투자하고 불륜행각을 벌이는 등 기독교인의 입장에서는 가히 용납될 수 없는 비인격적인 처사와 혼합주의, 무속적인 모습에 환멸을 느끼고 사촌지간이었지만 눈물을 머금고 과감하게 탈퇴하여 『김계화의 정체』라는 책을 써서 더 이상의 피해자가 나와서는 안 된다는 사명감으로 휘슬블러워(whistle-blowers, 內部告發者)가 되어 '죽으면 죽으리라'고 호루라기를 불게 된 것이다(김정희, 『김계화의 정체』, [서울: 큰샘출판사, 2000], 28-30).

김계화는 자신의 아들이 펄펄 끓는 물에 빠져 죽는 것을 보고 미쳐 있었다고 알려진다. 그 일 후 무당을 찾은 김계화는 굿을 해야 한다고 해서 선금으로 50만원을 주고서 집에 돌아와 벽에 걸려 있는 예수님의 초상화를 봤는데 눈동자가 움직이며 하늘에서 소리가 들려왔다고 한다. 또 꿈에 하늘님이 나타나 제사상에 오르는 밤, 대추, 곶감 등이 들어 있는 큰 광주리를 가슴에 받아 안았는데 그때로부터 영적인 능력이 나타났고, 자신도 모르게 우환이 떠나가면서 가끔 점도 치고 병을 고치는 일이 있었다고 한다. 또 한 번은 자살하기 위해서 수면제를 털어 넣으려는 순간 하늘에서 큰 소리가 들려 그 소리와 대화를 했고, 이 상황에서 갓가지 어린 아이의 배냇저고리와 대추자루가 하늘에서 떨어져 열어보니 그 안에 휘황찬란한 빛이 가득했다고 전한다. 그때 들은 음성과 수년이 흐른 후에도 계속 대화한다고 한다. 이런 현상은 대다수 무당들이나 영매자들이 접신을 하거나 영적 체험을 할 때 공통적으로 나타나는 일이라 할 수 있다.

　　김계화는 중학교 때 원불교의 영향을 깊이 받았고, 결혼 전에는 남묘호렌게교(南無妙法蓮華經)에서 구역장을 했었노라고 스스로가 밝혔다고 한다. 김계화는 자기 말이 곧 하나님의 말씀이라고 강변했고, 불순종하면 저주를 받는다고 수시로 말하곤 했다고 알려져 있다. 김정희집사는 김계화의 정체가 악령의 영매술사로서 갖은 악행을 지능적으로 자행하므로 예수의 거짓 탈을 쓰고 기도원이라는 매개를 통해 술책을 부리면서 돈을 긁어모으고 있다고 진단한다. 김계화의 영매술의 근원이 서울 중구 남산동의 도깨비 점쟁이와 의형제를 맺고 언니라 부르며, 자기의 가까운 신복들을 거느리고 몰래 찾아가 접선했다고 한다. 도깨비 무당은 서울 뿐 아니라 제주도에 있을 때도 찾아갔다고 알려진다.[368]

---

[368] 93년 11월 지부장(50명) 연수회가 설악산에서 있었는데 이 자리에서도 자기가 실제로 도깨비 무당을 찾아간 이야기를 했고 그 점쟁이가 인조석으로 굴을 만들어 놓은 것을 보고 자기도 포천의 방을 헐어버리고 기도굴을 만들었다고 했다. 도깨비 무당은 부적을 쓰고 도깨비 우상 앞에 촛불을 켜는데 보통 30-40만원을 받는다고 한다. 그런데 김계화는 그보다 더 많게 돈을 받을 것이라고 했다(김정희, 35-6.).

김계화는 전남 장성에 있는 감나무 밭에다 순금으로 온천을 파라는 계시를 주셨다고 하면서 18K는 안되고 그 외 순금 목걸이, 팔찌, 반지 등을 바치라고 했다고 한다. '바치면 축복, 말씀을 거역하면 저주'라고 하니 그 곳에 속하여 있는 사람들은 모조리 모든 패물을 다 바쳤다고 한다. 그 온천물에서 몸만 담그면 만병이 치료되고 모든 병이 물러간다고 했으며, 능력의 생수를 먹고 금 온천수로 목욕을 하기 때문에 100살이 넘도록 장수한다고 선전을 했는데 정작 온천수는 아무리 깊이 파도 나오지를 않은 것이다. 이때 김계화는 하나님의 응답이 변경되었는데 그 이유는 장성기도원에서 온천수가 나와 그 물로 온 신도가 목욕을 하면 장성호가 오염이 되어 광주시민들이 마실 물이 없기 때문에 광주시민들을 사랑하시는 하나님께서 계획을 바꾸셨다는 주장을 펼친다. 하나님께서 처음 온천을 주시겠다고 약속하실 때는 장성호가 오염 될 것을 모르셨다는 말인가? 그 엄청난 금은 되돌려 주는 것이 아니라 김계화가 고스란히 착복했다고 알려져 있다.[369]

1차적으로 온천수에 대한 계시는 불발이 되었으나 김계화는 계속해서 또 다른 기적의 생수를 꿈꾸며 다음과 같은 기도를 드렸다고 한다.

"아버지 양들에게 무언가를 주고 싶습니다. 이 전은 양들의 집인데 친정집에 왔다가 빈손으로 가는 것이 너무도 마음이 아픕니다. 무언가 이 전에서 이고 지고 갈 것이 없나이까?" 이때 세미한 음성으로 "우물을 파라" 깜짝 놀란 김계화가 "이 12월에 우물을 어떻게 팝니까?" 이렇게 말할 때 자기의 위장에 구멍이 뚫린 것처럼 쓰리고 아프기 시작했으며, 거듭 토하면서 위장의 통증을 느끼며 견딜 수가 없어서 순종하여 지금의 포천 할렐루야 기도원 앞에 우물을 팠다고 한다.[370]

그러나 아무리 깊이 팠지만 물이 나오지 않다가 나중에 황톳물이 나왔는데 하나님이 주신 것이니 똥물이라도 마시겠다는 심정으로 김계화가 마셨

---

[369] 김정희, 107-08.

[370] 김계화, 『외길가게 하소서』, (서울: 쿰란출판사, 1992), 84.

을 때 순식간에 그 흙탕물이 청강수로 변하여 능력의 생수, 만병통치의 약이 되었다고 자랑한다. 그리하여 우물을 팠던 그 당시부터 90년대 초반까지는 사람들이 너무 많이 몰려들어 김계화에게 안수 받기가 쉽지 않았다고 한다. 이때부터는 이 생수가 김계화에게 있는 능력과 똑같은 치료가 나타나니 마시기만 하면 모든 속병이 낫고, 무좀이 낫고, 데인 화상이나 흉터에 바르면 흉터가 사라지고, 대머리(탈모)에 바르면 머리가 난다고 선전을 한 것이다. 이런 소문이 나자 이 물을 가져가기 위해서 전국에서 모여든 사람들로 장사진을 이루었고, 예하 전국 각 기도원에 저장탱크를 만들어 생수차를 사서 공급하였다고 한다. 무료로 알려졌지만 생수터에는 어김없이 헌금함이 비치되어 있어서 헌금을 하도록 하였다. 헌금이 많이 나오는 곳에는 생수 공급을 더 많이 하고 헌금이 나오지 않는 곳에는 생수를 줄였다고 한다. 생수를 먹고 싶으면 절대 대신 떠다주지 못하게 하고 본인들이 직접 와서 떠가라고 했다고 한다. 이는 집회에 참석하라는 것이고 헌금하라는 사인인 것이다.

그 후 이 생수는 만병통치약으로 전국에 알려지게 되었고, 불신자들마저도 이 생수를 가져가기 위해서 몇 시간씩 줄을 서야 했다고 한다. 너무 많은 사람들이 몰려들자 김계화 혼자서 안수하기가 벅차 나중에는 천장에 분무기 같은 장치를 해놓고서 그곳을 지나가면 피부가 고와지고 두통이 사라지고 머리가 나며 온갖 병들이 치료된다고 한 것이다. 이것을 일명 생수 안수라고 했다고 한다. 눈보라가 치는 날에도 병 낫기를 위해 이 물을 맞았다고 알려진다. 그러나 물을 맞고 병에서 치료된 사람은 찾아보기가 어렵고 오히려 감기 걸리고, 건강한 사람마저 병들었다고 현장 관리자인 김정희집사는 진술하고 있다. 효과가 없게 되자 나중엔 철거를 했고 김계화가 직접 분무기로 뿌리는 일을 했다고 한다.

그러나 이 능력의 생수가 기준치 이상의 대장균과 병균이 득실거리는 것으로 T.V 뉴스와 언론에 계속 보도가 나간 것이다. 이렇게 식수 부적격으로 보도가 되자 사람들이 줄어들기 시작했고, 환자들도 절반 이상으로 줄어들었던 것이다. 그러나 김계화는 멈추지 않고 이 생수가 과거보다 훨씬 더 강력한 치료를 발할 것이라고 하나님께서 계시해 주셨다고 함으로 또 다시 사람들이 모여들었다고 한다. 전도관의 박태선이가 생수를 팔아먹을 때 그 물을 먹기 위해서 논문서, 밭문서까지 내놓아 크게 역사를 했다는 간증을 신앙촌에 있었던 사람을 데려다가 간증을 시킨 것이다. 할렐루야 생수는 박태선의 그것보다 비교할 수 없을 정도로 능력의 생수이니 더 많은 헌금을 하라는 무언의 압력인 셈이다. 어느 때는 김계화가 생수통에 직접 사인을 해서 돈이 있어 보이는 사람들에게 전달해 주면서 앞으로 10년 동안 이 생수를 마시지 말고 집안에 잘 보관하면 집안에 우환질고가 그치고 큰 복이 임할 것이니 증거를 삼으라고 하기도 했다. 이 물이 변질되면 기도가 부족하고 하나님 앞에 정성(헌금)이 부족한 것이라고 몰아 부치며 생수장사를 했던 것이다. 물탱크 청소를 하기 위해 통 안으로 들어가면 온갖 악취가 났고 썩은 냄새가 진동했다고 하니 대부분의 사람들이 이 썩은 물을 먹은 셈이다.[371]

지부장 연수회가 1년에 한 번씩 있었는데 그때마다 단골처럼 등장하는 교육내용은 김계화가 '암병이 나을지어다' 하면 제일 먼저 지부장이 일어나 큰 소리로 '아멘' 하라는 것이라고 한다. 낫지 않았어도 나았다고 간증을 시키고, 환자들을 끌어다가 공간을 채우라는 것이었다고 한다. 그래야 헌금이 많이 들어와 기도원 운영도 하고 사명자들인 당신들에게 돌아갈 몫이 많을 거라는 것이다. 기도원 행사가 있는 날에는 병을 치료받았다는 띠를 어깨에 두르고 다니게 하였는데 어떤 남신도는 자기가 자궁암을 치료받았다고 띠를 띠고 다니는 해프닝도 있었다고 알려진다. 생수 장사는 이제 막을 내리고 기도원 매점에 싸구려 옷을 가져다가 '천국의 옷, 구원의 옷'이라고 하면서 장사를 하고 있는 것으로 알려지고 있다.[372]

5. 이재록의 생수 치료

---

[371] 김정희, 112-18.
[372] 김정희, 118-19.

이재록에 대해서는 이미 앞에서도 언급한바 있지만 여기서 다시 거론하는 이유는 이재록 역시 무안단물이라는 물로 혹세무민하였기 때문이다. 그는 자신에 대한 신격화를 끊임없이 세뇌시키며 사람들을 미혹하였다. 그는 66권 말씀을 다 이루었고 물위를 걷는 것 하나가 남았지만 이것도 기도하면 다 이룰 것이라고 자기 영광에 사로잡혀 허황된 소리를 뇌까리고 있는 것을 볼 수 있다.

"무엇이든 원하는 대로 구하라 그러면 이루리라. 저는 참 무엇이든지 원하는 대로 구한 것 다 이루어 왔다고 자부할 수가 있습니다. 성경 66권의 말씀을 또 이루어 왔다고 자부할 수 있습니다. 구약이나 신약이나 말씀에 기록되어진 것 그대로 행해 여러분에게 행해 나타내고 여러분들에게 증거 해 드렸으니까요. 뭘 못한 것이 있습니까? 물 위를 걷는 것만 남았지 다른 것은 다 이루었다 고 할 수 있습니다. 들어가도 나가도 복, 꾸어주되 꾸지 않는 축복, 다 이루었고요, 죽은 자 살고, 소경이 눈뜨고, 벙어리가 말하고, 귀머거리가 듣고 앉은뱅이, 소아마비, 중풍병자 일어나 뛰고 소경이 눈뜨고, 벙어리가 말하고, 귀머거리가 듣고 앉은뱅이, 소아마비, 중풍병자 일어나 뛰고 걷는 것, 성경 그대로 역사 되어 왔구요. '바람과 파도야 잠잠 하라.' 한 대로 그냥 그런 역사 이루이 왔구요."[373]

"심지어는 꿈속에 나타나서까지 라도 여러분들에게 안수하면 안수한 내용 그대로 되는 것을 어디가 아파서 내가 안수하고 '나았다' 그러면 나았을 것이고 '여러분 축복 받았다' 그러면 축복 받았을 것이고 '너 가게가 팔렸다' 그러면 팔렸을 것이고, 꿈에 나타나서 역사한 대로, 말한 대로 기도한 대로, 대화한 그대로 이루어졌을 것입니다. 심지어는 전화 사서함 녹음된, 수년 전에 녹음시킨 것까지도 믿음으로 기도 받은 그대로 역사되지 않습니까? 그래서 성경 구약, 신약에 기록해 놓은 말씀 그대로 이루었다 이 말이에요. 이루었고 여러분들에게 이루어서 나타내 보였다 이 말이에요."[374]

---

[373] 이재록, "만민중앙교회 주일 3부 예배실황 설교", 테이프 녹취, (1998년 6월 21일).

> "우리 하나님께서는 올해 제 생일을 맞이하여 전에 주셨던 모든 약속의 말씀들을 간추리고 정리하여 이제그대로 다 이루라고 재차 말씀해 주셨습니다. 빛에 속한 모든 축복이 성경 구약과 신약에 모두 들어 있으니 제가 이 말씀들을 간추려 간구 해나가면 원하는 대로 주시겠다는 것이죠. 물론 저는 물위를 걷는 것을 제외하고는 성경에 기록된 모든 것들을 다 체험해 보았고, 이제 제가 물위를 걷는 역사도 따로이 시간을 내어 불같이 기도만 하면 그대로 이루어질 일입니다."[375]

이재록은 자신의 고향인 무안군 해제면에 지교회를 세우고서 집회를 하게 된다. 자신의 생가터를 둘러보면서 집 앞에 있는 우물을 지나칠 때 한 교역자가 "당회장님, 이 물에 기도해 주시면 쓴물이 단물이 된 것처럼 놀라운 기적의 물이 될 줄로 믿습니다."라고 요청하므로 기도를 하게 된다. 이후로 이 물은 놀라운 기적의 물로 둔갑하게 되었다 한다. 이후 교회당을 이전하였고, 사면이 바다로 둘러싸여 식수 부족으로 불편을 겪던 중 지난 2000년 3월, 이재록의 기도를 통해 바다의 짠물이 단물로 변화하는 기적을 체험했다고 주장한다.

마치 모세의 기도로 마라의 쓴물이 단물이 된 것(출 15장)을 믿고 기도한 결과라고 강조한다. 마실 수 있게 된 것은 물론이고 단물을 믿음으로 마시고 바르는 사람마다 갖가지 질병들을 치료받고 마음의 소원을 응답받는 등 놀라운 권능의 역사들이 나타났다고 자랑한다. 2006년 12월에는 단물관리위원회(위원장 정권하 장로)까지 발족시켰고, 대한민국 상표법에 의거 '무안 단물'에 대한 상표등록까지 마쳤다고 한다. 이제 사례 중심으로 이 물과 관련하여 기적을 체험했다고 하는 황당한 간증들을 살펴보기로 하자.

---

[374] 이재록, 녹취.

[375] 이재록, 녹취.

"지난 1월 31일 아침에 일어나 보니 세탁기가 갑자기 고장이 났습니다. 다음 날이 설날이라 서둘러 옷을 세탁을 해서 입어야 하는데 참으로 난감한 일이 아닐 수 없었지요. 온 식구가 매달려 고쳐 보려고 해도 소용이 없었습니다. 순간 무안단물이 생각나 그 단물을 세탁기에 붓고 시작 버튼을 누르자 '찌지직' 하며 움직이기 시작하더니 '핑' 하고 정상으로 돌아가는 것이었습니다."(만민중앙교회, 3대 교구장 이정선)

"지난 10월 외딴섬에 저와 각별한 사이인 나상실 자매와 등대 페인트칠을 하던 중 우연히 도자기를 발견했습니다. 하지만 전문가의 감정결과 쥐도 안 갖겠다는 말에 실망한 뒤 집으로 돌아왔지요. 그때 무안단물이 생각나 그 도자기에 뿌렸습니다. 이럴 수가, 아무 짝에도 쓸모없던 그 도자기에서 갑자기 광채가 나기 시작하더니 10억 가치의 고려청자로 바뀌지 뭡니까?"(장철수신도)

"짜장면이 먹고 싶어 짜장 라면을 끓인 후 무안단물을 뿌렸더니 그냥 짜장이 아닌 쟁반 짜장으로 바뀐 것이 아닙니까?"(나상실신도)

"학생 때부터 잠을 잘 자지 못하고 자취생활로 영양불균형으로 저는 대머리가 되었습니다. 그러던 중 무안단물을 머리에 골고루 바르고 다음날 일어나 거울을 보는 순간 머리가 풍성하게 자라나 있었습니다."(공영구)

"기르던 소가 불치병에 걸려 있어서 무안단물을 먹었더니 다음날 놀랍게도 그 불치병이 깨끗이 치료되었습니다."(우계주신도)

"사생대회 은상을 받았는데 무안단물을 오른손에 바르고 그림을 그렸더니 내 손이 아닌 것처럼 미친 듯 붓칠을 했고 순식간에 훌륭한 그림을 완성하게 되었습니다."(장근석신도)

이 물을 꽃순이라는 강아지에게 먹였더니 기어 다니던 강아지가 사람처럼 직립보행을 하게 되어 사람과 같은 생활을 한다고 선전을 해대기도 하고, 아프리카 세렝게티 초원의 암사자에게 이 물을 먹였더니 건강해져서 남자친구(숫사자)를 만나 새로운 삶을 살고 있다는 황당한 선전도 등장을 한다.

이 물을 서울로 옮겨와서는 신도들이 마시고, 바르고, 뿌리는데 '창조의 근본 된 권능의 단물'이라는 500원 짜리 소형 분무기까지 등장했다. 이것을 구입해서 얼굴, 손, 목 등 상태가 좋지 않은 곳에 뿌리면 낫는 것은 사람뿐만이 아니라 병아리, 백합꽃은 물론이고 고장난 가스레인지, 냉장고, TV 등 가전제품에 뿌려도 고쳐진다고 자랑을 해댄다. 그래서 소금을 탄 듯 짭짜름한 이 물이 이 집단에서만큼은 '스페셜 만병통치약' 그 자체가 되고 있는 것이다. 만민중앙교회 수돗가 벽면에는 종합병원에서나 볼 수 있는 내과, 일반외과, 정형외과, 성형외과, 산부인과, 소아과, 이비인후과, 안과, 비뇨기과, 피부과 등 진료 분야가 붙어 있다. 이 모든 분야에 효과가 있다는 의미다.

잘못 된 신앙, 잘못된 사상이 얼마나 엄청난 결과를 가져오는지를 알아야 한다. 가라지만 따로 모여 있는 것이 아니라 알곡 속에 가라지가 교묘하게 사이사이에 심겨져 있는 것처럼 정상적인 교회에 은연중에 침투해 있는 이단 사이비 세력들의 암약은 영혼을 좀 먹고 교회를 무너뜨리는 무서운 적그리스도의 세력임을 분별해야 할 것이다. 이단은 기독교의 교리를 직접적으로 위협하고 있다. 사람들로 하여금 복음의 진리가 무엇인지 알지 못하게 만들기 때문에 이단에 대해서는 교리적으로 싸워야 하고 그것으로부터 교회를 지켜야 한다.

安衡柱 教師의
개혁주의 조직신학 강설

신론

제1부
"하나님의 존재"

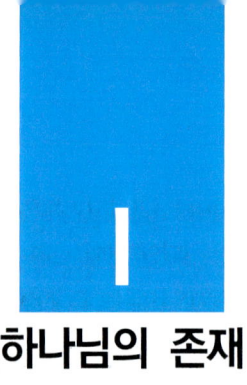

I
하나님의 존재

A. 교의학에서 하나님론(신론)의 위치

　　교의학 또는 조직 신학은 논리적인 이유로 하나님론(신론)으로부터 시작한다. 사실 교의학은 시종 일관 전적으로 하나님에 관한 연구여야 하는데, 이 교의학을 하나님론으로 시작하는 것은 매우 타당한 것이라 할 수 있다. 신론으로부터 시작하는 교의학은 그 피조물의 정점인 인간에 대해서 논하고, 그 타락한 인간을 구원하기 위한 하나님의 객관적 구원 사역으로서 기독론을 다룬 후에, 구원의 주관적인 역사로서 구원론을 다룬다. 구원 받은 백성들의 공동체인 교회론을 다룬 후에 이 모든 일들의 결국에 대해서 논하는 종말론을 마지막으로 한다. 19세기 초까지는 교의학 연구를 하나님론에서 시작하는 것이 관례였다. 하지만 인간의 종교직 의식을 신학의 원천으로 삼았던 자유주의 신학의 시조라 할 수 있는 슐라이어마허(Schuleiermacher)의 영향으로 점차 인간론으로 시작하는 경향이 생겼다. 하나님이 아닌 사람이 신학의 중심에 서기 시작한 것이다. 그러나 신학의 원래의 취지를 생각할 때, 교의학을 하나님론으로부터 시작하는 것은 정당하고 합리적이라고 할 수 있다.[376]

B. 하나님의 존재에 대한 논증

1. 성경적 증언

---

[376] Cf. Berkhof, 『조직신학』, 205-07.

서철원 교수는 교계나 신학계 전체가 일반적으로 상용화하여 사용하는 신론을 하나님론이라는 단어로 대체하여 사용하고 있다. 아마도 여타 종교들의 신(神)과 차별화하기 위한 시도라 생각되고, 한문에서 신(神)자가 '귀신신'으로 되어 있어서 어감이 주는 인상이 썩 유쾌하지 않기에 하나님론으로 바꿔 사용하는 것으로 생각되는데 이에 전적으로 동의하며 이 책에서도 하나님론으로 표기하기로 한다.

하나님론은 하나님의 인격과 그의 속성과 사역에 대해서 배우는 신학이다. 곧 삼위일체 하나님의 존재 방식을 배우고, 하나님이 어떤 사역을 하셨는지도 살핀다. 모든 사역에서 작정을 세우셔서 일하심과 그 중심점으로 창조경륜을 가지셨다. 하나님은 이렇게 하나님에 관해서 배우므로 신학에서도 핵심이다. 그래서 하나님론을 신학정론(神學正論)이라고 한다.[377]

성경은 하나님의 존재를 논증하려 하지 않는다. 하나님의 존재는 부정될 수 없는 것으로 모든 존재와 사상의 확실한 전제요, 근거다. 하나님의 존재는 신앙에 의해 수용되는데, 이 신앙은 맹목적 신앙이 아니라 매우 확실한 증거에 따른 신앙이다. 그리고 그 증거는 하나님의 말씀인 성경이다. 성경은 하나님으로부터 만물이 시작되었음을 선언하며(창 1:1), 하나님은 "스스로 있는 자"(출 3:14)로서 그 무엇에도 자신의 존재를 의존하지 않는 분으로 증거 한다. 비록 성경에 하나님의 존재에 대한 논증과 유사한 형식에 가까운 구절들이 있다 하더라도(히 11:6; 롬 1:19, 20; 시 19:1, 2; 9:9,10; 사 40:12, 13; 롬 10:17, 18; 행 14:17), 이 구절들은 하나님의 존재를 증명할 목적을 가지지는 않는다. 사실 오히려 하나님의 존재를 이성에 신임을 받아야 하는 논증의 대상으로 삼지 않고, 오히려 이성의 근거로서 전제하는 것이 더 합당하다. 하나님은 하나님으로서 인간에게 그 존재가 증명되셔야 하는 분이 아니고, 오히려 인간이 그 존재를 하나님의 존재에 의존하고 있음이 분명하기 때문이다.[378]

---

[377] 서철원, 『서철원박사 교의신학-하나님론』, (서울: 쿰란출판사, 2018), 28.
[378] Cf. Berkhof, 『조직신학』, 207-08.

a. 하나님은 스스로 존재하신다.

하나님은 스스로 존재하시기에 무한하고 영원하시다. 하나님은 자기 존재의 시작이고 원인이시다. 무한한 영이신 하나님은 그의 지혜와 권세와 생명이 넘침으로 그의 작정대로 만물을 창조하셨다. 따라서 하나님만이 자존하시는 존재자이시고 모든 존재자들은 창조되었다.

b. 하나님은 창조자이시다.

하나님은 무한한 지혜와 권능을 가지셨으므로 만물을 창조하기를 기뻐하셨다. 무지나 충동에 의해서 창조하신 것이 아니고 모든 것을 작정하고 계획하여 만물을 단번에 창조하셨다. 그리고 창조주 하나님은 창조경륜을 가지셨다. 사람을 창조하셔서 한 백성으로 삼으시고 그들 가운데 거하시며 찬양과 경배를 받으시기에 합당하시며 기뻐하셨다.

c. 하나님은 구속주이시다.

인격체로 이루어진 창조세계에 죄가 들어왔다. 창조주 하나님을 섬기도록 지어진 사람들이 하나님 섬김을 거부하는 반역을 일으켰다. 이 반역 때문에 죽음과 저주가 창조세계에 임하여 왔다. 그러나 하나님은 반역한 백성을 구원하여 처음 창조경륜을 이루기로 하셨다.

d. 하나님은 삼위일체 하나님이시다.

하나님은 삼위일체 하나님으로 계신다. 한 하나님이 세 위격(位格)으로 존재하시지만 실체가 하나이고 동일하고 분할 불가하므로 한 하나님이시다. 이런 하나님의 존재 방식은 피조물이 영구히 탐구할 수 없다. 믿음으로 확실하게 아는 길뿐이다.[379]

---

[379] 서철원, 『서철원박사 교의신학』, 하나님론, 29-30.

2. 이성적 논증들[380]

전통적으로 내려오는 몇 가지 하나님 존재 논증이 있는데, 대표적인 것들로는 다음과 같은 것들이 있다.

a. 존재론적 논증(Ontological Argument)

이 존재는 완전의 속성이므로 절대적으로 완전한 속성은 존재해야만 한다는 주장이다. 이 주장은 어거스틴(Augustine)이 윤곽을 잡아 말하였고, 안셀름(Anselm)[381]에 의해 고안이 되었고,[382] 보나벤츄라(Bonaventura), 데카르트(Decartes) 등에 의해 제기되었다. 이들 중에 안셀름과 데카르트가 특별히 유명한 이 논증의 제안자들이다. 칸트는 이 증명을 지지할 수 없다고 반대했지만, 헤겔은 이 논증에 찬사를 보냈다. 그러나 이 논증은 신 개념에 대한 해설은 주지만, 완전한 신 존재 논증이라고 할 수는 없다.

토마스 아퀴나스(Thomas Aquinas, 1225-1274)가 아리스토텔레스의 자연철학으로 5개조로 된 하나님 존재증명을 시도하였다. 그 후에도 신학자들과 철학자들이 하나님의 존재증명을 시도하였다. 그러나 종교개혁자들은 하나님에 대한 존재증명 시도 자체를 쓸어버렸다. 종교개혁은 신학 함에 있어서 전적으로 계시에 의존해서 하기로 정하였기 때문이다. 인간의 이성, 곧 자연이성과 계시를 합쳐서 신학 하는 것이 아니고 하나님의 계시만으로 시작하였기 때문이다. 하나님의 존재는 결코 인간 이성으로 증명할 수 없다. 설령 이성으로 증명 가능한 신적존재가 있다고 할지라도 그런 존재는 인간 이성의 추정과 투사에 의해 만들어진 존재일 뿐이다.[383]

---

[380] Cf. Berkhof, 『조직신학』, 213-26.

[381] Anselm of Canterbury(1033-1109)은 중세기 신학자, 철학자로서 기독교 사상에 많은 영향을 끼쳤으며 저서에는 *Cur Deus Homo, Prologium, Monologium* 등이 있다.

[382] 이근삼 전집 편찬위원회 엮음, 『개혁주의 조직신학 개요 I』, 80.

[383] 서철원, 『서철원박사 교의신학』, 하나님론, 46.

b. 우주론적 논증(Cosmological Argument of proof)

이는 인과율(因果律)에 따라 우주의 존재를 논함으로써 신의 존재를 증명하려는 논증이다. 즉 모든 것은 일정한 원인이 있고, 그 원인은 또 다른 원인을 가지는데, 이를 무한히 소급하면 결국 절대적 필연의 존재를 만나게 되고 그가 바로 신이라는 논증이다. 쉽게 말하면 결과에서 원인을 찾는 방법이다.[384] 우주의 존재 안에 하나님의 존재를 그 원인자로 추론하는 논증이다. 이 논증은 인과율 논증(Causal Argument)이라고도 부르는데, 존 로크(J. Locke)는 이 주장을 했으나 데이비드 흄(D. Hume)은 인과율의 법칙 자체에 의문을 품었다.

c. 목적론적 논증(Teleological Argument)

이 논증은 가장 인기 있고 오래된 논증으로 세계는 그 어느 곳에서나 지성과 질서와 조화와 목적을 드러내고 이는 지성적이고 목적적인 존재가 있음을 의미한다는 논증이다. 이 논증은 우주론적 논증보다는 우월해서 의식적이고 목적적인 존재의 실재로 인도하지만, 이 증명은 창조주를 증명하기 보다는 위대한 건축가의 존재를 증명하는 것으로 여겨졌다.

d. 도덕적 논증(Moral Argument)

이 논증의 유명한 제안자는 칸트이다. 우리가 만일 우리의 도덕성을 고찰한다면 필연적인 의무의 법칙이 있음을 보게 되고, 이는 모든 인간에게 그것을 부여한 입법자와 재판관을 요구한다는 논증이다. 하지만 이 논증은 거룩하고 의로운 존재를 가리키기는 하지만 성경이 말하는 창조주이시며 무한하시고 완전하신 하나님을 신앙하도록 하지는 못한다.

인간의 도덕법칙이나 양심이 절대 불가변적(不可變的)인 것이 아니고 가

---

[384] 이근삼 전집 편찬위원회 엮음, 『개혁주의 조직신학 개요 Ⅰ』, 81.

변적(可變的)이며 상대적인데 그것을 기반으로 하여 절대적 신을 요청한다는 것은 타당한 것이 되지 못한다.[385] 바빙크(Bavinck)도 "우리 각자의 양심에 기초하는 도덕적 질서가 될 수 없다."[386]고 하였다. 그러나 이 우주에서 자연적 원동력이 최후의 승리를 얻지 못할 것이라는 사실을 힘 있게 증거 하는 역할을 이 도덕적 증명은 담당할 것이라고 믿는다고[387] 했다.

e. 역사적 또는 인종학적 논증(Historical or Ethnological Argument)

이는 동서고금을 막론하고 지상의 모든 백성들과 종족들은 신적인 존재에 대한 의존 정서를 지니고 있는 보편적인 것으로서 인간 본성에 속한 것이어서, 오직 인간을 종교적인 존재로 창조한 더 높은 존재 안에서만 그 답을 발견할 수 있다는 논증이다. 그러나 역사 속에 인도와 목적이 있다는 신념이 성경의 여호와 하나님을 증명하는 것은 아니다. 성경의 하나님은 모든 역사를 목적 있게 주관하시되 인간의 일상생활을 지배하시며 하나님의 뜻과 명령에 불순종할 때에는 물질적, 육체적 해(害)가 되는 간섭도 불사(不辭) 하시는 하나님이시다.[388] 이 보편적인 현상들은 인간의 초기 조상들의 오해에서 기원했을 수도 있고, 또 문명화됨에 따라서 점점 사라져 간다는 반론에 직면한다.

f. 이성적 논증들에 대한 평가

이성적 논증에 대한 신자들의 부정적 반응은 이러한 논증들을 필요로 하지 않는다는 것이다. 왜냐하면 이들에게는 타락한 이성의 논증 보다 더 확실하고 분명한 신앙에 의한 지식이 있기 때문이다. 성경의 증언에 대한 신

---

[385] 이근삼 전집 편찬위원회 엮음, 『개혁주의 조직신학 개요 I』, 84.
[386] Bavinck, 75.
[387] Bavinck, 76.
[388] 이근삼 전집 편찬위원회 엮음, 『개혁주의 조직신학 개요 I』, 86.

앙으로 인한 하나님을 아는 지식은 이성적인 논증에 의한 것보다 더 열등한 것이 아니라 오히려 더 우월하고 높은 것이다. 이성적 논증들의 긍정적인 측면도 있다. 이는 하나님에 대한 완전한 증명을 주지는 못하지만, 신자들의 하나님을 향한 신앙이 맹목적인 것이 아니라 오히려 하나님의 존재를 부정하는 불신보다 더 합리적인 것을 보여 줌으로써 하나님의 존재에 대한 신앙의 합리성을 증언하는 역할을 한다는 것이다. 그래서 이 논증들을 신앙의 기초로 삼을 수는 없지만, 반대자를 침묵시키는 것과 전도의 한 과정에서 도구로 사용할 수는 있다.[389]

하나님은 스스로 존재하신다. 스스로 존재하시기 때문에 영원부터 존재하시고 필연적으로 존재하신다. 하나님은 자기가 자기 존재의 원인이시므로 자기 존재 원인을 자기 밖에서 구할 수 없다. 이런 하나님의 존재는 인과율에 기초해서 증명하는 인간 이성이 증명할 수 없다. 하나님은 증명되어 그 존재를 허락 받는 존재가 아니다. 인간의 이성으로 증명한다고 존재의 권리를 허락받는 것이 아니다. 증명되어 존재하는 존재자는 하나님이 아니다. 과학적 사실들은 발견하므로 그때부터 그 존재가 인정되고 정당한 존재자로 인정받는다. 그러나 하나님은 스스로 존재하시고 모든 존재자들을 존재케 하셨기 때문에 하나님의 존재증명 자체가 부당한 언어 구성일 뿐이다.[390]

C. 하나님의 존재에 대한 반론들과 반박

1. 자연신론(Deism)

자연신론은 이신론(理神論) 또는 초연신교(超然神敎)라고도 하는데 이들의 주장에서는 하나님의 존재를 부인하진 않으나 전통적인 교의를 수정하거나 무시, 또는 부인하는 내용들이 18세기 유럽의 종교적 신앙에 나타난

---

[389] 김달생, 『바른신학』, 81.
[390] 서철원, 『서철원박사 교의신학-하나님론』, 48-9.

다. 삼위일체 교리, 성육신, 성경의 신적권위, 속죄, 이적, 또는 이스라엘과 같은 선민으로의 교회를 부정한다. 그들은 하나님이 세계라는 커다란 기계를 만들고 법칙들을 넣어놓으셨기 때문에 하나님의 간섭 없이 세계가 진행된다고 주장391하였다. 또한 하나님의 섭리(providentia)와 특별계시를 부인하였다. 회의론자인 볼테르(F. M.a. Voltaire, 1694-1778)는 이렇게 말하고 있다.392

> "나는 시계가 시계 제작자를 나타내고 우주는 하나님을 증명한다고 늘 확신하리라. 나는 하나님 곧 신비주의자들과 신학자들의 하나님이 아니라 자연의 신, 곧 위대한 기하학자, 우주의 건축가, 최초의 운동자, 또는 불변자, 또는 초월자, 영존자를 믿는다."

프랑스의 수필가인 요셉 쥬베르(Joseph Joubert, 1754-1824)도 다음과 같이 자신의 이신론적 신앙을 피력하고 있다.

> "신은 자신 속에 숨었고, 자기 존재의 품속에 감춰졌다. 구름 뒤에 태양처럼 숨어 버렸다. 정신의 태양은 더 이상 그들에게 보이지 않는다.… 이제 황홀경에 이르게 할 것도 없고 고상한 명상을 자극할 것도 없으며, 신을 응시할 것도 없이 세상일에만도 바쁘다."

허버트(Herberte)는 몇 가지 전제만 있어도 신앙생활이 가능하다며 하나님은 세계에 대한 직접적인 간섭을 하지 않는다고 주장한다. 이러한 자연신론의 논쟁을 최대한도로 잘 변호한 인물은 조셉 버틀러(Joseph Butler)이다. 그는 『종교유추론』(Analogy of Religion)에서 이신론을 거부하고 도덕철학을 나타낸다. 하나님이 우주의 조물주이심과 계시종교의 확실성이 자연종교에 나타나는 유추로서도 명백하다는 것이다. 따라서 인간의 도덕성, 즉 양심이

---

391 서철원, 『서철원박사 교의신학』, 신학 서론, 216.
392 김해연, 95.

중요하며 그것은 직관주의에 따라서 선악의 판단이 되고 유용한 것이 선이라는 공리주의와 인간의 본성을 통한 도덕적 행위를 기대하는 자연주의도 그는 인정한다. 자연신교는 하나님의 우주 통치를 불신하는데 버틀러는 도덕적 통치에 대해 다음과 같이 서술하였다.[393]

> "쾌락과 고통이 자의적 행동과 관계됨을 보아서 하나님의 세계 통치의 성격을 알게 된다. 그런데 자연의 섭리로는 도덕적 통치를 나타내고 있지 않으며, 더 나아가 행복은 하나님이 주신다는 생각을 하는 이들이 많고 하나님 자신이 스스로 의로운 통치자라고 나타낼 뿐, 우리의 현실은 결코 안전한 도덕적 통치가 될 예증이 못되는 것이다."

자연신론의 인간관을 보면 이는 18세기의 인간관의 전형이라 할 수 있다. 칼 베커(Karl Becker)는 그들이 주장하는 인간론을 이렇게 요약하고 있다.

a. 인간은 태어날 때부터 타락한 것이 아니다.
b. 인생 삶의 목적은 사후의 복 된 삶이 아니라 지상에서의 선한 삶이다.
c. 인간은 이성과 경험의 빛만으로도 지상에서의 선한 삶을 지각할 수 있다.
d. 지상에서의 제일 되는 선한 삶은 무지와 미신에서부터 인간이 정신을 구출하고 제도화 된 사회적 권력의 압제로부터 사람의 육신을 해방시키는 것이다.

결국 자연신론은 합리주의적이며 그들의 종교적 이상은 "언제든지, 어디서든지 모든 사람으로부터"(quod semper quod ubique quod 0mnibus)[394]인데 이는 세계종교의 꿈을 가졌던 선전문구(catch phrase)라 할 수 있다.

---

[393] J. Butler, *The Analogy of Religion*, Macmillan, 1900, 46-7. ch. Ⅲ : "of the moral govemment of God."

[394] 콜린 채프먼 지음, *The Care for Christianity*, 『현대사조와 기독교 세계관』 (서울: 나침반사, 1987), 226.

자연신론에 대한 독일에서의 반응은 레이마러스(H. S. Reimarus, 1694-1768)와 레싱(G. E. Lessing, 1729-1781)에게서 도드라지게 나타난다. 레이마러스는 성경의 기적에 대한 회의를 나타내면서 예수는 실패자였기에 십자가를 진 것이고, 그의 부활도 무의미한 것이라고 폄훼하였다. 그리고 레싱은 기독교의 계시를 인류의 진보적 교육으로 보고서 역사적 종교, 즉 유대교는 단순히 인간이 미숙에서 성숙으로 진보하는 무대이며, 교육이 개인에게 귀속된다면 계시는 인류 전체에 귀속된다고 하였다. 그래서 레싱은 최고의 계시종교라도 자연종교의 최 하단계보다 못하다고 주장하였다. 그러므로 특별계시와 권위적인 신조와 같은 교리적 주장은 결코 용납 될 수 없는 것으로 여겼던 것을 볼 수 있다.[395]

이렇게 성행하던 이성종교는 칸트(I. Kant)가 『이성의 한계 내에서 종교』에서 인간이 근본적으로 악하며(Radikal Baese), 여기에 자유의지는 어떻게 스스로 갱생되며 합리적으로 이해하며, 기독교는 이러한 도덕적 갱신의 과정을 예증하는가를 다루면서 인간의 근본악의 문제는 초자연적인 도움이 필요하고 이를 수납할 이성적 능력도 인정한다. 그리고 칸트는 도덕적 당위성을 강조하며 자신들을 지으신 신의 자녀들이 될 수 있다고 강조한 것인데 그 역사적 모범은 바로 "예수"라는 것이다. 그러나 그가 예수는 신을 기쁘게 하는 인간형에 대한 역사적 모범일 뿐이라고 한 것이다.[396]

이런 이신론의 영향으로 성경에 대한 비판이 시작되었다. 특별한 섭리가 없다면 특별계시도 있을 수 없기 때문이라고 주장한다. 특별계시가 없다면 정확무류(無謬)한 성경의 기록도 없게 된다. 그래서 18세기 경건주의 운동에 속했던 세믈러(J. Semler, 1725-1791)는 성경도 일반 역사적 문서와 동일하게 취급해야 한다고[397] 하였다. 바로 이런 이신론이 유럽으로 건너가 성경비평과 무신론의 시조가 된 것이다.

---

[395] 제임스C. 리빙스톤, 『현대기독교 사상사』, (서울: 은성, 1993), 65.
[396] 제임스C. 리빙스톤, 135.
[397] 서철원, 『서철원박사 교의신학』, 신학 서론, 216.

2. 합리론(Rationalism)

합리주의는 서양사상과 문화, 학문의 토대와 기조(基調)가 되어 있다. 그런데 신학에 있어서 합리주의는 인간 이성으로도 얼마든지 진리를 찾을 수 있다고 강변함으로서 하나님으로부터 오는 그 어떤 계시나 초자연적 역사를 거부하면서 가장 강력한 기독교신앙의 견제 세력이 되었고, 기독교 신앙을 약화시키는 주범으로서 이성의 지지를 받지 못하는 모든 신앙이 철저히 배척되는 상황에 처하게 될 것이다. 사상과 문화를 매개로 한 사탄의 책략에 속수무책으로 유럽 교회들이 당하게 된 것이다.

스트라우스(D. Strauss)는 『예수의 생애』(Leben Jesu, 1835-36)라는 책을 써서 복음서에 나오는 예수님의 초자연적 요소들을 모두 부인하였으며, 조셉 어네스트 르낭(J. E. Renan, 1823-1892)도 『예수의 생애』(Vie de Jesus)라는 책에서 예수님의 초자연성과 그분의 도덕성마저도 부인하기에 이른다. 그는 예수님에 대해 평가하기를 '갈릴리에서 활동하던 한 설교가'에 불과하다 했고, 인류 역사에 있었던 하느님에 대한 제일 고결한 개념을 예수가 가졌으며, 인간 위대성의 제일 높은 고지에 예수를 앉혔다. 우리는 언제나 초인간적인 세계에 머물게 하는 그 전설을 보고 시나진 의심을 품은 나머지 빗나가서는 안 된다고 했다. 또한 몇 세기를 두고 사람들은 인간의 아들 가운데 예수보다 더 위대한 아들이 태어나지 않았다는 말을 전하겠다고 하면서 책을 끝마치고 있다.398 철저히 예수님의 신성과 하나님의 아들로서의 정체성을 송두리째 부인하고 있는 것이다.

합리론은 근대 사상의 발전과 함께 순수이성론으로 대체되었다. 경험을 바탕으로 한 합리론은 베이컨(F. Bacon), 존 로크(J. Lock), 밀(J. S. Mill)로 이어지면서 귀납적 논리 및 경험적, 과학적 방법의 발전에 크게 기여한 것도 잊을 수 없는 것이다. 이러한 경험적 합리론은 유신론자들과 마찬가지로

---

398 E. 르낭, 『예수의 생애(生涯)』, 최후 역, (서울: 정음사, 1976), 27.

극단적인 실증주의자들에게도 유일한 권위가 되었다. 신학에서의 합리론은 자유주의, 또는 휴머니즘과 불가지론과 같은 반자연주의 형식을 취하되 일반적으로 합리론은 "이성의 시대"(The Age of Reason)로 표현되고 있으며, 기독교 신앙에 대해서는 원시적 종교와 미신에서 발전된 것으로 보고 있다. 대부분의 합리론자들은 거의가 자연신론자와 상통하고 또 불가지론의 형식을 취하고 있다399고 볼 수 있다. 스트라우스 같은 경우는 "예수의 인격과 행동에 초자연주의가 남아있게 허용되어서는 결단코 안 된다. 교회에서 사제들을 몰아내는 자들은 종교에서 이런 적들을 우선 추방해야 한다."400고 극언을 서슴지 않는 것을 보면 당시 유럽사회에서의 합리주의의 영향이 얼마나 막강했던 것인가를 짐작할 수 있다.

3. 무신론(Atheism)

무신론자들도 회의론자들과 마찬가지로 대부분 합리주의의 영향 하에 있다가 무신론자가 되는 경우가 많았다. 무신론은 문자 그대로 하나님의 존재를 가차 없이 부인한다.

무신론에는 실천적 무신론자(practical atheists)들과 이론적 무신론자(theoretical atheists)로 구분된다. 실천적 무신론자들은 하나님에 대한 관념을 그 생각 속에서 억압하고 하나님이 계시지 않는 것처럼 불경건하게 살아가는 사람들을 의미한다. 이론적 무신론자는 더 지성적인 사람들로 자신들이 이성적인 이유로 하나님이 계시지 않다고 결론을 내린 사람들을 의미한다. 그렇지만 칼빈이 말한 것처럼, 하나님께서 모든 사람들 안에 종교의 씨앗(semen religionis)을 심어주셨다는 사실을 고려할 때, 무신론자로 태어난 사람은 아무도 없다고 할 수 있다.401 결국 무신론자들은 죄의 인지적 영향

---

399 김진수, 『개혁주의 신학해설 사전』, (서울: 생명의 말씀사, 1984), 782-83).

400 콜린 채프먼 지음, *The Care for Christianity*, 228.

401 Cf. Berkhof, 『조직신학』, 208-13; 김달생, 『바른신학』, 81-83.

과 뭔가의 피해의식, 주변 환경에 대한 반동에서 나타난다고 할 수 있고, 하나님을 부정하고자 하는 그들의 악한 욕망에서 비롯된 것이라 할 수 있다.

하나님의 존재와 창조사역을 부인하는 것은 죄 때문이다. 죄가 역사하여 사람들의 마음에 창조주에 대한 반감과 적개심을 불러일으킨다. 이로써 의도적으로 하나님의 존재와 창조를 부인하게 한다. 진화론이 가장 대표적으로 하나님의 존재와 창조를 부인하는 것으로 나타났다. 물질이 처음 어디에서 생겼는가? 저절로 생겨났는가? 창조가 인류의 의식수준으로는 다 포함할 수 없는 큰 신비적인 사역이므로 여러 가설들을 낼 뿐이다. 또 물질이 어떻게 저절로 진화해서 생명체로 변해갈 수 있는가? 그런 일이 한번이라도 사람들의 눈에 목도된 적이 있는가? 과학은 반복성의 경우에만 성립한다. 그런데 한 번도 진화론의 주장대로 물질에서 생명체로의 진화는 목도되거나 관찰된 적이 없다. 일회성은 과거에 있었다고 주장하는데 과거에 진화가 일어났다는 증거는 지구상 어디에도 성립하지 않는다.

빅뱅이론(the Big Bang theory)도 창조주와 창조를 부인하기 위해서 만들어낸 어처구니없는 가설일 뿐이다. 처음 폭발하기 전에 물질은 어디에서 생겨났는가? 어떻게 폭발할 만큼 물질이 스스로 퍼져나가다가 별들을 만들 수 있는가? 그런 경우를 한 번이라도 관찰한 적이 있었던가? 왜 별들이 한 군데 모여서 많은 은하계 같은 것을 형성할 수 있는가? 어떻게 그런 의사소통이 가능한 것인가? 빅뱅이론은 성립할 수 없는 주장이다. 죄의 역사가 커서 사람들이 하나님의 존재와 그의 창조사역을 부인하고 있을 뿐이다.[402]

무신론은 헤겔의 좌파(Young Hegelian)들에 의하여 본격화되었다. 포이엘바하(L. a. Feuerbach, 1804-1872)는 "하나님의 존재는 인간요구의 이상화(理想化), 또는 대상화(對象化)에 지나지 않는다."고 『기독교의 본질』(Essence of Christianity)이라는 책에서 밝히고 있다.[403] 포이엘바하는 신학을 인간학으로

---

[402] 서철원, 『서철원박사 교의신학』, 하나님론, 51-2.

[403] 원문은 다음과 같다: "God is himself the realized wish of the heart, the wish exalted to the certainty of it's fulfilment … the secret of theology is nothing else than anthropology—the knowledge

격하시키려는 시도를 꾸준히 했으며, 그 영향을 받은 프로이드(S. Freud, 1856-1939)는 '종교는 환상'이라는 선언을 하기에 이른다. 그 뒤를 이어 칼 막스(K. Marx)와 엥겔스(Friedrich Engels)는 포이엘바하의 영향을 받아 '물질이 모든 사회의 이데올로기(Ideologie)적 기반'이라는 잘못된 유물사관(唯物史觀)에 사로잡히게 되었고, 종교적 소외라는 관념을 갖게 됨으로 '종교는 인민의 아편'이라는 선언을 하면서 무신론적 유물사관(唯物史觀)에 심취하게 된다. 막스와 엥겔스는 결국 포이엘바하로부터 이런 이론적 기초를 제공받았고 그 결과 공산주의404가 출범하게 되는 불행한 역사가 잉태하게 되었다.

급진주의자인 로빈슨(A. T. Robinson)은405 포이엘바하에 대해 신학을 인간학으로 끌어 내린 장본인으로 무신론자라기보다는 반신론자(反神論者)라 함이 옳다고 했다. 포이엘바하는 급기야 '인간에게 있어서 인간이 신'(Homo homini Deus)이라는 극언까지 내뱉고 만다.

그러나 뭐니 뭐니 해도 무신론의 실제 주창자는 니체(F. Nietzsche, 1844-1900)라고 할 수 있다. 그는 기독교 신앙의 모든 체계를 거부하면서 기독교의 모든 근거와 과정은 모두 실제가 아닌 가정에 의한 것이라 하였다. 그러면서 "신은 죽었다."(Gott ist tot)고 호언장담을 하게 된다. "도대체 그런 일이 있을 수 있다니! 이 늙은 성자는 그의 숲속에서 신이 죽었다는데 대하여 아직 아무런 소식도 듣지 못했군, 일찍이 신에 대한 모독이 최대의 모독이었으나 신은 죽었으므로 따라서 이러한 모독도 또한 죽었다."406고 큰 소리쳤다.

---

of God nothing else than a Knowledge of man!"

404 공산당 선언은 공산주의자 동맹의 강령으로 막스와 엥겔스가 쓴 것이다. 엥겔스가 쓴 『공산주의의 원리』라는 책에서 공산주의에 대한 문답이 나온다. 문1: 공산주의란 무엇인가? 답: 공산주의란 프롤레타리아트 해방을 위한 조건에 관한 이론이다. 문2: 프롤레타리아트란 무엇인가? 답: 프롤레타리아트란 어떠한 자본소득도 없이 오로지 자신의 노동의 판매만이 생계유지의 유일한 수단이 되며, 어떠한 자본의 이윤으로도 생활하지 않는 사회계급이다. 프롤레타리아트의 행과 불행, 삶과 죽음, 그의 모든 존재는 노동에 대한 수요, 즉 호황 또는 불황이란 경기변동, 무정부적인 경쟁에서 비롯되는 변동에 전적으로 의존한다. 프롤레타리아트 또는 프롤레타리아 계급은 한마디로 19세기의 노동자 계급을 말한다(막스, 엥겔스, 『공산당 선언』, 김기연 옮김 (서울: 도서출판 새날, 1991, 109).

405 존 로빈슨, 『신에게 솔직히』, 역자 현영학 (서울: 대한기독교서회, 1968), 49.

406 니체, 『짜라투스트라는 이렇게 말하였다』, 박준택 역 (서울: 박영문고, 1983), 8-10.

실존주의 철학자인 사르트르(J. P. Sartre, 1905-1980)도 예외는 아니다. 그는 무신론의 결말을 볼 때까지 끝까지 밀어붙여야 된다는 점을 강조하면서 자신의 실존주의 철학을 무신론의 논리적 결과물을 내는데 활용하였다. '존재는 본질보다 우수하다'는 무신론적 실존을 주장하였으며, 이와 같은 존재가 바로 인간이라는 이론을 확립하였다.

알베르 까뮈(A. Camus, 1913-1960)[407]도 "우리는 니체가 이루어 놓은 변화를 느낀다. 그에게 있어서의 반항은 '신은 죽었다'라는 것에서 시작된다. 니체가 신을 죽일 생각은 없었고 그 시대 사람들의 정신 속에서 신이 죽어 있음을 발견한 것뿐이다."[408]라고 니체를 옹호하였다. 이어서 "나는 이 세계가 그것을 조절하는 어떤 의미를 가졌는지 어떤지를 모른다. 그러나 내가 알 수 있는 것은 내가 그 의미를 알지 못하며 나로서는 지금 그것을 알 방법이 없다는 사실이다. 나의 조건 밖에는 의미가 나에게 무슨 뜻이 있단 말인가? 나는 인간의 용어로써 밖에는 이해할 수 없다.…"고 인간 세계의 부조리를 토로한다. 까뮈는 인간이 신을 설정함으로써 부조리가 해결되지 않는다고 보고 있다. 그는 종교적 신앙심으로 부조리를 잊기 보다는 부조리함 자체를 깊이 각성하는 것이 최상의 길이라는 실존사상을 가졌다. 그가 쓴 『페스트』[409]에서도 등장인물인 의사 리외를 통해서 '신(神) 없이도 성인이 될 수 있다'는 자신의 관심사를 분명하게 드러내고 있는 것을 볼 수 있다.

4. 불가지론(Agnosticism)

어떤 사람들은 하나님의 존재를 전적으로 부정하지는 않지만, 인간으로서는 신에 대해 가부간에 말할 수 없다는 입장을 견지하는데 이들을 불가

---

[407] 『이방인』, 『페스트』, 『전락』 등의 소설과 좌파적 현실 참여 활동으로 유명한 작가다. 1942년에 첫 번째 단편소설 『이방인』을 발표하고 1947년 그의 첫 번째 장편소설 『페스트』를 썼다. 1957년 노벨 문학상을 받은 지 3년이 채 안 되어 교통사고로 목숨을 잃었다.

[408] 콜린 채프먼 지음, 231.

[409] 까뮈, 『페스트』, 유혜경 옮김 (서울: 삼성출판사, 1975), 260.

지론자들이라 한다. 그들은 인간 이성을 동원해 신을 찾으려 해도 찾을 것이라고 희망할 수 없다고 한다. 그것은 인간의 지성은 유한하기에 우주의 신비를 풀 수가 없다. 그러므로 인간의 지식이 이렇게 한계가 있음을 인정하고 이 한계를 초월하는 어떤 것을 알려고 해서도 안 된다고 말한다. 한편으로 이들의 주장은 옳다 하겠다. 왜냐하면 성경은 "세상이 자기 지혜로 하나님을 알지 못한다."(고전 1:21)고 말하고 있기 때문이다. 그러나 하나님은 모든 사람들에게 모든 곳에서 언제라도 자신을 계시하시고 계시기에 그 누구도 하나님 앞에 자신들의 불신을 핑계할 수 없다고 성경은 말하고 있다(롬 1:20). 그러므로 불가지론 역시 하나님의 말씀인 계시를 통해 하나님을 알 수 있음에도 불구하고 이런 핑계를 대며 불가지론을 펼치는 것은 결국 타락한 인간들이 하나님으로부터 이탈한 자신들의 형편에 대해 어찌하든지 합리화 시키고 변명해 보려는 하나의 시도일 뿐이라고 할 수 있다.

신학자인 윌리엄 헤밀턴(W. Hamilton, 1788-1856)은 '하나님은 믿어져야 한다. 하지만 하나님이 알려지는 것은 인정할 수 없다.'410고 주장한다. 결국은 하나님을 인정할 수 없다는 것이니 이런 해괴한 논리가 어디 있을까? 마틴 에슬린(Martin Esslin), 『고도를 기다리며』(En attendant Godot)로 유명한 사무엘 베케트(Samuel Beckett)와 같은 희곡 작가들도 이런 영향을 받아 불가지론자가 되었다. 이들은 지난 시대의 확실성과 불변하는 기본적 가정(假定)들이 이제는 유치하고 값싼 망상이 되고 말았으며, 확실한 의미도 없다411고 하였다. 이런 불가지론의 흐름은 비단 신학, 철학, 예술계뿐만 아니라 과학계까지 다양한 분야로 전이(轉移)되고 있다.

기독교 변증가인 부르스(A. b. Bruce)는 "불가지론이야 말로 전적으로 기독교신앙의 적수이다. 역사와 자연과 인간의 영혼은 하나님에 관한 진리를 보여주는데도 그들은 이것을 믿을 수 없다고 한다. 그렇지만 그들이 아무리 그것

---

410 "denying that God can be know while affirming that God ought to believed in Flint", (Baker's Dictionary of Theology, 1960), 34.

411 콜린 채프먼 지음, 237.

을 믿을 수 없다고 핑계하며 부인할지라도 하나님을 믿을 수 있는 너무나 확실한 계시가 있음을 알아야 할 것이다. 하나님의 자아 계시에 대한 신앙은 이제 불가지론자들에게는 석양에 지는 태양빛 같이 되었다. 그리하여 곧 어둠이 올 것이다. 하나님에 대한 그리스도의 교훈은 참됨으로써 상상의 세계에서 자연과의 조화를 이루거나 증명할 필요조차 없다. 하나님에 대한 기독교 교리는 결국 우리의 지식으로 증명하려는 일종의 가정이 될 수밖에 없지만 믿는 자는 삼라만상 우주의 조화로움을 바라보며 하나님을 인정하는 의식이 발동될 수밖에 없는 것이다."412라고 하였다.

임마누엘 칸트도 이 현상세계에 대한 인식은 이성에 의해 주어지는 선천적 이념이 없이는 불가능하다고 했다. 인식은 현상세계에서 주어지는 대상과 이성에 의해 주어지는 선천적 이념이라고 규정하면서 불가지론에 빠지게 된다. 이성은 이성을 비판함으로 스스로 바른 길을 간다고 하는 칸트의 이율적 이성관은 19세기의 성경에 대한 고등비평을 위시하여 모든 비평학에 정당성을 가지게 하는 동시에 칸트의 윤리적 종교관은 인본주의, 또는 내재적 자유주의 신학을 낳게 되었다. 그리고 칸트가 현상계, 물자체(Thing-An-Sich)의 세계를 나누어 현상계에 대한 신의 내재와 신의식의 불가능을 천명한 것은 후에 칼 바르트를 비롯한 초절주의(Transcendentalism)413

---

412 a,b, Bruce, *Apologeties; or, Christianity Defensivrely Stated*, T. T. Clark, Edinburg, 1911, 148-49.

413 19세기의 미국 뉴잉글랜드의 작가와 철학자들이 벌인 운동으로 이들은 모든 피조물이 본질상 하나이고, 인간은 본래 선하며, 가장 심오한 진리를 밝히는 데는 논리나 경험보다는 통찰력이 더 낫다는 믿음에 기초한 관념론 사상체계를 고수한다는 점에서 서로 결합되어 있었다. 독일의 초절주의, 특히 콜리지와 토머스 칼라일이 굴절한 초절주의, 플라톤주의와 신플라톤주의, 인도와 중국의 경전, 신비론자 에마누엘 스웨덴보리와 야코프 뵈메의 저술 등을 바탕으로 뉴잉글랜드 초절주의자들로 하여금 해방의 철학을 추구하게 만든 원천이었다.
그 기원에서부터 절충주의적·세계시민주의적인 뉴잉글랜드 초절주의는 낭만주의 운동의 일부로서, 매사추세츠 주 콩코드 지역에서 시작되어 1830~55년 신세대와 구세대의 갈등을 보여주었고, 토착적인 소재를 바탕으로 삼은 새로운 민족문화의 출현을 대변했다. 이 운동에 참여한 자들은 매우 다양하고 개인주의적인 인물들로서 랠프 월도 에머슨, 헨리 데이비드 소로, 마거릿 풀러, 오레스테스 브라운슨, 엘리자베스 파머 피보디, 제임스 프리먼 클라크, 조지 리플리, 브론슨 올컷, 채닝 형제 등을 꼽을 수 있다.
1840년 에머슨과 마거릿 풀러는 〈다이얼 The Dial〉(1840~44)이라는 잡지를 창간했다. 이것은 '동인잡지'의 원형이라고 할 수 있는 것으로 소수파 초절주의자들의 뛰어난 글 중 몇 편이 여기에 실렸다. 초절주의자들의 작품과 이들이 바탕을 마련해준 동시대의 휘트먼·멜빌·호손의 작품은 신학을 낳아 신은 '절대타자'(The Wholly Other)가 된 것이며, 현대의 '사신(死神)신학'(The Death Theology)이 탄생하는 매개가 되었다. 칸트가 현상세계에 대한 인식은 이성이 주는 선험(A priori)으로 가능하다고 한 까닭에 현대의 주관주의적 역사신학과 해석학의 기초가 되었다. 그는 오성(悟性)414과 이성(理性)을 구분하여 수학이나 물리학과 같은 선천적 종합은 오성에 근거하고 철학의 개념에 따른 종합은 이성에 속한다고 판단한 것이다.415

칸트는 인식이 주관의 능동적 활동에 의하여 구성된다고 보았으므로 이를 구성설(構成設)이라 하고, 이와 같이 인식론을 이른바 '코페르니쿠스적 전회(轉回)'라고 불렀다. 칸트는 감성을 촉발하여 인식을 성립시키는 물자체(物自體, Ding an Sich)의 세계와 현상의 세계를 구분하였고, 물자체의 세계는 인식될 수 없다고 하여 이른바 불가지론의 입장에 서게 된 것이다. 칸트가 현상계와 물자체를 다 같이 인정함으로써 남겨 놓은 이원론은 이후 독일 관념론이 풀어야 할 과제가 되었다.

3. 현대의 그릇된 신관들

a. 범신론(pantheism)

범신론은 신이 따로 존재하는 것이 아니라 '세계가 곧 신'(Weltanschauung, nach der Gott und welt eins sind)이라는 사상이다. 범신론은 신의 비인격화를 말하는 것으로 유신론(Theism) 신학에 반대하는 사상으로 나무 한그루, 풀 한 포기에도 신이 깃들어 있다고 주장한다.416 원어상으로 살폈을 때 범신론의 pantheism은 그리스어 판(πᾶν)은 모두(all)이며, 데오스(θεος)는 하나님이므로 세상 모든 만물이 다 신이라는 주장인 것이다.

미국의 예술적 천재성이 피워낸 첫번째 꽃이며, 문학에서 미국 르네상스를 열었다.
414 지성이나 사고의 능력을 말한다(wisdom).
415 문성학, 『칸트 哲學과 物自體』, (서울: 양문출판사, 1988), 217.
416 임석진 외 편저, 『철학사전』, (서울: 중원문화사, 2009), 264.

범신론은 그리스의 철인 헤라클레이토스(Heracleitos, B. C. 540-480)로부터 시발이 된다. 그는 '투쟁은 만물의 아버지'라고 하면서 만물유전설[417]을 주장하였고, 만물의 보편운동의 영원성을 말하면서 창조에 의한 세계의 존재와 계시를 거부[418]하였다. 고대 인도의 우파니샤드(Upanishad)[419]의 세계관에서도 범신론이 나타나고 있다.

"신은 대상이 아니다. 신은 결코 대상으로 존재하지 않는다. 따라서 신은 어떠한 찾음의 대상이 될 수 없다. 신은 순수한 주관으로 남아 있다. 사람들은 어떠한 곳에서도 신을 찾을 수 없을 것이다. 신은 바로 모든 것이기 때문이다. 신은 전제적인 실존이다. 신은 그대를 둘러싸고 있는 바다이다. 신은 넓은 바다이다. … 이어서 그러므로 첫째 진리는 그대로부터 멀리 있는 것이 아니라 바로 그대 안에 있다는 사실을 기억하기 바란다. 그대는 바로 지금 이 순간 신과 함께 있다. 신은 그대를 통해서 숨 쉬고 있다. 또한 그대는 신을 통해 숨을 쉬고 있다. 이 점을 끊임없이 자각하고 기억하라 어느 순간도 이 사실을 잊지 말라. 한 순간이라도 그대 아닌 다른 곳에서 찾으려 할 때 그대는 또다시 무지의 구렁텅이에 빠지게 된다. 적어도 10일 중 8, 9일은 자각 하고 있으라. 신은 바로 그대 안에 있으며, 그대 존재의 중심이 곧 신의 중심이다."[420]

본격적인 범신론은 '내일 지구에 종말이 와도 나는 오늘 한 그루 사과나무를 심겠다.'는 말로 유명한 17세기 화란의 철학자 스피노자(B. Spinoza, 1632-1677)에게서 나타난다. 그는 하나님에 대해서 이런 이해를 하고 있다. 하나님은 어떤 자유로운 인격적인 존재가 아닌 자연의 본질적 원인이라는 것이며, 인간의 최대 덕행은 신을 묵상하고 열정과 겸손, 또는 참회를

---

[417] 만물유전설은 헤라클레이토스의 철학으로 '모든 만물은 물처럼 흐른다.'는 논리로서 늘 새로운 강물이 흐르기 때문에 두 번 발을 담글 수 없다고 주장한다. 이것은 기존의 전통이나 경전에 대한 경외감과 신뢰를 무너뜨리는 것으로 종교다원주의나 해체주의적 사고임을 알 수 있다.

[418] 서철원, 『서철원박사 교의신학』, 신학 서론, 214.

[419] 우파니샤드는 인도 힌두교의 가장 오래 된 경전인 베다를 운문과 산문으로 설명한 철학적 문헌을 말한다. 인도 철학과 종교사상의 원천이라 할 수 있다.

[420] 오쇼 라즈니쉬, 『우파니샤드』 신종현 옮김, (서울: 청하, 1993), 15.

가지는 것으로 보았다. 그의 종교사상은 순전히 합리주의적으로 연구한 것이기 때문에 성경 역사비평학[421]에서는 아버지와 같은 존재가 되었으며, 유럽 최초의 부르주아 혁명을 일으켜 슐라이어마허(F. d. E. Schleiermacher), 쉘링(F. W. J. Schelling), 헤겔(G. W. F. Hegel) 등에게 커다란 영향을 미쳤다.

범신론은 실질적으로 신학의 옷을 입은 유물론(Materialism)이었으나 현대에 접어들어서는 세계가 신속에 있다고 주장을 하면서 신앙과 과학을 조종하기 위한 관념론이 되었다. 범신론의 제일 큰 오류는 기독교신학, 특히 변증신학적 입장에서 볼 때 결코 과소평가할 수 없으며, 신이 세상 사물과 동등하다는 것은 철학적으로는 합리주의라 할 수 있다.

범신론적 세계관을 갖게 되면 하나님과 세계의 일치는 결국 "하나님과 나와의 관계"에서 "나는 나이다."(I's)라는 것이 되고, "나와 너"(I-thou), 또는 "나는 나"(I-I)로서 귀결이 되고 만다. 그러므로 어떤 종교적 체험도 의미가 있을 수 없고, 체험적 변화를 가질 수 없는 것이다. 하나님과 피조물인 인간 사이의 간극은 당연히 있어야 한다. 아담의 타락도 결국은 피조물인 인간이 하나님과 같이 되려는 교만과 유혹이 발단이 된 것처럼 현대 사회에 와서도 마찬가지이다. 거의 대부분의 이단집단의 교주들이 하나님을 흉내 내면서 그 영광을 가로채려는데 문제가 있었다.

결국 범신론은 절대적이기는 하나 단순히 내재적이고 비인격적인 신(神) 주장이다. 성경의 하나님은 내재적이기는 하지만 동시에 초월적이시고 또 인격적인 절대적 신이시다. 그러나 범신론은 신과 물질, 세상을 동일시하여 하나님이 만물이시고, 만물이 하나님이라고 주장하며, 하나님이 우주 밖에는 계시지 않는 것으로 설명한다.

---

[421] 역사비평(Historical criticism, historical-critical method , higher criticism) 혹은 고등비평이란 기독교의 전통적 성서해석 방법인 역사적 성경해석에 포함되는 근대의 성경 해석 방법 중의 하나이다. 이는 16세기 종교개혁 시기에 활용하였던 역사 문법적 성경해석에서 발전한 형태로 "텍스트 뒤에 있는 세계"를 이해하기 위해 고대 텍스트의 기원을 조사하는 비평학이다.

b. 다신론

다신론(polytheism)은 인격적이기는 하지만 유한(有限)한 신(神) 주장이다. 세상 속에 있는 악의 존재와 '절대자'라는 관념의 불가지론적이고 범신론적인 반감과 함께 유한적이고 인격적인 신이 인간의 종교적인 요구를 충족시킨다는 주장이 옹호되었다. 현대의 종교 진화론자들과 일부 자유주의 신학자들은 성경의 유일신관이 다신론에서 나왔다고 주장하지만, 유일신관은 오직 성경 계시에 의한 것이다.

c. 추상적 관념의 인격화

현대 자유주의자들은 공동체의 내재적 정신을 인격화하여 그것을 신이라고 주장한다. 이들에 의하면 신은 "인간의 형상"이다. 이들은 하나님을 사회 질서와 동일시하거나 자기 존재의 기반으로 인식한다. 이들이 비록 신에 대한 신앙을 고백한다 하더라도 그들의 신은 자신들의 상상 속에서 만들어진 신일뿐이다.

하나님을 아는 지식

피조물은 그 누구라도 창조주 하나님께서 스스로의 계시로 알려주시지 않으면 알 길이 없다. 하나님께서 계시하여 주셔도 거듭나지(重生) 아니하면 깨달을 수도 없고, 믿을 수도 없는 것이다. 영적인 일은 영적으로라야 분별422이 되고, 타락함으로 하나님과 원수가 된 상태로 영적 눈이 어두워졌기 때문이다. 우리는 하나님이 계시한 성경에 근거하여 하나님을 향한 인격과 그의 사역에 대한 바른 신관을 가져야 한다.

A. 하나님의 불가이해성(不可理解性, incomprehensibility)과 가지성423

이 말은 인간의 유한한 이해를 가지고 무한하신 하나님에 관하여 완전 무결한 지식을 가지는 것은 불가능하다고 할 때 쓰는 말이다. 하나님의 불가이해성은 하나님의 완전한 계시로 주신 진리에도 불구하고 하나님에 관하여 아직도 완전이해는 불가능한 것이라는 의미이다.424 하나님의 위대성은 근본적이고 영원히 측량치 못할 신비이다. 하나님의 계시와 성령의 조명으로 우리가 하나님을 참으로 알 수 있고 교제할 수 있다. 그러나 우리의 지식은 항상 피조 된 인간의 것이다.425

---

422 "우리가 이것을 말하거니와 사람의 지혜가 가르친 말로 아니하고 오직 성령께서 가르치신 것으로 하니 영적인 일은 영적인 것으로 분별하느니라"(고린도전서 2:13)

423 Cf. Berkhof, 『조직신학』, 217-19.

424 H. Bavink, "The Doctrine of God", *The Banner of Truth. Trust*, G.b., 21.

하나님의 인식 가능성에 대해서 기독교는 한편으로는 소발과 이사야의 말처럼(욥 11:7; 사 40:18; 55:8, 9), 하나님은 "이해될 수 없는 분"이라는 주장을 하면서도 동시에 다른 한편으로는 예수님과 요한의 말처럼(요 17:3; 요일 5:20), 그가 자신의 계시에 의해 알려질 수 있으며, 구원을 위해서 그를 아는 것은 필수 불가결한 조건이라고 말한다. 초대 교회 교부들은 신적인 존재에 대해서 옛 희랍의 관념을 거의 넘어서지 못했다. 하나님은 보이지 않아서 발생하지도 않고 영원하시며, 다 파악할 수 없고, 변하지 않으시는 존재이면서도 동시에 하나님은 로고스 안에서 자신을 계시해 주시는 분으로 이해하였다. 중세 스콜라 신학자들은 이 지식들을 좀 더 세분화해서 논의해 나갔다. 이들은 먼저 하나님의 본성(quid)과 속성(qualis)을 구별했다. 그리고는 우리는 본질적 존재로서의 하나님은 알 수 없고, 그가 자신의 신적 속성을 계시하실 때에만 그의 본성과 본질에 대해서 알 수 있다고 주장했다.

종교 개혁자들은 인간이 신적 특별 계시의 도움을 받지 않고서 이성과 일반 계시에 의해 하나님에 대한 참된 지식을 획득할 수 있다고 생각한 중세 스콜라주의자들의 견해에 동의하지 않았다. 그러나 하나님의 불가해성과 가지성에 대해서는 일반적으로 동의되었다. 루터는 숨어 계신 하나님(Deus Absconditus)과 계시된 하나님(Dous Revelatus)의 구분을 통해서 이를 설명했고, 칼빈 또한 존재 깊은 곳에 계시는 하나님에 대해서는 우리가 알 수 없고, 오직 계시에 따라서 하나님을 알 수 있다고 말하였다. 이를 따라 개혁파 신학은 하나님은 알려질 수는 있지만, 인간이 하나님에 대해 철저하고 완전한 지식을 소유하는 것은 불가능하다고 주장하였다. "유한은 무한을 파악할 수 없다(Finitum non possi capere infinitum)"는 것이었다.

신학은 하나님을 아는 것을 목적으로 한다. 칼빈도 『기독교 강요』에서 "하나님을 아는 지식"(神知識)으로부터 시작했고 《제네바 교리문답》 제1문답은 "인생의 주요 목적은 무엇인가?"라는 물음에 "창조주 하나님을 아는

---

425 이근삼 전집 편찬위원회 엮음, 『개혁주의 조직신학 개요 Ⅰ』, 45.

것"이라고 답하고 있다. 그러므로 하나님의 불가해성 교리를 회의주의나 불가지론과 혼동해서는 안 된다. 하나님의 계시를 통하여 알게 된 신지식은 참된 지식이지만 하나님이 자신을 전적으로 계시한 것이 아니므로 우리가 아는 신지식은 지식이 아니고 계시된 것마저도 완전이해는 불가능하다는 것이다.426

B. 하나님에 관한 모든 지식의 필수 조건으로서 하나님의 자기 계시

1. 계시하시는 하나님

인간은 하나님의 적극적인 계시를 의지해서만 하나님을 알 수 있다. 계시가 없다면 인간은 하나님에 대한 어떠한 지식도 가질 수 없다. 또한 하나님이 자신을 계시 하셨다고 하더라도, 타락한 인간은 자신의 이성을 따라 하나님을 발견할 수 있는 것이 아니라, 오직 하나님께서 열어주시는 신앙의 눈과 귀를 통해서만 계시를 따라 하나님을 알 수 있게 된다. 인간의 이성은 오직 계시에 의존할 때만 성령의 인도와 조명하심에 따라 하나님을 아는 지식에 수종들 수 있다. 신학은 원형 신학과 모형 신학이 있는데, 원형 신학은 하나님께서 자신에 대해서 하시는 신학이고, 모형 신학은 피조물이 하나님에 대해 하는 신학이다. 모형 신학은 원형 신학에 대해 모형적이며 유비적이고, 또 참되고 바르다.427

2. 하나님을 아는 선천적인 지식(cognitio insita)과 후천적인 지식(cognitio acquista)

하나님을 아는 지식은 일반적으로 선천적인 지식과 후천적인 지식으

---

426 이종성, 『신론』, (서울: 대한 기독교 출판사, 1993), 130-41.
427 Cf. Berkhof, 『조직신학』, 223-29.

로 구분된다. 이런 구별의 근간이 되는 선천적 관념에 관한 이론은 기본적으로 신학적이기 보다는 철학적이다. 개혁과 신학이 이를 거부했고, "심겨진 하나님을 아는 지식"(*cognitio Dei insita*)이라고 말하기를 더 좋아했다. 한편으로 이 지식은 인간이 출생 시에 인간에게 내재해 있는 어떤 관념들이 아니며, 다른 한편으로는 하나님을 알 수 있게 해주는 단순한 능력만도 아니다. 이는 종교의 씨앗(*semen religionis*)의 영향에 의해, 자발적으로 생겨난다는 의미에서만 선천적이며, 추론이나 논증의 과정에 의해서 획득되지 않는 지식을 의미한다. 반면에 후천적 지식은 하나님의 계시를 연구함에 따라 획득되는 지식이다. 그것은 인간 정신에 저절로 일어나지 않고, 추론과 논증의 과정에 의해서 획득된다.

3. 일반 계시와 특별 계시

계시는 일반적으로 두 가지로 분류하는데 일반 계시는 하나님의 창조에 근거한다. 이는 모든 인간을 향한 계시로서, 인간 이성에 전달되는 계시로 창조 목적의 실현 속에서 하나님을 알고 하나님과 친교를 누리는 것을 목적으로 한다. 모든 시대, 모든 장소, 모든 사람들에게 자신을 전달하는 것이다. 반면에 특별 계시는 하나님의 구속의 계획에 근거하며, 특정한 시간, 특정한 사람들에게 하나님 자신의 특별한 전달과 나타남을 수반하는데 그 전달과 나타남은 이제는 오직 어떤 거룩한 문서들을 참고함으로서만 이용할 수 있는 것이다.[428] 이 계시는 택한 백성을 향한 계시로서, 오직 신앙에 의해서만 바르게 이해되고 획득될 수 있다.

중세 스콜라주의는 이 두 계시를 구분하였다. 그들에 의하면, 일반 계시는 이성에 대한 계시로서 세상에 속한 진리들을 전달하기 위한 계시이고, 이 계시를 위한 핵심 기관은 국가이다. 반면에 특별 계시는 신앙에 대한 계

---

[428] 밀라드 J. 에릭슨, 175-76.

시로서, 종교적이고 영적인 영역에 속한 진리를 전달하며, 교회가 바로 이 계시를 위한 기관이라고 여긴다. 하지만 종교 개혁자들은 스콜라 신학자들의 이런 이원론을 거부했다. 일반 계시는 타락으로 말미암아 인간은 절대로 바르게 읽을 수 없게 되었고, 오직 특별 계시 즉, 성경의 안경을 통해서만 일반 계시를 바르게 읽어낼 수 있다고 주장하였다. 하나님은 특별 계시 속에서 일반 계시의 진리들을 재 공표하신 것이다.[429]

C. 신앙고백서에 나타난 계시(성경)관[430]

1. 웨스트민스터 신앙고백[431]

웨스트민스터 신앙고백은 신앙생활의 최고 권위를 교회의 전통이나 인간의 이성에 두지 않고 성경 그 자체에 두고 있다. 이것은 대륙의 개혁교회 신앙고백서들이나 아일랜드 신조의 선례를 따른 것으로 성경이 우리의 모든 신학의 근거가 되어야 할 것과 성경의 신적 영감성과 충족성을 인정하는 것이다.

웨스트민스터 신앙고백은 영국교회의 신조나 아일랜드 신조들이 가경을 정경으로 인정하지 않으면서도 그 목록들을 모두 열거하고 있는 것과는 달리 모든 가경들을 정경에서 빼버렸다. 또 성경의 원본과 번역본의 차이를 인정하였고, 누구나 성령의 감동을 받아 스스로 성경을 해석하는 권한이 있다는 올바른 진리를 주장하였으며, 성경 영감의 권위를 성경 고유의 탁월성

---

[429] Cf. Berkhof, 『조직신학』, 223-29.
[430] 김의환, 42-43.
[431] 1643년 웨스트민스터 회의가 소집될 당시 영국은 세 나라로 분할되어 있어서 기독교 교리, 예배, 권징에 있어서 서로 다른 견해를 보임으로써 논란이 극심했다. 마침 청교도 장군 올리버 크롬웰(Oliver Cromwell)의 혁명군이 국군을 물리치고 집권하여 청교도 공화국을 수립하였다(1640). 그리고 크롬웰장군은 1643년 7월에 웨스트민스터 회의를 소집하여 교회 개혁을 논의하였으며, 그 결과 웨스트민스터 신앙고백과 웨스트민스터 요리문답이 작성되었다. 웨스트민스터 신앙고백과 요리문답의 견실한 내용은 영국교회뿐 아니라 세계 장로교회 신조사에 표준이 될 만큼 큰 공헌을 하였다.

과 내적 증거에 두고 교회의 외적 증거를 절대시 하지 않았다.432

자연의 빛과 또 창조의 섭리가 하나님의 선과 지혜와 권능을 나타내어 사람이 핑계할 수 없게 하나(롬 1:19-20, 32, 2:14-15) 그것들이 구원에 필요한 하나님과 그의 뜻에 관한 지식을 충분히 나타내지는 못한다(고전 1:21, 2:13-14, 2:9-12; 행 4:12; 롬 10:13-14). 그러므로 주님은 여러 때에 여러 방식으로 교회에 대하여 자신을 계시하시며 자기의 뜻을 선언하셨다(히 1:1-2; 갈 1:11-12; 신 4:12-14). 그리고 후에는 진리를 더 잘 보존하시고 전파하시며, 또 육체의 부패와 사단과 세상의 악에 대항하여 교회를 더 견고하게 설립하시고 위안하시기 위하여 그 동일한 진리를 전부 기록에 맡기시기를 기뻐하셨다(눅 24:27; 딤후 3:15-16). 이것이 성경을 가장 필요로 하는 원인이다(눅 16:29-31; 히 2:1-3; 딤후 3:15-16; 벧후 1:10). 그러나 하나님께서 그의 백성에게 그의 뜻을 계시하신 이전의 방법은 지금은 정지되었다(눅 16:29; 요 20:29, 31).

우리는 교회의 증거에 따라 성경을 높이 평가한다. 내용의 고귀성, 교리의 유효성, 문체의 장엄성, 모든 부분의 상호 일치, 모든 영광을 하나님께 돌리려는 전체의 목적, 인간구원에 관한 유일한 길의 충분한 발견, 기타 비할 데 없는 우수성과 전체의 완전성은 성경이 하나님의 말씀이라는 것을 충분히 증명하는 변론들이다. 그러니 성경의 무오한 진리와 신적 권위에 대하여 우리가 믿고 확신하게 되는 것은 우리의 마음에서 말씀으로써 또는 말씀과 함께 증거 하시는 성령의 내적 사역에 의한 것이다.

하나님 자신의 영광과 인류의 구원과 생활에 필요한 모든 것들에 관한 하나님의 뜻은 모두 성경에 명백히 적혀 있거나 건전하고 필연적인 귀결로서 성경에서 추론할 수 있다(막 7:5-7). 이 성경에는 어느 때를 막론하고 성령의 새 계시나 사람들의 전통을 가지고 아무 것도 더 추가할 수 없다. 그러나 우리는 말씀에 계시 된 것들을 구원에 이르도록 이해하는데 성령의 내적 조명이 필요하다는 것을 인정한다. 따라서 하나님을 예배하는 일과 교회 정치

---

432 김의환, 11-2.

에 관하여서도 항상 지켜야 될 말씀의 일반 법칙에 따라 본래의 이성과 그리스도인의 식별에 의해 처리되어야 할 사정이 있다는 것을(고전 11:13-14, 14:26, 40) 인정한다.

2. 웨스트민스터 대요리 문답[433]

웨스트민스터 대요리문답은 교회의 전통을 성경과 똑같은 신앙의 규범으로 높이는 로마교회 사상이나 자연인의 이성의 충족성을 가르치는 합리주의와 맞서서 성경으로부터 시작하는 입장을 택하고 있다. 성경은 하나님의 말씀으로 성경은 신앙과 생활의 유일한 법칙이다(3문). 또한 성경의 권위는 이성에 의해서 증명되는 것이 아니라 성령의 내적 증거에 의해서 증명된다. 그리고 성경은 하나님에 대하여 믿어야 할 것과 하나님께서 요구하시는 의무가 무엇임을 가르친다(5문).

하나님의 존재가 어떻게 나타나 있는가? 답: 사람에게 있는 자연의 빛과 하나님의 지으신 피조물이 하나님의 존재를 명백히 선포하고 있다. 그러나 인생으로 하여금 구원에 이르게 하도록 충분하고 유효하게 하나님을 계시할 수 있는 것은 오로지 하나님의 말씀과 성령뿐이다(롬 1:19-20; 시 19:1-3; 고전 2:9-10; 딤후 3:15-17; 사 59:21).

어떻게 성경이 하나님의 말씀이라는 것을 알 수 있는가? 여기에 대한 답으로 성경 자체가 하나님의 말씀임을 나타낸다. 성경 자체의 존엄성과 순수성, 그 전체의 모든 부분의 일치에서 하나님의 말씀임이 나타나 있다. 성경이 하나님의 말씀이라는 사실은 하나님께 모든 영광을 돌리기 위함이며, 죄

---

[433] 웨스트민스터 총회는 신앙고백서와 함께 요리문답의 작성에 관심을 가졌다. 웨스트민스터 신앙고백에 함축되어 있는 사상을 강단에서 공적으로 해석할 수 있는 재료가 필요했기 때문이다. 이 요리문답은 교리교육에 용이하도록 문답 형식을 취하여 만들어졌다. 그러나 이 요리문답은 어린 아이들이 이해하고 암기하기에는 설명이 너무 길므로 어린이들을 교육하기에 적합하도록 더욱 명확하고 간결하게 요약하여 요리문답을 만들었다. 그래서 만들어진 두 개의 웨스트민스터 요리문답은 공적인 강단을 위해 형성된 요리문답, 어린이들의 교육을 위해 형성된 요리문답을 소요리 문답이라고 한다(김의환, 14).

인들을 확신시켜 회개하고 위로하며 육성하고 구원에 이르게 하는 그 빛과 능력으로 나타난다. 그러나 사람의 마음속에서 성경과 더불어 증거 하시는 하나님의 영만이 성령이 바로 하나님의 말씀임을 온전히 설득시킬 수 있다.

3. 웨스트민스터 소요리문답

성경의 중요한 3대 특성은 첫째, 성경의 무오성이다. - 원본 성경에는 오류가 없다. 둘째, 성경의 명료성이다. - 평범한 사람들까지도 이해할 수 있도록 기록되었다. 셋째, 성경의 충족성이다. - 구원을 위해 충분한 말씀이다.

그리고 성경이 하나님의 말씀인 이유는 첫째, 성경의 영감성 때문이며, 둘째, 성경의 예언성 때문이며, 셋째, 성경의 통일성 때문이다. 신·구약 성경은 하나님의 감동으로 기록된 완전한 하나님의 말씀이며, 성경만이 우리의 신앙과 생활에 대한 진리를 제공하고, 성경 중심의 신앙만이 참된 신앙임을 기억해야 한다.[434]

하나님께서 우리에게 어떤 법을 주셔서 자기를 영화롭게 하고 즐거워하도록 지시하셨는가? 답: 신구약성경에 기록된 하나님의 말씀은 우리가 그를 영화롭게 하고 즐거워하는 것을 가르쳐주는 유일한 법이다. 성경이 가장 중요하게 가르치는 것은 무엇인가? 답: 성경이 가장 중요하게 가르치는 것은 사람이 하나님에 대하여 무엇을 믿어야 할 것과 하나님께서 사람에게 요구하시는 의무에 관한 것이다. 성경은 주로 무엇을 가르치는가? 답: 성경은 주로 사람이 하나님께 대하여 어떻게 믿을 것과 하나님께서 요구하시는 의무가 무엇임을 가르친다.[435]

4. 벨직 신앙고백[436]

---

[434] 김의환, 22.

[435] 김의환, 44-46.

[436] 개혁교회의 교리를 잘 표현한 교리문서를 보통 벨직 신앙고백(Belgic Conffession)이라고 한

인간이 하나님을 깨달아 알 수 있는 방법으로 두 가지를 들고 있다. 첫 번째로는 그 분의 창조하심과 보호하심, 그리고 그 분의 온 우주를 다스리심에 의해서인데 이것은 우리의 눈으로 볼 때 크고 작은 온갖 피조물이 하나님을 알 수 있도록 우리를 인도하는 훌륭한 지침서로서 우리 앞에 놓여 있다는 것인데, 마치 사도 바울이 "그의 보이지 아니하는 것들 곧 그의 영원하신 능력과 신성이 만드신 만물에 분명히 보여 알게 되나니"(롬 1:20)라고 함과 같다. 모든 만물은 인간으로 하여금 하나님을 충분히 깨달아 알게 해 주며, 따라서 인간에게는 변명이 있을 수 없다. 둘째로 우리는 그 분의 성스럽고 거룩하신 말씀을 통하여, 즉 이 세상에서 그의 영광스러우심과 인간을 위한 구원에 관하여 분명히 알 수 있도록 쓰여진 그 말씀에 의하여 더욱 분명하고 충만하게 그 분을 알 수 있다.

우리는 하나님의 말씀이 인간의 뜻에 의해 나온 것이거나 전해진 것이 아니라 마치 사도 베드로가 말한 것처럼 "오직 성령의 감동하심을 입은 사람들이 하나님께 받아"(벧후 1:21) 쓰여진 것임을 고백한다. 또한 우리는 하나님께서 우리의 구원을 위한 특별한 은총으로 인하여 그의 종들과 선지자들 그리고 사도들을 명하심으로 하나님의 계시 된 말씀이 쓰여졌음과 하나님께서 스스로 자신의 손으로 십계명을 기록하셨음을 고백한다. 따라서 우리는 이 글들을 성스러운 하나님의 말씀이라고 부르는 바이다.

우리는 이 모든 성경을 우리의 믿음을 규정하며 기초를 이루는 것으로, 또한 믿음을 확증시키는 성스러운 정경으로 믿는다. 이 쓰여진 모든 것을 확실히 믿는 것은 교회가 이를 받아들였거나 승인했기 때문이 아니라 무엇보다도 성령께서 우리의 마음속에서 그 말씀이 하나님께로부터 왔음을 증거

다. 그 이유는 그 신앙고백의 작성이 지금의 벨기에로 알려진 남부 네델란드에서 시작되었기 때문이다. 이 신앙고백의 주요 작성자는 네델란드 개혁교회의 설교자였던 기도 데 브레(Guido de Brs)인데, 그는 1567년에 순교를 당하였다. 16세기에 네델란드 개혁교회는 로마 가톨릭에 의해 극심한 박해를 받게 되었다. 이 무자비한 박해에 대항하기 위해, 그리고 자신들이 신앙하며 추구하는 개혁 신앙(Reformed Faith)은 결코 국가에 반역하는 것이 아니라 법률을 준수하는, 즉 성경에 따라 참된 기독교의 교리를 고백하는 사람들임을 입증하기 위하여 브레는 1561년 이 신앙고백을 마련했던 것이다(김의환, 30).

하기 때문이며 성경이 스스로 증거 하기 때문이다. 또한 어리석은 자라 할지라도 예언 된 말씀이 성취됨을 알 수 있기 때문이다.

우리는 성경이 하나님의 뜻을 충분히 내포하고 있으며 인간이 구원을 얻기에 필요한 모든 것을 충분히 그 속에서 지시하고 있음을 믿는다. 하나님이 인간에게 요구하시는 예배의 모든 태도가 그 속에 다 기록되어 있으므로, 심지어 사도 바울이 말한 바와 같이 하늘에서 내려온 천사라 할지라도 성경 외의 것을 가르치는 것은(갈 1:8-9) 누구를 막론하고 합당한 일이 아니다. 이 책의 말씀 외에 무엇을 더하거나 제하여 버린다는 것이 금지되어 있음은 모든 면에서 성경의 말씀이 완전하고 충분한 것임을 명백히 보여주는 것이다. 아무리 거룩한 인간이라 할지라도 그 인간의 글은 거룩한 하나님의 말씀과는 비교할 수 없으며, 세상의 관습이나 고대의 제도, 대중의 태도, 그리고 사람들 또는 그들의 판결, 혹은 규칙이 하나님의 진리의 말씀과는 동일한 가치가 있다고 여기지 않는 바이다. 왜냐면 진리는 그 모든 것 위에 존재하기 때문이요, 성경은 모든 인간이 거짓되고 무가치한 존재임을 말하고 있기 때문이다. 따라서 우리는 불변하는 하나님의 말씀과 일치하지 않는 그 어떤 영이라도 배격하는 바인데, 이는 사도 바울이 "오직 영들이 하나님께 속 하였나 시험하라"(요일 4:1), "누구든지 이 교훈을 가지지 않고 너희에게 나아가거든 그를 집에 들이지도 말고 인사도 말라"(요이 10)고 말한 것과 같다.

5. 하이델베르그 요리문답[437]

하나님은 거룩한 복음을 에덴동산에서부터 나타내 주셨다. 나중에는

---

[437] 개혁교회의 두 번째 교리문답으로서 하이델베르그 요리문답이라고 불리는 이유는 프레드릭 3세(Frederick Ⅲ)의 명에 의하여 신성 로마 제국의 선제후령(選諸侯領)이 된 독일 선거구의 수도인 하이델베르그에서 이 요리문답이 유래되었기 때문이다. 이 경건한 통치자는 칼빈의 종교 개혁이 그 주도권을 얻도록 하기 위하여 하이델베르그 대학의 교수인 자카리우스 우르시누스(Zacharius Ursinus)와 궁정설교자인 올레비아누스(Caspar Olevianus)로 하여금 간단한 요리문답의 지침서를 만들도록 부탁했다. 그 결과 이 요리문답이 나왔고, 그 후에 왕과 칼빈주의에 정통한 사람들에 의해 승인을 얻어서 1563년 초에 발간이 되었다. 모든 질문과 대답이 주일이라는 이름 아래 52부분으로 엮어져서 1년 52주에 걸쳐 전부를 배울 수 있도록 준비되었다(김의환, 29).

거룩한 족장들과 예언자들을 통해서 선포하셨고 희생제물과 다른 의식을 통하여 미리 암시하셨고, 마지막에는 그의 독생자를 통하여 완성하셨다.

그러면 신자는 무엇을 믿어야 하는가? 답: 복음 안에서 우리에게 약속된 모든 것을 믿어야 하는데 그 개요는 보편적이며 확실한 믿음의 고백인 사도신경의 조항에 나타나 있다. 교회에서 성도들을 위해 성경 대신에 그림을 사용하는 것이 허용 될 수 있는가? 답: 안 된다. 하나님은 그의 백성들이 생명이 없는 우상에 의해서 배움을 받는 것을 원치 않으시고 오히려 그의 살아 있는 말씀의 선포를 통해서 배움을 받는 것을 원하시며, 우리는 그 하나님보다 더 현명하게 되려고 해서는 안 된다.

6. 도르트 신경[438]

자연의 빛이나 율법이 할 수 없는 그 일을 하나님께서는 화목의 말씀 내지 화목의 사역을 통한 성령의 역사로서 행하신다. 그리고 이 말씀은 메시아에 관한 기쁜 소식이며, 구약이나 신약 아래 있는 어느 누구든지 이 소식을 믿는 자들을 하나님께서 기꺼이 구원하셨다.

하나님께서 그의 비밀스런 뜻을 구약시대에는 오직 택한 백성에게만 계시하셨지만, 신약시대에는 (여러 민족들 간의 구별이 없어져서) 많은 사람들에게 계시되어 있다. 이 구별은 어느 한 민족이 다른 민족보다 우월하거나 이 자연의 빛을 더욱 잘 사용해서도 아니요, 다만 하나님의 주권적인 선하심과 무조건적인 사랑에 기인할 따름이다. 따라서 반역과 범죄에도 불구하고 은

---

[438] 개혁교회 교리 규범의 세 번째가 도르트 신경인데, 이것은 소위 '반대자들에 대항하는 다섯 조항'이라고 불린다. 이 신경은 1618년부터 1619년까지 2년에 걸쳐 도르드레히트의 개혁 종교 회의(the Great Reformed Synod of Dordrecht)에서 채택되었다(김의환, 32). 이 회의는 국제적인 회의였는데 네델란드 교회 대표자들 뿐 아니라 고위관리들, 외국의 27개국 대표들이 모여 154회라고 하는 진지하고도 긴 회의 끝에 개혁신학에서 이탈하여 예지에 의한 조건적 선택, 무제한적 속죄, 부분적 타락, 저항할 수 있는 은혜, 은혜로부터의 타락 가능성 등을 주장한 알미니우스(Arminius)의 견해를 이설(異說)로 정죄하였고, 반대로 무조건 선택, 제한 속죄, 전적 타락, 불가항력적 은혜, 성도의 견인에 대한 5대 강령(TULIP)을 채택하여 개혁교회의 교리를 더욱 공고히 한 것이다.

혜와 사랑으로 돌보심을 받은 그들은 겸손과 감사하는 마음으로 또한 사랑의 사도로서 하나님의 은혜를 깨닫되, 이 은혜를 받지 못한 사람들에게 임한 하나님의 공의의 심판을 의심하여 낮추는 일이 결코 있어서는 안 된다.

인간이 믿음을 얻도록 하기 위하여 하나님께서는 그가 원하시고 기뻐하시는 사람에게 이 복음을 주시는데, 이 사역을 위하여 사람들이 부름을 받아 회개하고 십자가에 못 박힌 그리스도를 믿는 것이다(롬 10:14-15). 더욱 이 복음은 십자가에 못 박힌 그리스도를 믿기만 하면 멸망치 않고 영생을 얻을 것임을 약속하고 있다. 회개하고 믿으라는 명령과 함께 주신 이 약속은 누구에게나 똑같이 온 세계에 선포되고 알려져야 하며, 하나님은 그의 기쁘신 뜻대로 이 복음을 사람들에게 주시는 것이다. 복음을 외침으로 하나님을 기쁘시게 했던 것같이 우리 속에서 이 은혜가 역사함으로써 하나님은 우리를 보존해 주시되 그 말씀을 듣고, 보고, 묵상하며 또한 이 말씀에 의하여 권면하고 책망하며, 그 말씀의 약속에 의지하여 성례를 행하게 하심으로 그의 성도들을 지켜주시는 것이다.[439]

---

[439] 김의환, 44-51.

하나님의 존재와 속성의 관계

A. 하나님의 존재

하나님에 대해서는 그 어떤 학문적 정의가 불가하며, 피조물들은 결코 하나님에 대한 존재 증명을 할 수 없다.440 하나님은 어떤 속(genus)이나 종(species)에 속하지 않으시기 때문이다. 기껏해야 분석적이고 묘사적인 정의가 가능하다 하더라도, 이런 정의조차 철저하고 적극적 묘사는 불가능하고 부분적으로만 가능할 뿐이다. 그렇다면 성경은 하나님을 어떻게 정의하고 있는가? 성경은 하나님에 대해 추상적 개념으로 말하지 않는다. 오히려 자기의 창조물들과의 구체적인 관계 속에서 자신의 속성을 드러내시는 분으로 설명한다. 몇 가지 중요한 구절을 살펴보면, 출 3:13-14에서 "여호와"라는 이름을 발견하게 되는데, 이는 하나님의 영원한 자존성을 보여준다. 또 요한복음 4:24에서는 "하나님은 영이시라"는 그리스도의 진술은 하나님의 영성(spirituality)을 보여주는데, 이는 하나님의 인격성과 순일성(純一性, divine simplicity)을 보여준다. 성경은 구체적인 상황에 따라 특정 속성을 강조하여 하나님의 존재와 연관시킨다. 하지만 성경이 하나의 속성을 강조할 때, 다른 속성을 무시하는 것은 아니다. 성경은 모든 속성들을 정당하게 강조하려 하고 그것들 사이에 어떠한 고유한 상호 모순도 없이 그것을 영광스럽고 완전한 상태에서 조화된 것으로 묘사한다.441

---

440 서철원, 『서철원박사 교의신학-하나님론』, 28.
441 Cf. Berkhof, 『조직신학』, 229-33.

성경은 하나님의 존재에 대하여 논리적 증명이나 철학적 논증을 시도하지 않았다. 성경은 "태초에 하나님이 천지를 창조하시니라"(창 1:1)고 하나님의 존재를 독단(獨斷)한다. 동시에 어떤 이들이 하나님의 존재를 의심하고 부인할 것도 무시하지 않았다. "어리석은 자는 그 마음에 이르기를 하나님이 없다하도다"(시 40:4)라고 하므로 하나님의 존재를 부인하는 자를 어리석다고 할 뿐만 아니라 악하다고 한다. 박스터(Wendel Boxter)의 말대로 무신론자는 하나님을 찾지 않는다. 그것은 마치 도둑이 경찰을 찾지 않음과 같은 이유이다.442

1. 하나님은 스스로 존재하시는 무한한 영이시다.

하나님은 스스로 계시므로 무한하고 영원하시다. 그분은 자기 존재의 시작이고 원인이시다. 무한한 영이신 하나님은 그의 지혜와 권세와 생명이 넘치므로 그의 작정대로 만물을 창조하셨다. 따라서 하나님만이 자존하시는 존재자이시고 모든 존재자들은 창조되었다.

2. 하나님은 창조주이시다.

하나님은 무한한 지혜와 권능을 가지셨으므로 만물을 창조하기를 기뻐하셨다. 무지나 충동에 의해서 창조하신 것이 아니고 모든 것을 작정하고 계획하여 만물을 단번에 창조하신 것이다. 창조주 하나님은 창조경륜을 가지셨다. 사람을 창조하셔서 한 백성으로 만드시고 그들 가운데 거하시며 찬양과 경배를 받기를 기뻐하셨다.

---

442 a. Skevington Wood, *I Want to Know What the Bible Says About*(Kingsway, Eastbowrne, 1980), 2.

3. 하나님은 구속주이시다.

인격체로 이루어진 창조세계에 죄가 들어왔다. 창조주 하나님을 섬기도록 지어진 사람들이 하나님 섬김을 거부하는 반역을 일으켰다. 이 반역 때문에 죽음과 저주가 창조세계에 임하여 왔다. 그러나 하나님은 반역한 백성을 구원하여 처음 창조경륜을 이루기로 하셨다.

4. 하나님은 삼위일체 하나님이시다.

하나님은 삼위일체 하나님으로 계신다. 한 하나님이 세 위격으로 존재하시지만 실체가 하나이고 동일하고 분할 불가하므로 한 하나님이시다. 한 하나님이 삼위일체이시고 삼위일체가 한 하나님이시다. 이런 하나님의 존재방식은 피조물이 영구히 탐구할 수 없고 확실하게 아는 길은 믿음뿐이다.[443]

B. 하나님의 존재에 관한 인식 가능성

초대 교회로부터 시작해서 중세를 거쳐 종교 개혁 시대에 이르기까지 하나로 일치된 견해는 존재의 깊은 곳에 계시는 하나님은 인간에게 불가해하신 분이라는 것이다.[444] 그리고 어떤 경우는 사용된 언어가 너무 강해서, 하나님의 존재에 관한 어떤 지식도 허용하지 않는 것처럼 보이기도 하였다. 그러나 "아는 것"과 "파악하는 것"을 구별해야 한다. 인간이 하나님을 온전히 파악할 수는 없지만, 그 계시에 따라 알 수는 있다. 유한자는 무한자를 파악할 수는 없지만 인식할 수는 있다. 도무지 하나님을 알 수 없다는 것은 하나님과 그 어떤 관계성도 가질 수 없다는 것을 의미하게 되고, 이는 모든 종교의 붕괴를 의미한다. 그러나 하나님에 대한 진정한 지식은 항상 계시와 믿

---

[443] 서철원, 『서철원박사 교의신학-신학 서론』, 29-30.

[444] Cf. Berkhof, 『조직신학』, 233-35.

음에 기초하는 지식이다. 하나님을 안다는 것은 흔히 사용하는 '지식'이라는 용례처럼 지적인 지식만을 의미하는 것은 아니다. 하나님을 안다는 것은 하나님을 사랑하는 것(요일 4:7-8)이며, 하나님과 동행하는 삶이다.445

C. 속성들 속에서 계시되는 하나님의 존재

하나님의 속성에 대하여 말할 때, 우리는 하나님의 존재를 이루고 있는 그러한 특성들(qualities)을 지칭하는 것이다. 이것들은 하나님의 본성의 특성들이다. 우리는 여기에서 그가 행하시는 창조와 인도와 보존과 같은 행동들을 언급하는 것이 아니며, 그가 수행하시는 창조주와 인도자와 보존자와 같이 상응하는 역할들을 언급하는 것도 아니다. 속성은 전반적인 신성의 영원한 특성들446이다.

하나님의 순일성(純一性, divine simplicity)은 결국 하나님이 지니시는 모든 속성들이 결국은 존재론적으로 하나라는 사실로 귀결된다. 이 속성들은 하나님의 존재에 덧붙여진 것으로 여겨질 수는 없다. 그것은 하나님의 완전성에 위배된다. 일반적으로 신학에서는, 하나님의 속성을 하나님 자신이라고 설명한다. 즉, 하나님은 생명이시고, 빛이시고, 지혜와 사랑과 의이신 것이다. 그러나 이런 이해가 범신론적 방향으로 흘러가지 않도록 주의해야 한다. 하나님 안에 있는 구별을 배제하고, 하나님의 사랑이 곧 의이고, 지식이 곧 의지라고 말한다면, 이는 범신론적인 오류에 빠지게 된다. 하나님의 속성들은 각각의 구별 속에서 하나님의 참된 존재 안에 내재하고 있으며, 그 존재와 공존하는 본질적인 성질들인 것이다.447

성경은 하나님이 계실까 안 계실까를 의제로 기록되지 않았고 당연히

---

445 J. 판 헨더렌 & W. H. 펠레마, 209.
446 밀라드 J. 에릭슨, 299.
447 Cf. Berkhof, 『조직신학』, 235-37.

하나님이 계심을 전제로, 그것도 계시의 당사자이신 하나님에 의해 기록되었다. 그러므로 그 어떤 논리도 하나님의 존재를 증명하거나 변증할 수 없다. 오직 믿음으로만 가능하다. "하나님께 나아가는 자는 반드시 그가 계신 것과 그가 자기를 찾는 자들에게 상주시는 이심을 믿어야 할지니라"(히 11:6) 그러므로 어떤 존재 증명에 의해 신앙을 확립하는 것이 아니라 계시인 성경을 의존하는 것이 하나님을 만날 수 있는 첩경이 된다.

후버(A. J. Hoover)는 하나님의 존재증명을 세 가지로 말했는데, 첫째는 선험적(先驗的, apriori) 방법이고, 둘째는 경험적(經驗的, aposteriori) 방법이며, 셋째는 실존적(實存的, existential) 방법이라고 했다.[448]

---

[448] a. J. Hoover, "Argument for the Existence of God", *Evangelical Dictionary of Theology*, ed. by Naltera. Shuell(Baker, G. R., 1984), 447.

IV 하나님의 이름들

A. 하나님의 이름 개요

하나님 자신과 하나님의 이름은 아주 밀접한 관계를 가지며 사실 동일하다. 성경에 의하면 그의 이름은 사람이 임의로 부를 수 있는 것이 아니고 하나님께서 실제로 또 객관적으로 자신을 알게 하신 하나님 자신이 계시한 그의 "영광"과 "존귀", "구속적 능력"과 동일한 것이다.449 성경에 나오는 하나님의 이름들은 존재의 깊은 곳에 계시는 하나님을 일컫는 것은 아니고, 피조물과의 관계 특별히 인간들과의 관계 속에서 자신을 계시하신 대로 표시하여 그 존재의 여러 면을 나타내어 주는 하나님의 자기 계시이다. 우리는 하나님의 계시를 따라 하나님의 이름을 알고 그 이름을 부른다. 인간은 그분의 이름 또는 호칭을 지을 수 없다. 이것은 계시이기 때문이다. 우리가 지금 여러 형태의 이름으로 하나님을 호칭할 수 있는 이유는 오로지 하나님께서 그 이름으로 자신을 계시하셨기 때문이다. 비록 그 이름이 인간의 관계와 그 관계를 지칭하는 언어가 차용된 것이라 할지라도, 그것은 인간의 창안이 아니요, 하나님께서 자신을 낮추셔서 인간에게 다가오신 것이다.450

B. 구약 성경에 나타난 하나님의 이름들과 그 의미451

---

449 이근삼 전집 편찬위원회 엮음, 『개혁주의 조직신학 개요 I』, 87.

450 Cf. Berkhof, 『조직신학』, 238-39.

451 Cf. Berkhof, 『조직신학』, 239-42; J. 판 헨데렌 & W. H. 펠레마, 『개혁교회교의학』, 235에서 헨데렌과 펠레마는 하나님의 이름을 하나님, 여호와와 같은 고유한 이름과, 아버지, 아들, 성령과 같은 위

1. 하나님의 초월성을 보여주는 이름들

a. '엘' (El)

이는 구약 성경에 등장하는 하나님을 지칭하는 가장 단순한 명칭이다. 이 단어는 '울'에서 유래했는데, 이는 '제일'(first), '주'(Lord), '강한'(strong), '강력한'(mighty) 등의 의미를 지닌다. 이는 하나님께 주권과 위엄이 있음을 보여주는 이름이다.

b. '엘로힘' (אלהים, God)

이는 복수형인데, 그렇다고 다신적(多神的)인 것을 의미하는 것이 아니라 유일의 하나님이신데도 '영광'과 '존귀'와 '위엄'이 무한하시다는 뜻이다.[452] '엘'과 동일한 어근에서 유래했거나, '두려움에 휩싸인'을 의미하는 '알라'에서 유래한 것으로 보인다. 그러므로 이는 강하고 힘 있는 분으로서, 또는 두려움의 대상으로서의 하나님을 나타낸다. 여기서 복수는 강조와 충만을 가리키는 것으로 여겨진다.

여호수아가 백성을 경고하여 말하기를 "너희가 여호와를 능히 섬기지 못할 것은 그는(단수) 거룩하신 하나님(복수)이시고 질투하시는 하나님(복수)이시니 너희 허물과 죄를 사하지 아니하실 것임이니라"(수 24:19)고 한데서 여호와(단수) 곧 엘로힘 하나님(복수)임을 알 수 있는데 이것은 시편 4:25, 29; 왕상 8:60; 18:39; 사 45:18에서도 볼 수 있다. 이 명칭이 모세오경에 나오는데 여기에서 엘로힘 하나님은 초월하신 분, 우주를 창조하신 분, 유일하신 하나님을 부를 때 사용된 하나님의 명칭이다.[453]

격과 관련된 이름, 그리고 전능자, 거룩하신 분과 같은 속성과 관련된 이름으로 구분한다.

[452] 安衡社, 『創世記講解』, (서울: 한양신학교출판부, 1971), 16.

[453] T. Q. Gouvea, *Names of God in Evangelical Dictionary of Theology*, 465.

c. '엘욘'(Elyon, God The most high)

"지극히 높으신 하나님"에서의 엘욘(Elyon)은 '올라간다.', '높아진다.'는 뜻의 어원을 가진다.454 그래서 이것은 하나님의 높으심과 우월성, 하나님의 지고성(至高性)을 나타내 보여준다. 즉, 하나님을 높고 존귀하신 분으로 보여 준다(창 14:19, 20; 민 24:16; 사 14:14). 하지만 이 이름은 우상들(시 95:3; 96:5)과 인간(창 33:10; 출 7:1; 삿 5:8; 출 21:6; 22:8-10; 시 82:1)에게도 사용되기 때문에, 엄밀한 의미에서는 하나님의 고유한 이름(nomina propria)이라고 할 수 없다.

d. '아도나이'(Adonai, Lord)

이는 '심판하다', '통치하다'의 의미를 가지는 단어들에서 유래한 이름으로서, 하나님이 전능하신 통치자이시요, 모든 인류를 포함한 만물에 대해 주권을 가지신 분이심을 의미한다. 처음에는 이스라엘 백성들이 하나님을 불렀던 일상적인 이름이었으나 후에는 '여호와'라는 이름을 대체하는 이름이 되었다.

2. 피조물들과의 관계에서 나타나는 이름들

a. '엘 샤다이'(El Shaddai, God Almighty)

이는 '샤다드'에서 유래한 명칭으로 권세와 능력이 하나님께 있음을 드러내는 하나님의 이름이다. 특히 이 이름은 하늘과 땅, 자연 세계에 대해 자신의 권세를 발휘하심으로 이 모든 것들을 은혜의 사역에 공헌하게 하시는 분으로 하나님을 나타낸다.

이 이름은 믿음의 조상 아브라함에게 나타나셔서 "나는 전능한 하나님

---

454 이근삼 전집 편찬위원회 엮음, 『개혁주의 조직신학 개요 I』, 89-90.

이라(El Shaddai), 너는 내 앞에서 완전하라"(창 17:1)고 하셨을 때 사용된 하나님의 이름으로써 아브라함에게 처음 사용하신 명칭이다. 복과 위로의 근원이 되시는 하나님을 나타낸다.[455]

b. '여호와=야웨'(Jehowah, Yahweh-Jehovah)

이 명칭은 하나님께서 택한 민족 이스라엘 백성에게 처음부터 자신을 계시한 하나님의 명칭이다. 따라서 이 명칭은 이스라엘 백성들이 이방신들과 구별하여 하나님께 대하여 독점적으로 사용한 명칭이다. 구약 시대 하나님의 뛰어난 고유 명사는 여호와이다. 여호와는 구약에서 가장 많이 사용된 하나님의 명칭으로 약 6,823번 이상 기록되어 있다.[456] 유대인들은 이 언약적 명칭을 부르기를 너무도 신성시했기 때문에 모음(vowal) 없이 자음 네 글자 YHWH -(Tetragrammaton)로만 쓰고 발음을 하지 않았다. 후에 Adonai라고 발음하기도 했다. 야웨(여호와)의 명칭의 유래는 출 3:13-15에 분명하게 나타난다.[457]

이 이름은 '하야' 동사(있다, to be)에서 유래한 것으로 하나님의 자존성을 보여준다. 성경에서 이 자존성은 불변성의 개념도 포괄하는 것으로 나타난다(말 3:6). 하나님의 이 이름은 특별히 언약의 주로서 은혜의 하나님, 택한 백성 이스라엘의 하나님을 나타내는 탁월하고 고상한 성호로 항상 인정되었다(출 3:13, 14; 6:2; 레 24:16 참고). 성경에서 이 이름은 특별히 '쩨바오트(tsebhaoth, 만군)'라는 말과 함께 자주 사용되었다. 이는 이스라엘 군대나, 하늘의 별들을 의미한다는 견해들이 있지만, 가장 정당한 견해는 천사를 의미한다는 견해이다. 이 단어는 보통 천사들이 거론된 문맥에서 자주 나타난다(삼상 4:4; 삼하 6:2; 사 37:16; 호 12:4, 5; 시 80:1, 4 이하; 시 89:6-8). 만군의 여호와는 하나님께서 수많은 천사들에 의해 둘러싸여 계시며, 그의 모든 피조물

---

[455] 이근삼 전집 편찬위원회 엮음, 『개혁주의 조직신학 개요 I』, 90.
[456] 조영엽, 『신론, 인죄론』, (서울: 도서출판 미스바, 2001), 41.
[457] 이근삼 전집 편찬위원회 엮음, 『개혁주의 조직신학 개요 I』, 93.

들로부터 영광을 받으시는 분이심을 나타내 보여준다.

C. 신약 성경에 나타난 하나님의 이름들과 그 의미

신약에서는 하나님의 명칭이 더 풍성하고 깊은 의미를 나타낸다. 그 이유는 계시의 점진성에 의하여 본래 아버지의 품속에 있는 독생자가 나타내셨기 때문이다(요 1:18).[458] 신구약을 막론하고 하나님의 전체 계시는 육신이 되어 이 땅에 오신 독생하신 성자 예수님께 집중되어 있음을 알 수 있다.

1. '데오스'(θεός, God, 하나님)

이 이름은 구약의 엘, 엘로힘, 엘욘에 해당하는 그리스어 단어이다. 이는 신약에서 하나님을 지칭하는 가장 일반적인 단어인데, 이 명칭은 신약성경 전반에 걸쳐서 약 330회나 기록되었다. 가장 일반적인 표현은 "나의 하나님(mou Deou, my)", "너의 하나님(sou Deou, your)", "우리의 하나님(hemon Deou, our)"와 같이 소유격과 함께 사용되어 나타난다. 그리하여 하나님과 우리 사이의 관계의 밀접성을 나타낸다.[459] 구약의 언약 공식("나는 너희의 하나님이 되고 너희는 나의 백성이 되리라")에서 잘 나타나는 것처럼 성취 된 언약 속에서, 신자 개개인과 인격적 관계를 갖고 계시는 하나님을 나타내준다.[460]

데오스라는 명칭은 몇 가지 의미를 우리에게 제시한다.

a. 데오스 하나님은 **유일하고 참 된 하나님**(The Only One True God)이시다(롬 3:30; 고전 8:4; 갈 3:20; 살전 1:9; 딤전 1:17, 2:5; 유 25).

b. 데오스 하나님은 **독특한 하나님**(Unique God)이시다. 하나님만이 유

---

[458] "본래 하나님을 본 사람이 없으되 아버지 품속에 있는 독생하신 하나님이 나타내셨느니라"(요 1:18)

[459] 조영엽, 『신론, 인죄론』, 52.

[460] Cf. Berkhof, 『조직신학』, 242-43.

일하고, 무한하고, 영원하고, 불변하고, 참되고, 거룩하고, 공의로우시고, 지혜로운 분이시다.

c. 데오스 하나님은 초월적 하나님(transcendent God)이시다. 하나님은 초월적이시므로 창조주이시고, 보존자이시며, 우주의 주인이시며, 계획자이시다(행 17:24; 히 3:4; 계 10:6).[461]

2. '큐리오스' (*κύριος*, Lord, 주님)

이 이름은 '권세'를 의미하는 '큐로스'(Kuros)에서 유래하였다. 이 이름은 하나님과 그리스도 모두에 대한 호칭으로서 하나님과 그리스도께서 법적인 권세와 권위를 지니신 전능자와 주님, 소유자와 통치자라는 사실을 보여준다.

이 명칭은 구약의 아도나이와 동의어이다. 먼저 하나님께 사용되었으며(마 1:20, 11:25; 막 12:36; 행 17:24), 능하신 이(the Mighty One), 주님(the Lord), 소유주(the Possessor), 법적으로 권위를 행사하는 이(the One who legally exercises authority)로 특징지어진다. 큐리오스라는 명칭이 신약에서는 주로 그리스도께 사용되었다(마 22:41-45; 막 12:36; 눅 2:11; 요 20:28; 행 2:34-35, 10:36; 고전 2:8; 빌 2:11; 딤후 2:21; 히 1:13, 10:12-13; 약 2:1; 계 19:16).[462]

3. '파테르' (*πατήρ*, Father, 아버지)

신약에서 특이한 이름으로 "아버지"이다. 이 이름은 예수님께서 친히 "하늘에 계신 우리 아버지"라고 부르며 기도하라고 제자들에게 가르쳐주신 이름이다(마 6:9). 아버지는 예수 그리스도 안에서 우리 기독교 신자들에게

---

[461] 조영엽, 『신론, 인죄론』, 52-3.
[462] 조영엽, 『신론, 인죄론』, 57.

는 가장 친밀하고 뜻깊은 하나님의 이름이다.463

이 이름은 신약 성경에서 소개된 것으로 오해되기도 하지만, 구약에서도 사용된 하나님에 대한 호칭이다(신 32:6; 시 103:13; 사 63:16; 64:8; 렘 3:4,19; 31:9; 말 1:6; 2:10; 신 14:1; 출 4:22; 사 1:2; 호 1:10, 11:1 등). 신을 '아버지'로 칭하는 것은 성경에서 뿐 만 아니라 이방 종교들 속에서도 자주 발견된다. 구약 성경에서 하나님을 아버지라고 할 때 이는 국가 교회인 이스라엘에 대한 하나님의 신정적인 아버지 되심을 의미하거나, 또는 창조주라는 일반적인 의미에서 사용되었다. 신약에서도 창조주라는 일반적인 의미에서 아버지라는 호칭이 사용되기는 하지만(고전 8:9; 엡 3:14; 히 12:9; 약 1:18), 이 이름의 가장 고상한 의미는 독생자 예수 그리스도의 사역으로 말미암아 구속된 자들이 하나님에 대해 갖게 되는 자녀로서의 권세에 따른 구속적, 윤리적 관계에서 나타난다.

성경에서 하나님을 아버지라 호칭할 때 이 명칭은 몇 가지 상이(相異)한 의미로 사용되었다.

a. 삼위 일체적 부격(父格, Fatherhood)

성자(聖子)와의 관계에서 하나님은 아버지이시다(요 1:14, 18, 5:17-26; 8:54, 14:12). 아버지라는 명칭은 특별히 삼위일체의 제1위에 대한 명칭이다. 따라서 삼위일체의 제2위만이 성자요, 제3위만이 성령이심과 같이 제1위만이 성부 하나님이시다.

b. 창조주로서의 아버지(The Father as Creator)

광의적인 의미에서 하나님은 모든 피조물들의 근원이신 창조주로서 아버지라고 부를 수 있다. 다시 말하면 창조와 섭리에서 가지는 피조물과의

---

463 이근삼 전집 편찬위원회 엮음, 『개혁주의 조직신학 개요 I』, 97.

관계에서 하나님을 아버지라고 부른다. 그러나 이 관계로 하나님을 아버지라고 부르는 경우는 매우 희박하다. 성경은 창조의 사역을 성부 하나님께로 돌리나(욥 1:6, 2:1, 38:7), 실제상 창조의 대행자(agent)는 예수 그리스도이시다(요 1:3; 골 1:16; 히 1:2).

c. 이스라엘 백성들의 아버지(The Father as israel's People)

이 명칭은 신정국가(神政國家)로서의 이스라엘과의 특별한 관계에서 사용되었다. 하나님은 구약 시대에 이스라엘 백성들을 택하여 자기의 백성, 자기의 자녀들로 삼으셨다(출 4:12). 그리고 이스라엘을 '나의 아들, 나의 첫 아들'이라고 불렀다(신 14:1-2; 렘 31:9). 그들을 양자(養子) 삼으시고 출애굽 시키시며, 다른 민족들이 갖지 못하는 특별한 관계를 맺으셨다.

d. 양자 삼으심에 의한 아버지

하나님은 구속적 의미에서 참 신자들의 영적 아버지(spiritual Father)시다. 하나님이 아버지가 되신다는 말씀은 항상 예수님을 구주(Saviour)로 영접한 자들만을 위한 아버지이심을 뜻한다. 예수님을 구주로 영접한 자들은 하나님을 아바 아버지, 하늘에 계신 우리 아버지라고 부른다.

e. 우주적 보편적 아버지

그럼에도 불구하고 하나님을 우주적, 보편적 부격(父格, universal fatherhood)이라고 하는 것은 범신론자들이나 기독교 내의 자유주의자들의 만인 구원설에 입각한 주장이다. 인간은 분명 타락하였으므로 하나님과의 관계를 더 이상 보편적인 부자관계(父子關系)로 비유할 수는 없는 것이다. 죄에서 구속함을 받기 전의 상태는 마귀의 자녀들인(요일 3:10) 것이다.[464]

---

[464] 조영엽, 『신론, 인죄론』, 54-7.

하나님의 속성 개관

A. 속성이라는 용어에 대한 평가

무한한 영이신 하나님, 창조주 하나님만이 가지신 고유성, 혹은 특성을 속성(attributes)이라고 이름 한다. 하나님도 존재자이므로 하나님으로서의 갖는 고유성이 속성이다. 하나님은 무한한 영이시고 절대적 인격이시므로 피조물들과 속성을 나누어 가지실 수 없다. 하나님의 고유성은 그의 존재와 구분되지 않는다. 하나님의 존재와 속성은 일치한다. 하나님의 특성들이 모여 하나님의 존재를 구성하는 것이 아니다. 하나님의 속성이 하나님의 존재 자체이시다. 둘은 구분되기는 하나 분리되는 것이 결코 아니다. 그러나 여러 속성으로 나타난 것은 유한한 능력을 가진 피조물이 바르고 합당하게 깨닫지 못해서 나타난 현상이다.[465]

하나님의 고유성을 통상 전유적 속성, 혹은 절대적 속성과 유비적(類比的)[466] 속성으로 나누는 것은 합당한 분류가 아니다. 하나님에게 있는 한 다 절대적 속성이고 전유적 속성이다. 공유적 속성이라고 하는 것은 하나님에게만 있는 속성이 피조물에게도 유비적으로 나타난 것이지 하나님의 속성

---

[465] Cf. Berkhof, 『조직신학』, 244.
[466] 두 개의 사물이 몇몇 성질이나 관계를 공통으로 가지며, 또 한쪽의 사물이 어떤 성질이나 관계를 가질 경우, 다른 사물도 그와 같은 성질이나 관계를 가질 것이라고 추리하는 일을 말한다. 하나님께 있는 속성이 사람들에게서도 나타나는 것을 말하는데 서철원 교수께서는 이걸 공유적 속성이라고 말하는 것은 온당치 않기에 유비적이라는 표현을 쓰는 것이고, 그 속성마저도 하나님의 속성인데 다만 하나님의 형상대로 지음 받았기에 인간들에게 유사한 속성이 있다는 것뿐이지 하나님의 속성을 피조물인 인간이 나누어 가지는 것이 아니라는 것이다.

을 피조물이 나누어 갖는 것이 결코 아닌 것이다. 따라서 하나님의 고유성은 전유적 속성(attributa propria)과 유비적 속성(attributa analogica)으로 나눔이 합당하다.467

하나님에 대해 속성이라는 명칭을 사용하는 것은 서철원 교수께서 지적하신 대로 엄밀한 의미에서 적절한 것은 아니다. 왜냐하면 이는 무엇을 '덧붙이거나', '부가 한다'는 의미를 가지고 있어서, 하나님의 순일성에 대한 오해를 낳을 수 있는 용어이기 때문이다. 오히려 특성들(properties), 탁월성들(exellencies), 완전성들(perfections), 덕들(virtues)이라는 용어들이 더 적절하다. 왜냐하면 이 용어들이 성경의 용법을 따르기 때문이다(벧전 2:9). 이 책에서 속성이라는 용어를 사용하는 이유는 오직 그것이 이미 일반적으로 사용하고 있는 용어가 되어서 혼란을 방지하기 위함이다. 그러므로 비록 이 용어를 사용한다 할지라도, 그 원래의 의미는 완전성들이나 덕들의 개념으로 이해해야 하고, 하나님에게 무언가가 덧붙여진 것으로 오해하지 않도록 주의해야 한다.

B. 하나님의 속성을 결론짓는 방법468

하나님의 속성에 대한 결론에 이르기 위해 여러 방법들이 제안되어 왔는데, 특별히 중세의 자연신학의 체계를 통해서 하나님의 속성을 말하고자 하는 자들은 특별히 세 가지 방법을 제시하였다. 여기서는 이 스콜라주의의 세 가지 방식을 설명하고 마지막으로 성경이 말하는 방식에 대해 볼 것이다.

1. 인과율의 방법(via causalitatis)

---

467 서철원, 『서철원박사 교의신학-하나님론』, 54-5.
468 Cf. Berkhof, 『조직신학』, 244-47.

이는 우리가 처해져 있는 우주 속에 있는 사실들로부터 제일 원인 (prima causa)을 찾아가는 방법으로 크게는 두 가지 논의가 있다. (1) 하나는 피조물들에 대한 숙고를 통해서 전능하신 창조주이신 하나님을 찾는 길과, (2) 다른 하나는 도덕적 사실로부터 전능하고 의로우신 통치자로 하나님을 찾아가는 방식이다. 이 방식을 통해서 하나님은 "영"이시라는 개념까지 찾아가려는 것이다. 왜냐하면 모든 물질적인 것들의 원인은 물질일 수 없고, 비물질이어야 하기 때문이다.

2. 부정의 방법(via negationis)

이는 하나님은 완전하신 분이시기 때문에 피조물에 속한 모든 불완전함들을 제거함으로써 이 모든 불완전에 반대되는 완전함을 하나님께 귀속시키는 방식이다. 이 방식을 통해서 하나님의 불변성, 무한성, 무형성, 불멸성과 불가해성이 논의된다.

3. 탁월성의 방법(via eminentiae)

부정의 방법은 피조물 속에 있는 불완전성에 주목한다면, 탁월성의 방법은 피조물에게서 발견되는 완전성에 주목한다. 피조물에게서 발견되는 완전성의 최고치를 하나님께 돌리는 것이다. 즉, 피조물이라는 결과는 그에 대한 극치적 완전성이 하나님께 있음을 전제한다는 것이다. 이 방식을 통해서 전능성(全能性), 전지성(全知性), 전선성(全善性)이 하나님께 돌려진다.

4. 계시 의존 방식

위의 세 가지 방식은 중세 스콜라주의 방식으로 자연신학자들은 호감을 갖겠지만, 이는 하나님을 알아가는 적절한 방식이 될 수 없다. 인간의 유한성과 또 죄로 말미암은 연약성은 모든 인간으로부터 하나님을 추론하는 방식이 건전한 것이 될 수 없게 한다. 하나님의 속성들에 대한 건전하고 신뢰할 만한 지식은 성경에 나타난 하나님의 계시를 의존하는 방식을 통해서만 획득될 수 있다.

C. 속성 분류

하나님의 속성에 대해 연구하는 신학자들에 의해 하나님의 속성을 분류하는 몇 가지 방식이 제시되었다. 여기에는 자연적인 속성과 도덕적인 속성으로의 구별, 절대적인 속성과 상대적인 속성으로의 구별, 내재적 혹은 자동적 속성과 전달적 혹은 타동적 속성으로의 구별 등이 있다. 그러나 가장 일반적이고 보편적인 구별은 비공유적(incommunicable) 속성과 공유적(communicable) 속성의 구별이다.[469] 박형용 박사는 비공유적 속성들을 절대성, 자존성, 불변성, 무한성(영원성과 편재성), 통일성(단수성과 단순성) 등으로, 공유적 속성들을 지성적 속성들(하나님의 지식, 지혜, 진실), 도덕적 속성들(하나님의 거룩, 의, 선, 사랑, 은혜, 긍휼, 인내), 주권적 속성들(의지, 전능), 유복적 속성들(복, 하나님의 영광) 등으로 분류하였다.[470]

---

[469] Cf. Berkhof, 『조직신학』, 247-49.
[470] 박형용, 『교의신학-신론』, (서울: 은성문화사, 1974), 89-184.

VI

하나님의 전유적(비공유적) 속성

A. 자존성(自存性, Aseity, independence, self-sufficiency)

　성경은 하나님을 자존하시는 분으로 가르치고 있다. 하나님의 자존성은 출애굽기 3장 14절("나는 스스로 있는 자니라")와 요한복음 5장 26절("아버지께서 자기 속에 생명이 있음 같이")과 같은 선명한 구절에서 이견(異見)의 여지없이 선명하게 나타나 있다. 하나님은 다른 피조물들처럼 자신의 존재를 외부의 다른 것에 의존하는 분이 아니시고 자신의 존재 근거를 자신 안에 가지시는, 철학적인 용어로 표현 하자면, 스스로가 자신의 원인(causa sui)이신 필연적인 존재(necessary being)이시다. 인간이나 다른 피조물들은 그 존재의 근거를 자신 밖에서 가지는 의존적 존재이지만 하나님은 전연 독립적이시다.[471] 개혁파 신학자들은 일반적으로 이를 독립성(independetia)이라고 불렀는데, 이는 자존성은 다른 그 무엇에도 의존하지 않으신다는 사실을 내포하고 있기 때문이다. 하나님은 자신의 존재 뿐 만 아니라 사상(롬 11:33, 34), 의지(롬 9:18; 엡 1:15; 계 4:11), 능력(시 115:3), 계획(시 33:11)에서도 다른 그 무엇에 의존하지 않으신다고 성경은 가르쳐 준다.[472]

B. 불변성(不變性, immutabilitas)

---

[471] 이근삼 전집 편찬위원회 엮음, 『개혁주의 조직신학 개요 Ⅰ』, 101.
[472] Cf. Berkhof, 『조직신학』, 251-52.

하나님은 그 존재가 불변이시다. 하나님 자신은 필연적으로 자기 자신으로부터 계시고 자기 자신으로 말미암아 계시기 때문이다. 그러므로 하나님은 영원토록 자기 동일자로 계신다. 하나님은 지식과 경륜과 작정이 불변이시다. 그 존재와 지식과 경륜과 작정이 변한다면 그 분은 하나님이실 수 없다.[473] 사람들의 변덕에도 불구하고 하나님의 우리를 향하신 작정하심과 사랑은 변하지 않는다. "우리를 사랑하시되 끝까지 사랑하신다."(요 13:1)

하나님의 불변성은 성경의 많은 구절들을 통해서 계시되었다(출 3:14; 시 102:26-28; 사 41:4; 48:12; 말 3:6; 롬 1:23; 히 1:11, 12; 약 1:17). 하나님의 자존성은 불변성을 자연스럽게 수반한다. 자신의 존재와 사상, 목적과 계획에서 다른 그 무엇도 의존하지 않으시는 하나님은 그 존재와 완전성, 목적과 약속에 있어서 전혀 변경이 있을 수 없으신 것이다. 변화는 완전성과 양립할 수 없다.

그러나 이 불변성은 부동성(immobility) 즉, 하나님 안에 아무런 운동이 없는 것으로 해석될 수 없다. 하나님은 피조물 특별히 인간과의 관계에서 변화를 가지시지만, 하나님의 존재와 속성과 목적과 완전성, 그 행동의 동기와 약속에 있어서는 아무런 변화도 갖지 않으신다. 하나님이 변하시는 분으로 묘사되는 성경의 구절들은 이런 원칙에 의해 해석되어야 한다(출 32:10-14; 욘 3:10; 잠 11:20; 12:22; 시 18:26, 27). 성경에서 하나님께 "후회 하신다", "뜻을 돌이키신다" 등의 표현을 사용할 때, 이는 신인동형동성적(神人同形同性的, anthropomorphism)[474] 표현으로, 실제로 그 변화는 하나님 안에 있

---

[473] 서철원, 『서철원박사 교의신학-하나님론』, 59.

[474] 성경에 보면 하나님의 손(출 3:20), 하나님의 팔(출 6:6), 하나님의 눈과 귀(사 37:17) 등의 표현이 나온다. 또한 하나님께서 한탄하시고, 근심하시고 염려하신다는 표현도 나오는데 이것을 신인동형성론적이라고 한다. 특별히 이 점에 대해서 오해가 있어서는 안 될 것이다. 이런 표현들은 이신론이나 자연신론자들이 주장하는 것처럼 하나님은 인간을 지으시고 절대 타자(他者)로 저 멀리서 무관심하게 지켜보시며, 인간의 삶에 전혀 관여하지 않으시는 분이 아니라 지정의를 지니신 인격적인 하나님으로 우리 삶의 일거수일투족(一擧手一投足)에 관심을 갖고 계시는 분이라는 뜻이다. 하나님이 마치 인간처럼 어떤 형체와 모양을 가지고 있는 것을 말하는 것이 아니다. 하나님의 신적인 속성들이나 활동들을 인간의 언어로 인간들이 이해할 수 있도록 묘사한 것에 불과하다. 하나님은 영이시고 전지전능하신 분이신데 자신의 계획을 후회하신다거나 한탄하신다면 그 분은 전능자 창조주 하나님이 아닐 것이다. 그러므로 이런 표현은 하나님의 실수나 무능을 말함이 아니고 우리 인간들을 너무 아끼고 사랑하신다는 다른 표현들로서, 우리를 구원하시려는 의지의 표현인 것이다.

는 것이 아니라, 하나님과 사람의 관계에 있는 것임을 주의해야 한다.[475]

C. 무한성(infinity)[476]

하나님의 무한성은 역시 그의 자존성에 포함되며 하나님의 자존성은 실체의 충만을 함축하고 있는데 그 충만은 제한 없는 무한한 충만이다.[477] 하나님의 무한성은 그의 존재나 속성에 있어서 하나님 자신 외에 그 어떤 것으로부터도 제한을 받거나 피조물 내에 국한되지 않는다는 것을 의미한다 (시 145:3; 왕상 8:27).[478] 하나님의 무한성은 양적인 것보다는 질적인 특성인데, 이는 다음과 같이 세 가지로 구분되어 이해될 수 있다.

1. 존재의 무한성: 완전성

하나님은 자신의 모든 속성을 무한적으로 지니신다. 이 무한성은 양적인 의미 보다는 질적인 것으로 이해되어야 한다. 예를 들어 하나님의 능력에 대한 무한성인 전능은 절대적인 양이라기보다는 무궁한 능력의 잠재성을 의미하는 것이다. 하나님은 자신의 지식, 지혜, 선, 사랑, 의, 주권, 능력 등 모든 속성에서 그 어떤 제한도 없으시고 결핍도 없으시다(욥 11:7-11; 시 145:3; 마 5:48).

2. 시간의 무한성: 영원성

영원성은 시간과 관련된 하나님의 무한성이다. 성경은 하나님을 영원하신 분으로 묘사한다(시 90:2; 102:12; 엡 3:21). 하나님의 영원성은 무한히 연

---

[475] Cf. Berkhof, 『조직신학』, 252-53.
[476] Cf. Berkhof, 『조직신학』, 253-55.
[477] 박형용, 『교의신학-신론』, 105.
[478] 이근삼 전집 편찬위원회 엮음, 『개혁주의 조직신학 개요 Ⅰ』, 103-04.

장된 연속으로서의 시간과 같은 것이 아니다. 오히려 이는 시간을 초월하고 시간의 한계를 벗어나 계신 분이심을 의미한다(벧후 3:8). 벌코프는 하나님의 영원성을 하나님께서 모든 시간적인 한계와 모든 순간의 연속 위에 높이 계시고, 하나님의 존재 전부를 하나도 나누어질 수 없는 현재 상태로 유지하고 계시는 하나님의 속성으로 정의한다.

흔히 하나님은 시간에 내재하신 것으로 나타나시나 그러나 그분은 모든 시간을 초월하여 계신다. 그는 처음과 나중이요(사 41:4; 계 1:8), 그는 태초에 계셨고(창 1:1; 요 1:1, 17:5, 24), 모든 것이 변해도 그는 영원히 계신다(시 90:2, 93:2). 주께는 하루가 천년 같다(시 90:4; 벧후 3:8). 그는 영원하시다(사 40:28; 롬 16:26; 사 57:15; 신 32:40; 계 10:6, 15:7; 벧전 1:23).[479] 이런 성구들이 다 의인법적인 표현이고 시간의 형식으로 영원을 말하고 있으나 분명한 것은 하나님은 시공을 초월하시고 시간을 측정하는 방법으로는 측정할 수 없는 것이다.[480]

3. 공간의 무한성: 광대성

성경은 하나님께서 모든 공간 속에서 편재해 계심을 증언한다(왕상 8:27; 시 139:7-10; 사 66:1; 렘 23:23, 24 행 7:48; 17:27, 28). 벌코프는 하나님의 광대성을 하나님께서 모든 공간적인 한계를 초월하시면서도, 모든 순간의 공간에 전존재로 참여하시는 신적인 존재의 속성이라고 정의한다. 하나님은 피조물인 모든 공간에 대해 초월해 계시며 동시에 모든 공간들 속에 내재하여 계신다. 박형용 박사는 무량성(immensity)과 편재성(omnipresence)으로 나누어 무량성(無量性)은 초월성에 치중하고 편재성은 내재성에 치중한다고 말한다.[481] 무량성은 하나님께서 모든 공간을 초월하시며 그 한계에 종속되지 않으심을 가리키고, 편재성은 하나님께서 그의 전존재로 모든 공간을 채우

---

[479] 이근삼 전집 편찬위원회 엮음, 『개혁주의 조직신학 개요 I』, 104.

[480] Bavink, 154.

[481] 박형용, 『교의신학-신론』, 111.

신다는 사실을 나타낸다. 즉 무량성은 하나님의 초월을, 편재성은 하나님의 내재를 강조한다고 할 수 있다.

D. 단일성

1. 단수성(unitas singularitatis, Oneness or Unity)

성경은 하나님께서 오직 한 분이시라고 처음부터 끝까지 주장하고 있다(출 15:11; 신 6:4; 왕상 8:60; 고전 8:6; 딤전 2:5). 이는 다신론적인 하나님 개념에 대한 반대로서, 자존하시고 무한하시고 불변하시는 하나님은 필연적으로 유일하신 분이심을 의미한다. 그 하나님은 천지의 창조주이시며(창 1장, 2장), 만물의 소유자시며 심판자이시다(창 14:19-22; 18:25). 그 외에는 다른 신이 없다(출 20:3; 신 4:35, 32:39; 시 18:1; 사 43:10, 44:6, 45:5). 신약에서는 신의 유일성은 더욱 분명하게 예수 그리스도의 인격에 나타난다(요 17:3; 행 17:24; 롬 3:30; 고전 8:56; 엡 4:5, 6; 딤전 2:5).[482]

2. 순일성(unitas simplicitalis)

단수성이 하나님을 다른 존재들과 구분했다면, 순일성은 신적인 존재의 내적이며 질적인 유일성을 의미한다. 성경은 하나님이 영이시라고 말한다(요 4:24). 하나님은 어떤 의미에서도 합성물이 아니며, 그 안에서 실체적인 구분을 허용하시지 않으신다는 사실을 의미한다. 성경이 하나님을 빛과 생명, 의로움과 사랑으로 칭하는 것에서도 잘 나타나는 바, 하나님에게 있어 본질과 속성은 하나이다.[483]

---

[482] 이근삼 전집 편찬위원회 엮음, 『개혁주의 조직신학 개요 Ⅰ』, 107-08.

[483] Cf. Berkhof, 『조직신학』, 255-57.

VII

하나님의 유비적(공유적) 속성

A. 지성적인 속성들

1. 하나님의 지식

성경은 삼상 2:3; 욥 12:13; 시 94:9; 147:4; 사 29:15; 40:27, 28 등과 같은 구절들에서 하나님의 지식에 대해서 증언한다. 벌코프는 하나님의 지식을 한 번의 영원하고도 가장 단순한 행위로 자신과 또 가능하고 현실적인 모든 것을 독특한 방식으로 아시는 하나님의 속성이라고 정의하는데, 이를 성질과 범위로 구분하여 이해할 수 있다.[484]

성경은 어디서나 하나님의 의식과 지식을 전제로 하고 있다. 하나님은 빛이시다. 그에게는 흑암이 없으시고(요일 1:5), 가까이 할 수 없는 빛에 거하신다(딤전 6:6). 그는 자연과 은혜 속에서 모든 빛의 근원이시다(요 1:49, 8:12; 약 1:17). 하나님이 빛이라 할 때 자의식에 완전하고 자아 실존에 대한 지식이 완전하여 그에게 아무것도 자기의식에서 숨기우지 않는다.

흑암이 과오나 무지의 상징만이 아니라 부정과 도덕적 불결, 고난, 비참의 상징이 됨과 같이(시 8:25; 전 2:13-14; 사 8:22; 마 4:16, 8:12; 눅 22:53; 요 3:19; 롬 3:12; 엡 5:8; 벧전 2:9) 빛은 순결, 정결, 거룩, 기쁨, 즐거운 축복을 말한다(시 27:1, 26:9, 97:11; 사 60:19; 요 1:4; 엡 5:8). 빛의 상징적 의미는 지식이다. 그 이유는 빛의 주요 기능은 어둠에 숨어 있는 것을 드러내는 것이기 때문이

---

[484] Cf. Berkhof, 『조직신학』, 261-65.

다. "나타나지는 것마다 빛이니라."(약 5:13)

빛이 하나님께 적용이 되면 하나님이 죄로 인하여 오염되지 않은 자신에 대한 완전한 지식을 가졌고 어둠이 그에게 있을 수 없고, 그의 존재는 오직 빛이라는 뜻을 가진다. 더욱이 하나님의 삼위일체적 존재는 완전의식의 하나이다(마 11:27; 요 1:17, 10:15; 고전 2:10).[485]

a. 하나님의 지식의 성질

하나님의 지식은 몇 가지 점에서 인간의 지식과 다르다. 1) 먼저 인간의 지식은 하나님의 지식에 대해 유비적이고 모형적인데 반해, 하나님의 지식은 원형적 지식이다. 즉, 하나님의 지식은 절대적 완전(absolute perfection)을 그 특징으로 한다. 2) 또 하나님의 지식은 논증적이거나 추론적이지 않고 오히려 직관적이다. 인간은 관찰과 추론의 과정을 통해서 지식을 얻지만, 하나님의 지식은 본유적이고 직접적이다. 사물에 대해 인간은 그 사물로부터 지식을 가지지만, 하나님께 있어서는 하나님의 지식이 사물보다 선행한다. 즉 하나님의 지식에 따라 사물이 존재함을 의미한다. 하나님은 그 어떤 것도 부분으로 아시지 않고 전체로 아신다. 3) 하나님의 지식은 필연적인(necessary) 지식과 자유로운(free) 지식으로 구별된다. 필연적인 지식은 신적인 의지의 행동에 의하여 결정되는 지식이 아니다. 하나님 자신과 가능한 모든 사물들(all things possible)에 대한 지식이다. 자유로운 지식은 신적인 의지의 활동에 의한 지식으로서, 과거, 현재, 미래의 모든 현실적 사물들(all things actual)에 대한 지식이다.

b. 하나님의 지식의 범위

모든 사물들이 다 하나님의 작정을 따라 이루어졌으므로 사물에 대한

---

[485] 이근삼 전집 편찬위원회 엮음, 『개혁주의 조직신학 개요 Ⅰ』, 110-11.

모든 지식은 다 하나님 자신에게서 나온다. 만물에 대한 지식도 하나님 자신에게서 나온다. 하나님 자신이 자기 지식이다.[486] 하나님의 지식은 전 포괄성을 지닌다. 그러므로 이를 전지(全知)라 한다. 성경의 많은 구절들은 하나님의 전지를 분명히 가르치는데, 하나님의 지식의 완전(욥 37:16)과 외모가 아닌 중심을 보심(삼상 16:7; 대상 28:9, 17; 시 139:1-4; 렘 17:10), 사람의 길(신 2:7; 욥 23:10; 24:23; 31:4; 시 1:6; 119:168)과 그들의 거주(시 37:18), 그들의 날(시 37:18)을 아심을 가르친다.

2. 하나님의 지혜

하나님의 지혜는 하나님께서 자신을 가장 영화롭게 하는 방식으로, 자신의 지식을 자신의 목적을 달성하시는데 적용하시는 그의 속성이라고 정의할 수 있다. 지혜는 지식의 한 측면이지만, 동시에 구별될 수 있는데, 지혜는 지식에 비해 더 실천적이며, 학문에 의하여 얻어지는 지식과는 달리 지혜는 직관적인 통찰력으로부터 획득된다. 지혜와 지식은 밀접한 관계에 있지만 동일하지는 않다. 어떤 목적을 위해서 지식을 사용하는 능력을 지혜라고 한다.[487] 성경은 이 하나님의 지혜가 창조(시 19:1-7; 104:1-34)와 섭리(시 33:10,11; 롬 8:28), 그리고 구속(롬 11:33; 고전 2:7; 엡 3:10)의 사역에서 나타난다고 말한다.

하나님은 무의식적인 신이 아니고 그는 만물을 창조하시되 목적을 가지시고 모형에 따라서 자기 생각대로 하셨기 때문에 그것은 곧 하나님의 지혜이다. 그의 창조는 이런 생각들의 실현인 것이다. 그러므로 하나님의 지혜는 그의 창조, 명령, 인도하심과 만물의 통치에 나타난다(잠 8:30).[488] 하나님의 지혜는 자기의 경륜을 이루고 그의 영광을 드러내기 위해 그의 모든 지식과 권능을 활용하는 역사를 말한다. 이 면에서 하나님의 지혜는 하나님

---

[486] 서철원, 『서철원박사 교의신학-하나님론』, 62.
[487] 이근삼 전집 편찬위원회 엮음, 『개혁주의 조직신학 개요 I』, 111-12.
[488] 이근삼 전집 편찬위원회 엮음, 『개혁주의 조직신학 개요 I』, 112.

의 지식에 속한다.[489]

3. 하나님의 진실성

하나님의 진실성은 자의식에 완전하신 하나님을 말하는 지적속성의 세 번째 속성이다. 하나님의 진실성은 두 가지를 뜻하는데 하나는 모든 거짓된 신들과는 다르게 진실하신 하나님이시라는 것이고 또 하나는 그의 목적에 신실하신 분이라는 뜻이다. 이 두 가지 의미를 표시하는데 칠십인 역 헬라어로 aletheia와 pistis를 사용했는데 이것은 영어로 truth와 faith, 즉 진실과 신실(믿음)이라고 번역된다.[490]

성경은 하나님이 참되시다는 사실을 매우 강조한다(출 34:6; 민 23:19; 신 32:4; 시 25:10; 31:6; 사 65:16; 렘 10:8, 10, 11; 요 14:16; 17:3; 딛 1:2; 히 6:18; 요일 5:20, 21). 벌코프는 하나님의 진실성을 하나님께서 신성의 관념에 대하여 충분히 응답하시며, 그의 계시에 있어서 완전히 신뢰할 수 있으며, 사물들을 실제 있는 그대로 아시는 그의 존재의 속성이라고 정의한다. 하나님의 진실성은 세 가지 의미를 지니는데, (1) 우선 형이상학적으로는, 하나님이 헛된 우상과 구별되시는 참되신 하나님, 즉 신성의 관념을 충족시키신 분이라는 의미를 지니고(시 96:5; 97:7; 115:4-8; 사 44:9, 10), (2) 윤리적으로는, 하나님의 계시가 참되어 신뢰할만한 것임을 의미한다(민 23:19; 롬 3:4; 히 6:18). (3) 마지막 논리적으로는 존재하는 사물과 인간의 사고에 논리적인 정합성을 지니게 하셨음을 의미한다.

B. 도덕적인 속성들

---

[489] 서철원, 『서철원박사 교의신학-하나님론』, 64-5.
[490] 이근삼 전집 편찬위원회 엮음, 『개혁주의 조직신학 개요 Ⅰ』, 112-13.

1. 하나님의 선

성경은 선함에 있어 하나님의 유일성을 증거 한다(막 10:18). 하나님은 절대적 완전이시며, 완전한 지복이셔서, 자신 안에서 선하실 뿐만 아니라, 모든 피조물에 대해서도 선하시므로, 최고선(summum bonum), 모든 선의 근원(fons omium bonorum)이시다. 하나님의 선하심은 다음과 같이 구별되어 이해될 수 있다.[491]

하나님은 스스로 절대적 선이시며 완전하신 분이시므로 절대적 완전에 미치지 못한 것으로서 만족하실 수 없다. 이렇게 완전하고 절대적으로 선하신 이는 또한 다른 사람에 대해서도 선하시다.[492] 즉, 그의 창조물에 대해서 최고선(最高善, the highest good)이시다. 그는 과연 모든 것의 최고선이시며, 자족하신 모든 것의 선이시며, 모든 축복의 목표가 되신다(시 4:7-8, 73:25-26). 최고선으로서의 하나님은 모든 덕행의 원천이시다. 하나님은 완전히 선이시므로 그는 영원히 복 주시는 이시다.[493]

a. 일반 피조물을 향한 하나님의 선

이것은 모든 피조물을 관대하고 인자하게 대해주시는 하나님의 완전성인데, 성경은 하나님께서 자신이 지으신 모든 피조물들에 대해 선하시다고 증언한다(시 36:6; 145:9, 15, 16; 마 5:45; 6:26; 눅 6:35; 행 14:17). 선하신 하나님은 자기의 피조물의 행복을 원하시며 자애로우신 손길로 돌보신다. 하지만 이는 그것에 대한 대상의 수용 능력에 따라 그 정도를 달리한다.

b. 하나님의 사랑

---

[491] Cf. Berkhof, 『조직신학』, 265-72.

[492] Bavink, 205.

[493] 이근삼 전집 편찬위원회 엮음, 『개혁주의 조직신학 개요 Ⅰ』, 205-06.

성경은 하나님은 사랑이시라고 증언한다(요일 4:16). 하나님의 사랑은 이성적 피조물을 향한 하나님의 선하심인데, 하나님으로 하여금 영원히 자기를 전달하게 하시는 하나님의 완전성이라고 할 수 있다. 하나님은 일반적인 사랑으로 모든 사람들을 사랑하실 뿐만 아니라(요 3:16; 마 5:44,45), 특별한 사랑으로 신자들을 사랑하셔서 그들에게 그의 모든 은혜와 긍휼로 자신을 전달하신다(요 16:27; 롬 5:8; 요일 3:1).

서철원 교수는494 사랑과 공의가 대립되는 것이 아니고 사랑이 곧 공의이고, 공의가 곧 사랑이라고 하였다. 이 때문에 토마스 아퀴나스(T. Aquinas)는 피조물이 존재로 있는 한 다 하나님의 사랑을 받는다고 하였다. 뿐이 아니라 서철원 교수는 하나님의 사랑도 일반적 사랑(amor dei generalis)과 특별한 사랑(amor dei specialis)으로 나눴다. 일반적 사랑이라는 것은 죄를 제외하고 모든 피조물들이 다 하나님의 사랑의 대상이라는 의미라고 하였다. 이 사랑은 일반은총으로 나타나는데 불신자들도 하나님의 호의를 입어서 열심히 일하면 재산을 모으고 건강을 지키면 건강하게 된다는 것이다. 특별한 사랑은 성경이 제시하는 대로 하나님이 죄인을 향하여 나타내시는 선하심이다. 이 사랑은 반역한 죄인들을 불쌍히 여기셔서 구원하시는 하나님의 선하심으로 정의를 내리고 있다.

성경에 따르면 하나님 자신의 선하심과 그의 창조물에 대한 하나님의 선하심을 말할 수 있다. 하나님은 그 자신이 전적으로 완전하시고(the sumtotal of all perfections), 모든 덕(virtues)을 그는 절대적 의미에서 가지고 있는 것이다. "하나님 외에는 선한 이가 없다."(막 10:18; 눅 18:19). 그는 "완전하시다."(마 10:18; 눅 18:19)

하나님의 선하심은 인자하심, 즉 자기 백성을 향한 특별한 호의로 나타난다. 예를 들면 요셉에게 "함께 하시고 그에게 인자를 더 하사 전옥에게 은혜를 받게 하시매"(창 39:21) 이스라엘에게 "주의 인자하심의 광대하심을

---

494 서철원, 『서철원박사 교의신학-하나님론』, 67-8.

따라 이 백성의 죄를 사하시되"(민 14:19), 다윗에게 말씀하실 때 "사울에게서는 내 은총을 빼앗되 다윗에게서는 내 은총을 빼앗지 아니하되"(삼하 7:15), "기름 부음 받은 자에게는 인자를 베푸심이여 영원토록 다윗과 그 후손에게로다"(삼하 22:51)라고 하였고, 경건한 자들에게는 "오직 경외함으로"(시 5:7)라고 하였다.[495]

c. 하나님의 은혜(gratia Dei)

하나님의 은혜는 하나님의 덕과 호의라고 정의해야 한다. 하나님의 은혜는 합당하지 않는 자들에게 베푸시는 호의이다. 죄를 지어 영원히 멸망 받아야 마땅한 피조물을 불쌍히 여기셔서 살려내시기로 작정하시는 호의가 하나님의 은혜이다. 곧 은혜는 조건 없이 거저 주시는 사랑(amor indebitus)이다. 하나님의 공의의 법대로 영원히 죽을 수밖에 없는 죄인들을 살려내고 거저 주시는 사랑이 하나님의 은혜인 것이다.[496]

하나님의 선하심이 영광스럽게 나타남을 은혜(grace)라고 하며 아무 것도 가진 것이 없는 자에게 임하신다. 은혜는 어떤 분이 다른 분의 호의로 발견되는 것이다(창 30:27, 33:8, 47:27, 50:4; 눅 2:52). 그러나 하나님의 은혜는 그 대상이 일반적인 자연이나 이방인에게 있지 않고 오직 자기 백성에게만 있다. 노아에게(창 6:8), 모세에게(출 33:12, 17, 34:9), 특히 이스라엘에게 임하신다(출 15:13, 19:4, 34:6; 사 35:10; 렘 3:4, 19, 31:9, 20). 신약에서의 은혜는 그 내용이 더 깊고 풍성하다. 죄인들을 향한 하나님의 자원적(自願的)이고 값없이 주시는 은혜는 죄인이 당할 사망의 법 대신 칭의와 생명을 보증하는 것이다.[497]

하나님의 은혜는 하나님의 정죄 아래 있는 사람들에 대한, 그들의 공로에 의존하지 않는, 하나님의 선을 의미한다. 하나님의 은혜는 죄인들에게

---

[495] 이근삼 전집 편찬위원회 엮음, 『개혁주의 조직신학 개요 I』, 114-15.
[496] 서철원, 『서철원박사 교의신학-하나님론』, 68.
[497] 이근삼 전집 편찬위원회 엮음, 『개혁주의 조직신학 개요 I』, 116.

주어지는 모든 영적인 복의 근원이다(엡 1:6, 7; 2:7-9; 딛 2:11; 3:4-7). 죄인들은 오직 은혜로 말미암아 구원을 얻는다.

d. 하나님의 긍휼(misericordia Dei)

성경은 하나님이 긍휼이 풍성하신 분이라고 말한다(신 5:10; 시 57:10; 86:5; 대상 16:34; 대하 7:6; 시 136편; 스 3:11). 하나님의 은혜가 타락하여 죄에 빠진 인간에 대한 하나님의 선이라면, 하나님의 긍휼은 타락하여 비참함에 빠진 인간에 대한 하나님의 선이라고 할 수 있다. 하나님은 그 긍휼하심으로 병든 자에게 치유를 주시고 절망 중에 있는 자에게 소망을 주신다.

사람이 죄로 말미암아 당하는 고통과 비참함에 대해 하나님이 나타내시는 부드러운 감쌈, 곧 사랑이 긍휼, 혹은 불쌍히 여기심이다. 죗값대로 받는 마땅한 벌에 합당한 고통과 비참함을 당하는 자들을 돌보시고 감싸시는 사랑이 불쌍히 여기심이다. 하나님은 죗값은 생각하지 않고 그 사람이 당하는 험한 고통과 비참함을 먼저 보시고 그 고난을 없애기 위해 사랑의 조치를 하신다.[498] 이것이 긍휼이고 자비이다.

e. 하나님의 오래 참으심

성경에 의하면 하나님은 오래 참으신다(출 34:6; 시 86:15; 롬 2:4; 9:22; 벧전 3:20). 하나님의 오래 참으심은 그들의 계속적인 불순종에도 불구하고 그들에게 마땅히 있어야 할 진노와 형벌을 연기하시는 하나님의 선하심이다. 모든 인간들이 그들의 죄에도 불구하고 현재 지옥의 진노에 처해 있지 않는 이유는 하나님의 오래 참으심 때문이다.

2. 하나님의 거룩함

---

[498] 서철원, 『서철원박사 교의신학-하나님론』, 69.

하나님의 거룩하심에 대한 성경적 개념은 이중적이다. 하나는 원래 히브리어 용어, '자르다', '분리하다'를 의미하는 '카드'라는 어근에서 유래한 의미대로, 하나님께서 그의 모든 피조물들과 절대적으로 구별되시며, 그들 위에 높이 계시다는 의미이다(사 6:1). 이렇게 이해될 때 하나님의 거룩함은 하나님의 초월적 속성들 중 하나이며, 때때로 하나님의 핵심적인 지고의 완전성으로 여겨진다. 즉 앞서 설명된 하나님의 모든 속성들, 예를 들면, 지식, 선, 공의와 전능이 다 그 자체로 하나님의 거룩하심인 것이다. 하나님의 거룩하심의 다른 의미는 윤리적 측면을 지니는데, 이는 도덕적인 악이나 죄로부터 분리되신 분이심을 의미한다(욥 34:10; 합 1:13). 이런 윤리적인 거룩함은, 하나님께서 영원히 자신의 도덕적 탁월성을 원하시고, 자신의 도덕적 피조물들 속에서 순결을 요청하시는 하나님의 완전성이라고 정의될 수 있다.

거룩이라는 말은 세상에 속해 있는 일반적 영역에서 구별되고 하나님과의 특수 관계에 놓이며 하나님을 섬기는 모든 사람과 사물에 대해서 사용된 말이다. 거룩하게 하는 데는 두 가지 요소가 있다. 첫째는 백성, 사람, 장소, 날 또는 물건이 선택, 즉 다른 것들로부터 구별되는 것이고 둘째는 이 사람들과 물건들이 어떤 일정한 규칙에 따라서 하나님을 섬기는데 봉헌되는 것이다. 하나님이 안식일을 거룩케 하시되 주간의 다른 날들로부터 구별하실 뿐만 아니라 제7일을 쉬고 하나님께 바침으로서 거룩하게 하신다(창 2:2; 출 20:11; 신 5:12).[499]

3. 하나님의 의

하나님의 거룩함과 의로움은 밀접한 관계가 있다. '의롭다'는 말은 법에 집착하는 사람의 상태를 의미한다. 의인이라 할 때 그 사람은 율법 앞에 의롭다는 것이다. 그러므로 그는 무죄가 되어야 하고 악인의 반대어가 된다

---

[499] 이근삼 전집 편찬위원회 엮음, 『개혁주의 조직신학 개요 Ⅰ』, 118.

(신 25:1).500 성경은 하나님의 의에 대하여 많이 말한다. 성경이 증언하는 하나님의 공의는 통치적 공의와 분배적 공의로 구분하여 이해될 수 있다.

a. 통치적 공의(rectoral justice)

하나님의 통치적 공의는 하나님께서 자신을 선과 악의 통치자로서 나타내시는 정직성(rectitude)이다. 성경은 입법자로서 백성을 위한 법을 확립하시고, 그 법으로 세계를 공의롭게 통치하시는 분으로서 하나님을 설명한다(사 33:22; 약 4:12; 신 4:8; 시 99:4; 사 11:3,4; 롬 1:32).

b. 분배적 공의(distirbutive justice)

이는 법을 집행하는데 나타나는 하나님의 정직성을 나타내는데, 특별히 상벌의 분배와 연관되어 있다(사 3:10, 11; 롬 2:6; 벧전 1:17). 이것은 상선적 공의와 응보적 공의 둘로 구분된다.

① 상선적 공의(remunerative justice)

이것은 천사와 사람의 선에 대해 적절한 상을 분배해 주시는 하나님의 정의다(신 7:9, 12, 13; 대하 6:15; 시 58:11; 미 7:20; 마 25:21, 34; 롬 2:7; 히 11:26). 여기서 주의해야 할 것은 이 상은 그들의 공로나 채무에 따라 주시는 것이 아니요, 오히려 약속과 허락하심에 의한 은혜에 따른 것이라는 사실이다.

② 응보적 공의(retributive justice)

이것은 천사와 사람이 저지른 악에 대해 정당하게 형벌을 부과하시는 하나님의 정의다(롬 1:32; 2:9; 12:19; 살후 1:8). 이들의 형벌은 오직 그들의 범죄와 과실에 따른 것이다.

---

500 이근삼 전집 편찬위원회 엮음, 『개혁주의 조직신학 개요 Ⅰ』, 122.

C. 하나님의 주권적 속성들

1. 하나님의 주권적 의지

a. 하나님의 의지 개요

하나님이 자기의 작정을 이루시는 권세가 주권(主權)이다. 통상 하나님의 권세로 말하지만 하나님이 자기의 작정을 이루시는 일을 능동적으로, 주도적으로 하시므로 주권이라고 함이 바르다. 하나님은 자기의 본성에 합한 것을 원하시고 충분히 이루어내신다. 그의 작정을 이루어내시는 능력을 하나님의 전능(全能), 혹은 권세라고 표현한다.[501]

이는 하나님의 완전성인데, 이것에 의해 하나님은 가장 단순한 행동 속에서 최고의 선이신 자신을 향하시며, 자기의 이름을 위해 피조물들을 향하시며, 이렇게 해서 피조물들의 존재와 지속적인 실존의 근거가 된다고 벌코프는 설명한다. 창조와 보존(시 135:6; 렘 18:6; 계 4:11), 통치(잠 21:1; 단 4:35), 선택과 유기(롬 9:15,16; 엡 1:11), 그리스도의 고난(눅 22:42; 행 2:23), 중생(약 1:18), 성화(빌 2:13), 성도의 고난(벧전 3:17), 인간의 생명과 운명(행 18:21; 롬 15:32; 약 4:15), 그리고 미생물까지도(마 10:29) 모두 이 하나님의 의지에 따른 것이라고 성경은 말한다.[502]

b. 하나님의 의지 구분

하나님의 의지는 작정적 의지(decretive will)와 교훈적 의지(preceptive will)로 구별될 수 있는데, 작정적 의지는 항상 성취되는 하나님의 의지로서, 하나님께서 효과적으로 역사하심으로 그것을 이루도록 하시던지, 아니면 이성적인 피조물이 행하도록 허용하심으로 일어나든지 간에, 반드시 일어

---

[501] 서철원, 『서철원박사 교의신학-하나님론』, 71.
[502] Cf. Berkhof, 『조직신학』, 272-77.

나도록 하시는 영원한 하나님의 의지이다. 교훈적 의지는 하나님의 도덕적 피조물들에게 지키라고 명령하신 의무들을 보여주는 의지로서, 그들에게 정해 놓으신 삶의 규범인데, 이는 타락한 인간에 의해 불순종된다.

c. 하나님의 의지와 자유

여기서 다루고자 하는 질문은 하나님께서 의지에 따라 행동하실 때에, 그것은 필연적인 행동인가 아니면 자유로운 행동인가 하는 것이다. 하나님의 지식에 있어 필연적인 지식과 자유로운 지식이 있는 것처럼 의지에 있어서도 필연적인 의지(voluntas necessaria)와 자유로운 의지(voluntas libera)가 있다. 하나님께서 자신과 자신의 거룩한 본성, 그리고 하나의 신성 안에 세 위격에 관해서는 필연적으로 그것을 뜻하신다. 그러나 하나님의 피조물들은 모두 하나님의 자유로운 의지의 대상들이다.[503]

d. 하나님의 의지와 죄의 관계

이 문제는 아직까지 해결되지 않은 채로 있는 것으로 아마도 인간으로서는 결코 해결할 수 없는 문제들이 여기에 있다고 할 수 있다. 이 문제에 대해 성경이 안내하는 확실한 사실은 다음과 같다. 먼저는 하나님의 작정 속에 인간의 죄악 된 행동이 포함된다고 하더라도, 하나님을 죄의 조성자로 생각할 수는 없다는 것이다. 개혁파 신학자들은 죄에 대한 하나님의 의지는 죄를 허용하는 의지이지, 초래하는 의지가 아니라 하였다.

잠언 9:17에서 "도둑질한 물이 달고, 몰래 먹는 떡이 맛이 있다 하는 도다."라는 말씀과 같이 인간들은 죄를 지으면서 어떤 쾌감을 느낄 수 있지만 하나님께서는 결단코 죄로부터 어떤 기쁨도 취하지 않으신다. 또 성경은 하나님의 작정적 의지와 교훈적 의지를 가르치는데, 인간의 행동 규범은 언제라도 하나님께서 율법과 복음으로 계시해 주신 교훈적 의지라

---

[503] Cf. Berkhof, 『조직신학』, 272-77.

는 사실이다.[504]

2. 하나님의 주권적 능력

하나님의 전능이라는 관념은 '엘 샤다이'라는 이름에 내포되어 있는데, 성경은 이를 분명하게 말한다(욥 9:12; 시 115:3; 렘 32:17; 마 19:26; 눅 1:37; 롬 1:20; 엡 1:19). 하나님의 주권적 능력은 일반적으로 하나님의 절대적 능력(potentia Dei absoluta)과 하나님의 질서적 능력(potentia Dei ordinata)으로 구분되어 이해되어 왔다. 절대적 능력은 하나님께서 그것이 실현되기를 원하시지는 않으시지만, 발생 가능한 일을 하실 수 있는 능력을 의미한다. 예를 들면 "하나님은 지금보다 천 배는 더 넓은 우주를 만드실 수 있으시다"와 같은 것이다. 하나님은 그것을 원하지는 않으셨지만, 그것을 하실 수 있으시다. 지금 실현된 우주가 하나님의 능력의 최대치라는 거짓 주장에 반대하기 위해 이런 구분이 필요하다. 성경은 하나님의 능력은 실제 실현된 것 이상이라고 말한다(창 18:14; 렘 32:27; 슥 8:6; 마 3:9; 26:53). 질서적 능력은 절대적 능력의 일부분으로서, 하나님이 실현되기를 뜻하시는 것을 무엇이든지 실현할 수 있는 하나님의 속성이다. 이 능력은 하나님이 뜻하신 것으로서 하나님의 작정에 따른 창조와 섭리 속에서 실현되는 하나님의 능력이다.

서철원 교수는 하나님의 권세를 절대적 권세와 섭리적 권세로 나누어 설명한다.[505]

a. 절대적 권세(potentia Dei absolute)

절대적 권세는 하나님이 자기 영광을 위해서 원하시는 모든 것을 다 수행하실 수 있는 권세이다.

---

[504] Cf. Berkhof, 『조직신학』, 272-77.
[505] 서철원, 『서철원박사 교의신학-하나님론』, 72.

b. 섭리적 권세(*potentia Dei ordinata*)

섭리적 권세는 하나님이 이루시기로 작정하신 것을 이루시는 권세이다. 우리가 아는 하나님의 권세는 섭리적 권세이다. 무엇이든지 이루시지 못할 것이 없다는 뜻이라기보다 하나님은 전능하시기 때문에 그의 지성과 의지로 작정하신 것을 그대로 이루심을 말한다.

VIII 삼위일체론

A. 삼위일체론의 역사

삼위일체(三位一體, Triunity)506라는 명칭은 헬라어 트리아스(τρίας, three in one; 하나 안에 셋)에서 인출되었다. 이 단어는 하나님은 유일하신 한분이신 동시에 세 분이시라는 교리를 가리키는데 사용된다. 라티어로는 트리니타스(trinitas), 영어로는 트리니티(trinity)이다. 트리아스(τρίας)라는 용어는 시리아의 안디옥 감독 데오필러스(Theophilus, A. D. 168-183)에 의하여 처음 사용되기 시작하였으며, 라틴어 트리니타스(trinitas)라는 용어는 라틴 교부 터툴리안(Tertullian, A. D. 160-225)에 의하여 처음 사용되기 시작했다.507

유대교의 하나님의 단일성에 대한 강조는 어쩌면 매우 자연스럽게 초대 교회에도 전달되었다. 그 결과 사도 이후의 교회들은 종속론(subordinatianism)으로 기울어지게 되었다. 삼위일체(trinitatis)라는 용어를 처음 사용한 터툴리안과 위대한 교부 오리겐도 이런 종속론적 경향에서 예외가 되지 못했다. 이들은 모두 성자는 성부에게 종속되시는 분으로 이해하고 설명했다. 이에 더 나아가 아리우스주의자들은 성자를 성부의 제1피조물로, 성령을 성자의 제1피조물로 묘사했다. 이는 성자와 성령의 신성을 부정하는 것

---

506 조영엽 교수는 영어의 Trinity는 삼위일체를 나타내는 최상의 단어는 아니라고 말하고 있다. 그것은 삼위(三位=3persons)만을 강조하고, 삼위의 연합은 강조하지 않기 때문이라고 진단을 했다. 그러므로 삼위를 구별하면서도 존재의 분리 없이 삼위의 연합도 강조하는 Triunity라는 단어가 더 낫다고 한다 (조영엽, 「신론, 인죄론」, 120.). 이 의견에는 서철원 교수께서도 동일한 생각으로 Trinity보다는 Triunity 라는 단어를 사용하고 있다.

507 서철원, 「서철원박사 교의신학-하나님론」, 119-20.

이었다. 교회는 핍박의 시대를 지나고 4세기에 이르러서 삼위일체론을 공식화 했다. 니케아(Nicea) 공의회(325년)는 삼위 모두가 동일본질(homoousios)이심을 선언했고, 콘스탄티노플(Constantinople) 공의회(381년)에서도 니케아 공의회의 결의 사항을 재확인하였다. 종교 개혁 이후에 삼위일체론의 특별한 발전이 있었던 것은 아니다. 오히려 알미니우스주의자들이 종속론을 부활시켰고, 소시니안주의자들은 아리우스주의자들의 노선을 따랐다. 이들의 이런 주장은 자유주의 신학의 하나님 단일성 주장으로 이어졌다.508

B. 삼위일체론 진술

1. 삼위일체에 대한 성경적 증거

구약 성경만으로 삼위일체 교리를 이끌어 내는 것은 대단히 희미하다. 물론 구약 성경이 삼위일체에 대해 전혀 말하고 있지 않은 것은 아니어서, 그 안에 내포하고 있는 암시들이 있지만, 이 교리를 선명하게 도출할 만큼 명료한 것은 아니다. 신약 성경에 나타난 삼위일체의 빛을 비추어 구약을 보았을 때, 여호와와 동일시되면서 동시에 여호와와 구별되는 여호와의 천사에 대한 언급들(창 16:7-13; 18:1-21; 19:1-28; 말 3:1)이나, 말씀이나 하나님의 지혜가 인격화되어 있는 구절들(시 33:4, 6; 잠 8:12-31) 속에서 삼위일체에 대한 암시들을 발견해 낼 수 있다. 신약 성경에는 삼위일체 교리 주장이 매우 선명하게 나타난다. 예수 그리스도는 구약의 여호와처럼 자기 백성의 구원자로 나타나시며(마 1:21; 눅 1:76-79; 2:17; 요 4:42; 행 5:3; 갈 3:13; 4:5; 빌 3:20; 딛 2:13-14), 구약 성경에서 여호와께서 자기를 경외하는 자들의 마음에 계신 것 같이, 교회 안에 거하시는 분은 성령이시다(행 2:4; 롬 8:9 ;고전 3:16; 갈 4:4; 히 1:6; 요일 4:9).509

---

508 Cf. Berkhof, 『조직신학』, 279-81.
509 Cf. Berkhof, 『조직신학』, 282-87.

2. 삼위일체론 진술

a. 신적 본질은 하나다.

삼위일체는 한 신적 실체(*divina et unica essentia*)와 세 위격(*tres personae*)의 관계이다. 한 신적 실체가 내적 존재에서는 영원부터 영원까지 세 위격 곧 아버지와 아들과 성령으로 계신다. 세 개별 위격은 동일한 참 하나님(*unus idemque verus deus*)이시다. 세 위격이어도 한 하나님이시다. 왜냐하면 세 위격의 실체가 하나이고 동일하고 분할 불가하기 때문이다.[510]

성경은 하나님이 한 분이시라고 말한다(출 15:11; 신 4:35; 6:4; 왕상 8:60; 슥 14:9; 고전 8:6; 약 2:19). 하나님은 유일하신 하나님이시고, 또한 순일하신 하나님이시다. 이 하나님의 유일성은 비공유적 속성에서 이미 논의되었다.

b. 하나의 신적 본질을 지니시는 삼위(three persons)가 계시다.

이는 하나님 안에 서로 병립되어 있거나 분리되어 있는 세 개체자가 있다는 것을 의미하지는 않는다. 단지 신적 본질 안에 위격적(位格的) 구별이 있다는 사실을 의미할 뿐이다. 삼위는 속성적으로 하나이고, 또한 수적으로 하나이다. 세 인격이 하나시라는 것은 우리 이성으로 볼 때 불가사의한 신비이다. 하지만 성경이 하나님 안에 '나', '너', 그리고 '그'로 지칭되는 인격적 구별을 가르치고 있다는 사실도 확실하다(마 3:16; 4:1; 요 1:18; 3:16; 5:20-22; 14:26; 15:26; 16:13-15).

c. 분리되지 않는 하나의 신적 본질이 삼위에게 동등하게 속한다.

성경은 분리되지 않은 신적 본질이 성부뿐만 아니라, 성자와 성령께도 동등하게 그 전체로 속해 있음을 증언한다(요 10:30; 14:11; 고후 5:19; 골 2:9). 신

---

[510] 서철원, 『서철원박사 교의신학-하나님론』, 82-3.

적 본질은 삼위에게 분배되지 않는다. 오히려 그 모든 완전성들은 삼위에 전체로 속하여 있다. 이는 삼위는 본질의 수적 유일성을 지닌다는 사실을 의미한다.

d. 삼위는 존재와 활동에서 정해진 순서와 그에 따른 위격적 속성을 지닌다.

위격적 실존에 있어 순서가 있는데, 첫째는 성부, 둘째는 성자, 셋째는 성령이시다. 이 순서는 시간의 순서도 아니고, 본체의 위엄에 따른 순서도 아니다. 이는 단지 위격 기원의 논리적 순서만을 의미한다. 즉, 그 실존에 있어서 성부는 어떤 다른 위격에게서 태어나거나 나오지 않으시고, 성자는 영원히 성부에게서 나시며, 성령은 성부와 성자로부터 나오신다. 이 존재론적 삼위일체의 순서는 경륜적 삼위일체의 기초가 된다. 이 순서는 각 위격에 전유(appropriation)되는 외향적 사역에 반영되는데, 계획하시고 창조하시는 일은 성부에게, 그 계획을 성취하시고 구속하시는 일은 성자에게, 그리고 성취된 계획을 적용하시는 일은 성령에게 전유된다.

e. 교회는 삼위일체를 신비로 고백한다.

삼위일체론을 피조물 속에 있는 것들의 예를 들어서 설명하려는 시도들이 있어왔다. 태양으로(빛, 열, 광원), 물(고체, 액체, 기체)뿐만 아니라, 심리학적 요인들로도(지, 정, 의) 설명하려는 시도들이 있었다. 하지만 이런 피조물에 깃댄 설명은 삼신론적 오류에 빠지거나, 양태론적 오류에 빠지게 된다. 교회는 이를 인간 이성이 파악할 수 없는 신비로 알고 하나님의 말씀에 따라 믿음으로 고백했다.

C. 삼위 각론[511]

---

[511] Cf. Berkhof, 『조직신학』, 288-97.

1. 성부

a. "아버지"라는 말의 성경적 의미

아버지는 신성의 원천이고 위격적 존재의 시작이다.512 성경은 하나님에 대해 네 가지 의미로 "아버지"라 호칭한다. (1) 첫째는 모든 피조물의 창조주라는 의미이다. 이는 성부만이 아니라 삼위일체 하나님께 돌려지는 호칭이다(고전 8:6; 엡 3:15; 히 12:9; 약 1:17). (2) 둘째는 구약 백성 이스라엘과 맺으신 신정적 관계를 표현하기 위해 사용되었다. 여기서도 "아버지"라는 호칭은 단지 성부만이 아니라 삼위일체 하나님께 돌려진다(신 32:6; 사 63:16; 64:8; 렘 3:4; 말 1:6; 2:10). (3) 셋째는 참된 신자들과의 관계에서 사용되었다(마 5:45; 6:6-15; 롬 8:15; 요일 1:3). 이런 의미에서 '아버지'라는 호칭은 비록 성부 하나님께 전유된다 하더라도, 삼위 하나님께 돌려질 수 있는 것이다. (4) 위와는 전혀 다른 의미에서 오직 한 위격에만 적용되는 의미에서 '아버지'에 대해 성경은 말한다. 이는 삼위일체의 제2위격과 관련하여 제1위에 대한 호칭이다(요 1:14, 18; 5:17-26; 8:54; 14:12, 13).

b. 성부의 사역

삼위의 사역 중에 성부에게만 독특하게 해당되는 사역은 성자를 영원히 낳으시는 것이다. 성령의 나오심은 성자에게도 해당되기에, 오직 성자를 낳으심이 성부에게만 독특하게 해당되는 내적 사역이라고 할 수 있다. 아들이 아버지가 없을 수 없듯이, 아버지도 아들이 없을 수 없다. 하나님의 모든 외적 사역은 삼위의 사역이지만(opera trinitatis ad extra sunt indivisa), 어떤 사역들은 하나의 위격에 독특하게 돌려지는데, 성부에게 전유되는 사역은 구속 역사 계획(시 2:7-9; 40:6-9; 사 53:10; 마 12:32; 엡 1:3-6), 창조와 섭리의 사역(고전 8:6; 엡 2:9), 구속의 적용에서 부르심과 칭의 사역(고전 1:9; 갈 1:15, 16) 등이 있다.

---

512 서철원, 『서철원박사 교의신학-하나님론』, 95.

2. 성자

a. '아들'이라는 말의 성경적 의미

시편 2편에 기록한 바와 같이 "너는 내 아들이라 오늘 내가 너를 낳았도다 하셨고." 로마서 1:4에 그리스도의 부활은 예수가 하나님의 아들이심을 아버지가 동적으로 선포한 것이다. 그 후에 진행된 것은 승천이고 하나님의 보좌 우편에 만물의 주님으로 좌정하셨다(행 2:36; 빌 2:5-11). 하나님의 아들이라 불리어진 분은 참된 신으로 나타나신 것이다. 이사야 9:6에서 "이는 한 아기가 우리에게 났고 한 아들을 우리에게 주신바 되었는데 그 어깨에는 정사를 메었고 그 이름은 기묘자라, 모사라, 전능하신 하나님이라, 영존하시는 아버지라, 평강의 왕이라 할 것이니라." 여기서 말하는 아들은 시편 30:4과 시편 2장에서 말하는 아들과 같은 분이시다. 그는 자기 백성을 풀어주기 위하여 오실 메시아이다.[513] 이제 그 의미를 살펴보기로 하자.

① 형이상학적 의미

성경은 그리스도의 사역과 상관없이 본래적으로 그가 하나님의 영원하신 아들이시라고 말한다(요 1:14, 18; 갈 4:4; 요일 3:8). 이는 그가 성부로부터 나오신 성자이심을 의미한다. 제2위 하나님으로서 예수는 자기의식 속에서도 다른 누구도 가질 수 없는 독특한 하나님에 관한 지식을 지니셨다고 말씀하셨다(마 11:27; 눅 10:22).

② 직임적 혹은 메시아적 의미

성경은 또한 중보자로서의 그리스도를 지칭하기 위해 '하나님의 아들'이라는 호칭을 사용한다(마 8:29; 26:63; 27:40). 물론 이 메시아적 아들 됨은 형이상

---

[513] 이근삼 전집 편찬위원회 엮음, 『개혁주의 조직신학 개요 I』, 166-67.

학적인 의미의 아들 됨과 연관되어 있다. 메시아적 아들 됨은 영원한 아들 됨을 반영한다. 이 아들에게 하나님의 절대적 신성을 나타내는 이름과 직함이 주어진다. 그 이름과 직함은 백성들이 그의 본체를 인식하게 한 것이다.[514]

③ 출생적 의미

성경은 예수님의 인성에 따른 출생에서 하나님의 아들이라는 호칭을 예수님께 사용한다(눅 1:32,35; 요 1:13). 예수님의 출생은 성령의 초자연적인 능력에 의한 것으로, 그런 의미에서 하나님의 아들이라 불리는 것이다. 이사야 7:14에 "보라 처녀가 잉태하여 아들을 낳을 것이요 그 이름을 임마누엘이라 하리라."고 하였는데 임마누엘(Immanuel)은 하나님이 우리와 함께 하신다(God with us)는 의미이다. 이근삼 교수는 이 아들의 탄생에 대해 이렇게 정리하고 있다.

첫째, 이 탄생은 징조가 있는 이적적 출생으로 정상적 출생이 아니다. 둘째, 아기가 젊은 처녀에게서 나야 했고, 결혼한 여자, 즉 선지자의 아내나 다른 결혼한 여자에게서 나지 않았다. 셋째, 이 아이는 "임마누엘", 하나님이 우리와 함께 하는 자로 보아야 한다. 보통 아이는 그렇지 않다고 보았다 (이근삼 전집 편찬위원회엮음, 『개혁주의 조직신학 개요 Ⅰ』, 167.).

b. 성자의 위격적 실존

성자의 위격이 실존한다는 사실은 위격적 실체를 부정하는 양태론자들을 대항하기 위해 선명하게 주장되어야만 한다. 성경은 다음 네 가지를 근거로 성자의 위격적 실존을 증언한다. (1) 첫째는 성부와 성자를 동렬로 언급하는 방식이다. 이를 통해서 성자도 성부와 똑같이 위격적이라는 사실을 보여준다. (2) 둘째는 '독생자', '맏아들'이라는 호칭에서 나타난다. 이는

---

[514] 이근삼 전집 편찬위원회 엮음, 『개혁주의 조직신학 개요 Ⅰ』, 167.

그리스도의 영원 출생을 가르침으로서 그리스도가 하나님이심을 보여준다. (3) 셋째는 '로고스'라는 용어의 독특한 사용에서 나타난다. 이는 성부와 성자의 밀접한 관계를 언어와 발언자의 관계로 나타내는 동시에 그 로고스를 위격적으로 나타냄으로서 그의 실존을 드러낸다(요 1:1-14; 요일 1:1-3). (4) 넷째는 그리스도를 '하나님의 형상'이라고 지칭하는 것에서 나타난다. 하나님이 인격적 존재시라면, 그의 형상이 성자도 위격적이셔야만 한다(고후 4:4; 골 1:15; 히 1:3).

c. 성자의 "영원한 출생"

요한복음은 하나님의 성육신을 말할 때에 하나님 내에 위격적인 구분이 있음을 알았다. 성육신하는 이는 로고스 하나님이고(요 1:1-14) 독생하신 하나님으로 말한다(요 1:18). 이 하나님이 성육신하시어 예수 그리스도가 되셨다.515 성자의 위격적 고유성은 그가 아버지로부터 출생 하신다는 것이다. 여기에는 함께 주장해야 할 몇 가지 중요한 사실이 담겨 있다.

① 이것은 하나님의 필연적 행위이다.

성부의 성자를 낳으심은 성부의 필연적 의지의 행위이다. 성자는 본래부터 영원히 출생하시어 삼위로 계신다. 만일 성부의 자유로운 의지에 의해 성자께서 출생하셨다면 이는 성자의 존재를 우연적인 것이 되게 할 것이고, 이는 성자의 신성을 박탈하는 것이 된다. 그렇다면 성자는 성부와 동등하지 않으시고, 동일 본질(*homoousios*)516이실 수도 없게 된다.

아버지와 아들이 본질적으로 일치하므로 아들을 본 것은 바로 하나님

---

515 서철원, 『교리사』, (서울: 총신대학교출판부, 2005), 78.

516 서철원 교수는 이 부분에 대해서 성육신자와 로고스 곧 아버지의 품속에 계신 독생하신 하나님 간에 등치가 이루어진다고 하였다. 여기서 아들과 아버지의 동일 실체(homoousia)가 귀결된다. 그러므로 아들이 아버지와 함께 선재하였음이 필연적이 된다. 즉 영원하신 아들이 바로 지금 성육신하신 하나님이심을 확증한 것으로 보았다(서철원, 『교리사』, 79.).

아버지를 본 것과 완전히 일치한다(요 14:9-10). 그러므로 삼위일체 교리는 요한의 신학에서 필연적이다. 아버지와 아들 간에 본질적인 일치와 권세가 동일함은 아버지가 보낼 보혜사를 아들이 보내신다고 함에서 더욱 확증된다(요 15:26).[517]

② 이것은 성부의 영원한 행위이다.

성자의 영원한 출생은 그것이 먼 과거에 완성되어 지금은 그쳤다는 의미가 아니다. 초시간적(timeless) 행위로서 이는 영원한 현재의 행위, 항상 계속하지만 언제나 완성된 행위로서 영원한 행위이다.

③ 이것은 신적 본질의 출생이 아닌 위격적 실존의 출생이다.

성부와 성자의 신적 본질은 완전히 동일한 것이기에, 출생하는 본질과 출생되는 본질로 구별될 수 없다. 출생하는 것은 신적 본질이 아니라 위격적 실존이다. 성부가 성자의 위격적 실존을 낳으시고 이로써 신적 본질을 전달하신다고 할 수 있다. 존 스튜어트 밀은 이 예수를 이렇게 표현했다.[518]

"자기 이전 사람과도, 또한 이후 사람과도 같지 않은 유일무이한 인물이다."

존 스토트는 예수가 "태고 이래 가장 위대한 사람"이라는 사실을 시인하는 것은 우리를 전혀 만족시키지 못한다고 했다. 우리는 예수님을 비교급, 아니 최상급으로도 설명할 수 없다. 이것은 비교의 문제가 아니라 대조의 문제라는 것이다.[519]

---

[517] 서철원, 『교리사』, 78.

[518] W. H. Griffith Thomas, *Christianity is Christ*, 1909; Church Book Room Press edition, 1948, 15.

[519] 존 스토트, 『기독교의 기본 진리』, 황윤호 옮김 (서울: 생명의 말씀사, 2006), 53.

벌코프는 성자의 출생을 다음과 같이 말한다. : "성자의 출생은 삼위일체의 제1위의 신적 존재 안에서, 자기 자신과 같은 제 2위의 실존의 근거가 되며, 또한 그 제 2위로 하여금 어떤 분할이나 분리 또는 변화가 없이 신적 본질을 전부 소유하게 하시는 영원하며 필연적인 행위이다."

d. 성자의 신성

하나님은 자신의 모든 것을 이 객관화에 넣으신다. 그의 신성, 인격, 생명과 권능, 지혜 그리고 그의 작정을 그에게 다 넣으신다(요 1:1; 계 19:13). 로고스는 하나의 인격이다. 그것도 하나님의 인격이다. 로고스 곧 하나님의 자기 객관화가 아들로 불린다.[520] 하나님은 자기의 모든 것을 로고스에 넣으셨으므로 로고스가 하나님을 완전하게 대표하였기에 로고스가 하나님의 아들로 불리게 된 것이다. 그러므로 로고스 안에서 하나님의 모든 것을 다 발견한다. 그러므로 하나님을 알고 만나려면 로고스를 통해야 한다. 로고스가 하나님의 자기 객관화이므로 하나님께서는 자기 계시와 모든 사역, 창조와 구속과 섭리를 로고스를 통해 하신다. 하나님께서는 처음 말씀과 마지막 말씀을 모두 다 로고스를 통해 하셨다(창 1:1; 요 1:14, 3:16; 계 1:1, 22:20). 하나님께서는 오직 로고스이신 아들을 통하여서 모든 일을 수행해 가신다. 하나님을 어디서 찾는가, 하나님을 어디서 만날 수 있는가, 오직 로고스를 통해서이다.

성경은 다섯 가지 근거로 성자의 신성을 주장한다. (1) 성경은 성자의 신성을 명백하게 주장한다(요 1:1; 20:28; 롬 9:5; 빌 2:6; 딛 2:13; 요일 5:20). (2) 성경은 신적인 호칭들을 그에게 적용한다(사 9:6; 40:3; 렘 23:5, 6; 욜 2:32). (3) 성경은 신적 속성을 그에게 돌린다(사 9:6; 1:1,2; 계 1:8; 22:13; 마 18:20; 28:20; 요 3:13; 요 2:24, 25; 21:7; 계 2:23; 사 9:6; 빌 3:21; 히 1:10-12; 13:8). (4) 또 신적 사역 또한 성자에게 돌려진다. 창조(요 1:3, 10; 골 1:16; 히 1:2, 10), 섭리(눅 10:22;

---

[520] 서철원, 『서철원박사 교의신학-하나님론』, 107.

요 3:35; 17:2; 엡 1:22; 골 1:17; 히 1:3), 죄의 용서(마 9:2-7; 막 2:7-10; 골 3:13), 인류의 부활과 심판(마 25:31, 32; 요 5:19-29; 행 10:42; 17:31; 빌 3:21; 딤후 4:1), 만물의 파멸과 갱신(히 1:10-12; 빌 3:21; 계 21:5) 등이 그것이다. (5) 또 성경은 신적 영광을 성자에게 돌린다(요 5:22, 23; 14:1; 고전 15:19; 고후 13:13; 히 1:6; 마 28:19).

카네기 심프슨은 이렇게 쓰고 있다.[521]

> 우리는 본능적으로 그를 다른 사람들과 같이 분류하지 않는다. 공자로 시작해서 괴테로 끝나는 위인 명록에서 그리스도의 이름을 읽을 때, 우리는 정통 교리에 어긋나는 것 이상으로 예의에 어긋남을 느낀다. 예수님은 세계의 위인들 가운데 한 사람이 아니다. 알렉산더 대왕, 찰스 대제, 또는 나폴레옹 황제에 대해 이야기해보자. …… 예수님은 그런 사람들과는 다르다. 그는 위인이 아니다. 유일한 분이다. 단순히 예수님일 따름이다. 거기에 아무것도 첨가할 수 없다. …… 그는 우리가 분석할 수 있는 수준을 넘어선 분이다. 그는 인간성에 대한 우리의 기준을 혼란스럽게 하며, 우리의 비판이 자가 당착에 빠지게 만든다. 그는 우리 영이 경외심을 느끼게 한다. 찰스 램은 이렇게 말했다. "만일 셰익스피어가 이 방에 들어온다면 우리는 모두 일어나 맞이할 것이다. 그러나 만일 그분이 이 방에 들어오신다면 우리는 모두 꿇어 엎드려 그의 옷자락에 입 맞출 것이다."

3. 성령

성령은 하나님으로서는 아버지와 아들과 함께 동일 실체이시고 영원하시다. 그러므로 성령은 하나님으로서는 유래가 없으시다. 비유래성과 비창조성은 성령이 다른 위격들과 함께 가지시는 특성이다.[522] 요한복음은 성

---

[521] P. Carnegie Simpson, *The Fact of Christ*, 1930; James Clarke edition, 1952, 19-22.
[522] 서철원, 「서철원박사 교의신학-하나님론」, 109.

령 곧 보혜사의 본질을 제시한다. 아버지와 아들이 백성에게 오실 때 성령도 언제든지 함께 오신다(요 14:23). 아버지와 아들을 말하면 언제나 성령은 함께 하신다. 이것이 성령의 본질이시다.523

a. 삼위일체 제 3위에게 적용된 호칭

영(Spirit)이라는 호칭은 특별하게 제 3위에 적용된다. 이 단어는 히브리어로는 '루하흐', 헬라어로는 '프뉴마'인데, 이는 라틴어 '스피리투스'(spiritus)와 함께 모두 '숨을 쉬다'는 뜻을 가진 어근에서 유래되었다. 그래서 이 용어는 '호흡'(창 2:7; 6:17; 겔 37:5, 6)이나 '바람'(창 8:1; 왕상 19:11; 요 3:8)으로 번역될 수도 있다. 특별히 신약에서 이 '영'이라는 용어는 '거룩하신'이라는 형용사와 함께 사용되어 그 신성과 사역을 더 선명하게 나타내 보여준다.

b. 성령의 인격성

성령의 인격성에 대해 의심하고 그것을 부정하는 사람들이 많이 있으나, 성경은 성령의 인격성을 매우 분명히 증거 한다. 성령은 살아 있고 죽은 자가 아니며 전기와 같이 무 인격적인 세력이 아니다. 그는 실재(實在)하신 분으로 공상적인 존재가 아니다. 오직 인격자가 할 수 있는 것들을 세상에서 행하신다. 아버지와 아들이 인격임이 확인되는 성경적 증거는 성령도 인격이심을 증거 하는 똑같은 것을 성경에서 볼 수 있다.524 이 증언들은 다음과 같다.

① 인격성에 적절한 칭호들이 성령에게 부여됨.

헬라어 성경은 중성 명사인 '프뉴마'를 받기 위해 남성 대명사인 에케이노스(ekeinos)와 남성 관계 대명사 호스(hos)를 사용한다. 또 성령을 지칭하

---

523 서철원, 『서철원박사 교의신학–하나님론』, 128.
524 이근삼 전집 편찬위원회 엮음, 『개혁주의 조직신학 개요 Ⅰ』, 169.

는 용어로 파라클레토스(parakletos)가 사용되는데(요 14:26; 15:26; 16:7), 이는 그리스도를 동일하게 지칭하는 용어로서(요일 2:1) 그 인격성을 보여준다.

② 지(요 14:26; 15:26; 롬 8:16), 정(사 63:10; 엡 4:30), 의(행 16:7; 고전 12:11)의 인격적 특징들이 성령께 돌려진다. 영 박사는 "이스라엘이 성령을 근심케 했다는 사실은 성령이 인격이심을 보여준다."고 했다.525 이근삼 교수는 성령의 인격성에 대하여 이렇게 설명하고 있다. 첫째, 성령은 지혜, 지식, 이해, 말하는 재능을 사람에게 주시는 분이다. 둘째, 성령은 사사들에게 지혜로운 판단을 하게 하신다. 셋째, 성령은 하나님의 사람들에게 기도와 간구를 하는 동기를 준다. 기도는 의식적 마음을 요구한다. 그러므로 성령은 인격이시다.526

③ 인격적 존재의 행위가 성령님께 돌려짐.

성경에 의하면, 성령은 찾으시고, 말씀하시고, 증거 하시고, 명령하시고, 계시하시고, 노력하시고, 창조하시고, 간구하시고, 죽은 자를 일으키신다(창 1:2; 6:3; 눅 12:12; 요 14:26; 15:26; 16:8; 행 8:29; 13:2; 롬 8:11; 고전 2:10, 11). 이는 오직 인격적 존재만이 하시는 일이다.

④ 다른 인격적 존재와 인격적 관계를 맺으심.

성경은 성령께서 다른 인격적 존재들, 즉 사도들(행 15:28), 그리스도(요 16:14), 성부와 성자(마 28:19; 고후 13:13; 벧전 1:1, 2; 유 20, 21)와 함께 나란히 기록됨으로써, 성령을 인격적 존재로 간주할 것을 요구한다.

⑤ 성령과 그의 능력과 구분

---

525 Young, 『이사야 주석』, P&R, Phillipsburg, N.J., 1978, 482.
526 이근삼 전집 편찬위원회 엮음, 『개혁주의 조직신학 개요 Ⅰ』, 170.

성경은 성령님과 그의 능력 사이를 구분한다(눅 1:35; 4:14; 행 10:38; 롬 15:13; 고전 2:4). 이는 성령은 능력을 행하시는 주체로서 인격이심을 보여주는 것이다.

c. 성령과 삼위일체의 다른 위격들과의 관계

성령은 성부와 성자로부터 "나오신다."(processio, spiratio)(요 14:16, 26; 15:26; 16:7; 롬 8:6; 갈 4:6). 이 "나오심"은 삼위일체의 제1위와 제2위가 신적 존재 안에서 성령의 위격적 실존의 근거가 되며, 제3위로 하여금 아무런 분할이나 분리 또는 변화가 없이 온전한 신적 본질을 소유하게 하는 영원하며 필연적인 행동으로 정의된다. 성령의 이 "이중 나오심"(double procession)은 성령의 다른 두 위들과 밀접한 관계를 가지시는 근거가 된다.

d. 성령의 신성

성경은 다음과 같이 성령의 신성을 주장한다.

① 신적 호칭들이 그에게 부여 된다(출 17:7; 행 5:3, 4; 고전 3:16; 딤후 3:16).

② 신적 속성이 그에게 돌려진다(시 139:7-10; 사 40:13,14; 고전 2:10,11; 고전 12:11; 롬 15:19; 히 9:14).

③ 신적 사역이 그에게 돌려진다(창 1:2; 욥 26:13; 33:4; 시 104:30; 요 3:5, 6; 딛 3:5; 롬 8:11).

④ 신적 영광이 그에게 돌려진다(마 28:19; 롬 9:1; 고후 13:13).

e. 성령의 사역

성령의 사역에 대해서 생각할 때 사역의 객관적 성격에 대해 생각해야 한다. 성자의 사역이 성부의 사역을 따르는 것처럼, 성령의 사역은 성자의 사역을 따른다. 성자의 객관적 사역과 성령의 사역이 분리되면 쉽게 그릇된 신비주의에 빠지게 된다. 성령의 사역은 자연계에서의 보통 은혜의 사역과 구속 영역에서의 특별 은혜의 사역으로 구분될 수 있다.

그리스도가 아버지의 계획에 따라 성취한 것을 우리에게 적용시키시는 이는 성령이시다. 우리는 아버지의 택하심과 아들의 구속하심과 성령의 인(印) 치심을 받았다. 성령은 우리를 중생시키시고(요 3:5), 우리 생을 인도하시고(요 16:13), 우리를 성화시키며(살후 2:13), 실망 중에 위로하시고(요 16:7), 교통하심으로 근심 중에서 소성케 하시며(고후 13:13), 그는 그리스도를 영화롭게 하고(요 16:14), 우리를 영원히 인 치신다(엡 1:3). 죄를 책망하시고 회개하게 하시며(요 16:8-11), 구원의 확신을 주시며(롬 8:16), 믿음, 소망, 사랑과 인내와 모든 성령의 열매들을 우리 삶 속에 증진시키시며(갈 5:22), 우리가 빌 바를 알지 못할 때에 우리를 위하여 간구하신다(롬 8:26). 이 모든 일을 하심에 있어서 그는 전지전능(全知全能)하시고 무소부재(無所不在)하셔야만 한다. 그는 곧 하나님이시다.[527]

① 보통 은혜의 사역

ⓐ 생명의 발생(창 1:3; 욥 26:13; 시 33:6; 104:30).

ⓑ 사람들의 일반적 재능과 능력(출 28:3; 31:2, 3, 6; 35:35; 삼상 11:6; 16:13, 14).

② 특별 은혜의 사역

ⓐ 그리스도의 몸을 준비하시고 능력을 주심(눅 1:35; 히 10:5-7; 눅 3:22; 요 3:34).

---

[527] 이근삼 전집 편찬위원회 엮음, 『개혁주의 조직신학 개요 I』, 192-93.

ⓑ 예언 사역(행 20:23; 11:28)과 성경의 영감(고전 2:13; 벧후 1:21).

ⓒ 구속의 적용(요 3:5; 8:14; 고전 12:3).

ⓓ 교회의 설립과 유지(엡 1:22, 23; 2:22; 고전 3:16; 12:4; 요 14:26; 15:26; 16:13, 14; 행 5:32; 히 10:15).

4. 삼위일체 하나님에 관한 주요 이단설

삼위일체 하나님 교리 형성에 있어서 크게 문제가 되는 동시에 그것을 형성하는데 촉진제가 되고, 또 완성케 하는데 도움이 되었다고 생각되는 이단설은 주로 양태론과 종속설과 삼신론이다. 이제 구체적으로 그들의 주장하는 바를 살펴보기로 하자.[528]

a. 양태론(樣態論, Modalism)

여기서는 한 하나님이 있다. 그리고 성부, 성자, 성령은 다 같이 완전한 신적본질을 가진다고 주장한다. 그러나 신은 삼위 안에서 영원히 존재하심을 부인한다. 삼위라는 것은 한분이고 그 하나님이 성부로서 또는 성자로서, 아니면 성령으로서 다르게 임하신다. 삼위를 한 하나님의 다른 표현으로 보았다.

이 설은 신약에서 성부와 성자, 성령이 동시에 같은 사건에 임하시는 성경구절들에 대하여 문제가 되지 않을 수 없다. 예수님의 수세(水洗)사건(마 4장, 눅 4장)은 그 좋은 예가 된다. 거기서 우리는 세례 받으시는 성자와 하늘에서 말씀하시는 성부와 비둘기 모양으로 강림하신 성령을 보게 된다. 성부, 성자라고 할 때에 그것은 단일위(單一位)가 할 수 없는 상관관계를 내포한다. 양태론자들은 신격의 단일성을 주장하는 나머지 신격 안의 위적(位的)

---

[528] 이근삼 전집 편찬위원회 엮음, 『개혁주의 조직신학 개요 I』, 150-51.

구별을 살피지 못했다.

　삼위일체론에서 가장 문제가 되고 있는 양태론에 대해 구체적으로 살펴보자. 대부분은 삼위일체론을 쉽게 설명하려고 여러 가지 예를 드는데서 문제가 나타난다. 한 하나님이 세 가지 양태(사물이 존재하는 모양이나 형편, 모습, 상태, 양상)로 존재한다는 것이다. 즉, 한 하나님이 예수님이 오시기 전까지는 성부 하나님의 모습으로 역사하시다가 예수님이 오셨을 때는 성자 예수님으로 역사하시다가, 승천하신 다음부터는 성령으로 역사하신다는 설명이 여기에 해당이 된다. 성부, 성자, 성령을 단 하나의 인격을 가진 한 하나님으로 표현하기 때문에 문제가 되는 것이다. 그러나 삼위일체 하나님은 인격상 구별되어 계시지만 어느 시대나 함께 하신다.

　예수님은 이 세상에서 일하실 때 자신의 뜻이 아닌 아버지의 뜻을 위해 하셨고, 십자가 위에서도 "나의 하나님, 나의 하나님"이라고 부르심으로 자신과 성부 하나님이 서로 다른 인격을 지닌 구별된 존재임을 보여주시고 계신다. 또한 요한복음 14:16에서는 "다른 보혜사"를 언급하심으로 성령과도 구별된 존재이심을 언급하시고 계심을 볼 때 삼위일체 하나님은 서로 구별된 인격이심을 알 수 있다.

　양태론의 예는 많다. 삼각형의 세변이라든지, 집에서는 남편, 아빠요, 회사에서는 부장으로서 한 사람이 서로 다른 역할을 한다는 것이다. 이 외에도 고체, 액체, 기체를 예로 들기도 한다. 그러나 세 가지 형태가 동시에 존재할 수 없고, 소통 또한 불가능하기에 잘못된 설명인 것이다. 나무를 예로 들면서 뿌리, 줄기, 잎이라고 하든가, 열매, 조각, 즙이라는 설명도 자주 등장하는 예이다. 또 태양, 빛, 열을 예로 드는 경우도 많으나 이러한 경우는 모두 상호간 교통을 설명할 수 없으며, 전체의 한 부분을 온전한 하나님이라고 말할 수 없기 때문에 양태론이 되고 마는 것이다.

b. 종속설(從屬設, Subordinationalism)

이 설은 한 하나님을 믿고 삼위를 믿으나 삼위의 동등성을 부인한다. 즉, 같은 신적본질이 아니고 계급형식으로 생각한다. 만일 삼위가 다 같이 신적 존귀와 영광을 받게 되면 다신론으로 나갈 위험이 있다고 하는 것이다. 그 결과 어떤 사람들은 예수 그리스도를 인간으로 격하시키고 성령을 성부의 영향 또는 표현으로 생각한다. 반삼위일체 신(反三位一體神)은 이 종속설 형식을 따른다. 아리안주의(Arianism)는 예수 그리스도 안에 있는 초자연적 특징의 인식을 합칠 때에 일차적으로 사용되는 이름이다.

쉽게 말하면 성부 하나님 아래에서 성자 예수님이 종속되어 있다는 이론이다. 이것이 왜 문제가 되고 잘못된 것일까? 예수님은 분명 역할 면에서는 하나님께 종속되어 있는 것처럼 보입니다. 예수님은 항상 하나님이 기뻐하시는 일만하시고 혼자서 판단하시지 않고 성부 하나님과 함께 하시며, 아버지는 나보다 더 크시다고 표현하시는 것을 보면 종속이론이 맞는 것 같으나 역할에서의 종속일 뿐이다. 이 종속론이 문제가 되는 것은 역할상이 아니라 본질에서 문제가 되기 때문이다. 만약 본질상으로도 종속되어 있다면 예수님은 하나님과 다른 본질을 가진 신이라는 뜻이 된다. 이렇게 되면 종속론은 다신교직인 설명이 되고 민다. 이것은 하나님 외에 다른 신은 존재하지 않는다는 수많은 성경구절들에 비추어 볼 때 틀린 설명이다. 그러므로 성자 예수님은 본질에서도 성부 하나님과 동일한 하나님이시다.

c. 삼신론(三神論, Tritheism)

삼신론은 또 하나의 극단으로, 삼위의 영원존재와 완전 동등성을 인정하면서도 신의 유일성(唯一性)을 믿는 단일신론(單一神論)을 부정한다. 그러나 이것은 결코 교회에서 인정을 받을 수 없다. 유일신론(唯一神論)은 성경 창세기로부터 계시록까지 깊이 뿌리 잡고 있기 때문이다.

삼신론은 각기 다른 본질의 신이 세 분 존재한다는 뜻이다. 본질이 다른 세 분 하나님이라는 말이 된다. 성경에서는 하나님 외에 다른 신이 존재한다고 말하지 않는다. 이 말은 하나님과 다른 본질의 신이 존재하지 않는다는 말이 되므로 삼신론은 비성경적이라는 것을 알 수 있다.

위의 세 가지 이설(異說)들은 다음과 같이 쉽게 이해할 수 있을 것이다.

1) 양태론은 한 하나님과 위(位)의 동등을 믿으나 삼위를 부인한다.

2) 종속설은 한 하나님과 삼위를 믿으나 삼위의 동등설을 부인한다.

3) 삼신론은 삼위를 믿고 삼위의 동등성을 믿으나 한 하나님임을 부인한다.

위의 세 이설(異說)에 대하여 정통설은 한 하나님을 믿으며, 삼위가 있음을 믿고, 삼위의 동등성을 믿는다. 다시 정리하자면 첫째, 한 신격 내에 성부, 성자, 성령이 계신다는 것과, 둘째로 이 삼위는 각 위의 고유성에 따라 구별된다는 것과, 셋째로 삼위는 각각 참 하나님이시라는 것이다.[529]

---

[529] 이근삼 전집 편찬위원회 엮음, 『개혁주의 조직신학 개요 Ⅰ』, 152.

安衡柱 牧師의
개혁주의 조직신학 강설

신론

제2부
"하나님의 사역"

I
하나님의 작정 일반

하나님의 작정이란 "삼위일체 하나님께서 장래에 일어날 모든 일들을 미리 정하신 것이다." 사도 바울은 하나님의 작정에 대하여 "모든 일을 그 마음의 원대로 역사하시는 자의 뜻"(엡 1:11)이라고 진술하였다.530

A. 신학에서의 하나님의 작정 교리531

개혁파 신학은 하나님의 절대 주권을 강조한다. 하나님은 일어날 모든 것을 영원 전부터 주권적으로 결정하시고 그 계획을 온전히 이루신다. 하나님은 "모든 일을 그 마음의 원대로 역사하시는 자"(엡 1:11)이시다. 하나님의 사역에 대한 논의는 하나님의 작정으로부터 시작되어야 한다. 이렇게 시작될 때 하나님의 주권이 정당하게 강조될 수 있다. 창조와 구속의 모든 사역들이 하나님의 주권 속에서 논의될 때, 그것들은 제자리에 있을 수 있다. 하나님의 전지와 전능의 교리가 하나님의 의지와 결정에 합하여 우주에 생기는 모든 일을 완전히 미리 계획하셨다고 성경은 말한다. 하나님은 완전한 지혜와 완전한 권능을 가지고 영원한 장래에 되어 질 모든 사물들을 영원한 과거에 미리 결정하여 두셨다는 것이다(딤후 1:9; 시 33:11).532

다른 교파들은 하나님의 주권과 작정을 충분히 인정하고 있지 않다.

---

530 조영엽, 『신론, 인죄론』, 152.
531 Cf. Berkhof, 『조직신학』, 301-02.
532 이근삼 전집 편찬위원회 엮음, 『개혁주의 조직신학 개요 I』, 229.

후기 루터파 신학은 작정에 대해서는 침묵하고 예정에 대해서만 그것을 조건적으로 인정하는데, 이는 그 신학이 루터와는 달리 알미니우스주의 편에 기울어져 있음을 보여준다. 하나님의 주권과 작정을 성경이 말하는 수준으로 인정하는 교파는 오직 개혁파뿐이다. 하나님의 작정은 영원하고, 절대 주권적이며, 지혜롭고, 변개되지 않으며, 항상 유효적이다.[533]

B. 하나님의 작정에 대한 성경적 명칭들[534]

작정과 예정은 자주 혼동되는 경향이 있는데, 이 둘은 엄밀히 구별되는 것이다. 하나님의 작정은 모든 만물과 관계된 것으로 만물에 대한 하나님의 주권적 계획을 의미하고, 예정은 하나님의 작정 안에서도 구원의 선택과 관계된 것을 의미한다. 성경은 다음의 용어들로 작정을 말한다.

1. 구약 성경의 용어들

a. 지적 요소를 강조하는 용어

① '에짜' – 이는 '도모', '의논', '경영' 등으로 해석된다(욥 38:2; 사 14:26; 46:11).

② '소드' – '회의'를 의미한다(렘 23:18, 22).

③ '메짐마' – '생각', '사색', '경영', '도모' 등을 의미한다(렘 4:28; 잠 30:32).

b. 의지적 요소를 강조하는 용어

---

[533] J. 판 헨더렌 & W. H. 펠레마, 334.
[534] Cf. Berkhof, 『조직신학』, 302-03.

① '하펫츠' – '뜻하심', '의지', '기뻐하심'을 의미한다(사 53:10).

② '라쫀' – '기뻐하심', '주권적 의지'를 의미한다(시 51:19; 사 49:8).

2. 신약 성경의 용어들

① '불레' – '생각', '의지', '뜻'을 의미한다(행 2:23; 4:28; 히 6:17).

② '뗄레마' – '뜻하심'을 의미한다(엡 1:11).

③ '유도키아' – '기뻐하심'을 의미한다(마 11:26; 눅 2:14; 엡 1:5, 9).

C. 하나님의 작정의 성질

1. 작정의 단일성

하나님의 작정을 복수로 말할 때가 종종 있지만, 그 고유한 성질상 하나님의 작정은 단일 행위이다.[535] 하나님의 지식은 즉각적이고 동시적이고 완전하므로 이에 기초한 작정 또한 단일하며 전포괄적이다. 하나님의 작정은 영원하고 불변적이다. 하나님 안에는 일련의 작정들이 있지 않고, 오직 일어날 모든 일들을 포괄하는 하나의 계획만이 있다.

2. 작정과 하나님의 지식과의 관계

하나님의 지식은 필연적인 지식과 자유로운 지식으로 구분된다. 필연적인 지식은 모든 가능적 원인과 결과를 포함하는 지식이다. 하나님의 필연적 지식은 작정을 위한 자료를 제공한다. 이 지식 안에서 하나님은 그의 완

---

[535] 이근삼 전집 편찬위원회 엮음, 『개혁주의 조직신학 개요 Ⅰ』, 232.

전한 의지로 실현하기 원하시는 바를 선택하여 영원한 뜻을 이루신다. 즉, 하나님의 작정은 하나님의 자유로운 지식(scientia libera)의 기초가 되는 것이다. 하나님의 필연적 지식이 논리적으로 작정에 선행한다면, 그의 자유로운 지식은 논리적으로 작정을 뒤따른다. 이는 반펠라기우스주의자들과 알미니우스주의자들의 견해에 맞서 주장되어야만 한다. 이들은 조건적 예정을 믿으며, 사람들의 구원에 대한 하나님의 작정, 즉 예정을 하나님의 예지에 의존한 것으로 만들기 때문이다. 사람들의 구원에 있어서 하나님의 작정이 예지에 논리적으로 선행하고 예지는 작정에 기초를 두는 것이다.[536]

3. 하나님의 작정과 그것의 관계성

a. 하나님의 작정은 하나님의 외향적 사역과 관계한다.

하나님의 내향적 사역(opera ad intra)은 작정과 관련되지 않는다. 하나님의 존재의 완전성과 삼위일체 사이의 관계성은 필연적이며, 하나님의 작정에 따른 것이 아니다. 하나님의 작정은 오직 외향적인 사역(opera ad extra)과만 관계하여 그것을 포함한다.

b. 하나님의 작정은 모든 자유로운 피조물들의 행동과도 관계한다.

하나님의 작정은 모든 이성적인 그리고 자유로운 피조물 즉, 천사와 인간의 행동들을 포함한다. 피조물들의 행동들이 작정에 포함되어 있다는 사실은 그 행동들을 절대적으로 확실하게 만든다. 그러나 이 중에는 하나님이 직접 실현되도록 하지는 않으시는 일들이 있는데, 바로 이성적 피조물들의 죄악 된 행동들이다. 이런 행동들에 대한 작정은 허용적인 작정(permissive decree)이라 불린다. 이는 이 죄악 된 행위들이 이성적 피조물들의 자유로운 동인에 의해 발생하는 것을 허용하신다는 의미인데, 그러므로 하

---

[536] Cf. Berkhof, 『조직신학』, 303-05.

나님은 이 피조물의 죄에 대한 책임에서 자유로우시며, 그 책임은 전적으로 그 피조물들에게 있게 된다.

4. 작정과 그것의 실행과의 관계

하나님의 작정은 신적 속성들의 내면적 현현이요, 그것들을 실행하려는 결정이다. 창조의 작정은 창조가 아니며, 구원의 작정이 구원은 아니다. 작정은 실행이 아니다. 작정 그 자체는 피조물에게 전달되지 않고, 피조물의 규범이 될 수도 없어서 인간의 의지에 강요나 의무를 부과하지 않는다.

5. 작정의 목적

하나님의 작정의 궁극적인 목적은 하나님 자신의 영광이다(계 4:11; 롬 11:36; 시 19:1; 사 6:3). 이스라엘의 구속적 자비(겔 20:9)나 형벌적 고난(사 48:11) 등 하나님의 섭리의 목적이 다 하나님의 이름과 그의 영광에 있었던 것이다. 세상의 미련한 자, 약한 자, 천한 자, 없는 자를 택하사 지혜와 의로움과 거룩함과 구속함을 주신 것은 하나님 자랑, 하나님의 영광을 목적한 것이다(고전 1:26-31; 엡 2:8-10).

하나님은 무한하시고 전지전능하시니 하나님의 속성과 목적의 계시는 곧 유한한 인간의 최고 목적이며 모든 다른 종속된 목적들을 확실하게 해주는 것이다. 하나님 중심, 하나님 제일주의, 하나님 영광 위주는 성경이 가르치는 바이다. "먹든지 마시든지 무엇을 하든지 다 하나님의 영광을 위하여 하라"(고전 10:31).[537]

D. 하나님의 작정의 특성[538]

---

[537] 이근삼 전집 편찬위원회 엮음, 『개혁주의 조직신학 개요 Ⅰ』, 232-33.

1. 하나님의 작정은 신적 지혜에 기초한다.

성경은 하나님의 작정이 그의 지혜에 기초하고 있음을 말한다(시 33:33; 104:24; 잠 3:19; 19:21; 엡 3:10, 11). 작정은 인간의 이해를 초월하는 것이어서 인간에게 설명될 수 없는 것들이 많다. 하지만 작정이 무분별한 것이 아니요, 오히려 하나님의 놀라우신 지혜에 기초한 것이다.

2. 하나님의 작정은 영원하다.

하나님의 창조와 칭의와 같은 행위들은 시간적이다. 하지만 하나님의 작정은 하나님 밖에 있는 사물들과 관계를 가지면서도 작정 그 자체는 신적 본체(神的本體) 내의 행위에 있기 때문에 영원적이다.[539] 그러므로 하나님의 작정 안의 여러 요소들의 순서는 시간적으로가 아니라 논리적 순서로 보아야 한다. 실현된 사건들 속에는 연대기적 순서가 있지만, 그것들과 관계된 작정 속에는 그런 연대기적 순서가 존재하지 않는다. 하나님의 작정은 영원한 동시성을 지닌다(행 15:18; 엡 1:14; 딤후 1:9).

3. 하나님의 작정은 유효적이다.

"그는 뜻이 일정하시니 누가 능히 돌이킬까 그 마음에 하고자 하시는 것이면 그것을 행하시나니"(욥 23:13), 전지전능하신 하나님의 작정이며 완전한 것이니 영원 무한하시며 완전 의로우신 그의 작정을 누가 바꾸거나 수정할 수 없는 것이다(시 33:11; 사 46:10; 눅 22:22; 행 2:23).[540] 하나님의 작정은 그 작정하신 것이 반드시 일어날 것이라는 의미에서 유효적이다. 성경은 하

---

[538] Cf. Berkhof, 『조직신학』, 305-07.
[539] 이근삼 전집 편찬위원회 엮음, 『개혁주의 조직신학 개요 I』, 233.
[540] 이근삼 전집 편찬위원회 엮음, 『개혁주의 조직신학 개요 I』, 234.

나님의 모든 계획이 반드시 성취될 것에 대해 말한다(시 33:11; 잠 19:21; 사 46:10). 그러나 이것이 하나님의 모든 작정이 스스로 자신의 능력을 직접적으로 행사하심으로서 만사를 일어나게 하신다는 의미는 아니다. 죄에 대한 작정은 허용적인 것으로 죄악 된 행동들은 모두 그 범죄 한 피조물에 기인하기 때문이다. 그러나 그것 역시 하나님의 통치 속에서 성취된다는 사실은 분명하다.

4. 하나님의 작정은 불변하다.

성경은 하나님의 작정의 불변성을 말한다(욥 23:13, 14; 시 33:11; 사 46:10; 눅 22:22; 행 2:23). 성경이 하나님의 후회하심이나 뜻을 돌이키심에 대해 말할 때, 그것은 신인동성동형론(神人同性同形論, Anthropomorphism)[541]적 표현에 불과하다. 하나님의 생각은 반드시 이루어진다(사 14:24).

5. 하나님의 작정은 절대적이다.

하나님의 작정이 절대적이라는 것은 성취의 수단과 방편까지도 다 하나님의 작정 속에 포함되어 있다는 의미이다(행 2:23; 엡 2:28; 벧전 1:2). 즉, 하나님의 작정이 외부의 조건에 의존하거나 그것에 영향을 받지 않는다는 것이다. 조건적이라 함은 구원과 영생이 조건적이라는 것이다. "너희로 만일 회개치 아니하면 다 이와 같이 망하리라"(눅 13:3), "믿고 세례를 받는 사람은 구원을 얻을 것이요 믿지 않는 사람은 정죄를 받으리라"(막 16:16), "네가 생명에 들어가려면 계명을 지키라."(마 19:17)[542] 이와 같이 영생은 회개와 믿

---

[541] 하나님을 인간의 용어로 표현하거나 혹은 인간의 품성을 지닌 것처럼 묘사하는 것을 말한다. 이에 해당하는 영어(Anthropomorphism)는 헬라어 '인간'(안드로포스)과, '형태'(모르페)의 합성어이다. 이것은 원래 그리스의 신화에 등장하는 여러 신들이 인간과 유사한 형태와 성격을 지님을 표현한 용어이다. 그러나 그리스의 다신 종교뿐만 아니라 고대의 다른 나라 종교에서도 역시 정도의 차이는 있으나 종종 신을 인간적 형태로 묘사한다. 따라서 이것은 종교학과 문학에서 보편적으로 사용하는 용어가 되었다.
[542] 이근삼 전집 편찬위원회 엮음, 「개혁주의 조직신학 개요 Ⅰ」, 234.

음과 순종을 조건으로 하고 있다. 하나님은 신앙과 회개를 조건으로 하여 구원을 작정하시나 바로 그 동일한 행동에서 구원받기로 작정된 사람들의 신앙을 작정하였다. 이 조건성은 시간적 행위의 섭리적 특유현상이고 그 조건들이 또한 작정되었으니 진정한 의미의 조건적 작정은 없다고 할 것이다. 하지만 반펠라기우스주의자들과 알미니우스주의자들은 이를 부인하고, 하나님의 작정을 인간의 선택에 의존된 것으로 여긴다.

6. 하나님의 작정은 전 포괄적이다.

하나님의 작정은 만사를 포괄한다(엡 1:11). 즉, (1) 인간의 선하고 악한 행동들(엡 2:10; 잠 16:4; 행 2:23; 4:27, 28), (2) 우리가 보기에 우연한 사건들(창 45:8; 50:20; 잠 16:33), (3) 사건들의 결과와 방편들(시 119:89-91; 살후 2:13; 엡 1:4), (4) 인간 생명의 연수(욥 14:5; 시 39:4)와 그 거주 장소(행 17:26) 등 모든 것을 포괄한다.

7. 죄에 대하여 하나님의 작정은 허용적이다.

죄에 대하여 하나님의 작정이 허용적이라는 것은 피조물이 선을 행하는 것에서 나타나는 하나님의 적극성과는 달리, 피조물이 범죄 하려 할 때에 적극적으로 막지 않으시고 그가 하려고 하는 것을 내버려 두시기로 결정하신다는 것을 의미한다. 이 작정에서 하나님은 (1) 피조물의 죄악 된 결정을 막지 않으실 것과, (2) 그 죄악 된 결정의 결과를 규제하고 제어할 것을 결정하신다(시 78:29; 106:15; 행 14:16; 17:30). 그러나 동시에 이 일에서 하나님이 수동적이라는 개념이 개입되어서는 안 된다. 왜냐하면 하나님은 그것을 허락하는 것을 원하셨기 때문이다.[543]

---

[543] J. 판 헨더렌 & W. H. 펠레마, 339.

하나님은 이성적 피조물들(rational creatures, 천사들과 사람들)이 자신들의 자유의지에 의하여 행동할 것을 하나님의 예지로 예견하시고 그 결과인 범죄까지도 허용하셨다. 하나님은 이성적 피조물들에게 자유의지를 허용하며 그들의 죄악 된 행위까지도 허용하셨다. 사람의 모든 행위들은 그것이 선하건 또는 악하건 간에 다 하나님의 계획과 작정 안에 들어있다. 이렇게 하나님의 작정에는 하나님께서 기뻐하시는 것만 허용하신 것이 아니라 자신이 증오하는 것들까지도 허용하신 것이다.544

E. 작정 교리에 대한 반론들과 그에 대한 답변545

1. 작정 교리는 자유로운 피조물의 도덕적인 자유와 충돌한다.

성경은 하나님의 절대적 작정과 또 인간이 자유로운 행위자이고, 그리하여 그 행동들에 책임을 져야 하는 존재라는 사실을 계시한다(창 50:19, 20; 행 2:23; 4:27, 28). 하나님의 작정은 이들의 행위에 강제성을 부여하지 않는다. 이들은 모두 선악 간에 그것을 소원한 자로서 행동한다. 그러므로 그들의 자유는 침해되지 않고, 그들의 선행과 악행에 대해 그에 따른 상과 벌을 받게 되는 것이다.

2. 작정 교리는 인간 노력의 동기를 제거한다.

이는 하나님의 작정대로 결국 세상만사가 이루어진다면, 사람들은 노력을 할 필요를 찾지 못할 것이라는 주장이다. 하지만 이는 그저 게으름과 불순종에 대해 핑계하고자 하는 변명일 뿐이다. 작정은 인간의 행동의 규범으로 주어진 것도 아니고, 그것은 실현 이후에만 알려지기 때문에, 인간은

---

544 조영엽, 『신론, 인죄론』, 164-65.

545 Cf. Berkhof, 『조직신학』, 307-10.

하나님의 작정이 무엇인지 알 수 없다. 뿐만 아니라 하나님은 어떤 일을 작정하실 때에 그것의 방편까지도 작정하시고, 그 방편은 일반적으로 하나님의 자연 원리를 무시하지 않으시는 방식일 것이라고 기대할 수 있기 때문에, 오히려 더 열심을 낼 근거를 가지게 된다. 그래서 성경은 약속된 방편들을 부지런히 사용하라고 촉구하는 것이다(빌 2:13; 엡 2:10). [546]

3. 작정 교리는 하나님의 "죄의 조성자"(the author of sin)로 만든다.

성경은 하나님이 죄의 조성자가 아니심을 반복해서 말해 준다(시 92:15; 전 7:29; 약 1:13; 요일 1:5). 죄에 대한 하나님의 작정은 허용적이라는 것을 이미 보았다. 그렇다면 작정은 하나님을 죄의 조성자로 만들지 못하고, 다만 죄의 조성자인 자유로운 도덕적 행위자들의 조성자로 만들 뿐이다.

여기서 우리는 의문점을 갖게 된다. 그것은 하나님께서 어떻게 죄를 허용하실 수 있는가? 하나님은 분명 전지전능하시기 때문에 이성적 피조물들이 범죄 할 것을 미리 아시고, 또 저지할 수 있음에도 불구하고 왜 침묵하시는가? 왜 죄를 허용하시는 것일까? 하나님께서는 본인들의 속성들(성품)에 반대되는 일들을 어떻게 이성적 피조물들에게 허용하셨을까? 어찌하여 그들의 범죄 행위까지도 허용하시는 것일까에 대한 의문점이 생긴다.

무한히 지혜롭고 전지전능하며 거룩하신 하나님께서 죄를 허용하신 것은 우리들에게는 커다란 신비(a great mystery)로서 우리의 이성으로는 만족할 만한 이해가 아니다. 다만 하나님은 그의 선하시고 기뻐하시는 뜻을 따라 역사적 세계에서 발생할 모든 사변들을 영원 세계에서 미리 작정하셨으니 하나님의 작정은 최고의 작정이라고 믿어야 할 뿐이다.

칼빈은 이 점에 대하여 "만사가 다 하나님의 작정에 포함되었다. 하나님은 어떠한 의미에서도, 어떠한 정도에서도, 또는 어떠한 방도로든지 죄의

---

[546] Cf. Berkhof, 『조직신학』, 307-10.

조성자가 아니셨다."고 하였다.547 죄의 책임을 져야 할 원인은 죄인이지 하나님이 아니시라는 점을 분명히 한 것이다. 하나님께서는 선은 이루시고, 악은 허용하신다. 죄에 관하여는 허용적이라고 하는 것은 하나님이 죄의 조성자가 아니심을 부연하기 위함인 것이다.

하나님은 거룩하시고 의로우신 그 속성상 사람들로 하여금 죄를 짓도록 유도하거나 권장, 또는 강요하시는 분이 아니시다. 사람들이 죄를 짓는 것은 자신들의 자유의지에 따른 악한 마음(evil heart)에서 자발적으로 짓는 것이다. 따라서 범죄 행위에 대한 책임 역시 범죄 한 당사자들이 지는 것이 마땅하다 할 것이다. 하나님께서 인간들을 사랑하셔서 주신 자유의지는 악을 선택하라고 주신 것이 아니라 선을 도모하며 하나님의 영광을 선택하여 살도록 주신 것임을 잊지 말아야 할 것이다.

---

547 조영엽, 「신론, 인죄론」, 165-66.

예정(Predestination)

예정이란 하나님께서 영원 세계에서 도덕적 피조물들의 운명을 미리 정하는 것이다. 여기서 도덕적 피조물이란 천사들과 특히 사람들을 가리킨다. 다시 말하면 예정이란 수많은 사람들 중에 어떤 사람들은 하나님의 은혜로 구원을 받아 영생을 누리도록 미리 정하고, 어떤 사람들은 자신들의 죄로 말미암아 지옥 형벌을 받기로 미리 정하는 것이다. 전자를 선택(選擇, election)이라 하고, 후자를 유기(遺棄, reprobation, 버려두심)라고 한다. 이렇게 선택과 유기를 이중예정(double predestination)이라고 한다.[548]

A. 예정론의 역사[549]

1. 초대 교회 시대

초대 교회 교부들은 예정에 대해 명확한 개념을 가지지는 못했다. 대개 그들은 하나님의 예지를 근거로 한 예정이라는 개념을 가졌다. 어거스틴 시대에 와서야 예정 교리는 명확해 졌다. 그는 선택 교리의 아버지로 여겨질 수 있다.[550] 처음에는 어거스틴 조차도 조건적 예정의 견해를 가졌으나 후에는 예정이 신적인 예지의 기초라 하였다.

2. 종교 개혁 시대

---

[548] 조영엽, 『신론, 인죄론』, 169-70.
[549] Cf. Berkhof, 『조직신학』, 311-14.
[550] Genderen&Velema, 『개혁교회교의학』, 372.

종교 개혁자들은 모두 엄격한 예정론을 주장했다. 루터는 처음에는 절대 예정론을 받아들였지만, 생의 말년에는 그 주장을 다소 누그러뜨렸고, 예정론은 루터교 신학에서 차츰 조건적 예정으로 기울어졌다. 칼빈은 어거스틴주의적인 이중 예정론을 확고하게 주장했다. 그는 하나님의 거룩한 이름의 영광을 위해 또한 그분의 백성의 커다란 위로를 위해 이는 교회에서 계속 가르쳐야 하는 교리라고 주장했다. 그러나 알미니우스주의자들은 이 교리를 반대했다. 이들은 신앙, 선택, 속죄, 중생 및 성도의 견인 등 이 모든 주제에 대해 하나님의 은혜와 인간의 자유의지 사이의 협력이라는 관점에서 다루었다.[551] 하지만 도르트 회의에서는 신인협동(神人協同, synergism)이라는 알미니우스주의자들의 이런 주장에 반대하여 신(神)단독적인(monergism) 이중 예정론을 공식적으로 채택하였다.

3. 현대

슐라이어마허 이후 예정론은 완전히 다른 형태로 이해되었다. 종교는 절대 의존 감정으로 이해됐고, 그에 따라 예정은 모든 인간의 결심과 행동들을 미리 결정하는 불변적인 법칙들과 인과율에 관한 의식으로 간주되었다. 현대 자유주의 신학에서 원래 의미의 예정론은 거부되거나 알아볼 수 없을 정도로 바뀌어 버렸다. 칼 바르트는 선택과 유기라는 말을 사용하기는 하지만, 그의 사변적이고 변증법적 사고에 따라 그 용어는 있으나 원래의 그 내용은 상실되어 버렸다. 그에 의하면 예수 그리스도는 선택하는 하나님이며, 또한 선택된 인간이다. 모든 인류와 연합해서 그는 선택되었다. 뿐만 아니라 그는 유기된 사람이기도 하다. 하나님의 아들이 거부되었기에 그리스도 안에서 인류는 거부되지 않는다는 것이 그의 가르침이다.

B. 예정에 대한 성경의 용어들[552]

---

[551] Genderen&Velema, 『개혁교회교의학』, 375.
[552] Cf. Berkhof, 『조직신학』, 314-15.

1. 히브리어 '야다'와 헬라어 '기노스코'

히브리어 '야다'는 어떤 사람이나 사물을 '안다'라는 뜻인데, '어떤 사람을 사랑의 관심을 가지고 알다'라는 함축적 의미를 지니고 있다(창 18:19; 암 3:2; 호 13:5). 신약에서는 헬라어 '기노스코'와 그로부터 유래한 '기노스케인', '프로기노스케인', '프로그노시스'가 사용되었는데, 이는 어떤 사람을 총애의 대상으로 삼는다는 개념을 가진다(행 2:23; 롬 8:29; 11:2; 벧전 1:2).

2. 히브리어 '바카르'와 헬라어 '에클레게스타이', '에클로게'

이 단어들은 모두 하나님이 인류 중에 일정 수를 택하셔서 그들을 자신과 특별한 관계에 있게 하시는 것을 의미한다(롬 9:11; 11:5; 엡 1:4, 9-11; 딤후 1:9). 이 단어들은 일반적으로 선행적이고 영원한 선택을 언급한다는 것은 분명한 사실이다.

3. 헬라어 '포오리제인'과 '프로오리스모스'

이 단어들은 언제나 절대 예정을 의미한다. 성경에 의하면 이 말들은 항상 어떤 목적을 위한 예정을 의미하는데, 그 목적은 선한 것일 수도 있고, 악한 것일 수도 있다(행 4:28; 롬 8:29; 고전 2:7; 엡 1:5, 11).

4. 헬라어 '프로티데나이'와 '프로데시스'

이 단어들은 확실하게 이루시는 하나님의 구체적인 계획하심을 가리킨다(롬 8:29; 9:11; 엡 1:9, 11; 딤후 1:9).

C. 예정의 조성자와 대상[553]

---

[553] Cf. Berkhof, 『조직신학』, 315-16.

1. 예정의 조성자

예정의 조성자는 삼위일체 하나님이시다(롬 8:29; 벧전 1:2). 하나님 아버지가 선택을 작정하시고 아들이 그 선택을 집행하시고 보증하시며 (sponsasio), 성령이 선택을 인치셨다(obsignatio). 하나님이 그리스도 안에서 선택하셨으므로 아들이 선택을 수행하시고 선택과 관련된 모든 것을 보증하신다(엡 1:5-9). 하나님의 선택 작정을 그리스도가 수행하시는 것은 그가 택자들을 위해서 구속사역을 이루셨기 때문이다.554

2. 예정의 대상

a. 택자와 유기자로 구분되는 모든 인류

선택과 유기의 작정은 죄 때문에 이루어졌지만 하나님의 영원한 작정이다. 그러므로 선택된 자들과 유기된 자들이 확정되었다. 하나님의 영원한 작정으로 선택과 유기가 정해졌으므로 불변이다. 선택된 자들과 유기된 자들의 수도 변동되는 것이 결코 아니다.555 모든 인류는 택자나 유기자 둘 중 하나의 집단에 속한다.

b. 택한 천사와 유기된 천사로 구분되는 모든 천사

모든 천사들 또한 하나님의 예정의 대상들이다. 성경에 선택된 천사들이 분명히 언급되는데(딤전 5:21), 이는 선택되지 않은 천사들이 있다는 사실 또한 보여준다. 인간들의 예정과 천사들의 예정에는 차이점이 있다. (1) 인간들의 예정은 타락 후 선택설(infralapsarian)이 주장될 수 있는 반면에, 천사들은 오직 타락 전 선택설(supralapsarian)로만 이해될 수 있다. 천사들은 타락으로부터 선택되지 않았다. (2) 인간들은 중보자이신 그리스도 안에서 선

---

554 서철원, 『서철원박사 교의신학-하나님론』, 234.
555 서철원, 『서철원박사 교의신학-하나님론』, 235.

택되지만, 천사들은 중보자가 아니라 피조물의 머리 되신 그리스도 안에서 선택되거나 예정되었다.

c. 중보자이신 그리스도

그리스도가 예정의 대상이라는 것은 (1) 성자께서 성부의 특별한 사랑의 대상이라는 것(벧전 1:20), (2) 중보자로서의 품성이 하나님의 기뻐하시는 대상이라는 것(벧전 2:4), (3) 중보자로서 신자들이 따라야 하나님의 특별한 형상을 지니시도록 정하셨다는 것(롬 8:29; 고후 4:4; 골 1:15), (4) 천국과 그 모든 영광과 그것을 얻을 방편들이 정해졌다는 것과 이것을 신자들에게 전해 주실 수 있게 되었다는 점(눅 22:49)을 의미한다. 그리스도께서 예정의 대상이시라는 것은 그가 구원의 대상이시라는 의미가 아니요, 오직 중보자의 역할을 위해 예정되신 분이심을 의미한다.

D. 예정의 주요 부분들[556]

1. 선택

a. 선택의 성경적 개념

① 민족적 선택- 하나님은 많은 민족 중에서 한 민족, 이스라엘을 택하셔서 특별한 봉사(special service)인[557] 특별 계시를 수납하며, 제사를 드리는 선민(選民, a chosen people)이 되어 모든 민족을 위한 구원이 나는 민족이 되게 하셨다(신 4:37; 7:6-8; 10:15; 요 4:22). 이것은 오로지 무한하신 하나님의 은혜와 무조건적인 사랑에 기인한 것이다.

그러나 엄밀히 따지면 민족적 선택이라기보다는 아브라함을 선택하시고 손자인 야곱 대에 가서 야곱이 이스라엘이 되고, 그 아들 요셉

---

[556] Cf. Berkhof, 『조직신학』, 316-20.
[557] 조영엽, 『신론, 인죄론』, 171.

이 애굽으로 팔려가고 그 후 야곱의 70여 식솔들이 애굽으로 이주하면서 훗날 출애굽 당시에는 전쟁을 수행할 수 있는 남자만 60만이 되어 가나안을 향하게 된 것이다.

② 직무적 선택- 이는 어떤 직분과 직무에 대한 선택이다. 하나님은 사람들을 제사장으로(신 18:5), 왕으로(삼상 10:24; 시 78:70), 선지자로(렘 1:5); 사도로(요 6:70; 행 9:15) 선택하셔서 봉사하게 하신다. 이 직무적 선택에도 하나님의 주권적 역사558가 있었다(사 45:9; 렘 18:9; 롬 9:17). 하지만 이도 구원의 선택과 같은 것은 아니다.

③ 구원적 선택- 이것이 여기서 고려되는 선택으로서 하나님 자녀와 영원한 영광의 상속자가 되도록 죄인을 구원 받도록 부르시는 선택이다(마 22:14; 롬 11:4; 고전 1:27, 28; 엡 1:4; 살전 1:4; 벧전 1:2; 벧후 1:10). 벌코프는 이 선택을 하나님이 그의 주권적인 선하신 기뻐하심 속에서, 또한 인간들 속에 아무런 예견된 공로가 없으므로 일정수의 인간들을 영원한 구원과 특별 은혜의 수령자들이 되도록 선택하시는 하나님의 영원하신 행동이라고 정의한다.

b. 선택의 특징

이 특징들은 작정의 특징과 일반적으로 동일하다.

① 선택은 하나님의 선하신 기뻐하심에 따른 것이다(엡 1:4, 5, 9, 11; 롬 9:11).

② 선택은 불변적이어서 택자의 구원을 확실하게 한다(롬 8:29, 30; 11:29; 딤후 2:19).

③ 선택은 영원적이다(엡 1:4, 5). 이는 창세전에 이루어졌고, 그 효력은 영원하다.

④ 선택은 무조건적이다. 이는 이미 본 것처럼, 하나님의 선하신 기뻐하심에 전적으로 의존하기 때문이다.

---

558 조영엽, 『신론, 인죄론』, 172.

⑤ 선택은 불가항력적이다(시 110:3; 빌 2:13). 이는 인간이 어느 정도 그것의 실행을 반대할 수 없다는 것을 의미하지 않고, 그 반대가 효과가 없다는 것을 의미하지도 않는다.

⑥ 선택은 불의한 것으로 비난될 수 없다(마 20:14, 15; 롬 9:14, 15). 하나님의 선택이 아니라면 그 누구도 하나님을 택하지 않으며 그 누구도 구원에 이르지 못한다.

c. 선택의 목적

① 하나님께서 창세전에 어떤 사람들을 선택하신 것은 예수 그리스도 안에서 예수 그리스도로 말미암아 죄, 사탄의 권세, 사망으로부터 구원받게 하기 위함이다(롬 11:7-11; 살후 2:13). 구원론적 의미에서 선택의 목적은 택자의 구원이다. 사도 바울은 신자들이 택함을 받아 구원에 이르게 된 것을 하나님께 감사하였다.[559]

② 사람의 제일 되는 목적도, 봉사와 선행도 하나님의 영광을 위함인 것 같이 하나님의 선택의 최고 목적도 하나님 자신의 영광을 나타내기 위함이다(엡 1:6, 12, 14).[560] "오직 하나님께만 영광을!"(Soli Deo Gloria!)이라는 모토는 칼빈의 평생 좌우명이었다. 오직 하나님만이 지고(至高)의 가치이시기 때문이다.

2. 유기(遺棄)

a. 유기론의 성경적 증거

유기는 선택이 필연적으로 함축하는 것으로서 자연스럽게 추론되지만, 단지 추론으로만 얻어지는 교리는 아니다. 성경은 주로 구원을 중점으로 하는 계시이기에 자연히 선택만큼 유기에 대해서 많이 언급하는 것은 아

---

[559] 조영엽, 『신론, 인죄론』, 182.
[560] 조영엽, 『신론, 인죄론』, 181.

니지만, 성경은 유기에 대해서도 매우 충분하게 증언하고 있다(마 11:25, 26; 롬 9:13, 17, 18, 21, 22; 11:7; 유 4; 벧전 2:8).

b. 유기론의 개념

유기는 어떤 사람들에게 구원적 특별 은혜를 주지 않고 죄 가운데 버려두셨다가 그들의 죄의 결과로 형벌하시므로 하나님의 공의를 나타내시기로 영원히 작정하신 것을 말한다. 죄와 불신과 죽음과 영원한 형벌은 하나님의 통치의 대상이다. 유기 교리는 세계 역사에 나타난 하나님의 행동이다. 가인을 거절(창 4:5)하셨고, 가나안을 저주(창 9:25) 하셨으며, 이스마엘을 내보내셨고(창 21:12; 롬 9:7; 갈 4:30), 에서를 미워하셨다(창 25:26; 말 1:2; 롬 9:13; 히 12:17).[561]

벌코프는 유기를 하나님이 그의 특별한 은혜의 작용으로 어떤 사람들을 지나가시고, 그들을 자기들의 죄에 대하여 벌하심으로 그의 공의를 드러내시기로 작정하시는 하나님의 영원하신 작정으로 정의한다.

① 유기의 두 요소

첫째 요소는 간과(preterition)다. 이는 어떤 사람들에 대해 그들에게 특별한 은혜를 베풀지 않으시고 그냥 지나치시려는 결정이다. 둘째 요소는 미리 정죄하심(precondemnation)이다. 이는 간과된 자들을 그들의 죄에 대해 정죄하시려는 결정이다. 간과의 이유는 인간이 알 수 없다. 단지 우리는 하나님께서 그의 선하시고 지혜로우신 이유에 의해 그렇게 하셨을 것이라고 생각할 수 있을 뿐이다. 반면에 미리 정죄하심의 이유는 분명한데, 그것은 바로 그들의 죄이다. 유기된 자들은 자신들의 죄 때문에 정죄된다. 사실상 간과 된 자들이 선택된 자들보다 더 악한 죄인이 아니므로 죄 때문에 간과된 것은 아니다. 오직 하나님의 주권적 의지에 그 원인이 있을 뿐이다.[562] 그

---

[561] 이근삼 전집 편찬위원회 엮음, 『개혁주의 조직신학 개요 Ⅰ』, 237-38.
[562] 이근삼 전집 편찬위원회 엮음, 『개혁주의 조직신학 개요 Ⅰ』, 239.

이유는 알려져 있지 않아 알 수는 없지만 하나님의 기쁘신 뜻은 언제나 선하시고 공의로우시며 완전한 것이어서 오차가 없다.

② 유의해야 할 것들

ⓐ 하나님이 유기된 자들을 죄 가운데 버려두시는 것에 하나님 편의 어떤 기뻐하심이 있었기 때문이라는 생각을 가져서는 안 된다. 하나님께서 기쁨으로 유기를 실현시킨다고 할 수 없다. 하나님은 불의하지 않으시다(롬 9:14; 욥 34:10; 시 92:15). 하나님의 선하신 기뻐하심은 유기가 아니라 선택하심에 있다.

ⓑ 유기된 자들이 현세에서 하나님의 은총을 전혀 받지 못한다고 생각해서는 안 된다. 비록 이들이 구원하시는 특별 은혜에서는 제외된다 하더라도, 일반 은혜에서는 제외되지 않으며, 오히려 현세에서 택자들보다 그 은혜를 더 많이 누리는 경우들도 허다하다.

E. 타락 전 선택설(墮落前選擇說)과 타락 후 선택설(墮落後選擇說, Infralapsarianism)

예정설에 있어서 칼빈주의자들은 선택과 유기의 예정이 되어 질 때 인간을 타락된 자로 생각하는지, 아니면 타락되지 않은 자로 생각하느냐에 따라서 생기는 문제가 곧 타락 전 선택설 또는 타락 후 선택설이다. 이 두 이론의 차이점은 유기가 하나님의 기쁘신 뜻에 기초했느냐 아니면 기본적으로 죄에 연관되었느냐 하는 것이다.[563]

1. 타락 전 선택설(墮落前選擇說, Supralapsarianism)

---

[563] 블링거(Bulinger)는 유기를 죄에 해당하는 하나님의 공의의 행동으로 보았고, 베자는 이 양설의 상이점을 더욱 발전시켰고 후에 리벳, 월레우스, 마르티흐트, 투레틴, 마크, 무어 등과 같은 타락후 선택론자들은 오히려 사람의 타락이 신적작정에 포함되었다는 것을 시인하였고, 베자, 고마러스, 트위스, 트리그랜드, 뵈튀어스, 버마너스, 위트시우스, 쿰리 같은 후대 타락전 선택론자들은 하나님의 유기의 작정 중에는 죄의 고찰도 있었다는 것을 시인하였다(박형용, 『교의신학-신론』, 307-08).

이 학설에서는 하나님이 그의 은혜와 공의를 나타내시기 위하여 창조될 인간들의 일정한 수를 자비의 대상으로 택하시고 다른 이들은 진노의 대상으로 선정하셨다는 것이다. 사고의 논리상 선택과 유기라는 하나님의 작정은 창조와 타락의 허용에 선행한다. 즉, 하나님께서는 어떤 이는 구원으로, 어떤 이는 유기되도록 창조하시기로 작정하였다고 한다. 타락 전 인간이 영생으로 선택되든지, 아니면 멸망으로 예정되었다고 생각한다. 이 주장은 종교개혁 이전부터 있었으나 일반적으로 많이 받아들여지지 않았다고 한다.

타락 전 선택설을 반대하는 이유로 무(無)에서는 아무 것도 결정될 수 없다는 것이고, 죄 없는 곳에 정죄가 있을 수 없고, 로마서 9:9-21에서 말하는 선택과 유기는 타락한 무리들 가운데서 되는 것을 말했고, 로마서 1:24-28에서 말하는 유기가 죄에 대한 선포가 아니라면 하나님의 공의가 되지 못한다는 것이다. 또한 성경에는 창조가 선택과 유기의 목적을 시행하는 방편으로 말하고 있지 않다는 것과 타락 전 선택은 성경에 말하는 하나님의 자비와 공의의 성격에 합하지 않는다. 하나님을 배반하기 전에 인간의 비참과 멸망이 선포되는 것은 합당치 않다고 주장한다.[564]

2. 타락 후 선택설(墮落後選擇說, Infralapsarianism)

이 학설에서는 선택과 유기에 대한 하나님의 예정이 창조와 타락 허용의 작정이 있은 후에 작정되었다고 보는 것이다. 이 주장의 구원의 계획순서를 보면 타락 전 선택설과 다른 점은 창조와 타락이 선택과 유기의 순서보다 앞서는 것이다.

하나님이 자기 영광을 계시하실 계획으로 세계와 사람을 거룩하고 복되게 창조하시려고 작정하셨고, 자결에 의한 사람의 타락을 허용하시려는 작정을 하셨고, 남은 자들을 죄 중에 유기하실 것과 죄에 해당한 처벌을 하실 작정을 하셨다고 믿는다.[565]

---

[564] 이근삼 전집 편찬위원회 엮음, 「개혁주의 조직신학 개요 I」, 241.

그러나 이 타락 후 선택설에 대한 반대 의견도 있다. 그 근거로 주로 죄의 문제, 유기의 원인, 하나님의 작정의 통일성에 대한 문제를 해결하기 어렵고 죄와 타락의 허용을 작정하셨다고 하므로 하나님이 오히려 죄의 조성자라는 비난을 막기 위해서 "허용"이라는 말을 쓴 것이지만 그 "허용"을 하나님의 계획의 실패로 보면 알미니안 편이 되고 그것을 하나님의 기쁘신 뜻에 따른 것이라면 타락 전 선택설이 되는 어려움을 갖게 된다. 그러나 타락 전이나 타락 후 선택설을 주장하는 사람들은 다 칼빈주의자들로 서로가 서로를 정죄하는 일은 없었다.[566]

이 교리는 하나님의 구원 계획의 논리적 순서에서 선택과 유기가 창조와 타락의 허용보다 앞서는지 아닌지 그 여부에 관한 것이다. 전택설은 선택과 유기가 창조와 타락의 허용보다 앞선다는 주장이고, 후택설은 그 반대이다. 전택설은 하나님의 절대적 주권을 강조하고, 그것을 강조하는 성경 구절들에 호소한다(시 115:3; 잠 16:4; 사 10:15; 45:9; 렘 18:6; 마 11:25, 26; 20:15; 롬 9:17, 19-21). 후택설은 하나님의 자비와 은혜의 대상들로 택자들이 나타나고 있는 성경의 구절들에 좀 더 특별히 의존한다(마 11:25, 26; 요 15:19; 롬 8:28, 30; 9:15, 16; 엡 1:4-12; 딤후 1:9).

---

[565] 이근삼 전집 편찬위원회 엮음, 『개혁주의 조직신학 개요 I』, 242.

[566] 박형용, 『교의신학-신론』, 316 참조.

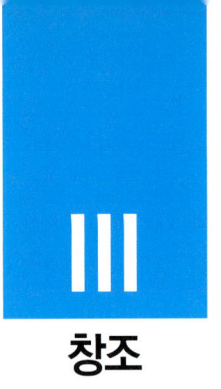

III 창조

A. 창조론의 역사

기독교는 그 시초부터 "무로부터의 창조"(creatio ex nihilo)와 이것이 하나님의 자유로운 행동임을 가르쳤다. 어거스틴은 그 이전의 누구보다 창조 사역을 더 자세히 다루었다. 그는 세계는 시간과 함께 창조되었고, 시간과 더불어 존재하게 되었기에, 창조 이전에는 아무런 시간도 없었다고 했다. 종교 개혁자들도 시간과 더불어 하나님의 자유로운 행동에 의한 무로부터의 창조론을 주장했고, 창조의 날들을 6일의 문자적인 날들로 간주했다. 18세기에 이르러 범신론과 유물론의 영향으로 성경적 창조론은 공격 받기 시작했다. 유물론에 의해 창조론은 진화론으로 대치되었고, 범신론은 보이는 세계가 절대자의 필연적(자유로운 행위가 아닌) 현현이라고 주장하였다. 이로 인해 창세기의 이 첫 장은 비유적으로나 혹은 신화적으로 해석되어야 한다는 주장들이 일어나게 되었다.567

안형주 목사는568 창세기 1:1의 태초에 대한 주해를 하면서 요한복음 1:1의 태초와 대조하여 주해하기를 "요한복음의 태초는 하나님의 태초이기에 하나님만 계시던 때의 태초요, 창세기 1:1의 태초는 천지만물의 시작의 태초로 설명을 하고 있다. 전자를 영원의 태초라고 한다면 후자는 시간의 태초로서 창조의 역사와 함께 시작 된 때(from the time)의 태초로 보았다. 영원한 것 같지만 천지는 없었던 때도 있었기에 따라서 무궁한 듯 하지만 우주도 시작이 있었으니 마지막이 있다는 것도 알 수 있다고 했다.

---

567 Cf. Berkhof, 『조직신학』, 330-32.
568 安衡柱, 『創世記講解』, 16.

B. 창조론에 관한 성경의 증거

창조론에 관한 성경의 증거는 단지 직접적인 창조에 대한 기록인 창세기 1장과 2장뿐만 아니라, 성경 전 부분에서 발견된다. 이 구절들은 모두 창조를 역사적인 사실로 언급하고 있는데, 이 구절들은 다음과 같이 분류될 수 있다. (1) 먼저는 하나님의 능력을 강조하면서 하나님의 창조 사역에 대해 언급하는 구절들이다(사 40:26, 28; 암 4:13). (2) 둘째는 하나님의 위대하시고 무한하심을 보여주기 위한 구절들이다(시 90:2; 102:26, 27; 행 17:24). (3) 셋째로 창조에 나타난 하나님의 지혜를 언급하는 구절들이다(사 40:12-14; 렘 10:12-16; 요 1:3). (4) 넷째로 하나님의 주권과 목적을 나타내면서 창조를 언급한 구절들이다(사 43:7; 롬 1:25). (5) 마지막으로 그리스도와 사도들이 언급한 구절들이 있다(마 19:4; 롬 5:12; 엡 1:4; 계 17:8; 골 1:15-17). 이 구절들은 모두 하나님의 무로부터의 창조가 실재였음을 보여준다.569

C. 창조의 개념

성경에서 창조를 의미하는 용어는 히브리어로는 '바라', 헬라어로는 '크티제인'이 있다. 이 단어들은 먼저는 1차적 창조 즉, 절대적인 의미에서의 창조를 나타낼 뿐만 아니라, 2차적 창조 즉, 하나님이 이미 있는 재료를 사용하여 새로운 것을 만들어 내시는 일에도 사용되었고(창 1:21, 27; 5:1; 사 45:7, 12; 54:16; 암 4:13; 고전 11:9; 계 10:6), 더 나아가 섭리적 사역 가운데 나타난 사물을 지시하기 위해서도 사용되었다(시 104:30; 사 45:7, 8; 65:18; 딤전 4:4). 또 다른 단어는 히브리어 '아샤'와 헬라어 '포이에인'이다. 이 단어들은 '만들다', '형성하다'라는 뜻으로, 위의 단어들과 마찬가지로 1차적 창조(창 2:4; 잠 16:4; 행 17:24)뿐만 아니라, 좀 더 흔하게는 2차적 창조(창 1:7, 16, 26;

---

569 Cf. Berkhof, 『조직신학』, 332.

2:22; 시 89:47), 더 나아가 섭리의 사역(시 74:17)의 의미로도 사용되었다.

벌코프는 창조를 하나님이 자신의 주권적인 의지에 의하여 자신의 영광을 위해, 태초에 모든 가시적이고 불가시적인 우주를, 이미 있는 재료를 사용하지 않고 생기게 하시고, 그리하여 자신과 구별되면서도 언제나 자신에게 늘 의존하는 실체가 되게 하신 하나님의 자유로운 행동으로 정의하면서 몇 가지 고려해야 할 요소를 더한다.[570]

안형주 목사는 창조라고 하는 히브리어 '바라(ברא)'에 대한 해석을 어떤 자연적인 발전 과정을 거쳐서 나타나는 것이 아니라 절대적인 무(無)인 상태에서 하나님의 직접적이고 의지적인 행동으로 조성된 일을 표현하는데 기록된 단어라고 하였다. '바라'라고 하는 단어가 창세기 1장 창조론에서만 3번 사용되었는데 1) 무(無)에서 유(有)에로의 물질 창조 때(창 1:1), 2) 생명을 지으실 때(창 1:21), 3) 하나님의 형상을 따라 사람을 지으실 때(창 1:27)에만 사용되었는데 이는 무(無)에서 유(有)에로의 절대적이고 완벽한 하나님의 창조 행위라고 주해를 하였다.[571]

1. 창조는 삼위일체 하나님의 행위이다.

모든 하나님의 외향적 사역(opera ad extra)은 삼위일체 하나님의 사역이고, 창조는 그 외향적 사역의 대표적인 사역이다. 만물은 단번에 성부로부터, 성자로 말미암아, 성령에 의해서 창조되었다(out of the Father, through the Son, by the Holy Spirit). 성경은 창조에 있어서 성자의 참여(요 1:3; 고전 8:6; 골 1:15-17)와 성령의 활동(창 1:2; 욥 26:13; 33:4; 시 104:30; 사 40:12, 13)을 말하면서도, 이를 성부께서 전유하시는 사역으로 표현한다.

---

[570] Cf. Berkhof, 『조직신학』, 332-43.

[571] 安衡柱, 『創世記講解』, 18.

2. 창조는 하나님의 자유로운 행위이다.

범신론자들은 세계 창조를 하나님의 절대적인 필연적 행위로 간주한다. 하지만 이것은 성경의 견해가 아니다. 창조를 하나님의 필연적 행위라고 한다면, 그것은 하나님의 내적 사역들과 같이 창조 또한 영원한 행위라고 선언하는 것과 같다. 비록 하나님의 작정에 의한 필연적인 행동이라고 말할 수 있다 하더라도, 이 하나님의 작정 또한 하나님의 자유로운 의지가 개입된 작정이기에, 창조는 엄밀한 의미에서 하나님의 필연적 행위라 할 수 없고, 오히려 자유로운 행위라고 해야 한다.

3. 창조는 하나님의 시간적 행위이다.

하나님이 세상을 창조하시기 전에는 물질도 없었고 시간도 없었다. 어거스틴은 세계가 '시간 안에서'(*in tempore*) 창조 되었다기보다는 '시간과 함께'(*cum tempore*) 창조되었다고 말하는 것이 더 정확하다고 하였다. 창 1:1은 세계가 그 시작을 가졌다는 것을 선명하게 밝혀주는 데에 있다. 성경은 다른 곳에서도 세계의 시작에 대해서 말한다(마 19:4, 8; 막 10:6; 요 1:1, 2; 히 1:10; 시 90:2; 102:25).

4. 창조는 무로부터 무엇을 만들어내는 행위이다.

성경은 세계가 '무로부터 창조' 되었다고 말한다(창 1:1; 시 33:6, 9; 148:5; 히 11:3). 이는 다른 이교 철학들과는 근본적으로 다른 기독교의 독특한 교리이다. 오직 창조에 대한 이런 견해만이 만물에 대한 하나님의 절대적 주권을 수호할 수 있다. 하나님은 존재하지 않는 것을 존재하도록 하실 수 있다는 사실은 아브라함의 소망에 대한 언급에서도 잘 나타난다(롬 4:17).

5. 창조는 하나님과는 다르나 늘 하나님을 의존하는 존재론적 지위를 세계에 부여한다.

a. 세계는 하나님과 다르다.

세계는 하나님도 아니고 하나님의 일부분도 아니다. 세계는 하나님과 전적으로 구분되는 것인데, 정도에서만이 아니라 그 본질에서도 그렇다. 기독교의 존재론은 이중적 존재론이다. 하나님은 절대적 존재이시고, 피조 세계는 하나님으로부터 파생된 존재이다. 하나님은 이 세계 위에 계시는 초월적 하나님이시다.

b. 세계는 하나님께 의존한다.

하나님으로부터 파생된 존재는 그 존재를 하나님께 의존한다(행 17:28). 하나님은 피조 세계 위에 계실 뿐만 아니라 그 세계의 모든 곳에서 임재하시고 역사하신다. 하나님은 초월적인 하나님이실 뿐만 아니라 내재하시는 하나님이시다. 성경은 하나님이 천지에 충만 하시다고 말한다(시 139:7-10; 엡 2:22; 렘 23:24). 세계는 하나님을 떠나서는 그 존재를 한 순간도 지속할 수 없다.

6. 창조의 궁극적인 목적은 하나님의 영광이다.

고대 철학자들은 창조의 궁극적인 목적을 인류의 행복으로 여겼고 이런 사상은 종교 개혁 시대의 인문주의와 18세기의 합리주의를 통해 더 강조되었다. 물론 하나님은 선하시고, 그 하나님의 선하심 속에서 피조물인 인간이 지극한 복락을 누릴 수는 있겠지만, 그것이 창조의 궁극적인 목적일 수는 없다. 창조의 궁극적인 목적은 하나님의 선포적 영광인데, 성경은 하나님의 자기의 영광을 나타내기 위해 세계를 창조했다고 말한다(사 43:7; 60:21; 겔 36:21, 22; 눅 2:14; 엡 1:5, 6; 계 4:11; 골 1:16; 고전 15:28; 롬 9:17).

7. 하나님은 모든 것을 좋게 창조하셨다.

성경은 분명히 "하나님이 지으신 그 모든 것을 보시니 보시기에 심히 좋았더라"(창 1:31)고 말씀한다. 지금 존재하는 세상은 하나님의 의도들을 정확하게 반영하지 못한다. 모든 피조물들은 신음하고 있으며 구속을 고대하고 있다(롬 8:22, 23).

8. "태초에 하나님이 천지를 창조하시니라"의 의미(안형주 목사의 주해)

a. "태초에 하나님이 천지를 창조하셨다"는 것은 하나님은 실재자(實在者)이신 것과 유일신(唯一神)이신 것과 그분은 우주만물과 별개이신 것과 그리고 우주는 피조물로서 유한하다는 것을 말하여 주고 있다.

b. "태초에 하나님이 천지를 창조하셨다"는 것은 하나님의 사랑과 분리할 수 없는 말이다. 즉 사랑이신 하나님은 자신의 사랑의 대상으로서의 존재를 자기 앞에 세우시는데 까지 도달하는 것은 필연이다. 피조물들은 하나님이 좋아하시고 사랑하시는 대상이기에 "보시기에 좋았더라."고 하신 것이다. 피조물은 이렇게 하나님의 사랑의 대상이라는 분명한 존재 이유가 있기에 모든 허무와 무의미한 굴레로부터 벗어날 수 있는 것이다.

c. "태초에 하나님이 천지를 창조하셨다"는 것은 66권 전 성경을 요약하여 포장되어있는 것과 같다. 이는 마치 논어(論語)의 개권(開卷)572에 '子曰, 學而時習之, 不亦說乎'573하여 아무래도 실제적이고 수양적인 유가(儒家)의 원리가 요약 포장된 것을 부인할 수 없고, 또한 반야심경(般若心經) 제1절은 '色卽是空574 空卽是色575'이라 하여 눈앞에 보인다고 다 보이는 것이

---

572 책을 열었을 때 첫 장

573 공자의 논어 학이편(學而篇)에 나오는 내용으로 '배우고 제 때에 그것을 익히니 기쁘지 아니한가' 라는 뜻이다.

574 공(空) 그대로가 일체의 존재인 색(色)이라는 말. 공이 현상적인 차원과는 다른 현상의 배후,

아니고, 눈앞에 보이지 않는다고 없는 것이 아니라는 다분히 철학적이요, 사색적인 볼가의 공기를 보여주고 있고, 또 도덕경 첫 머리에는 '道可道非常道,576 名可名非常名577'이라 하여 숨길 수 없는 노자(老子)의 초월적 기운이 방출되어 있음을 볼 수 있다. 이와 마찬가지로 창세기 1:1이야말로 전 성경의 진리를 숭고하게 우리에게 알려주고 있다 하겠다. 이 말씀을 대할 때마다 우리로 하여금 자기도 모르는 사이에 영원한 옛적을 소행(溯行)578케 하여 우주 간에 아무것도 없이 다만 숭고하고 장엄하며 거룩하신 유일신(唯一神) 하나님 앞에 부복(俯伏)하여 영원하시고 무시무종(無始無終)하신 하나님을 배면(拜面)케 하는 말씀이 되었다. 동시에 우리들로 하여금 거기에서 전 피조물에게 나타나시는 하나님의 큰 경륜과 절대 영원한 성업(聖業)을 바라보게 하여 준다. 진실로 인류의 영혼들을 한 점의 티도 없는 광풍제월(光風霽月)579처럼 광명케 하는 진선미(眞善美)한 젖꼭지(乳房) 같은 말씀이다.

d. "태초에 하나님이 천지를 창조하셨다"는 것은 하나님의 창조주 되심과 동시에 만유의 주재(主宰)되심이 함의되어 있는 것이다. 창조는 하나님의 독자적인 성업(聖業)이다. 그러기에 하나님은 만유의 어떤 것에 속박되어 있는 것이 아니라 만유를 초월하여 계시는 숭고하시고도 광대무변(廣大無邊)580하신 분이심을 말하는 것이다. 이런 창조주를 믿는 것은 인류의 최대 특권으로서 인류가 현세를 초월하여 모든 속박으로부터 해방되어 자유를 얻는 유일한 길은 하나님을 신뢰하는 것이 될 것이다(대하 20:20)581. 교육과

혹은 초월하여 있는 실체가 아니라는 뜻이다. '색즉시공(色卽是空)'의 짝이 되는 말로, 《반야심경(般若心經)》에 나오는 말이다.

575 '색(色)은 곧 공(空)일 뿐'이라는 말. 즉 눈에 보이는 현상은 인연(因緣)에 따라 끊임없이 생겼다가 소멸하는 것이지 실재하는 존재가 아니라는 뜻이다. '공즉시색(空卽是色)'과 짝을 이루는 말이다.

576 도를 도라고 말할 수 있다면 이미 도가 아니다. 도는 말이나 글로 설명하거나 개념화할 수 있는 것이 아니라는 것을 비유하는 말이다.

577 이름을 지을 수 있는 이름은 이름이 아니라는 뜻으로 섣불리 이름 짓고 단정 짓는 것의 부정확함과 위험성을 경고하는 의미이다.

578 이미 저질러 놓은 일이나 짓을 말한다.

579 마음이 넓고 쾌활하며 시원스러운 인품을 비유적으로 이르는 말이다.

580 너무나 넓고 커서 주변, 즉 제한이 없음을 말한다.

철학으로, 범신교(汎神敎) 같은 것들로는 도저히 인간들에게 이 능력을 주지 못하나 창조주를 신봉하여 그 하나님을 따라 가는 것으로서만 참된 자유를 얻는 힘이 주어지게 될 것이다.

 e. "태초에 하나님이 천지를 창조하셨다"는 것은 인간들에게 이미 하나님의 은총(恩寵)582이 그 앞에 와 있음을 의식케 하는 말씀이다. 성경에서는 하나님이 존재하시냐 아니 하시냐에 대하여는 일체 사고(思考)치 아니 하였다. 하나님의 존재는 당연한 것으로 전제하고 사실로 취급하였다. 어떤 학자들은 이것을 희랍인과 히브리인들의 습성이 다른 점에서 된 것이라 하지만 인간들이 하나님에 대하여 사고하기 이전에 이미 인간들을 은총으로 조성하였고, 양육하여 주신 지성지애(至聖至愛)583하신 품안에 안겨 들어 있었음을 우리에게 알게 하는 말씀인 것이다.

 f. "태초에 하나님이 천지를 창조하셨다"는 것은 세상 여러 종교들 가운데에서도 감히 흉내 낼 수 없는 특별한 초월성을 말하고 있는 것이다. 어느 민족이나 부족을 막론하고 제 나름의 종교성이 있고 창조신화들이 있을 수 있겠으나 모두가 저들의 신이 있기 전에 우주가 먼저 있었고, 그들의 신들은 그 우주의 기운 가운데에서 출생한 것이어서 그들의 신이 우주만물을 창조하였다는 것은 있을 수 없는 것이다. 그러나 창세기 1:1은 하나님께서 천지창조를 하신 분명한 사실로서 이 창조주야 말로 모든 인류가 믿고 숭배하고 섬겨야 할 하나님이시므로 여호와의 종교야 말로 유일한 참 종교인 것을 말하여 주고 있다 하겠다. 이 창세기 1:1을 그대로 수납하고 믿는 믿음으로 성경 어디를 본다고 할지라도 열리지 않을 곳이 없을 것이다.584

---

581 "너희는 너희 하나님 여호와를 신뢰하라 그리하면 견고히 서리라 그의 선지자들을 신뢰하라 그리하면 형통하리라"(대하 20:20)

582 은총이란 헬라어로 카리스(χάρις) 히브리어로 헨(חן)(恩寵)이다. 가톨릭에서는 성총(聖寵), 개신교에서는 구원을 주시는 하나님의 선물, 그리고 일반은총의 영역에서 자연, 인간, 문화, 역사 등에 주어지는 하나님의 선물을 뜻하는데, 엄밀히 말하면, 성자 예수 그리스도를 통해서 수여되는 하나님의 특별한 선물(카리스)을 가리킨다. 또한 본래는 죄가 많아서 은혜를 입을 가치가 없는 인간이, 그러함에도 불구하고 하나님으로부터 받는 사랑의 돌봄을 말한다.

583 지극히 거룩하시고 지극히 사랑 많으신 하나님이시라는 뜻이다.

D. 세계 기원에 관한 다른 이론들

1. 이원론(二元論)

두 가지 궁극적인 원리를 상정하는 이원론에는 여러 가지 형태가 있다. 가장 일반적인 형태는 하나님과 물질을 궁극적이고 자존적인 원리로 상정하는 것이다. 이원론에 의하면 물질은 소극적이고 하나님은 적극적이다. 그래서 물질은 하나님께 종속되고 하나님의 의지 안에서 사용되는 재료가 될 뿐이다. 하지만 이것은 하나님을 창조주가 아니라 다만 세계의 건축자로 여기는 것으로 성경이 말하는 것과는 다르다.[585]

2. 유출설(流出說)

유출설은 우주가 신적인 존재로부터의 필연적인 유출이라는 주장이다. 이 견해에 따르면 하나님과 세계는 본질적으로 하나이며, 세계는 하나님의 현상적인 현현이다. 이는 하나님과 세계를 동일시하는 범신론적 설명인데, 이런 이해에 따르면 하나님의 무한성과 초월성은 부정될 뿐만 아니라, 세계에 대한 하나님의 주권 또한 주장될 수 없게 된다. 뿐만 아니라 세계와 하나님이 동일하다 하여 범신론으로 이끌어 갈[586] 위험성이 있다. 결국 이 주장은 하나님의 무한성과 초월성과 주권을 무시하며 거룩을 범하게 된다.

3. 진화론(進化論)

현대 과학주의자들은 진화론이 창조론을 대치할 수 있는 것처럼 주장하지만 이는 사실이 아니다. 왜냐하면 진화론은 이미 존재하는 어떤 것을 전

---

[584] 安衡柱, 『創世記講解』, 18–21.
[585] Cf. Berkhof, 『조직신학』, 343–45.
[586] 이근삼 전집 편찬위원회 엮음, 『개혁주의 조직신학 개요 I』, 247.

제해야만 가능한 이론이기 때문이며, 창조론은 그것의 존재에 관한 것이기 때문이다. 하지만 진화론자들은 자신들의 진화 이론 속에 전혀 증명되지 못한 순전한 가설일 뿐인 자연 발생을 포함시켜 함께 주장한다. 하지만 자연의 일반 법칙은 모든 살아 있는 것은 살아 있는 것으로부터 나온다(*omne vivum e vivo*' or '*ex vivo*)는 것이다.[587]

우리는 하나님의 창조를 믿으며 그 창조가 무에서 하나님의 권능의 말씀으로 되었다고 믿으므로 이원론이나 유출설이나 진화론을 극복할 수 있다.[588]

---

[587] Cf. Berkhof, 『조직신학』, 343-45.
[588] 이근삼 전집 편찬위원회 엮음, 『개혁주의 조직신학 개요 I』, 247.

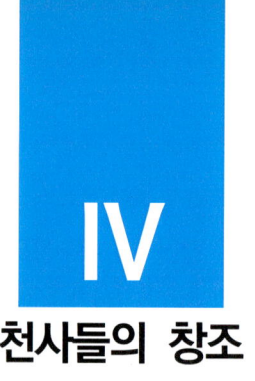

IV 천사들의 창조

A. 천사론의 역사

창조주 하나님은 물리적인 세계를 창조하실 때 하나님의 보좌에서 섬기고 찬양할 영적 존재들도 창조하셨다.589 기독교는 초대 교회 때부터 선하고 악한 천사들의 존재를 인정하여 왔다. 일반적으로 모든 천사들은 선하게 창조되었으나, 어떤 천사들이 교만과 야망으로 하나님께 반역하여 타락하게 되었다고 믿었다. 그 중에 우두머리 지위의 천사는 사탄이 되어 그들의 수장이 된 것이다. 초대 교회 교부들 중 어떤 이들은 천사들이 영체(ethereal body)를 가졌다고 주장하였다. 중세기에 이르러서는 일부는 여전히 천사들이 영체를 가지고 있는 것으로 생각했으나, 대부분은 천사들이 신체가 무형적이고, 계시적인 목적을 위해서 일시적인 신체의 형태를 취힌 깃으로 설명했다.

종교개혁 시대에는 천사론에 관해 새로운 논의가 있지는 않았으나 점점 더 정확한 개념으로의 접근이 나타났다. 어떤 이들은 여전히 천사가 특별한 종류의 신체(airy body)를 가졌을 것이라 생각했지만 대부분은 성경의 가르침대로 신체를 가지지 않는 영적 존재들(spiritual and incorporeal beings)로 여겼다. 18세기에 합리주의자들은 천사들의 존재를 부인했고, 자유주의자들은 성경의 천사 기록들을 하나님의 보호하심과 돌보심, 그리고 도우심을 나타내는 상징적 표현일 뿐이라고 여겼다.590

---

589 서철원, 『서철원박사 교의신학-하나님론』, 312.

B. 천사들의 존재

창조 세계는 우리가 눈으로 볼 수 있는 것보다 훨씬 더 많은 것으로 구성되어 있다. 교회는 언제나 천사들의 존재를 믿어왔다. 하지만 근대의 신학자들은 이들의 존재에 대해 의문을 가진다. 어떤 이들은 이 신념이 페르시아로부터 전래되었다고 주장하지만, 천사에 대한 모세의 기록은 페르시아(B.C. 5세기) 보다 1,000년은 더 앞선다. 성경은 천사들의 존재를 증명하려 하지 않는다. 단지 천사들의 활동을 창세기부터 계시록에 이르기까지 성경 전체에 걸쳐 이야기한다. 성경이 하나님의 말씀이라고 믿는 사람들은 천사의 존재를 의심할 수 없다.591

C. 천사들의 본성

1. 천사는 피조 된 존재다.

성경에 천사를 언제, 어떻게 창조하였다는 사실이 나오지 않는다. 그러나 신구약 성경에 천사, 영물에 대한 기록이 많이 나타난다. 하나님 외에 다른 존재가 창조되지 않고 있을 수 없는 만큼 천사가 존재한다면 그도 창조된 것이 맞다(창 2:1; 시 33:6; 느 9:6). 특히 시편 148:2에 "그의 모든 사자여 찬양하라 찬양하며 모든 군대에 찬양할지어다"라고 했다. 48:4에는 "그것들이 여호와의 이름을 찬양할 것은 저가 명하시매 지음을 받았음이로다"로 하였으며, "그의 모든 사자" 곧 천사들이 "지음을 받았고"라고 함으로써 천사의 창조는 증명이 된다. 그러나 유감스럽게도 천사가 언제 창조되었느냐는 기록은 나오지 않기에 확실하게 알 수는 없다. 여기에 대해서 서철원 교수는 이에 대하여 하늘의 영적 세력들을 창조주간 첫 순간에 창조하셨다고 진

---

590 Cf. Berkhof, 『조직신학』, 346-48.
591 Cf. Berkhof, 『조직신학』, 348-49.

단한바 있고,592 이근삼 교수는 천사는 6일 중에, 제7일 이전에 창조되어야 할 것(출 20:11; 느 9:6)이라는 주장을 한 바 있다.593

영적 세력들이라고 해서 물리적인 세계에 앞서서 혹은 영원에서 창조된 것이 전혀 아니다. 천사들과 영들이 영원부터 있었다고 하는 주장은 플라톤에게서 시작하였다. 하늘에서 영이 타락함으로 그 벌로 땅으로 보내져 육체에 갇혔다고 하는 플라톤의 가르침(Politeia)이 오리게네스를 통하여 그리스도교 사상세계로 들어와서 신학에 자리 잡았다. 그러나 천사들이나 영들이 결코 영원부터 존재한 것이 아니다. 하나님이 처음 물리적 세계를 창조하실 때 영들도 함께 창조하셨다. 그러므로 영들이 영원하다는 것은 불가하다. 아들 하나님께서 모든 천사들을 창조하셨다(골 1:16). 그래서 아들 하나님은 천사들의 주이시다.594

2. 천사는 영적 존재다.

천사들은 신체가 없는 영적인 존재이지만 하나님의 본질에서 흘러나온 것이 결코 아니다. 하나님이 무한한 권세로 무에서 그들을 창조하셨다(골 1:16). 창조는 천사들의 존재 방식이다.595 유대인들이나 초대 교부들은 천사들이 공기나 혹은 불 같은 신체(airy or fiery body)를 가졌다고 생각했지만, 중세기에는 그들이 순수한 영적 존재라는 결론을 내렸다. 하지만 성경은 그들은 살과 뼈가 없고(눅 24:39), 결혼하지 않으며(마 22:30), 매우 제한된 공간에 다수로 존재할 수 있고(눅 8:30), 보이지 않는다(골 1:16; 시 104:4)고 가르친다. 즉, 성경은 천사들을 영이라고 하는데, 영은 비물질적이며, 비육체적인 것이다. 그러나 그들은 유한한 영으로서 시간과 공간에 대해 제한을 가지고

---

592 서철원, 『서철원박사 교의신학-하나님론』, 312.
593 이근삼 전집 편찬위원회 엮음, 『개혁주의 조직신학 개요 Ⅰ』, 251.
594 서철원, 『서철원박사 교의신학-하나님론』, 312-13.
595 서철원, 『서철원박사 교의신학-하나님론』, 313.

있다(마 8:16; 12:45; 22:30; 눅 7:21; 8:2; 11:26; 18:30; 24:39; 행 19:12; 엡 6:12; 골 1:16; 히 1:14).[596]

3. 천사는 이성적이고 도덕적이며 불멸하는 존재다.

천사들은 인격적 존재이므로 지성과 도덕적 능력, 자유의지를 부여받은 인격적 존재다.[597] 성경은 그들이 지성적 존재라고 분명히 말한다(삼하 14:20; 마 24:36; 엡 3:10; 벧전 1:12; 벧후 2:11). 또한 그들은 도덕적인 본성을 지녀서 순종에 대해서는 보상을, 불순종에 대해서는 형벌을 받게 된다. 천사들은 그들의 존재가 끝이 없이 지속된다는 의미에서 불멸적이다(눅 20:36). 하지만 인간처럼 그들도 영원한 운명의 처소는 다를 것이다.

4. 천사는 선한 천사와 타락한 천사가 있다.

하나님이 창조하신 세상은 선했고, 천사들 또한 선하게 창조되었다고 생각할 수 있다. 성경은 여러 곳에서 그런 원래 선한 상태의 천사들을 암시하고 전제한다(요 8:44; 벧후 2:4; 유 6). 하지만 택하심을 받은 천사들은 견인의 은혜를 받아 자신들의 선함을 유지했지만(딤전 5:21), 그렇지 못한 천사들은 타락하여 자신들의 원래의 자리를 떠났다. 지금도 선한 천사들은 하나님의 군대로서 항상 주의 명령을 준행하나(시 103:20; 골 1:16; 엡 1:21; 3:10; 히 1:14), 악한 천사들은 주의 거룩한 사역을 방해하고 파괴하려 한다(눅 11:21; 살후 2:9; 벧전 5:8).

D. 천사들의 수와 조직

---

[596] Cf. Berkhof, 『조직신학』, 349-51.
[597] 서철원, 『서철원박사 교의신학-하나님론』, 313.

1. 천사들의 수

성경은 천사들의 수에 관해 명확하게 이야기 하고 있지는 않다. 다만 그들을 가리켜 "만군", "천천", "군대"라 하는 것을 볼 때(신 33:2; 시 68:17; 마 26:53; 계 5:11), 그들의 수가 많고 크다는 사실 만은 알 수 있다. 그러나 그들은 인류와 같이 유기체적 이지는 않고 개별적이다. 이는 그들이 결혼하지도 않고 다른 천사들을 생산하지도 않고 처음부터 그 수효가 정해진 채로 창조되었기 때문이다. 그래서 전체 그들의 수는 변하지 않고 증감이 없다.[598]

2. 천사들의 조직

천사들이 유기체를 이루지는 않지만, 그들은 분명히 조직되어 있다. 천사들의 여러 등급을 지칭하는 몇 가지 특징적인 명칭이 있다.

a. 보좌들, 주관들, 정사들, 권세들

바울은 천사들을 보좌들, 주관들, 정사들, 권세들로 분류하였다(골 1:16). 보좌들은 하나님의 보좌에 제일 가까이 있는 천사들이다. 이 천사들은 바로 하나님의 면전에 있다. 따라서 하나님을 찬양하고 경배하는 일을 전담하는 천사들임을 알 수 있다. 이 천사부류가 그룹들(cherubim)이다(겔 9:3, 10:1, 11:22; 시 80:1, 99:1).[599] 성경에서 그룹들은 하나님의 영광과 거룩을 수호하는 천사들로 나타난다. 이들은 타락한 인간들로부터 낙원의 입구를 지키며(창 3:24), 속죄소를 덮으며(출 25:18; 시 80:1; 99:1; 사 37:16; 히 9:5), 지상에 강림하시는 하나님을 수행한다(삼하 22:11; 시 18:10).[600]

---

[598] Cf. Berkhof, 『조직신학』, 351-53.
[599] 서철원, 『서철원박사 교의신학-하나님론』, 317.
[600] Cf. Berkhof, 『조직신학』, 351-53.

주관들은 보좌들로 표기된 천사들 다음 자리에 서는 것을 알 수 있다. 하나님의 통치 사역에 수종(隨從) 드는 직임을 가졌다. 그리하여 나라와 민족들에 속해 있는 하나님의 백성들을 지키고 인도하는 일을 하여 하나님 나라가 완성되는 일을 한다.

정사들이나 권세들은 천사들 중에서 가장 낮은 하늘의 영역 곧 공중에서 일하는 천사들로 이해된다. 바울은 엡 1:21에서 정사와 권세와 능력과 주관하는 자들이라고 제시하므로 골 1:16의 순서를 고려하지 않고 있으며 어떤 위계를 지칭하는 것으로 보인다.601

b. 스랍들(seraphim)

스랍은 이사야 6장 2절, 6절에서만 언급되어 있다. 이들은 하나님 보좌 앞에서 하나님의 거룩을 찬양한다. 그룹들이 강한 자들인 반면에, 스랍들은 존귀한 자들이라 할 수 있다. 그룹은 하나님의 영광과 거룩성을 수호한다면, 스랍은 화해의 목적을 위해서 봉사한다. 특히 서철원 교수는 이 천사들의 장(長, archangel)이 루시퍼(Lucifer)인 것으로 추측이 된다고 주장했다(사 14:12-17).602

c. 가브리엘(Gabriel)과 미가엘(Michael)

어떤 천사는 특별히 고유의 이름으로 언급되는 천사가 있는데, 바로 가브리엘과 미가엘이다. 가브리엘은 단 8:16; 9:21; 눅 1:19, 26에서 나타난다. 하나님의 계시를 전달하고 해석해 주는 것이 그의 특별한 임무인 것으로 보이며 서철원 교수는 가브리엘이 하나님의 전령으로서 천사장으로 활동한다고 봤다.603 미가엘의 이름의 뜻은 '하나님이 누구와 같으냐'로, 단 10:13, 21; 유 9; 계 12:7에서 나타난다. 미가엘도 천사장이라 불리는데, 그

---

601 서철원, 『서철원박사 교의신학-하나님론』, 317-18.
602 서철원, 『서철원박사 교의신학-하나님론』, 318.
603 서철원, 『서철원박사 교의신학-하나님론』, 318.

는 이스라엘의 적들과 악한 천사들에 대항하여 싸우는 전사이다.604 아마도 이 천사장이 주관들의 우두머리로 이해된다.605

E. 천사들의 사역

1. 일상적인 봉사(ordinary service)

　　a. 먼저 천사들은 하나님의 보좌 앞에서 밤낮 하나님을 찬양하는 일을 한다(욥 38:7; 사 6장; 시 103:20; 148:2; 계 5:11).

　　b. 또 천사들은 구원의 상속자들을 섬기는데(히 1:14), 죄인의 회심을 기뻐하고(눅 15:10), 신자들과 어린 아이들을 보호하며(시 34:7; 91:11; 마 18:10), 교회에 함께 하고(고전 11:10; 딤전 5:21), 죽은 신자들의 영혼을 아브라함의 품으로 이끈다(눅 16:22).

　　c. 또 하나님의 뜻을 자연계(히 1:7; 시 104:4)와 민족과 국가(단 10:12, 13; 10:21; 12:1)와 인간에게 전달한다.606 계시록에서는 하나님의 심판을 집행하는 직임을 수행하는(계 7:1-4, 8:2-12, 9:1-15, 10:1-11, 11:15, 14:6-7, 9-11, 17-18, 15:1-20:3) 것으로 나타난다.607

2. 비상한 봉사(extraordinary service)

비상한 봉사는 특별 계시가 완성되기까지 이를 위한 봉사를 의미한다. 이들은 하나님의 특별 계시를 중개했고, 백성들에게 복을 전달하며, 특별 계시의 완성과 함께 천사들의 비상 봉사는 중지되었고 오직 주의 재림 시에 다

---

604 Cf. Berkhof, 『조직신학』, 351-53.
605 서철원, 『서철원박사 교의신학-하나님론』, 318.
606 Cf. Berkhof, 『조직신학』, 353-54.
607 서철원, 『서철원박사 교의신학-하나님론』, 316.

시 시작될 것이다(마 13:39, 49; 살전 4:16).⁶⁰⁸ 천사들은 그리스도의 구속 사역 이후에는 성도들을 보호하고 죽은 성도들을 하나님의 보좌 앞으로 인도한다(행 5:19, 12:3-11, 27:23-24; 눅 16:19-22; 창 32:1-2).⁶⁰⁹

F. 천사들에 대한 주의 사항

1. 천사숭배를 금함

성경은 천사 숭배에 대하여 엄격히 금하고 있다. 성경은 인생군왕(人生君王)에게 존경을 장려하는 동시에 천사숭배를 금하였다(골 2:18; 벧전 2:17). 이것은 하나님의 명령이다. 때론 우리 인간들이 육신을 갖고 살다보니 천사를 흠모하는 경우가 있을 수 있지만 그럴지라도 천사숭배는 있을 수 없다. 그들도 피조물이기에 어떤 경우에도 경배의 대상이 될 수 없다.

성경에서는 하나님 이외에 어떠한 형상도 만들지 말고, 그것들에게 절하지 말며, 그것들을 섬기지 말고, 하나님께만 경배하고 하나님만 섬기라고 십계명 중 제1-2계명에서 명하셨다(출 20:3-4; 계 19:10, 22:8-9). 골로새서 2:18에서는 "누구든지 일부러 겸손함과 천사 숭배함을 인하여 너희 상을 빼앗지 못하게 하라"고 하셨다. '숭배'(θρησκεία, religion, ceremonial service; 종교, 의식적 예배)는 외형적 예배 의식을 가리킨다. 이 부분에 대하여 조영엽 교수는 다음과 같이 부연 설명을 한다.⁶¹⁰ 골로새에 침입한 이단은 사람이 하나님께 직접 나아가는 것은 교만을 뜻하는 것이기에, 그 중보자로서 천사를 숭배하는 것이 옳다고 하였다. 이 이단은 아마도 에세네파(Essenes)인 것 같다. 그들은 그리스도의 중보 사역을 무효하게 하였고, 그 결과로 상을 빼앗기게 한 것이다. 그러므로 천사 숭배함을 인하여 상을 빼앗기지 못하게 하

---

⁶⁰⁸ Cf. Berkhof, 『조직신학』, 353-54.
⁶⁰⁹ 서철원, 『서철원박사 교의신학-하나님론』, 316.
⁶¹⁰ 조영엽, 『신론, 인죄론』, 289-90.

라고 명하셨다고 진단을 하였다.

2. 오늘날에도 천사가 나타나는가?

신약시대 이후 천사들이 출현하지 않는 이유에 대해 서철원 교수의 진단은 이렇다: 신약시대에는 성령께서 백성들 각자와 함께 계셔서 직접 사람들을 인도하고 지시하며 깨우쳐 주시기 때문이라는 것이고, 예수 그리스도의 구원사역이 완성되었기 때문에 구원 계시를 전달하기 위해서 천사들이 더 이상 동원되거나 사역할 필요가 없어졌기 때문이라고 했다.[611]

조영엽 교수도 이에 대한 설명을 비슷한 취지로 하고 있는데 삼가 신중한 접근과 영적 분별이 필요함을 제시한다. 구약시대와 신약시대 초기에는 천사들의 출현과 활동들이 많이 있었다. 신구약에 나타난 천사들의 사역이 이를 뒷받침하여 증명한다. 그러나 하나님의 계시가 신구약 성경 66권의 문서로 완성된 이후로는 천사들의 출현이 중단되었다. 물론 지금도 하나님께서는 원하시면 언제나 천사들을 출현시킬 수 있다. 그러나 오늘날은 천사들의 출현이 희귀하기 때문에 그런 일이 일어날 때는 신중을 기해야 한다. 그 이유는 마귀들도 천사의 모양으로 가장하고 나타나기 때문이다(고후 11:14).[612]

G. 타락한 천사들

1. 기원

악한 천사의 기원 또한 타락으로부터 기인한다. 성경은 본래의 지위를 지키지 않고 타락한 천사들에 대해 언급한다(유 6; 벧후 2:4). 천사들이 언제 타

---

[611] 서철원, 『서철원박사 교의신학-하나님론』, 316-17.
[612] 조영엽, 『신론, 인죄론』, 288.

락했는지 그 시기는 정확히 알 수 없지만, 아담의 타락 이전인 것은 확실하다. 아담의 범죄 당시 이미 사탄, 혹은 큰 용이 범죄자, 유혹하는 자로 나타나 아담을 반역하도록 꼬였기 때문이다. 천사들이 어떻게 범죄 하였는가에 대해 성경에 명시되지 않은 이유는 영적 세계의 일이기 때문이라고 서철원 교수는 진단하였다.613 이렇게 타락 이유가 구체적으로 나타나 있지는 않지만, 하나님을 대적하여 자기를 높이고 최고의 권위를 취하려는 교만, 하나님의 영광을 침탈하려는 악한 욕망 때문에 타락한 것임을 알 수 있다(딤전 3:6).614

사탄은 아담과 하와를 유혹할 때 자주자(自主者)가 되어 하나님과 같이 되라고 꾀이는 것을 볼 때 그들의 타락 이유가 간접적으로 드러난다. 그것은 그들 역시 하나님의 자리를 탐하면서(divinitatis affectatio) 하나님과 같이 되어보려는 욕망이 있었기 때문인 것이다.

2. 우두머리

타락한 천사들의 우두머리는 사탄이다. 그는 천사계에 유력한 천사장 중 하나였으나 하나님을 반역하여 타락한 천사들의 우두머리가 된 것으로 여겨진다. 사탄은 '대적'이라는 뜻인데, 이는 아담을 공격하여 파멸을 초래한 자로서 아볼루온(파괴자)이라 불리고, 또 하나님의 백성을 정죄하는 그의 사역으로 인해 디아볼로스(고발자)라고도 불린다(계 12:10). 또 '이 세상 임금'(요 12:31; 14:30; 16:11)과 '이 세상의 신'(고후 4:4), '바알세불', '벨리알', '옛 뱀', '용' 등으로도 불린다(계 9:11; 12:3, 10).

3. 그들의 활동

타락한 천사인 악한 영들은 하나님을 반역하고, 모독하며, 하나님의

---

613 서철원, 『서철원박사 교의신학-하나님론』, 318-19.
614 Cf. Berkhof, 『조직신학』, 354-55.

사역을 방해하고 파괴하려 한다. 이들은 하나님의 백성을 미혹하고 죄인들의 악행을 조장한다(벧전 5:8; 요일 4:6). 때로는 질병이나 정신적 문란을 초래하고(마 9:33; 12:22; 막 5:4, 5; 눅 8:35; 9:37-42), 자연 재해를 일으키기도 한다(욥 1:19). 또 거짓 교리를 유도하고(왕상 22:21-23; 딤전 4:1; 살후 2:2), 이적을 행하기도 한다(살후 2:9; 계 16:14). 그러나 이 모든 활동들은 제한되고 하나님의 통제 속에 있다.

4. 타락한 천사들의 수를 사람으로 채운다는 주장에 대해

어거스틴과 안셀무스의 논의에서 이런 주장들이 있었다. 어거스틴은 하나님의 도성에서 타락하여 죽게 된 사람들을 하나님의 은혜로 많이 모아 타락한 천사들이 비운 자리들과 지위들을 채우고 회복하신다고 단언한다. 그래서 하나님의 도성은 천사 타락 전보다 더 충만하게 보충되어 시민들로 가득 채워진다고 제시한다(de Civitate Dei, XXⅡ, 1). 어거스틴의 가르침을 이어받은 안셀무스는 타락한 천사들의 수를 사람의 본성에서 회복하시려고 작정하셨다는 것으로 이 문제의 논의를 시작하고 있다. 보충할 다른 본성이 없으므로 인간 본성으로 회복하는 것이 필연적이라고 주장한다(Cur Deus home, XVⅡ). 그러나 이런 논의에 대해서 서철원 교수는 합당하지 않다고 진단했다. 하나님은 견실한 천사들과 타락한 백성들 가운데서 택자들로 하늘의 도성을 세우시는 것이 아니다. 하나님은 처음부터 사람을 창조하셔서 자기의 백성으로 삼아 하나님을 찬양하고 경배하게 하셨다. 그러므로 타락 후에 범죄 한 백성들을 돌이켜서 창조경륜을 성취하신다. 그러나 구원이 완성되어 하나님의 백성이 완성되었을 때(계 21:3) 천사들이 하나님을 찬양하고 경배하며 합류할 것이라고 하였다. 그러나 그때에도 천사들은 하나님의 보좌 가까이에서 하나님을 섬기면서 택한 백성들을 돕는 자리에 설 것이라고(계 19:1-10) 하였다.[615]

---

[615] 서철원, 『서철원박사 교의신학-하나님론』, 321-22.

5. 명칭(名稱)

현대는 과학 만능의 시대이다. 그러므로 과학적인 것만이 절대 진리인 양 인정을 받는 오늘날이다. 이때에 악마가 실제적이라고 하는 것 같은 생각을 가진 사람은 극히 소수인 것이다. 대부분의 사람들은 이것을 의인적(擬人的)인 말로 알고 있고, 다만 인간들 중에 존재한 사심, 죄, 악한생각의 별명으로 보고 있는 모양새다.

그러나 원시인(原始人)인 아담을 유혹하여 타락케 한 것을 비롯하여 예수 그리스도의 공생애 출발 전에 맹렬한 기세로 그를 유혹하여 녹여 버리려고 노력했으며, 또 계시록 기자인 '요한'은 교회의 적으로서 심한 박해를 하다가 최후에 멸망될 것을 예언한 것으로 보아 분명히 실재하는 존재인 것이다. '루터'가 개혁의 과제를 써내려가다 조소하는 사탄에게 잉크병을 집어 던졌다고 하는 일들은 다만 우리들의 마음의 상태라고 보아서 가할 것인가, 이 문제를 해답하기 위하여 우리는 성경에서 이 악한 영들을 어떻게 말하고 있는가를 찾아보아야 할 것이다.

사탄의 이름은 손님이라는 말이 있다. 사탄에 관한 명칭의 여하는 그 본질을 보여 주는 의미에서 주의하여야 한다. '사탄'이란 말은 원래 히브리 말로서 대적(對敵)하는 자란 뜻이다(삼상 29:4, 삼하 19:22, 왕상 5:4, 11:14, 23:25). 기타의 경우에는 사탄을 하나의 인격자로서 표현하였다(대상 21:1, 욥기 등). 그러나 구약시대에서는 이 말이 희소하였고 신약시대에서는 이 말을 그대로 받아서 희랍어로 사탄으로 사용하였다. 뿐만 아니라 여러 가지 명칭으로 표현하였는데 신약시대에는 '사탄'의 활동이 더욱 심하였던 것으로 볼 수 있다.

a. 악마($\delta\iota\alpha\beta o\lambda o s$) – 훼방하는 者란 뜻으로 하나님에게 인류를 중상하고 인류와 하나님과의 이간을 시키는 자이다. 70인 역에는 이 말로 사탄을 번역하였다.

b. 악한 자($o\pi o\nu\eta\rho o s$) – (마 13:19, 6:13, 요 17:15, 요일 2:13–14, 3:12) 사탄이 얼

마나 사악한 사상으로써 하나님의 자녀에게 넣어 주는가를 표시한 것이다.

c. 참소하는 자(οκατηγορω)- (계 12:10) 밤낮으로 하나님 앞에서 성도들을 참소하고 험담하는 자이다.

d. 꾀이는 자(οπειραζων)- (마 4:3) 사탄의 주요 활동은 신자들을 유혹하는 일이다(고전 7:5, 살전 3:5).

e. 이 세상의 임금- (요 12:31, 16:11), 또는 이 세상의 신(고후 4:4), 이 세상은 사탄의 지배 하에서 예수 그리스도 재림하시기 까지 계속된다(계 13:1 이하의 짐승도 이 사탄이다).

f. 공중 권세 잡은 자- 사탄은 이 세상만 아니라 공중에 까지도 권세를 잡고 있다. 즉 공중의 모든 영들은 사탄의 지배하에 있다. 두려운 일이다(엡 2:2).

g. 뱀, 용, 옛 뱀(계 12:3, 9)- 아담과 하와를 꾀이던 뱀은 붉은 용으로서 어린 양의 군대를 대항한다. 천 년 동안 갇혔다가 불 못에 던져지기까지는 활동을 쉬지 아니한다.

h. 아마돈- 히브리말로써 희랍어의 '아포리유온'과 같은 것이니 모두 파괴자라는 뜻이다. 하나님의 나라를 건설하는 데에 반대하여 이것을 파괴하려는 자의 활동에 대하여 명칭한 것이다.

i. 바알세불- (마 10:25, 12:24) 악귀들의 괴수라는 명칭이다.

j. 벨리알- (고후 6:15) 히브리어로써 사악하다는 뜻이다. 이것을 인격화하여 '사탄'으로 지목한 것이다.

이상과 같이 명칭이 많은 것은 신약시대에 와서는 사탄을 이해하는 정도가 점차로 깊어져 있는 것을 표명한 것이다. 이런 명칭에서 당시 사람들이 사탄을 어떻게 생각하여 왔는가에 대하여 개념을 가질 수 있다.

6. 사탄의 실재(實在)

'사탄'에 대해서 벧후 2:4과 유다서 6절에 범죄 한 천사에 대한 심판의 말이 나온다. 그러므로 겔 28:13-17의 두로 왕을 두고 지은 애가의 상징적 주인공과 또 창세기 6:1-4의 하나님의 아들들이 사람의 딸들과 교제하는 기사와 관련하여 '사탄'은 천사의 타락에서 기원됐다는 해석을 하는 것이다. 다만 외경 에녹서 69:11에 "하늘에서 범죄하고 떨어진 천사들의 꼬임으로 우리 조상이 범죄 한 것이라"고 나오고, 그 외에도 '다비드' 서에도 나타나고 있다.

요컨대 사탄의 발생의 근원에 대하여는 알 수 없다고 위에서 언급한바 있으나 그것들이 하나님과 동시에 존재하였을 리도 없고, 또 하나님의 조성하신 선한 세계 중에 처음부터 피조 되었을 리도 만무하다. 안형주 목사는 '사탄'의 실재에 대하여서는 이것을 실험적으로만 경험할 수 있다고 하였다.

a. 사람들이 하나님께 순종하려고 열심을 다할 때에 반드시 이것을 방해하려고 하는 어떤 힘을 느끼게 되는 것.

b. 사람이 신앙을 가지고 선을 행하였을 그 때에도 즉시로 이것이 '사탄'에게 이용되는바 되어서 자고하며 자랑하며 이상한 마음으로 변하여 지는 것.

c. 악에 반대하기 위하여 노력하면 할수록 점점 악의 힘이 강하게 나를 압박하는 일.

d. 우리의 영적 상태가 하나님 은혜의 보좌 앞으로 가까이 나아가려 할 때에도 나를 점점 더 강하게 은혜의 자리로부터 돌아서게 하려는 외부의 강한 활동이 오는 것을 느끼게 되는 것이다.

이상은 우리의 심령이 언제나 경험하는 일인데 이는 다만 우리 속에서 죄, 악한 사념, 육욕 등으로서 설명이 원만하게 되는 것은 아니다. 우리 속에 존재한 이러한 것들 외에 외부적으로 어떤 기운이 들어와서 우리로 하여금 하나님을 배반케 하는 불가사의한 능력이 거기에 있는 것을 느낄 수 있다.

무명한 것이나, 보이지 않는 것이라고 실재한 것이 아니라 할 수 없다. 만일에 보이지 않는 것이 실재가 아니라면 하나님의 실재까지도 부정치 않으면 안 되는데 까지 도달된다. 그러므로 하나님의 실재를 실험하는 일은 반드시 동시에 '사탄'의 실재를 실험하게 되는 것이다. 고로 '사탄'의 실재는 하나님의 실재와 동일하게 확실한 것이다.

7. 사탄의 능력과 권위와 영광

a. '사탄'의 실력

사람에게 환상을 보여 줄 수 있다. 광야에서 예수님을 시험하던 마귀는 "예수를 데리고 지극히 높은 산으로 갔다"고 하였다(마 4:8). 예수를 데리고 가서 순식간에 천하만국을 보이며 "이 모든 권세와 영광을 내가 네게 넘겨주리라(눅 4:5)"고 하였다. 여기의 높은 산은 '헬몬' 산인지, 광야 암석인지 아니면 실재적이라기보다는 여기에는 환(幻)을 보인 것이 아닌가 한다. 그런데 마귀는 이렇게 사람들에게 환(幻)을 보여줄 실력이 있다. 마귀는 사람으로 하여금 큰 뜻을 품을 수 있게 한다. 큰 뜻을 품는 일은 위대하다. 그러나 신이 보여 주시는 환(幻)에서 큰 뜻을 품는 일도 있고, 마귀가 보여 주는 환(幻)에서 큰 뜻을 품는 일도 있다. 전자는 '이사야'나 '예레미야'도 될 수 있지만 마귀에게서 보여 준 환(幻)에 따르면 그 큰 뜻은 '스탈린'이나 '무솔리니'도 된다. 천하만국에 관한 문제이니 큰 사건임에는 틀림없다. 그러나 큰 뜻이라는 것은 반드시 하나님에게로만 아니라 악마에게서도 온다. 예수님께서는 "사탄아, 물러가라"고 단호히 물리치셨다.

b. 악마의 권세(하나님의 묵인 아래서)

악마는 예수님께 대하여 모든 권세와 그 영광은 내게 넘겨준 것임으로 원하면 줄 수 있다고 하였다. 이것이 진담일까, 허언이었을까? 상대방이 예수이시니 허언은 아니었을 것이라 보여 진다. 마귀의 앞잡이가 되어 마귀 짓을 하는 자들이 세상에서 권세와 영광을 얻는 것도 사실이다.

이것은 첫 사람 아담에게 하나님께서 "정복하고, 지배하고 다스리라"는 권세를 위임하여 주셨는데 그가 그 언약을 어기고 범죄 함으로 그 권세가 사탄에게 넘어간 것을 말한다. 그러나 그것을 무제한 넘겨준 것은 아니고, 그것을 마귀가 독점한 것이 아니라 하나님의 묵허(默許, 묵인 허용하시는 것)하신 가운데 제한적으로 주어진 것이다(무제한 독점적으로 말하는 것은 마귀의 과장이다). 그러면 하나님은 무슨 까닭으로 마귀에게 이 같은 방자스러운 행동을 묵허하신 것인가?

① 마귀를 악에서 철저히 벌하시려는 것(잠 16:4).

악마의 악마성을 그 권위와 영광에서 극점에 달하도록 발현 발작케 하는 것이니 거기까지 방임 하였다가 철저히 멸하시려는 것이다.

② 사람들을 시험코자 함(욥기참조)이니 사람을 시험케 함은 사람으로 완전히 순종케 하시려는 것이다. 즉 사람의 자유의사대로 선택하여 하나님께 순종하는지, 거역하는 지를 마귀로 시험케 하시어 순종이 온전한 것을 보시려고 마귀의 활동을 묵허 하신 것이다.

c. 영광의 내용

마귀는 하나님의 전적인 영광과 권위를 모방하여 자기를 하나님처럼 영광의 지위에 두려고(겔 28:17, 계 13:1-2) 지상의 영광과 권위로 몸을 장식하였다. 알고 보면 하나님의 권위의 실체는 정의요, 영광의 내용은 사랑인데 여기에 비하여 마귀의 악마성은 그 권위와 영화에서 그 극점에 달하여 있다. 마귀의 영광과 권력은 외형적으로 하나님의 그것을 모방하였다는 것뿐이요, 그 내용에서는 전적으로 하나님과의 반대 방면이다.

d. 사탄의 활동

'사탄'도 당초부터 자신이 하나님에게 대항할 수 없는 자란 것은 그 스스로도 잘 알고 있다. 자기가 하나님을 대적하여 넘어뜨리려는 것이 아니라 다만 하나님의 묵허 한도 내에서 신의 자녀들을 대항하고 교회에 박해를 가하려는 일들이다(욥기, 계시록 12장).

즉 하나님의 자녀들을 대항하여 하나님 나라의 건설을 방해하려는 것이다. 이 목적으로 최초의 활약은 낙원에서 첫 사람 아담을 유혹하여 성공하였고, 그 후에 불신자들에 집착하여 하나님의 복음의 영광이 저들에게 비취지 못하게 하였고(고후 4:4, 엡 2:2, 요 8:44, 계 20:8) 또 신자들을 유혹하여 저들을 타락케 하고 있다(눅 22:31, 고전 7:5, 고후 2:11, 엡 2:11, 약 4:7). 때로는 예수님까지도 유혹의 손을 펴서 그의 전도를 방해하려고 하였다.

하나님의 자녀를 유혹하여 돌아서서 하나님을 대적하기 위해서는 '사탄'은 갖은 수단을 다하고 있는데 특히 두려운 것은 "사탄도 자기를 그리스도의 사도로 가장하나니"(고후 11:14), 이 같은 '사탄'에게 미혹되면 사람들은 자신도 알지 못하는 사이에 '사탄'의 종이 된다. 그러면서도 자기는 하나님에게 봉사하고 있는 줄로 착각하고 있는 것이다.

'사탄'에 대하여는 조금도 방심하지 말아야 한다. 틈만 있으면 '사탄'은 거기에 파고들어서 우리를 사로잡아 우리로 하여금 의로운 자인 채 하도록 하는 '사탄'의 궤휼에 포착되어 진 것을 깨닫게 될 때가 있다(고후 2:11, 딤전 3:7).

예수의 직계 제자였던 '가룟 유다'와 성령강림의 은혜를 받는 데에 참예한 '아나니아'와 '삽비라' 부부 모두 '사탄'이 들어간 사람들이다. 오늘에도 목회자, 직분자, 자선 사업가들에게도 '사탄'이 들어간 사람들이 있을 수 있기에 삼가 깨어 있어야 할 것이다. '사탄'은 또 계시록 13장 2절의 짐승과 같이 혹은 국가적 권력도 되고 거짓 예언자, 선지자도 되어서 신자들이나 교회를 속이기도 하고 박해와 회유(懷柔) 등 여러 가지 방법으로 모든 기회를 이용하여 인간들로 하여금 하나님을 떠나게 하고 있다.

오늘까지 인류역사가 몇 천 년 계속되고 있지만 철두철미하게 '사탄'에게 속아온 역사이다. 오늘도 '사탄'은 인간들의 지혜를 이용하고 이것으로 장식하여 인간의 눈을 현란케 하여 인간으로 하여금 하나님을 떠나 인간의 기술과 능력을 숭배케 한다. 그리하여 인간은 하나님을 떠난 문화를 조성케 되며, 하나님을 떠난 문화는 점점 더 인간으로 하나님을 떠나게 한다.

지금 이후에도 또한 그러할 것이다. 그리스도께서 재림하시어서 '사탄'을 멸하시기까지 그 활동을 그대로 계속할 것이다. 그 이외의 '사탄'의 활동에 대하여서는 위에서도 말하였지만 하나님은 이것으로써 신자들을 훈련하시기도 하고, 심판하기 위하여 묵허하신 것은 성경에 보여준 그대로 이다. 예를 들자면 욥기 같은 것은 전자요, 고전 5:5, 딤전 1:20의 경우에는 후자이다. 그러므로 하나님은 '사탄'이라도 자유로 사용하시는 것이다.

e. 사탄의 활동과 진화

구약시대에서는 그다지 극성스럽게 보여 지지 않던 '사탄'이 신약시대에 와서는 점점 그 활동이 왕성하여졌다. 그러다가 그리스도 재림이 임박해서는 그 활동이 가장 절정에 달하여 질 것인데 자기의 때가 얼마 남지 않았음을 아는 까닭이다. 말하자면 '사탄'의 활동은 그리스도의 활동에 정비례하여서 증감하는 것을 보여 주고 있다. 하나님의 뜻을 순종할 마음이 강하여 지면 거기에 정비례 하여서 '사탄'의 활동도 강하여지는 것 같이 보여진다.

이 사실은 충분한 이유가 있으니 즉, 빛의 강도가 증가됨에 따라 암흑은 점점 그 도를 약하게 되는 것과 같이 하나님이 그 나라를 세우기 위하여 활동하실 때 이 세상의 임금인 '사탄'에게는 큰 타격이 불가피하기에 '사탄'은 한사코 이것을 반대할 수밖에 없는 것이다. 그래서 예수께서 이 세상에 오시자마자 '사탄'은 '헤롯'의 마음을 움직여 예수를 살해하려고 하였고, 그뿐 아니라 '사탄'은 '빌라도', '가룟 유다' 등을 충동하여 예수를 십자가에 달아 버리고 말았다. 그러나 예수께서는 생명이신 연고로 '사탄'의 모든 어둠의 권세를 이기시고 부활하신 것이다. 사탄이 이렇게 그리스도 예수를 향하여 집중포화를 쏘아 대는 것은 하나님의 아들이 하나님의 나라를 세우시는 일을 '사탄'이 가장 싫어하는 까닭이다.

이와 마찬가지로 하나님의 거룩한 뜻이 개인에게 보여 움직일 때 '사탄'은 힘을 다하여 이것을 방해한다. 누구든지 하나님에게 대하여 절대 복종하려 할 때에 그 즉시로 '사탄'은 우리에게서 활동을 개시하여 우리의 의지와 얄팍한 지식과 경험을 바탕으로 이 복종을 방해한다. 또 우리가 마음을 영원한 데에 두고 나아가려고 할 때에 '사탄'은 목전(目前)의 달콤한 환경을 보여 주면서 그곳에다 우리의 전력을 쏟게 하여 우리로 영원한 뜻에서 떠나게 한다.

이상과 같이 하나님의 뜻이 이 세상에서 이루어지는 것이 많으면 많을수록 '사탄'의 힘도 더욱 많이 활동한다. 이 사실이 구약시대에서 신약시대를 거쳐 예수 그리스도의 재림 때까지 '사탄'의 활동의 강도가 점차로 진보적이요, 상승적인 것을 알 수 있다.

f. 하나님은 왜 사탄을 처치하시 않으실까?

모든 악한 중에서 홀로 선을 만드는 분이 하나님이라면 모든 선한 중에서 악을 만드는 자는 '사탄'이다. 그러므로 하나님의 우주 통치에 있어 언제나 반항하는 측에 서는 자는 '사탄'이다. 우리로서는 여기에 대하여 의구심이 들 것이니 즉, 왜 하나님은 당장에 그를 숙청하여 처치하지 아니하는가 하는 일이다.

하나님은 '사탄'에 대하여 상세하게 그 정체를 잘 아실 것인데 왜 그의 활동을 용인하시는 것인가, 여기에 대하여 조급스레 생각을 가지는 것은 우리의 단견(短見)이다. 사탄은 하나님께 남은 저력을 역용(逆用)하여 성(聖)사업 일체를 파괴하려는 것은 사실이다. 그러나 그를 용인하시는 것은 또한 전능하신 하나님의 지혜이다. 즉 사탄은 하나님의 권위 하에서 그 경륜 중 섭리를 행하는 자로 두신 것이다. 마치 어떤 극(劇)에 적역(適役)의 존재와 유사한 것이나 적역의 존재는 극의 조화를 해치는 것이 아니라 도리어 극의 묘미(妙味)를 살릴 수 있게 되는 것과 같다.

이와 같은 하나님의 경륜 중에서 '사탄'의 지위를 생각할 때에 악이 존재함에도 불구하고 하나님의 지선하신 것, 하나님의 일원적(一元的)인 통치가 확립된다. 가령 '사탄'이가 예수를 십자가에 죽임으로 그것으로 마구는 하나님의 일을 세상에서 저지(沮止)한 것으로 생각하였을 것이다. 하나님의 아들을 십자가에 못 박았으니 마귀 자신의 세력은 전 우주에 군림(君臨)할 것으로 생각하였을 것이다.

그러나 그 결과는 예상외로 전개되어 예수의 사망은 마귀의 권세인 사망을 패하심이 되었고 또 그로 인하여 죄 중에서 신음하던 인류를 해방되게 하였고, 하나님은 의와 사랑으로 거룩하신 아버지 되신 증거가 우주에 확립되었으니 마귀가 적역(敵役)인 것은 사실이다. 그러나 그로 인하여 하나님의 하나님 되심이 더욱 확연하게 나타나게 되었으며, 또 욥을 통해 볼 때에 사탄은 욥의 가정, 자녀, 건강에 크나큰 타격을 주었으나 결국에 가서는 하나님께 더 큰 영광이 되게 하였다. 이 모든 것을 종합하여 생각하면 사탄은 저 자신을 위하여 지성스레 활동하나 결국은 하나님의 일원적(一元的) 통치를 상함이 없이 도리어 그의 목적을 위한 하나의 역자(逆剌)인 것이다. 그러므로 하나님의 용인하심은 깊은 의미가 있다고 할 것이다.

g. 사탄의 말로(末路)

계시록 12장 이하는 '사탄'과 교회와의 관계와 또 사탄의 최후를 묘사한 장면이다. 여기에서 보면 '사탄'은 붉은 용으로(계 12:3) 하나님의 아들의 출현을 두려워하여 이것을 꺾기 위하여 박해하였고, 또 로마 제국의 국권으로 묘사된 "바다의 짐승"(계 13:1)도 교회를 박해하였으며, 또 큰 음녀로서 세계에 군림하여 전 세계로 하나님의 분노의 잔을 마셔 취하게 하였고(계 17장),

또 땅에 올라오는 짐승으로서(계 13:11) 거짓 선지자의 역할을 행하여 로마를 숭배케 하여 그 황제의 형상을 만들게 하였다.

이같이 붉은 용, 짐승, 거짓 선지자는 모두 '사탄'으로서(계 16:13) 전 세계의 정치인들을 동원하여 하나님의 아들을 대적하려는 것이다. 그러나 '사탄'의 무리들은 완전한 통일이 없음으로 저들은 그 도당인 큰 음녀인 '로마'를 멸망에 빠지게 하였고, '사탄'의 권력으로 상징한 세상의 대 문화도시 '바벨론'도 전멸된 것이다. 그러나 '사탄'은 이것으로 완전히 멸망에 돌아가게 된 것은 아니고 최후로 그리스도께서 나타나시어(계 19:11) '아마겟돈' 전쟁에서 짐승과 거짓 선지자들을 잡아 유황불 구렁에 던진다(계 19:20). 그리고 최후로 "용"(옛뱀)인 '사탄'을 결박하여 천 년간 무저갱에 던졌다가 다시 석방하여 최후로 곡과 마곡의 백성을 모아 예수 그리스도의 군사와 싸워서 패배한 후에 드디어 유황불 못에 던져 영원한 멸망에 돌아가게 된다(20:1-10).

이같이 그리스도 재림 때에 '사탄'은 극력 대적하여 오다가 드디어 패망에 돌아가는 것이다. '아담'과 '하와'를 유혹함으로 시작한 '사탄'은 신천신지(新川新也)의 출현과 함께 종말에 돌아가게 된다. 그 동안의 일은 시종일관한 하나님의 계시라고 생각된다. 우리는 실제로 이같이 될 것을 믿어 의심치 아니한다. '사탄'의 실재와 성질과 활동을 알지 못하고는 기독자는 그 싸움에 승전(勝戰)할 수 없다.[616]

---

[616] 安衡柱, 「組織神學」, (서울: 한양신학교출판부, 2005), 342-53.

V

물질세계의 창조

A. 창조의 목적

하나님께서는 창조하실 필요가 없으셨지만, 선하고 또한 충분한 이유들을 위하여 그렇게 하셨다. 그는 실재를 존재하게 하시는 어떤 목적을 갖고 계셨다. 그리고 창조는 하나님의 그러한 목적을 성취하고 있다. 특히 창조는 하나님의 뜻을 실행함으로써 하나님을 영화롭게 한다. 생명이 없는 창조물이 그에게 영광을 돌리고(시 19:1), 생명 있는 피조물들은 자기들을 향한 하나님의 계획에 복종한다. 요나의 기사에서 우리는 아주 생생한 양식으로 이것을 보게 된다. 요나를 제외한 모든 사람과 모든 것들(폭풍우, 제비뽑기, 선원들, 큰 물고기, 니느웨 사람들, 동풍, 박넝쿨, 벌레)이 하나님의 뜻과 계획에 복종하였다. 창조의 각 부분은 자기를 위하여 하나님의 목적들을 성취할 수 있지만 각각 다른 방식으로 복종한다. 생명 없는 창조물들은 물질세계를 지배하는 자연 법들에 복종하면서 본능적으로 그렇게 한다. 오직 사람만이 의식적으로 자발적으로 하나님께 복종할 수 있고, 이렇게 해서 하나님께 가장 완전하게 영광을 돌린다.[617]

B. 창조에 대한 성경의 설명

---

[617] 밀라드 J. 에릭슨, 422-23.

1. 바벨론 창조 설화와 성경의 창조 기사

창세기의 창조 기사와 바벨론 신화 사이에는 몇 가지 유사점들이 있다. a. 둘 다 원시적인 혼돈과 궁창 아래와 위의 물에 대한 구분을 언급하고, b. 하늘의 창조를 넷째 날에, 사람의 창조를 여섯째 날에 관련된다. 하지만 둘 사이에는 크고 중요한 차이점들이 있다. 가장 큰 차이점은 종교적 개념들인데, 바벨론 설화는 신화적이고 다신적이다. 신들의 수준도 높지 않고, 음모와 계략으로 서로 싸우고 죽인다. 마르덕(Marduk)은 혼신의 힘을 다해 오랜 싸움 끝에야 간신히 승리한다. 반면 창세기에서 인간은 가장 고상한 유일신론을 만나게 된다. 하나님께서 오직 말씀만으로 만물을 창조하신다. 창조에 관한 이야기는 아담의 후손에게 계속 전달되면서 가감과 왜곡을 거쳤다. 여러 민족에게서 발견되는 창조 설화들은 이런 과정 속에서 나타난 결과물들이다. 하지만 가장 순전한 형태는 성령의 인도하심과 영감을 통해 창세기에 기록된 것이다.[618]

2. 창세기 1장 1-2절 해석

어떤 이들은 창 1:1-2을 창조 기사 전체에 대한 제목으로 여긴다. 하지만 창조의 선언이면서 동시에 우주의 창조를 기술한 것으로 보는 견해가 더 타당하다. 여기서 창 1:1의 "하늘"은 하나님의 영광이 가장 완전한 상태로 나타나는 불가견적 세계를 말한다. 그리고 2절에서 모세는 처음 창조된 땅의 상태를 묘사한다(시 104:5,6). 물질의 원 창조가 첫째 날의 사역의 일부분을 형성하였는지, 그렇지 않으면 시간의 더 짧거나 더 긴 기간에 의하여 구분되는지는 논의할 만한 문제이다.

---

[618] Cf. Berkhof, 『조직신학』, 356-58.

3. 창세기의 천지창조설의 특징

a. 신앙의 글이다.

여기의 천지창조에 대한 기사는 극히 유치한 형태로 또 다분히 고대의 색채를 띤 것으로 되었다. 그래서 과학적 견지에서 이것을 다루어서는 이해되지 않는 점들이 많을 것이다. 그러나 그렇다고 하여서 이 기사의 가치가 훼손되는 것으로 여겨서는 안 될 것이다. 이 글을 과학 교과서처럼 기대할 것이 아니라 성경은 성경인 만큼 그대로 특징이 있음을 잊어서는 아니 될 것이다. 즉 이것을 읽는 우리는 지식의 대상으로 읽을 것이 아니라 신앙의 대상으로 읽어야 할 것이다. 다시 말해서 신앙에 대한 하나님의 계시의 말씀으로 읽을 것이다. 우리가 그 글을 그렇게 읽는 동안에 자신도 모르게 벌써 전능하신 하나님의 사랑 앞에 서서 하나님은 나의 창조자 되심과 나의 구원자 되심과 나의 생활의 배경이 되신다는 사실을 깨닫게 되는 믿음이 주어질 것이라고 안형주 목사는 주장한다.[619]

b. 지구 중심설

혹자는 말하기를 창세기의 창조설은 그 특징이 지구 중심설이라 할 수 있는데 이것은 우매무지(愚昧無知)한 설이라는 것이다. 즉 지구는 우주에 비해 티끌에 불과한데 어찌 지구를 위하여 조성되었다고 할 수 있느냐는 것이다. 그래서 수긍할 수 없다는 주장이다. 과연 무리한 이야기는 아닐 수 있으나 하나님 사랑의 대상은 결코 대소(大小)를 따져서 결정된다고 생각해서는 아니 될 것이다. 천문학상으로 볼 때 우주의 중심은 태양이라 할 것이나 하나님 측에서 볼 때 하나님 계신 곳이 우주의 중심이 될 것이다. 이 우주 안에서 제일 중심이 되는 곳이 어디인가? 하나님이 인간들에게 자신을 계시하시고 또 인간들과 함께 거하시는 지구인 것은 틀림없는 사실이 될 것이다. 하

---

[619] 安衡柱, 『創世記講解』, 40-1.

나님께서 자신을 계시해 주시며, 독생자를 내어 주시기까지 사랑을 베풀어 주시는 것을 보면 하나님은 지구를 중심하신 것이 틀림없는 사실이라고 안형주 목사는 흑기 주석을 참조하여 강조하고620 있다.

부연한다면 초등학교의 넓은 운동장에서 운동회를 하는데 엄마가 관람석에 앉아 아이들의 뛰노는 모습을 구경한다고 하자. 그 엄마의 눈이 누구를 향하겠는가? 수백 명, 수천 명이 있다고 할지라도 그 엄마는 오로지 자신의 아이를 찾아 그 아이에게서 결코 눈을 떼지 않을 것이다. 하나님께서 광대무변한 삼라만상을 지으셨지만 하나님의 관심사는 그 형상대로 지으심을 받은 우리 인간에 대한 구원에 있다는 것은 명약관화(明若觀火)한 사실이다.

c. 인간 중심설

안형주 목사는 성경이 기록된 이유에 대하여 성경은 인류의 창조 구제(救濟)와 성자 예수님의 은혜를 보여주는 역사라고 말한다. 성경은 인류를 떠나 천지를 논하시지 않았다. 우주의 중심이 지구라고 한다면 지구의 중심은 당연히 인류이다. 인류는 하나님의 중심 사업 중 가장 중요한 핵심이 된다고 말할 수 있다. 인간은 천지의 크기에 비하여 실로 창해의 한 조약돌에 불과하며 또 진화론자들이 말하는 대로 한다면 일종의 원숭이의 진화에도 미치지 못하는 점도 있을 것이다. 그렇다면 이같이 미미한 인간들이 하나님의 창조의 중심이 되었다 할 것인가? 거기에는 그럴만한 충분한 이유가 있을 것이다.

인간은 하나님의 형상대로 조성되었고, 인간은 하나님의 자녀로 삼기 원하셔서 하나님은 한 사람의 영혼을 온 천하보다 귀히 여기시는 것이며, 인간들은 하나님을 대신하여 지상의 만물을 다스리는 점에 있어 인간은 하나님의 대리적 존재라 할 수 있다. 인간은 그 주어진 자유의지로서 하나님을

---

620 安衡柱, 『創世記講解』, 41.

충실히 봉사하고 그 무궁하신 영광을 높여 찬양하는 존재이게 하신 점에서 인간은 창조의 중심이 된다고 아니 할 수 없다. 전 피조물은 모두 직간접으로 인간을 위하여 존재한다는 것을 오늘에 와서 어느 누가 부인할 것인가. 성경은 인간의 편의를 이같이 절대적으로 제공하고 계신 것이다. 이 사상은 인간으로 하여금 무한 상승케 하여 하나님의 보좌 앞에까지 도달하게 하는 원동력이 된 것을 신자로서 깨달을 것이다.[621]

C. 창조에 관한 성경의 기사

1. 각 날의 사역

첫째 날: 빛이 창조되었고, 빛과 어둠이 분리되어 주야가 구성되었다.

둘째 날: 위의 물과 아래의 물로 나누어 궁창이 창조되었다. 위의 물은 구름을 의미한다.

셋째 날: 바다와 마른 땅이 분리되었고, 초목들의 식물계가 확립되었다.

넷째 날: 일월성신이 창조되었다.

다섯째 날: 새와 물고기가 창조되었다.

여섯째 날: 동물과 사람이 창조되었다.

일곱째 날: 안식하셨다.

땅의 첫날에 창조하신 하나님이 땅을 정비하시는 데는 6일이 걸렸다고 하는 것은 좀 이상하게 들릴 수 있다. 그러나 땅위와 둘레의 사물들을 정비하시는 데는 하나님이 시간 간격에 따라 일하시기 때문이다. 땅을 정비하셔서 사람이 살만한 환경을 만드시는데 피조물의 성질과 성장과정을 다 고

---

[621] 安德社, 『創世記講解』, 41-2.

려하여 하루씩 정비작업을 하신 것이다. 첫 창조 후 빛으로 시간의 경과를 거쳐서 사물들이 완비하게 하셨다. 창조주는 먼저 빛으로 시간의 진행을 제정하셨다. 그래서 하나님은 빛이 있으라고 명하셨다(창 1:3). 창조주가 빛을 창조하시니 사물들이 선 자리 때문에 빛과 그림자가 나왔다. 빛이 비치는 쪽이 밝고 빛이 가려진 쪽이 어두움이 되었다(창 1:4-5). 빛이 비치므로 어둠에 쌓여 있던 창조된 사물들이 그 모습을 드러냈다(창 1:2, 4-5). 어두움에 묻혀 있을 때에는 도저히 사물들을 헤아릴 수 없었는데 빛이 비치므로 사물들의 모양과 성질이 드러났다.[622]

하나님은 땅을 물로 덮으심으로 어둠뿐이게 하셨다. 그러다가 빛이 비치도록 하시므로 사물들이 그 모습을 드러내고 성질을 보여주었다. 빛이 별들을 움직이게 하므로 시간이 시작되고 운동이 이루어졌다. 하나님은 빛으로 별들을 움직이시고 별들의 움직임에서 시간 과정이 일어나게 하셨다. 빛이 나타나 시간 과정을 시작하므로 사물의 활동이 시작되었다. 그래서 빛과 어두움으로 사물의 활동의 시작에 하루를 배정하셨다.[623]

2. 창조의 순서(1장과 2장의 차이)

창세기 1장에서는 모든 것이 만들어진 후에 아담과 하와가 하나님의 형상대로 지음을 받았다고 하고 2장에서는 사람이 맨 먼저 지음을 받고 다른 모든 것을 만든 다음, 아담의 갈빗대를 뽑아서 하와를 만들었다고 한다.

창조의 방법에 있어서 1장에서는 모든 것을 말씀으로 만들었다고 하는데, 2장에서는 흙으로 빚어서 만들었다고 한다. 이것을 무에서의 창조 교리에 모순된다고 일부에서 지적을 한다. 창조 전의 존재에 대하여 1장에서는 창조 전에 혼돈과 공허와 흑암과 물이 있다고 하지만 그것이 창조의 자료

---

[622] Cf. Berkhof, 『조직신학』, 358-70.
[623] 서철원, 『서철원박사 교의신학-하나님론』, 303-04.

로 사용되지 않았다. 2장에서는 이미 안개와 땅이 있었고 이 땅에서 흙을 취하여 모든 짐승을 만드는 자료로 삼았다고 한다. 창조의 기한에 있어서 1장에서는 6일 동안 지으신 내용을 차례대로 세밀히 기록하고 있으나 2장에서는 6일에 창조 작업을 끝냈다고 말한다. 창조의 종류에 있어서 1장에서는 세밀한 내용을 가지고 있으나, 2장에서는 그렇지 않고 강을 만드셨다는 것까지 첨부되었다.[624]

이러한 이유로 문서설[625]에서는 1장은 엘로힘 문서에 근거했고, 2장은 야웨 문서에 따랐다고 하는 것으로 문서설에 의한 상이한 두 창조기사로 인정하려고 한다. 그러나 제2장은 사람의 역사를 말하면서 그것에 맞도록 자료를 정리하되 연대적 순서를 따른 것이 아니다. 1장과 2장의 두 창조기사는 모순된다고 하기 보다는 서로 보충적인 성격이 있다. 1장은 사람의 창조를 창조사역의 절정으로 묘사했고, 2장은 사람의 창조를 인간 역사의 시작으로 묘사하면서 더 세밀히 취급했다고 보는 것이 옳다고 이근삼 교수는 스트롱(Strong)의 조직신학을 인용하여 주장하고 있다(Strong, Systematic Theology, Ⅱ, 394).

6일 창조에 있어서 처음 3일과 다음의 3일은 상응하는 것이 있다. 첫째 날의 빛의 창조와 넷째 날의 빛의 소지자가 상응되고, 둘째 날의 궁창의 창조는 다섯째 날의 공중의 새와 물고기로 상응되고, 셋째 날의 육지와 식물 준비는 여섯째 날의 짐승과 인류의 창조로 대응시켰다. 위와 같은 창조의 배열은 처음 3일과 다음의 3일의 창조는 미리 준비된 것에 채우는 일이라고 볼 수 있다.[626] 창 2장은 사람의 창조에 대한 역사적 서술을 시작하여 1장에서 언급된 것의 많은 부분을 반복하되 연대기적 고찰 없이 저자의 목적에 필

---

[624] 이근삼 전집 편찬위원회 엮음, 『개혁주의 조직신학 개요 Ⅰ』, 248-49.

[625] 문서설(documentary hypothesis, DH) 또는 벨하우젠의 문서가설은 모세 5경이 4가지 문서의 형태로 독립적이고 유사하면서 완전히 갖추어진 형태의 서술로 되어있고, 그것들이 일련의 편집자들에 의해 현재의 모습으로 조합되었다고 가정하여 주장하는 이론이다. 이 편집형태는 주로 4가지로 인식되는데, 이것이 문서설의 주요부분인 것은 아니다. 문서설의 약점을 보완하기 위하여 양식비평 이론이 탄생했다.

[626] 이근삼 전집 편찬위원회 엮음, 『개혁주의 조직신학 개요 Ⅰ』, 249.

요한대로 그 자료를 배열한 것이라고 봄이 타당하다.

성경은 인간 창조에 대해 이중적으로 서술한다. 하나는 창 1:26-27이고 다른 하나는 창 2:7, 21-23이다. 창 1장의 기록은 만물의 창조를 그 일어난 순서대로 기술한 것이고, 창 2장의 기록은 피조물과 인간의 관계를 다루고, 연대기적 순서에 따른 것이 아니다. 즉, 이는 인간 창조를 중심 주제로 하여, 창 1장의 기록을 보충하여 사람 창조 이후의 상태를 더 상세히 묘사하고 있는 것이다.

3. 날의 길이에 관한 견해

날의 길이와 관련해서 이 하루가 문자적인 24시간을 나타낸다는 견해와 오랜 세월의 시대를 나타낸다는 견해가 있다. 이 이론은 물론 어거스틴에 의해서도 조심스럽게 제안되기는 했지만, 소위 과학이 말하는 지질학적 연대와 성경의 기록을 조화시키기 위한 시도에서 유래하게 되었다. 19세기 이전까지 창조의 날들은 문자적인 날들로 간주되었다. '날-시대 이론'을 주장하는 주요 근거는 히브리어 '욤'이 항상 24시간의 날을 지시하는 것은 아니라는 사실에 있다. 이는 문자적인 24시간 보다 더 긴 시간을 가리키기도 한다(창 1:5; 2:4; 시 20:1; 욥 20:28; 고후 6:2 참고).[627]

그러나 창조의 6일은 문자적인 날, 즉 24시간으로 해석하는 것이 다음과 같은 이유로 더 옹호된다.

a. '욤'은 주된 의미에서 자연적인 날을 나타낸다. 즉, 문맥상 필요치 않다면 단어의 일차적인 원칙에 따라 해석해야 한다.

b. "저녁이 되고 아침이 되니"라는 반복적인 말은 문자적으로 이 단어를 해석할 것을 요구한다.

---

[627] Cf. Berkhof, 『조직신학』, 358-70.

c. 출 20:9-11의 안식일 명령은 여호와께서 6일 동안 천지를 지으셨고, 제 7일에 안식하심에 따른 것이다.

　　d. 마지막 3일간은 분명히 보통의 날들이었는데, 왜냐하면 태양에 따른 일상적 날들이었기 때문이다.

4. 창조에 대한 여러 가지 해석

　　a. 관념적 혹은 풍유적 해석

　　이는 창세기 1장을 시적 표현으로 이해하여 관념적이나 풍유적으로 이를 해석하려는 것이다. 그러나 (1) 이는 역사 기록으로 의도되었고, 성경도 그렇게 간주하고 있으며(출 20:11; 느 9:6; 시 33:6, 9; 145:2-6), (2) 시로 보기에는 시적 요소가 결핍되어 있고, (3) 그 계승되는 역사와의 조화로 볼 때, 역사적인 것으로 보는 것이 가장 자연스럽다.

　　b. 근대 철학의 신화론

　　근대 철학은 앞의 입장 보다 더 나아가 창조 기록의 역사성 뿐 아니라 창조 관념까지도 부정한다. 그래서 이 내용은 단지 종교적 교훈을 담고 있는 신화로 여긴다. 이는 위에서 언급된 내용들에 의해서도 충분히 반박된다.

　　c. 회복론(the resitution theory)

　　회복설도 18세기에 등장했다. 이 이론은 창세기 1장 1절과 2절 사이에 유구한 시간이 경과되었다고 상정하고, 그 기간에 몇 번의 격변이 있어서 "땅이 혼돈하고 공허하며"라고 묘사되는 파멸로 이어졌고, 하나님의 6일 창조는 이 파멸된 세상에 대한 회복 사역이라는 주장이다. 이로써 창조 이야기와 지구 연구에 관한 과학적 발견을 조화시키려는 것이다. 하지만 이 이론은 (1) "혼돈하고 공허하며"를 "혼돈하고 공허하게 되었으며"라고 읽어야 하고, (2) 성경은 하나님이 천지 만물을 6일간에 창조하셨다고 말한다(창 2:1; 출 20:11).

이런 주장에 대해 북미의 많은 사람들이 이 이론을 지지했다. 『스코필드 관주성경』은 창세기 1:2에 대한 해설에서 이사야서(24:1, 14:9-14)를 언급하고 하나님의 심판의 결과로 무시무시한 변화가 일어났다고 주장한다. 하지만 창세기 1:2과 이사야서의 해당 구절들에서 이 견해를 입증해 주는 증거는 전혀 없다. 따라서 이것은 순전히 사변적인 이론에 지나지 않는다.[628]

d. 조화론

조화설은 성경의 요소들과 과학적 사실, 그리고 창세기 1장에서 언급되는 "날들"을 오랫동안 지속되는 시대로 해석하고 성경의 요소들과 과학적 사실을 가능한 한 최대한으로 조화하려는 시도들이 있었다는 것은 충분히 이해할 만하다.

또한 아주 오랜 지질학적 시대를 시간적 순서로 엿새로 국한해서 성경에 나오는 엿새 동안의 창조와 지질학적 시대를 맞추려는 시도들이 있었다(G. Cuvier; J. F. Bettex). 조화설의 또 다른 형태는 시기 단절설(interperiodistic theory)이다.

하지만 이와 같은 방법으로는 성경과 과학적인 견해들을 결코 서로 조화할 수 없다고 판명되었다. 따라서 조화설은 이전에 누렸던 영향력을 상실했다. 그리고 성경해석학적인 관점에서 판단할 때, 창세기 1장에서 언급되는 날들이 빛과 어둠이 바뀌는 것에 의해서 결정된다는 견해는 몇 가지 진지한 반대에 직면했다.[629]

이는 창조의 날들을 수천 년의 기간들로 가정하여 성경과 과학의 조화를 추구하는 이론이다. 이는 성경 해석의 원칙에 따라서도 받아들이기 어려울

---

[628] Genderen&Velema, 453-54.
[629] Genderen&Velema, 453.

뿐만 아니라, 지구 연대에 대한 지질학적 주장 자체도 신빙성이 떨어지는 것으로서 성경 해석을 이에 맞추는 것은 정당하지도 건전하지도 않다 하겠다.

5. 창조론과 진화론

"태초에 하나님이 천지를 창조하시니라"(창 1:1)와 "하나님이 자기 형상 곧 하나님의 형상대로 사람을 창조하시되 남자와 여자를 창조하시고"(창 1:27)라는 이 두 말씀은 세상의 기원과 인류 역사의 시작에 대한 질문과 관련한 대답이라고 볼 수 있다. 흔히 말해 이것을 창조론이라고 한다. 그러나 성경과 기독교 신앙 이외에서도 사람들은 세상과 생명의 기원이 무엇인가와 인간이 존재하게 된 근거가 무엇인지에 대한 숙고함이 있어 왔다. 아마도 이런 질문과 관련해서 세상 사람들이 가장 중요하게 생각하는 이론은 진화론이라고 할 수 있을 것이다.

a. 자연 진화론과 창조론

진화론은 물질이 이미 있다고 보고 그것이 진화한다고 하므로 이것은 물질의 영원성을 믿고 생명의 기원이 자연발생적이라고 한다. 그러나 우주는 영원한 것이 아니며 자연발생의 관념도 증명되지 못한 하나의 가설에 지나지 않는다.[630]

자연 진화론은 (1) 창조론을 대신할 수도 없다. 왜냐하면 진화는 발전이고, 발전이란 기존의 존재를 전제함으로 진화론은 창조론을 대신할 수 없다. 비존재는 존재로 진화될 수 없다. (2) 또 진화론은 창조 이야기와 조화되지도 않는데, 그 기간이나 방식, 기원에 있어서 전혀 다르므로 진화론과 창조론은 조화되지 않는다. (3) 뿐만 아니라 진화론은 그 자체로 잘 확립된 것이 아니다. 진화론은 그 설명의 한계 때문에, 계속 설명 방식을 바꾸고 있

---

[630] 이근삼 전집 편찬위원회 엮음, 『개혁주의 조직신학 개요 I』, 247.

고, 가설에만 의존할 뿐 그 주장에 대한 증거를 가지지 않는다.[631]

b. 유신 진화론과 창조론

어떤 기독교 과학자들과 신학자들은 창조적 진화론이라고 불리는 유신 진화론을 수용한다. 여기서 하나님은 모든 발전의 과정 배후에 계신 전능한 일꾼으로 여겨진다. 이는 자연 발전 과정에 의해 하나님께서 우주를 창조하셨다고 주장한다. 우주의 절대적 시작에서는 하나님의 직접적인 창조 활동을 인정하지만, 그 이후에는 전적으로 자연의 과정을 통해서 하나님께서 창조하셨다고 여긴다. 어떤 이들에게 매력적으로 보이는 이 혼합된 견해는 결국 성경의 기독교를 파괴하는 것으로 결과한다. 이는 그 시작이 과학의 눈으로 성경을 해석해야 한다는 전제를 지니고 있으며, 성경적 의미의 타락을 부정하고, 그 결과로 성경적 의미의 구속도 부정하게 되며, 결국 성경적 의미의 완성된 세상 또한 부정하게 된다.[632]

헤르만 바빙크는 위에서 언급한 주장들에 대해 다음과 같은 평가를 내리고 있다. 첫째, 지금까지 유전설은 생명의 기원에 대해 납득할만한 설명을 전혀 제시하지 못한다고 입증되었다. 둘째, 다윈주의는 유기체(organic entites)의 발전과정에 대해 설명해주지 못한다고 입증되었다. 어떤 종(species)에서 다른 종으로 전이된 형태들은 발견되지 않았다. 또한 중간적인 형태들도 결코 발견되지 않았다. 셋째, 인간의 기원은 인간이 스스로 풀 수 없는 문제다. 넷째, 다윈주의는 심리적, 영적인 측면과 관련해서 인간이 지니고 있는 특성을 설명해 주지 못한다.[633]

---

[631] Cf. Berkhof, 『조직신학』, 358-59.
[632] Cf. Berkhof, 『조직신학』, 359-60.
[633] H. Bavinck, R.d., 2:514-20.

섭리(Providence)

섭리(攝理)는 창조 이후에 이어지는 하나님의 사역이다. 하나님은 우주 만물을 창조하시고 운행하신다. 피조물은 다 하나님의 손에서 유래되었다. 그러므로 스스로 존재할 수 없고 홀로 설 수 없다. 섭리는 처음 창조와 직접 연결되어 있다. 하나님은 창조 직후부터 만물을 운행하시고 또 그것들을 붙드신다. 그래서 섭리를 계속적인 창조 혹은 계속된 창조라고 이름 하였다. 그러나 섭리는 창조와 엄연히 구분되고 분리된다. 창조주는 창조를 붙드시지만 새로운 종(species nova)이나 새로운 존재물들을 창조하시는 것이 아니다. 그러므로 계속적 창조라기보다 섭리라고 해야 한다.[634]

예전에는 섭리론이 자명하고 분명한 것처럼 여겨졌다. 하지만 무신론과 진화론 사상의 등장과 발전으로 이에 대한 많은 도전과 반대가 일어나게 되었다. 하지만 하나님을 믿는 신앙은 하나님이 세상을 보존하시고 통치하신다는 신앙고백을 포함해야만 한다.

A. 섭리란 무엇인가?

"섭리"(providentia)라는 라틴어 명사는 "미리 보다"(provideo)라는 동사에서 파생된 것으로서 무엇을 미리 보거나 미리 준비하는 것을 의미한다. 하지만 하나님의 섭리는 시간적으로 앞서서 무슨 일이 일어나는 것을 미리

---

[634] 서철원, 『서철원박사 교의신학-하나님론』, 344.

내다보는 것을 의미하지 않는다. 오히려 그것은 하나님이 모든 것을 공급하신다는 것을 의미한다. 635

하나님이 세계를 창조하신 후에, 세상에 대해서 가지시는 관계를 섭리라는 말로 표현할 수 있다. 하나님은 세계를 섭리하신다. 섭리는 하나님의 작정을 실현하는 두 가지 요소 중에 하나이다(다른 하나는 창조이다). 벌코프는636 섭리를 창조주께서 모든 그의 피조물을 보존하시고, 세계에서 일어나는 모든 일에서 활동하시며, 만물을 그들의 지정된 목적으로 인도하시는 신적 에너지의 지속적인 실행이라고 정의한다.

섭리는 두 가지 측면을 가지고 있는 것으로 생각될 수 있다. 한 가지 측면은 하나님께서 그의 창조를 존재하도록 보존하고, 그것을 붙드시며 유지하는 사역으로서, 이것은 일반적으로 보존, 혹은 유지로 불린다. 다른 측면은 그가 심중에 갖고 계시는 목적들을 성취하시기 위하여 사건들의 과정을 인도하시고 지도하시는 하나님의 활동이다. 이것은 통치나 혹은 타당한 섭리로서 지칭된다. 보존과 통치는 하나님의 뚜렷하게 다른 행동으로서 생각되어서는 안 되며, 그의 단일한 사역의 구별되는 측면으로서 이해되어야 한다. 637

B. 섭리에 대한 성경적 교훈

1. 섭리의 영역들

성경은 다음의 영역에 대한 하나님의 섭리에 대해 가르친다.

– 우주 전체에 대한 섭리: 시 103:19; 단 5:35; 엡 1:11

– 물리적 세계에 대한 섭리: 욥 37:5, 10; 시 104:14; 135:6; 마 5:45

---

635 Genderen&Velema, 478.
636 Cf. Berkhof, 『조직신학』, 373-74.
637 밀라드 J. 에릭슨, 440.

- 동물계에 대한 섭리: 시 104:21, 28; 마 6:26; 10:29
- 국가들에 대한 섭리: 욥 12:23; 시 22:28; 66:7; 행 17:26
- 인간의 출생과 삶의 운명에 대한 섭리: 삼상 16:1; 시 139:16; 사 45:5; 갈 1:15, 16
- 인간의 삶의 외적인 성공과 실패에 대한 섭리: 시 75:6,7; 눅 1:52
- 우연적으로 보이거나 사소한 일에 대한 섭리: 잠 16:33; 마 10:30
- 의인을 보호해 주시는 섭리: 시 4:8; 5:12; 63:8; 121:3; 롬 8:28
- 하나님의 백성의 필요를 채워주시는 섭리: 창 22:8, 14; 신 8:3; 빌 4:19
- 악의 폭로와 형벌에 대한 섭리: 시 7:12, 13; 11:6
- 기도에 응답해 주시는 섭리: 삼상 1:19; 사 20:5, 6; 대하 33:13; 시 65:2; 마 7:7; 눅 18:7, 8

2. 일반 섭리와 특별 섭리

일반적으로 신학자들은 섭리를 일반 섭리와 특별 섭리로 구분하는데,[638] 일반 섭리는 우주 전체에 대한 하나님의 관할을 의미하고(히 11:3; 골 1:16, 17; 느 9:6, 7; 욥 12:7-10; 시 104편; 행 17:24-26; 엡 4:6), 그 각 부분에 대한 섭리를 특별 섭리라고 한다. 어떤 경우에는 좀 더 함축된 의미로 이성적인 피조물들에 대한 섭리를 특별 섭리라고 한다. 그리고 때로는 하나님의 자녀된 이들에 대한 섭리는 "아주 특별한 섭리"(a very special providence, providentia specialissima)라고 하기도 한다. 즉 기도 응답과 환난 중에서 구출하심과 위

---

[638] 서철원 교수도 섭리를 특별섭리와 일반섭리로 나누었다. 일반섭리는 물리적인 피조물을 다스리심으로, 특별섭리는 합리적 피조물을 다스리심으로 이해해 왔다고 보았다(서철원, 『서철원박사 교의신학-하나님론』, 346.).

험한 환경 가운데서 은혜 주시고 도우시는 경우들을 의미한다(창 28:15; 사 40:11; 단 12:1; 고전 10:13; 롬 8:28).[639]

C. 섭리의 요소들

섭리에는 세 가지 요소가 있다. 보존(preservation), 협력(concurrence), 통치(government)가 그것이다. 하지만 이것이 하나의 섭리의 사역이 셋으로 구분된다는 의미는 아니다. 이 세 요소는 서로를 포함한다. 보존과 협력과 통치는 분리된 세 행동이 아니라, 한 섭리의 세 측면이라고 할 수 있다.[640]

1. 보존

창조 후 하나님은 만물을 그의 손으로 붙드신다(히 1:3). 그는 만물이 그 설질과 법칙대로 운행하게 하시고 생명을 주셔서 존재하게 하신다. 그러므로 보존(conservare)보다는 붙드심(tenere)이라고 함이 합당하다. 섭리주가 만물을 붙드심으로 창조된 만물이 무로 돌아가지 않는다.[641]

a. 보존 교리의 성경적 증거

일반 섭리에 대한 많은 구절들 중에 일부만 보자면 다음의 구절들이 있다. 신 33:12, 25-28; 삼상 2:9; 느 9:6; 시 107:9; 127:1; 145:14, 15; 마 10:29; 행 17:28; 골 1:17; 히 1:3. 또 자기 백성들을 보존하시는 섭리, 즉 특별 섭리를 언급하는 구절들은 다음과 같은 구절들이 있다. 창 28:15; 49:24; 출 14:29, 30; 신 1:30, 31; 대하 20:15, 17; 욥 1:10; 36:7; 시

---

[639] Cf. Berkhof, 『조직신학』, 375-77.
[640] Cf. Berkhof, 『조직신학』, 377-84.
[641] 서철원, 『서철원박사 교의신학-하나님론』, 349.

31:20; 32:6; 34:15, 17, 19; 37:15, 17, 19, 20; 91:1, 3, 4, 7, 9, 10, 14; 121:3, 4, 7, 8; 125:1, 2; 사 40:11; 43:2; 63:9; 렘 30:7, 8, 11; 겔 34:11, 12, 15, 16; 단 12:1; 슥 2:5; 눅 21:18; 고전 10:13; 벧전 3:12; 계 3:10.

b. 추론적 증거

보존 교리는 (1) 먼저, 하나님의 주권 교리에서 자연스럽게 추론된다. 하나님의 절대적 주권은 자신이 존재하게 하신 그 피조물의 존재의 유지에 대한 절대 권리를 가지신다고 생각하는 것이 자연스럽다. (2) 또 이는 피조물의 의존적인 성격으로부터도 추론된다. 피조물은 그 고유의 힘에 의해서는 그 존재를 지속할 수 없기에 신적 보존의 역사를 요구한다.

c. 바른 '보존'의 개념

벌코프에 의하면 보존은 하나님이 그가 창조하신 만물들과 더불어 그가 그것들에게 부여하신 특성들과 능력들을 함께 유지하시는 하나님의 계속적인 사역이다. 이 교리는 영적인 것이든 물질적인 것이든 모든 피조 된 실체들이 하나님의 존재와는 구별되면서 동시에 하나님께 의존하는 진정한 존재를 소유하고 있음을 보여준다.

창조주는 창조의 권능의 말씀으로 만물을 붙드셔서(히 1:3) 처음 창조된 대로 유지되고 보존되게 하신다. 시간의 진행에 따라 창조 시 사물들에게 주신 법칙과 성질이 변하지 않게 하신다. 특히 죄가 들어오므로 하나님이 창조 세계에 내린 저주로 인해서(창 3:17) 사물의 법칙과 설질이 변하지 않도록 만물을 붙드신다. 처음 창조 때처럼 지금도 만물이 그 본성과 법칙을 그대로 유지할 수 있는 것은 하나님이 그의 권능의 말씀으로 붙드시기 때문이다.[642]

---

[642] 서철원, 『서철원박사 교의신학-하나님론』, 349.

2. 협력 혹은 동시 발생(concursus, co-operatio)

섭리에 있어서 하나님은 창조물을 그 존재에서만 아니라 그것들의 활동 또는 동작에까지 관여하신다는 것이다. 협력은 하나님의 능력이 모든 주어진 능력들과 합작하여 그것들에게 주어진 법칙들에 의해서 정상적으로 행동하게 하는 것이다. 이근삼 교수는 여기에 포함된 뜻을 다음과 같이 표현하고 있다.[643]

자연 능력은 그것이 받아 가진 능력뿐이므로 스스로 작용하지 못하고 하나님이 직접 역사함이 없이는 창조물의 모든 작용이 되지 않는다. 그러나 하나님이 역사하시는 능력만이 아니고 그 피조물에게 이미 설정해 놓으신 능력과 법칙, 즉 제2원인들도 실재하므로 그것과 협력하여 역사를 이끌어 가신다.

a. 협력 교리의 정의와 설명

협력은 하나님의 능력이 모든 종속적 능력들과 협력하여 이미 정해진 법칙을 따라 그 법칙들이 동작하게 하는 것을 의미한다. 즉, 신적 협력은 피조물들의 동작이 하나님 자신의 능력에 의해 주도된다는 사실을 보여준다. 한편으로 이 교리는 피조물의 작용이 하나님과 관련이 없다는 이신론적인 주장에 반대하며, 다른 한편으로는 제 2원인들의 실제성을 주장함으로써 하나님이 세계에서 활동하는 유일한 행위자라는 범신론적인 주장에 반대한다.[644]

b. 협력 교리의 성경적 증거

성경은 하나님의 섭리가 피조물의 존재뿐만 아니라, 그 행동들이나 작용들에도 관계한다는 사실을 분명히 가르친다. 이 협력의 교리를 가리키는

---

[643] 이근삼 전집 편찬위원회 엮음, 『개혁주의 조직신학 개요 I』, 255.
[644] Cf. Berkhof, 『조직신학』, 377-84.

성경 구절은 다음과 같은 것들이 있다. 창 45:5; 출 4:11, 12; 신 8:18; 수 11:6; 삼하 16:11; 왕상 22:20-23; 잠 21:1; 스 6:22; 사 10:5.

c. 신적 협력의 특징들

① 선재적이고 선결적이다.

하나님의 협력 활동은 피조물의 활동보다 항상 선재적이며 선결적이다. 그러나 이는 시간적인 의미는 아니고 논리적인 의미에서 그렇다. 피조물의 단 하나의 행동도 하나님의 일하심이 없이는 되어 지지 않는다(고전 12:6; 엡 1:11; 신 8:18; 빌 2:13).

② 동시적이다.

하나님의 효과적인 의지가 매순간 피조물의 활동에 수반된다. 이 신적인 활동은 매 순간 인간의 행동과 동반하지만, 그렇다고 결코 인간, 즉 이성적인 피조물의 자유를 빼앗지는 않는다. 행동은 여전히 자유로운 인간의 행위로 남아 있다. 협력은 제 1원인과 제 2원인을 동일한 것으로 만들지 않는다. 인간은 여전히 그 행동의 진정한 주체이다.

d. 신적 협력과 죄

어떤 이들은 이 선재적이고 선결적인 신적 협력이 하나님을 죄의 조성자로 만든다고 주장한다. 그러나 성경은 다음과 같이 말한다. (1) 하나님은 효과적으로 인간이 범죄 하도록 하시지는 않는다(창 45:5; 50:20; 출 14:17; 사 66:4; 롬 9:22; 살후 2:11). (2) 하나님의 죄인의 죄악 된 활동들을 억제하신다(창 3:6; 욥 1:12; 2:6; 시 76:10; 사 10:15; 행 7:51). (3) 하나님은 선을 장려하시고 악을 억누르신다(창 50:20; 시 76:10; 행 3:13). 신적인 협력은 그를 특정한 행동에 대하여 효과가 있도록 하지만, 그 행동에 목적적인 특성을 부여하고 따라서

그 죄악 된 특성에 대하여 책임을 지는 것은 인간이다.[645]

3. 통치

a. 통치 교리의 개념

신적 통치는 하나님께서 자기의 영광을 위하여 만물을 목적하신 바대로 이끄시는 하나님의 지속적인 활동이라고 정의될 수 있다. 여기에 두 가지 특징이 언급될 수 있다. (1) 먼저는 신적 통치는 우주의 왕이신 하나님의 통치라는 사실이다. 성경은 많은 구절에서 하나님의 보편적인 통치를 가르친다(마 11:25; 행 17:24; 딤전 1:17; 6:15; 계 1:6; 19:6). (2) 또 하나는 신적 통치는 피조물들의 본성에 적합한 통치라는 것이다. 하나님은 세계의 질서와 법칙을 제정하셨고, 이 법칙들을 수단으로 하여 우주를 통치하신다.

b. 신적 통치의 범위

신적 통치는 보편적이다(시 22:28, 29; 103:17-19; 단 4:34, 35; 딤전 6:15). 큰 일과 작은 일들(시 126:2, 3; 마 10:29), 통상적인 일과 비상한 일들(시 127:2; 잠 16:33), 사람들의 선행과 악행(빌 2:13; 행 14:16) 등 모든 것이 다 신적 통치 아래에 있으며, 아무것도 여기로부터 벗어날 수 있는 것은 없다.

물론 하나님의 통치 활동은 넓은 범위에서 우리가 보존으로 언급하였던 문제를 포함하고 있다. 그러나 여기에서 강조점은 하나님께서 염두에 두고 계신 목적들을 향하여 실재 전체와 역사의 과정을 좀 더 충분하게 의도적으로 인도하시는 일에 놓여 있다. 이것은 영원 속에서 고안된 그의 계획들을 시간 속에서 실제로 이행하는 일이다.

하나님의 이 통치 활동은 상당히 다양한 분야에 까지 미친다. 하나님

---

[645] Cf. Berkhof, 『조직신학』, 377-84.

은 자연을 다스리시는 분으로 묘사되는데 자연의 요소들은 그의 음성에 순종하는 것처럼 인격화될 정도로 많이 있다. 시편에서 하나님에 대한 찬양은 종종 자연을 지배하시는 그의 능력을 찬양하는 형태를 띠고 있다(시 135:5-7). 예수님도 동일한 신앙을 갖고 계신다(마 5:45). 하나님의 통치는 자연 뿐만 아니라 동물의 창조를 인도하시고 지도하시며, 인간의 역사와 국가들의 운명에도 관계하신다.[646]

E. 비상섭리로서의 "기적"[647]

1. 비상섭리

일반적으로 섭리는 그 섭리의 방식에 따라 통상 섭리(proviedentia ordinaria)와 비상 섭리(providentia extraordinaria)로 구분될 수 있다. 통상 섭리는 자연 법칙들과의 조화 속에서 제 2원인들을 통한 하나님의 활동이라고 한다면, 비상 섭리는 제 2원인들의 중개가 없는 하나님의 활동을 의미한다. 그리고 이를 기적이라고 한다. 즉, 자연을 초월해서 나타나는 하나님의 직접적인 활동이다.

2. 기적의 가능성

어떤 이들은 기적은 자연 법칙을 위반하는 것으로서 불가능하다고 주장한다. 물론 자연에는 획일성이 있다. 하지만 이것은 자연의 자율적인 활동이 아니라, 오히려 하나님의 일반적인 사역 방식을 의미한다. 하나님께서 이것을 벗어나 일하고자 하실 때 그렇게 하실 수 있으며, 그 결과는 초자연적 방식의 특별한 결과들이다. 이는 자연의 법칙을 위반하는 것이 아니라, 그

---

[646] 밀라드 J. 에릭슨, 448-49.
[647] Cf. Berkhof, 『조직신학』, 384-386

법칙을 넘어서시는 것이다.

기적과 자연법의 관계에 관해서는 적어도 세 가지 견해가 존재한다고 밀라드 J. 에릭슨은 소개하고 있다.

a. 기적들은 실제로 거의 알려지지 않았거나 아니면 실제로 알려지지 않은 자연법의 나타남이라는 것이다. 만약 우리가 자연을 충분히 알고 이해하였다면, 이러한 사건들을 이해할 수 있으며, 심지어 예견할 수도 있었을 것이다. 기적을 산출하는 진기한 상황이 특별한 조합을 이루어서 다시 나타날 때마다, 그 기적은 다시 일어날 것이다.[648] 예를 들어 누가복음 5장에 나오는 기적적인 고기잡이와 같은 성경의 예들은 이런 패턴을 적용할 수 있는 것처럼 보인다. 이 견해에 따르면 그리스도는 그때를 위하여 고기를 창조하신 것이 아니며, 여하튼 고기들을 호수에 있는 그들의 서식처로부터 그물이 내려져 있던 곳으로 몰아오시지도 않았다. 오히려, 일반적으로는 기대되지 않았을 어떤 장소에 물고기들이 모이도록 하는 이상한 상황이 내재하고 있었다. 그런 특별한 상황이 내재할 때면 고기는 언제든지 그 장소에 모여 들었을 것이다. 따라서 예수의 기적은 전능의 문제이기보다는 전지의 문제였다. 기적은 고기가 어디에 있는지를 그가 아시는 데서 왔다고 본 것이다.

기적의 다른 유형들도 마찬가지로 본다. 예수의 몇몇 치유 행위들도 상당히 정신 요법적인 치료들이었고, 히스테리성의 증상을 제거하는 강력한 암시의 사례들이었을 것이라는 것이다. 육체적인 징후들을 포함하는 많은 질병들은 그 기원과 성격에 있어서 유기적이기보다는 기능적인 것이기 때문에, 예수는 이러한 치유들을 이루기 위해서 정신요법에 대한 그의 특출한 지식을 단순히 활용하였을 것으로 가정하는 것이 합리적이라고 주장한다. 그러나 예수님께서 행하신 기적에 대한 이런 해석은 상당한 문제점들을 노출하게 되면서 동의할 수 없게 만든다. 예를 들어 나면서부터 소경된 사람에 대한 기적이 정신요법 적으로 치료가 가능한 일이라고 생각

---

[648] Patrick Nowell-smith, "Miracles", in New Essays in Philosophical Theology, ed. Antony Flew and Alasdair Macintyre(New York: Macmillan, 1955), 245-48.

하는가?

　　b. 기적들이 자연의 법칙들을 깨뜨린다는 주장도 있다. 열왕기하 6장에 나오는 물에 빠진 도끼를 떠오르게 한 기적의 경우에 물속에서 중력의 법칙이 정지되었음을 암시한다는 것이다. 도끼가 떠오르게 되기까지 하나님께서 중력의 법칙을 중지시키셨거나, 아니면 도끼나 물의 밀도를 변화시키신 것으로 본 것이다. 이러한 자연법칙의 정지나 파기는 일련의 보상적인 기적들을 요청하는 함의들을 산출한다고 보았다. 또한 여호수아 10장에 나오는 아말렉과의 전투에서 전쟁에서 승리하도록 종일 해가 떠 있게 하는 기사에서 만약 하나님이 실제로 지축 위에서 지구의 회전을 멈추셨다면 그 기사에서는 어떠한 암시도 나타나고 있지 않은 무수한 조정들이 이루어져야 했을 것이다. 이것은 전능하신 하나님께 대해서는 분명히 가능한 일이지만, 천문학의 자료에는 이 일에 대한 어떠한 암시도 나타나지 않는다.649

　　한 가지는 심리학적이고 다른 한 가지는 신학적인 두 가지 다른 문제가 있다. 심리학적으로 기적들이 자연법의 위반이라는 견해에 의해서 자연에 도입된 명백한 무질서는 과학자들이 기적들을 반대하도록 하는 불필요한 편견을 갖게 만든다. 이런 정의는 특별히 기적들을 옹호하는 일을 어렵게 만든다. 사실상 이러한 정의에 입각하여 기적들을 범주적으로 엄격하게 부인하는 사람들이 있다.650 그리고 신학적으로 이 견해는 하나님이 스스로에 대해서 반대적으로 활동하시게 함으로써 자기 모순적인 형태를 소개하고 있는 것으로 보인다고 진단을 하는 것이다.

　　c. 기적들이 일어날 때, 자연적인 힘들이 초자연적인 힘에 의하여 반박된다는 관념이다. 이 견해에서 자연의 법칙들은 정리되지 않는다. 이것들은 계속해서 작용하지만 초자연적인 힘이 도입되어 자연법의 결과를 부인한다. 예를 들어 도끼머리의 사례에서 중력의 법칙은 도끼머리 근처에서 계속해

---

649 Bernard Ramm, *The Christian View of Science and Scripture*(Grand Rapids: Eerdmans, 1954), 156-61. 좀 더 단순한 설명은 굴절작용의 기적이 햇빛의 연장으로 귀결되었다는 것이다.

650 예를 들면 David Hume, *An Enquiry Concerning Human Understanding*, section 10, part Ⅰ.

서 작용하지만 하나님의 보이지 않는 손이 그 밑에 있어서 그것을 갖고 계시다가 마치 인간의 손이 그것을 들어 올리시는 것과 같다는 것이다. 이 견해는 두 번째 견해가 그렇게 하였던 것처럼 기적들을 반자연적인 것으로 간주하지 않고, 진정으로 초자연적인 것 혹은 자연적인 것으로 간주하는 장점을 지니고 있다. 틀림없이 물고기의 사건에서는 고기가 그 곳에 있게 한 물속의 상황이 있었을 수도 있지만 그러한 상황들은 만약 하나님께서 물의 흐름과 온도와 같은 요소들에 영향을 주지 않으셨다면 일어날 수 없었을 것이다. 그리고 때로는 5천명을 먹이셨던 경우에서처럼 역시 창조의 행동들이 있었을 수도 있다.

자연법이 명하는 것과 모순되는 사건들을 만날 때 실제로 어떠한 문제도 없을 것이다. 20세기의 고학은 19세기의 고학이 자연법을 일어난 사건에 대한 단순히 통계학적인 보고 자료들로서 인식하였던 것보다는 더 그럴듯한 것으로 보인다. 수순한 경험적 견지에서 우리는 어떠한 논리적인 근거들도 갖고 있지 않으며, 다만 고한 경험적 견지에서 우리는 어떠한 논리적인 근거들도 갖고 있지 않으며, 다만 과거의 토대 위에서 미래를 예견하기 위한 심리학적인 성향만을 가지고 있다. 자연의 과정이 고정이 되어 있어서 어길 수 없는 것인지, 아니면 성공적으로 반대될 수 있는 것인지는 우리를 형이상학의 영영으로 들어가게 하는 문제이다. 만일 우리가 자연의 체계 바깥에, 실재와 힘이 존재하는 가능성을 열어 놓는다면 기적들은 어떤 가능성이다. 그렇다면 기적들이 일어났는지를 결정하는 일은 역사적인 증거를 조사하는 문제가 된다고 보았다.[651]

3. 기적의 목적

성경에 나타나 있는 기적들은 구속의 준비와 계시의 증명이라는 명확

---

[651] 밀라드 J. 에릭슨, 462-64.

한 목적을 가진다(히 2:3,4; 요 20:30, 31). 세상에 죄가 들어온 후 죄의 파멸의 역사 속에서 재창조의 구속 사역을 이루시는 과정에서 하나님의 초자연적인 개입 여지가 있게 되었다. 즉, 하나님의 기적의 목적과 방향성은 창조 사역을 파괴하는 것이 아니라, 창조 사역을 회복하는 것이다. 그래서 구속의 사역이 폭발적으로 나타나는 특수한 시기에 성경의 기적은 더 집중적으로 나타났다(모세와 여호수아 시기: 출 4:2-9; 11:10; 14:31; 15:25; 신 7:19; 수 3:15, 16; 6:20; 10:12,13, 엘리야와 엘리사 시기: 왕상 17:1, 18-22; 18:38; 왕하 2:11,21; 4:7, 그리스도의 시대: 요 20:30, 31; 사도 시대: 행 2:43; 4:22,30; 5:12; 6:8; 13:3).

오늘날에는 어떤 기적이 일어난다고 했을 때 대부분은 기적의 통로가 되는 인간 행위자에게 모든 초점이 모아지고 그 인간에게 영광이 돌려지는 일들이 다반사로 있지만 사실 기적의 분명한 목적은 바로 하나님을 영화롭게 하는 일임을 절대 잊지 말아야 할 것이다. 복음서에서나 사도행전 등에 나타나는 기적의 이면에는 반드시 하나님께 영광을 돌리고 기적의 원천이신 하나님에 대한 믿음을 갖는 것이 상례였다. 성경시대에 나타난 기적의 또 다른 목적은 계시의 초자연적인 기초를 확립하는 것이었다. '세메이아'($\sigma\eta\mu\varepsilon\tilde{\iota}\alpha$)라는 그리스어가 신약 성경에서 종종 기적들에 대한 표현으로서 나타나는 것이 바로 이런 차원을 강조한다. 그리고 이 시점에서 우리는 기적에 대한 분명한 개념을 정리할 필요가 있다. 기적의 주인공 되신 예수님께서는 자신을 드러내거나 과시하기 위한 수단으로 이런 것들을 이용하신 일이 없으시다. 더군다나 사람들을 모으기 위해서라거나 돈을 벌기 위한 이기적인 수단으로 이런 일을 행하신 적이 단 한 번도 없으심을 명심하야 한다. 다만 예수님은 그들의 배고픔과 질병에서 야기되는 처절한 고통으로부터 그들을 구출해 내기 위해서 비상수단을 사용하셨다는 점도 간과해서는 안 될 것이다.

4. 교회 시대의 기적들

그렇다면 계시가 완성된 시대에도 기적이 나타나는가 하는 물음이 던져질 수 있다. 자유로우신 하나님은 언제라도 자연의 법칙들을 넘어서시는 활동을 하실 수 있으시다. 하나님은 자유롭게 그 일을 하시며, 또한 기도의 응답으로 특별한 초자연적인 일들을 이루실 수 있다. 이런 이적들은 사도적 기적(apostolic miracle)과 구별하여 교회 시대 기적(church miracle)이라고 불린다. 현재에도 우리는 주님께서 자신의 백성들에게 특별한 긍휼과 호의를 베푸시기를 소망하고, 그것을 기대하며 기도할 수 있다.652

F. 섭리를 부정하는 견해들

섭리를 부정하는 대표적인 견해는 범신론(pantheism)과 이신론(deism)이다. 범신론은 하나님과 세계를 동일시하는 방식으로 섭리를 부정하고, 이신론은 하나님과 세상을 분리시킴으로서 섭리를 부정한다. 범신론은 유물론적 경향을 지니는데, 결국 모든 것은 더 높은 힘이나 자연의 과정에 의해 결정되는 것으로 여겨진다. 이신론 또한 자연에 개입하시는 하나님의 손길을 거부함으로써, 실질적으로는 섭리에 대한 이해에서 무신론과 별반 다르지 않다. 결국 하나님의 섭리를 부정하는 이론들은 운명이나 숙명에 그 자리를 내어주게 된다.653

---

652 Cf. 김달생,『바른신학』, 381-82.
653 Genderen&Velema,『개혁교회교의학』, 487.

安衡柱 牧師의
개혁주의 조직신학 강설

인간론

제1부
"원상태의 인간"

인간론에 대한 정의를 서철원 교수는 다음과 같이 내리고 있다. 인간론은 하나님이 자기의 창조 경륜을 이루시기 위해 사람을 하나님의 형상으로 창조하시고 남자와 여자로 지으셔서 언약을 체결하여 창조주만을 하나님으로 섬기는 언약백성으로 삼으신 것과 반역한 백성을 그리스도의 피로 다시 돌이키시는 사역의 준비과정을 다루는 신학이다.[654]

---

[654] 서철원, 『서철원박사 교의신학 - 인간론』, (서울: 쿰란출판사, 2018), 28.

I 인간의 기원

A. 교의학에서 인간론이 차지하는 위치

인간론은 신학에 속하고 신론은 자연스럽게 인간론으로 이어진다. 그냥 인간론이 아니라 성경적 인간론 혹은 신학적 인간론이 신학의 한 부분이 된다. 하나님은 창조경륜을 이루시기 위하여 사람을 자기의 형상으로 창조하시고 언약을 체결하여 자기의 백성으로 삼으셨기 때문이다.[655] 그러므로 인간은 창조의 절정으로 모든 피조물들의 면류관일 뿐 아니라 하나님께서 특별히 관심하시는 대상이다. 또한 성경 계시는 인간 구원 계시이므로 신론에 이어 인간론을 보는 것은 매우 자연스럽다. 신학적 인간학의 유일한 자료는 성경이다. 이는 우리가 가장 먼저 인간을 하나님의 피조물로 말해야 하고, 더 특별하게는 인간을 하나님의 형상으로 말해야 한다는 것을 의미한다.[656]

B. 인류의 기원에 대한 성경의 기사

"인간이 무엇인가?"는 인간의 가장 중요한 질문 중 하나이다. 이에 대하여 관념론적(idealistic) 인간론에서는 인간은 근본적으로 정신이라고 하고 물질적 육체는 인간의 근본적 본성은 아니라고 한다. 물질론적(materialistic) 인간론에서는 인간은 오직 물질적 요소들로 구성되어 있어서 정신적, 감정

---

[655] 서철원, 『서철원박사 교의신학-인간론』, 33.
[656] Cf. Berkhof, 『조직신학』, 391.

적, 영적인 면은 물질적 구성의 부산물들이라고 한다. 칼 막스는 "역사는 물질적으로 결정된다."고 보고 있는데 그 이유는 사실상 인간 본성을 물질적 자연주의로 보았기 때문이다. 그에 의하면 인간은 단순히 자연의 산물에 지나지 않는다. 하나님에 대한 인간의 도덕적 책임이란 생각할 수 없고 인간은 사회구조의 한 부분뿐이다. 개인은 자기가 행한 악에 대하여 일차적 책임이 있다. 그 대신 사회가 지게 된다. 그러므로 인간은 인격적 개인으로서는 중요성을 갖지 못한다. 그들의 목표는 개인 구원이 아니고 완전한 사회의 미래적 성취에 있다. 그 사회에는 빈부의 계층간 갈등이 해소되고 지상낙원이 온다고 주장한다. 이것을 달성하기 위해서는 폭력을 수반하는 혁명적 행동이 필요할 수도 있다고 말한다.[657]

이것이 공산주의가 지향하는 지상낙원에 대한 그들의 희망사항이기도 했지만 공산주의는 이미 이 땅에서 자취를 감추고 있고, 현존하는 공산주의 국가들 역시 상당수가 자본주의화 되어있으며 개인의, 개인에 의한, 개인을 위한 1인 지배체제의 통치의 악순환이 계속 이어지고 있을 따름이다. 개인의 인격권과 창의성은 철저히 무시되고 오로지 1인을 위한 우상숭배와 그 체제 유지에 사활을 건 베팅이 있을 뿐이다.

C. 인류 창조에 있어서 중요한 요점들

1. 인간 창조는 하나님의 거룩한 의논이 선행되었다.

창조주는 말씀으로만 만물을 창조하셨다. 그의 경륜에서 만물 창조를 다 작정하셨으므로 명령만 하시면 만물이 나타났다. 그러므로 만물 창조에 있어서는 의논하실 필요가 없었다. 명령하기만 하면 만물이 무에서 나타나기 때문이다. 그러나 만물의 마지막 창조 단계에서 특별한 조물인 사람을 지

---

[657] 이근삼 전집 편찬위원회 엮음, 『개혁주의 조직신학 개요 I』, 260-61.

으시려고 새로운 창조방식을 도입하셨다.[658]

성경은 다른 피조물들의 창조에서와는 달리 인간 창조에 앞서 하나님의 거룩한 의논이 있었음을 말한다(창 1:26). 인간의 창조 이전의 구절들에서 하나님께서 다른 그 무엇을 창조하시기 이전에 이렇게 하셨다는 표현을 발견할 수 없다. 이것은 인간 창조가 단지 그 결과에서 뿐만 아니라 그 시작에서부터 매우 독특하고 특별했음을 보여준다.[659]

그 이유에 대해서 서철원 교수는[660] 그 조물은 하나님과 유사하여 하나님을 반사하는 특별한 조물이 되어 하나님을 섬길 백성이 될 것이므로 성부의 단독 사역이 아니라 삼위 하나님의 공동사역으로 상호 의논하신 것으로 본 것이다. 하나님이 인격이시므로 그 피조물도 인격적 존재로 만드신 것이다.

유대인 랍비들은 창세기 1:26의 "우리가 우리의 형상을 따라 사람을 만들고"라는 말씀에서 "우리"를 삼위일체 하나님으로 보지 않고 천사로 보았으나 이러한 해석은 성경과 완전 배치되는 것으로서 사람은 천사의 형상대로 지음 받은 것이 아니고 하나님의 형상대로 지음 받았기 때문에 의논의 대상이 천사가 아니고 삼위 하나님이심이 자명한 것이다.

2. 인간 창조는 하나님의 직접적인 사역이었다.

성경은 하나님께서 인간을 창조하시는데 있어서 다른 피조물의 창조와 달리 더 특별하고 직접적인 방식으로 하셨다고 말한다. 하나님은 친히 흙으로 사람을 만드시고, 그 코에 생기를 불어 넣으셨고(창 2:7), 여자의 경우는 남자의 갈비뼈를 사용하셔서 만드셨다.[661]

---

[658] 서철원, 『서철원박사 교의신학-인간론』, 40.
[659] Cf. Berkhof, 『조직신학』, 392-93.
[660] 서철원, 『서철원박사 교의신학-인간론』, 40-41.
[661] Cf. Berkhof, 『조직신학』, 392-93.

3. 인간은 다른 피조물들과는 달리 하나님의 형상을 따라 창조되었다.

모든 피조물들은 하나님의 작정과 계획에 의해 창조되었으므로 다 하나님의 지식과 지혜의 결정체이다. 하지만 인간에 대해서만큼은 하나님과 유사하여 하나님을 섬기면서 하나님께 물어보고 의논할 수 있는 인격적인 존재로 지음 받아야 했다. 인격적 존재 간에만 섬김과 교제가 가능하기 때문이다. 창조주께서 사람을 인격체로 창조하신 근본 뜻은 그 사람으로 창조주 하나님을 전심으로 섬길 백성으로 삼으려고 하심이었다. 또한 하나님을 모방하고 하나님의 창조와 그의 사역을 반복하는 존재가 되게 하시므로 하나님의 형상이 되게 하셨다. 이 형상은 바로 하나님의 인격을 표시하는 것이다.[662]

물고기, 새, 짐승은 그 종류대로, 즉 종 특유의 고유한 특성에 따라 창조되었다. 하지만 인간은 다른 피조물들과는 달리 하나님의 형상으로 창조되었으니(창 1:26, 27) 이는 인간이 얼마나 독특하고 탁월한 존재로 지음을 받았는지를 보여주는 것이다.

4. 인간은 두 요소 즉, 영혼과 몸으로 구성되었다.

사람의 인격에는 육체가 필수적으로 귀속한다. 영혼 없는 육체는 사람이 아니고 육체 없는 영혼만도 바른 인격이 아니다. 그러므로 사람은 부활 때에 영혼과 육체가 합쳐져서 온전한 사람이 된다. 죽음에서 영혼과 육체가 서로 분리되지만 생존기간에는 둘이 연합해서만 한 인격체가 된다.

창 2:7은 인간의 몸의 기원과 영혼의 기원에 대해서 선명하게 구분하여 알려준다. 몸은 흙으로 형성되었고, 영혼은 여호와께서 불어 넣으신 생기로 말미암았다. 인간이 몸과 영혼으로 구성된 것은 성경의 여러 본문에 의

---

[662] 서철원, 『서철원박사 교의신학-인간론』, 41.

해 지지 받는다(전 12:7; 마 10:28; 눅 8:55; 고후 5:1-8; 빌 1:22-24; 히 12:9).663

육체는 영혼과 연합되었으므로 영혼의 불사(immortalitas)와 영생(vita aeterna)에 동참하도록 정해졌다. 육체는 물질로 창조되었으므로 그 자체로 불사일 수 없지만, 영혼의 발현기관이므로 영생에 동참하도록 창조주가 정하셨다. 이것은 특별히 그리스도의 구속으로 이루어질 은혜이다.664

5. 인간은 다른 모든 피조물보다 우월한 지위를 얻었다.

하나님은 인간을 지으시고 인간에게 복을 선언하셨고 또 물질세계의 모든 피조물을 다스리라는 명령을 주셨다(창 1:28). 인간은 이 피조 세계의 왕으로 등극했고, 그들에 대한 권세를 부여 받은 것이다.

D. 인간의 기원에 관한 진화론의 견해665

1. 진화론의 주장

자연주의적 진화론은 인간이 완전히 자연적인 과정을 통해서 하등 동물들로부터의 진화를 통해 존재하게 되었다고 주장한다. 진화론의 가장 주도적인 특징은 동물 세계와 인간과의 연속성을 철저하게 강조하면서 그 어떤 불연속성도 용납하지 않는 것이다. 유신 진화론자들은 인간의 몸은 진화의 과정을 통해 존재하게 되었고, 하나님이 그의 몸에 이성적인 영혼을 부여해 주셨다고 주장한다.

---

663 Cf. Berkhof, 『조직신학』, 392-93.
664 서철원, 『서철원박사 교의신학-인간론』, 73.
665 Cf. Berkhof, 『조직신학』, 393-98.

2. 진화론에 대한 반론

두 가지 반론이 제시될 수 있는데, 하나는 신학적이고 다른 하나는 과학적인 반론이다.

a. 이에 대한 가장 강력한 반론은 신학적 반론으로, 이는 진화론이 하나님의 말씀이 명확하게 가르치고 있는 것들에 위배된다는 것이다. 성경은 인간의 영혼과 몸이 다 하나님의 직접적이고 특별한 창조 행위에 의해 존재하게 되었다고 가르친다(창 12:7). 따라서 인간 존재는 선재하는 실체의 자연적 발전으로 여겨질 수 없다.

b. 또 진화론은 이를 뒷받침하기 위한 과학적 증거를 가지고 있지 못하다는 사실도 지적되어야 한다. 이들이 제시하는 증거는 변이 또는 적응이라 불리는 소진화(micro evolution)이다. 진화론자들이 제시하는 것은 사실상 새로운 종이라기보다는 같은 종안에서의 변이일 뿐이다.

진화론은 물질 영원설에 기초하였다. 진화론은 모든 생명체들은 그 근원이 같다고 한다. 진화론은 진화하는 물질이 이미 존재하는 것으로 가정하므로, 이미 존재하는 물질의 유래를 설명하기 위해서는 물질 영원설을 지지한다. 그럼에도 불구하고 물질의 기원에 관하여는 함구무언(緘口無言)이다. 진화론은 하나님 없이 존재의 기원을 설명하려고 시도한다. 그들은 비록 미생명체에서 생명체로, 그리고 고등한 생명체로 진화되기에는 수백억 년이 걸렸다고 주장하나, 아무도 그 진화 과정을 관찰하거나 증명하거나 진화 과정의 기간을 단정하는 자가 없다. 많은 동식물들이 그 오랜 세월 동안 존재하고 있으나 그 동식물들이 진화되어 새로운 종류의 생명체로 나타난 예는 없다. 예로부터 식물은 식물이요, 동물은 동물이다. 진화론자들은 어떤 한 존재가 한 종류에서 다른 한 종류로 진화되었다는 여하한 실제적 변화도 보지 못하였으며, 또 증명하지도 못한다. 그 누구도 진화가 어떻게 이루어지는지 알 수가 없다.

진화론은 또한 범신론적이다. 진화론은 처음부터 물질 영원설에 근거하여 그 물질이 생명체로, 생명체가 고등한 생명체로 진화한다고 주장하니 범신론적이라고 할 수 있다. 미생물에서 생명체로, 생명체에서 고등한 생명체로 진화했다면 고등한 생명체는 앞으로 계속 진화하여 완전한 신이 될 것이 아니겠는가, 따라서 진화론에서는 창조주와 피조물의 구별이 없는 것이다. 진화론은 철학적이고 종교적임을 알 수 있다. 그런데 그 철학은 인간의 허황된 상상의 산물이요, 그 진화론이 종교적이라 함은 수많은 사람들, 특히 지식층의 사람들이 진화론이 과학적 사실이 아님에도 마치 진화론을 하나의 신앙처럼 굳건히 신봉하고 있다는 점에서 다분히 종교적이라고 할 수 있는 것이다. 미국의 유명한 지질학자인 라이트(G. F. Wright) 교수는 "진화론은 그 1/10이 그릇된 과학이요, 그 9/10는 그릇된 철학이다."(Alexander Patterson, The Other Side of Evolution)라고 하였다.

진화론은 사람의 탄생을 가장 불충분한 방법으로 기술하고, 사람의 인격을 가장 저하시킨다. 미생물이 사람이 되기까지는 상당한 기간 동안 진화와 변화를 가져 왔을 것이니 그 방법이 얼마나 잔인하며, 사람의 원시 근원은 미생물이었을 것이요, 사람의 전신은 원숭이였을 것이니 사람의 인격권을 얼마나 저하시키는 주장인가, 그러나 성경은 분명히 하나님께서 사람을 흙으로 빚으셔서 창조하셨다고 말씀하심으로 오랫동안 진화를 통해 존재한다는 사실을 조금도 인정하지 않고 있다.

뿐만 아니라 진화론은 무신론적 특징을 가지고 있음을 알 수 있다. 진화론은 사회주의, 공산주의, 무정부주의 그리고 많은 좌경 운동들을 위한 이론적 기초를 제공해 왔다. 막스, 레닌, 스탈린은 열렬한 진화론자들이었고, 헤겔, 니체, 히틀러 등도 그러했다. 무신론, 범신론, 점성술(강신술)은 필연적으로 진화론에 근거를 두고 있으며, 이 외에도 운명론, 실존주의, 행동주의, 프로이드 학설, 기타 부도덕한 심리적 체제들은 진화적 이론에 바탕을 두고 있다.[666]

E. 인간의 기원과 인류의 통일성[667]

성경은 모든 인류가 오직 한 쌍의 부부에게서 유래했다고 가르친다. 이와 같은 인류의 통일성은 인간의 타락과 또 그리스도 안에서의 인류의 구속의 기초로 작용하므로 반드시 고수되어야만 하는 진리다(롬 5:12,19; 고전 15:2,22). 성경뿐만 아니라 여러 학문들도 인류의 통일성을 지지하고 있다. (1) 인류 이동의 역사는 하나의 단일 중심에서 인류가 흩어져 나왔음을 보여주고, (2) 언어 또한 인류가 하나의 기원에서 시작되었음을 보여준다. (3) 심리학은 동서고금을 막론하고 모든 사람은 일반의 심리를 가졌음을 보여주며, (4) 자연과학과 DNA의 증거들은 인류가 한 쌍의 부부로부터 유래했음을 지지한다.

---

[666] 조영엽, 『신론, 인죄론』, 235-39.
[667] Cf. Berkhof, 『조직신학』, 398-99.

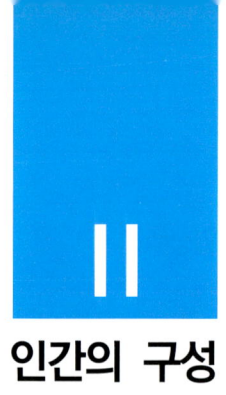

II 인간의 구성

A. 인간의 구성 요소[668]

1. 이분설과 삼분설

　　인간이 세 부분 곧 몸과 혼과 영으로 구성되어 있다고 주장하는 사람들이 있는데 이것을 삼분설(三分說, Trichotomy)이라 한다. 하지만 성경에 지배적으로 나타나는 견해는 인간이 몸과 영혼으로 구성되어 있다는 것인데 이것을 이분설(二分說, Dichotomy)이라 한다. 삼분설의 개념은 헬라철학에서 기원하여 물질세계와 하나님이 상호 관계가 있듯이 사람도 신체와 영이 서로 연관관계를 가진다. 삼분설은 헬라와 알렉산드리아 교회 교부들의 호응을 받았고 중세기에 싱딩한 신뢰를 빚있다. 19세이게 이르러서는 약간의 부흥이 있었다가 근래에 와서는 삼분설 중 혼을 포기한 상태이다.[669]

　　인간의 이원적 구조를 나타내는 최초의 성경 본문은 창세기 2장 7절이다. "여호와 하나님이 흙으로 사람을 지으시고 그 코에 생기를 불어 넣으시니 사람이 생령이 된지라." 여기서 생령이란 '네페쉬 하야'로 '살아있는 혼'을 의미한다. 이 구절은 인간이 두 요소로 구성되어 있음을 가르치면서 동시에 그 유기적 통일성을 강조한다. 이것이 인간 구성에 대한 성경의 사상이다. 삼분론자들은 영과 혼을 구별하여 이를 두 개의 다른 실체로 이해하지

---

668 Cf. Berkhof, 『조직신학』, 401-06.
669 이근삼 전집 편찬위원회 엮음, 『개혁주의 조직신학 개요 I』, 276-77.

만, 성경을 주의 깊게 살펴보면, 이 단어들이 교호(交互, reciprocal)[670]적으로 사용되고 있음을 알 수 있다. 즉, 이 두 단어는 인간의 영적인 요소를 각기 다른 각도에서 지칭하는 용어인 것이다. "영"은 인간 안에 있는 영적 요소로서 몸을 통제하는 생명과 행동의 원리를 가리키는 반면에, "혼"은 인간 안에 있는 행위의 주체를 가리킨다.[671]

2. 몸과 영혼의 관계

몸과 혼의 관계를 여러 가지 방식으로 설명하려 하지만, 그 중심 원리는 여전히 비밀에 싸여 있다. 다음과 같은 이론이 제시되고 있다.

a. **기회원인론(occasionalism)**: 이는 데카르트의 이원론을 기반으로 하는데, 몸과 영혼은 각기 독립된 법칙에 따라 작용함으로 서로 협동 행위의 가능성은 없고, 하나님이 그 사이에 직접 개입하여 다른 한 편에 그에 상응하는 행위를 산출해 내신다는 이론이다.

b. **병행론(parallelism)**: 이 이론도 몸과 영혼의 서로에 대한 독립과 직접적인 교류가 없음을 가정한다. 이는 하나님이 이미 서로 완벽하게 상응하도록 몸과 영혼을 만드셨고, 그래서 이미 사전에 확립되어 있는 원리에 따라 몸과 영혼 안에 운동이 발생한다는 것이다.

c. **실재론적 이원론**: 이는 몸과 영혼이 상호 작용이 가능한 독특한 두 실체라는 주장이다. 몸과 영혼은 서로 연관이 되어 있는데, 그 상호 작용 방식은 여전히 신비로 남아 있다고 한다. 이 견해는 확실히 성경의 관점과 조화를 이룬다.

---

[670] 서로 어긋나게 맞춤
[671] Cf. Berkhof, 『조직신학』, 401-06.

B. 영혼의 기원에 대한 견해들

1. 선재설

영혼선재설에 의하면 하나님께서 이 세상에 태어나는 모든 사람들의 영혼을 영원 세계에서 일시에 창조하신 후, 사람들이 태어날 때마다 새 생명의 초기 발달기 어느 한 시점에서 영혼을 육체 안에 넣어 준다는 것이다.[672]

오리겐, 스코투스 에리게나, 율리우스 뮐러와 같은 학자들이 이 이론을 주장했다. 이 이론은 인간의 영혼이 몸과 함께 하기 이전에 현재 상태와는 다른 일종의 전 상태로 존재하고 있었다는 이론이다. 하지만 이 이론은 (1) 성경적, 철학적 근거가 없고, (2) 이런 이론 속에서 몸은 단지 우연의 산물로 전락해 버리며, (3) 인류의 통일성을 파괴하고, (4) 인간 의식의 지지를 받지 못한다는 이유로 반대된다.[673]

영혼선재설을 주장하는 이들은[674] 영혼은 인간 몸 안으로 들어오기 전 천계(天界, heavenly world)에서 하나의 순수한 형태, 또는 관념으로 존재하였다고 보고 있다. 그러므로 영혼은 창조되지 않은 불멸의 존재이다. 몸은 영혼의 감옥이다. 영혼은 마치 굴이 조개껍질 인에 있는 깃같이 갇혀 있다. 사람이 죽을 때 영혼은 몸을 떠나 천계로 돌아가거나 또는 다른 존재로 여러 번 다시 태어나되 1,000년까지 다시 태어난다. 고로 참 철학자들은 죽음을 두려워하지 말아야 한다고 주장한다(Phaedo, 65-8, 91-4).

그러나 영혼선재설은 엄격히 이방사상의 산물로서 성경에 근거하지 않았으며 성경의 지원을 받을 수 없고 정통교회의 입장이 아니다. 이 설은 사람이 하나님의 형상대로 지음 받았다는 창조의 기사에 직간접적으로 충

---

[672] 조영엽, 『신론, 인죄론』, 332.
[673] Cf. Berkhof, 『조직신학』, 406-11.
[674] 조영엽, 『신론, 인죄론』, 333.

돌된다. 또한 영혼이 선재했다면 영혼이 이 세상에 들어오기 전의 일들을 회상할 수 있어야 할 것인데 인간은 그 누구를 막론하고 전세(前世)에 대한 기억이 전혀 없다. 그리고 선재설은 죄의 기원과 하나님의 공의를 밝히지 못하며, 인간 기원의 단일성을 파괴하기에 수용할 수 없는 것이다.

2. 유전설

유전설에 의하면 사람의 영혼은 몸과 함께 부모로부터 출생에 의하여 아이들에게 전가된다(is transmitted)고 보았다. 인류는 아담 안에서 몸과 영혼이 아울러 종(種, a species)으로서 직접 창조를 받았고, 그 번식은 자연적 출생에 의하며 아담 이후의 모든 영혼들에게 유전적으로 전가된다고 주장한다. 유전설은 선재설보다 더 많은 지지를 받는다.[675]

이 이론은 터툴리안, 루피누스, 아폴리나리우스, 닛사의 그레고리 등이 주장했고, 종교 개혁 이후에는 루터 교회의 주도적인 견해가 된 이론으로서, 이는 인간의 영혼은 몸과 함께 혈통을 통하여 전이 된다는 주장이다. 즉, 인간의 영혼은 부모에 의해 자식에게 유전된다는 것이다.

a. 유전설을 지지하는 논증

유전설은 주로 창세기 2:2, 21; 롬 5:12; 고전 11:8; 히 7:9-10 등을 근거로 했다. 유전설을 지지하는 몇 가지 근거는 다음과 같다. (1) 먼저, 이 이론은 성경의 지지를 받는다. 하나님은 오직 한 번 인간의 코에 생기를 불어 넣으시고 종의 전파는 인간에게 일임하셨다(창 1:28; 2:7). 또 하와의 혼의 창조는 아담의 창조 안에 포함되어서 그녀의 혼의 창조에 관해서는 아무런 언급이 없다(창 2:23). 하나님께서 인간을 창조하신 뒤에 창조 사역을 중단하셨고(창 2:2), 성경의 여러 구절들이 후손들이 조상의 허리에서 날 것이라고

---

[675] 조영엽, 『신론, 인죄론』, 334-35.

말한다(창 46:26; 히 7:9, 10 롬 1:3; 행 17:26 등). (2) 두 번째 근거는 식물 및 동물의 생명의 유비에 의해서도 지지된다는 것이다. (3) 또 이 이론은 정신적 특징과 가족의 개성이 유전된다는 사실에서 뒷받침을 받고, (4) 마지막으로 도덕적, 영적 부패의 유전을 설명할 때 최적의 기초가 된다.

b. 유전설에 대한 반론

그럼에도 불구하고 유전설은 영혼의 단순성과 독립성에 대한 교리에 충돌된다. 영혼은 순수한 영적 실체다. 그리고 자녀의 영혼이 아버지의 영혼으로부터 기원하는가, 어머니의 영혼으로부터 기원하는가, 그렇지 않으면 아버지 어머니 모두에게서 기원하는가라는 문제가 제기된다. 자칫 이 설은 부모가 마치 생명의 창조주로 오인될 소지가 있고, 영혼이 유전에 의해 계속적으로 창조된다면 창조의 사역과 모순이 되는 납득할 수 없는 문제가 나타나게 된다.[676] 더더욱 문제가 되는 것은 예수 그리스도의 인성의 무죄성을 변호하지 못하게 된다. 왜냐하면 유전설에 의하면 아담의 죄의 성질이 자자손손이 후손들에게 전가되기 때문이다. 유전설에 의하면 그리스도의 인성의 무죄함을 면할 길이 없다. 우리는 아담의 원죄의 전가는 믿으나 영혼의 유전설은 신봉할 수 없다. 영혼은 육체의 일부가 아니기 때문이다. 가장 심각한 문제로서 유전설이 옳다면 그리스도의 인성도 죄책을 지닌다는 결론을 피할 길이 없는 것이다.

3. 창조설

이는 각 개인의 영혼은 하나님의 직접적인 창조물이라는 주장이다. 영혼 창조설에 의하면 각 사람의 '잉태 순간에'(at the moment of conception) 또는 '탄생 시에'(at birth), 또는 임신과 출생 사이 '어느 한 시점에'(sometime

---

[676] 조영엽, 『신론, 인죄론』, 336.

in between) 하나님께서 직접 영혼을 개별적으로 창조하여 육체와 즉각적으로 결합시킨다는 것이다. 창조설은 성경의 지지를 받는다(창 2:7; 전 12:7; 사 42:5, 57:16; 슥 21:1; 히 12:9).

창조설은 영혼과 육체, 각기 상이한 다른 두 존재가 연합하여 한 사람을 구성한다는 성경의 교훈을 지지한다. 칼빈을 비롯한 개혁주의 신학자들은 아이의 영혼은 부모로부터 유래된 것이 아니라 하나님의 직접적 사역으로 창조되었다는 창조설을 지지한다. 창조설은 로마 가톨릭에서도 공적으로 가르치는 교리이다.

a. 창조설을 지지하는 논증

(1) 먼저 이 이론은 유전설보다 성경적 지지를 더 많이 받는다. 몸과 영혼이 각각 다른 기원을 가진 것으로 서술하는 것이 성경의 기본 개념이다(전 12:7; 사 42:5; 슥 12:1; 히 12:9). (2) 이 이론은 유전설에 비해 인간 영혼의 속성 즉, 비물질성, 영성, 불가분성에 더 잘 부합한다. (3) 또 이 이론은 기독론에서 유전설이 빠질 수밖에 없었던 함정을 피하면서 그리스도의 인성에 관한 성경의 표현을 더 바르게 평가한다.[677]

b. 창조설에 대한 반론

(1) 영혼 창조설에 대한 가장 강력한 반론은 하나님께서 만드신 영혼이 부패 성향을 가지고 있다면, 하나님은 악의 직접적인 조성자가 되고, 만일 순수하게 인간의 영혼을 만드셨다고 하더라도, 인간의 몸에 그 영혼을 연합시키심으로 필연적으로 부패하게 만드셨으므로 악의 간접적인 조성자가 되신다는 비판이다. 그러나 이에 대하여 창조설자들은 이를 하나님께서 아담이 불순종한 죄를 전가시킨 결과로 설명한다. (2) 둘째는 부모와 자식에

---

[677] Cf. Berkhof, 『조직신학』, 406-10.

게 전달되는 지적, 도덕적 특성에 대해 설명하지 못한다는 반론이다. 하지만 이것은 하나님께서 그 몸에 적합하게 영혼을 만드신다는 것으로도 설명은 가능하다. (3) 마지막 세 번째 반론은 하나님이 창조 사역을 중단하셨다는 것이다. 하지만 하나님이 세계 안에서 창조 사역을 중단하셨다는 생각은 타당성이 없는 이론이다.[678]

4. 결론

유전설과 창조설 양 진영의 논증이 어느 정도 일리가 있다는 사실을 인정하면서, 창조설의 한 형태가 선호 받을만한데, 그 이유는 (1) 무엇보다도 기독론에서 그리스도의 인성의 죄책과 관련된 문제와 (2) 유전설이 극복하기 어려운 철학적 난점들 때문이고, (3) 또 창조설이 언약 개념과 조화를 이루기 때문이다.

---

[678] Cf. Berkhof, 『조직신학』, 406-11.

III

하나님의 형상으로서의 인간

A. 하나님의 형상에 대한 역사적 견해들[679]

성경은 사람이 하나님의 형상으로 지음 받았고, 이는 인간이 하나님과 특별한 교제를 가질 수 있는 근거가 된다. 초대 교회의 교부들은 인간이 하나님의 형상이라는 사실이 주로 이성적이고 도덕적인 특성들과 거룩을 향한 열망을 가진 것을 의미한다고 생각했다. 로마 가톨릭 교회는 하나님의 형상을 자연적인 것과 초자연적인 것으로 구분해 가르친다. 자연적인 형상은 처음 창조될 때 인간에게 주어진 것인데, 이것은 하나님의 '모양'으로서 이성과 자유, 지적 능력을 포함하는 것으로 인식했다. 또 초자연적 형상은 '덧붙여진 선물'(donum superaddium)로서 하나님의 '형상'이라고 불리는데, 이는 인간의 원의(原義, original righteousness)를 의미한다. 그러나 종교 개혁자들은 하나님의 형상과 모양을 구분하는 이해를 버리고, 원의 또한 하나님의 형상에 포함되는 것으로 이해했다. 하지만 루터와 칼빈 사이에서도 이에 대한 이해 차이가 있었는데, 루터는 하나님의 형상이란 오직 원의만을 의미하는 것이어서, 인간이 타락하여 원의를 상실했을 때, 하나님의 형상을 상실한 것으로 이해했고, 칼빈은 하나님의 형상은 원의를 포함하지만, 그것을 넘어 모든 인간 본성의 부분들을 포함한다고 생각하였고, 그리하여 비록 인간이 타락하여 원의를 상실했다 하더라도, 사람은 여전히 하나님의 형상이라고 하였다.

---

[679] Cf. Berkhof, 『조직신학』, 412-13.

B. 성경적 의미[680]

성경은 여기에 있어서 "형상(*tselem*)"과 "모양(*demuth*)" 두 용어를 사용하는데, 이는 같은 실체에 대한 상이한 두 표현으로서 교호적으로 사용되었다(창 1:26, 27; 5:1,3; 고전 11:7; 골 3:10; 약 3:9). 성경에 의하면 하나님의 형상에는 다음과 같은 요소들이 포함된다.

1. 원의(original righteousness)

원의는 인간 안에 참된 지식과 의와 거룩을 의미한다. 하나님은 인간은 선하고 정직하게 지으셨다(창 1:31; 전 7:29). 이는 인간의 원래 상태가 무지나 도덕적인 중립 상태가 아니라, 적극적인 거룩의 상태였음을 의미한다. 이 원의는 "하나님의 본질적 형상" 또는 "좁은 의미의 하나님의 형상"이라고 불리기도 하는데, 이는 아담의 범죄로 상실되었다.

2. 타락에도 불구하고 지속되는 하나님의 형상

그러나 하나님의 형상은 원의에만 제한될 수 없다. 왜냐하면 성경이 인간의 타락 후에도 사람을 여전히 하나님의 형상으로 부르기 때문이다(창 9:6; 고전 1:7; 약 3:9). 타락에도 불구하고 인간을 인간 되게 하는 자연적 본질에 속한 요소들 즉, 지적 능력과, 자연적 감정, 도덕적 양심과 만물에 대한 주관권(主觀權)은 상실되지 않고 유지되었다.

3. 영혼 불멸성

하나님의 형상이 가진 또 하나의 요소는 불멸성이다. 이 영혼의 불멸성은 하

---

[680] Cf. Berkhof, 『조직신학』, 413-16.

나님의 불멸성과 같은 것은 아니고, 하나님의 절대적이고 근원적인 불멸성으로부터 파생한 상대적이고 의존적인 불멸성이다. 인간은 다른 피조물들과는 달리 그 존재가 영원히 지속되는 불멸의 영혼을 가지고 있고, 이 불멸성은 타락에도 불구하고 상실되지 않았다.

4. 신체성

신체성은 인간의 본질로서 하나님의 형상에 포함되어 있는 하나의 중요한 요소다. 그리하여 의인뿐만 아니라 악인까지도 최후에 부활하여 각 자의 신체를 가지고 각각의 운명의 처소에서 영원히 살게 된다.

5. 만물에 대한 주관권

만물에 대한 주관권은 학자들마다 그 의견이 분분하다. 어떤 이들은 피조물에 대한 인간의 지배를 인간에게 위임된 직분으로 간주하고 형상의 일부로 간주하지 않는 반면에, 어떤 이들은 만물에 대한 주관권이 형상의 일부라고 주장한다. 하지만 인간의 지배권은 인간의 창조와 함께 부여된 영광이요, 명예로서 하나님의 형상의 한 부분으로 보는 것이 가하다고 하겠다.

C. 여러 교파들의 이해[681]

1. 개혁파의 견해

개혁파 교회는 칼빈의 입장을 따라서 루터파나 로마 교회보다 훨씬 더 넓은 의미로 하나님의 형상을 이해한다. 칼빈에게 하나님의 형상은 인간 본성 전부를 포괄하는 것이다.[682] 개혁파 교회는 하나님의 형상을 좁은 의미

---

[681] Cf. Berkhof, 『조직신학』, 417-19.
[682] Calvin, *Institutes.*, I. 15. 3-4.

의 하나님의 형상인 본질적 형상과 넓은 의미의 하나님의 형상인 도덕적 형상으로 구분하여 이해했다. 본질적 형상은 참된 의와 지식과 거룩의 원의를 의미하는 것으로 타락의 때에 상실하였고, 도덕적 형상은 그 이외의 인간 본성에 속한 것으로서 타락 이후에도 상실되지 않고 계속되었다고 주장하였다. 개혁파에 의하면 인간이 하나님과 교제할 수 있는 특권을 가진 근거는 바로 이 하나님의 형상됨 덕분이다(고전 2:13, 14).

2. 루터파의 견해

대다수의 루터파 신학자들은 하나님의 형상을 원의에 한정시켰다. 이 결과 루터파는 타락한 인간과 동물 사이의 종교적, 신학적 차이를 말할 수 없게 되었다. 이런 사실을 고려할 때, 루터파가 인간 영혼의 기원에 대해 유전설을 선택한 것은 매우 자연스러운 결론이다. 지속되는 도덕적 형상에 대한 부정 때문에, 루터파는 인류의 도덕적 통일성을 거의 말하지 않는다.

3. 로마 가톨릭의 견해

로마 가톨릭 교회는 하나님께서 아담을 처음에 원의가 없이 자연적인 은사인 자연적 의가 주어진 상태로 창조하시고, 후에 이에 대하여 초자연적인 은사로서 원의(하나님의 형상)를 추가적으로 더해 주셨다고 주장한다. 타락은 이 원의만을 상실한 것으로서, 자연적인 의는 유지된다. 그러므로 이 주장은 인간의 전적 타락을 부정한다.

4. 소시니우스파[683]

---

[683] Cf. 김달생, 『바른신학』, 205.

이들은 하나님의 형상을 인간이 다른 물질적인 피조물들에 대해 가지는 지배권만으로 이해한다. 그러므로 타락으로 말미암아 이 지배권이 비록 손상을 받았으나 완전히 상실된 것은 아니라고 한다.

D. 하나님의 형상 교리의 중요성[684]

하나님의 형상 교리는 단순히 인간론만이 아니라 기독론과 구원론, 교회론에 이르기까지 그 중요성이 확장된다. 하나님의 형상 교리를 알 때에야 구원 교리에 대해서 바르게 깨달을 수 있다. 구원은 타락한 인간을 회복하는 일이기 때문이다. 뿐만 아니라 교회론에서도 그 중요성은 이어지는데, 이는 하나님의 형상으로서 참된 지식과 의와 거룩함을 회복한 사람들의 공동체로서 교회가 지니는 표징과 밀접한 연관을 가지기 때문이다.

1. 형상(imago, 창 1:26-27, 5:1, 9:6)에 대한 정의

하나님의 형상에 대한 정의와 논의는 그리스도교 역사만큼 오래되었다. 바울이 그리스도를 하나님의 형상이라고 하고(고후 4:4; 골 1:15), 그리스도로 새롭게 된 사람을 하나님의 형상이라고 정의한 후(골 3:10; 엡 4:24) 교회 역사에서 많은 논의가 진행되었다. 그러나 그리스도교 세계에서 형상 개념에 대한 합의는 아직까지 없다. 하나님의 형상이 무엇을 지시하며 무엇을 뜻하는지 합의하지 못한 것이다.

유대교에는 사람이 하나님의 형상으로 지어졌기 때문에 하나님의 형상이 삶의 얼굴에 반영되어 있다고 보았다. 따라서 초상화를 그리는 것은 바로 하나님의 형상을 반영하는 일이어서 이런 행위 자체도 금지하였다. 로마 교회는 하나님의 형상을 사람이 받은 지성적 성품과 도덕적 성품으로 여겼

---

[684] Cf. 김달생, 『바른신학』, 205.

다. 두 성품은 사람의 인격을 구성하는 중요한 요소이다. 그러나 그런 요소들은 인격 자체가 아니고 기능이므로 하나님을 반영하는 상(像)이 되지 못한다. 상에는 원본이 반영되어야 하는데 이 견해로는 하나님의 인격이 반영되는 한 부분들일 뿐이다. 인격적 존재를 반사하는 일은 인격이 한다. 따라서 인격을 구성하는 부분들이나 기능으로는 인격을 반사한다고 할 수 없다. 따라서 로마 교회의 하나님의 형상 정의도 적합하지 않다.

개혁파 신학자 투레티니(Francois Turretini, 1623-1687)도 로마교회의 정의를 따라 하나님의 형상을 불멸적 영혼의 실체와 그 능력들 곧 지성과 의지, 또 둘에서 나온 자유라고 하였다. 그러나 투레티니의 이 정의도 합당한 의견으로 받아들이기가 어렵다. 왜냐하면 이 두 능력은 인격을 구성하는 요소일 뿐이고 인격 자체가 되지 못한다. 그러므로 하나님의 인격을 반영한다고 할 수 없다.

칼빈은 형상을 하나님과 바른 관계에 있을 때 인간의 각 기관이 나타내는 순정성(integritas)으로 표현하였다(Christianae Religionis Institutio, Ⅰ, 15, 3). 또 다른 말로 하나님의 형상을 아담의 타락 전에 그 안에서 비추인 인간 본성의 탁월성(praestantia)이라고 정의하였다. 칼빈은 인간본성의 탁월성과 순정성을 교차 사용하였다. 하나님의 형상으로서 인간본성의 탁월성을 지성의 빛과 심장의 올바름과 모든 부분의 건전성에 두었다.

이 탁월성은 인간본성의 탁월성으로 하나님을 올바르게 반영하고 있다고 말할 수 없다. 인간본성의 탁월성은 본성의 기능들이 작용할 때 나타나는 그 자체의 우수성을 말한다. 그 탁월성이 하나님을 반영하고 나타낸다고 할 수 없다. 서철원 교수는 칼빈의 이 같은 정의도 하나님의 형상을 올바로 표현한 것이 아니라고 보았다.

20세기의 신학자 칼 바르트(Karl Barth, 1886-1968)는 하나님의 형상을 특이하게 정의하였다. 칼 바르트는 삼위일체를 부인하고[685] 하나님 내에 운동

---

[685] 서철원, 「서철원박사 교의신학-인간론」, 55.

이 있어서 자기 대칭을 이루는데 하나님 내에 있는 자기 대칭(Gegen ber)을 하나님의 형상으로 보았다(KD, Ⅲ/1, 204-05). 칼 바르트는 하나님 안에 있는 이 대칭이 인간에게 나타났다고 본 것이다. 그것은 남자와 여자가 마주 서는 데서 반사된 것으로 보았다. 결혼하여 남자가 자기 아내와 마주 섬이 바로 하나님의 형상의 반영이라고 관계 개념으로 하나님의 형상을 설명하였다.

그러나 칼 바르트의 이런 주장도 합당하지 않다. 그것은 하나님이 자기 존재 안에서 어떻게 스스로 운동을 하여 자기 대칭을 이룰 수 있단 말인가? 하나님이 자기 안에서 운동을 하여 대칭을 이루므로 창조를 할 수 있다면 창조를 이루기 위해서 하나님이 자기 존재방식의 변화를 일으켜야 한다고 할 것이 아닌가? 하나님이 전능하시기 때문에 창조를 이룬 것이 아니고 자기의 대칭을 야기하므로 창조를 할 수 있게 되었다면 그것은 하나님의 전능교리에 어긋난다. 또 이런 하나님의 형상에 대한 정의는 성경에 그 어떤 암시나 시사가 나오지 않는다.[686]

2. 형상은 하나님 인격의 표현임

하나님은 인격적 존재로 계신다. 그는 영이시기 때문이다. 하나님은 인격(Persona)이시지만 한 인격으로만 계신 것이 아니고 세 위격으로 계신다. 한 하나님이 세 인격으로 계신 것은 하나님이 자기의 실체(substantia)를 셋으로 실현하시기 때문이다. 자기의 본질(essentia sui)을 실현하여 인격으로 계시면 하나님의 형상은 하나님의 인격이심에 성립한다. 하나님의 형상을 모르페 데우(μορφῆ θεοῦ)로 표현하면(빌 2:6) 그것은 하나님의 존재방식을 뜻한다. 하나님은 그 신성이 인격의 방식으로 존재하시는 존재자이다.

하나님은 신적 실체 자체로 계신 것이 아니라 인격으로 존재하신다. 하나님은 자기의 실체를 인격으로 표현하셨다. 하나님의 존재방식은 언제

---

[686] 서철원, 『서철원박사 교의신학-인간론』, 49-51.

나 인격으로 계심이다. 하나님의 존재방식은 언제나 인격으로 계심이다. 하나님은 자기를 객관화 하실 때 신적 실체를 객관화 하신 것이 아니고 자신을 한 인격으로 표현하셨다. 이 자기 객관화는 영원하여 언제나 인격으로 표현하셨고, 언제나 인격으로 계시며, 자기를 표현하시고 객관화 하여 자기를 하나의 인격으로 표현하셨는데 그 인격이 제 2위격이신 예수 그리스도로 나타나셨다고 서철원 교수는 표현한다.

이어서 서교수는 하나님은 한 번 더 영원한 호흡이라는 인격적 행동을 통해 자기의 실체를 드러내시는데 이 하나님의 자기 인격의 구현이 제 3인격이신 성령님이시라고 본 것이다. 바로 하나님의 자기 현현(顯現, manifestation)이 인격이 되신다는 것이다. 하나님의 자기표현은 바로 하나님을 드러내는 형상이다. 그러므로 하나님의 형상은 하나님의 인격을 뜻한다고 하는 서철원 교수의 의견에 공감한다.[687]

사람이 하나님을 닮은 것은 바로 인격적인 면에서다. 하나님이 인격적인 존재이듯이 사람도 인격적 존재로 창조되었다. 하나님은 사람을 지으실 때 자기의 인격적 존재의 복사물로 만드셨다. 그러므로 사람이 인격임에 있어서 하나님을 반영하고 그 분과 유사함을 찾아볼 수 있다.

3. 하나님의 형상을 잃어버림의 의미

인간이 선악과를 따먹고 타락함으로 하나님의 형상을 잃어버리게 되었는데 형상의 상실은 죄로 인하여 그 인격이 완전히 구겨지고 망가진 것을 말한다. 사람이 범죄 함으로 하나님과의 관계가 완전히 파괴되어 단절되었고, 그 인격이 방향감각을 상실한 것이다. 이후 인간의 삶은 계속 유리방황하는 삶이 되었고, 인격의 표준을 하나님에게서 구하지 않고 사람에게서 구하게 되니 오십보백보 큰 차이가 없는 상태가 되고 만 것이다. 아무리 고매

---

[687] 서철원, 『서철원박사 교의신학-인간론』, 51-3.

한 인격을 소유했다고 할지라도 자기감정과 이익에 부합하지 않으면 언제라도 돌변하는 상태가 되었고, 판단력과 분별력이 흐려지고 환경에 매어 사는 결과를 가져오게 된 것이다.

인간들이 범죄 함으로 하나님의 형상을 상실하였다고 하는 가장 결정적인 증거는 바로 자기 결정과 행동에 대한 책임의식이 결여되었다는 점이다. 분명 자기가 결정했고 자기가 작정하고 기획하여 일을 저질렀으면서도 도무지 책임 질 생각을 안 하고 책임을 회피하면서 환경이나 다른 외적요인들에게 책임을 전가하며 핑계를 대는 것을 볼 수 있다.

여기에 대해서도 서철원 교수는 사람이 죄로 하나님의 형상을 잃었다고 하는 것은 인격자체의 상실이 아니다. 형상을 잃어버렸다고 할 때 인격이 파괴되어 인격적 결정과 행사를 본래대로 할 수 없게 된 것을 말한다고 지적하고 있다.688

이근삼 교수가 정리한 내용689을 보면 먼저 루이스 벌코프는 하나님의 형상을 구조적 측면(인간은 무엇인가?)에서 의와 거룩과 지식으로 보면서 죄로 말미암아 이 형상이 전적으로 상실되었으나, 기능적 측면(인간은 무엇을 하는가?)에서는 하나님의 형상이 상실된 것이 아니라 부패되어 비틀어져 버렸다고 보았다. 안토니 후크마(A. Hoekema)는 하나님의 형상은 전인성을 포함하고 있기 때문에 당연히 인간의 구조성과 인간의 기능성을 함께 포함하여야 할 것이다. 인간은 자체적 구조 없이 기능할 수 없다(Hoekema, Created in God's Image, 124)고 하였다.

그러므로 하나님의 형상의 두 가지 측면은 결코 분리 될 수 없다. 그러나 죄로 타락함으로 인간이 하나님의 형상을 나타내는데 치명적 손상을 입었다. 그렇다면 타락 후 인간은 하나님의 형상을 지니고 잇는가? 타락 이후 구조적, 또는 광의적 현상은 보존하고 있으나 기능적, 협의적 현상은 상실하

---

688 서철원, 『서철원박사 교의신학-인간론』, 53-54.
689 이근삼 전집 편찬위원회 엮음, 『개혁주의 조직신학 개요 Ⅰ』, 272-73.

였다. 다시 말하면 타락한 인간은 하나님이 부여한 재능과 능력은 소유하고 있으나 그것들을 죄악의 불순종한 방법으로 사용하고 있는 것이다.

사람이 하나님의 형상됨은 일을 할 때 자기의 모든 생각과 결정을 스스로 하는 방식, 곧 인격적 처신에서 밝히 드러난다. 사람이 자기 일을 자기의 지식과 판단에 의해 결정하고 실행하면 인격으로서 기능하는 것이므로 그 면에 있어서 하나님을 반사하여 하나님의 형상이 된다. 사람은 자기의 지식과 판단에 의해서 행동하지 않고 외부의 강제나 유도에 의해서 행동하면 인격체이기를 그친다. 하나님은 자기 작정과 자기 힘으로 모든 일을 하셨다. 사람도 자기 작정, 곧 자기 지식과 판단에 의해서 행동하고 결정해야 한다. 그러므로 사람은 이런 하나님의 형상대로 지음 받았기에 어떤 경우에도 외모나 다른 이유로 인격권을 박탈당하거나 무시되어서는 아니 될 것이다. 그럴 뿐만 아니라 자기 지식과 판단에 의한 결정에 대해서는 책임을 질줄 알아야 하며, 그 결정이 진리에 부합하여 공동의 선을 도모하므로 만인에게 유익하고 하나님께 영광이 되도록 자기 비움과 겸손의 자세가 요청된다 하겠다.

IV 행위 언약

A. 행위 언약의 의미와 중요성[690]

1. 행위 언약의 의미

하나님은 사람을 창조하시고 그와 언약을 맺으셨다. 하나님은 아담에게 이미 주신 지극한 복락을 확고 불변한 상태로 고정하시고자 아담과 언약을 맺으셨다. 아담은 모든 인류의 대표로서 하나님과 언약을 맺었다. 하나님은 인간 안에 있는 양심과 도덕성의 잣대로서 동산 가운데 선과 악을 알게 하는 나무의 열매를 금하셨다. 그리고 이에 대한 순종과 불순종에 따라 생명과 죽음에 처해질 것을 경고하셨다. 즉, 아담은 하나님의 말씀에 순종하면 영생을 보상으로 받을 것이고, 불순종하면 영원히 사망할 것이라는 조건으로 계약을 맺었는데, 이를 행위 언약이라 한다. 하지만 아담은 범죄 했고, 아담 이후의 모든 인류는 타락하고 사망에 처하게 되었다.

2. 행위 언약의 중요성

언약 교리는 기독교에서 매우 중요하다. 하나님은 처음부터 인간과 언약을 맺으셨고, 이 언약에 따라 사람과 관계하셨다. 행위 언약은 하나님께서 사람과 맺으신 첫 번째 언약으로서, 이 언약을 제대로 이해하지 못한다면 우

---

[690] Cf. 김달생, 『바른신학』, 207.

리 구원의 기초가 되는 은혜 언약 또한 이해할 수 없게 된다. 왜냐하면 그리스도는 첫째 아담이 행위 언약에서 실패한 것을 은혜 언약 안에서 순종하심으로 말미암아 그 백성에게 구원과 회복을 주신 둘째 아담이시기 때문이다. 한편으로 그리스도는 아담이 행위 언약에서 불순종한 것으로 인한 형벌을 받으셨고, 다른 한편으로는 아담이 획득하는 것에 실패한 영생을 자기 백성을 위해 획득하셨다. 이 행위 언약은 모든 사람을 여전히 하나님 앞에 책임 있는 존재로 묶고 있으므로, 이는 최후의 심판을 위한 기초로도 작용하게 된다.

B. 행위 언약의 요소들[691]

1. 언약의 두 당사자: 하나님과 모든 인류의 대표로서의 아담

하나님과 아담 사이에는 이중 관계가 있다. 하나는 자연적 관계이고 다른 하나는 법적인 관계이다. 자연적 관계는 창조주와 피조물의 관계로서 행위 언약을 맺지 않았더라도 성립되는 관계인데 반해, 법적인 관계는 행위 언약의 체결로 말미암아 성립된 관계이다. 자연적인 관계 안에서 인간은 하나님의 모든 법에 순종할 책임이 있지만, 그렇다고 해서 그 순종에 대한 보상을 요구할 권리를 가지지는 않는다. 하지만 하나님은 언약적 관계를 맺으시고 언약 관계로 들어가심으로, 인간의 순종에 대한 보상으로 인간이 더 나은 상태로 진일보 할 수 있게 하셨다. 즉, 행위 언약 안에는 인간에게 더 좋은 것을 주시고자 하시는 하나님의 은혜로우신 의도가 내포되어 있다.

2. 언약의 약속: 영생

행위 언약의 보상으로 주어지는 약속은 영생이다. 아담은 이미 불멸성을 가지고 있었고, 죽지 않는 존재로 지으심을 받았다. 이 영생의 약속은 그

---

[691] Cf. Berkhof, 『조직신학』, 426-29.

의 생명을 최고의 완전성에까지 끌어올리시겠다는 약속으로 타락의 가능성이 없는 수준의 생명으로 진입하는 것을 의미한다. 물론 창세기 2장 16절, 17절에 이 영생의 약속이 명시되지는 않았지만, 율법에 대한 순종이 생명에 이르는 길이라는 사실은 성경에서 계속 말하고 있는 바이다(레 18:5; 느 9:29; 마 19:16; 눅 10:28; 롬 7:10; 10:5; 갈 3:12).

3. 언약의 조건: 순종

행위 언약이 약속하는 보상인 영생은 조건 없이 전달되는 것이 아니다. 이는 조건적 언약이었는데, 그 조건은 절대적이고 완전한 순종이다. 하나님의 율법은 항상 완전한 순종을 요구하신다(신 27:26; 갈 3:10; 약 2:10). 그리고 그 순종의 구체적인 형식은 선악을 알게 하는 나무의 열매를 먹지 않는 것이었다. 바빙크에 의하면 "아담에게 제시된 하나님의 시험적 명령은 다음과 같은 논법으로 나타나는데, 하나님이냐 인간이냐, 하나님의 능력이냐 자기 자신의 생각이냐, 절대적인 복종이냐 자립적인 탐구냐, 믿음이냐 의심이냐 하는 것이다."

4. 언약의 형벌: 죽음

아담은 이미 불순종의 대가가 죽음이라는 경고를 받았다(창 2:17). 이 죽음은 영적인 죽음이고 육체적인 죽음이며, 또 영원한 죽음을 의미했다. 그러므로 범죄 한 아담은 죽음의 형벌에 대해 변명하거나 억울하게 여길 수 없었다. 하지만 자비로우신 하나님은 범죄 한 이후 형벌을 완전하고 즉각적으로 시행하지 않으셨는데, 이는 은혜와 회복의 사역을 즉시로 시작하셨기 때문이다.

5. 언약의 상징

생명나무 열매는 마술적으로나 생물학적으로 아담의 몸 안에 들어가 불멸성을 만들어 내는 것으로 생각될 수 없다. 하나님은 이 생명나무를 언약의 성례로 삼으셨다. 즉, 오늘의 세례와 성찬과 같은 의미라 할 수 있다. 그러므로 오직 생명나무 열매는 상징적 의미에서 영생의 나무로 이해되어야 한다.

C. 행위 언약에 대한 성경적 근거[692]

1. 행위 언약의 모든 요소가 창세기 2장 16절, 17절에 나타난다.

비록 행위 언약이라는 말이 발견되지 않는다 하더라도, 행위 언약의 요소인 두 당사자, 조건, 약속, 형벌이 창세기 2장 16절, 17절에 나와 있는 것은 하나님께서 아담과 언약을 맺으셨다는 사실을 증거 한다.

2. 은혜 언약의 교리가 그것을 요구한다.

은혜 언약은 행위 언약을 요구하고 그 기초 안에서만 참된 의미에서 은혜 언약이 될 수 있다. 이는 은혜 언약이 언약이라는 사실은 그것의 기초가 되는 행위 언약이라는 언약이 있어야 할 것을 요구한다는 것을 의미한다.

3. 아담과 그리스도의 대비

바울은 로마서 5장 12절-21절, 고린도전서 15장 45절-47절에서 아

---

[692] Cf. Berkhof, 『조직신학』, 424-26.

담과 그리스도를 언약의 머리로서 대비하고 있다. 그리스도로 말미암은 칭의와 구원이 언약에 다른 것이라면, 아담으로 말미암은 정죄와 사망도 언약에 의한 것임이 분명하다.

4. 호세아 6장 7절

호세아는 "저희는 아담처럼 언약을 어기고"라고 하였다. "아담처럼"을 "사람들처럼"이라고 번역하기도 하지만, "아담처럼"이라고 번역하는 것이 문맥상 자연스럽고 가장 정확한 번역이다. 이는 성경이 하나님과 아담 사이에 언약을 맺었다는 사실을 증언하고 있는 것이라 할 수 있다.

D. 행위 언약의 유효성 문제[693]

이는 행위 언약은 여전히 유효한가 아니면 아담이 타락할 당시에 폐기되었는가 하는 문제에 대한 대답이다. 알미니우스주의자들은 아담의 타락과 함께 행위 언약은 폐기되었다고 주장한다. 하지만 개혁파 신학자들은 이를 구분해서 답하였다.

1. 영생의 수단이라는 의미에서는 폐기되었다.

타락한 사람 중에 그 누구도 율법을 다 지켜서 영생을 획득할 수 없다는 의미에서, 그래서 이는 더 이상 영생을 얻는 길이 될 수 없다는 의미에서 폐기되었다. 물론 법적으로 누군가 행위 언약, 즉 율법에 완전히 순종한다면 영생을 얻을 수 있겠지만, 인간은 이런 능력을 상실했다.

---

[693] Cf. Berkhof, 『조직신학』, 429-30.

2. 모든 인류가 그 의무 아래 있다는 의미에서는 유효하다.

인간에게는 여전히 하나님을 향한 완전한 순종의 요구가 부과된다. 모든 죄인의 행위와 심판은 모두 행위 언약에 근거한다. 행위 언약을 부인할 때 자연스럽게 최후의 심판이 부인하게 된다. 은혜 언약 아래로 피하지 않는 모든 이들은 행위 언약 아래에서 심판과 형벌을 받아야만 한다(겔 18:20; 레 18:5).

安衡柱 牧師의
개혁주의 조직신학 강설

인간론

제2부
"죄의 상태의 인간"

The Reformed
Systematic Theology

I
죄의 기원

A. 죄의 기원에 관한 역사적 견해들

비록 죄의 기원 문제가 난제이긴 했지만, 초대 교회는 성경에 따라 죄의 기원에 대해 그것을 물질 속에 있는 것이 아니라 윤리적인 문제로 바르게 인식했다. 즉 아담의 고의적인 불순종으로 말미암은 것으로 인식한 것이다. 어거스틴에 이르러서는 모든 인류가 아담 안에서 범죄 하였고 오염된 사실이 적절하게 강조되었다. 비록 어거스틴 이후 중세기에는 반펠라기우스적 입장에서 단지 죄의 오염만이 강조되었으나, 종교개혁과 함께 어거스틴의 교리는 칼빈에게로 계승, 발전, 확립되었다.694

B. 죄의 기원에 관한 성경적 근거

1. 하나님은 죄의 조성자(the author of sin)가 아니시다.

신론에서 살펴보았듯이, 하나님의 작정 특별히 죄에 대한 하나님의 작정이 하나님을 죄의 조성자로 만드는 것은 아니다. 성경은 하나님은 악과 불의를 행하지 않으시는 거룩하신 분으로 증언한다(욥 34:10; 사 6:3; 신 32:4; 시 92:16). 하나님은 아무도 죄악으로 시험하지 않으신다(약 1:13). 죄는 하나님이 만드신 물질 속에 본질적으로 내재해 있는 것이 아니다.695

---

694 Cf. Berkhof, 『조직신학』, 433-34.

2. 죄는 천사의 세계에서 제일 먼저 시작되었다.

죄의 기원을 보기 위해서는 창세기 3장으로 가야 한다. 그리고 이 장은 인간이 타락하기 이전에 인간을 유혹한 존재가 있었다고 증거 한다. 여자를 유혹한 뱀은 범죄 한 천사로서(벧후 2:4), 주님은 그를 처음부터 살인자요 거짓말쟁이라고 말씀하셨다(요 8:44; 요일 3:8). 천사들을 타락하게 한 그 죄에 대해서 성경은 교만이라고 답한다(딤전 3:6; 유 6; 사 14:12-14; 겔 28:1-19). 즉, 보이는 세계와 보이지 않는 세계를 통틀어서 시작된 첫 번째 죄는 교만인 것이다.

이제 처음 인간을 꾀인 자요, 계속해서 인간생활에 중대한 영향을 끼치고 있는 뱀의 정체에 대하여 살펴볼 필요가 있다. 이 뱀에 대한 해석 역시 다양하나 안형주 목사[696]는 성경 해석은 성경으로 풀어야 문제가 없이 무난하다며 정통적인 해석방법을 취하면서 요한계시록 12:9과 20:2을 인용하여 설명하고 있다. "큰 용이 내쫓기니 옛 뱀 곧 마귀라고도 하고 사탄이라고도 하며 온 천하를 꾀는 자라 그가 땅으로 내쫓기니 그의 사자들도 그와 함께 내쫓기니라", "용을 잡으니 곧 옛 뱀이요 마귀요 사탄이라…" 히브리어로 뱀을 '나하쉬'(נחש)라고 하는데 이는 '빛나는 자', '광휘(光輝) 있는 자'라는 뜻으로서 뱀의 눈과 비늘이 빛을 받아 반사 폭이 큰 것을 그렇게 표현하고 있는 것으로 보인다. 뱀이 빛나는 자라면 사탄도 빛나는 자이다. 어떻게 빛나는 자인가? 자기를 광명한 천사로 가장하는(고후 11:14) 모습에서 알 수 있다고 하였다. 뱀에 대한 선입견을 버리고 갓 탈피(脫皮)한 뱀을 보면 전신에 향기로운 기름을 바른 듯 매끈하고 윤택한 모습을 볼 수 있지 않은가? 푸릇푸릇한 방초 언덕의 음지에서는 스르르 기어 나오고, 양지에서는 은밀하게 숨어 소리도 자취도 없이 슬그머니 움직이고, 때로는 전광석화 같고 비수같이 움직이는 모습을 보라! 어느 모습으로 보던지 빛의 놈이라 할 만큼 출중한 모습을

---

[695] Cf. Berkhof, 『조직신학』, 434-36.
[696] 安衡柱, 『創世記講解』, 72-73.

갖추고 있다. 재빠르게 숨었다, 나타났다, 다시 숨기를 반복하는 임기응변에 능하고 처세술에 뛰어난 감각을 지니고 있는 그 순발력은 능히 사람의 마음과 생각을 자유자재로 드나들 수 있는 사탄과도 방불한 모습이 아닐 수 없다고 주석하였다.

3. 인류에게 있어서 죄는 아담의 타락으로부터 시작되었다.

인류의 죄의 기원은 우리 조상이 하나님의 말씀을 어기고 선악을 알게 하는 금지된 나무의 열매를 먹은 것이었다. 아담은 인류의 시조일 뿐 아니라 대표였고(롬 5:12, 18, 19), 그로 말미암아 그 안에서 모든 인류가 함께 타락하여 정죄 아래 있게 되었다(롬 5:12).

C. 아담의 최초의 범죄의 성격697

1. 형식적 특성

형식적인 측면에서 최초의 죄는 선악을 알게 하는 나무의 열매를 먹은 것이다. 하지만 어떤 나무의 열매를 따서 먹는 행위자체가 도덕적으로 악한 행위일 수 없다. 만일 하나님께서 그 열매를 금하지 않으셨다면, 그 열매를 먹는 행위 자체는 죄가 되지 않았을 것이다. 그렇다면 그 나무가 선악을 알게 하는 나무라고 일컬어지는 이유에 대한 질문이 있을 수 있다. 이에 대한 일치된 견해는 없지만, 선한 것과 악한 것의 궁극적인 판단의 주체를 누구로 삼을 것인가 하는 문제가 이와 긴밀하게 연결되어 있기 때문이라는 설명이 있다. 범죄 하였을 때 인간은 하나님을 의지하여 자신에게 선한 것과 악한 것을 판단하고 행하기보다는 스스로 그것을 판단하고 그 판단에 따라 행동하기로 선택했던 것이다. 하지만 무엇으로 이를 설명하든 간에, 최초의 범죄

---

697 Cf. Berkhof, 『조직신학』, 436-37.

는 순종을 시험하는 명령에 대한 불순종이었다.[698]

2. 본질적 특성

아담의 최초의 범죄는 모든 죄의 전형으로 죄의 본질을 드러낸다. 죄의 본질은 (1) 자신을 하나님과 대립하는 위치에 두고, (2) 하나님의 뜻에 굴복하기를 거절하고, (3) 자신의 삶에 대한 하나님의 통치를 거부하고, (3) 적극적으로 미래를 스스로 결정하도록 한다는 것이다. 이 최초의 죄의 요소에 대해 벌코프는 지성으로는 불신앙과 교만, 의지에서는 하나님과 같이 되려는 욕망, 감정에서는 거룩하지 못한 만족감이라고 말한다.

D. 타락시 시험의 특성[699]

1. 시험의 절차

인간의 타락은 천사의 타락과는 달리 밖에서 온 유혹으로부터 시작되었다. 타락한 천사장인 사탄은 뱀을 이용해 사람에게 접근했다(창 3:1). 뱀은 다가와서 하나님의 말씀에 대해 불신과 불신앙의 씨앗을 심어 넣고자 했다. 여자에게 던진 뱀의 말은 물질세계에 던져진 최초의 불신의 언어였다. 사탄의 목적은 언약의 머리인 아담을 타락시키는 것이었지만, 아담에게 바로 접근하지 않고 여자에게 접근했다. 하와는 선악을 알게 하는 나무 열매를 먹는 것을 하나님으로부터 직접적으로 듣지 않았고, 언약의 머리도 아니었기에 책임 의식이 덜하면서도, 언약의 머리인 아담에게 접근할 수 있는 좋은 통로였다. 뱀은 하와에게 먼저 하나님의 말씀에 대한 의심의 씨앗을 뿌리고(창 3:1-3), 불신앙과 교만으로 자극시켰고(창 3:4-5), 정욕을 격동시키고(창 3:6), 범죄 하게 했다(창 3:6).

---

[698] Cf. Berkhof, 『조직신학』, 436-37.
[699] Cf. Berkhof, 『조직신학』, 437-439.

2. 창세기 3장에 나타난 범죄의 경로[700]

a. 하와가 뱀의 질문에 귀를 기울인 것이다(창 3:1).

뱀이 여자인 하와에게 묻기를 '하나님이 참으로 너희에게 동산 모든 나무의 열매를 먹지 말라 하시더냐' 고 묻는다. 뱀의 이러한 질문은 은근히 의심을 촉발시켜서 반발적인 반항심을 품게 하였던 것인데 하와가 바로 여기에 솔깃하여 넘어간 것이다.

b. 하나님의 말씀을 가감한 것이다(창 3:3).

하나님의 말씀을 가감하는 것은 결국 하나님의 뜻은 무시하고 자기의 의사를 앞세우는 것이니 단순한 신앙을 저상(沮喪, demoralization)[701]케 하는 데에는 이보다 더 위험함이 없을 것이다. 천지는 변하고 없어질 수 있으나 하나님의 말씀은 일점일획(一點一劃)도 없어지지 아니할 것이요, 누구든지 이 말씀을 더하거나 뺀다면 성경에 기록된 엄청난 재앙을 피할 수 없을 것이며, 생명나무와 거룩한 성에 참여함이 제하여질 것이라는 말씀(계 22:18-19)을 명심하여야 할 것이다.

c. 하나님의 말씀에 굳건히 서지 못하고 사탄의 말을 믿는 것이다(창 3:3-4).

현재 이 현장은 마귀의 사람이냐, 하나님의 사람이냐를 판가름하는 대단히 엄중한 분기점이라 할 수 있다. 주어진 자유의지로 흥(興)이냐, 망(亡)이냐, 천국(天國)이냐, 지옥(地獄)이냐를 결정짓는 극히 중요한 순간인 것이다. 그러나 하와는 마귀의 말을 믿고 말았으니 전 인류의 불행이 시작 된 것이다.

---

[700] 安襙柱, 『創世記講解』, 77-78.
[701] 기력이 꺾이어 기운을 잃는 것을 말한다.

d. 하나님을 의심하기에 이른 것이다(창 3:5).

여자는 그 남편과 함께 하나님과의 친밀한 교제에서 경험한 바에 의하여 하나님의 성격을 잘 알고 있었을 것이다. 마귀가 와서 아무리 하나님을 훼방하고 마귀가 달콤한 말로 유혹한다고 할지라도 단호히 믿음으로 격퇴시켰어야 할 터인데 이 여자는 도리어 하나님을 의심하기에 이르게 된 것이다. 모든 관계에서 신뢰가 차지하는 비중은 막강하다 할 수 있다. 만약 의심이 들고 신뢰가 무너진다면 관계가 훼손되고 엄청난 손실과 파괴가 찾아들게 될 것이다. 물에 빠져 들어가는 베드로에게 우리 주님은 다른 말씀을 하신 것이 아니라 "왜 의심하였느냐"고 하셨다(마 14:31).

e. 유혹물을 쳐다본 결과 안목의 정욕과 이생의 자랑인 허영심이 발동 된 것이다(창 3:6).

여자는 눈을 하나님을 향하지 아니하고 유혹자의 권유를 따라 나무를 보았다. 아! 이 얼마나 먹음직스럽고 보기에도 윤기가 철철 흘러넘치고 탐스럽게 생겼는지 한입 베어 물면 금방이라도 눈이 밝아져 하나님과 같은 지혜가 주어질 것 같고 환상적인 상태에 몰입할 것 같은 생각에 그 속에 감춰진 죽음이라는 어둠의 그림자는 조금치도 보이지 않았던 것이다. 먹지 않음이 어리석은 바보처럼 느껴질 수밖에 없는 상황에 놓이게 된 것이다. 인간은 벌써 그 마음이 하나님에게서 멀어졌고 분리되어 떨어져 나가게 된 것이다.

f. 범죄의 행동에까지 이르게 된다(창 3:6).

인간은 "먹지 말라 먹는 날에는 정녕(반드시) 죽으리라"고 하신 그 지엄하신 하나님의 말씀을 무시하고 만다. 하나님의 말씀을 유린하고 신뢰를 무너뜨리고, 지대하신 하나님의 사랑을 짓밟고 만 것이다. 이들의 이러한 행동은 창조주 하나님께 엄청난 충격과 상처를 안겨준 것이 된다.

g. 아담에게까지 범죄케 하였다(창 3:6).

돕는 배필이 되라고 남자의 갈빗대를 취하여 여자를 조성하였음에도 그 여자는 남자를 돕는 것이 아니라 오히려 그 남편을 패망케 하는 것을 볼 수 있다. 하나님으로부터 생육하고 번성하여 땅에 충만하라, 정복하라, 다스리라고 부여된 엄청난 권세와 축복을 다 빼앗긴 채 타락자, 반역자, 죄인, 진노의 자식, 멸망의 자식으로 전락하고 만 것이다. 우리는 예레미야 선지자의 외침을 마음 깊이 새겨야 할 것이다. "너희 허물이 이러한 일들을 물리쳤고 너희 죄가 너희로부터 좋은 것을 막았느니라."(렘 5:25)[702]

3. 시험에 대한 해석

자유주의 신학자들과 신정통주의 신학자들 모두 창세기 1-3장의 역사성을 부정한다. 이들은 비유적 또는 신화적으로 타락의 사건을 해석한다. 그러나 타락의 역사성에 대한 부인은 구속의 역사성에 대한 부인으로 이어지게 된다. 타락이 역사적 사실이 아니라면 구속 또한 역사적 사실일 필요가 없어지기 때문이다. 구속은 타락의 역사성 위에 서 있다(롬 5:12,18,19; 고전 5:21; 고후 11:3; 딤전 2:14). 비록 뱀이 말을 한 것과 같은 사연석이지 않은 일들이 이 사건 속에 있다고 하더라도, 이것은 이 사건이 역사적 사실이 아니라는 증거가 아니라 오히려 이 일에 초자연적 세력이 관여하고 있음을 보여주는 것이라고 하겠다.

E. 죄의 기원에 대한 진화론적인 설명[703]

당연히 진화론은 성경이 말하는 인간의 타락 교리를 부정한다. 이들은

---

[702] 安衡柱, 『創世記講解』, 77-78.
[703] Cf. Berkhof, 『조직신학』, 439-40.

죄를 도덕적으로나 윤리적으로 생각하지 않는다. 그들은 생물학적 원리로 인간이 지니는 죄의식에 대해 설명하려고 한다. 이들은 사람이 여전히 동물적인 충동에 사로잡혀 있는 상태, 즉 진화된 상태의 인간이 진화되기 이전의 상태의 요소에 매여 있는 것을 죄의식으로 설명한다. 하지만 이것은 실제적인 죄가 아니고 그렇게 비난 받을 만한 일이 되지도 않는다. 인류는 이런 사고 속에서 각 개인의 삶과 사회를 구성해 낼 수 없다.

F. 최초의 죄의 결과: 사망[704]

1. 영적인 죽음

타락 이후 인간은 하나님과의 영적인 교제를 하는 자리에서 떨어지게 되었다. 인간의 참된 생명과 행복의 원천이신 하나님과의 분리는 영적인 죽음으로 직결되고 만다(엡 2:1, 5; 4:18; 딤전 5:6; 계 3:1; 롬 8:13). 하나님과 친밀하게 교제하던 아담은 타락 이후에 하나님의 음성을 듣고 두려워하여 피하는 자가 되어버렸다. 이는 타락의 결과이다.

2. 비참한 상태로 전락

인간의 타락은 인간을 비참한 상태에 던져 넣는 결과를 초래했다. 그 비참함은 다음과 같다.

a. 인간의 전적 타락

최초의 죄로 말미암아 인간의 전인은 오염되어 그의 본성 가운데 죄의 영향을 받지 않은 부분이 하나도 없게 되었다. 이제 사람은 스스로는 그 어떠한 선이나 의도 행할 수 없는 존재가 되어버렸고 구원에 이를 수 있는 능

---

[704] Cf. Berkhof, 『조직신학』, 440-41.

력도 상실되었다. 성경은 이런 전적 부패의 인간 상태를 가르친다(창 6:5; 시 14:3; 롬 7:18).

b. 수치와 죄책 의식

아담과 하와는 범죄 후에 영혼 깊은 곳에서부터 오는 수치를 느끼게 되었다. 그들은 하나님 앞에서뿐만 아니라 서로에 대해서도 수치스러워했다. 또 양심의 송사가 계속되었고, 그로 말미암은 죄책감 속에서 서로를 정죄하고 비난했다.

c. 거주지의 변화와 환경의 악화

범죄 한 인간은 낙원으로부터 추방당했다. 낙원은 하나님과의 교제의 장소였으며, 생명의 상징인 생명나무가 있는 곳이었기 때문이다. 또 이들의 범죄로 피조 세계 전체가 저주 아래에 있게 되었고, 인간이 처해져 있는 환경은 악화되었다(창 3:14, 17, 18; 사 11:6-9; 65:25; 호 2:18; 롬 8:20-22 참고). 동물들도 저주 아래 있게 되었고, 땅은 가시와 엉겅퀴를 내며, 수고하여 힘들게 땅의 소산을 얻어야 하는 상황에 이르게 되었다.

II
죄의 본질적 특성

A. 죄의 본질에 대한 철학적 이론들[705]

1. 이원론적 이론

초대 교회에 들어온 영지주의는 죄를 이원론적 관점에서 이해했다. 이는 영원히 대치되는 두 원리가 인간 안에서 충돌하고 있다는 원리인데, 인간의 영혼은 선의 원리를 대표하고, 몸은 악의 원리를 대표한다는 주장이다. 하지만 이는 (1) 선하신 하나님의 절대 주권을 부정하고, (2) 죄를 물질적인 것으로 봄으로써 죄의 윤리적 특성을 제거하고, (3) 죄를 물리적이고 필연적인 것으로 이해함으로써 죄의 책임성을 개인에게서 제거하는 반성경적인 모순을 낳게 된다.

2. 결핍 이론

어떤 이들은 죄를 단지 선의 결핍이라고 이해한다. 플로티누스와 어거스틴도 이렇게 이해했다. 슐라이어마허는 죄를 하나님에 대한 의식의 결핍으로 보았고, 리츨은 하나님에 대한 신뢰의 결핍으로 보았다. 하지만 이는 결국 하나님을 죄의 원인으로 돌린다. 왜냐하면 결국 궁극적으로 하나님이 인간의 이런 결핍들의 원인이 되기 때문이다.

---

[705] Cf. Berkhof, 『조직신학』, 444-47.

3. 착각 이론

범신론자인 스피노자는 죄에 대한 인식은 인간 지식의 불충분성으로 인한 것일 뿐이라고 주장하며, 죄의 실재성을 부정한다. 만일 인간의 지식이 충분하여 모든 것을 하나님 안에서 보게 된다면 그에게는 죄의식이 없어진다는 것이다. 그러므로 죄란 결국 지식의 유한성이 가지고 온 필연적인 착각이라고 한다.

4. 이기심 이론

어떤 이들은 최고의 사랑의 대상이 되시는 하나님 대신 자아를 선택하는 이기심이 바로 죄라고 주장한다. 이는 지금까지 열거한 이론들 중 가장 나은 이론이라고 할 수는 있지만, 만족스럽지는 못하다. 선명한 규범이 없다면 이기심과 이타주의 또는 하나님을 향한 사랑 간에 서로 분별할 수 없게 된다. 죄는 오직 하나님의 율법과의 관계에서만 바르게 정의될 수 있다.

5. 진화론적 이론

이는 인간의 진화 과정에서 점진적으로 발전하는 도덕의식과 기존의 하등한 성향의 충돌로 죄를 이해한다. 그러나 진화의 과정에서 자유롭고 비결정적인 의지가 어떻게 생성되었는지에 대해서는 아무런 설명도 하지 않는다. 이 또한 죄의 윤리적인 면과 도덕적인 면을 부정한다.

B. 성경적 죄 개념[706]

---

[706]Cf. Berkhof, 『조직신학』, 447-50.

1. 죄는 항상 하나님과 그의 의지, 즉 율법과 관련되어 있다.

죄의 개념은 항상 하나님과 관련하여 이해되어야 한다. 그렇지 않으면 죄에 대한 바른 이해에 도달할 수 없다. 죄는 하나님의 법을 순종함에 부족한 것이나 혹은 어기는 것이다. 다음의 말씀들은 죄가 하나님과의 관계 안에서 생각되어야 한다는 사실을 잘 보여준다(롬 1:32; 2:12-14; 4:15; 약 2:9; 요일 3:4).

2. 죄는 도덕적인 악이다.

모든 악이 죄는 아니다. 죄는 물리적인 악 즉, 재난과 동일시 될 수는 없다. 재난은 물리적이지만, 죄는 윤리적이다. 죄는 악보다 더 구체적인 개념이다. 성경에서 죄를 가리키는 용어는 윤리적 의미를 지닌다. '하타트'는 과녁을 맞추지 못하고 정도에서 이탈한 행위를 가리키고, '아뻴'과 '아본'은 정직과 올바름이 결여된 것, 정해진 길에서 떠난 것을 의미하며, '페샤'는 올바른 권위에 복종하기를 거부하거나 거역하는 것을 의미한다. 이에 상응하는 헬라어들, '하마르티아', '아디키아', '파라바시스' 등도 같은 개념을 지닌다. 죄가 인간이 자유롭게 행하는 악한 선택이어서 도덕적 책임을 져야 한다는 것이 성경이 말하는 진리다(창 3:1-6; 사 48:8; 롬 1:18-32; 요일 3:4).

3. 죄는 절대적이다.

죄가 절대적이라는 것은 상대적이지 않다는 의미인데, 그 이유는 죄의 잣대인 하나님의 말씀이 절대적이기 때문이다. 선과 악의 중립 지대는 없다. 선에서 악으로 전이는 양적 성격이 아니라 질적 성격을 갖는다. 즉 선과 악 사이에는 절대적인 질적인 다름이 있다는 것이다. 그래서 죄는 선의 정도의 결여가 아니라 적극적인 악이다. 그래서 인간은 이 둘 사이에 양자택일을 하지 않으면 안 된다(마 10:32, 33; 12:30; 눅 11:23; 약 2:10).

4. 죄는 죄책과 오염(부패)을 포함한다.

죄책은 하나님의 법을 어긴 행위에 대한 처벌 또는 정죄를 받게 된 상태를 의미한다. 오염은 죄로 말미암은 생득적인 부패를 의미한다. 죄책은 율법의 정당한 요구를 직접 또는 대속적으로 만족시켜 줌으로써 제거될 수 있다. 죄의 오염은 죄책의 결과이다. 죄책에는 항상 오염이 따른다. 다음과 같은 구절들은 죄의 오염에 대해서 말한다(욥 14:4; 렘 17:9; 마 7:15-20; 롬 8:5-8; 엡 4:17-19).

5. 죄는 마음속에 거한다.

마음은 영혼의 중심 기관이다. 죄는 바로 이 타락한 마음에 자리 잡는다(잠 4:23; 렘 17:9; 마 15:19, 20; 눅 6:45; 히 3:12). 죄의 좌소(座所)가 마음이라는 사실은 죄는 우리의 전인에 관계된 것임을 의미한다. 이성과 정서와 의지에서부터 신체에 이르기까지 죄와 관련이 없는 부분은 없다. 죄의 좌소는 마음이기에 죄는 단순히 외적인 행위만을 가리키지 않고, 죄악 된 습관과 영혼의 죄악 된 상태까지 가리킨다. 즉 죄는 행위와 기질과 상태에 있어서 하나님의 법에 순응하지 못한 것이다.

C. 펠라기우스주의의 죄에 대한 견해[707]

어거스틴은 타락한 사람은 심히 부패되고 무능하기 때문에 자기의 노력으로는 자신의 마음을 변화시킬 수 없으며, 죄 사함과 구원을 받을 수 없고, 오로지 하나님의 절대적 주권과 자유의지에 의한 하나님의 은총만이 죄인을 찾고 구원하신다고 보았다. 죄 사함과 구원은 오직 하나님께만 달려있

---

[707] Cf. Berkhof, 『조직신학』, 450-52.

다고 믿었던 것이다.

반면에 펠라기우스(Pelagius, a.d. 354-418)[708]는 어거스틴과는 정반대의 입장을 취하였다. 어거스틴은 하나님의 주권을, 펠라기우스는 인간의 자유의지와 능력을 강조하였다. 펠라기우스는 아담으로부터 전가되는 원죄와 하나님의 예정을 부인하고 의지의 자유(freedom of will)와 능력(ability)을 강조하였다. 그는 주장하기를 사람은 하나님이 주신 여하한 계명도 지킬 수 있다. 사람이 순종할 수 없는 계명을 하나님이 주신다는 것은 불합리하다. 그리스도는 "하늘에 계신 너의 아버지의 온전하심과 같이 너희도 온전 하라."고 말씀하셨다. 하나님은 사람이 지킬 수 없는 계명을 주실 리가 만무하다고 하면서 사람이 하나님의 뜻을 행할 능력이 있음을 격찬하였다. 그는 "나는 가끔 도덕적 진보와 거룩한 생활의 지도를 말하여야만 한다. 나는 인간 성질의 능력과 자질을 설명하고 무엇을 성취할지를 보여주는데 익숙해 왔다."[709]라고 하였다.

펠라기우스의 죄 이해의 전제는 '하나님이 인간에게 선한 일을 하도록 명령하셨다면 인간에게는 선한 일을 할 수 있는 능력이 있다'는 것이다. 모든 인간은 선과 악에서 중립적으로 선택할 수 있고, 어느 것을 선택하는지는 순전히 그의 자유로운 의지에 달려 있다는 것이다. 죄는 개별적인 의지의 행위일 뿐이고, 죄악 된 본성이라는 것은 존재하지 않는다. 아담 또한 이런 중립의 상태에서 죄를 선택한 것이고, 그의 후손들 또한 원죄와 같은 그런 본성적 죄의 영향 없이 중립적 상태로 태어나서 자신들의 선택에 의해 각자의 삶이 결정된다고 주장한다. 이런 펠라기우스주의의 이해에 대해 다음의 몇 가지 반론이 가능하다. (1) 먼저 인간이 오직 자신이 할 수 있는 일에 대해서만 책임을 지닌다는 펠라기우스주의의 전제는 사실이 아니다. 성경은 롬 1:18-32에 묘사된 완고한 죄인들이 사실상 책임이 없는 자들이라고 말하지 않는다. 이런 전제에 의하면 죄가 많을수록 그 사람의 책임은 오히려 더

---

[708] 로마에 살았던 영국의 수도사요, 신학자였다.

[709] Philip Schaff, *History of the Christian Church*, 3:322. 재인용.

줄어들게 된다. (2) 이들은 사람의 도덕적 성격을 부정함으로써 사람을 동물의 수준으로 전락시킨다. (3) 이들은 원죄를 부정하고, 이런 그들의 견해는 죄의 보편성을 설명하지 못한다. (4) 그리고 결국 구원의 필요성 또한 부정하게 된다.710

---

710 Cf. Berkhof, 『조직신학』, 450-52.

III
죄의 전가

A. 역사적 고찰[711]

1. 종교 개혁 이전

초기 교회에서도 인간의 죄악 된 상태의 원인이 아담의 타락이라는 사실을 분명히 가르쳤다(이레네우스, 터툴리안, 어거스틴 등). 그러나 그 방식, 죄의 전가(imputation)는 그들에게도 생소한 것이었다. 어거스틴에 이르러서 원죄의 교리에 대한 발전이 있었는데, 그는 인류의 대표자로서의 아담 안에서의 범죄라는 개념에 매우 가까운 이해를 제공해 주었다. 그럼에도 그는 행위 언약 개념이 아니라 신비적인 면으로 이를 해석했다. 펠라기우스파는 모든 사람 안에 있는 원죄를 강하게 거부했고, 이어서 중세 로마 가톨릭 교회는 반펠라기우스파의 주장으로 기울어지게 되었다.

2. 종교 개혁 이후

초기 종교 개혁자들은 어거스틴의 입장을 취하였으나 칼빈은 어거스틴의 신학을 계승 발전시켰고, 그의 신학은 화란, 스코틀랜드, 영국 등지에서 많이 발전되어 행위 언약 사상이 선명하게 드러나게 되었다. 아담이 인류의 대표자라는 사실과 죄책과 오염의 전이를 구별하기에 이른 것이다. 시간

---

[711] Cf. Berkhof, 『조직신학』, 454-56.

이 흘러 소시니우스파와 알미니우스파는 아담의 죄가 후손들에게 전가된다는 개념을 부정하게 되었다.

B. 죄의 보편성에 대한 성경적 교훈712

성경은 직접적으로 보편적인 인간의 죄성에 대해 증거 한다(왕상 8:46; 시 143:2; 잠 20:9; 전 7:20; 롬 3:1-12, 19, 20, 23; 갈 3:22; 약 3:2; 요일 1:8, 10). 어떤 성경 본문들은 펠라기우스주의자들이 말하는 것처럼 이것이 학습이나 모방이 아니라 본성에 따른 것이라고 가르친다(시 51:5; 욥 14:4; 요 3:6). 특별히 엡 2:3에서 "본질상 진노의 자녀"에서 "본질상"은 후천적으로 획득된 것이 아니라 원래 태어날 때부터 죄책을 가지고 있음을 의미한다. 그래서 성경은 모든 사람들이 저주 아래에 있고, 그리스도 예수 안에 있는 구속을 필요로 한다고 가르친다.

C. 아담의 죄와 인류의 죄와의 관계713

1. 관련을 부인하는 견해

a. 펠라기우스주의와 소시니안주의

이들은 아담의 죄와 인류의 죄와의 관계를 전적으로 부인한다. 아담의 죄는 단지 그의 죄일 뿐이며, 그의 후손과는 아무런 관계도 없다는 것이 이들의 주장이다.

b. 반펠라기우스주의자들과 초기 알미니우스주의자들

---

712 Cf. Berkhof, 『조직신학』, 457-58.
713 Cf. Berkhof, 『조직신학』, 458-61.

이들은 아담의 죄에서 죄책과의 연관은 부정하고, 오직 오염에서의 연관만을 인정했다. 즉 아담의 죄에 대해 인간은 책임이 없고, 다만 오염, 선천적인 무능력만을 인정한다. 하지만 웨슬리 알미니안주의자들은 선천적 오염에 죄책도 포함된다고 인정한다.

알미니안파에서는 칼빈주의의 절대 주권과 예정을 부인하고 인간의 자유의지에 의한 선택을 강조하였다. 알미니우스와 그의 추종자들은 반(半)펠라기우스주의와 비슷하게 하나님의 예정을 부인하며 인간의 자유의지를 강조하였다. 알미니우스는 조건적 선택(a conditional election)을 주장하였다. 즉 구원을 선택하고 또는 거부하는 것은 사람의 자유의지에 달려있다는 것이다.

알미니우스가 세상을 떠난 후 그의 제자들은 알미니우스의 주장을 더욱 강화하여 1610년에는 항론서(Remonstrance)라는 그들의 성명서(manifesto)를 발표하였다. 그들에 의하면 하나님은 모든 사람을 구원하기로 작정하셨다. 그리스도는 모든 사람을 위하여 죽으셨다. 은혜는 불가항력적이 아니다. 신앙은 상실될 수 있다고 하였다. 이러한 알미니안파의 견해들은 존 웨슬리 형제, 그리고 그들의 친구인 플레쳐 등이 주장했으며 이것이 감리교, 성결교, 오순절교, 그리고 신오순절주의자들(현대 방언과 신유의 은사를 주장)에게로 확산되어 왔다.

조영엽 교수는 이에 대하여 평하기를 알미니안주의가 하나님 주권과 예정을 부인하고 인간의 자유의지에 의한 선택을 강조한 것은 인간의 전적 타락과 부패, 그리고 전적 무능에 대한 성경적 죄관(罪觀)을 바로 깨닫지 못한 증거라고 했다. 소위 알미니안주의의 5대 항론에 반대하여 1618년 도르트(Synod of Dort)에서는 칼빈주의의 5대 교리(전적부패, 무조건적 선택, 제한적 속죄, 유효적 소명에 있어서 불가항력적 은혜, 성도의 최후 보존)를 가결하였다.[714]

도르트 회의는 알미니안주의의 도전에 대응하기 위하여 화란의 도르

---

[714] 조영엽, 『신론, 인죄론』, 196-97.

트에서 개최된 국제적 회의였다. 35명의 교역자들, 화란 교회의 장로들, 5명의 신학자들, 18명의 정치적 대표자들, 그리고 영국, 스위스, 스코틀랜드 등지에서 온 외국 대표들로 구성되었다. 이 대회는 1618년 11월 13일부터 1619년 5월까지 6개월간 무려 154회라고 하는 회의 과정을 거치면서 알미니안주의는 이설(異說)이라는 사실을 재확인하는 자리가 되었다. 이 대회에서는 심각한 문제가 되었던 예정 특히 예정의 일부인 유기(遺棄, 버려두심) 문제, 인간의 전적 타락, 인간의 자유의지, 원죄, 보편적 은혜, 이신칭의, 속죄, 심지어는 그리스도의 신성 등에 관한 교리들을 정립하였다. 이 대회에서 이중 예정론과 예지가 조건이 아닌 무조건적 선택과 불가항력적 은혜 등 엄격한 칼빈주의 체계가 세워졌다.

c. 바르트주의

위기 신학은 인류의 죄의 연대성을 강조한다. 그러나 이는 개혁파 전통의 원죄 교리와 같은 것은 아니다. 이들에 의하면, 아담은 우리를 대표하고 우리는 또한 아담을 대표한다. 그래서 아담의 이야기는 우리 안에 일어나는 일들에 대한 초역사적 사건이다. 타락의 역사성은 부정된다.

2. 관련을 설명하기 위해 시도된 이론들

a. 실재론

이는 아담 안에 온 인류의 본성이 있어서, 아담 안에서 이 본성은 자발적인 배교의 행위를 통해서 스스로를 부패하게 했다는 이론이다. 이 이론에 의하면 보편적인 인간의 본성은 아담 안에서 부패했고 죄책을 짊어지게 되었다. 이 이론은 몇 가지 주요 반론에 직면한다. (1) 이는 인간 본성에 대해 일종의 유물론적 이해를 가진다. (2) 또 이것은 양심의 증거와 상반되는데, 모든 인간은 자신이 분리된 인격임을 의식하기 때문이다. (3) 이 이론은 후손들이 아담의 죄 뿐만 아니라 그들의 선조들이 지은 죄에는 왜 책임을 지지 않아도 되는지를 설명하지 못한다. (4) 또 이론은 그리스도께서 아담 안에 있는 죄에 대해 무죄하신 이유 또한 설명하지 못한다.

b. 간접 전가론

이는 아담의 후손들은 자연적인 출생을 통해 아담으로부터 자신들의 내적인 부패를 물려받았고 그 부패성으로 인해 죄책을 지게 되었다고 말한다. 즉, 아담 안에서 죄책이 있기에 부패한 상태로 태어난 것이 아니라 부패했기 때문에 죄책을 진다는 것이다. 하지만 이에 대해서도 몇 가지 반론이 제기된다. (1) 아담 후손들의 생득적인 부패는 이미 아담의 죄의 결과이므로, 그것은 그들이 아담의 죄책을 짊어지고 있다는 교리의 근거로 사용될 수 없다. (2) 이 이론은 아담의 죄책과 부패가 모든 후손들에게 전가되는 객관적인 근거를 제시하지 못한다. (3) 이 이론은 모든 조상들의 죄가 다음 세대에 간접적으로 전가될 것을 요구한다. (4) 이는 죄책을 수반하지 않는 도덕적 부패가 있을 수 있다는 가정에 근거한다.

c. 직접 전가론(행위 언약 교리)

행위 언약 교리는 아담이 그의 후손과 이중적인 관계에 있다고 한다.

① 자연적인 관계

아담은 모든 인류의 조상이다. 자연적인 관계에서는 그가 죄를 범한다면 그에 대한 부패와 처벌을 받아야만 했고, 그 죄는 오직 자신의 것일 뿐, 후손에게 돌아갈 것이 되지 않는다.

② 언약 관계

하나님께서는 이 자연적인 관계에 언약 관계를 더하셨다. (1) 아담은 단순히 조상이 아니라 대표이며, 언약의 머리가 되었고, (2) 그는 대표로서 시험을 받았고, (3) 이 시험의 결과에 따라 모든 인류는 그에 따른 보상과 처벌을 받게 된다. 이 언약은 정상적으로 작동 했다면, 인류에게 큰 유익을 주었을 것이다. 아담은 하나님의 피조물로서 모든 순종에도 불구하고 어떤 보상을 요구할 수 없지만, 이 언약에 따라 보상으로 영생이 약속되었고, 그것을 기대할 수 있었다. 이 교리는 아담이 처음 지은 죄만이 우리에게 전가되고 그 이후에 그가 범한 죄와 다른 조상들의 죄가 우리에게 전가되지 않는 이유를 설명해 줄 뿐만 아니라 예수님의 무죄성 또한 옹호할 수 있는데, 성육신 하신 예수님은 제 2위격이신 로고스께서 인성을 취하신 분으로서, 그의 위격은 행위 언약의 대상 안에 포함되어 있지 않기 때문이다.

IV 인류의 죄

A. 원죄(Original Sin, Peccatum Originale)[715]

원죄란 아담의 타락으로 말미암아 모든 사람이 갖게 된 죄인 된 신분과 상태를 가리킨다. 원죄는 생득적인 것으로 모든 사람은 이를 가지고 태어나며, 이 원죄를 뿌리로 하여 모든 자범죄가 나타나게 된다. 원죄는 아담의 첫 번째 죄가 아니고, 아담의 첫 번째 죄로 말미암아 그 후손들이 생득적으로 가지는 죄책과 오염을 가리킨다. 원죄에는 원 죄책인 본래적 허물(original guilt)과 본래적인 오염(original pollution)이라는 두 가지 요소가 있다. 허물이란 형벌을 받을 만한 범법 또는 자아 결정적 범죄 때문에 하나님의 공의를 만족케 해야 하는 책임을 의미하고, 오염이란 원의의 결여와 적극적인 악의 임재를 포함한다. 이 원죄로 인하여 각 사람은 철저히 타락됐고 선과 악을 분별하는 양심을 상실하였다. 그는 이런 선천적죄악성 때문에 모든 형태의 죄에 빠지게 된다. 이것은 다른 말로 하면 선천적인 타락 때문에 하나님과의 관계 안에서 선이 전연 없고 타락만이 있을 뿐이다.[716]

1. 역사적 개관

초대 교회 교부들은 원죄에 대해 다소의 개념을 가지고는 있었으나,

---

[715] Cf. Berkhof, 『조직신학』, 462-69.
[716] 이근삼 전집 편찬위원회 엮음, 『개혁주의 조직신학 개요 I』, 285-86.

그들조차 그 개념을 명확히 이해하지는 못했고 따라서 바르고 명확한 가르침을 줄 수는 없었다. 이런 과정에서 펠라기우스는 원죄책과 원오염 모두를 부정하고 사람에게는 원죄란 것이 없다고 주장하였다. 하지만 어거스틴은 이에 대해서 반박하며 아담 이후의 인류는 원죄를 가지며, 이는 원죄책과 원오염으로 이루어진다는 사실을 제시하였다. 하지만 이는 중세 스콜라주의자들에 의해 반박되었다. 그들에 의하면 원죄는 적극적인 어떤 것이 아니라 어떤 것의 결여 즉, 원의의 결여로 이해했다. 원죄는 단지 본성의 무기력으로 전락했다. 하지만 원죄에 대한 어거스틴의 교리는 종교 개혁과 함께 다시 회복, 발전되었다.

2. 원죄의 두 요소

a. 원죄책(original guilt)

죄책이란 하나님의 법을 위반한 사실로 말미암아 하나님의 공의의 만족을 위해 죄인이 받아야 할 형벌, 즉 법률적 책임을 의미한다(롬 5:12; 고전 15:22; 엡 2:3). 아담 안에서 모든 인류는 원죄책, 즉 하나님 앞에 형벌을 받아야 할 법률적 책임을 가진 자로 태어나게 된다. 왜냐하면 아담은 인류에 대해 언약의 머리로서 범죄 하였고 그 죄에 대한 죄책은 모든 후손에게 전가되기 때문이다.

b. 원오염(original pollution)

원오염은 원죄책의 결과다. 이 원오염은 두 가지를 포함하는데 (1) 하나는 원의의 결핍이고, (2) 다른 하나는 적극적인 악의 존재다. 원오염은 전적 부패와 전적 무능력이라는 두 가지 특성으로 나타난다.

① 전적 부패(total depravity)

소극적인 의미에서 전적 부패는 (1) 모든 사람이 최대한의 정도로 악하다는 것을 의미하지는 않는다. (2) 또 이것이 하나님의 뜻에 대한 내적인 지식이나 선과 악을 분별하는 양심이 없다는 의미도 아니고, (3) 도덕적 행동을 전혀 취하지 못하고 온갖 유형의 죄에 빠지게 된다는 것을 의미하지도 않는다. 적극적인 의미에서 전적 부패는 (1) 생득적인 부패가 인간의 전 영역에 이르렀다는 것이고, (2) 타락한 인간에게 하나님 앞에 선한 것이 아무 것도 없다는 사실을 의미한다. 성경은 인간의 전적 부패를 명확하게 증거한다(요 5:42; 롬 7:18, 23; 8:7; 엡 4:18; 딤후 3:2-4; 딛 1:15; 히 3:12).

② 전적 무능력(total inability)

전적 부패가 인간의 능력적 측면에 끼친 효과를 놓고 생각할 때, 그것은 전적 무능력이라 불린다. 이는 선행에 대한 무능력을 의미한다. 하지만 이는 자연인이 아무런 선도 행할 수 없다는 의미는 아니다. 비록 그가 자연적인 선, 또는 시민적인 선이라 불리는 선을 행할 수 있다 하더라도, 자연인은 하나님이 받으실 만한, 율법을 만족시키는 하나의 행위도 할 수 없을 뿐만 아니라 죄와 자아를 중심에 두는 태도를 바꿀 수 없다는 것을 의미한다. 즉, 자연인은 어떤 영적인 선도 행할 수 없다는 것이다. 이는 성경이 여러 곳에서 매우 강조하는 사상이다(요 1:13; 3:5; 6:44; 8:34; 15:4, 5; 롬 7:18, 24; 8:7, 8; 고전 2:14; 고후 3:5; 엡 2:1, 8-10; 히 11:6).

3. 원죄와 인간의 자유

전적 무능력 교리는 인간의 자유가 완전히 상실되었다는 것을 의미하는지에 대한 질문이 나올 수 있다. 이 질문에 대한 답은 어떤 측면을 말하느냐에 따라 긍정될 수도 있고 부정될 수도 있다.

a. 자유 의지 상실하지 않음

타락한 인간도 여전히 자신의 행위에 대해서 책임을 지니는 "자유로운 도덕적 행위자" 라는 의미에서 인간은 자유 의지를 상실하지 않았다. 인간은 자신의 성향과 성품에 일치하여 자신이 원하는 것을 선택할 수 있다. 그런 의미에서 타락한 인간 또한 여전히 자유로운 도덕적 행위자이며, 이는 그가 책임적인 도덕적 행위자가 되는 데 필요한 구조적 기능을 상실하지 않았음을 의미한다.

b. 자유 의지 상실

하지만 인간은 실질적인 자유는 상실했다. 인간은 죄의 노예가 되어버렸다. 사람은 자신을 책임 있는 도덕적 행위자가 되게 하는 데 필요한 생득적 기능들을 보존하고는 있으나, 제어할 수 없는 악을 향한 지향성과 영적인 선을 향한 결핍은 하나님을 향한 참된 선과 구속에 속한 것을 향해 나아갈 수 있는 자유를 선택할 수 없게 만든다. 그럼에도 이것은 그가 전심으로 원하는 그것을 하는 것이기에 다른 누구에게도 변명할 수 없고, 핑계할 수 없는 자신의 책임 있는 행동이 된다.

4. 바르트주의와 원죄

로우리는 "바르트는 타락에 관해서는 많은 이야기를 하고 있으나 '원죄' 에 관해서는 아무 말도 하지 않는다."고 지적한다. 바르트는 인간의 타락을 말하지만, 이 타락은 역사적 실재 사건은 아니다. 바르트주의에서 타락은 형이상학적 의미를 지닌다. 원죄론을 받아들이지 않으므로 아담이 처음 범한 죄는 모든 그의 후손들의 죄를 설명하는 근거가 될 수 없다. 그리고 브룬너는 "죄는 상태가 아니라 행위이다. 심지어 죄인이 되는 것도 상태가 아니라 행위이다. 왜냐하면 그것은 하나의 인격이 됨을 의미하기 때문이다"라고 말한다. 죄인이 되는 것을 상태가 아니라 행위로 보는 것은 바른 성경적 이해에서 완전히 이탈한 견해이다. 죄인이 상태가 아니라면, 구속도 그러하게 될 것이고, 이는 변증법적 생성 속에서 그 어떤 구속의 안정감도 사라지게 될 것이다.

5. 전적 부패와 전적 무능력에 대한 반론

a. 도덕적 의무에 모순된다.

전적 타락과 전적 무능력 교리는 그것이 도덕적 의무에 모순된다는 반대를 받는다. 반대하는 이들은 인간은 필요한 능력을 부여 받지 않은 일에 대해 책임 질 필요가 없다고 말한다. 그러나 이런 반대는 타당하지 않다. 왜냐하면 타락한 인간은 자유로운 도덕적 행위자로서의 구조적 기능이 상실되지 않았으며, 또한 그가 선을 선택하지 않고 악을 선택할 때 그것은 그가 원하는 것을 선택하는 것이기 때문이다.

b. 실천을 위한 동기를 제거한다.

어떤 이들은 이 교리가 실천을 위한 모든 동기를 제거하고 은혜의 수단을 사용하기 위한 타당한 근거들을 파괴한다고 주장한다. 신자는 하나님께서 은혜의 수단을 사용할 것을 명령하시고, 하나님께서 그 수단을 사용하여 은혜를 베푸실 것을 약속하셨기 때문에, 신자는 그 연약함에도 불구하고, 더 나아가 그가 연약하기 때문에 더욱 더 은혜의 수단을 부지런히 사용하고자 하는 열망을 갖게 된다.

B. 자범죄 또는 본죄(actual sin)[717]

---

[717] Cf. Berkhof, 『조직신학』, 469-73.

자범죄는 인간 각자가 자기 의지로 범하는 행위, 말, 생각의 죄를 말한다. 원죄는 하나이지만 본죄는 여러 가지다. 마음속에 있는 의식적 정욕이나 소욕 등 내부적일 수 있고, 또 도적, 간음, 살인 등 외부적일 수 있다. 모든 계명을 다 지키다가 그 중에 하나를 범하면 곧 다 범한 것이 된다고 하였다. 죄의 삯은 사망이다. 그러나 예수 그리스도의 십자가 공로로 모든 죄가 다 사함 받을 수 있다. 이것은 하나님의 크신 은혜이다.[718]

1. 원죄와 자범죄의 관계

원죄는 원인이며 자범죄는 그 결과다. 그러므로 양자는 인과 관계를 가진다. 원죄는 언약의 대표인 아담이 언약을 위반한 것으로 인하여 그 모든 후손에게 죄책을 지우고 본성에 부패를 초래하게 된 결과이고, 자범죄는 원죄라는 뿌리로부터 실제적으로 모든 개인들이 범한 죄를 의미한다. 그러므로 하나님 앞에서 자범죄는 원죄에 비해 그 죄책이 더 중하다.

2. 자범죄 분류

a. 로마 가톨릭 교회의 분류

로마 가톨릭 교회는 갈라디아서 5장 21절, "이런 일을 하는 자는 하나님의 나라를 유업으로 받지 못할 것이요"라는 말씀을 근거로 자범죄를 중죄(mortal sins)와 경죄(venial sins)로 구분한다. 중죄는 믿어야 하거나 행해야 할 중요한 문제에 대해 하나님의 율법을 고의적으로 범한 죄로서 죽음에 이르는 죄이고, 이 죄의 용서를 위해서는 고해 성사가 필요하다고 한다. 경죄는 중대하지 않은 율법을 범하거나 고의적인 범죄가 아닌 경우의 죄인데, 이 같은 죄는 쉽게 용서 받을 수 있고, 심지어는 죄의 고백이 없어도 용서가 가

---

[718] 이근삼 전집 편찬위원회 엮음, 『개혁주의 조직신학 개요 Ⅰ』, 287.

능하다고 주장한다. 하지만 이런 구분은 성경적인 구분이 아니다. 성경은 모든 죄는 불법(anomia)이고, 그래서 아무리 작은 죄 하나라도 영원한 형벌을 받아 마땅한 것이라고 말한다.

b. 성경적 견해

성경이 모든 죄가 불법이고 아무리 작은 죄라도 다 영원한 형벌을 받아야 한다고 주장한다고 해서, 그것이 죄책의 다양한 정도를 부정하는 것은 아니다. 구약 성경은 고의와 범한 죄와, 무지나 연약성, 또는 실수로 부지중에 범한 죄를 구분한다(민 15:29-31). 신약 성경은 한 걸음 더 나아가서, 어느 만큼의 빛을 받았느냐에 따라 죄의 정도가 다르다고 말한다. 즉, 하나님의 계시의 빛이라는 특권을 더 많이 누리는 사람들은 그렇지 않은 사람에 비해 더 큰 죄책을 짊어지게 된다(마 10:15; 눅 12:47, 48; 23:34; 요 19:11; 행 17:30; 롬 1:32; 2:12; 딤전 1:13, 15, 16).

3. 용서 받을 수 없는 죄

몇몇 성경 구절은 용서 받을 수 없는 죄에 대해서 말한다(히 6:4-6; 10:26, 27; 요일 5:16). 이 죄는 일반적으로 성령을 모독하는 죄라고 불리는데, 주님 또한 이 죄에 대해서 분명히 말씀하셨다(마 12:31, 32).

a. 그릇된 해석

(1) 먼저는 이 죄를 오직 그리스도께서 지상에 계실 때에 한하여 지을 수 있는 죄라는 해석이 있다(Jerome, Chrysostom). 그리스도의 권능과 역사 앞에서도 그 기적을 인정하기를 거절하고 그것을 사탄의 것으로 돌리는 행위가 바로 이 죄의 본질이라고 주장했다. 하지만 히브리서와 요한일서가 여전히 이 죄에 대해서 말하는 것으로 보아 이 해석은 근거가 없다. (2) 어떤 이

들은 끝까지 회개하기를 거부하는 죄(impoenitentia finalis)라고 해석했다 (Augustine, Melanchtonian Lutherans, Guthrie, Thomas Chalmers). 즉, 이 죄는 계속되는 불신앙의 죄로서 끝까지 예수 그리스도를 받아들이기를 거부하는 태도를 말한다는 것이다. (3) 어떤 이들은 히브리서 6장 4절-6절을 근거로 이 죄를 오직 중생한 사람들만이 범할 수 있는 죄, 즉 한 번 중생한 사람이 그 은혜에서 이탈하여 범하는 죄라고 해석했다(후기 루터파 신학자들). 그러나 이 주장은 견인의 은혜를 부정하는 비성경적인 견해이다.

b. 개혁파의 견해

이 죄는 중생하지 못한 불신자들이 범하는 죄이며, 동시에 중생하지 못한 불신이라고 해서 다 이 죄를 범하는 것도 아니다. 이 죄는 분명히 현세에 범하는 죄로서, 회심과 용서를 불가능하게 만드는 죄인데, 그리스도 안에 나타난 하나님의 은혜의 증거를 의식적으로, 악의를 가지고, 그리고 고의적으로 거부하고, 모독하며 동시에 질시와 증오심에 사로잡혀서 그것을 어둠의 권세 잡은 자의 일로 돌리는 죄를 의미한다. 이 죄는 객관적으로 하나님의 은혜의 계시와 성령의 강력한 사역을, 주관적으로는 정직하기만 하면 진리를 부인할 수 없을 만큼 강하게 성령의 조명을 받아서 지적으로 확신할 수 있는 상태를 전제한다. 하지만 이런 상황에서도 인간이 의도적으로 그리고 악의로 명백한 하나님의 사역을 사탄의 영향과 작용으로 돌릴 때, 이는 결정적으로 성령을 모독하는 이 죄를 범하게 되는 것이다.

기억해야 할 것은 이 죄가 사함을 받을 수 없는 이유는 그리스도의 공로나 그들을 회개케 하시는 성령의 능력이 부족해서가 아니라, 단지 죄의 영역에도 하나님이 설립하시고 유지하시는 일정한 법칙이 있기 때문이다. 이런 특별한 죄를 범하게 되면, 그는 모든 회개를 거부하고 그 양심은 마비되고 마음이 완악하게 되어 회개를 전연 거부하여 용서받지 못하게 된다. 그러므로 이 죄를 지(었)을까 두려워하는 자는 이 죄 속에 있는 자가 아니다.

V 죄의 형벌

A. 형벌의 종류: 자연적 형벌과 적극적 형벌[719]

형벌은 하나님의 공의를 만족시키기 위해 범죄자에게 고통이나 고난을 가하는 것을 의미하는데, 이에는 자연적인 것과 적극적인 것이 있다.

1. 자연적 형벌

성경은 여러 곳에서 이 형벌에 대해 말한다(욥 4:8; 시 9:15; 94:23; 잠 5:22; 23:21; 24:14; 31:3). 이는 죄의 자연스러운 결과로서 주어지는 형벌인데 이는 죄의 자연스럽고 필연적인 결과로서 피할 수 없는 형벌이다. 어떤 경우에 있어서는 이 형벌이 하나님께서 우리가 임의로 사용할 수 있도록 허락하신 방편을 통해 감소되거나 제거되기도 하지만 본질적으로 인간은 회개와 용서로서 이 형벌에서 면제될 수 없다. 이는 게으른 자가 가난해 지고, 술주정뱅이가 건강을 잃고 주위의 관계를 망치는 것과 같은 것들을 의미한다.

2. 적극적 형벌

현대주의 신학자들은 적극적 형벌을 부정하고 오직 자연적 형벌만을 인정하려는 경향이 있다. 하지만 성경은 자연적 형벌뿐만 아니라 적극적 형

---

[719] Cf. Berkhof, 『조직신학』, 475-76.

벌에 대해서도 명확하게 말하고 있다(출 32:33; 대하 10:13; 시 11:6; 75:8; 사 1:24; 마 3:10; 24:51; 롬 1:24, 26, 28). 적극적 형벌은 법정적 의미를 지니는 형벌로서 다음 네 가지로 구분될 수 있다. (1) 먼저는 하나님께서 구약의 이스라엘에게 생활의 법으로 주신 것을 위반했을 때 주어진 형벌이다(출 20:23). (2) 또 하나님께서 세우신 이 땅의 나라의 모든 정부들에 의해 법령으로 주어지는 정당한 형벌들이다(롬 13:1-5). (3) 하나님의 도덕적인 법을 통해서 주어지는 일반적 형벌들이다(갈 6:7-9; 시 55:5-6). (4) 마지막으로 가장 궁극적이며 완성적인 형벌로서 영원한 죽음, 즉 지옥의 형벌이다(계 20:11-13).

B. 형벌의 근본 목적[720]

1. 그릇된 견해

a. 죄인의 개선

형벌의 근본적인 목적이 죄인의 개선이라고 주장하는 자들이 있다. 이는 하나님이 형벌을 주시는 목적이 죄인을 향한 하나님의 진노가 아니라, 그를 개선시키고자 하시는 것뿐이라는 주장이다. 하지만 형벌이 징계는 아니다. 성경은 징계(욥 5:17; 시 6:1; 94:12; 11:8, 18; 잠 3:11; 사 26:16; 히 12:5-8; 계 3:19)와 형벌(시 5:5; 7:11; 나 1:2; 롬 1:18; 2:5, 6; 살후 1:6; 히 10:26, 27)을 구분한다. 이 이론에 따르면 이미 교정된 죄인은 더 이상 처벌될 이유가 사라지게 된다. 그리고 이는 사형 제도와 영원한 형벌을 부정하는 것으로 귀결된다.

b. 사회 보호

또 형벌의 목적이 유사 범죄의 재발을 방지하고 사회를 보호라는 주장이 있다. 비록 이런 유익이 있을 수 있다 하더라고 이것이 하나님이 형벌을

---

[720] Cf. Berkhof, 『조직신학』, 477-79.

주시는 이유가 될 수는 없다. 물론 세상 국가에서는 이런 목적으로 형벌이 실행되고 있는 것은 사실이다. 하지만 사회의 유익을 위하여 개인을 처벌하는 것은 정의롭지 못할 뿐만 아니라, 형벌 그 자체가 정의롭지 못하면 죄의 억제 효과 보다는 오히려 더 반감과 적개심을 키우는 일이 될 것이다.

2. 올바른 견해

형벌의 목적은 위대한 율법 수여자의 의와 거룩함의 수호와 만족을 위해서이다. 죄는 하나님의 거룩하심에 대한 공격과 반역이므로 하나님의 거룩하심의 수호와 공의의 만족을 위하여 범죄에 대해 형벌이 요구되는 것이다(욥 34:11, 12; 시 62:12; 벧전 1:17). 이 형벌의 근본 목적이 제 자리를 차지하고 있을 때, 위의 두 그릇된 견해, 즉 죄인의 개선과 사회 보호는 부차적인 목적으로 언급될 수 있을 것이다.

C. 죄에 대한 형벌들[721]

1. 영적 죽음

이는 영혼이 하나님과의 생명의 교제로부터 분리된 상태에 던져진 것을 의미한다(엡 2:1; 5:14; 딤전 5:6; 계 3:1; 롬 8:13). 생명의 하나님과 교제할 때만이 인간은 참된 생활을 영위할 수 있다. 하지만 죄로 말미암아 인간은 하나님과 분리되었고, 이 분리는 죽음을 의미한다.

2. 삶의 고난

---

[721] Cf. Berkhof, 『조직신학』, 479-81.

아담의 범죄로 인해 인류는 삶의 고난에 처해지게 되었다. 여인에게는 해산의 고통이 임하게 되었고, 땅이 저주를 받아 가시와 엉겅퀴를 내고, 이마에 땀을 흘리도록 수고해야 먹을 것을 얻을 수 있게 되었다(창 3:16, 17, 19). 육신적인 삶은 연약성과 질병에 매이게 되었고, 그로부터 오는 불안과 고통이 초래되었다. 정신적인 삶 또한 피폐해 져서, 기쁨을 상실하고, 여러 무기력과 정신적 균형을 잃어버리게 된다. 피조물 자체가 신음하며 자연은 약육강식의 잔인한 세상이 되어 버렸다. 개인이 살면서 경험하게 되는 재난들을 특정한 죄에 대한 특별한 형벌이라고 해석해서는 안 되지만, 또 죄와 재난의 관계를 완전히 무시하는 것도 바람직하지 못하다. 재난에 대해 언제나 집단적인 책임 의식을 가져야 하는 것이다(눅 13:2-5).

3. 육체적 죽음

이는 가장 일상적으로 죽음이라고 불리는 몸과 영혼의 분리를 의미하는데, 이 또한 형벌의 결과다(롬 5:12-21; 고전 15:12-23). 이것의 형벌적 특성은 인간이 죽음을 자연적인 어떤 것으로 여기지 않고, 죽음을 두려워한다는 사실에서도 잘 나타난다.

4. 영원한 죽음

영원한 죽음은 영적 사망의 절정이요 완성이다(마 25:46; 막 9:43-48; 살후 1:9; 계 14:11). 이는 영원한 생명과 극락의 하나님으로부터 영원히 분리되는 형벌이다. 이것은 가장 두려운 죽음으로서 육체적 고통과 함께 정신적 고통도 함께하며, 그 고통은 영원할 것이다. 이에 대한 보다 상세한 논의는 종말론에서 다뤄질 것이다.

安衡柱 牧師의
개혁주의 조직신학 강설

인간론

제3부

"은혜 상태의 인간"

I

언약의 명칭과 개념

A. 명칭[722]

1. 구약에서의 명칭

히브리어로 언약은 항상 '베리트'라는 용어로 사용된다. 이는 '자르다'의 의미를 가진 동사 '바라'에서 온 것으로 추측된다. 이는 언약 의식과 관련하여 제물을 쪼개든 모습을 연상케 한다(창 15:17). 베리트는 쌍방 간에 자발적으로 이루어지는 합의를 의미한다.

2. 신약에서의 명칭

신약에서 언약은 '디아데케'라는 용어로 사용된다. 당시 언약을 가리키는 통상적인 용어는 '순데케'였는데, 그럼에도 신약의 기자들이 '순데케'가 아닌 '디아데케'를 사용한 이유는 '순데케'는 언약의 당사자들이 법적으로 동등하다는 의미를 담고 있었기 때문이다. '순데케'에는 언약의 수립에 있어서 그 우선권이 하나님에 있다는 개념이 없지만, '디아데케'는 하나님께서 일방적으로 찾아오셔서 은혜로 언약을 체결해 주신다는 개념이 담겨 있다. 이와 함께 '디아데케'는 더 성경적인 개념을 담는 그릇이 되었는데, 화란역 및 흠정역은 이 단어를 절반은 "언약"으로 나머지 절반은 "유언"으로

---

[722] Cf. Berkhof, 『조직신학』, 485-86.

번역하였다. 언약을 유언으로 대치시키는 것은 (1) 언약에 있어서 하나님의 우선권을 강조하려는 의도와 (2) 유언으로 해석될 수밖에 없는 히 9:16, 17과 가능한 동일하게 번역하고자 하는 일관성, (3) 디아데케를 일관적으로 "유언"으로 번역하고 있는 라틴어 역본의 영향이 담겨 있다.

B. 개념[723]

계약에는 항상 두 당사자들이 있고, 둘 모두가 계약에 대한 책임을 지닌다. 언약 생활의 원형을 삼위일체적 존재 안에 지니시는 하나님은 인간의 삶을 언약 관계의 삶으로 제정하셨고, 인간 세상에서 발전되는 언약 관계를 사용하셔서 하나님과의 공식적인 관계를 언약적 관계로 표현하셨다. 행위 언약과 은혜 언약 둘 다 그 기원에 있어서 일반적이고, 하나님이 제정하신 약정의 성격을 띠고 있다. 그럼에도 이는 엄연한 언약으로서 양편의 두 당사자가 지니는 의무를 지닌다. 성경은 하나님이 언약을 지키시는 하나님이라고 말한다. 우리의 구원의 기초는 언약을 맺으시는 하나님과 그 언약을 지키시는 하나님의 신실성에 있다고 하겠다.

이 언약의 핵심은 하나님의 나라에 하나님과 그의 백성이다. "내가 이 스라엘 집에 세울 언약은 이러하니 곧 내가 나의 법을 그들의 속에 두며 그 마음에 기록하여 나는 그들의 하나님이 되고 그들은 나의 백성이 될 것이라."(렘 31:33) "내가 저희 가운데 거하며 두루 행하여 나는 저희 하나님이 되고 저희는 나의 백성이 되리라."(고후 6:16)[724]

---

[723] Cf. Berkhof, 『조직신학』, 487-88.
[724] 이근삼 전집 편찬위원회 엮음, 『개혁주의 조직신학 개요 I』, 291-92.

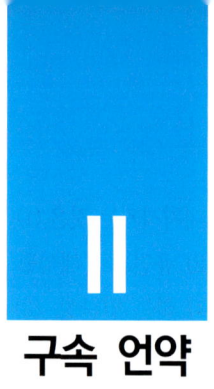

II
구속 언약

A. 구속 언약 개괄

아담이 행위 언약에서 실패하고 하나님은 곧 은혜 언약을 세우셨다. 하지만 은혜 언약은 급조된 언약은 아니었고 영원한 언약에 기초를 두고 있었는데, 그것이 바로 구속 언약(pactum salutis)이다. 구속 언약은 성자를 선택 받은 자의 머리와 구주로 주시는 성부와 성부께서 자기에게 주신 자들을 자원하여 대신하시는 성자 사이에 맺어진 협정이라고 정의할 수 있다. 이것은 삼위일체 하나님의 삼위 간에 맺은 영원한 계약으로서 죄인을 영생으로 옮기는 것으로 은혜언약의 영원한 원형이다.725

B. 성경적 근거726

1. 성경은 구속의 계획이 하나님의 영원한 의논에 포함되어 있음을 말해준다(엡 1:4 이하; 3:11; 살후 2:13; 딤후 1:9; 약 2:5; 벧전 1:2 등). 이 언약에서 성부는 창시자요, 성자는 집행자요, 성령은 적용자이시다. 삼위 상호간의 관계는 언약의 형식을 띠고 있어서, 삼위일체 안에서 역사적 언약의 원형을 발견하게 된다.

2. 성부와 성자 사이에 언약이 맺어졌다고 말하는 성경 구절들이 있다.

---

725 이근삼 전집 편찬위원회 엮음, 『개혁주의 조직신학 개요 I』, 292.
726 Cf. Berkhof, 『조직신학』, 490-91.

그리스도께서는 세상에 오시기 전에 아버지께로부터 받은 약속과 사명에 대해 거듭 말씀하신다(요 5:30, 43; 6:38-40; 17:4-12; 딛 1:2).

3. 언약의 본질적 요소들, 곧 계약의 당사자들(시 2:7-9), 약속과 보상(요 17:5; 빌 2:9-11), 조건(요 6:38, 39; 10:18; 17:4) 등에 대한 언급이 성경에 나타난다. 언약을 구성하는 본질적 요소가 있다면 언약이 있는 것이다.

4. 서로 연결하면 언약 개념이 메시야와 관련되어 있음을 드러내는 구약의 구절들이 있다. 성부께서 그의 택하신 자와 언약을 맺으시면서 백성의 언약이 되게 하셨다고 말하는데, 이는 결국 성자와 더불어 맺으신 영원한 언약을 지칭한다(시 89:3; 히 1:5; 사 42:6; 시 22:1, 2).

C. 구속 언약에서 성자의 지위와 역할[727]

1. 구속 언약에서 그리스도의 이중적 위치

a. 보증

보증인은 당사자가 아님에도 법적 의무를 완수할 책임을 지니는 자이다. 그리스도는 범죄 한 인간의 자리를 대신 차지하셨다. 즉, 구속 언약에서 그리스도는 자기 백성이 받아야 할 형벌을 대신 받으시고 그들의 죄를 대속할 것과 그들을 위한 율법의 요구를 만족시킬 의무를 지시기로 하셨다.

b. 머리

그리스도는 보증인인 동시에 머리시다. 그가 둘째 아담이 되셔서 아버지께서 자기에게 주신 모든 자들을 위한 언약의 머리가 되신 것이다. 그래서 그리스도께 획득하신 구원은 자신을 위한 것이 아니라, 그리스도께서 대표

---

[727] Cf. Berkhof, 『조직신학』, 491-93.

하시는 모든 이들을 위한 것이 된다.

2. 그리스도에게 있어서 구속 언약의 형식

구속 언약은 죄인과 관련하여 생각할 때는 은혜 언약의 영원한 기초이지만, 그리스도에게 있어서는 은혜 언약이라기보다는 행위 언약이다. 그리스도에게는 죄인을 위한 영생 획득을 위해 요구되는 순종이 있었다.

3. 구속 언약과 선택 교리

구속 언약과 선택 교리는 모두 하나님의 영원한 작정 속에 포함된다. 하지만 이 둘은 논리적인 의미에서 선후가 있는데, 선택 교리가 구속 언약에 비해 논리적으로 앞서고 그래서 구속 언약은 선택 교리를 그 안에 포함한다.

D. 구속 언약의 요소들[728]

1. 언약의 당사자

구속 언약의 두 당사자는 삼위 하나님의 대표로서 성부 하나님과 택자들의 대표로서 성자 하나님이시다. 구속 언약에서 성부와 성자는 행위 언약이나 은혜 언약과는 달리 서로 대등한 관계에 있다. 그래서 이 대등성을 강조하고자 구속 협약이라고도 일컬어진다.

2. 언약의 조건

---

[728] Cf. Berkhof, 『조직신학』, 494-95.

이는 성자 하나님께서 수행하셔야 할 의무 사항이다. 성자께서는 자기 백성의 머리로서 (1) 먼저 죄로 연약해진 인성을 취하시고 인류의 일원이 되셔야만 했다(갈 4:4, 5; 히 2:10, 11, 14, 15; 4:15). (2) 또한 율법 보다 우월하신 분께서 율법 아래에서 순종으로 의를 얻으셔야 했다(시 40:8; 마 5:17, 18; 요 8:29; 9:4, 5; 빌 2:6-8). (3) 마지막으로 그리스도는 성령의 사역을 통한 성취하신 구속을 택자들에게 적용 하셔야 했다(요 10:16; 16:14; 17:12, 19-22; 히 2:10-13; 7:25).

3. 언약의 보상

성자께서 위의 조건들을 성취하실 때, 성부께서는 다음의 것들을 해 주시기로 약속하셨다. (1) 첫째는 무죄한 몸(인성)을 예비해 주시기로 하셨고(눅 1:35; 히 10:5), (2) 또 사역 수행을 위해 필요한 은사와 은혜를 주시고 특별히 세례를 받으실 때 성취 된 바 성령을 무한히 부어주시기로 하셨다(사 42:1, 2; 61:1; 요 3:31). (3) 또 사탄의 지배를 깨뜨리고 하나님의 나라를 세울 수 있도록 그리스도의 사역을 지원하시기로 하셨으며(사 42:1-7; 49:8; 시 16:8-11; 행 2:25-28), (4) 성자의 사역에 대한 보상으로 성령을 보내셔서 교회를 형성, 지도, 인도, 보호하게 하실 것이다(요 14:26; 15:26; 16:13, 14; 행 2:33). (5) 또 성부께서는 보상으로 아무라도 능히 셀 수 없는 후손들을 열방으로부터 주실 것이고(시 22:27; 72:17), (6) 교회와 세상을 다스리는 하늘과 땅의 모든 권세를 그에게 주시고(마 28:18; 엡 1:20-22; 빌 2:9-11; 히 2:5-9), (7) 창세전부터 성부와 함께 가지고 있던 영광을 그에게 주실 것이다(요 17:5).

E. 구속 언약과 은혜 언약의 관계[729]

---

[729] Cf. Berkhof, 『조직신학』, 495.

1. 구속 언약의 은혜 언약의 영원적인 원형이다.

구속 언약은 영원에서의 협약이다. 이는 시간 안에서 실현되는 은혜 언약의 원형이 된다.

2. 구속 언약은 시간 안에서의 은혜 언약의 견고한 기초이다.

영원하시고 불변하신 성부와 성자 사이의 협약은 은혜 언약의 확실한 기초가 된다.

3. 구속 언약은 은혜 언약 유효성의 근거다.

구속 언약 안에는 은혜 언약 체결과 집행을 위한 방편이 모두 포함되어 있다. 죄인에게 믿음을 일으키시는 성령의 역사는 성부께서 성자께 약속하신 것이다.

III
은혜 언약

A. 은혜 언약과 행위 언약의 비교[730]

1. 유사점

두 언약의 유사점은 다음과 같다. (1) 창시자이신 하나님, (2) 하나님과 인간이라는 계약의 두 당사자, (3) 조건과 약속이라는 언약의 외적 형식, (4) 영생을 약속의 내용으로 하는 것, (5) 하나님의 영광을 궁극적인 목적으로 한다는 것이다.

2. 차이점

두 언약의 차이점은 (1) 행위 언약에 하나님은 창조주로 나타나시지만, 은혜 언약에서는 구속주로 나타나신다. (2) 또 행위 언약에서 인간은 원의를 가진 타락하지 않은 인간이지만, 은혜 언약에서 인간은 타락한 죄인이다. (3) 행위 언약은 가변적인 아담의 불확실한 순종에 의존하지만, 은혜 언약은 하나님의 절대적인 신실성에만 의존한다. (4) 행위 언약에서 사람이 생명을 얻기 위해서는 율법적 순종이 요구되나, 은혜 언약은 오직 믿음을 요구한다. (5) 행위 언약은 모든 사람과 관계되지만, 은혜 언약은 오직 택자만 관계된다.

---

[730] Cf. Berkhof, 『조직신학』, 496-97.

B. 언약의 당사자들731

1. 은혜 언약의 당사자: 삼위일체 하나님과 택함 받은 죄인들

은혜 언약 진노하신 하나님과 죄를 범했으나 택함을 받은 죄인 사이에 맺어진 은혜에 따른 협정이다. 은혜 언약은 그 기초가 되는 구속 언약과 같이 오직 택자만이 거기에 참여하는 언약이다. 하나님의 주권에 따라 택하심을 받은 죄인들이 은혜 언약의 참여자들이 되어 중보자이신 그리스도께로부터 언약의 복들을 항상 효과적으로 얻게 된다.

2. 중보자: 예수 그리스도

오직 그리스도만이 이 언약의 중보자가 되신다(히 8:6; 9:15; 12:24; 딤전 2:5). 그리스도는 택자의 중보자로서 율법의 모든 요구의 조건을 만족하게 하신다.

C. 은혜 언약의 내용732

1. 약속

은혜 언약의 약속은, 언약 공식이라고도 일컬어지는 "나는 너의 하나님이 되고 너는 나의 백성이 되리라"는 것이다. 이 약속은 신구약 전체에 반복되는 언약의 핵심 약속이다(창 17:7; 렘 31:33; 32:38-40; 겔 34:23-25, 30, 31; 36:25-28; 37:26, 27; 고후 6:16-18; 히 8:10). 이 약속의 최종적인 실현의 선포는

---

731 Cf. 김달생, 『바른신학』, 265-66.
732 Cf. Berkhof, 『조직신학』, 501; 김달생, 『바른신학』, 266-67.

계 21:2에서 나타난다.

2. 택자의 응답

은혜 언약의 성취에서 택자들은 회개와 신앙으로 응답하게 된다. 이들은 구속하신 은혜에 감사하며 사랑으로 응답하고, 원래 인간의 목적인 하나님을 영화롭게 하고 영원토록 그를 즐거워하는 생활을 시작하게 된다.

D. 은혜 언약의 특성[733]

1. 은혜에 따른 언약이다.

하나님께서 오직 은혜로 체결해 주시고, 친히 언약의 보증으로 그리스도를 허락해 주셨을 뿐만 아니라 인간 편에서 요구되는 회개와 신앙까지도 성령의 사역으로 말미암는 것이어서 참으로 은혜에 따른 언약이라고 할 수 있다.

2. 삼위일체적인 언약이다.

은혜 언약에서 삼위 하나님이 역사하신다. 성부는 구속을 계획하시고, 성자는 성취하시고, 성령은 효과적으로 적용하신다(엡 1:3, 4, 7, 13; 2:8; 벧전 1:2). 삼위일체 사이의 그 어떤 대립이나 분열도 없다.

3. 영원하고 견고한 언약이다.

---

[733] Cf. Berkhof, 『조직신학』, 501-04.

은혜 언약은 구속 언약에 기초하고 있으며, 그 언약이 그리스도에 의해 중보 되기 때문에 견고하고 흔들리지 않으며 파기될 수 없고 영원하다(창 17:19; 삼하 23:5; 히 13:20).

4. 보편적이지 않은 특정한 언약이다.

은혜 언약은 보편적 언약이 아니다. 오직 택자들을 대상으로 한 언약이며, 그리스도는 바로 그들의 중보자로서 그들을 위하여 구원을 성취하셨다(엡 1:4-7; 행 13:48).

5. 은혜 언약은 비록 형식은 시대에 따라 변할지라도, 본질은 모든 시대에 동일하다.

은혜 언약은 시대에 따라 다양한 형식으로 나타났으나 그 본질은 하나의 언약으로 동일하다. "나는 너의 하나님이 되고 너는 나의 백성이 되리라"는 언약의 본질적 내용이 동일하고(창 17:7; 출 19:5; 20:1; 신 29:13; 삼하 7:14; 렘 31:33; 히 8:10), 복음도 동일하다(창 3:15; 갈 1:8, 9; 3:8), 언약의 중보자도 동일하고(히 2:4; 11:9; 행 4:12; 요 14:6), 구원의 길인 믿음도 동일하다(창 15:6; 히 2:4; 행 15:11; 갈 3:6, 7; 히 11:9), 또 신자들이 소망하는 약속의 성취도 동일하고(창 15:6; 시 51:12; 마 13:17; 요 8:56), 비록 성례도 그 형식은 다르지만 신약 시대와 구약 시대에서 그 본질은 동일하다(롬 4:11; 고전 5:7; 골 2:11, 12).

E. 은혜 언약의 조건성 논의[734]

은혜 언약의 조건성은 상세히 구분해서 논의해야 한다. 그 안에 무조

---

[734] Cf. Berkhof, 『조직신학』, 504-05.

건적이라고 말해야 할 것과 조건적이라고 말해야 할 것이 있다.

1. 무조건적이다.

은혜 언약은 언약의 인간 당사자에게 그 어떤 공로도 요구하지 않는다는 의미에서 무조건적이다. 택자들에게 요구되는 믿음과 회개조차도 그들이 언약의 복을 받는 공로가 될 수 없다. 조건적이라고 불러지는 것이 있을지라도, 하나님 자신이 택함 받은 자 안에서 그 모든 조건을 성취하신다. 언약 안에 있는 조건까지도 선물로 주어진다. 그러므로 은혜 언약은 무조건적인 언약이고 그래서 실패할 수 없는 언약이다.

2. 조건적이다.

은혜 언약의 무조건성만 강조되고 정당한 조건성이 주장되지 못한다면, 은혜 언약은 자칫 보편구원론을 주장하는 언약으로 이해되거나, 기계적이고 비인격적인 언약으로 전락할 수도 있다. 정당하게 은혜 언약의 조건성이 주장되어야 하는데, 왜냐하면 언약은 믿음을 조건으로 하기 때문이다. 오직 믿음을 통해서만 우리는 언약의 복을 의식적으로 누릴 수 있다.

조건적이라 함은 예수 그리스도의 보증을 조건으로 하기 때문에 그의 십자가의 구속을 믿음으로만 받을 수 있다. 이 신앙에 성화가 첨가될 것인데 이 신앙과 성화는 언약 안에 있는 조건들이다(요 3:16, 36; 롬 10:9). 무조건이라 함은 신앙과 회개는 언약의 복을 받는데 공로가 못된다. 그것은 오직 하나님으로부터 얻을 수 있는 선물이라는 사실 때문이다.[735]

---

[735] 이근삼 전집 편찬위원회 엮음, 『개혁주의 조직신학 개요 Ⅰ』, 293.

IV
은혜 언약의 시대들

A. 시대에 대한 견해들[736]

1. 삼시대론

시대를 셋으로 구분한 대표적인 사람은 이레니우스(Irenaeus)와 코케이우스(Coccius)다. 이들은 타락 후부터 모세 율법까지(ante legem), 모세 율법 시대부터 그리스도시대까지(sub lege), 그리고 그리스도로부터 끝까지(post legem)로 시대를 구분하였다. 하지만 이 구분은 정당하다 할 수 없는데, 먼저는 중요한 인물인 아브라함이 고려되지 않고 있으며, 더 치명적으로는 모세의 사역과 그리스도의 사역을 뚜렷이 대조시켜서 구분하고 있기 때문이다.

2. 세대주의(Dispensationalism)

세대주의에서는 시대를 일곱 세대로 나누어서 무죄시대, 양심시대, 인간통치시대, 약속시대, 율법시대, 은혜시대, 왕국시대로 구별한다. 그리고 각 세대는 특별한 계시에 의해 시험을 받는 일정한 기간으로 각 세대는 심판으로 종결되는데 각 세대는 각기 다른 성격을 가지고 있기 때문에 서로 혼돈될 수 없다고 한다.[737]

---

[736] Cf. 김달생, 『바른신학』, 269-71.

[737] 이근삼 전집 편찬위원회 엮음, 『개혁주의 조직신학 개요 I』, 293-94.

- 무죄시대: 창조부터 타락까지
- 양심 시대: 타락 후부터 홍수 시대까지
- 인간 통치 시대: 홍수 시대 이후 아브라함 시대까지
- 약속의 시대: 아브라함 시대부터 율법을 받을 때까지
- 율법 시대: 율법을 받은 후부터 그리스도까지
- 교회 시대: 그리스도부터 천년왕국까지
- 천년왕국 시대: 재림부터 새 하늘과 새 땅이 되기까지 일천년간

하지만 이는 은혜 언약의 단일성을 부정하고, 인간의 전적인 무능력도 고려하지 못한 정당하지 못한 시대 구분이다. 이 구분에 의하면, 아담의 타락 이후 하나님은 반복하여 인간에게 구원을 의도로 하여 기회를 주시고, 사람은 항상 그 시험(probation) 중에 있는 것으로 이해된다. 그러나 성경은 타락 이후로 인간에게 필요한 것은 또 다른 시험이 아니라 구원하시는 은혜임을 증언한다.

B. 구약 시대[738]

1. 최초의 은혜 언약

최초의 언약에 대한 계시는 원복음이라고도 일컬어지는 창 3:15에서 발견된다. 뱀을 향한 저주와 심판에 대한 말씀에서 하나님은 "여자의 후손"에 대해서 말씀하시는데, 이는 인류의 구속자로 오셔서 마귀의 일을 멸하시는 예수 그리스도를 가리킨다(마 1:18, 21, 23).

---

[738] Cf. Berkhof, 『조직신학』, 519-24.

2. 노아 언약

노아 언약은 그 언약이 가지는 일반적인 성질로 인하여 자연의 언약 또는 일반 은혜의 언약이라고 불리기도 한다. 이 언약이 은혜 언약과 동일한 것은 아니지만, 매우 밀접한 관계를 지닌다. 그 차이점과 연관성은 다음과 같다.

a. 차이점

은혜 언약은 주로 영적인 복을 말하지만, 노아 언약은 자연 언약으로서 지상의 일시적인 복을 약속한다. 또한 은혜 언약은 택자들을 대상으로 하지만, 노아 언약은 보편적이요 전포괄적이다.

b. 연관성

그럼에도 은혜 언약과 노아 언약은 다음과 같은 연관성을 가지는데, (1) 자연의 언약에 따라 인간에게 주어지는 복들도 하나님의 은혜에 따른 것이며, (2) 노아의 구원에서 보는 것처럼 자연 언약도 은혜 언약에 근거하며, (3) 은혜 언약을 위해 필연적으로 따르는 복으로 기능한다.

3. 아브라함 언약

아브라함 언약은 공식적으로 수립된 첫 번째 은혜 언약의 형식이다. 이로써 특별한 구약의 언약 수행이 시작되었고, 인간이 언약의 당사자이며, 믿음으로 그 언약에 반응해야 한다는 사실도 나타났다. 아브라함의 언약에서 언약의 표, 할례를 지니게 되고, 그 영적인 복들이 자손들과 땅과 대적에 대한 보호와 승리의 현세적인 복들로 나타났고 상징되었다.

4. 시내산 언약

시내산 언약 또한 행위 언약이 아니라 은혜 언약이다. 이스라엘 백성들을 건져내시고 시내산에서 언약을 맺으신 것은 아브라함과 맺은 언약을 기억하신 것에 따른 결과로서 시내산 언약은 아브라함 언약을 계승한다(레 26:42; 신 4:31). 비록 시내산 언약이 행위에 대해 강조하는 측면이 있다 하더라도, 언약의 본질에서 율법은 은혜 언약에 굴복하며, 십계명 또한 이미 아브라함에 요구되었던 것 그 이상의 것이 아니다(창 17:1).

C. 신약 시대[739]

신약 시대에 대해서는 다음과 같은 것들이 언급될 수 있다.

1. 신약에 계시된 은혜 언약은 구약의 그것과 본질적으로 동일하다.

로마서 4장과 갈라디아서 3장은 이점을 명백하게 보여준다. 신약의 언약을 새 언약이라고 부르는 것은 약속과 성취의 측면에서의 차이를 나타내 보여주는 것이다.

2. 신약 시대에는 은혜 언약의 초민족성이 더 선명하게 나타난다.

구약에서도 은혜 언약이 이스라엘 경계 안에 완전히 갇힌 것은 아니었고(눅 4:26), 이방인들이 이스라엘 백성에게 합류하여 언약의 복을 함께 누리는 것이 불가능하지는 않았지만(룻기), 그리스도 안에서 약속이 성취된 신약 시대에서는 은혜 언약의 초민족성이 더 선명하게 드러난다.

---

[739] Cf. Berkhof, 『조직신학』, 525-26.

3. 신약 시대에는 은혜 언약의 은혜적 성격이 더 선명하게 부각된다.

죄인을 위한 선물로서 그리스도께서 행하신 대속 안에서 하나님의 은혜는 더욱 더 밝히 드러난다.

4. 신약 시대의 복은 구약 시대보다 더 풍성하다.

성령이 교회에 쏟아 부어지며, 구속의 계시가 완성되었다. 그리스도 안에서 신자들은 영적이고 영원한 복을 충만함으로 누리게 된다.

安衡柱 牧師의
개혁주의 조직신학 강설

기독론

제1부
"그리스도의 위격"

The Reformed Systematic Theology

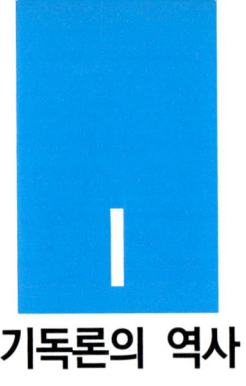

기독론의 역사

A. 인간론과 기독론의 관계[740]

인간론은 하나님의 형상대로 참된 지식과 의와 거룩성의 원의를 지닌 존재로 창조되었으나 범죄 함으로 말미암아 타락하여 죄와 비참한 처지가 되어버린 인간에 대해서 다룬다. 기독론은 타락한 인간을 구원하시는 하나님의 객관적 사역을 보여준다. 인간론에서는 타락한 인간을 부르시는 은혜 언약이 가르쳐지는데, 기독론은 은혜 언약의 중보자로서 그리스도를 요청한다. 그러므로 인간론 다음에 기독론이 따르는 것은 논리적으로 매우 자연스럽다.

B. 종교 개혁 이전까지의 기독론[741]

초대 교회로부터 종교 개혁 이전에 나타났던 기독론적 오류를 지닌 이단 종파들과 그들의 주장은 다음과 같다.

1. 가현설(Docetism)

가현설은 물질과 영혼을 서로 대립하는 것으로 보았던 영지주의자들

---

[740] Cf. Berkhof, 『조직신학』, 533.
[741] Cf. Berkhof, 『조직신학』, 534-37.

의 영향 아래서 1세기 말엽에 등장한 이단 종파이다. 이들은 그리스도의 신성은 인정하지만, 그리스도의 인성은 부정하는데, 이들은 인간의 몸을 악한 것으로 이해했고 그래서 예수님의 몸을 인간의 참된 몸으로 보지 않고, 단지 몸처럼 보였던 것이라고 주장했다. 사도 요한은 요한일서 4장 1절-3절에서 이들에 대해서 정죄하였다.

2. 에비온파

에비온파는 2세기에 활동한 이단 종파이다. 이들은 유일신론을 주장하기 위해서 그리스도의 신성을 부정했고, 그리스도를 단지 요셉과 마리아의 아들로 인정했고, 그가 세례를 받으실 때 그 위에 임한 성령으로 말미암아 메시야의 자격을 얻었다고 여겼다. 이들은 이레니우스에 의해 정죄 받았다.

3. 아리우스주의

아리우스주의는 4세기에 등장한 이단 종파로서, 인성의 완전성과 신성의 완전성 둘 모두를 부인했다. 이들은 완전한 신성과 완전한 인성이 함께 있을 수 없다고 주장하며, 하나님도 아니고 사람도 아닌 반신반인(半神半人)의 관념을 가진 이단이었다. 아리우스주의는 325년 니케아 회의에서 정죄되었다.

4. 아폴리나리우스주의

아폴리나리우스주의는 4세기에 등장한 이단 종파로서 그리스도의 신성은 긍정했지만, 그리스도의 인성의 완전성을 부인하였다. 이들은 인간을 영과 혼과 몸, 삼분법으로 구분하고, 영의 자리에 로고스께서 오셨다고 주장한다. 하지만 그럴 경우 그의 인성은 완전한 인성일 수 없다. 이들은 381년 콘스탄티노플 회의에서 정죄 되었다.

5. 네스토리우스주의

네스토리우스주의는 5세기에 등장한 이단 종파로서 그리스도의 인성과 신성 모두를 긍정하였으나, 이 둘을 완전히 분리해 버렸다. 네스토리우스는 그리스도의 완전한 인성을 강조했고 그 안의 로고스의 내재를 신자들도 정도의 차이로 누리는 도덕적 내주로만 이해했다. 신성과 인성의 분리는 두 인격으로 구성된 한 중보자를 상정하게 되었다. 이는 431년 에베소 회의와 451년 칼케돈 회의에서 정죄되었다.

6. 유티케스주의

유티케스주의는 5세기에 등장했으나 8세기까지 지속되었는데, 이들은 그리스도의 인성이 신성에 의해 흡수되었거나 양성이 융합하여 단일한 본성이 되었고 주장함으로써 결국 그리스도의 신성과 인성을 부정하였다. 이들은 451년 칼케돈 회의와 680년 콘스탄티노플 회의에서 정죄되었다.

7. 칼케돈 회의(451년)

칼케돈 회의에서는 그리스도의 위격에 관한 정통 교리를 선언했는데, 그리스도는 진정한 하나님이시고 무죄하신 진정한 사람이시라는 것과 그리스도는 한 위격에 양성(즉, 신성과 인성)을 가지셨다고 결의하였다.

C. 종교 개혁 이후의 기독론[742]

1. 루터파의 견해

---

[742] Cf. Berkhof, 『조직신학』, 537-39.

종교 개혁자들은 칼케돈 회의에서 결의한 기독론을 신종하였다. 그런데 루터파와 개혁파는 성찬에 대한 견해 차이와 연결되는 기독론의 차이를 나타냈다. 루터의 기독론은 성만찬에 대한 자신의 교리에 영향을 받았고 또한 그 역시도 그렇다. 루터파는 개혁파와는 다른 루터파 특유의 속성 교류(communicatio idiomatum)를 주장하는데, 이는 한 성의 속성들, 특히 신성의 속성들이 인성으로 전달된다는 주장이다. 그러나 이는 잘못된 주장인데, 왜냐하면 이는 신성의 속성들이 인성에 전달된다면, 그것은 인성의 변화를 초래하는 것이 될 것이기 때문이다. 개혁파 또한 속성 교류를 말하지만 개혁파가 말하는 속성 교류는 루터파가 말하는 직접적인 교류가 아니라 위격을 매개로 하는 간접적 교류이다.

2. 현대 신학

19세기 초에는 기독론 연구에 큰 변화가 발생했다. 하나님이 중심적이었던 기독론이 인간학적이고, 그 결과 인간 중심적인 기독론으로 바뀌었다. 이를 사람들은 "기독론의 제 2기"가 시작됐다고 하였다. 초자연적 그리스도는 인간 예수에게 자리를 내주었고, 신인양성의 교리는 신적 인간(divine man) 교리로 대체되었다. 슐라이어마허를 시작으로, 칸트, 헤겔, 리츨 등이 이런 주장을 했는데, 이들은 모두 그리스도의 신성을 부인하고 그리스도를 단지 한 사람으로만 보았다.

3. 케노시스(Kenosis) 기독론

이는 빌립보서 2장 7절에서 사도 바울이 "자기를 비워(ekenosen) 종의 형체를 취하였다"고 가르치는 것에서 유래되었다. 어떤 이들은 본문을 로고스께서 문자 그대로 자신의 신성을 축소시키거나 무력화시키심으로 인간이 되셨고, 부활하신 이후에 본래의 신적 속성들을 다 회복하셨다는 의미로 해석했다. 그러나 이는 이 구절에 대한 바른 해석이 아니다. 이 구절은 신성을 내어 놓으셨다 거나 하나님 되심을 잠깐 중지하셨다는 뜻이 아니라 그 영광을 "숨기셨다"는 의미이다.

II

그리스도의 명칭과 그의 양성

A. 그리스도의 명칭 743

1. 예수

예수라는 이름은 히브리어 여호수아(Jehoshua, Joshua, 수 1:1; 슥 3:1: "여호와는 구원이시다")의 헬라어 형이다. 이는 천사가 전달해 준 이름으로 이 이름은 그가 자기 백성을 구원하러 사람으로 오신 분이심을 알려준다.

2. 그리스도

그리스도는 예수님이 지니신 직위, 직무를 가리키는 명칭이다. 헬라어로 '크리스토스'이며, 히브리어 '메시야'에 해당하는 칭호이다. 이는 '기름 부음 받은 자'라는 의미인데, 구약에서는 왕과 선지자와 제사장이 기름 부음을 받았다(삼상 24:10; 왕상 19:16; 출 29:7). 이 기름은 기름 부음 받은 사람에게 임하는 하나님의 성령을 상징했다(사 61:1; 슥 4:1-6). 예수님께 이 칭호가 주어진 것은 그가 성령의 기름 부음을 받아(마 3:16; 막 1:10; 눅 3:22; 요 3:34) 자기 백성을 구원할 자로서 진정한 왕과 선지자와 제사장의 사역을 감당하셨음을 보여 준다(시 2:2; 45:7).

---

743 Cf. Berkhof, 『조직신학』, 541-44.

3. 인자

인자라는 명칭은 구약 성경에서는 시 8:4에서 또 단 7:13에서 사용되었고 에스겔서에서는 빈번하게 사용되었다. 예수님은 이 호칭을 40회 이상 자신에게 적용시키셨다. 예수님은 유대인들이 정치적 메시아로 오해할 것을 경계하셔서 그리스도, 메시아 보다는 인자라는 호칭을 선호하셨다. 인자라는 호칭은 예수님께서 참된 인성을 지니셨다는 사실을 보여 줄 뿐만 아니라 다니엘서 7장 13절에 나타나는 바, 사람처럼 보였으나 사람을 초월한 존재라는 사실을 의미하기도 하였다. 그래서 예수님은 이 인자라는 호칭을 통해서 자신이 신적인 메시아시라는 사실을 보이셨다.

4. 하나님의 아들

하나님의 아들은 구약 성경에서 다양한 의미로 사용되었는데(이스라엘 민족, 이스라엘의 직분자들, 천사들, 경건한 사람들) 예수님께 적용될 경우, 다음 네 가지 의미로 사용되었다.

a. 삼위일체적 의미

이는 예수님의 신성을 나타낸다. 이는 그리스도의 인간적인 삶과 메시아로서의 공식적인 사역을 초월하는 선재적 아들 되심을 의미한다. 복음서에서 뿐만 아니라 서신서 에서도 빈번하게 이 의미로 그리스도께서 하나님의 아들로 호칭되신다(마 11:27; 14:28-33; 16:16; 요 6:69; 8:16, 18, 23; 10:15, 30; 14:20 ;롬 1:3; 8:3; 갈 4:4; 히 1:1 등).

b. 메시아적 의미

그리스도의 직위를 묘사하면서 메시아는 하나님이 보내시는 대표자와 사역자로서 하나님의 아들로 호칭될 수 있었다. 마 24:46; 막 13:32은 이와 같은 의미에서 사용된 것으로 보이고 심지어 예수님의 세례 시와 변화산 사건에서 들려진 호칭도 메시아적 의미와 삼위일체적 의미가 결합된 것으로 해석될 수 있다.

c. 출생적 의미

그리스도께서 초자연적으로 출생하셨다는 의미에서 하나님의 아들로 호칭된다. 눅 1:35과 마 1:18-24; 요 1:13에서 이와 같은 의미로 사용된 것으로 보인다.

d. 윤리-종교적 의미

이는 신자들에게 이 호칭이 사용될 때의 의미이다. 신자들은 이와 같은 의미에서 '아들들' 또는 '하나님의 자녀들'이라고 호칭된다. 하지만 현대 자유주의 신학자들은 이를 곡해하여 이와 같은 의미에서 이 호칭을 예수님께 적용한다.

5. 주(kurios)

신약에서 이 호칭은 세 가지 의미로 사용되는데, (1) 먼저는 정중하고 존경하는 호칭으로(마 8:2; 20:33), (2) 또 소유권과 권위의 표현으로(마 21:3; 24:42), (3) 마지막으로 사실상 하나님이라는 의미로 사용되었다(막 12:36, 37; 눅 2:11; 3:4; 행 2:36; 고전 12:3; 빌 2:11). 이 의미로 사용될 때 이 호칭은 구약에 여호와에 해당하는 '아도나이'에 대한 번역어로서, 하나님의 권능, 주권 및 권위를 가리킨다.

B. 그리스도의 양성[744]

1. 그리스도의 신성

a. 구약 성경의 증거

구약 성경은 메시아를 예언할 때 신적 속성을 그에게 적용하여 호칭한다. "전능하신 하나님", "여호와의 의", "하늘로부터 오신 인자", "언약의 사자" 등으로 묘사하는데, 이는 메시아가 하나님이심을 보여주는 것이다(시 2:6-12; 45:6, 7; 110:1; 사 9:6; 렘 23:6; 단 7:13; 미 5:2; 슥 13:7; 말 3:1).

b. 요한복음과 그의 서신들

요한복음에서 그리스도의 신성은 전면에 등장하는 주제이며, 또한 주장이다. 그리스도의 인격에 대한 매우 높이 고양된 표현들이 요한복음과 그의 서신들에서 나타난다(요 1:1-3, 14, 18; 2:24, 25; 3:16-18, 35, 36; 4:14, 15; 5:18, 20, 21, 22, 25-27; 11:41-44; 20:28; 요일 1:3; 2:23; 4:14, 15; 5:5, 10-13, 20).

c. 공관 복음의 증거

어떤 이들은 공관복음에는 그의 신성에 대한 증거가 없고, 이것이 참된 그리스도상을 보여준다고 주장하지만, 공관복음 또한 그의 성품과 사역을 통해서 그리스도께서 신성을 가지신 하나님이시라는 사실을 분명히 보여준다(마 5:17; 9:6; 11:1-6, 27; 14:33; 16:16, 17; 28:18; 25:31; 막 8:38).

d. 바울 서신서들에서

사도 바울이 그리스도의 신성을 가르치고 있다는 사실은 명백하다. 바울은 다음과 같은 구절들 속에서 그리스도가 하나님이시라는 사실을 증거

---

[744] Cf. Berkhof, 『조직신학』, 546-49.

한다. 롬 1:7; 9:5; 고전 1:1-3; 2:8; 고후 5:10; 갈 2:20; 4:4; 빌 2:6; 골 2:9; 딤전 3:16 등.

2. 그리스도의 참된 인성

오늘날에는 그리스도의 참된 인성을 심각하게 문제 삼지 않는다. 오히려 오늘날에는 그리스도를 오직 인간으로만 보려는 경향이 강하다. 그러나 그의 신성을 손상시키지 않으면서도 동시에 그리스도의 참된 인성은 충분히 강조되어야만 한다. 성경은 그리스도 자신의 고백을 포함해서 그가 참된 인간이시라는 사실을 풍성하게 증언한다(요 8:40; 행 2:22; 롬 5:15; 고전 15:21). 예수님은 제한되고 연약한 인성을 지니셨다(마 4:2; 8:24; 9:36; 14:14; 막 3:5; 눅 22:44; 요 4:6; 11:35; 12:27; 13:3; 19:28; 히 5:7). 예수님은 또한 인간의 영혼과 인간의 몸을 가지셨고, 인간들에게 볼 수 있는 성장이 그의 영혼과 몸에 있으셨다(눅 2:52).

3. 그리스도의 인성의 무죄성에 대한 성경의 증거

그리스도의 인성의 무죄성이란 그리스도께서 범죄를 피하실 수 있고(poltuit non peccare), 또 실제로 피하셨을 뿐 아니라, 인성과 신성의 연합으로 인해 범죄 하실 수 없으심(non ptuit peccare)을 의미한다. 성경은 그리스도의 인성의 무죄성에 대해 명확히 증거 한다(눅 1:35; 요 8:46; 14:30; 고후 5:21; 히 4:15; 9:14; 벧전 2:22; 요일 3:5). 그리스도께서 비록 사법적으로 죄인이 되셨다 할지라도, 그는 윤리적으로는 죄와 오염이 전혀 없으셨다.

4. 그리스도의 양성의 필요성

a. 그리스도의 인성의 필요성

① 인간이 범죄 하였기에 형벌도 인간이 받아야만 했다.

② 형벌을 받기 위해서는 몸과 영혼의 고통이 필요한데 이를 위해서 인간이 되셔야만 했다(요 12:27; 행 3:18; 히 2:14; 9:22).

③ 하지만 그는 동시에 죄로 말미암은 연약성을 취하심으로써 인간이 겪는 타락의 비참함을 겪으셨어야 할 뿐 아니라(히 2:17, 18), 타인을 위해 속죄하기 위해서 무죄한 인성을 가지셔야 했다(7:26).

④ 그는 진정한 인간의 중보자로서 인간의 아픔을 체휼하시고(히 2:17, 18; 4:15-5:2), 또 그를 따르는 자들의 모범이 되시기 위해 인간이셔야만 했다(마 11:29; 막 10:39; 요 13:13-15; 빌 2:5-8; 히 12:2-4; 벧전 2:21).

b. 그리스도의 신성의 필요성

그리스도는 다음과 같은 이유로 신성을 지니셔야만 했다.

① 무한히 값진 희생 제사를 드리시기 위해서

② 하나님의 율법에 온전히 순종하기 위해서

③ 하나님의 진노를 구속적으로 감당하여 자기 백성을 율법의 저주로부터 해방시키기 위해서

④ 이미 성취하신 사역의 열매를 자기 백성들에게 적용시키시기 위해서이다.

III

그리스도의 일위성
(The Unipersonality of Christ)

A. 그리스도의 위격에 대한 역사적 기독교의 입장[745]

1. '성(Nature)'과 '위(Person)'라는 용어 정의

그리스도는 일위에 양성을 지니셨다. 즉 선재하시는 로고스 위격에 신성과 인성이라는 양성을 지니셨다는 의미이다. 그런데 이 양성은 다 완전하여 자의식을 지니면서 동시에 각각의 지, 정, 의를 지닌다. 그럼에도 이 양성이 일위 격에 연합되어 있다는 것은 인간이 파악할 수 없는 커다란 신비이다. 로고스께서는 이 세상에 오실 때, 인간의 모든 본질적 속성들, 즉 완전한 인성이지만 인격화되지는 않은 인간의 "몸과 영혼"을 취하셔서 자신에게로 연합시키신 것이다.

2. 일위양성에 대한 교회의 진술

중보자는 오직 한 위격, 로고스의 위격을 지니신다. 그러나 중보자의 위격을 오직 신적인 것으로만 말하는 것은 잘못인데, 성육신을 통해 그는 양성으로 이루어진 복합적 위격이 되셨다. 그리스도의 인성 자체는 하나의 인간 인격을 구성하지는 않는다. 동시에 그리스도의 인성을 비인격적

---

[745] Cf. Berkhof, 『조직신학』, 551-52.

(anhypostasis) 이라고 하는 것은 부정확한데, 그리스도의 인성은 한순간도 비인격적인 적이 없어서, 그 인성은 비인격적이라기 보다는 내인격적 (enhypostasis) 이다.

B. 그리스도의 일위성에 대한 성경 증거[746]

1. 성경에는 이위성(two-personality)을 지지하는 증거가 없다

그리스도 안에는 삼위 간에 나타나는 그런 '나' 와 '너' 의 구분이 전혀 없다(시 2:7; 40:7, 8; 요 17:1, 4, 5, 21-24). 또 예수님은 자신을 지칭하실 때 복수형을 사용하시지도 않는다.

2. 성경은 양성이 일위에 연합되어 있다고 말한다.

"그 안에는 신성의 모든 충만이 육체로 거하시고"와 같이 신성과 인성이 하나로 연합되어 있음에 대해서 여러 성경 구절들이 증언한다(롬 1:3, 4; 갈 4:4, 5; 빌 2:6-11; 히 2:11-14).

3. 일위가 양성과 관련하여 호칭된다.

한편으로는 인적 속성과 행동이 신적 칭호로 호칭되고(행 20:28; 고전 2:8; 골 1:13, 14), 다른 한편으로는 신적 속성과 행동이 인간적 칭호로 호칭되고 있다(요 3:13; 6:62; 롬 9:5).

C. 일위에 양성이 연합된 결과[747]

---

[746] Cf. Berkhof, 『조직신학』, 552-53.

1. 신성에는 아무런 본체적 변화가 없다.

성육신은 위격적인 행동이었다. 신성이 인성을 취했다기 보다는 로고스 위격이 인성을 취했다고 표현하는 것이 더 바람직하다. 이 성육신이 신성에 그 어떤 본체적 변화도 초래하지 않았다.

2. 속성 간에 교류가 있게 되었다.

한 위격 안에서, 위격을 통해서, 신성과 인성 사이의 교류가 발생하게 되었다. 이는 신인 양성의 제 속성들이 위격에 귀속되어 있음을 의미하는 것이다. 그래서 이 위격은 무한하시며 동시에 유한하시고, 영원하시며 동시에 시간적이시며, 천상적이시며 동시에 지상적이실 수 있으시다. 이로 말미암아 그리스도의 구속 사역과 그 사역의 결과가 신인적 성격을 띠며, 또 그리스도의 인성은 처음 존재할 때부터 모든 부요하고 영광스러운 각종 은사로 단장되었다.

3. 신인으로서 기도와 예배의 대상이 되셨다.

일위에 양성이 연합된 또 하나의 결과는 일위양성의 중보자께서 우리의 기도와 예배의 대상이 되신다는 것이다. 물론 예배의 영예(honor adorationis)는 인성 자체에 속한 것은 아니고 신성에 속해 있지만, 그럼에도 신인이신 그리스도는 기도와 예배의 대상이 되신다.

D. 신비로서의 그리스도의 일위양성[748]

---

[747] Cf. Berkhof, 『조직신학』, 553-54.
[748] Cf. Berkhof, 『조직신학』, 554-55.

신성과 인성이라는 양성이 하나의 위격 안에 연합되어 있다는 것은 우리가 다 파악할 수 없는 신비이다. 이는 때때로 인간의 영혼과 몸의 결합과 비교된다. 육체와 영혼 속에서 일어나는 모든 일이 그 인격에 귀속되듯이 그리스도의 양성 내에서 발생하는 모든 일이 그 위격에 귀속된다는 것이다. 물론 이 같은 비교는 미흡하다. 영혼과 육체의 연합도 신비로운 것이기는 하지만 그리스도의 일위양성이 지니는 신비로움은 이보다 훨씬 더 능가하는 것이다.

安衡柱 牧師의
개혁주의 조직신학 강설

기독론

제 2부

"그리스도의 신분"

I

그리스도의 신분 교리 개요

A. 신분과 상태의 의미 구분[749]

신분은 어떤 사람의 삶에 있어서 그 지위(position, status)를 일컫는 것으로서, 특별히 법적인 관계를 가리키는 말이지만, 상태는 특히 생활환경에 의해 결정되는 그의 존재 양식을 의미한다. 예를 들면 유죄 판결을 받은 사람은 죄인의 신분으로서, 투옥과 불명예의 상태에 처하게 된다. 그리스도는 비하(卑下)의 신분에서는 율법 아래 처해 계시다가, 승귀(昇貴, ascension) 신분에서는 율법 위로 올려 지셨다. 참 하나님이자 참 사람인 중보자는 낮아지고 높아진 두 신분에서 자기의 직분이 지니고 있는 기능들을 수행하신다.

B. 그리스도의 신분 교리의 역사적 발전[750]

물론 그리스도의 신분 교리는 이미 사도신경에서도 나타나며 고대 교회의 신앙과 전도의 실행에도 있었지만, 종교 개혁 이전까지는 신중하게 다뤄지지 못했고, 실질적으로는 종교 개혁 이후 17세기에 시작되었다고 할 수 있다. 그러나 현대 신학에서 이에 대한 논의는 반박되었다. 19세기에는 슐라이어마허가 이 교리를 비판했고, 20세기에는 불트만이 이 교리를 비판했다. 불트만은 빌립보서 2장에서 영지주의적 신화를 찾아냈다고 믿었다.[751]

---

[749] Cf. Berkhof, 『조직신학』, 565.
[750] Cf. Berkhof, 『조직신학』, 565.

바르트 또한 신분에 대한 교리를 인정하지 않는다.752 오직 보수 신학에서만 비하와 승귀의 신분에 대해서 중요하게 다루며 이것을 수호한다.

C. 그리스도의 신분의 수753

어떤 이들은 논리상 그리스도의 신분을 세 가지로 제시한다. (1) 영원하신 신적 존재로서의 선재적 신분(pre-existent state), (2) 지상적 혹은 비하의 신분, (3) 천상적 혹은 승귀의 신분이다. 그러나 중보자로서의 그리스도를 논하는 기독론에서는 비하의 신분과 승귀의 신분만을 논하는 것으로 충분하다. 고후 8:9; 갈 4:4, 5; 빌 2:6-11; 히 2:9 에서 그리스도의 두 신분에 대해 명확하게 말한다.

---

751 J.판 헨더렌 & W. H. 펠레마, 769.

752 J.판 헨더렌 & W. H. 펠레마, 『개혁교회교의학』, 770-71: "바르트에게서 그리스도의 이중 상태는 두 가지 측면으로 대체되었다. 곧 하나님은 자기 자신을 낮추시며, 인간은 높임을 받는다. 바르트는 낮아짐의 상태에서 높아짐의 상태로 바뀌는 것을 인정하지 않는다. 오히려 그 두 상태에는 완벽한 동시성이 있을 뿐이다."

753 Cf. Berkhof, 『조직신학』, 566.

비하의 신분

A. 그리스도의 비하 신분 교리 개요[754]

그리스도의 비하(humiliation)는 두 가지 요소로 구분된다. 하나는 인성을 취하신 것이고, 다른 하나는 순종으로 고난을 받으신 것이다(빌 2:7, 8; 요 17:5). 루터파 신학은 그리스도의 비하를 8단계로 보지만, 개혁파는 일반적으로 (1) 성육신, (2) 율법 아래 놓이심, (3) 고난, (4) 죽으심, (5) 장사, (6) 음부 강하, 여섯 단계로 구분한다.

1. 성육신

추상적인 의미로서의 성육신, 즉 하나님이신 그리스도께서 인성을 취하신 사실 자체는 비록 그것이 겸비의 행동(act of condesecnsion)이었지만, 비하(humiliation)라고 할 수는 없었다. 하지만 로고스께서 비록 죄의 오염으로부터 자유로운 인성이라 할지라도 타락 이후 연약과 고난, 죽음 아래 매인 인성을 입으신 것은 분명히 비하였다(롬 8:3; 고후 8:9; 빌 2:6, 7).

a. 성육신의 주체

삼위가 성육신에서 모두 능동적으로 참여하셨지만(마 1:20; 눅 1:35; 요

---

[754] Cf. Berkhof, 『조직신학』, 566-77.

1:14; 행 2:30; 롬 8:3; 갈 4:4; 빌 2:7), 인성을 취하신 분은 제 2위 말씀이시다(요 1:14). 선재하신 성자께서 인성을 취하시고 인간의 혈과 육을 입으신 것이다. 모든 인간은 자신의 출생에서 수동적이지만, 그리스도는 자신의 출생에서 주체셨다(요 1:14; 6:38; 고후 8:9).

b. 성육신의 필요성

어떤 이들은 성육신과 같은 엄청난 사실이 우연적일 수 없고, 그래서 죄와 무관하게 성육신이 필요했다고 주장한다. 하지만 성경은 언제나 성육신을 인간의 죄를 전제로 하는 것으로 서술한다(눅 19:10; 요 3:16; 갈 4:4; 요일 3:8; 빌 2:5-11). 성육신이 본유적으로 하나님께 합당하고 필요하다는 사상은 범신론적 관념으로 떨어지기 쉽다. 하나님은 영원 전에 작정하셨고, 그 작정 안에 타락과 성육신이 포함되어 있었다는 사실이 성육신의 필요성에 대한 대답이 될 수 있다.

c. 성육신과 신성의 변화 문제

자주 오해가 되는 "말씀이 육신이 되셨다"는 표현은(요 1:14) 성육신에서 신성이 어떤 변화를 초래했다는 것을 의미하는 것은 아니고, 다만 그가 원래 지니는 본성의 변화 없이 다른 속성, 즉 인성을 취하셨다는 사실을 의미할 뿐이다. 여기서 육신은 단지 몸이 아니라 육체와 영혼으로 구성된 인성을 의미한다(롬 8:3; 딤전 3:16; 요일 4:2; 요이 7).

d. 성육신과 인류의 일원되심

그리스도께서는 성육신으로 인류의 일원이 되셨는데, 그가 인류의 일원이 되셨다 함은 아담을 머리로 하는 행위 언약 안에 속해 있었다는 의미는 아니고, 단지 마리아로부터 진정한 인성을 취하셔서 우리와 같은 인간이 되셨음을 의미하는 것이다.

e. 초자연적인 동정녀 탄생

그리스도의 성육신에 있어서 성령께서 초자연적으로 사역하셨는데(마 1:18-20; 눅 1:34, 35), 그의 사역은 이중적이었다. (1) 하나는 마리아의 태중에 잉태하게 하신 것이고, (2) 다른 하나는 그리스도의 인성을 죄의 오염으로부터 면케 하시고 온전히 거룩하게 하시는 것이었다(요 3:34; 히 9:14 참고).

2. 율법 아래 놓이심

그리스도는 하나님으로서 참으로 최고의 입법자이시다. 그럼에도 그는 율법 아래 있는 자들을 속량하시기 위하여 율법 아래 나시고 그 율법에 순종하셔서 율법의 의를 이루셨다(갈 4:4, 5; 빌 2:6-8). 그리스도께서 복종하신 율법은 세분하면 (1) 아담에게 행위 언약으로 주신 율법과 (2) 이성적 피조물에게 주신 도덕법과 (3) 모세의 율법이다. 그리스도는 아담이 지키지 못했던 그 율법을 지키셨으며, 또한 모든 이성적 피조물들에게 주신 도덕법과 모세를 통하여 백성들에게 주신 율법, 즉 십계명과 의식법, 국가법을 포함한 모든 성문화된 율법을 지키셨다. 그리스도께서는 대리적으로 또 자원적으로 순종하셨는데, 그의 대리적 순종은 우리의 사죄의 근거가 되고, 그의 자발적 순종은 우리가 하나님의 상속자가 되는 근거가 된다.

3. 그리스도의 고난

a. 그리스도는 그의 전 생애에 걸쳐 고난을 받으셨다.

종종 그리스도의 마지막에 당한 십자가 고난을 그가 받으신 유일한 고난이라고 생각하기도 하지만, 그리스도는 그의 전 생애에 걸쳐 고난을 받으셨다. 만군의 주가 종으로 사셨고, 순결하시고 거룩하신 이가 죄인들과 어울려 사셔야 했던 삶이며, 사탄의 유혹과 공격들 사람들의 증오와 불신, 원수들의 핍박으로 점철된 삶이었다.

b. 그리스도는 육신과 영혼으로 고난 받으셨다.

어떤 이들은 그리스도의 고난에서 육체에 집중하고 어떤 이들은 죄의 본질이 영적인 것으로만 오직 영혼의 고난만이 필요하다는 식으로 주장하지만, 죄는 전인에 속하고, 전인이 범죄 하여 타락하였으므로 몸과 영혼이 모두 고난의 형벌을 받아야만 했다. 그리스도는 육체의 고난뿐만 아니라 영혼까지도 고난을 받으셨다.

c. 그리스도의 고난의 원인은 다양했다.

무엇이 그리스도를 괴롭게 하였는가? 무엇보다도 높으신 하나님께서 지극히 낮은 종의 자리에 처하신 것이 그의 고난의 근본적 원인이라고 할 수 있다(빌 2:7, 8; 요 17:5). 그는 주재자로서 종으로 사셨고, 순결하신 이가 죄악되고 오염된 환경 속에서 사셨으며, 그의 극심한 고난은 명확히 예기되었고, 생활의 빈곤과 마귀의 유혹과 공격들, 동족의 증오와 배척 속에서 고난을 받으셨다.

d. 그리스도의 고난은 독특했다.

어떤 이들의 헛된 논의들과는 반대로 그리스도의 독특함과 탁월성은 그의 고난을 독특하고 극심한 것으로 만들었다. 그리스도의 고난은 그의 이상적인 인간성, 윤리적 완전성, 공의, 거룩, 진실에 비례하는 것이었다. 그런 인생에서 여러 자연적이고 일반적인 고난을 통렬하게 겪으셨을 뿐만 아니라, 구세주로서 하나님의 적극적인 행위의 결과로서의 고난을 당하시기도

하셨다(사 53:6, 10).

4. 그리스도의 죽음

a. 그리스도의 죽음의 의미

그리스도께서는 죄가 없으셨다. 그러므로 그는 죽음에 굴복할 이유가 없으셨다. 그는 자신의 범죄의 값으로 죽음을 당하신 것이 아니요, 사법적으로 부과된 형벌로서 죽음을 받으셨다. 그리스도는 자원하여 인류의 범죄의 대가를 지불하시기로 하셨고, 그리하여 하나님께서는 법적으로 그에게 사망의 형벌을 내리셨다. 그리스도께서 십자가에서 "나의 하나님 나의 하나님 어찌하여 나를 버리셨나이까?"라고 부르짖었을 때 그는 육체적 죽음뿐만 아니라 영원한 죽음까지 당하신 것이었다.

b. 사법적 죽음의 필요성

그리스도는 자연적이거나 우발적인 죽음이 아니라 사법적으로 죽으셔야만 하셨다. 그는 불법자로 간주되고 범죄자로 정죄되어야만 했기 때문이다. 하나님은 자신의 섭리에 따라 법과 재판 방편에 특출했던 로마의 법을 택하심으로 세상에서 최상의 사법권에 의해 그리스도께서 정죄 받게 하셨고, 이는 역설적으로 인간 지혜의 어리석음을 폭로하는 것이 되었다. 그는 십자가에 달리셔서 저주가 되심으로써 자기 백성을 위해 저주가 되셨음을 보이셨다(신 21:23; 갈 3:13).

5. 그리스도의 장사

그리스도의 죽음이 비하의 마지막 단계로 보일 수 있으나 그의 장사도 비하의 일부라는 사실은 (1) 인간이 자기가 유래했던 흙으로 돌아가는 것은 죄의 형벌이며(창 3:19) (2) 성경이 그것을 비하로 묘사하고(시 16:10; 행 2:27, 31; 13:34, 35) (3) 옛사람을 벗는 그리스도와 연합된 신자의 장사됨과의 유비성에서 나타난다고 할 수 있다. 예수께서 무덤에 있다가 다시 살아나서 그곳을 떠나셨기 때문에, 그를 믿는 사람들에게 무덤과 죽음은 더 이상 공포의 장소가 아니며, 오히려 부활과 영원한 생명을 기다리는 안식의 장소가 되었다.

6. 그리스도의 음부 강하(降下)

우리가 사용하는 사도신경에는 빠져있지만, 서양 교회는 그리스도께서 "지옥에 내려가셨다"는 표현을 넣고 있다. 후대에 덧붙여진 것으로 추정되는 이 표현은 없는 것이 더 낫고 또 더 개혁파적인데, 왜냐하면 이는 많은 오해를 낳았을 뿐만 아니라, 그리스도께서는 문자적 의미로 지옥에 가지는 않으셨기 때문이다. 칼빈 또한 이 표현을 은유적으로 받아들여야 된다고 하였다. 십자가의 죽음 이후에 그리스도의 몸은 무덤 속에 있었고, 그리스도의 영혼은 그가 말씀하신 것처럼 낙원에 있으셨기 때문이다. 이 표현은 칼빈이 설명한 것처럼, 십자가에서 그의 영혼이 하나님의 진노의 대상이 되심으로서 몸과 영혼으로 지옥의 고통을 경험하신 것으로 이해되어야 한다.

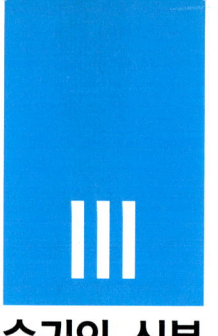

승귀의 신분
(The State of Exaltation)

A. 승귀에 대한 일반적 진술755

1. 승귀의 주체

루터파는 비하와 승귀 신분의 주체를 그리스도의 인성이라고 주장한다. 하지만 개혁파는 신성은 비하나 승귀가 불가능하며, 승귀와 비하가 발생한 것은 인성이었음을 강조하면서도 비하와 승귀의 주체가 신인이신 중보자 위격이라고 주장한다. 승귀의 지체는 신인이신 그리스도시다.

2. 승귀의 성질

그리스도의 승귀의 성질, 즉 내용은 (1) 계약적, 형벌적 측면에서 율법적 속박에서 벗어나셨고(갈 4:4), (2) 죄인들을 위해 획득하신 구원의 복을 중보자 자격으로 소유하셨으며, (3) 합당한 명예와 영광을 입으신 것이다. 그는 교회의 머리가 되셨고(골 1:18), 왕 중의 왕이 되셨다(계 1:18; 19:16).

3. 그리스도의 승귀에 대한 성경적 증언

---

755 Cf. Berkhof, 『조직신학』, 578.

"이러므로 하나님이 그를 지극히 높여 모든 이름 위에 뛰어난 이름을 주사 하늘에 있는 자들과 땅에 있는 자들과 땅 아래 있는 자들로 모든 무릎을 예수의 이름에 꿇게 하시고 모든 입으로 예수 그리스도를 주라 시인하여 하나님 아버지께 영광을 돌리게 하셨느니라"는 빌 2:9-11의 그리스도의 승귀를 보여주는 가장 고전적이고 유명한 성구이다. 이외에도 막 16:19; 눅 24:26; 요 7:39; 행 2:33; 5:31; 롬 8:17, 34; 엡 1:20; 4:10; 딤전 3:16; 히 1:3; 2:9; 10:12 등의 구절들이 그리스도의 승귀를 증거 한다.

B. 승귀 신분의 제 단계[756]

1. 부활

a. 부활의 성질

그리스도의 부활은 단지 그의 영혼과 몸이 재결합했다는 것만을 의미하지 않는다. 그가 "죽은 자들 가운데 먼저 나신 자"(골 1:18; 계 1:5)나 "잠자는 자들의 첫 열매"(고전 15:20)로 불려 질 수 있는 이유는 그의 부활에는 단순한 영혼과 몸의 재결합 이상의 것이 있었기 때문이다. 그리스도의 부활은 그의 몸과 영혼이 재결합한 것이면서도, 동시에 그의 인성인 영혼과 육체가 원래의 순전함의 회복 이상으로 높은 수준에 도달하는 것이었다. 그의 몸은 영화의 몸이 되었고, 생명이 사망을 삼키고 더 이상 죽음에 굴복하지 않는 존재가 되었다. 예수님의 몸은 물질적이며 동시에 진정한 것이었고(눅 24:39) 또 물질의 한계를 초월할 수도 있었다(눅 24:31, 36; 요 20:13, 13; 21:7). 몸 뿐만 아니라 그의 정신 또한 장래의 하늘 세계의 환경에 완전히 조화하게 될 성질을 갖춘 최고의 상태까지 그 지정의가 고양되었다.

---

[756] Cf. Berkhof, 『조직신학』, 580-89.

b. 부활의 의의

그리스도의 부활은 삼중적 의미를 지니는데, (1) 첫째, 그리스도의 부활은 사망이 정복되었다는 성부의 선언적 의미이다(롬 1:3). 그리스도의 부활은 사망이 정복되고 그리스도의 속죄 사역이 율법의 모든 요구를 만족시켰다는 그리스도의 선언이다. (2) 둘째, 장차 신자들에게 나타날 일에 대한 상징적 의미이다. 그리스도는 잠자는 자들의 첫 열매로서, 신자들에게 있을 부활과 그 안에서 영적으로 성취되는 중생, 칭의 까지도 상징한다(롬 6:4, 5, 9; 8:11; 고전 6:14; 15:20-22; 고후 4:10, 11, 14; 골 2:12; 살전 4:14). (3) 세 번째 의미는 도구적 의미이다. 그리스도의 부활은 신자들의 중생, 칭의, 장차 있을 부활에 대한 상징적 의미를 가질 뿐만 아니라 그것들에 대한 실제적 근거로서 도구적 의미 또한 가진다. 즉, 신자들의 중생과 부활은 그리스도의 부활로 말미암아 얻어진다는 것이다(롬 4:25; 5:10; 엡 1:20; 빌 3:10; 벧전 1:3).

c. 부활의 주체

모든 하나님의 외향적 사역(opera ad extra)이 그렇듯이, 그리스도의 부활 또한 삼위의 사역이며, 삼위께서 그 주체가 되신다. 먼저, 그리스도 부활의 주체는 그리스도 자신이셨다. 그는 스스로 부활이자 생명이라고 하셨고 (요 11:25), 또 자신에게 생명을 버리고 취하는 권세가 있음을 미리 선언하셨다(요 10:18). 또 동시에 성경은 그것을 성부의 행위와(롬 6:14; 갈 1:1; 벧전 1:3) 하나님의 능력으로서 성령께서 하시는 것으로도 말한다(행 2:24, 32; 3:26; 5:30; 롬 8:11; 고전 6:14; 엡 1:20).

d. 그리스도의 부활을 달리 설명하려는 시도들

① 도난설

이는 제자들이 무덤에서 시체를 훔친 후에 그리스도께서 부활하셨다고 거짓말을 유포했다는 이론이다. 하지만 이는 불가능한데, 당시 예수님을 부인하고 떠난 제자들에게 이런 용기가 있었을 것이라고 생각하기 어려울 뿐만 아니라, 자신들이 퍼뜨린 거짓말을 위해서 자신의 인생 전체를 걸고 결국에는 목숨까지 버린다는 것은 불가능하기 때문이다.

② 기절설

기절설은 예수님께서 십자가에서 돌아가신 것이 아니라 일시적으로 기절했던 것이라는 이론이다. 하지만 그렇게 많은 사람들이 그것을 알아보지 못했다는 기이함은 차치하고서라도 군병이 창으로 그를 찔렀고, 물과 피가 쏟아졌음에도 죽지 않았고, 3일 만에 회복되어 무덤 바위를 굴려내고 많은 제자들에게 멀쩡한 모습으로 나타났다는 것은 기절설을 믿을 수 없고 불합리함을 보여주는 것이라 할 수 있다.

③ 환상설

이는 제자들이 부활하신 예수님을 만난 것은 환상을 본 것이라는 이론이다. 이 또한 불가능한데, 개인이 아니라 집단에게 동일한 시간에 같은 환상이 일어나고, 그들과 동일한 대화를 할 수 있다는 주장은 말이 되지 않는다.

④ 신화설

이는 예수님의 부활 이야기가 이방 종교의 신화에서 유래했다는 이론이다. 복음서 기사를 이교 신화와 연결 짓는 것은 엄청난 독단성이 없이는 불가능하다. 이는 이후의 제자들의 삶을 설명할 수 없을 뿐만 아니라 성경에 나타난 사실들조차도 철저하게 무시하는 것이다.

e. 부활의 증거들

부활에는 다음과 같은 증거들이 있다. (1) 구약의 예언(시 16:10, 참고 행 2:24-31; 13:35), (2) 예수님 자신의 예언(마 16:21; 20:17-19; 막 8:31, 32), (3) 복음서 기자들의 증언(마 28장, 막 16장, 눅 24장, 요 20장), (4) 많은 목격자들(마 28:1, 9; 요 20:19-29; 눅 24:13; 고전 15:6; 고전 15:7, 8), (5) 이후 사도들과 제자들의 삶과 죽음(행 2:32 참고), (6) 증언에 수반된 기적과 권능들(히 1:22; 2:4, 43) (7) 안식일의 변경(행 2:1; 20:7; 고전 16:1, 2) 등이 있다.

2. 승천

a. 성경적 증거

승천은 부활에 필수적으로 따르는 보충과 완성이다. 물론 그렇다고 승천이 독립적 의미를 지니지 못한다는 것은 아니다. 성경은 부활만큼은 아니지만 승천에 대해서도 충분하게 증거 한다(눅 24:50-53 ; 요 6:62; 14:2, 12; 16:5, 10, 17, 28; 17:5; 20:17; 행 1:6-11; 엡 1:20; 4:8-10; 딤전 3:16; 히 1:3; 4:14; 9:24).

b. 승천의 성질

승천은 중보자께서 지상에서 하늘(heaven)로 올라가신 가시적 사건이다. 예수님의 승천은 장소의 이동이었고 동시에 그리스도의 인성의 좀 더 진전된 변화 또한 포함한 것이었다. 그리스도께서 승천하신 곳은 참으로 "하늘"로서 장소적 의미를 지닌다. 성경은 하늘을 하나의 장소적 개념으로 소개하며, 그리스도께서 그렇게 장소적으로 이동하신 것으로 묘사하고 설명한다(신 30:12; 수 2:11; 시 139:8; 롬 10:6, 7; 히 4:14).

c. 루터파의 승천관

루터파는 그리스도의 승천을 장소적 이전으로 보지 않고 상태 변화로 이해한다. 루터파는 그리스도께서 승천을 그리스도의 인성이 신적 속성을 전달 받으심으로써 영원한 편재성을 얻으신 것으로 이해한다. 즉, 그리스도께서 앉으신 하나님의 우편이란 권능을 상징하는 표현으로서 도처에 편재한다는 것이다. 이는 그들의 성찬 교리와 밀접한 관련이 있는데, 그들이 주장하는 공재설을 뒷받침하기 위해서는 그리스도의 인성의 편재성이 필요하기 때문이다.

d. 승천의 교리적 의미

① 그리스도의 제사장적 사역 측면에서

승천은 그리스도의 지상의 중보 사역이 충분했다는 것을 인정하사 하늘의 영광에 들어오도록 허락하신 성부의 선언적 행위이다. 그리스도는 십자가에서 자신을 제물로 드리시고 하늘의 성소로 들어가신 것이다(히 9:24).

② 그리스도의 선지자적 사역 측면에서

승천은 그리스도의 백성의 영적인 승천을 계시한다(엡 2:6; 요 17:24). 이는 인간이 원래적 지배권을 회복했다는 계시적 역할을 한다(히 2:7, 9) 또 동시에 육적으로 미래에 승천하여 그리스도를 맞이할 것에 대한 예증이기도 하다.

③ 그리스도의 왕적 사역 측면에서

승천은 중보자의 나라가 유대인의 나라가 아니라 보편 국가라는 선언이며, 장차 있을 영원한 통치를 준비하기 위한 방편이기도 하다.

3. 하나님 우편에 앉으심

a. 성경적 증거

성경은 여러 구절에서 그리스도께서 승천 이후 하나님 우편에서 만물을 통치하고 계심에 대해 말한다(마 26:64; 행 2:33-36; 5:31; 엡 1:20-22; 골 3:1; 히 10:12; 벧전 3:22; 계 3:21; 22:1).

b. 하나님 우편에 앉으심의 의미

하나님 우편에 앉으셨다는 말은 시편 110:1 "내가 네 원수로 네 발등상 되게 하기 까지 너는 내 우편에 앉으라"는 말씀에서 유래하였다. 이는 신인동성동형론적 표현으로, 당연히 문자적인 의미로 이해될 수는 없다. 이는 중보자께서 교회와 우주에 대한 통치권을 받으시고 그에 합당한 영광과 명예에 참여하게 되셨음을 의미한다. 어떤 이들은 "앉으셨다"는 표현으로 천상에서의 그리스도의 생활을 휴식의 생활로 생각하기도 하지만 이는 단지 그리스도의 신분과 관계한 표현이지 그의 생활과 관계된 것은 아니다. 성경은 여러 곳에서 천상의 그리스도의 활동을 다양하게 표현한다(롬 8:34; 벧전 3:22; 행 7:56; 계 1:12; 2:1).

c. 앉으신 동안의 그리스도의 사역

① 왕적 사역

그리스도의 왕적 사역은 천상에서도 계속된다. 그리스도께서는 교회와 우주를 통치하신다. 하나님 우편에 좌정하신 그리스도는 교회뿐만 아니라 세상도 통치하신다. 그러나 그리스도는 더더욱 교회를 다스리시는데, 그의 말씀과 성령으로 다스리시며, 하늘에서 직접 세우시는 그의 사역자들을 통해서 자기 백성을 통치하시고 다스리신다.

② 제사장적 사역

그리스도는 천상에서 제사장적 사역 또한 계속해 나가신다. 십자가에서 "다 이루었다"고 하신 말씀은 그의 제사장적 사역의 종결을 의미하지는 않는다. 이는 단지 그의 능동적인 고난당하시는 사역이 종결되었음을 의미할 뿐이다. 성경은 많은 곳에서 그리스도의 천상의 사역을 제사장 사역과 연결하고 있다(슥 6:13; 히 4:14; 7:24, 25; 8:1-6; 9:11-15, 24-26; 10:19-22; 요일 2:2). 특별히 그리스도는 제사장으로서 자신이 속죄하신 백성을 위해서 하늘 성소에서 중보 하신다.

③ 선지자적 사역

그리스도께서는 성령을 통하여 그의 예언 사역을, 선지자로서의 사역을 계속 해 나가실 것을 제자들에게 미리 말씀해 주셨다(요 14:26; 16:7-15). 그리스도는 성령을 보내셔서 제자들로 하여금 기억나게 하시고, 진리를 가르치시며, 모든 진리를 이해하게 하실 것이었다. 오순절 이후 그리스도께서는 성령을 통하여 제자들을 영감하여 성경을 쓰게 하시고, 말씀의 교사들을 세우셔서 교회를 가르치시고 인도하셨다. 현재는 성경 기록을 위한 계시 사역은 종결 되었으나, 하나님의 말씀을 깨닫게 하시는 성령의 조명은 계속 그리스도에 의해 주어진다.

4. 그리스도의 재림

a. 성경적 증거

구약은 초림과 재림을 구별하지 않고 예언한다(욥 19:25, 26; 단 7:13, 14; 슥 14:4; 말 3:1, 2). 초림이 성취된 이후의 기록인 신약에서는 재림에 대해 300회 이상 언급한다. 특히 마태복음 24장, 25장 마가복음 13장, 누가복음 21장은 재림을 말하는 것으로 가득 차 있다.

b. 승귀의 한 단계로서의 재림

재림은 그리스도의 승귀의 마지막 단계이다. 이는 수난 당하신 분께서 심판주로 오시는 것으로, 이는 중보자의 특권이다(요 5:22, 27; 행 10:42; 17:31).

c. 재림을 가리키는 성경적 용어

① 파루시아(appearing)

이는 가장 일반적으로 사용되는 용어인데, 문자적인 의미로는 나타남을 의미한다. 이는 그리스도의 출현하심을 가리킨다(마 24:3, 27, 37, 39; 고전 15:23; 살전 2:19; 3:13; 4:15; 5:23; 살후 2:1; 약 5:7, 8; 벧후 3:4).

② 아포칼립시스(revealing)

이는 그리스도의 재림은 감추어졌던 그가 드러나 보이게 되심을 의미한다. 감추어졌던 그리스도의 영광과 위엄이 그 날에 드러나게 될 것을 말해준다(살후 1:7; 벧전 1:7, 13; 4:13).

③ 에피파네이아(appearing)

이 또한 나타나심, 출현을 의미하는데, 이 단어는 그의 출현의 영광스러움에 초점이 맞춰져 있다. 이 단어는 출현하시는 분이 영광스러운 분이심을 의미한다(살후 2:8; 딤전 6:14; 딤후 4:1-8; 딛 2:13).

d. 그리스도의 재림의 방식

어떤 이들은 그리스도의 재림과 오순절 성령 강림을 혼동한다. 오순절 성령 강림이 그리스도의 재림 약속의 실현이라는 것이다. 물론 어떤 의미에서는 그리스도께서 성령으로 참으로 오셨다고 말할 수 있지만, 그리스도의 재림은 육체적이고 가시적인 재림으로서 오순절 이후에도 성경은 계속 그리스도의 재림을 기대하도록 가르치고 있음을 볼 수 있다(고전 1:7; 4:5; 11:26;

빌 3:20; 골 3:4; 살전 4:15-17; 딛 2:13; 계 1:7)

e. 그리스도의 재림의 목적

그리스도는 세상을 심판하고 자기 백성의 구원의 완성을 위하여 오실 것이다. 양과 염소는 구별될 것이고, 양에게는 하나님의 후사로서 그 나라를 유업으로 주시고 영원한 상급을 주실 것이며, 염소에게는 영원한 진노와 형벌이 주어지게 될 것이다(마 25장)

f. 그리스도의 재림 교리에 대한 반론들

어떤 이들은 성경적 초자연주의에 대한 반대로 재림 교리를 반대한다. 이들의 반대는 단지 재림뿐만 아니라 부활과 승천에까지 연결되어 있다. 하지만 성경적 초자연주의는 성경이 가르치는 가장 근본적인 세계관이다. 또 어떤 이들은 오순절의 영적 재림이 성경이 말하는 재림의 전부라고 주장하며, 성경적 재림 사상을 거절할 뿐만 아니라, 어떤 이들은 자신이 재림주라고 주장하며, 성경적 교훈을 왜곡하기도 한다. 성경적 재림 사상은 기독교 교리의 근간을 이루는 핵심이므로 이에 벗어나지 않도록 주의를 기울이는 데 게을리 하지 말아야 한다. 재림에 대해서는 종말론에서 상세히 다루기로 한다.

安衡柱 牧師의
개혁주의 조직신학 강설

기독론

제3부
"그리스도의 직분"

The Reformed Systematic Theology

I

그리스도의 직분에 대한 개요

A. 그리스도의 직분 개념의 역사적 발전[757]

초기 교부들 중 일부가 그리스도의 직분들에 대해 언급했지만, 중보자의 세 직분을 구별하는 것의 중요성을 인정하고 교리적으로 체계화한 최초의 인물은 칼빈이다.[758] 그 이후 이 구별은 신학에서 일반적으로 채택되었지만, 직분들 간의 상대적 중요도나 상호 관계에 대한 합의는 도출되지 않았다. 어떤 이들은 세 직분 중 하나만을 강조하거나, 세 직분을 연대적 계승 개념으로 지상 사역 기간에는 선지자로, 십자가상에서는 제사장으로, 하나님 우편에 앉으신 지금은 왕으로 사역하신다고 생각하는 사람들도 있었다. 현대에는 그리스도를 단지 이상적인 인간상으로 생각하려 하기 때문에, 그리스도의 삼중직 개념을 반대한다. 그럴 성경이 말하는 그런 중보자로 이해되지 않는 것이다. 이들은 직분의 구별이 하나의 사역을 셋으로 분리하는 것이라고 왜곡하지만, 개혁파에서 삼중직을 말하는 것은 세 개의 구별된 사역을 말하려는 것이 아니라, 도리어 하나의 사역을 세 가지 측면으로 설명하려는 것이다. 이는 구약에서 메시아를 모세와 같은 선지자로(신 18:18), 또 멜기세덱의 반차를 따르는 제사장으로(시 110:4), 또 다윗의 자손으로서 왕으로 그리고 있는 것에서 지지를 받는다.

---

[757] Cf. Berkhof, 『조직신학』, 593–94.
[758] Calvin, Institutes., II. 15.

B. 삼중직 구별의 중요성[759]

하나님의 형상대로 지음 받은 인간은 낙원에서부터 선지자, 왕, 제사장적 존재였다. 그는 하나님의 계시를 따르는 자신의 지식을 따라 세상을 이해하고 동물들에게 이름을 지어줄 수 있었고, 또 거룩함으로 하나님을 섬기고 예배할 수 있었으며, 피조물에 대한 지배권을 가지고 다스리고 정복할 수 있었다. 그러나 인간은 죄로 말미암아 이 영예를 잃었고, 이를 회복시키시는 우리의 구원자는 선지자와 제사장과 왕으로 오실 필요가 있으셨다. 합리주의자들은 오직 그리스도의 선지자직만을 강조하고, 신비주의자들은 제사장직만 그리고 천년 왕국설은 왕직만을 일방적으로 강조하지만, 성경은 하나님과 사람 사이의 유일한 중보자로서 선지자, 제사장, 왕으로서의 모든 사역을 성취하시는 성령으로 기름 부음 받은 메시아로 그리스도를 소개한다.

---

[759] Cf. Berkhof, 『조직신학』, 594-95.

II 선지자직

A. 선지자에 대한 성경적 개념760

1. 성경에서 사용된 용어

a. 구약에서 사용된 용어

구약에서 선지자를 지칭하는 일반적인 용어는 '나비'이다. 이는 하나님으로부터 메시지를 받아서 백성들에게 전하도록 파송된 사람, 즉 하나님의 대언자를 의미한다(출 7:1; 신 18:18). 또 우리말 번역에 선견자로 번역되는 말로 '로에'와 '호제'가 있다. 이는 본다는 의미로서 하나님으로부터 환상(vision)의 형태로 계시를 받는 사람임을 강조한다.

b. 신약에서 사용된 용어

신약에서는 '프로페테스'가 있다. 이 말은 '프로(before)'와 '페미(to speak)'의 합성어인데, 여기서 '프로(before)'는 시간적인 의미가 아니다. 프로페테스는 '미리 말하다'가 아니라 '말을 발하다', '말하여 내다'의 의미를 지닌다. 즉, 선지자란 하나님으로부터 말씀을 받아 그 말을 백성들에게 발하는 사람이다.

---

760 Cf. Berkhof, 『조직신학』, 595-596.

2. 선지자직의 두 요소

a. 수동적 요소

선지자의 수동적 기능, 수동적 요소는 하나님의 계시를 받는 것이다. 선지자는 오직 받은 것을 주는 사람이며, 받지 않을 것을 줄 수 없는 자이다. 그는 하나님의 말씀에 가감을 하면 죽임을 당하게 된다(신 18:20). 그러므로 수동적 요소는 뒤에서 말할 선지자의 능동적 요소의 근간이 된다.

b. 능동적 요소

선지자는 하나님께로부터 받은 계시를 백성에게 전달한다. 이것이 선지자의 능동적 요소이다. 계시를 전달하는 이 활동이 없다면 선지자라 불려질 수 없다. 구약의 어떤 이들은 하나님께로부터 계시를 받았지만 선지자라 불려 질 수 없었다(아비멜렉, 바로, 느부갓네살 등).

3. 선지자의 임무

선지자의 임무는 하나님의 뜻을 백성에게 드러내고 그것으로 가르치며, 경계를 주어 죄를 떠나게 하고, 하나님의 신실한 약속을 믿도록 선포하는 것이다. 선지자는 그 시대의 백성들에게 권면하고 책망하며 진리와 정의를 증진시키고자 한다. 그리스도께서는 이미 영으로 구약의 선지자들을 통해서 역사하셨고(벧전 1:11), 또 그렇게 쓰임 받은 이스라엘의 선지자들은 위대한 선지자 그리스도의 예표가 되었다(신 18:15).

B. 그리스도의 선지자적 사역에 대한 성경적 논증[761]

---

[761] Cf. Berkhof, 『조직신학』, 596-97.

복음서에서는 여러 모양으로 그리스도께서 선지자시라는 사실을 그리스도 자신과 다른 이들의 말을 통해서 증거 한다(마 21:11, 46; 24:3-35; 눅 1:33; 7:16; 19:41-44; 24:19; 요 3:2; 4:19; 6:14; 8:26-28; 9:17; 12:49, 50; 14:10, 24; 15:15; 17:8, 20). 초대 교회에 이미 그리스도는 신 18:15에서 모세가 예언한 바로 그 오실 선지자시라고 여겨졌다(행 3:22, 23).

C. 그리스도의 선지자적 사역의 구분

1. 성육신 전과 후의 구분

a. 성육신 이전

그리스도는 성육신 이전에도 선지자 사역을 하셨다. 그는 (1) 특별한 여호와의 사자로서 선지자 사역을 하셨고(창 18장; 수 5:13-15; 사 63:9; 단 3:25 등), (2) 모든 선지자들에게 계시의 영으로 역사하셨으며(벧전 1:11), (3) 또 구약 성경의 저자들을 영감 하셔서 구약 성경을 기록하게 하셨다(벧후 1:21; 딤후 3:16).

b. 성육신 이후

성육신 이후에도 그리스도의 선지자로서의 사역은 계속되었는데, (1) 지상에서의 사역 기간에 가르침을 주시고 표적을 행하심으로 선지자 사역을 하셨고, 또 하늘에 오르셔서는 (2) 신약 성경의 저자들에게 영감 하셔서 성경을 기록하게 하셨고, (3) 성경 완성 후에도 성령님을 통해서 우리 마음에 조명하심으로 하나님의 말씀을 깨닫게 하시고 인도하심으로 선지자적 사역을 계속하신다.

2. 사역 수행 방식의 구분

a. 간접 방식

그리스도의 선지자 사역의 간접적 방식은 그가 현재 하시는 방식으로서 성령을 통해서 사역하시는 것을 의미한다. 그리스도는 지금 영감 된 성경을 매개로 하여 성령을 통해서 간접적으로 선지자 사역을 수행하신다. 이는 그리스도의 주관적이고 내적인 선지자직 수행이다.

b. 직접 방식

그리스도의 선지자 사역의 직접적 방식은 그가 구약 시대에는 "여호와의 천사"로서, 성육신 후에는 그의 지상 사역을 통해서 즉, 그의 가르치심과 모범, 표적, 그리고 성육신, 부활, 승천 등의 직접적인 행동을 통해서 하신 것을 의미한다(요 13:15; 빌 2:5; 벧전 2:22). 이는 그리스도의 객관적이며 외적인 선지자직 수행이다.

D. 그리스도의 선지자직에 대한 현대 신학의 주장과 그 문제점[762]

현대 자유주의 신학은 선지자직을 중심으로 그리스도의 사역을 논한다. 이는 그들의 그리스도의 신성을 부정하는 경향에 동반된 것인데, 그를 단지 종교의 위대한 교사 정도로 여기는 것이다. 그러나 이것은 성경이 말하는 선지자직에 대한 충분한 인정이 될 수도 없다. 왜냐하면 그리스도께서 참된 선지자이신 이유는 그가 신성을 지니신 하나님의 아들로서 가능하신 것이었기 때문이다(히 1:3).

---

[762] Cf. Berkhof, 『조직신학』, 597-98; 김달생, 『바른신학』, 331.

III
제사장직

A. 제사장직의 성경적 개념[763]

1. 성경에서 사용된 용어들

제사장을 가리키는 구약의 용어는 '코헨', 신약의 용어는 '히에뤼스'이다. '코헨'은 언제나 명예롭고 책임 있는 지위에 있어서 타인에게 권위를 행사하는 교직자를 지칭하기 위해 사용되었다. '히에뤼스'는 원래는 '강한 자'를 의미했는데, 이 후에는 신성한 인물, 또는 하나님께 봉사하는 인물을 의미하는 말로 사용되었다. 성경 전체의 가르침과 용례를 통해 제사장의 의미를 살펴본다면, 제사장은 하나님에 의해 백성 중에서 구별된 자로서 하나님께 제물을 바치고 기도를 드리며, 백성들에게 하나님의 교훈을 가르치는 자라고 할 수 있다.

2. 선지자와 제사장의 구별

선지자와 제사장 모두 하나님의 에 의해 임명 받는다는 사실은 동일하지만(신 18:18 이하; 히 5:4), 선지자는 백성 앞에서 하나님의 대리자로서 하나님의 뜻을 선포하는 역할을 한 반면에, 제사장은 하나님 앞에서 백성의 대리자로 나아가 백성을 죄를 회개하고 은혜와 자비를 구하는 역할을 하였다.

---

[763] Cf. Berkhof, 『조직신학』, 599-600.

즉, 두 직분 간에는 사역 방향의 차이가 있다고 할 수 있다.

3. 성경이 말하는 제사장직의 특성

성경이 말하는 제사장직에는 다음과 같은 특성이 있는데, (1) 먼저는 하나님에 의해 임명을 받아(히 5:4) (2) 백성 중에서 성별되었고(히 5:1; 레 21:4-6), (3) 하나님 앞에서 백성의 대표로서(출 28:9, 10, 29), (4) 하나님께 의식적인 예식을 집례하며(레 8:2-9; 히 5:1; 7:1), (5) 백성을 위해 기도하고 축복하는 일을 한다(히 7:25; 레 9:22; 민 6:22-27; 신 21:5).

4. 그리스도의 제사장직에 대한 성경적 증거

구약은 장차 오실 구속자의 제사장직을 예언했다(시 110:4; 슥 6:13). 신약에서는 비록 한 권의 책 히브리서에서만 그리스도를 제사장으로 칭하지만, 그 호칭은 수차례 반복되어 나타난다(3:1; 4:14; 5:5; 6:20; 7:26; 8:1). 뿐만 아니라 다른 신약의 책들에서도 그리스도의 제사장 사역에 대해 기록하고 있다(요일 2:1; 롬 8:34).

B. 구약 제사의 기원에 관한 여러 이론들[764]

1. 현대주의자들의 이론들

a. 선물설

이 이론은 제사가 하나님의 은총을 확보하기에 위해 드려진 선물이었다고 주장한다. 이는 매우 저급한 신관 속에서의 제사 이론으로서 성경의 개

---

[764] Cf. Berkhof, 『조직신학』, 600-02.

념과 전혀 조화되지 않는 이론이다. 무엇보다도 하나님의 은총을 확보하기 위해 드려지는 선물이 왜 잡아 죽인 동물과 그 피로 드려져야 하는지에 대해서 설명할 수 없다.

b. 성례적 교제설

이 이론은 동물을 잡아 죽여서 하나님께 드린 제물을 사람이 먹음으로서 신적 성질을 사람이 얻게 된다는 주장이다. 이 이론은 토템 사상에 뿌리를 두고 있는 이론이다. 하지만 성경은 동물 자체가 거룩하거나 그것의 힘 때문에 사람이 거룩해지거나 신적 성질을 가지게 된다고 가르치지 않는다.

c. 숭배설

이 이론은 희생 제사가 본래 숭배의 표현이라는 주장이다. 하지만 이는 아무 것도 대답해 주지 못하는데, 왜 숭배가 동물을 잡아 죽이는 형식을 가져야 하는 형식을 가져야만 하는지 설명해 주지 못하는 것이다. 뿐만 아니라 이는 성경적 지지도 받지 못한다.

d. 상징설

이 이론은 희생 제사가 하나님과의 교제 회복의 상징이라는 주장이다. 그러나 이 또한 어떻게 짐승을 도살하여 피를 드리는 방식이 하나님과의 교제 회복의 상징이 될 수 있는지에 대해서 설명해 주지 못한다.

2. 개혁파의 이론: 속죄설

이는 희생 제사에는 속죄적 의미가 담겨 있다는 주장이다. 물론 제사에는 감사나 교제의 표현이 동반될 수 있지만, 가장 근본적으로는 속죄의 의미가 담겨 있다. 이는 다음과 같은 지지를 받는다. (1) 노아의 번제의 효능은 속죄적이었다(창 8:21). (2) 욥의 제사의 동기는 그의 자녀들의 범죄에 있었다(욥 1:5). (3) 희생 제사가 짐승을 잡아서 드려진 것은 범죄 함에 따르는 형벌적 측면을 보여준다. (4) 또 이 이론은 이교 국가들에서 일반적으로 행해졌던 제사 또한 속죄적인 것으로 간주되었다는 사실과도 조화된다. (5) 이는 장차 오실 구속주에 대한 약속이 모세 시대 이전에 이미 존재했다는 사실과 일치된다. (6) 마지막으로 이 이론은 속죄적 요소를 전면에 부각하여 제시하고 있는 모세의 제사 의식이 도입되었을 때, 전혀 새로운 것으로 여겨지지 않았다는 사실과도 잘 부합된다. 구약의 제사는 제사가 무엇보다도 하나님의 공의를 만족시키기 위해 드려져야 한다는 것을 잘 보여줄 뿐 아니라, 대리적 속죄의 교리 또한 예표해 주고 있다고 하겠다.

C. 구약의 제사의 의미[765]

1. 속죄적 의미

비록 이 특징이 모든 제사에서 한 결 같이 부각되어 나타난 것은 아니라 할지라도 구약 성경은 이스라엘 중에서 드려진 모든 희생 제사가 속죄적이었음을 증언한다(레 1:4; 4:29, 31, 35; 5:10; 16:7; 17:11). 이것은 속죄제와 속건제에서는 선명하게 드러나고, 번제와 화목제의 경우에는 덜 현저할지라도 모든 희생 제사에는 속죄의 요소가 담겨 있었다. 이는 제사 의식과 절차 속에서도 잘 나타나는데, 특별히 제사인이 제물의 머리에 안수하는 것과 제단과 시은소에 그 피를 뿌리는데서 그 의미가 잘 드러난다고 할 수 있다. 이렇게 희생 제사를 드린 것의 결과는 죄 사함이었다(레 4:26, 31, 35).

---

[765] Cf. Berkhof, 『조직신학』, 602-03.

2. 예표적 의미

　구약의 희생 제사는 예표적 의미로서 예언적 성격을 가지고 있었다. 이는 율법 안에서 복음을 예표 했다. 즉 , 예수 그리스도의 대리적 속죄를 예표 하는 것이다. 구약의 제사들이 그리스도의 십자가의 속죄 사역의 예표라는 사실을 구약 성경 자체가 증거 하였으며(시 40:6-8; 히 10:5-9 비교), 신약도 구약의 제사들이 그리스도와 그의 사역을 예표 한 것이라고 진술한다(골 2:17; 히 9:23, 24; 13:11; 고후 5:21; 갈 3:13; 요일 1:7; 요 1:29; 벧전 1:19; 고전 5:7).

D. 그리스도의 제사장적 사역의 성경적 증거[766]

　히브리서는 그리스도를 우리의 대제사장이시며, 우리를 대신하여 자신을 제물로 드리신 분으로 기술한다(히 5:1-10; 7:1-28; 9:11-15, 24-28; 10:11-14, 19-22; 12:24). 또 성경은 여러 곳에서 그리스도를 화목 제물, 유월절 양, 희생, 향기로운 제물 등과 같은 표현으로 그리스도의 사역이 제사장으로서 자신을 제물로 드리는 사역이었음을 증거 한다(롬 3:25; 요 1:29; 3:14, 15; 요일 2:2, 4, 10; 벧전 2:24; 3:18; 고전 5:7; 15:3; 엡 5:2). 무엇보다도 그리스도께서 본인이 대리적 속죄의 제물로 오셨음을 분명하게 말씀하셨다(막 10:45).

E. 현대 신학에서의 그리스도의 제사장적 사역[767]

　현대에 그리스도의 삼중직은 학계에서 환영 받지 못하고 거절되고 있다. 현대 신학이 인간의 모범으로서 그리스도의 자기 부인적, 자기희생적인 모습에 대해서는 적극적으로 수용한다고 하더라도, 하나님의 공의를 만족

---

[766] Cf. Berkhof, 『조직신학』, 604.
[767] Cf. Berkhof, 『조직신학』, 604-05.

시키신 대리 속죄적 제물이요 제사장이신 그리스도에 대해서는 적극적으로 거절한다. 하지만 성경에서 그리스도의 제사장 사역은 매우 강조되고 있음을 명확히 말해야 한다. 그는 구약의 제사장직이 가르치는 원형이시며, 실체이신 것이다(히 5:6).

IV 속죄의 원인과 필요성

A. 속죄의 동인[768]

1. 하나님의 기쁘신 뜻

성경은 하나님께서 우리를 속죄하시는 동인은 삼위 하나님의 주권적인 기쁘신 뜻에 있다고 말한다(갈 1:4; 골 1:19, 20). 어떤 이들은 성부의 진노를 멈추게 하시고 하신 그리스도의 희생적인 사랑을 속죄의 동인이라고 여기기도 하지만 속죄의 동인을 어느 한 위께서만 독점하신다고 생각하는 것은 성경적이지 않다. 오히려 성경은 하나님이 세상을 사랑하셔서 자신의 독생자를 주셨다고 말한다(요 3:16). 삼위 하나님이 모두가 속죄에 직접적으로 관계하시는 것이다.

2. 속죄와 하나님의 속성

어떤 이들은 하나님의 기쁘신 뜻을 그의 전횡적 의지로 간주한다(둔스 스코투스). 그러나 죄인들을 속죄하시려는 하나님의 기쁘신 듯이 하나님의 사라오가 공의에 뿌리내려 있다고 보는 것이 더 성경적이다(요 3:16; 롬 3:24, 25). 하나님의 공의는 죄에 대한 합당한 대가 즉 희생을 통한 속죄를 요구하시고, 하나님의 사랑은 스스로 속죄의 길을 준비해 주신다.

---

[768] Cf. Berkhof, 『조직신학』, 606-07.

B. 속죄의 필요성에 관한 역사상의 견해들[769]

1. 속죄의 필요성을 부정하는 견해

중세의 유명론자들과 소시니우스파(Socinianism)는 속죄의 필요성을 부정했다. 이들은 하나님께서 다른 형태의 속전을 받으시거나 심지어 그 어떤 속전 없이도 구속 사역을 행하실 수 있었을 것이라고 주장한다. 즉, 죄는 처벌받아야 한다는 신적 공의의 요구를 부정한 것이다. 현대 자유주의 신학 역시 속죄의 필요성을 부정하고, 그리스도의 속죄를 신비설과 도덕 감화설로 이해하여 객관적 속죄 사실을 부인하였다. 하나님 안에는 죄에 대한 형벌의 요구나 진노가 없으며 따라서 인류를 향한 객관적 정죄도 없다는 것이 이들의 주장이다.

2. 속죄의 상대적 필요성만을 인정하는 견해

이는 하나님의 자유로운 작정에 따라 속죄 필요성을 인정하는 견해이다. 즉, 하나님은 능히 속죄 없이도 택자들을 구원하실 수 있었으나 다른 조건으로는 죄를 사하지 않기로 주권적으로 결정하였기 때문에 속죄가 필요하게 되었다는 견해이다. 아타나시우스, 어거스틴, 아퀴나스, 칼빈, 잔키우스 등 많은 신학자들이 이 견해를 주장하였다.

3. 속죄의 절대적 필요성을 인정하는 견해

속죄의 절대적 필요성을 주장하는 이들은 속죄가 하나님께서 죄를 용서하시고 동시에 그의 공의를 만족시킬 수 있는 유일한 방법이라고 여긴다. 이레니우스, 안셈, 후티우스(Voetius), 마스트리히트, 투레틴, 오웬 등이 이

---

[769] Cf. Berkhof, 『조직신학』, 608-09.

견해를 주장하였다. 즉, 속죄는 죄와 죄인에게 자신의 거룩함을 주장하시고 범죄자에게 합당한 형벌을 내리시는 하나님의 도덕적 속성에 뿌리 내려 있기 때문에 죄인을 용서하시기 위해 절대적으로 필요하다는 것이 이들의 주장이며, 이것이 우리의 표준적 신앙 고백들이 취하는 입장이다.

C. 속죄의 절대적 필요성에 대한 증거[770]

1. 하나님의 공의의 입장에서

하나님의 공의는 반드시 모든 죄를 처벌해야 한다고 성경은 가르친다(출 34:7; 민 14:18; 나 1:3). 하나님은 신적인 증오심으로 죄를 미워하신다(시 5:4-6; 나 1:2; 롬 1:18). 즉, 속죄의 필요성은 하나님의 본성에서 유래하기에 절대적이라고 할 수 있다.

2. 하나님의 법의 불변성과 관련해서

율법은 하나님의 거룩과 공의의 표현이다. 율법은 반드시 지켜져야 하고 그렇지 못한 경우에는 그것이 요구하는 형벌을 받아야만 한다. 하나님의 율법은 어떤 경우에도 무효화되지 않는다(마 5:18; 갈 3:13; 신 27:26).

3. 하나님의 진실성의 입장에서

하나님은 진실하시기에 거짓말하지 않으신다(민 23:19; 롬 3:4). 하나님께서 아담과 언약을 맺으실 때 불순종의 형벌이 죽음이 될 것을 정하셨다. 그러므로 죽음에 의한 속죄가 반드시 필요했다.

---

[770] Cf. Berkhof, 『조직신학』, 609-10.

4. 죄의 성질에서

죄는 반드시 죄책을 가져온다. 그러므로 죄는 형벌을 피할 수 없고 이로부터의 해방을 위해서는 속죄가 필요하다. 범죄자는 죄책에 따라 율법에 빚진 자가 되고, 이는 개인적이든 대리적이든 속죄를 필요로 하게 된다.

5. 속죄 제물이신 그리스도의 위대성과 관련해서

하나님께서 직접 예비하신 희생 제물의 놀라운 위대성은 속죄의 필요성을 함축하고 있다. 자신의 아들을 처절한 고통과 수치에 던져 넣으시는 이 일이 사실은 필요한 것이 아니었다고는 생각할 수 없다. 성경은 그리스도의 고난이 필수적이었다고 말한다(눅 24:26; 히 2:10; 8:3; 9:22, 23).

D. 속죄 절대 필요론에 대한 반론과 이에 대한 답변[771]

1. 이 교리는 하나님을 인간보다 못하게 여긴다.

이는 사람은 자기에게 잘못한 사람을 아무런 조건 없이 용서하는데 반해, 하나님께서 반드시 보상을 요구하신다는 것은 하나님을 사람보다 못한 존재로 여기는 것이라는 반론이다. 즉, 하나님이 죄악 된 인간보다 선과 자비가 부족한 것이 아니냐는 것이다. 하지만 이 반론은 정의로운 보상을 요구하시는 하나님은 사사로운 개인이 아니라 온 우주의 공의와 법을 지탱하고 계시는 심판주시라는 사실을 간과하는 것이다. 더욱이 하나님은 범죄 한 인간들을 구원하시기 위해 스스로 자신의 독생자를 내어주는 엄청난 희생을 치르셨다는 사실을 기억해야 한다.

---

[771] Cf. Berkhof, 『조직신학』, 611-12.

2. 이 교리는 삼위일체의 분열을 가정한다.

이는 하나님은 죄에 대하여 진노하심으로 공의에 따른 보상을 요구하시는데 반해, 그리스도는 죄인을 용서해 주시기를 원하시니 이는 하나님과 그리스도 사이의 분열을 가정한다는 것이다. 하지만 죄에 대한 진노뿐만 아니라 구속의 계획 전체가 삼위 하나님이 함께 하시는 일이시다. 여기에는 분열이 아니라 도리어 아름다운 조화가 나타난다(시 40: 6-8; 눅 1:47-50, 78; 엡 1:3-14; 2:4-10; 벧전 1:2).

V

속죄의 성질

A. 성경적 속죄 교리의 성질[772]

1. 속죄는 객관적이다.

이는 속죄의 대상은 하나님이시라는 의미이다. 속죄는 하나님께 드려진 것이다. 물론 속죄가 반사적으로 인간에게 영향을 미친다는 사실을 분명하고 중요하지만, 속죄는 인간의 범죄로 말미암아 피해를 받으신 하나님께 드려진 만족을 위한 보상이다. 이것이 속죄의 객관성이다. 죄인이 하나님과 화목하게 된 것은 속죄로 인한 신적인 만족, 즉 객관적 속죄의 성취의 결과이다. 이는 성경에서 다음과 같이 지지를 받는다.

a. 구약에 나타난 제사의 방향에서

제사장의 활동은 명백하게 하나님을 향하고 있다. 제사장의 일은 하나님 지향적이며, 일차적으로 하나님을 향한 것임이 분명하다. 그리고 인간에게 미치는 반사적 영향(화목)은 하나님을 향한 일차적 사역의 성취의 결과로 주어진다.

b. 희생 제물 자체의 개념에서

---

[772] Cf. Berkhof, 『조직신학』, 613-22.

하나님께 제사를 드리는 것은 감사를 표현하는 것만이 아니라 하나님의 진노를 풀기 위한 것이었다(욥 4:28). 희생 제물은 인간이 아닌 신에게 드리는 것이다.

c. 화해(propitiation)의 개념에서

화해를 가리키는 히브리어 '카파르'의 본래적 의미는 '가리운다', '덮는다'이다. 문자적인 의미에서 이는 드려진 희생 제물을 통해 하나님의 눈앞에서 그 범죄가 덮어져서 하나님의 진노가 그에게 임하지 않게 되는 것을 의미한다. 하나님께서 희생 제사를 통해서 죄인과 화해를 하셨다는 것은 속죄가 하나님을 상대로 객관적인 것임을 보여준다.

d. 화목의 개념에서

속죄를 가리키는 또 다른 성경 용어는 화목(reconciliation)인데, 헬라어로는 '카탈라쏘', '카탈라게'이다. 이는 적개심을 친밀감으로 변하게 하는 행위를 지시하며 일차적으로 객관적 의미를 가진다. 이는 마태복음 5장 23, 24절과 로마서 5장 10, 11절에 잘 나타나 있는데, 그 의미는 십자가로 말미암아 하나님 안에 객관적 화목이 이루어진 결과로 죄인들에게 주관적 화목이 나타나게 된 것을 의미한다(골 1:20).

e. 속량의 개념에서

속량을 의미하는 헬라어로 '루트론'(대속물), '안티루트론'(속전) 또한 객관적인 용어들이다. 그리스도께서 자기 백성을 자유케 하시는 자로서(행 20:25; 고전 6:20; 7:23), 그는 죄의 삯을 하나님께 지불하셨다. 즉 죄인들을 향한 하나님의 응보적(應報的) 공의의 요구를 만족시키신 것이다(마 20:28; 막 10:45).

2. 속죄는 대리적이다.

a. 대리적 속죄(vicarious atonement)의 의미

대리적 속죄 즉, 그리스도에 의해 주어진 속죄는 자신이 스스로 자신의 죄를 속죄하는 것과는 많은 차이가 있다. 그 차이는 다음과 같은 것이 있다. (1) 전자는 피해자 측이 속죄를 제공하지만, 후자는 가해자가 제공한다. (2) 후자는 긍휼의 요소가 배제되지만, 전자는 가장 숭고한 형태의 긍휼이 나타난다. (3) 후자는 영구히 진행되어 결국 구속의 결과를 낼 수 없지만, 전자는 화해와 영생을 줄 수 있다.

b. 대리적 속죄의 가능성

어떤 이들은 대리적 속죄 자체가 부당한 것이라고 여기는 사람들이 있다. 공의로우신 하나님이 다른 사람의 범죄로 무죄한 자에게 진노하시는 것이 부당하다는 것이다. 물론 인간 중에서는 어떤 비슷한 종류의 것을 발견할 수 있다고 하더라도 형벌적 부채와 완전히 이양되는 것은 불가능하지만, 그리스도의 경우에는 전연 독특한데, 이는 영원 전부터 택자를 위한 중보자로 그리스도를 세우셨고, 그리스도께서는 하나님과 사람으로서 그 일을 하시기 때문이다.

c. 대리적 속죄의 성경적 근거

① 구약의 모든 희생 제사가 대리적인 것이었다(레 1:4; 17:11; 16:15-21).

② 성경 여러 곳에서 그리스도께서 우리의 죄를 "담당하셨다"고 말한다(사 53:6, 12; 요 1:29; 고후 5:21; 갈 3:13; 히 9:28; 벧전 2:24).

③ 그리스도의 속죄를 가리키는 말에서 사용되는, "페리"(인하여), '휘페르'(위하여), '안티'(대신하여)와 같은 용어들이 대리적 의미를 지닌다(갈 3:13; 요 11:50; 고후 5:15).

d. 대리적 속죄 개념에 대한 반대와 이에 대한 답변

① 형벌을 대신함이 부당하다

그러나 금전 문제나 그 이외의 상황에서도 보증인이 그것을 대리하는 경우들을 볼 수 있다. 뿐만 아니라 그리스도는 그의 유일성과 그의 고유성으로 인해서, 인간적 상황에서 불가능한 지불에 있어서도 그것을 가능하게 하시는 합당한 대리인이 되셨다.

② 이것은 불의하다

무죄한 사람이 악인을 위해 대신 고난을 받는 것은 불의한 일이라는 주장이 있다. 그러나 그리스도께서는 자원하여 고난을 받으셨고, 하나님은 충분히 대리적 속죄를 통해서 자신의 공의를 만족시키는 길을 여실 수 있으신 분이다. 그러므로 이것은 불의한 일이라고 비난 받을 수 없다. 뿐만 아니라 이것은 단지 성부께서 계획하신 일이 아니라 삼위 하나님께서 함께 도모하신 일이기에 삼위 사이에 불공정이나 불의가 있다고도 이야기할 수 없다.

③ 그리스도께서 죄인과 동일시 될 근거가 없다

어떤 이들은 대리적 속죄를 정당화할 만한 연합이라는 근거가 존재하지 않는다며 이를 반대한다. 그러나 사실 이는 유기적이라기보다는 법적인 연합을 필요로 하며, 이 법적 언약은 영원 전에 구속 언약에 의해 그 기반이 놓여 있다고 하겠다. 이 구속 언약에 따라 놓여 진 연합은 이후 신비적 연합이라는 유기적 연합으로 형성된다.

3. 속죄는 그리스도의 능동적, 수동적 순종을 포함한다.

그리스도의 사역은 순종의 사역이었다(요 6:38, 39; 롬 5:19; 빌 2:8; 히 5:8, 9). 그리스도는 하나의 고유한 순종을 이루셨는데, 이 순종은 율법과의 관계적 측면에서 능동적 순종과 수동적 순종의 측면으로 구별되어 이해된다.

a. 그리스도의 능동적 순종

능동적 순종은 그리스도께서 죄인을 위하여 영생을 얻으실 목적으로 율법의 요구를 온전히 만족시키신 순종을 의미한다. 그리스도께서 능동적 순종을 하심으로써 타락한 인간은 단지 속죄를 받아 타락 이전의 아담의 입장에 처해지지 않고, 영생의 권리를 누릴 수 있게 된 것이다. 이는 마 3:15; 5:17, 18; 요 15:10; 갈 4:4, 5; 히 10:7-9에 잘 나타나 있다.

b. 그리스도의 수동적 순종

수동적 순종은 율법에 대한 형벌적 관계에 들어가셔서 자신의 고난과 죽음으로 죄 값을 치루시고 그의 온 백성의 채무를 탕감하시는 순종이다. 이는 사 53:6; 롬 4:25; 벧전 2:24; 3:18; 요일 2:2에 잘 나타나 있다.

B. 대리적 속죄 교리에 대한 반론과 이에 대한 답변[773]

1. 대리적 속죄는 불필요하다.

이는 주관적인 속죄설을 옹호하는 사람들이 주장인데, 사랑이신 하나님은 자유롭게 죄 용서를 하실 수 있으셔서 굳이 대리적 속죄를 요구할 필요가 없다는 것이다. 하지만 하나님은 사랑이실 뿐 아니라 공의이시기에, 죄에 대한 심판을 요구하신다.

2. 대리적 속죄는 하나님의 성품을 훼손한다.

죄인을 대신하여 무죄한 자를 벌하신다는 것은 공의를 훼손하는 것이고, 자신의 진노를 달래기 위해 속죄를 요구하셔야만 한다는 사실은 사랑을

---

[773] Cf. Berkhof, 『조직신학』, 622-24.

훼손한다는 주장이다. 하지만 도리어 스스로 죄인을 위한 제물이 되셔서 죄인의 형벌을 스스로 받아내시는 그리스도의 대리적 속죄는 최고의 공의와 사랑의 현시라고 할 수 있다.

3. 대리적 속죄는 진노의 불가능한 이전을 가정한다.

이들은 하나님의 진노가 중보자에게 이전된다는 것은 불가능하다고 주장한다. 그러나 하나님의 진노가 사적 복수의 성질의 것이 아니며, 법적인 것이고, 그리스도는 법적인 중보자로 계시니 불가능한 일이라고 할 수 없다.

4. 대리적 속죄 개념은 복음서에 나오지 않는다.

어떤 이들은 대리적 속죄 개념이 복음서에 나오지 않는다고 주장하지만 이것은 사실이 아니다. 다른 복음서보다 먼저 기록되었다고 여겨지는 마태복음에서 "인자가 온 것은 섬김을 받으려 함이 아니라 도리어 섬기려 하고 자기 목숨을 많은 사람의 대속물로 주려 함이니라"(마 20:28) 라고 말하며, 대리적 속죄 개념을 지지한다. 그 외에도 다음과 같은 구절들이 있다. 마 26:27; 막 10:45; 요 1:29; 3:16; 6:51; 10:11; 15:13.

5. 대리적 속죄 교리는 부도덕하고 해롭다.

이런 대리적 속죄 개념은 도덕적 해이를 가져오며, 도덕률의 붕괴를 낳는다고 주장하는 이들이 있다. 이는 대부분 펠라기우스파와 일부 로마 가톨릭 교회에서 나오는 주장들이다. 그러나 이런 주장은 죄의 심각성과 구속의 풍성함에 대한 무지에서 나온 것이다. 대리적 속죄의 교리는 풍성한 은혜를 말하며, 이 은혜에 의한 믿음은 순종이 없는 믿음이 아니라 오히려 참된 감사와 기쁨에서 순종하게 하는 근거가 된다.

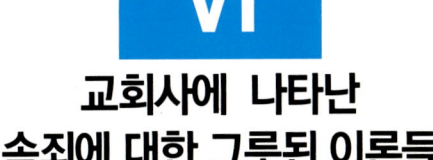

VI 교회사에 나타난 속죄에 대한 그릇된 이론들

A. 사탄 배상설[774]

이는 오리겐과 니사의 그레고리, 그리고 다른 교부들이 제기한 주장으로, 그리스도의 죽음이 인간에 대한 정당한 요구권을 무효화시키기 위해 사탄에게 지불한 배상이라는 주장이다. 하나님의 택한 백성의 값으로 그리스도를 사탄에게 주었기에 사탄은 하나님의 백성을 해방해 주었다는 것이다. 하지만 이 이론은 성경에 전혀 부합하지 않는다. 성경은 속죄의 대상이 사탄이 아니라 하나님이었다고 말한다.

B. 총괄 갱신설[775]

이는 이레니우스의 주장으로서, 아담이 범죄 함으로써 인류를 타락으로 이끌었던 경로를 역전시키심으로써, 죄인 된 인간들의 신분의 단계를 총괄 갱신하신다는 이론이다. 이 또한 그리스도의 속죄가 하나님에 대한 것임을 인식하지 못한 이론이다.

---

[774] Cf. Berkhof, 『조직신학』, 626.
[775] Cf. Berkhof, 『조직신학』, 626.

C. 안셈의 만족설(상거래설)[776]

이는 중세기의 안셈의 견해이다. 이 이론은 속죄가 하나님을 대상으로 하여 드려졌다는 것을 주장한다는 것과 만족(satisfaction)을 가져왔다는 면에서 이전의 이론들에 상당한 성경적 진보를 이루었지만, 그럼에도 몇 가지 부족한 점이 있다. (1) 이 이론은 속죄의 필요성을 하나님의 공의가 아닌 보상을 요구하는 하나님의 명예에 두고 있다. (2) 그리스도의 고난은 대리적이라기보다는 단지 성부의 영광을 위한 선물로 여겨진다. (3) 그리스도의 능동적 순종을 위한 개념적 여지가 없다. (4) 그리스도와 신자 사이의 신비적 연합이나 그 연합의 결과로서의 신자의 믿음에 대한 암시가 없다. 이 안셈의 이론은 그리스도의 사역을 상거래처럼 보이기 때문에 상거래설이라고도 불린다.

D. 도덕 감화설[777]

이는 아벨라르드에 의해 주창된 것인데, 그리스도의 순종을 피조물과 고통을 나누시는 하나님의 사랑의 현시로서 이해한다. 이 사랑의 현시를 통해서 인간의 마음을 감화하여 회개로 이끄신다는 것이다. 하지만 이는 몇 가지 점에서 성경의 가르침과 상치되는데, (1) 먼저 그리스도의 속죄 사역은 피조물이 아니라 하나님께 드려진 것이다. (2) 또 그리스도의 속죄 사역은 일차적으로 하나님의 공의를 만족시키기 위한 것이다. (3) 이는 속죄의 객관적 성격을 박탈한다. (4) 이 이론은 그 자체의 원리에 의해 실패하는데, 불필요하고 요청된 바 없는 자발적인 고난은 도덕적 감화를 낳지 못하고 오히려 의심과 조롱의 대상이 될 것이기 때문이다. 이는 주관적인 속죄 이론

---

[776] Cf. Berkhof, 『조직신학』, 626.
[777] Cf. Berkhof, 『조직신학』, 628.

(the doctrine of subjective atonement)으로 여전히 많은 신학자들에 의해 주장되는데, 유명한 지지자는 리츨이다. 그에 의하면 하나님이 인간에게 진노하신다는 것은 인간 편에서의 오해이고, 그리스도는 십자가 사역을 통해서 이 오해로부터 인간을 해방시켜 주신다는 것이다. 즉, 결국 속죄는 인간 안에서 일어나는 변화이다.[778]

E. 모범설[779]

이는 16세기 소시니안주의자들의 주장인데, 그리스도께서는 자신의 삶과 죽음을 통해서 영생의 길로 가는 참된 모범을 보이셨다는 것이다. 물론 그리스도께서 성경에서 모범으로 제시되고 있는 것은 사실이나, 이는 구원 받은 신자의 삶에 대한 모범일 뿐이다. 이를 구원의 길로 제시하신 적은 없다. 이는 고대 이단설, 즉 펠라기우스주의와 그리스도 양자론, 하나님의 전횡적 의지를 강조하는 스코투스주의의 부활이며 불건전한 조합일 뿐이다.

F. 통치설[780]

이는 그리스도께서 속죄 제물이 되신 것이 하나님의 공의를 만족시키기 위함이 아니라 율법의 불가침성과 죄에 대한 자신의 불쾌를 계시하심으로써 세상에 대한 도덕적인 통치를 유지하시기 위한 것이라는 주장이다. 그러나 이 이론에 의하면 속죄와 구원은 아무런 관련이 없는 것이 되어버린다. 그리스도의 속죄는 백성과의 화목을 위해 하나님께서 내신 길이다.

---

[778] J. 판 헨더렌 & W. H. 펠레마, 853.
[779] Cf. Berkhof, 『조직신학』, 629.
[780] Cf. Berkhof, 『조직신학』, 630.

G. 신비설[781]

이는 슐라이어마허와 다른 현대 신학자들의 주장인데, 성육신 사건 당시 인성을 신성의 수준에까지 고양시키기 위해 신성이 인적 생명에 들어갔다는 주장이다. 그리스도 또한 본래 부패성과 도덕적 죄악의 경향을 지니셨지만, 신성과의 연합의 결과로 그 인성이 순화되었고, 이것이 또한 다른 사람들을 정화시킨다는 것이다. 하지만 이 이론은 (1) 칭의 에는 관련이 없고 구원을 주관적인 성화로만 인식하며, (2) 죄에 대한 형벌을 불필요한 것으로 여기며, (3) 그리스도를 죄인으로 규정하고, (4) 성육신 이전의 사람들의 구원에 대해서는 설명할 수 없다.

H. 대리적 회개설[782]

이 이론은 그리스도께서 인류의 구원을 위하여 필수적인 회개를 하나님께 드리셨고, 그로 인해 용서의 모든 조건들을 충족시키셨다는 이론이다. 하지만 죄의 고백 즉, 회개는 주관적인 것이다. 이는 객관적 사역이 될 수 없다. 대리적 회개라는 말 자체가 모순인 것이다. 또한 많은 사람들이 범한 나양한 죄를 다 회개한다는 것은 말이 되지 않는다.

G. 성부 수난설(patripassianism)[783]

그리스도의 속죄는 현대 신학자들에게 새로운 성부 수난설로 이해되기도 한다. 현대의 대표적인 옹호자는 바르트와 몰트만이다. 주관적인 속죄

---

[781] Cf. Berkhof, 『조직신학』, 631.
[782] Cf. Berkhof, 『조직신학』, 632-33.
[783] J.판 헨더렌 & W. H. 펠레마, 855-59.

이론의 옹호자들과는 달리 바르트는 핵심은 하나님이 그리스도 안에서 무엇을 하셨느냐에 있다고 말한다. 바르트에 의하면 인간은 그리스도의 인격과 사역에서 하나님 자신을 대하는데, 그리스도가 하시는 일은 하나님 자신이 하시는 일로서, 그리스도의 행위와 고난을 하나님 자신의 행위와 고난이다. 그는 하나님이 자기 자신을 단념하신다고 말하기까지 한다(C.D. 4. 1. 246). 심판관은 우리를 위해 심판 받으신 그분이라는 것이다(C.D. 4. 1. 211). 몰트만 신학에서 성부 수난설의 경향은 더 강하게 나타나는데, 그는 하나님이 그리스도 안에 계셨다는 사실로부터, 예수님의 연약함은 하나님의 연약함이며, 예수님의 고난은 하나님의 고난이라고 주장한다. 그리고 그리스도의 고난은 또한 성령의 고난이기도 하다(Moltman, Der Weg Jesu Christi, 1989, 194-199). 몰트만이 주장하는 것처럼 성부 고난설은 자동적으로 보편구원론적 경향으로 이어진다.

VII
속죄의 효력과 범위

A. 속죄의 효력[784]

1. 하나님에 관한 속죄의 효과

속죄는 하나님의 속성에 그 어떤 변화도 초래하지 않았다. 변화된 것은 하나님과 그분의 속죄 대상인 택함 받은 인간과 피조물 전체에 대한 관계의 변화다. 하나님은 그리스도의 속죄를 통해서 자신의 공의의 만족(satisfaction)을 얻으셨고, 이로 인해 택자들을 향해 진노를 푸시고 화목하셨다.

2. 그리스도에 관한 속죄의 효과

속죄는 중보자이신 그리스도께 다양한 보상을 확보하게 했다. (1) 모든 신적 영광을 포함한 메시아적 영광(요 17:5; 빌 2:8-11), (2) 은혜와 은사의 충만(시 68:18; 엡 4:8), (3) 속죄의 사역의 공로를 신자들에게 적용하시기 위한 성령의 선물(행 2:33), (4) 세계에 대한 통치권이다(시 2:8; 요 17:6-8; 마 28:18).

3. 선택받은 죄인에 대한 속죄의 효과

---

[784] Cf. Berkhof, 『조직신학』, 634-635

그리스도의 속죄는 죄인의 구원의 가능성이 아니라 그 실제를 확보해 주었다. 로마 가톨릭 교회, 루터파, 알미니우스파는 그리스도의 속죄가 다만 구원을 가능하게만 할 뿐이며, 이를 실현하는 것은 사람에게 속한 것이라고 하지만, 개혁파는 그리스도의 속죄가 택자들을 위한 구원을 실제적으로 확보해 주었다고 가르친다. 이로 인해 택자들은 다음과 같은 유익을 얻게 되는데, (1) 칭의, 즉 사죄와 양자됨, 상속자로서의 권리, (2) 중생과 성화의 기초가 되는 그리스도와의 신비적 연합, (3) 하나님과의 교제와 최종적 복락, 영화됨의 은혜를 얻게 된다.

4. 자연 세계에 대한 속죄의 효과[785]

아담의 범죄는 단지 인간만 타락시킨 것이 아니라, 온 주에 하나님의 저주가 임하게 하였다(창 3:17, 18). 그리스도의 속죄 또한 단지 인간의 구원만이 아니라 온 우주, 자연 세계 안에도 그 효력을 내는데, 이는 모든 저주가 다 사라지는 것이다(사 11:6-9; 65:17-19; 행 3:19-21; 엡 1:10; 롬 8:19-22; 골 1:19-20).

B. 속죄의 범위[786]

1. 정확한 논쟁점

속죄의 범위에 대한 논의에서 정확하게 다루는 문제는 죄의 대속을 위해 이 세상에 오신 그리스도께서 오직 택함 받은 자들만을 구원할 의도에서 오셨는가? 아니면 모든 사람을 구원할 의도에서였는가? 하는 것이다. 이에 대한 개혁파의 입장은 오직 선택 받은 사람들만을 위하여 그리스도께서 구속 사역을 행하셨다는 것이다.

---

[785] Cf. 김달생, 『바른신학』, 361.
[786] Cf. Berkhof, 『조직신학』, 636-641; 김달생, 『바른신학』, 361-66.

2. 속죄의 범위에 대한 여러 이론들

a. 만인 구원설(universalism)

이는 그리스도께서 모든 사람을 위하여 죽으셨고 그리하여 모든 사람이 다 구원을 얻는다는 주장이다. 하지만 성경은 분명히 멸망 받는 사람들에 대해 말하고 있다.

b. 가정적 또는 조건적 만인 구원설(hypothetical or conditional universalism)

이는 아미로주의라고도 불리는데 하나님의 이중 작정을 상정한다. 제1작정은 모든 사람을 구원하기 위해 그리스도를 세상에 보내신 것인데, 사람들이 그리스도를 신앙으로 받아들이지 않기 때문에, 믿는 사람만을 구원하시려는 제 2의 작정을 하셨다는 주장이다. 하지만 이는 하나님의 절대 주권을 부정하는 견해이다.

c. 보편 속죄론

이는 알미니우스주의의 이론인데, 그리스도께서는 모든 사람을 위해서 죽으심으로서 모든 사람에 대한 구원의 가능성을 여셨으나, 이 구원을 실현하는 것은 인간 편의 믿음에 달려 있다는 것이다. 이는 구원의 결정권을 결국 하나님이 아니라 사람에게 주는 것이며, 택하는 이는 하나님이 아니라 사람이 된다.

d. 제한 속죄론

이는 개혁주의의 견해이다. 그리스도께서 영원한 작정 속에서 어떤 이들을 택하셨고, 그들을 구원하시기 위해 속죄의 사역을 행하셨다는 주장이다. 그리스도의 속죄는 단지 구원의 가능성이 아니라 구원을 확보한 것이므로 그가 위하여 죽으신 그의 백성들은 실패 없이 모두 구원을 획득하게 된다. 속죄의 범위는 당연히 그리스도의 속죄 능력의 한계는 아니다. 오직 그의 거룩하시고 지혜로우신 작정에 따른 제한일뿐이다.

3. 제한 속죄론의 증명

 a. 성경은 그리스도의 사역의 대상을 제한하여 표현한다. 그 표현들은 '그의 양'(요 10:11, 15), '그의 교회'(행 20:28; 엡 5:25-27), '그의 백성'(마 1:21), '택하신 자들'(롬 8:32-35) 등이 있다.

 b. 그리스도의 희생과 중보는 모두 대제사장적 사역으로서 그 범위가 동일한데, 성경은 그리스도의 중보 사역을 명확하게 한정하고 있다. 요 17:9 "내가 비옵는 것은 세상을 위함이 아니요 내게 주신들을 위함이니이다"

 c. 성경은 그리스도의 속죄 사역이 단지 구원의 가능성이 아니라 구원의 실질적인 획득을 위한 것이라고 말한다(마 18:11; 롬 5:10; 고후 5:21; 갈 1:4; 3:13; 엡 1:7).

 d. 그리스도께서 모든 사람을 구원하기 위해 죽으셨다는 이론은 논리적으로 만인 구원론으로 귀결되어야 하는데, 이는 성경의 지지를 받지 못한다.

 e. 그리스도의 속죄는 구원을 위한 모든 내적 조건들을 위한 것이기도 하다. 신앙, 회개와 같은 구원을 위한 조건들 또한 그리스도의 사역의 결과로 주어지는 선물들이다(롬 2:4; 갈 3:13, 14; 엡 1:3, 4; 2:8; 빌 1:29; 딤후 3:5, 6).

4. 제한 속죄론에 대한 반론과 이에 대한 답변

 a. 반론: 그리스도께서 세상을 위해 죽으셨다는 성경 말씀이 있다(요 1:29; 3:16; 6:33, 51; 롬 11:12, 15; 고후 5:19; 요일 2:2).

 답변: 그러나 이들은 적당한 근거가 없이 본문에 등장하는 "세상"이라는 용어를 "인류를 구성하는 모든 개인들"로 해석한다. 하지만 다음의 구절

들은 '세상'이 단지 '인류를 구성하는 모든 개인들'로 해석될 수 없고, 매우 다양한 의미를 지닌다는 사실을 보여준다(눅 2:1; 요 1:10; 행 11:28; 19:27; 24:5; 롬 1:8; 골 1:6). 많은 경우에 세상이라는 용어는 이스라엘 민족의 경계를 넘어서 이방 세계 전체를 지칭하는 말로 사용되고 있음을 발견하게 된다.

b. 반론: 어떤 구절들은 그리스도께서 모든 사람을 위하여 죽으셨다고 진술한다(롬 5:18; 고전 15:22; 고후 5:14; 딤전 2:4, 6; 딛 2:11; 히 2:9; 벧후 3:9).

답변: 이 말씀들 또한 각각의 맥락에서 해석되어야 하는데, 예를 들면 롬 5:18이나 고전 15:22의 경우 "모든"은 아담 안에 있는 "모든"과 대비되는 그리스도 안에 있는 "모든"으로 해석되어야 한다. 이와 비슷한 의미의 제한이 다른 구절들에도 적용이 된다.

c. 반론: 그리스도께서 위하여 죽으신 자들이 결국 실족하여 멸망한다는 가능성을 말하는 구절들이 있다(롬 14:15; 고전 8:11).

답변: 이 구절들은 이론적인 가정이며, 변론을 위한 추측이지 실재를 말하고 있는 것은 아니다. 다만 인간 편의 책임을 강조하여 주의와 경계를 주는 것이다.

d. 반론: 그리스도께서 모든 사람에게 구원을 제공하시는 것처럼 보이는 구절들이 있다(눅 13:34; 벧후 3:9).

답변: 이 구원의 제공에 대한 약속은 언제나 신앙과 회심을 조건으로 한다. 이 구원의 보편적 제공은 그리스도께서 복음을 듣는 모든 사람들을 위해 속죄를 행하셨다는 것을 의미하지 않고, 다만 복음을 듣는 모든 사람들에게 신앙과 회개의 의무가 있음을 의미한다. 하나님의 의지는 둘로 구별하여 생각할 수 있는데, 하나는 보편적 의지로서 모든 사람이 멸망하지 않고 구원을 얻기를 원하시는 마음으로 그의 교훈적 의지에서 나타난다. 하지만 다른 한편 작정적 의지가 있는데, 하나님은 작정적 의지로서 택자만 구원하기를 원하신다.

VIII
그리스도의 중보 사역

그리스도의 중보 사역은 지상에서 속죄 사역을 완성하시고 천상에 오르셔서 하시는 그리스도의 제사장적 사역이다. 그리스도께서는 지상에서 성취하신 일들을 천상에서 중보하심으로 실행하신다.

A. 그리스도의 중보 사역에 대한 성경의 증거[787]

1. 구약 성전의 예표

구약 성전에서 제사장들이 놋제단에서 행한 직무는 그리스도의 지상 사역 즉, 속죄 사역을 예표 한다. 또 성소에 들어가 행한 분향단에서의 사역은 그리스도의 천상 사역 즉, 중보 사역을 예표 한다. 번제단에서 취한 불 붙은 숯으로 향을 피우는데, 이는 천상의 중보 사역이 지상의 속죄 사역에 기초해 있음을 보여준다.

2. 신약의 '파라클레토스'

성경에서 변호자, 대언자로 번역되는 '파라클레토스'는 그리스도와 성령님을 지칭한다(요 14:16, 26; 15:26; 16:7; 요일 2:1). 그리스도께서는 사탄의 고소에 맞서 성부 앞에서 신자들의 소송을 변호하신다(슥 3:1; 롬 8:24; 히 7:25;

---

[787] Cf. Berkhof, 『조직신학』, 643-45.

9:24; 요일 2:1; 계 12:10). 그리스도는 하늘에서 하나님 앞에서 우리의 소송을 변호하시고, 또 다른 파라클레토스이신 성령님은 우리에게 하나님의 뜻을 변호하신다고 할 수 있다.

B. 그리스도의 중보 사역의 성질[788]

그리스도의 중보 사역에는 다음과 같은 네 가지 요소가 발견된다.

1. 제사 요소

대속죄일에 대제사장이 온전한 희생 제사를 드린 후에 지성소에 들어간 것 같이, 그리스도께서는 자기 백성을 위한 온전한 희생 제사를 드리시고 중보 사역을 위해 하늘 성소에 들어가셨다(히 9:11, 12).

2. 법적 요소

로마서 8장 33-34절에서는 이 법정적 요소가 잘 드러난다. 그리스도께서 자기 백성의 죄 값을 지불하심으로써 그들에 대한 어떤 법적 고소도 그 힘을 잃게 되었다. 그럼에도 사탄은 계속 그들을 정죄하려고 애쓰는데, 이에 대해 그리스도께서는 그들의 변호자로서 그들에 대한 일체의 고소에 대해 하나님께 답변하시는 것이다.

3. 성화의 요소

그리스도의 천상 사역은 우리의 점진적 성화와 관련될 뿐만 아니라,

---

[788] Cf. Berkhof, 『조직신학』, 645-47.

그는 성도의 불완전한 기도나 봉사가 하나님께서 열납 하실 만한 것이 될 수 있도록 거룩하게 하신다(벧전 2:4, 5; 히 2:18; 4:15).

4. 기도의 요소

그리스도께서는 천상에서 자기 백성을 위해서 기도하신다. 성도가 미처 의식하지 못하는 위험들과 원수의 공격에 대항하여 그리스도를 자기 백성을 보호하시며 그들의 영육의 필요들이 채워지도록 기도하신다(히 7:25).

C. 그리스도의 중보 사역의 대상과 내용[789]

1. 그리스도의 중보의 대상

그리스도께서 중보하시는 대상들은 그가 위하여 죽으신 자들, 즉 택하신 자들이다(요 17:9, 20; 롬 8:34; 히 7:25; 9:24). 그리스도의 속죄와 마찬가지로 그리스도의 중보 또한 항상 유효하다. 그리스도의 중보의 대상은 모두 그가 위하여 기도하시는 것들을 받는다.

2. 그리스도의 중보의 내용

그리스도는 다음과 같은 것들을 위해 중보 하신다. (1) 택자들의 구원을 위해(요 17:11), (2) 택자들의 죄 용서와 보호를 위해(요 17:15), (3) 성도들이 하늘과의 교통을 지속할 것을 위해(히 4:14, 16; 10:21, 22), (4) 택자들의 기도, 예배, 봉사가 하나님께 열납이 되도록(벧전 2:5), (5) 성도들이 영원한 기업을 받도록(요 17:24) 기도하신다.

---

[789] Cf. Berkhof, 『조직신학』, 647-48.

D. 그리스도의 중보의 특성[790]

1. 지속성

택한 백성을 향한 그리스도의 중보는 쉬거나 멈추지 않는다(사 49:15). 그리스도는 항상 자기 백성들의 모든 필요들을 위해서 깨어 중보 하신다. 만일 그가 한 순간이라도 이 일을 쉬신다면, 그것은 그의 백성들에게 치명적인 해악으로 나타날 것이다.

2. 권위성

그리스도의 중보는 권위적이다. 그의 중보는 탄원이 아니라 요구이다. 성부께 무엇을 구할 때 그리스도는 삼위일체의 제 2위로서 동등한 입장에서 하신다. 그리스도의 중보 사역을 나타내는 헬라어 '에로토', '에로테소'는 동등한 관계에서 요구한다는 의미를 담고 있다(요 14:16; 16:26; 17:9, 15, 20).

3. 유효성

그리스도의 중보는 항상 유효하다(요 11:42). 그의 모든 사역은 이미 열납 된 속죄 사역에 기초하고, 그는 그가 요구하시는 모든 것을 받을 만한 공로를 이루셨기에, 그의 중보는 실패함 없이 항상 그 원하는 결과를 가져온다.

---

[790] Cf. Berkhof, 『조직신학』, 648-49.

IX 왕직

A. 그리스도의 왕직 개요

성경은 그리스도의 왕권을 강조한다(민 24:17; 삼하 7:16; 사 9:6, 7; 시 2:6; 시 45, 72, 100편; 단 7:13, 14; 미 5:2; 슥 9:9; 눅 1:31-33; 마 2:2; 막 1:14 등). 그리스도의 왕권은 하나님으로서 가지신 본래적 왕권(original kingship)과 메시아로서 중보적 왕권(mediatorial kingship)으로 구분될 수 있다. 중보적 왕권은 언약을 바탕으로 고난의 상급으로 부여 받으신 신인으로서 수여 받으신 왕권이다(마 28:18; 빌 2:9-11; 엡 1:17-23). 이 그리스도의 중보적 왕권은 교회에 대한 영적 왕권과 우주에 대한 왕권으로 구분될 수 있다.

B. 그리스도의 영적 왕국(regnum gratiae, 은혜의 왕국)[791]

1. 영적 왕권의 성질

이 영적인 왕권은 (1) 영적인 왕국과 관련되어 있고, (2) 신자들의 심령과 생활 속에서 나타나는 중보자의 통치권이며, (3) 그의 백성들의 구원이라는 영적인 목적에 연결되어 있고, (4) 폭력이나 외적 수단이 아니라 진리, 지혜, 공의, 거룩, 은혜와 긍휼의 영이신 성령에 의해 통치된다는 의미에서 영적이다. 이 영적 왕권의 성격은 그리스도가 교회의 머리로 호칭된다는

---

[791] Cf. Berkhof, 『조직신학』, 650-54.

사실에서 잘 암시된다(엡 1:22; 4:15; 5:23; 골 1:18; 2:19). 하지만 머리되심과 영적 왕권 사이에는 구별이 있는데, (1) 머리되심은 존재적 영역이라면, 왕권은 법적이고, (2) 머리되심은 그리스도의 왕권에 종속되어 있다는 것이다. 즉 머리로서 교회에 성령을 부어주심은, 교회에 대한 그의 왕권을 행사하는 수단이라는 것이다.

2. 영적 왕국의 특징

a. 구속적 은혜에 기원한다.

영적 왕국은 창조에 기원하지 않고 구속에 기원한다. 모든 인간이 이 왕국의 백성이 되는 것은 아니다. 오직 구속 받은 자들만이 이 나라의 백성이 될 수 있다.

b. 영적 왕국이다.

구약시대에는 이 왕국이 이스라엘 신정국가로 예시되었다. 이스라엘의 지상적 군주는 여호와의 대리자에 불과하며, 신약시대에 나타나기로 예정되어 있던 영광스러운 실체의 상징과 예표에 불과하다. 그리스도의 은혜의 왕국은 신약 성경에서 하나님의 나라(Kingdom of God) 또는 천국(Kingdom of heaven)으로 부르고 있는 것과 동일하다. 그리스도는 이 나라의 중보자적 왕이시다.

왕국의 영적 특성은 몇 가지 방식으로 표출된다. 소극적 측면에서는 그 왕국이 유대인의 외적, 자연적 왕궁이 아님이 분명히 명시되어 있다(마 8:11, 12; 21:43; 눅 17:21; 요 18:36), (2) 적극적 측면에서 이 나라는 오직 초자연적 중생을 통해서만 들어갈 수 있는(요 3:3, 5) 성령 안에서 의와 평강과 희락의 나라이다(롬 14:17).[792]

---

[792] Cf. Berkhof, 『조직신학』, 6651-52.

c. 현재적이고 미래적인 왕국이다.

한편으로 이 나라는 이 시대에 현존하여 끊임없이 성장해 가는 영적 실체이며(마 12:28; 눅 17:21; 골 1:13), 다른 한편으로는 미래에 임할 소망으로서 종말론적인 실체이다(마 7:21, 22; 19:23; 22:2-14; 25:1-13, 34; 눅 22:29, 30; 고전 6:9; 15:50; 갈 5:21; 엡 5:5; 살전 2:12; 딤후 4:18; 히 12:28; 벧후 1:11).

d. 교회와 일치하지는 않지만 밀접히 관련되어 있다.

은혜의 왕국의 시민권은 무형 교회의 회원권과 같다. 그러나 그 작용 범위는 교회보다 더 넓은데, 영적 왕국은 인생의 모든 방면을 관할하기 때문이다.

3. 영적 왕권의 기간

비록 그리스도께 성육신 이전부터 중보자로서의 통치가 허락되었다 하더라도, 그 나라의 정식 출범은 초림의 사역, 특별히는 하나님의 우편에 좌정하심이라 할 수 있다(행 2:29-36; 빌 2:5-11). 그리고 그리스도의 영적 왕국의 통치권은 영원히 지속될 것이다(시 45:6; 72:17; 89:36, 37; 사 9:7; 단 2:44; 삼하 7:13, 16; 눅 1:33; 벧후 1:11).

C. 그리스도의 우주적 왕국(regnum potentiae, 권능의 왕국)[793]

1. 우주적 왕권의 성격

성경은 중보자로서 그리스도께서 하늘과 땅의 모든 권세를 지니셨다고

---

[793] Cf. Berkhof, 『조직신학』, 654-55.

말한다(시 8:6; 마 28:18; 고전 15:27; 히 2:8). 그리스도께서는 교회의 유익을 위하여 만물을 섭리적, 사법적으로 통치하신다. 이것이 그의 우주적 왕권이다.

2. 영적 왕권과 우주적 왕권의 관계

그리스도의 우주적 왕권은 그의 영적 왕권에 종속된다. 즉, 영적 왕국을 세우고 통치하는 일을 위하여 우주적 왕권이 사용된다는 것이다. 그리스도께서는 세상의 모든 정사와 권세와 운동들을 제어하셔서 교회의 영적 유익을 위해 사용하신다.

3. 우주적 왕권의 기간

우주적 왕권의 정식적 시작은 하나님 우편에 좌정하심이라고 할 수 있다(마 28:18; 엡 1:20-22; 빌 2:9-11). 그리스도의 이 왕권은 원수들에 대해 완전히 승리하고 사망이 멸망 받을 때까지 지속될 것이다(고전 15:24-28). 이 왕권이 끝나는 이유는 더 이상 그것이 필요하지 않을 것이기 때문이다. 중보자는 그 왕권을 삼위 하나님께 반납하게 될 것이다.

安衡柱 牧師의
개혁주의 조직신학 강설

구원론

The Reformed
Systematic Theology

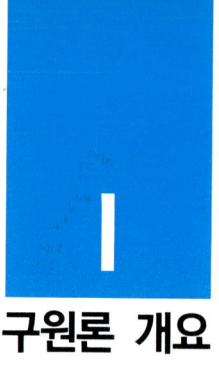

I 구원론 개요

A. 구원론과 앞 항목들과의 관계[794]

　조직신학 서론은 신학의 방법과 계시와 영감에 더하여 개혁주의와 종교론, 그리고 이단에 대해 취급하고, 신론은 하나님의 본질과 삼위일체, 그리고 그의 사역을 취급한다. 인간론은 인간의 원래 상태와 죄의 상태와 은혜의 상태를 취급하고, 기독론은 그리스도의 인격과 사역에 대해 취급한다. 구원론은 구원의 복들을 죄인에게 전달하는 것과 그 영향에 대해 주로 다룬다. 구원론은 죄인의 구원을 삼위 하나님의 구속 언약에까지 기원한 전적인 하나님의 사역으로 다룬다. 또 구원론에서 타락한 인간이 어떻게 잃어버린 지위를 회복하는 것뿐만 아니라 존재론적으로도 어떻게 회복되는지를 말해준다. 구원론은 무엇보다도 기독론과 밀접한 연관을 가지는데, 하지는 기독론을 객관적 구원론이라고 하였다. 구원론은 그리스도께서 객관적으로 성취하신 사역에 대한 주관적인 적용이라고 할 수 있다. 구원론의 내용에 있어서 구원론은 구원의 방법을 취급한다고 하기 보다는 구원의 사역을 적용시키는 것을 취급한다고 말하는 것이 더 정확하다. 로마 가톨릭 교회는 예정론적 오류에 빠질 것을 염려해 구원의 적용이라는 말을 반대하지만, 개혁파가 구원의 적용이라는 말을 사용하는 이유는 그리스도의 속죄 사역을 개인이 자유로 받을 수도 있고 안 받을 수도 있다고 하는 사상에 반대하기 때문이다.

---

[794] Cf. Berkhof, 『조직신학』, 659-60.

B. 구원의 서정(Ordo Salutis)[795]

구원에 있어서 칼빈주의는 모든 문제를 하나님으로부터 시작한다. 그러나 다른 몇몇 교파들은 구원에 있어서 인간을 그 출발점으로 삼는다. 이것이 구원의 상이(相異)한 견해의 가장 근본적인 원인이다. 칼빈주의에 의하면 구원의 서정은 그리스도 안에서 획득된 구원의 은혜가 죄인들의 심령과 삶에 주관적으로 적용되고 실현되는 과정을 가리키는 용어이다. 이는 구속 사역의 적용에서 성령의 다양한 활동들을 논리적인 순서로 또한 이들을 상호 연관 속에서 서술하는 것을 목적으로 한다. 성경은 이런 순서를 말할 수 있는 충분한 기초를 제공해 준다. 대표적인 구절로는 롬 8:29, 30이다.

이 구절을 근거로 구원의 순서에 다음 몇 단계가 있음을 알 수 있는데, (1) 먼저는 미리 아심이다. 여기서 "안다"는 말의 의미는 어떤 사건을 지적 대상으로 아는 것이 아니고 어떤 대상을 특별히 인정해 주신다는 의미이다. 이는 인정, 특별한 사랑, 개인적 친근을 의미한다(요 10:14 참고). (2) 두 번째는 예정이다. 하나님께서는 특별히 사랑한 사람들을 구원하기로 미리 정하신다. 이는 오직 하나님의 기쁘신 뜻에 의한 것이다. (3) 부르심이다. 이는 죽은 자를 부르셔서 살게 하시고 회심하게 하시는 은혜를 의미한다. (4) 네 번째는 칭의다. 회심할 때 그 믿음은 칭의의 수단이 된다. 이 믿음을 수단으로 그리스도의 의를 신자에게 전가시켜 의롭다고 법정적으로 선언하시는 것이다. 이것이 칭의다. (5) 롬 5장 29절, 30절이 말하는 마지막 구원의 서정은 영화다. 이것은 절대 실패하지 않는 하나님의 사역으로서, 칭의 받는 자는 영화의 자리에까지 반드시 들어가게 되는 것이다. 이 과정에서 성도는 견디고 인내하게 되는데, 이를 성도의 견인이라고 한다. 구원의 서정에 관한 교리는 종교 개혁의 산물이다. 이와 유사한 어떤 것도 스콜라 철학에서는 발견할 수 없다. 칼빈은 구원의 서정에 속하는 다양한 항목들을 체계적인 방법으로 분류한 최초의 인물이었다.

---

[795] Cf. Berkhof, 『조직신학』, 660-62.

C. 구원의 서정에 관한 견해들[796]

1. 개혁파의 견해

개혁파 신학의 구원의 서정은, 인간의 영적인 상태는 정죄의 상태와 전적 부패의 상태에 있어서, 오직 예수 그리스도의 전가된 의를 근거할 때만 구원 받을 수 있다는 가정에서 출발한다. 개혁 교회의 구원론은 구속 언약(pactum salutis)에서 성립된 신비적 연합을 출발점으로 한다. 이 언약에 의해 그리스도의 소유가 된 사람들에게 그리스도의 구속의 은혜가 주어진다. 바빙크는 구원의 복을 세 부류로 분류한다. (1) 그리스도의 칭의는 인간과 하나님과의 관계를 회복한다. 여기에는 죄의 용서, 양자됨, 하나님과의 화목이 포함된다. 이 복은 성령의 조명하시는 역사에 의해 신자의 믿음으로 수용되고, 그의 양심을 자유케 한다. 이는 그리스도의 선지자 사역으로 말미암는다. (2) 그리스도는 중생, 내적 부르심, 회심, 새롭게 하심, 성화에 의해 하나님의 형상으로 인간을 새롭게 하신다. 이 복은 성령의 중생시키시는 사역에 의해 주어지며, 신자를 새롭게 하고, 죄의 세력에서 구속한다. 이는 그리스도의 제사장 사역으로 말미암는다. (3) 그리스도는 자신의 영원한 기업을 위해 인간을 보호하시며, 인간을 고통과 사망에서 구원하시고, 보존, 견인, 영화에 의해 인간이 영원한 구원을 소유하게 하신다. 이는 그리스도의 왕 사역으로 말미암는다.

2. 루터파의 견해

루터파는 루터의 견해와 후기 루터주의 견해를 구분해야 한다. 루터는 신인협동구원설을 반대했다. 그는 예정을 굳게 믿었고, 인간의 의지는 자유롭지 않고 오히려 노예 상태에 있어서 오직 은혜가 역사할 때만 구원의 선택

---

[796] Cf. Berkhof, 『조직신학』, 662-67.

을 할 수 있다고 바르게 주장하였다. 하지만 이후의 루터 교회는 구원의 서정을 묘사하는데 있어서 하나님 보다는 사람의 역할을 더 강조하여 인간의 행위로서의 믿음을 결정적 요인으로 삼고 구원 전반에 대해 논의했다.

3. 로마 가톨릭의 견해

로마 가톨릭의 신학에서는 교회론이 구원의 순서에 대한 논의보다 선행된다. 어린 아이들은 영세에 의해 중생되지만, 성년이 되어서 비로소 복음에 접한 사람들은 "충족 은혜"(gratia sufficiens)를 받아, 그 마음이 조명되고 의지가 강화된다. 이 은혜에 동의하면 이 은혜는 "협력 은혜"(gratia co-operans)로 변화되어, 이로써 인간은 칭의를 위해 협력하게 된다.

이 예비 과정은 7단계로 구성되는데, (1) 하나님의 말씀을 믿음으로 받음, (2) 자신의 죄악 된 상태를 자각, (3) 하나님의 자비와 긍휼을 소망, (4) 하나님을 사랑하기 시작함, (5) 죄를 혐오, (6) 하나님의 계명을 순종하겠다는 결단, (7) 세례를 희망함이다. 이들에 의하면 칭의의 은사는 계명을 지키고 선행을 함으로써 보존된다. 주입된 은혜에 의해 인간은 선행을 할 수 있고, 실제적 공로(meritum de condigno)를 이룰 수 있는 초자연적 능력을 부여받게 된다. 하지만 이 칭의의 은사는 중죄에 의해 상실된다. 이 경우 참회, 고백, 사죄 선언, 보속 행위로 구성된 고해 성사에 의해 재획득해야만 한다. 죄의식과 영원한 형벌은 사죄 선언에 의해 제거될 수 있지만, 현세적인 형벌은 오직 보속 행위에 의해서만 소멸될 수 있다.

4. 알미니우스주의자들의 견해

알미니우스주의는 화란 알미니우스주의와 웨슬리파 혹은 복음주의적 알미니우스주의로 분리할 수 있다. 화란 알미니우스주의는 인간의 구속을 결국 인간에 귀속시킨다. 하나님은 인간을 위해 구원을 가능성을 열어 놓으셨을 뿐이고, 결국 그 기회 이용 여부는 인간에게 달려 있다는 것이다. 그들은 인간의 원죄도 부정하며 인간의 전적 타락과 무조건적 선택, 제한된 구원, 불가항력적 은혜, 성도의 구원을 부정하였다. 웨슬리파 알미니우스주의자들의 견해는 이것보다는 훨씬 건전하다. 이들은 비록 예정 교리에 관해서는 희미하고, 현세에 완전 성화 교리를 가르치기는 하지만 전반적으로 칼빈주의의 견해를 많이 수용했다. 이는 칼빈주의나 화란의 알미니우스주의에 비해 일관성이 약하다는 것을 의미한다.

성령의 사역 개관

A. 성령의 사역으로서의 구원론[797]

기독론에서 구원론으로 전환할 때 객관적인 것에서 주관적인 것으로의 전환이 일어난다. 즉, 그리스도의 완성된 사역으로부터 신자들의 마음과 생활 속에 실현시키시고 신자들이 협력하도록 허용하고 기대하시는 사역으로 전환된다. 한편으로 성경은 모든 구속 사역이 그리스도 안에서 완결되어 인간이 행해야 할 일은 아무것도 없다고 가르치지만, 다른 한편으로는 실제적으로 결정적인 일이 인간 안에서 인간을 통해 성취되어야 한다고 가르치고 있는 것처럼 보인다. 사도 시대에 끝난 계시와 지금까지 계속되는 조명을 혼동하지 말고 구별해야 하듯이 그리스도의 사역과 성령의 사역을 혼동해서는 안 되며, 또한 이 둘을 너무 분리시켜서도 안 된다. 그리스도의 사역과 성령의 사역은 매우 밀접하게 연관되어 있다(요 16:13,14). 구속을 적용하시는 사역조차도 그리스도의 사역이라고 할 수 있는데, 다만 그리스도께서 성령을 매개로 성취하시는 사역이다.

B. 성령님의 일반 사역과 특별 사역[798]

1. 성령님의 일반적 사역

---

[797] Cf. Berkhof, 『조직신학』, 668-70.
[798] Cf. Berkhof, 『조직신학』, 670-72.

구약 성경에서는 신약 성경만큼 삼위의 구분이 명확하지 않다. "하나님의 영"이라는 용어는 구약에서 항상 인격을 지칭하는 것으로 사용되지는 않는다. 하나님의 호흡을 의미할 때도 있고(욥 32:8; 시 33:6), "하나님"과 동의어로 사용되기도 한다(시 139:7,8; 사 40:13). 또한 생명의 힘, 즉 피조물들이 살아가게 하는 하나님의 고유한 원리를 독특한 방식으로 지칭할 때 사용되고 있다. 이 영은 피조물을 하나님과 결합하게 한다(욥 32:8; 33:4; 34:14-15; 시 104:29; 사 42:5). 이 영의 거두심은 죽음을 의미한다. 중생하지 못한 자의 모든 선과 죄의 억제도 성령의 일반적 역사의 결과이다. 이를 통하여 인간을 짐승과 마귀와 같지 않게 하신다. 기억할 것은 이 성령의 역사는 택자들을 위한 것이라는 사실인데, 만일 세상에 택자가 없다면, 일반적인 성령의 역사는 없고, 세상에는 즉시 심판이 임하게 될 것이다.

비범한 능력의 행사, 강한 힘과 비상한 용기로 행동하는 것들도 성령의 역사와 연관된다. 성령으로 육체적인 힘을 주시고(삿 3:10; 6:34; 11:29), 지성적 분야에 있어서 지력을 주시고(욥 32:8), 예술적 기교의 향상도 주신다(출 28:3; 31:3; 35:30 이하). 또 성령은 사람으로 하여금 다양한 직무들을 감당할 수 있는 능력 또한 주시고(민 11:17, 25, 26; 27:18; 삼상 10:6, 10; 16:13, 14), 일반적이고 상대적인 의미에서의 선을 행하게 하실 뿐만 아니라, 악을 억제시키심으로써 도덕 질서가 유지되도록 하신다(창 6:3).

2. 성령님의 일반적 사역과 특별 사역의 관계

성령의 일반 사역과 특별 사역 사이에는 유사성이 존재한다. 일반 사역을 통해서 성령은 유기체적이고 지적이며 도덕적인 모든 삶을 시작하게 하고 유지시키시고 강화하고 인도하신다. 성령의 특별 사역에서도 이와 유사해 보이는 것들이 있는데, 성령은 구속의 영역에서도 신생을 일으키고, 이를 열매 맺게 하며, 발전하도록 인도하신다. 이런 유사점에도 불구하고 본질적인 차이점이 있는데, 일반 사역은 창조의 영역에서, 자연적 창조의 생명과 관련된 것이고, 특별 사역은 구속의 영역에서 새 생명, 즉 지상에서 살지만 원리상 천상적 생명에 관련된 것이다. 일반 사역에서는 죄가 억제되지만, 오직 특별 사역에 의해서만 죄는 분쇄되고, 하나님의 형상이 온전히 회복된다.

C. 은혜의 분배자로서의 성령님[799]

1. "은혜"의 성경적 용법

"은혜"라는 말은 구약에서는 '헨'(창 6:8), 신약에서는 '카리스'(눅 1:30)라는 단어로 표현되는데, 이 두 단어는 (1) 어떤 사물이나 사람에게 있는 아름다움이나 우아함을 뜻하거나, (2) 가장 일반적으로는 총애, 호의를 의미한다. 그러므로 은혜는 은혜로운 분에게서 은혜가 밖으로 나타나는 것을 의미하며 특히 하나님께서 죄인에게 나타내 보이시는 호의나 총애(창 6:8)를 의미한다. 그러므로 아무런 자격이 없는 죄인이 공로가 없이 값없이 받는 것이 은혜이다.

2. 구속 사역에 나타난 하나님의 은혜

구속 사역과 관련해서는 다음 몇 가지 사항을 기억해야 한다. (1) 첫째로, 은혜는 하나님의 속성이요, 신적 완전성 중 하나이다. 즉, 은혜는 죄와 허물의 상태에 있는 인간에게 베풀어지는 하나님의 자유롭고 주권적이며 무한한 호의 혹은 사랑으로, 죄의 용서 및 죄의 형벌로부터의 구원에서 표현되는 것이다. (2) 둘째로, '은혜'는 하나님께서 인간의 구원을 위해 그리스도 안에서 행하신 객관적 준비를 의미한다. 이 의미에서 중보자로서의 그리스도는 하나님의 은혜의 화신이라고 할 수 있다(요 1:14; 딛 2:11). (3) 셋째로,

---

[799] Cf. Berkhof, 『조직신학』, 672-76.

"은혜"라는 단어는 구속 사역을 적용함에 있어서 성령께서 하시는 일을 의미한다. 이는 성령에 의한 주관적이며 내적 사역을 의미 한다(롬 5:2, 21).

III
일반 은혜 (Common Grace)

A. 일반 은혜 문제[800]

아담의 죄로 말미암아 세상에 저주가 들어왔다. 이 죄에 대한 하나님의 공의는 온갖 저주가 세상에 가득하여 지옥이 되어야 함에도 불구하고, 세상에는 비록 구속적이지는 않더라도, 진·선·미의 특징을 보여 주는 자연적인 것들이 존재한다. 여전히 하늘은 해와 비를 주고, 땅은 열매를 내어주며, 죄악 된 인간이 편안한 삶을 영위하고, 중생하지 못한 자들도 어떤 종류의 진실을 말하고, 외적인 선을 행하기도 한다. 이에 대하여 알미니우스주의자들과 펠라기우스주의자들은 천부적인 선을 인간이 가지고 있기 때문이라고 설명했다. 이 선이 복의 원인이라는 것이다. 하지만 어거스틴은 "불신자들의 모든 것은 죄다"라고 말했다. 칼빈주의 입장에서 외적으로 선해 보이는 것들 모두 하나님 앞에서는 가증한 것으로 "빛나는 악"인 것이다. 이들이 받는 이런 은혜를 일반 은혜라고 한다. 이것은 구원과는 관계가 없고, 다만 사람의 성질을 정화하고 죄의 파괴적인 힘을 억제하며, 세상의 도덕적 질서를 유지하게 하고, 여러 재능과 기술을 분배하여 과학과 예술의 발달을 촉진한다. 즉, 이 일반 은혜는 택자를 위해 모든 피조 세계에 주시는 은혜라고 할 수 있다.

---

[800] Cf. Berkhof, 『조직신학』, 678-79.

B. 특별 은혜와 일반 은혜의 차이점[801]

특별 은혜와 일반 은혜의 차이점은 다음과 같다. (1) 범위: 특별 은혜는 택자에게 국한되지만, 일반 은혜는 제한이 없고 모든 인간에게 허용된다. (2) 효과: 특별 은혜는 죄책과 죄의 형벌을 제거하고, 인간 내면의 삶을 새롭게 하며, 성령의 초자연적 사역을 통해 죄를 파쇄 한다. 즉 특별 은혜의 역사는 항상 구원을 일으킨다. 하지만 일반 은혜는 죄책을 제거하지는 못하고 다만 그 세력을 억제할 뿐이다. (3) 성질: 특별 은혜는 불가항력적 은혜이다. 하지만 일반 은혜는 가항력적이며, 실제로 항상 저항을 받는다. (4) 사역 방법: 특별 은혜는 성령의 직접적 힘으로 인간의 심령에 직접 역사하지만, 일반 은혜는 일반 계시나 혹은 특별 계시의 진리를 통해 합리적이며 설득적 방식으로 역사한다.

C. 특별 은혜와 일반 은혜의 관계[802]

1. 특별 은혜와 보통 은혜의 차이는 본질적인 것인가, 아니면 양적인 것인가?

알미니우스주의자들은 이 두 은혜의 차이는 질적인 차이라기보다는 양적인 차이가 있을 뿐이라고 주장한다. 이 둘 모두가 하나님의 구원 사역의 일부를 이루고 있다는 점에서 구원론적 은혜인 것이다. 하지만 개혁파 신학은 일반 은혜와 특별 은혜의 본질적인 차이를 주장한다. 특별 은혜는 초자연적이고 영적이다. 하지만 보통 은혜는 자연적이다. 이는 영적인 영역이 아니라 자연적인 영역에서만 역사하는 은혜이다.

---

[801] Cf. Berkhof, 『조직신학』, 682-83.
[802] Cf. Berkhof, 『조직신학』, 685-86.

2. 일반 은혜와 특별 은혜 중 어느 것이 우선적인가?

어느 것도 다른 것에 대해 시간적으로 우선하지 않다. 창세기 3장은 양자는 모두 타락 이후 동시에 작용하기 시작했다는 것을 밝혀주고 있다. 하지만 일반 은혜는 특별 은혜를 보조하기 때문에 논리적 우선성은 특별 은혜에 있다.

3. 일반 은혜에 독립적인 목적이 있는가?

특별 은혜는 구원을 목적으로 한다. 일반 은혜는 택한 백성의 구원을 위한 보조적인 역할을 하는 것 외에도, 인류 안에 잠재되어 있는 능력과 재능을 발전시킴으로써 인간의 하위 피조물에 대한 지배를 증대시켜 하나님께 영광을 돌리게 하는 독립적인 목적을 가지고 있다.

4. 특별 은혜와 일반 은혜는 각기 서로 구별된 영역을 가지고 있는가?

일반 은혜는 보다 통상적인 의미에서 자연계와 현세에 관련된다고 하면, 특별 은혜는 새 창조의 일들과 관련된다. 이 둘은 서로에게 영향을 주지 않을 수 없다. 일반 은혜는 교회를 풍요롭게 하고, 교회는 이 일반 은혜의 열매들을 새로운 삶 아래에 둠으로써 이를 보다 높은 수준으로 고양시킨다.

D. 일반 은혜의 수단들[803]

1. 자연 계시

---

[803] Cf. Berkhof, 『조직신학』, 686-87.

자연 계시는 일반 은혜의 근본적인 수단이다. 이것이 없이는 다른 수단은 불가능하고, 만일 가능하다 하더라도 적절하게 기능할 수 없다. 하나님은 자연을 통해서 말씀하시고 사람은 이 자연 계시를 피할 수 없고, 그 양심은 죄에 대한 가책을 받게 한다(롬 2:14, 15; 시 19; 행 18:24, 28).

2. 정부

정부 또한 일반 은혜의 열매이며 동시에 수단이다. 바울은 통치자를 "하나님의 사자가 되어 네게 선을 이루는 자"(롬 13:4)라고 말한다. 정부는 특별 은혜로 설립된 교회를 보호해야만 하며 기독교인은 정부에 순종하여야 한다. 교회를 배격하고 핍박하는 정부는 마귀적인 역할을 하는 것이라고 할 수 있다(계 13:1).

3. 여론

여론에서 형성될 때에만 일반 은혜의 수단이 될 수 있다. 신자들은 세상의 빛과 소금으로서 세상에 도덕적 감화를 주어야 한다. 인간 안의 본성의 빛은 하나님의 법과 외적으로 일치하는 여론을 형성하게 한다. 물론 여론은 하나님의 계시의 영향 하에서 형성될 때에만 보통 은혜의 수단이 될 수 있다. 사람들의 행위가 양심에 의해서 혹은 본성에 의해서 혹은 본성의 빛과 일치하여 행동하는 하나님의 말씀에 의해 통치되지 않는다면, 여론은 악을 위한 강력한 수단이 될 것이다.[804]

4. 현세적 상벌

하나님은 섭리적 도구를 통해서 현세에서 인간의 행동들에 상벌을 주신

---

[804] Cf. Berkhof, 『조직신학』, 687.

다. 징벌로는 악을 억제하시고 보상으로는 선을 장려하시는 것이다. 이 일반 은혜의 수단을 통해서 이 세계 안에서 도덕적 선이 상당히 진전될 수 있다.

E. 일반 은총의 열매[805]

1. 선고 집행이 연기된다.

하나님은 죄인에게 사형을 선고하셨다. "네가 먹는 날에는 정녕 죽으리라"하셨으나 그 사형 선고는 완전히 집행되지는 않았고, 인간의 자연적 생명을 연장시켜 회개할 수 있는 기회를 주셨다(롬 2:4; 9:22; 벧후 3:9; 눅 13:6-9; 렘 7:23-25). 하나님은 일반 은혜로 사형의 집행을 유예하셨고 지금도 그렇게 하신다.

2. 죄의 억제

일반 은혜가 죄를 완전히 제거하지는 못하지만, 개인과 사회생활에서의 죄를 억제는 할 수 있다. 이로 인해 인류에 들어온 죄의 파괴적 역사를 막아 인류를 보존하고 사회가 지속되게 한다. 이런 일반 은혜의 역사가 없다면 세상은 극도로 악해지게 될 것이다(창 6:3; 삼상 16:14; 81:12; 롬 1:24, 26, 28; 히 6:4-6; 창 20:6; 31:7; 욥 1:12; 왕하 19:27, 28; 롬 13:1-4).

3. 진리, 도덕, 종교의 보존

일반 은혜로 인해 인간은 진·선·미에 대한 분별력을 보존하고 있으며, 종종 놀랄 만한 정도로 이들의 진가를 인정하고 진리, 도덕, 종교에 대한 열망을 보여 주게 된다(행 17:22; 롬 1:18-25; 2:15; 약 2:19; 고전 11:7). 하지만 이런

---

[805] Cf. Berkhof, 『조직신학』, 688-90.

본성의 빛은 인간을 하나님의 구원 지식과 진정한 회심으로 인도하기에는 너무도 불충분하다. 심지어 자연적이며 시민적인 일들에 있어서조차도 이를 올바르게 활용할 수 없다.

4. 외면적 선과 시민적 의의 수행

일반 은혜는 외면적인 선을 할 수 있는데, 이것이 참된 선이 아니라, 외면적인 선인 이유는 무엇보다도 그것이 하나님의 영광을 위한 것이 아니기 때문이다. 또 일반 은혜는 외면적인 선뿐만 아니라 소위 시민적 의(justitia civilis)라고 일컬어지는 것을 수행할 수 있게 한다. 이는 영적이고 종교적인 문제에서의 옳은 것과는 구분되는, 세속사 혹은 일반적인 사건에서 의로운 일이나 사회적 관계에서 하나님의 법과 외면적으로 조화를 이루는 일들을 의미한다. 성경은 중생하지 못한 자의 선행이 선하고 의로운 행위라고 반복해서 언급한다(왕하 10:29, 30; 12:2; 14:3, 14-16; 눅 6:33; 롬 2:14, 15).

5. 자연적 복들

인간이 현세에서 받는 모든 자연적인 복들이 하나님의 일반 은혜에 해당한다. 하나님은 선하고 좋은 것들을 모든 인간에게 차별 없이, 즉 선인이나 악인, 택자나 유기자 모두에게 풍성하게 부어주신다고 성경은 말한다(창 17:20[18절과 비교]; 39:5; 시 145:9, 15, 16; 마 5:44, 45; 눅 6:35, 36; 행 14:16, 17; 딤전 4:10). 모든 인류가 함께 햇빛과 비를 받고, 불신자라도 여러 자연적인 복들과 은사들을 풍성히 누리는 것이다.

F. 개혁파 일반 은혜론에 대한 반론과 이에 대한 답변[806]

---

[806] Cf. Berkhof, 『조직신학』, 690-93.

1. 알미니우스주의의 반대

이들은 일반 은혜의 목적이 구원에 있다고 생각한다. 그들에 의하면 비록 인간에 의해 좌절되기도 하지만 그럼에도 이는 인간을 신앙과 회개로 인도하기에 충분한 은혜다. 이들은 시혜자가 구원 의도를 포함하고 있지 않다면, 은혜가 아니라 낭비된 감화력이라고 하지만, 성경은 은혜라는 용어의 사용을 제한시키고 있지 않다(창 6:8; 19:19; 출 33:12,16; 민 32:5; 눅 2:40).

2. 초칼빈주의(Hyper-Calvinism)의 반대

이들은 "어떻게 유기자에게 은혜를 줄 수 있는가?"라고 질문한다. 이들이 이렇게 생각하는 이유는 은혜는 오직 택자들을 위한 것이며, 택자를 위한 은혜 외에는 은혜가 없다고 생각하기 때문이다. 하지만 이것은 성경이 사용하는 은혜의 용법을 너무 제한시켜서 사용하는 것이다. 하나님의 구속적 사랑의 대상이 된 자들이 어떤 의미에서 하나님의 진노의 대상으로 간주될 수 있다면(엡 2:3), 하나님의 진노의 대상이 된 사람들이 어떤 의미에서 하나님의 호의를 공유한다고 말하지 못할 이유는 없는 것이다.

3. 재세례파의 반대

이들은 자연적 피조물을 경시하고, 자연적 질서에서 불순한 것만을 본다. 중생한 사람은 자연적 질서가 아니라 새로운 질서에 속한 자로서, 이 세계의 삶에 참여하지 말아야 한다고 주장한다. 재세례파는 자연계의 선한 요소를 인정하기를 원치 않고, 이는 일반 은혜론에 대한 반대로 나타난다. 하지만 성경은 자연 속에서 하나님의 계시와 선한 것이 나타난다고 말한다.

신비한 연합

신비적 연합(unio mistica)은 그리스도와 신자 사이의 연합을 의미한다. 이는 그리스도가 그들의 생명과 힘, 복과 구원의 근원이 되게 하는, 그리스도와 그의 백성간의 친밀하고 생동적이며 영적인 연합으로 정의될 수 있다. 인간이 그리스도의 구속 사역의 은혜를 받기 위해서는 그와 연합되어 있어야만 한다. 성경은 그리스도와의 연합의 관계를 '그리스도 안에서'라는 말로 주로 표현한다. 이 연합은 신비적이며 초자연적인 방식으로 성령에 의해 이루어진다.

A. 신비적 연합의 본질[807]

1. 성부와 성자 사이에 맺어진 구속 언약을 기초로 하는 언약적 연합

평화의 의논(counsel of peace)에서 그리스도는 택자들의 머리와 보증이 되셨다. 이는 구원론 전체의 기초가 되는 것이다. 이 연합 속에서 택자들은 온전히 그리스도의 소유가 되어 그 백성의 모든 죄는 그리스도에게 전가되고, 그리스도의 의는 그의 백성에게 전가되어 구속의 은혜를 획득하게 된다 (엡 1:4; 3:11; 딤후 2:13; 1:9; 딛 1:2; 벧전 1:2).

---

[807] Cf. Berkhof, 『조직신학』, 694-97.

2. 그리스도 안에서 객관적으로 실현된 생명의 연합

구속의 언약에서 확립된 법적 연합으로 인해 그리스도는 그의 백성의 대리자로서 그들에게 모든 복을 베풀 수 있는 공로를 세우셨다. 객관적 의미에서 교회는 그리스도와 함께 십자가에 못 박혔고, 그리스도와 함께 죽었으며, 그리스도와 함께 죽은 자 가운데서 부활하였고, 그리스도와 함께 천상에 앉게 되었다. 인간은 이제 성령의 사역에 따라 실현될 생명의 연합을 기다린다.

3. 성령의 사역에 의해 주관적으로 실현된 생명의 연합

그리스도 안에서 객관적으로 실현된 생명의 연합은 성령의 사역에 의해 주관적으로 실현된다. 많은 경우 신비적 연합의 주관적 실현을 원자론(原子論的)[808]적으로 사고하지만, 이 주관적 실현은 기독론적 관점으로 이해되어야 하는데, 이는 모든 교회는 그리스도 안에 있고, 머리이신 그리스도로부터 탄생한다는 것이다. 교회는 부분이 전체에 우선하는 기계가 아니라, 전체가 부분에 우선하는 유기체이다. 각 부분들은 성령의 중생의 사역을 통해 그리스도로부터 나오며, 그리스도와 생동적 관계를 유지한다. 이 그리스도와의 신비적 연합은 중생과 믿음에 의한 칭의에 논리적으로 선행하는 것이다. 하지만 연대기적으로 볼 때는 신자가 그리스도와 연합되는 시점은 중생과 칭의의 시점이다.

B. 신비적 연합의 성격[809]

1. 유기적 연합(an organic union)이다.

이는 그리스도와 신자들의 연합이 기계적인 연합이 아니라 몸과 지체

---

[808] 자연의 현상이 더 이상 나눌 수 없는 작은 입자와 그 작용으로 이루어진다는 이론에 근거한 것

[809] Cf. Berkhof, 『조직신학』, 697-98.

로서의 연합이라는 의미다. 이 연합의 유기적 성격은 요 15:5; 고전 6:15-19; 엡 1:22, 23; 4:15, 16; 5:29, 30과 같은 구절들에서 잘 나타나 있다. 이 유기체 연합에서 그리스도는 몸 된 교회를 돌보시며, 지체들은 또 다른 신자들에게 봉사하고 봉사를 받는다.

2. 생동적 연합(a vital union)이다.

이 연합에서 그리스도는 몸 전체에 생명을 부여하고 그 몸을 통치하는 원리가 되신다. 즉, 그리스도께서 성령으로 신자 속에 거하시는 것을 의미한다. 이 연합을 통해 그리스도께서 신자들의 삶의 구성적 원리가 되심으로써, 각자 안에 그리스도의 형상을 이루시고(갈 4:19), 그들의 삶을 하나님께로 인도한다(롬 8:10; 고후 13:5).

3. 성령에 의해 매개되는 연합(a union mediated by the Holy Spirit)이다.

이 연합은 성령에 의해 매개된다. 성령을 통해 그리스도께서는 신제들 안에 내주하시고, 이들을 자신과 연합시키시고, 신자 서로를 거룩한 연합으로 결합시키신다(고전 6:17; 12:13; 고후 3:17, 18 갈 3:2, 3). 그리스도께서 자기 백성을 위해 획득하신 모든 구속의 공로들은 모두 성령님에 의해 적용된다(롬 8:26; 고전 6:17; 12:13; 고후 3:17, 18; 갈 3:2, 3).

4. 상호 작용(reciprocal action)을 내포하는 연합이다.

물론 그 시작은 일방적인 성령의 중생시키며, 신앙을 일으키시는 그리스도와 연합하게 하는 행동이지만, 중생 후에는 성령의 감화 감동 하에서 지속적인 신앙의 운동으로 이 연합이 계속된다(요 14:23; 15:4,5; 갈 2:20; 엡 3:17).

5. 개인적 연합(a personal union)이다.

이는 교회를 매개체로 한다거나 성례를 통해서가 아니라, 모든 신자가 개인적으로 직접 그리스도와 연합되어 있다는 의미이다. 로마 가톨릭 교회나 슐라이에르마허, 다수의 현대 신학자들이 말하는 성례를 통해서 교회 안에 생명이 그리스도를 통해 신자 각자에게 부여진다는 주장은 비성경적이다. 이는 성례주의적이고 범신론적 요소를 지니는 것이다. 교회는 그리스도와 연합된 자들의 집합체이다(요 14:20; 15:1-7; 고후 5:17; 갈 2:20; 엡 3:17,18).

6. 변혁적 연합이다(a transforming union) 이다.

그리스도와 연합된 신자는 '그리스도의 인성을 따라' 그리스도의 형상대로 계속 변화된다. 이는 그리스도의 형상을 이루기까지 닮아가는 것을 의미한다(마 16:24; 롬 6:5, 8; 8:17; 고후 1:7; 갈 2:20; 빌 3:10; 골 1:24; 2:12; 3:1; 벧전 4:13).

C. 신비적 연합에 대한 그릇된 개념들[810]

1. 합리주의적 오류

합리주의자들은 신비적 연합을 로고스이신 그리스도와 모든 피조물의 연합이나 혹은 모든 인간의 영 안에 있는 하나님의 내재와 동일시한다. 즉, 그리스도께서 모든 사람의 마음속에 계시다는 것이다. 그러나 로고스로서의 그리스도께서 모든 피조물과 연합하신 것이나 모든 사람의 영혼들 속에 하나님이 내재하시는 것은 세상의 일반 섭리의 영역에 속한 것으로서 특별 은혜로 말미암은 그리스도와 신자의 연합과는 본질적으로 다른 것이다.

---

[810] Cf. Berkhof, 『조직신학』, 698-99.

2. 신비주의적 오류

신비주의자들은 신비적 연합을 신자와 그리스도의 동일시(同一視)로 이해한다. 이 견해에 따르면, 이 연합에는 일종의 본질의 일치라는 요소가 있다. 이는 인간의 인격이 그리스도의 인격과 합일이 되어 그리스도와 신자가 더 이상 구분된 인격들로 존재하지 않게 된다는 것이다. 그래서 이로 말미암아 어떤 극단적인 자들은 "내가 그리스도 예수이며, 살아 있는 하나님의 말씀이다 나는 무죄한 고난을 받아 너를 구속했다"고 까지 말하는 일까지 발생한다.

3. 소시니우스주의와 알미니우스주의의 오류

이들은 신비적 연합을 단순히 도덕적 연합, 사랑과 공감의 연합으로 이해한다. 이러한 연합에서는 그리스도의 생명과 신자의 생명 사이의 어떠한 직접적인 영향도 없다. 이 연합은 우리 안에서의 그리스도의 내주를 필요로 하지 않는다.

4. 성례주의적 오류

로마 가톨릭 교회나 일부 루터파, 그리고 성공회에서는 신자들이 성례를 통해 그리스도와 연합한다고 주장한다. 그러나 성례는 그리스도와의 연합을 일으키는 수단이 아니라, 그리스도와 이미 연합된 것을 인치고 표하는 예식이다. 즉, 성례는 연합을 가져오는 것이 아니요, 오히려 그 연합을 전제한다.

D. 신비적 연합의 중요성[811]

---

[811] Cf. Berkhof, 『조직신학』, 699-700; 김달생, 『바른신학』, 400-01.

1. 죄인으로 하여금 하나님의 형상을 회복하게 하고 양심을 하나님께 의존시킨다.

이 신비적 연합은 모든 구원의 적용의 기초로서 이로 인해 신자는 옛 사람과 그 행위를 벗어버리고 새 사람을 입어 온전히 새롭게 된다. 이 신비적 연합은 신자의 모든 존재의 변화의 근거요 전제다.

2. 우리의 영혼에만 영향을 미칠 뿐 아니라, 전인, 즉 몸에까지도 구원하는 연합이다.

신비적 연합 이후에 영혼은 현세에서부터 점진적으로 그리스도의 형상으로 새롭게 된다. 반면에 몸은 마지막 부활 시에 완전히 새롭게 되어 영화된 형상으로 일으킴을 받게 된다(고후 3:18; 빌 3:21; 롬 8:23; 요일 3:2).

3. 신비적 연합은 파괴될 수 없다.

이 신비적 연합은 영원 전부터 계획된 구속 언약에 기인한 것으로서 하나님이 능히 그것을 붙들고 계시기에 그 무엇으로도 파괴될 수 없는 연합이다. 이 연합은 성령의 불가항력적인 은혜의 주도 아래에서 유지된다(롬 6:5, 8; 8:17; 고후 1:7; 빌 3:10; 벧전 4:13).

4. 신비적 연합은 믿는 자의 영적 통일과 교통에 기초가 된다.

신자와 그리스도의 연합은 모든 신자들의 영적 통일의 기초와 성도들의 교통을 위한 기초를 제공한다. 신자들은 같은 생명의 원리를 가진 자들로서 교제하며 동일한 목표를 향해 동일한 싸움을 하고 있는 자들로서 서로를 참으로 이해하고 서로를 위해 진실로 봉사할 수 있게 된다(요 17:20, 21; 행 2:42; 롬 12:15; 골 3:16; 살전 4:18; 5:11; 히 3:13; 10:24, 25; 요일 1:3, 7).

부르심 일반과 외적 부르심

A. 부르심 일반812

1. 부르심의 주체

부르심은 삼위 하나님의 사역이다. 이는 우선 성부의 사역이고(고전 1:9; 살전 2:12; 벧전 5:10), 또한 아들에 속한 사역이기도 하다(마 11:28; 눅 5:32; 요 7:37; 롬 1:6). 그리스도는 말씀과 성령으로 죄인들을 부르신다(마 10:20; 요 15:26; 행 5:31, 32).

2. 사물을 통한 부르심(vocatio realis)과 말씀을 통한 부르심(vocatio verbalis)

개혁파 신학자들은 부르심을 사물을 통한 부르심과 말씀을 통한 부르심으로 구분한다. 사물을 통한 부르심은 자연 계시에 의한 부르심을 의미하고, 말씀을 통한 부르심은 하나님께서 그리스도 예수 안에서 제공된 구원을 수용하도록 죄인을 초청하는 하나님의 은혜로운 행위로 정의될 수 있는데, 구원론에서 고려하는 부르심은 오직 오직 이것이다.

B. 외적 부르심813

---

812 Cf. Berkhof, 『조직신학』, 705-07.

말씀의 부르심은 둘로 구분하여 이해될 수 있다. 하나는 외적 부르심으로서 외적인 것에 국한되므로 필연적으로 효과적이라고 할 수는 없는 부르심이다. 외적 부르심은 죄인에게 죄의 용서와 영원한 생명을 얻기 위하여 그리스도를 신앙을 받아들일 것을 간절하게 권면하며, 그리스도 안에 있는 구원을 제시하고 제공하는 것을 의미한다. 성경은 '외적'이라는 용어를 사용하지는 않지만, 효과적이지는 않은 부르심에 대해 명백하게 언급한다(마 22:2-14; 막 16:15,16; 눅 14:16-24). 다른 하나는 택자들을 향한 부르심으로서, 내적이고 효과적인 부르심이다(롬 5:30; 고전 1:9; 살전 2:12; 벧전 5:10).

1. 외적 부르심의 구성 요소

a. 복음의 사실과 구속의 교리의 제시

복음을 증거 할 때는 하나님의 거룩성과 죄의 추악성 그리고 그리스도의 성육신과 죽음, 부활과 승천, 재림 등의 사실에 대하여 말해야 한다. 이것이 복음 증거의 최소한의 사실이다.

b. 회개와 신앙 안에서 그리스도를 영접하라는 초청

외적 부르심에는 그리스도를 회개와 신앙으로 영접하라는 초대와 엄중한 명령이 포함된다(고후 5:11,20; 요 6:28, 29; 행 19:4, 사 55:1). 이것으로 그리스도께 나오는 것이 피상적으로 이해되지 않게 해야 한다.

c. 용서와 구원의 약속

외적 소명에는 죄의 용서와 구원의 약속이 있다(요 3:16-18, 36; 5:24, 40). 은혜에 의해 죄를 회개하고 신앙으로 그리스도를 영접하는 사람들은 사죄

---

813 Cf. Berkhof, 『조직신학』, 707-12.

와 영생의 확신을 가진다. 그러나 이 약속은 결코 절대적인 것이 아니라 조건적인데, 이는 오직 진정한 회개와 신앙이라는 방식으로만 이 약속의 성취를 획득할 수 있음을 의미한다.

2. 외적 부르심의 특징

a. 일반적 또는 보편적이다.

외적 부르심은 복음이 설교를 듣는 만인에게 차별 없이 임한다는 점에서 일반적이다. 이는 어느 시대, 국가 혹은 계급에 한정되지 않는다. 이 복음의 초청이 택자들에게 제한되지 않는다는 것은 시 81:11-13; 잠 1:24-26; 겔 3:19; 마 22:2-8,14; 눅 14:16-24 등과 같은 구절들에 잘 나타나 있다. 만일 구원의 교리가 하나님께서 복음을 듣는 모든 자들을 구원하도록 의도하셨고 그리스도가 실제로 각 개인의 죄를 위해 속죄했다는 선언을 포함한다면, 이는 개혁파 신학의 예정론 및 제한 속죄론과 실제적으로 모순되게 될 것이지만, 복음의 초청은 이런 선언을 포함하지 않는다. 복음의 초청이 포함하는 것은 '조건적인' 구원 약속이다.

b. 진실한(bona fide) 부르심이다.

복음의 부르심은 듣는 모든 자들이 구원 받기를 바라는 진실한 부르심이다. 꼭 알아야 할 것은 하나님의 작정적 의지와 교훈적 의지를 구별해야 한다는 것이다. 이 외적 부르심은 하나님의 교훈적 의지[또는 자비적 의지]에 의한 부르심이다(민 23:19; 시 81:13-16; 잠 1:24; 사 1:18-20; 겔 18:23-32; 33:11; 마 21:37; 딤후 2:13).

3. 외적 부르심의 중요성

a. 하나님은 외적 부르심을 통해 죄인에 대한 권리를 보유하신다.

창조주와 주권자로서 하나님은 모든 인간에게 예배와 섬김을 받으실 권리를 지니신다. 인간에게 절대적 순종을 요구할 하나님의 권리는 남아 있으며, 하나님은 이 권리를 율법과 복음을 통해서 주장하신다.

b. 외적 부르심은 죄인을 회심으로 인도하는 하나님에 의해 제정된 방법이다.

외적 부르심은 하나님께서 자신의 택자들을 모으시기로 작정하신 방법이다. 하나님 외에 그 누구에게도 택자는 가려져 있으므로 외적 부르심은 보편적, 일반적이어야 한다.

c. 외적 부르심은 하나님의 거룩함, 선, 긍휼을 계시한다.

하나님은 외적 부르심을 통해서 죄인들을 설득하여 죄를 단념시키고, 선함과 자비를 통해 파멸을 경고하고, 사형 집행을 연기하신다. 은혜로운 제안으로서의 외적 부르심은 그 자체로 죄인에 대한 복인데, 이는 죄인에 대한 하나님의 긍휼을 계시하는 것이다(시 81:3; 잠 1:24; 겔 18:23, 32; 33:11; 암 8:11; 마 11:20-24; 23:37).

d. 외적 부르심은 하나님의 의를 두드러지게 한다.

죄인들이 하나님의 오래 참으심을 경멸하고 은혜로운 구원의 제안을 거절한다면 그들의 타락과 죄는 심히 막중해져서, 이들을 정죄하는 하나님의 의로우심이 더 두드러지게 나타나게 된다.

VI
중생과 효과적 부르심

A. 중생에 대한 성경적 용어와 그 의미[814]

성경에 나오는 중생이라는 용어는 명사로서는 하나뿐인데, 그것은 '팔랑게네시아'이다. 성경에서 마 19:28과 딛 3:5 두 군데에서만 발견된다. 이는 재생(rebirth) 또는 거듭남(regeneration)을 의미한다. 동사로는 네 개의 단어가 있는데, (1) '다시 낳는다', '위에서 낳는다'는 의미의 '아나겐나오' (요일 3:3; 요일 2:29; 3:9; 4:7; 5:1, 4, 18)와 (2) '낳다', '생산하다'를 의미하는 '아포퀴에오' (약 1:18), (3) '창조하다'를 의미하는 '크티조' (엡 2:10), (4) 마지막으로 '함께 살리다', '소생시키다'의 의미를 지닌 '수조오포이에오' (엡 2:5; 골 2:13)이다. 이 용어들은 다음과 같은 중요한 의미들을 가지고 있는데, (1) 중생은 하나님의 창조 사역으로 인간이 협력할 수 없는 단독 사역이라는 것이다. (2) 중생은 새 생명을 생성하는, 이미 죽어 있던 영적 생명을 회복하는 행위이다(엡 2:5). (3) 중생에서는 두 가지 요소가 구분되는데, 즉 생명의 원리가 심겨지는 '새 생명의 발생'(regeneration)과 그 새 생명이 심연에서 표출되어 나오는 '출생'(rebirth)이 그것이다.

B. 이 용어에 대한 역사적 고찰[815]

---

[814] Cf. Berkhof, 『조직신학』, 714-15.
[815] Cf. Berkhof, 『조직신학』, 715-17.

1. 초대 교회와 중세 시기

초대 교회에서는 중생에 관한 연구가 깊고 엄밀하게 진행되지 못했다. 중생과 칭의는 명확히 구분되지 못했고, 세례적 은혜와 동일시되기도 하였다. 어거스틴조차도 이를 날카롭게 구분하지는 못했다. 중세 스콜라주의에서도 중생은 칭의와 혼동되었고, 칭의 라는 더 넓은 개념에 속한 것으로 이해되었다. 오늘날까지도 이 혼동은 계속되고 있는데, 이는 칭의가 법정적 행위가 아니라 갱신의 행동 혹은 과정으로 이해되고 있다는 사실에서 그 오해가 잘 드러난다.

2. 종교 개혁자들과 개혁 교회

루터는 중생과 칭의의 혼동에서 완전히 벗어나지는 못했고, 칼빈 또한 중생을 회심과 성화를 포함하는 인간이 갱신되는 전 과정을 나타내는 용어로 사용했다. 오늘날 개혁파 신학은 중생이라는 단어를 보다 제한적인 의미로 즉 죄인이 새로운 영적인 생명을 부여받고 새 생명의 원리가 처음으로 행동화되는 하나님의 행위를 나타내는 용어로 사용한다.

3. 현대 자유주의 신학

현대 신학에 와서는 중생과 칭의의 구별을 못하고 중생 자체에 대해 오해할 뿐만 아니라, 그 안에 있는 초자연적인 요소를 제거하고, 이를 단지 개인이나 집단의 윤리적 변화로 이해하려고 한다. 즉, 중생은 영적인 생활의 자연적인 발전 과정의 중요한 단계이며, 도덕적인 과정으로의 근본적인 재조정으로 보는 것이다.

C. 중생의 본질[816]

1. 잘못된 견해들

(1) 먼저는 고대의 마니교도들의 주장이며, 종교 개혁 시대 플라키우스 일리리쿠스의 주장처럼 중생을 인간 본성의 실체의 변화로 보는 것이다. 중생은 인간 영혼에 어떠한 첨가나 감소를 일으키는 것이 아니다. (2) 또 중생은 일부 복음주의자들이나 합리주의자들이 생각하듯이 한 가지 혹은 그 이상의 영혼의 기능의 변화가 아니다. 중생은 인간 본성 전체에 영향을 준다. (3) 또 중생은 재세례파나 열광주의자들이 주장하듯이 인간 본성 전체나 부분에 있어서 완전한 변화가 아니다. 즉 중생은 회심과 성화를 포함하지 않은 새로운 생명의 시작을 의미한다.

2. 중생의 특성

(1) 중생은 인간 안에 새로운 영적 생명의 원리(the principle of the new spiritual life)가 심겨지는(the implantation) 영혼의 지배적 성향이 근본적으로 변화하는 것이다. 이 변화는 전인 즉, 지성(고전 2:14, 15; 고후 4:6; 엡 1:18; 골 3:10), 의지(시 110:3; 빌 2:13; 살후 3:5; 히 13:21), 그리고 감정과 정서(시 42:1, 2; 마 5:4; 벧전 1:8)에서 나타난다. (2) 중생은 즉각적인 변화이다. 생명과 사망 사이에는 중간 단계가 존재하지 않는다. 중생은 성화처럼 과정이 아니라 순간에 완성되는 하나님의 사역이다. (3) 중생은 가장 제한적인 의미로는 잠재의식에서 나타나는 변화이다. 이는 하나님의 은밀하고 불가사의한 사역이다. 인간은 '단지 그 결과로서만' 이를 인식할 수 있다. (4) 중생은 취소되지 않는다. 중생은 영원한 생명을 얻는 것으로서, 인간의 연약함으로 인해 좌절되지 않고 지속된다.

---

[816] Cf. Berkhof, 『조직신학』, 717-18.

D. 외적 부르심과 관련된 효과적 부르심과 중생[817]

1. 외적 부르심과의 관계

하나님의 부르심은 하나여서 외적 부르심과 내적 혹은 효과적 부르심의 구분은 하나의 부르심이 지니는 두 가지 측면이라고 할 수 있다. 하나님의 말씀이 외적 부르심에서 들려지고, 내적 부르심에서 효과적이게 되는데, 성령의 강력한 작용을 통해 외적 부르심이 즉시로 내적 부르심으로 이행되는 것이다.

2. 내적 부르심의 특징

내적 부르심은 다음과 같은 특징을 가지는데, 먼저는 (1) 도덕적 설득과 성령의 강력한 사역이 결합되어 일어난다는 것과 (2) 인간의 의식 영역에서 역사하여 필연적으로 회심을 일으킨다는 것, 그리고 (3)내적 부르심은 목적론적이어서, 예수 그리스도와의 교제(고전 1:9), 복의 유업(벧전 3:9), 자유(갈 5:13), 평화(고전 7:15), 거룩함(살전 4:7), 하나의 소망(엡 4:4), 영생(딤전 6:12), 하나님의 나라와 영광(살전 2:12)로의 부르심이라는 것이다.

3. 중생과 효과적 부르심의 관계

웨스트민스터 신앙고백 10장 2절에 의하면 효과적 부르심은 중생을 포함한다. 그러나 "재발생"으로서의 중생은 인간 잠재의식에서 발생하는 것으로 인간은 이에 대해 수동적이지만, 부르심은 의식을 대상으로 하여 의식 생활의 일정한 성향을 내포한다. 중생은 안으로부터의 역사라면 부르심은 밖에서 유래하는데, 이로써 회개와 신앙이 일어나게 된다.

---

[817] Cf. Berkhof, 『조직신학』, 718-721.

E. 중생의 필요성[818]

1. 성경이 중생의 필요성을 밝히 말한다.

예수님은 니고데모에게 말씀하시면서 중생의 필요성을 천명하셨다(요 3:3). 자연인은 영적인 일을 알 수 없다(고전 2:14). 성경은 많은 구절들에서 중생의 필요성을 주장 한다(렘 13:23; 롬 3:11; 갈 6:15; 엡 2:3, 4). 구원의 서정에 속한 모든 것이 중생 여하에 의존한다. 중생은 영화를 보증하고, 중생이 없다면, 그 어떤 모양의 신앙과 회개도 참된 것이라 할 수 없다.

2. 전적 타락의 인간 상태를 고려할 때 그 필요성이 절감된다.

인간은 전적으로 타락하여 그 어떤 선도 기대할 수 없는 존재가 되어 버렸다. 인간은 허물(원죄)과 죄로 인해 죽었다(엡 2:1). 이런 상태의 인간에게 필요한 것은 단지 개선이나 수선이 아니라 새로운 생명이다. 오직 이 조건 위에서만 회개와 신앙이 가능하다. 그러므로 인간 상태를 고려할 때, 급진적 내적 변화, 즉 영혼의 성향 전체가 전환되는 변화가 필수적이다.

3. 현대 신학은 중생의 필요성을 부인한다.

현대 신학은 인간은 본성상 선하다는 입장 위에 있고, 인간의 전적 타락과 부패를 부정한다. 그러므로 근본적인 생의 변환 및 완전한 전환점 같은 것이 필요할리가 없다. 이들에게 중생이란 단지 "영적인 생활의 자연적 발전에서 중요한 단계 혹은 도덕적 과정으로의 급진적 재조정"(유츠) 정도로 이해된다. 오히려 이들은 인간은 본질적으로 선하기 때문에 하나님의 능력

---

[818] Cf. Berkhof, 『조직신학』, 721-722.

이 없이도 이 세상은 지상 낙원이 될 수 있다는 방향으로 나아간다.

F. 중생의 효과적 원인[819]

여기에는 세 가지 근본적으로 다른 견해가 있다.

1. 인간 의지

이는 펠라기우스주의적 견해이다. 이들에 의하면 중생은 인간 의지의 행위다. 즉 중생은 인간의 자기 개혁을 의미한다. 현대의 반펠라기우스주의와 알미니우스주의는 펠라기우스만큼은 아니더라도 최소한 부분적으로라도 중생을 인간의 행위로 이해한다. 즉, 이들의 중생 이해는 신인협력적이다. 펠라기우스주의와 반펠라시우스주의 그리고 알미니우스주의 모두 정도에서는 차이가 있지만 중생에 있어서 인간 편에서의 가능성과 실질적인 참여를 주장한다.

2. 진리

이는 라이만 비처(Lyman Beecher)와 찰스 피니의 견해이다. 이들의 주장에 의하면 중생에 있어서 성령의 사역과 설교자의 사역은 질적이라기보다는 양적인 차이가 있을 뿐이다. 양자 모두 설득을 통해서만 역사한다. 이는 성경의 지지를 받지 못하는데, 왜냐하면 성경은 자연인은 진리를 사랑하지 않고 미워하며 그것을 이해하지도 못하고 받아들일 수 없다고 말하기 때문이다(롬 1:18, 25; 8:7).

---

[819] Cf. Berkhof, 『조직신학』, 722-23.

3. 성령

이것이 가장 적절한 견해로서 모든 시대의 교회가 견지했던 견해이다. 성령께서 중생의 효과적 원인이시라는 것이다. 이것이 성경이 주장하는 견해로서, 중생은 직접적이고 단독적인 성령의 사역으로 죄인의 어떠한 협력도 요구하지 않는다는 것이다(겔 11:19; 요 1:13; 행 16:14; 롬 9:16; 빌 2:13). 중생 이후의 구원의 서정에서 신자들은 협력할 수 있고, 해야만 하지만 중생은 신인협력적으로 이해될 수 없고, 성경은 오직 성령의 단독 사역으로 이를 설명한다.

G. 중생에 대한 다른 견해들[820]

1. 펠라기우스의 견해

펠라기우스주의자들에 의하면, 인간은 아담의 타락과 관계없이 완전한 자유 의지를 가지고 있다. 그들이 말하는 인간의 자유와 인격적 책임에는 스스로의 노력으로 도덕적 개선이 가능하다는 것이 전제된다. 이들에게 중생은 인간의 의지에 따른 도덕적 갱신인 것이다.

2. 성례주의적 견해

성례주의자들은 세례를 받아야 중생한다고 믿는다. 세례 자체에 중생을 위한 효력이 있다고 믿는 것이다. 로마 가톨릭 교회와 상당수의 영국 성공회가 이렇게 주장한다. 특별히 로마 가톨릭의 경우 중생은 영적인 갱신뿐만 아니라 칭의 즉 죄의 용서를 포함하는 것인데, 이것이 세례를 수단으로 일어난다고 주장한다. 이들에게 세례는 중생의 표가 아니라 중생의 조건인 것이다.

---

[820] Cf. Berkhof, 『조직신학』, 726-728.

3. 루터주의의 견해

대체로 루터파는 로마 가톨릭 교회에 대항하여 신인협동설을 반대하고, 신단독설(monergism)을 주장한다. 하지만 로마 가톨릭의 오류를 충분히 제거하지는 못했는데, 루터주의는 중생에 대해 어린이와 어른의 경우로 둘로 구분하여 어린이의 경우에는 세례를 통하여 중생하고 어른의 경우에는 말씀을 통하여 중생한다고 주장한다. 이들은 말씀의 설교가 중생을 일으킬 수 있다고 하는데, 말씀을 통하여 하나님의 능력이 임하는 것은 사실이지만, 말씀 자체에 사람을 중생시킬 능력이 있지는 않다. 하지만 루터파는 이 능력이 말씀 자체에 있는 것으로 이해한다.

4. 알미니우스주의의 견해

알미니우스주의자들은 인간과 하나님이 서로 협력해야 중생할 수 있다고 주장한다. 이는 중생이 하나님 단독의 사역도 인간 단독의 사역도 아니라는 주장이다. 중생은 진리의 수단으로 역사하는 신적인 영향력에 대해 인간이 협력하는 인간의 선택의 결실인데, 이는 결국, 중생에 있어서 인간의 사역이 하나님의 사역보다 더 결정적이라고 주장하는 것이다.

5. 현대 자유주의의 견해

이들의 견해는 다양한데, 하지만 일반적으로 이들은 중생에 대해 순전히 자연주의적 견해를 신봉한다. 하나님의 내재로 인해 모든 인간은 자신 안에 이미 신적 원리를 가지고 있고, 따라서 구원에 필요한 모든 것을 잠재적으로 소유하고 있다는 것이 이들의 주장이다. 이들에게 필요한 것은 그 신적 원리를 인식하고 자신 안에 있는 고차원적인 원리의 지도를 받는 것이다. 중생이란 그런 인식의 출발점이라고 할 수 있다.

회심(Conversion)

A. 회심에 대한 성경의 용어[821]

1. 구약

구약에서 회심을 나타내는 두 가지 용어는 '나함'과 '슈브'이다. '나함'은 슬픔이나 위로의 깊은 감정을 표현하는 단어이다. 이 단어는 회개, 즉 회심의 내적 성질인 후회와 한탄을 의미하는데, 인간만이 아니라 하나님에게도 사용되었다(창 6:6, 7; 출 32:14; 삿 2:18; 삼상 15:11). '슈브'는 회심에 대한 가장 보편적인 용어로, '돌이키다, 돌아서다'의 의미를 지닌다. 이는 회심의 외적 성질을 보여준다고 할 수 있다. 이 의미는 선지서들에서 잘 나타나 있는데, 죄로 말미암아 하나님을 떠났다가 다시 하나님께로 돌아오는 것을 보여준다(렘 3:22, 23; 사 6:10; 1:27). 이는 회심에 있어서 매우 중요한 요소이다.

2. 신약

신약에서는 세 개의 용어가 있다. 먼저는 '메타노이아'인데, 마음을 돌이키는 것을 의미한다. 이는 구약의 '나함'을 번역한 말로서, 지적(딤후 2:25), 정적(고후 7:10), 의지적(행 8:22)인 전인적인 돌이킴을 의미한다. 이 단어가 신약에서는 회심을 나타내는 가장 보편적인 단어이다. 둘째로는, '에

---

[821] Cf. Berkhof, 『조직신학』, 729-32; 김달생, 『바른신학』, 417-18.

피스트로페'이다. 이 말은 회심의 외적인 면을 나타내주는 단어로서 '슈브'에 대한 번역이다. 여기에는 내적인 면도 반드시 따라와야 한다는 의미도 포함되어 있다(행 15:3; 마 13:15; 행 3:19; 눅 22:32; 요 12:40). 세 번째 용어로는 '메타멜레이아'인데, 이는 신약에서 오직 다섯 번만 사용되는 단어인데, '관심을 갖는다.'는 뜻으로 '후회한다, 뉘우친다.' 등의 의미를 지닌다(마 21:29, 32; 27:3; 고후 7:10; 히 7:21).

B. 회심에 대한 성경적 개념[822]

성경은 회심이라는 용어를 항상 동일한 의미로 사용하는 것은 아니기에 다음과 같이 구별하여 이해하는 것이 필요하다.

1. 민족적 회심

민족적 회심은 유다 왕국에서 히스기야 시대나 요시야 시대에 있었던 민족적 회심이나, 요나의 설교를 들은 니느웨 사람들의 회심 사건을 설명하는 용어이다. 이러한 민족적 회심은 참된 영적 갱신이 아니라 단지 도덕적 갱신의 특성만을 가진다. 개인들에게 있어서는 어느 정도 실제적인 종교적 회심이 있다 하더라도, 민족 전체에 소속된 모든 이들이 종교적이고 영적인 의미에서 회심했다는 것을 의미하지는 않는다. 이런 회심은 지도자들에 의해 변하는 피상적인 것이었다.

2. 일시적인 회심

이는 예수님의 씨 뿌리는 비유에 나오는 돌밭에 뿌려진 씨앗으로 말씀

---

[822] Cf. Berkhof, 『조직신학』, 732-33.

을 들을 때는 즉시 기쁨으로 받으나 뿌리가 없어서 잠시 견디다가 사라지는 믿음이다(마 13:20, 21; 딤전 1:19, 20; 요일 2:19; 히 6:4-6; 딤후 2:17, 18). 이런 믿음은 중생의 결과로서의 회심이 아니어서 심령에는 어떠한 변화도 없는 것이다. 이러한 일시적인 회심은 잠시 동안 진정한 회심의 모양을 지니고 있을 수 있는데, 여기서 잠시란 다시 시간의 짧음을 의미하지는 않고 죽음의 순간에까지 그 믿음이 지속되지 않음을 의미한다.

3. 진정한 회심

진정한 회심은 참된 중생의 결과로서 그 영혼이 우상이나 악에서 떠나 하나님께로 돌아오는 생의 변화를 의미한다(행 9:35; 14:15; 고후 3:36; 살전 1:19). 이 회심에는 능동적 측면과 수동적 측면이 있는데, (1) 능동적 회심이란 하나님께서 그의 의식 영역에서, 중생한 죄인으로 하여금 회개와 신앙으로 하나님께 돌아가게 하시는 하나님의 행위이다. (2) 수동적 회심은 능동적 회심의 결과로 나타나는 죄인의 행위인데, 죄인이 하나님의 은혜를 통해 회개와 신앙으로써 하나님께 나아가는 행위를 의미한다.

4. 반복적 회심

성경은 이미 회심한 사람이 그 신앙이 약해지고 차가워져서 죄악 된 길에서 살다가 다시 하나님께 돌아오는 것에 대해서도 말한다. 이를 반복적 회심이라고 한다. 회심은 엄격히 구원적인 의미로 이해할 때에는 결코 반복될 수 없고 인생에서 유일회한 사건이지만, 진정한 회심을 경험한 사람 또한 죄에 유혹에 넘어가 죄의 길에 빠질 수 있는데, 하지만 이들은 반드시 통회하는 심정으로 다시 하나님에게 돌아오게 된다.

C. 회심의 특징[823]

1. 회심은 하나님의 법적인 행동이라기보다는 재창조적 행동에 속한다.

회심은 인간의 신분을 바꾸는 것이 아니라 그 상태를 새롭게 하는 것을 의미한다. 회심은 중생에서 심기어진 씨앗이 발현하고 활동하는 것으로서 신분이 아니라 상태와 존재의 변화를 의미하는 것이다.

2. 회심은 잠재의식이 아니라 의식 영역에서 발생한다.

회심이 비록 중생이라는 잠재의식에 근원을 둔다고 하더라도, 회심은 중생의 직접적 결과로서 의식의 영역에서 일어나는 사건이다. 회심에는 지정의의 전인격이 수반된다. 사람은 기계적이 아니라 인격적으로 회개하도록 역사하시고, 이는 이 회심이 의식의 영역에서 나타나는 사건임을 의미한다. 이는 회심에서 인간은 적극적으로 하나님의 역사(능동적 회심)에 협력해야 한다는 것(수동적 회심)을 의미한다.

3. 회심에는 적극적인 면과 소극적인 면이 있다.

회심에서 인간은 옛사람을 벗어버리고(소극적인 면), 새 사람을 입는다(적극적인 면). 죄인은 의식적으로 이전의 죄악 된 생활을 벗어 버리고, 하나님과 교제하고 하나님께 헌신된 생활로 나아간다. 이 소극적인 면을 회개라고 하고, 적극적인 면을 신앙이라고 한다.

4. 회심에는 점진적 회심과 순간적 회심이 있다.

---

[823] Cf. Berkhof, 『조직신학』, 733-35.

회심이란 가장 엄밀한 의미로 이해할 때 그것은 순간적인 변화요, 성화와 같이 한 과정으로 이해할 수는 없다. 하지만 회심은 점진적 과정일 수도 있는데, 옛 신학은 돌발적 회심과 점진적 회심(예레미야, 세례 요한, 디모데와 같은 경우)을 구분해 왔다. 점진적 회심은 유아기에 중생한 언약의 자손의 회심 방식이다.

5. 구원론적인 회심은 반복되지 않는다.

참된 중생을 뿌리로 하여 회심한 사람이 다시 타락하였다가 다시 중생하여 회심하는 일은 불가능하다. 인간의 출생이 한 번 뿐이듯이, 중생도 회심도 모두 단 한 번뿐이다. 진정한 회심은 신자가 자신의 삶에서 죄를 고백하고 회개하는 반복적 회심과 구별되어야 한다.

6. 회심은 초자연적인 역사이다.

근대 심리학자들이 회심을 청년기의 일반적이며 자연적인 현상이나 성적인 발작 혹은 불건전한 정신의 작용으로 축소시키는 경향이 있다. 하지만 성경이 말하는 참된 회심은 종교적인 변화를 야기 시키는 하나님의 초자연적 역사이다.

D. 회심의 요소[824]

회심은 두 가지 요소 즉, 회개와 신앙으로 구성된다. 신앙은 다음 장에서 논의하고 여기에서는 회개에 대해서만 논의할 것이다. 회개하는 '죄로부터 멀어지는, 죄인의 의식 영역에서 야기되는 변화'라고 정의된다.

---

[824] Cf. Berkhof, 『조직신학』, 735-36.

1. 회개의 세 가지 요소

a. 지적 요소

회개에는 관점의 변화가 일어난다. 회개에서 죄와 부패성으로 말미암아 무능하여지고 전적으로 타락한 인간의 비참을 인식하게 된다. 여기서 죄인은 개인의 죄책과 오욕, 무력감을 포함하여 죄를 인정한다.

b. 정적인 요소

회개에는 관점의 변화뿐만 아니라 감정의 변화도 나타난다. 죄를 애통하고, 미워한다(시 51:2,10,14; 고후 7:9,10; 마 27:3; 눅 18:23).

c. 의지적인 요소

회개에는 의지의 변화도 나타나는데, 이는 목적의 변화, 죄로부터 내적으로 멀어짐, 용서와 정결을 구하려는 경향을 말한다(시 51:5,7,10; 렘 25:5). 이는 회개에 있어서 가장 중요한 요소서 돌이키는 행위와 가장 직접적으로 연관된 요소라고 할 수 있다(행 2:38; 롬 2:4).

2. 회개에 대한 성경적 견해

성경에 의하면 회개는 전적으로 내면적 행동으로서, 이로부터 야기되는 생활의 변화와 혼동해서는 안 된다. 하지만 로마 가톨릭 교회는 이를 혼동하고 회개의 개념을 전적으로 외적인 것으로 만들었다. 고해 성사에서 가장 중요한 요소는 참회(contrition), 고백(confession), 보속(satisfaction), 사죄 선언(absolution)인데, 이 중에 내적인 것은 참회 하나 뿐이다. 죄의 고백과 잘못에 대한 보상은 회개 자체가 아니라 회개의 '열매'이다. 진정한 회개는 신앙과 분리될 수 없다. 또 진정한 신앙이 있는 곳에는 항상 실제적인 회개가 존재한다. 회개와 신앙은 동일한 과정의 두 구성적 요소이다.

E. 회심의 조성자[825]

1. 회심의 조성자이신 하나님

하나님만이 회심의 주체로 일컬어질 수 있다. 왜냐하면 하나님께서 회심의 원인이 되는 중생의 주체이시기 때문이다. 성경은 하나님께서 "우리를 돌이키시며", 또한 하나님께서 "생명을 얻는 회개를 주신"다고 말한다(시 85:4; 행 11:18). 하나님은 중생 이후에 그 중생의 씨앗이 결실을 맺도록 역사하신다. 하지만 하나님은 늘 인격적으로 일하신다(요 6:44; 빌 2:13 참조).

2. 인간은 회심에서 협력한다.

하나님께서 회심의 조성자이시지만, 거짓된 피동성의 오류에 빠지지 않기 위해서 회심에서 인간이 일정 부분 협력한다는 사실을 강조하는 것이 중요하다. 이것이 회심에서 능동적 회심뿐만 아니라 수동적 회심을 주장하는 이유이다. 회개할 책임은 인간 편에 있다(행 2:38; 눅 15:20). 인간이 회심에서 주체로서 참여해야 한다는 사실은 사 55:7; 렘 18:11; 겔 18:23, 32; 33:11; 행 2:38; 17:30 등과 같은 구절들에 명백히 나타나 있다.

F. 회심의 필요성[826]

---

[825] Cf. Berkhof, 『조직신학』, 739-40.
[826] Cf. Berkhof, 『조직신학』, 740-41.

성경은 여러 곳에서 구원을 위한 회심의 필요성에 대해 말한다(마 18:3; 요 3:3; 눅 13:2; 사 55:7; 겔 33:11). 그러나 이것이 예외를 허용치 않는 방식으로 회심의 필요성을 언급하는 것은 아니다. 중생에 대해서는 절대적인 방식으로 그 필요성을 주장하지만(요 3:3), 회심은 그렇지는 않다. 예를 들면, 유아기에 사망한 자가 구원받기 위해서는 중생이 필요하지만, 죄로부터 하나님께 의식적으로 돌아가는 회심을 경험할 수는 없다. 하지만 정신적 문제를 가지고 있지 않은 성인의 경우에 회심은 절대적으로 필요하다.

G. 구원 과정의 다른 단계들과 회심과의 관계[827]

1. 중생과의 관계

중생시 심겨진 새 생명의 원리는 죄인이 회심할 때 그의 의식 영역에서 적극적으로 활동하게 된다. 즉 중생시의 잠재의식의 변화가 의식의 영역으로 침투하는 것이다. 하지만 중생시 죄인은 전적으로 수동적이지만 회심에 있어서는 수동적(능동적 회심에 대하여)이기도 하고 능동적(수동적 회심에 대하여)이기도 하다.

2. 효과적 부르심과의 관계

회심은 효과적 부르심의 직접적 결과이다. 이 내적 부르심에서 인간은 하나님께서 자신에게 회심을 일으키고 있다는 사실을 의식하며, 이 회심이 하나님의 사역임을 느끼게 된다.

3. 신앙과의 관계

---

[827] Cf. Berkhof, 『조직신학』, 741.

회심은 회개와 신앙으로 구성된다. 신앙은 회심의 한 부분이다. 회개와 신앙은 하나의 과정의 두 구성적 요소이지만, 논리적으로는 회개와 죄 인식은 신뢰하는 사랑 안에서 그리스도께 순종하게 되는 신앙보다 선행한다고 할 수 있다.

신앙

A. 신앙에 대한 성경의 용어들[828]

1. 구약 성경의 용어들과 그 의미

구약 성경에서는 신앙의 명사 형태라 할 수 있는 단어가 하나 있다. 그것은 합 2:4의 '에무나' 이다. 에무나는 성실, 신실함을 의미하는데(신 32:4; 시 36:6; 37:3; 40:11), 신약에서는 이 단어를 신앙의 의미로 해석한다. '헤에민' 은 '아만' 의 히필 형인데, 이 형태에서 이 단어는 '진실이라고 간주하다', '믿다' 를 의미한다. 또 '바타흐' 라는 용어가 드물게 사용되는데, 이는 '피난하다', '도피하다', '자신을 숨기다' 등의 의미를 가지고 있다.

2. 신약 성경의 용어들과 그 의미

신약 전체에서 신앙을 가리키는 두 명사가 나오는데, '피스티스' 와 '피스튜에인' 이다. '피스티스' 는 수동적인 의미를 지닐 때는, 구약 성경에서의 통상적인 의미 '충성' 또는 '신실함' 을 나타내는데 이런 경우는 드물다(롬 3:3; 갈 5:22; 딛 2:10). 대부분 능동적 의미로 사용되는데, 이 때 그 의미는 '믿고 의뢰함' 이다. '피스튜에인' 은 신약에서 수백 번 등장하는데, 여격과 함께 사용될 때는 보통 신앙적 의미로 사용되고, 호티와 결합할 경우는

---

[828] Cf. Berkhof, 『조직신학』, 743-45.

신앙의 내용을 소개하는 것을 위해 사용된다. 전치사와 함께 사용될 경우는 세 가지, 엔과, 에피와 에이스와 함께 사용되는 경우가 있는데, 엔과 함께 사용되는 경우는 대상에 대한 확고부동한 신뢰를 나타내고, 에피와 함께 사용될 경우에는 여격이 나올 때는 대상에 대한 평안한 의존의 의미를, 목적격이 나올 때는 대상을 향한 정신적 지향이라는 개념을 포함한다. 신약 성경의 가장 특징적인 표현은 전치사 에이스와 함께 사용되는 경우인데, 이 경우에는 "우리 자신으로부터 다른 인격에 대한 신뢰의 절대적 이동 즉 하나님에게로의 완전한 자아 양도"를 의미한다(참조, 요 2:11; 3:16,18,36; 4:39; 14:1; 롬 10:14; 갈 2:16; 빌 1:29).

B. 신앙의 활동을 서술하기 위해 사용된 성경의 비유적 표현들[829]

성경이 말하는 주요한 비유적 표현은 크게 세 가지가 있는데, (1) 예수님을 바라보는 것(요 3:14, 15), (2) 배고픔, 목마름, 먹고 마심(마 5:6; 요 6:50-58; 4:14), (3) 영접이 있다(요 5:40; 7:37, 38). 예수님을 바라보는 것은 신앙의 지정의의 요소를 잘 표현해 주는 비유라 할 수 있다. 먹고 마시는 것과 관련된 비유는 신앙이 우리를 충족시킬 것이라는 기대와 확신을 표현하고, 영접한다는 비유는 신앙이 획득하는 도구라는 사실을 강조 한다.

C. 신앙에 대한 역사적 견해들[830]

1. 초대 교회 시대

핍박이 매우 심할 때이므로 신앙에 대한 기록을 찾기는 어렵다. 어거

---

[829] Cf. Berkhof, 『조직신학』, 746.
[830] Cf. Berkhof, 『조직신학』, 746-49.

스틴 때에 이르러서야 신앙을 구원의 조건으로 인정하는 기록을 찾을 수 있다. 이때까지만 해도 신앙의 본질에 대한 성찰이 거의 행해지지 않았으나 어거스틴이 비로소 이 문제에 대한 관심을 기울였다. 하지만 그 역시도 칭의와 성화를 주의 깊게 구분하지는 못했다.

2. 중세 교회 시대

스콜라주의자들은 형성되지 않은 신앙(fides informis) 즉, 교회가 가르치는 진리에 대한 단순한 지적 동의와 형성된 신앙(fides formata) 즉 사랑에 의해 형성된 신앙을 구분하고 후자를 유일하게 의롭게 하는 신앙이라고 이해했다. 의롭게 하는 신앙은 사랑에 의해 완성되므로, 신앙 그 자체 안에 인간의 공로를 위한 기초가 설정되었다.

3. 종교 개혁 시대

종교개혁자들은 신앙은 중생에 기초한 하나님의 선물이며, 자신의 공로가 아니라 오직 믿음으로 구원 얻는다고 말하였다. 종교개혁자들은 중세 스콜라주의자들과는 달리, 칭의 하는 신앙이 그 자신의 공로적 혹은 내재적 효력에 의해 의롭게 하는 것이 아니라, 오직 그리스도의 공로 안에서 하나님께서 주신 것들을 포착하는 도구일 뿐이라고 한 결 같이 가르쳤다.

4. 근대 시기

근대는 신앙을 다시 외적인 행위와 결부시킴으로써 그 의미를 중세기로 환원시킨다. 자유주의 신학에 신앙은 인간의 업적으로서 공로적 행위로서 자신의 삶을 그리스도를 본받아 변화시키는 노력에 의해 그리스도를 주인으로 삼는 것이다. 이에 대한 반동으로 나타난 바르트 신학은 오히려 신앙

행위에 있어서 나타나는 인간의 능동적 측면을 과도하게 축소하여 신앙에서 인간의 인격적 참여 부분을 경시하였다.

D. 성경이 말하는 신앙 개념[831]

1. 구약 성경

구약의 신앙 또한 하나님의 언약을 전심으로 신뢰하는 것을 중심적 요소로 하였다. 이는 족장 시대나 율법 시대에도 동일했다. 족장 시대에는 특히 하나님과의 언약을 믿는 아브라함의 믿음이 두드러졌다. 신약 성경의 저자들은 아브라함을 모든 진정한 신자의 모형으로 이해했고(롬 4장; 갈 3장; 히 11장; 약 2장), 그리고 신앙으로 난 자를 아브라함의 진정한 후손으로 이해했다(롬 2:28, 29; 4:12, 16; 갈 3:8). 율법 시대에도 신앙은 하나님과의 관계에서 중심 요소였다. 신앙은 구원론적이며, 메시아적 구원을 바라보게 하였다. 신앙은 구원의 하나님에 대한 신뢰요, 그의 약속에 대한 확고한 의존이다.

2. 신약 성경

구약과 신약은 동일한 그리스도를 신앙의 대상으로 말한다(요 5:46; 12:38, 39; 벧전 2:6; 롬 1:17; 10:16; 갈 3:11; 히 10:38). 구약은 앞으로 오실 그리스도를 바라보며 믿었고, 신약은 이미 오신 그리스도를 돌아보며 믿는 차이가 있을 뿐이다. 복음서에서 예수님은 자신을 신앙의 대상으로 지속적으로 제시하고 계신다. 또 사도행전에서 신앙은 복음서와 동일한 일반적 의미로 요청되면서도 이 신앙이 새로운 공동체의 형성 원리가 된다는 사실을 보여주고 있다. 바울 서신에서 바울은 오직 신앙만이 구원의 도구가 된다는 사실을 변호하고, 히브리서에서는 그리스도를 구원적 신앙의 적절한 대상으로

---

[831] Cf. Berkhof, 『조직신학』, 749-51.

강조한다. 야고보서에서 나타나는 사상은 사실 바울의 사상과 다를 바 없지만, 신앙이 선행으로 나타나야 한다는 사실을 강조하고, 베드로전서는 신앙이 지니는 소망의 중요성을, 또 베드로후서는 신앙의 지식의 중요성을 강조한다. 마지막으로 요한의 문서들은 영지주의적 사상에 반대하여 신앙이 가져오는 구원의 현재 향유를 강조하였다.

E. 신앙의 종류[832]

1. 역사적 신앙

이 신앙은 중생한 사람에게 볼 수 있는 영적인 신앙이 아니다. 이는 도덕적, 영적 목적 없이 진리를 순전히 지성으로 이해하는 신앙이다. 이 신앙은 인격적으로는 연관되지 않으면서 단지 어떤 역사를 받아들이는 것처럼 성경의 진리를 받아들이는 것을 의미한다. 이는 사단도 가질 수 있는 그런 종류의 신앙으로서(약 2:19), 매우 정통적이며 성경적이기는 하지만 심령에 뿌리박지는 못한다(마 7:26; 행 26:27, 28). 이는 인간적 신앙(fides humana)이요, 신적인 신앙(fides divina)은 아니다.

2. 이적적 신앙

이적적 신앙은 어떤 사람에 의해 혹은 그를 위해 하나님의 역사가 행사될 때 그의 마음속에 일어나는 확신이다. 하나님은 어떤 사람에게 자연적 능력을 넘어서는 사역을 행하도록 하고 이를 행할 수 있는 능력 또한 주신다. 앞에서 본 역사적 신앙이나 뒤에서 볼 일시적 신앙은 구원 얻는 신앙과 함께 할 수 없는 것이지만, 이적적 신앙은 구원 얻는 신앙과 동반될 수 있고, 그렇지 않을 수도 있다는 점에서 특이하다(출 14:31; 마 7:22, 23; 마 8:10-13; 요

---

[832] Cf. Berkhof, 『조직신학』, 752-54.

11:47, 53; 행 14:9; 요 12:11; 9:17, 35-38). 가룟 유다는 다른 제자들과 함께 여러 이적들을 행했지만, 구원 얻는 신앙을 지니지는 못했다.

3. 일시적 신앙

일시적 신앙은 양심의 자극이나 감정적인 감동을 경험하기는 하지만 중생한 심령의 뿌리로부터 유래하지 않은 종교적 진리들에 대한 확신이다. 이 신앙을 가진 사람들은 통상적으로 자신들이 신앙을 가지고 있다고 믿는다. 일반적으로 일시적 신앙은 감정적 생활에 기초하며, 하나님의 영광보다는 개인적 향락을 추구한다고 말할 수 있다. 하지만 이를 진정한 구원적 신앙과 구분하기는 어려운 일이다.

4. 참된 신앙

참된 신앙은 구원하는 신앙으로서, 심령 안에 자리 잡고, 중생한 생명에 뿌리 박혀 있는 신앙이다. 하나님에 의해 심령 안에 신앙의 씨앗(semen fidei)이 심겨지면 비로소 인간은 신앙을 행사할 수 있게 된다. 구원적 신앙은 성령에 의해 심령 안에서 일어나는 복음 진리에 대한 확신과 그리스도 안에 있는 하나님의 약속에 대한 진실한 의존(신뢰)이라고 정의될 수 있다.

F. 신앙의 요소[833]

신앙은 전인적인 영혼의 활동이요 부분적 활동이 아니므로 지정의의 요소들이 모두 신앙의 요소에 포함되어야 한다.

---

[833] Cf. Berkhof, 『조직신학』, 754-57; 김달생, 『바른신학』, 432-33.

1. 지적 요소(notitia, 지식)

신앙은 하나님의 계시에 대한 지적 수긍을 포함한다. 이는 인간이 하나님께서 말씀하신 모든 것, 특히 하나님께서 인간의 타락과 예수 그리스도 안에 있는 구속에 대해 말씀하신 모든 것이 진리라고 받아들이는, 진리에 대한 긍정적 인식을 의미한다. 신앙은 죄인의 심령에 반응을 일으키는 기독교의 진리들에 대한 영적인 통찰이다. 물론 구원적 신앙에서 얼마나 많은 지식이 절대적으로 요청되는지를 정확하게 규정하는 것은 불가능하다. 하지만 모든 진정한 구원적 신앙은 중보자와 그의 은혜로운 사역들에 대한 최소한의 지식은 포함해야 한다.

2. 감정적 요소(assensus, 동의)

신앙이 지식과 함께 진리와 대상의 실재에 대한 확신을 가져온다는 점이 구원적 신앙 지식의 가장 독특한 특징이다. 참된 신앙은 이 진리에 대한 동의로서 감정적 요소를 포함한다. 단순히 역사적 신앙을 가진 사람은 진리에 대한 감정적 요소가 결여되어 있다. 오늘날 정통 교회의 일부에서 신앙의 감정적 요소를 소홀히 하는 경향이 있지만, 감정이 배제된다면 그것은 죽은 정통이다. 진리를 안 후에 죄를 미워하는 심정이 없을 수 없으며 받은 구원을 기뻐하지 않을 수 없다.

3. 의지적 요소(fiducia, 신뢰)

의지적 요소는 신앙의 요소 중 정수이다. 신앙은 무엇보다도 영혼의 방향을 결정하는 의지의 문제이다. 신앙은 의지로써 죄에서 떠나 하나님께로 나아가며, 자신을 의지하던 과거를 청산하고 오직 그리스도만을 의지하게 한다.

이 모든 요소를 염두에 둔다면, 신앙이 지성이나 감정 혹은 의지 어느 한 곳에만 배타적으로 좌정하는 것이 아니라, 생명이 발원하는 인간의 영적인 존재의 중심 기관인 마음(heart) 안에 좌정한다는 것이 명백하게 된다.

G. 신앙의 대상과 근거[834]

1. 신앙의 대상

일반적 의미의 신앙의 대상은 하나님의 말씀에 포함된 신적인 계시 전체이다. 성경이 명백하게 가르치는 것 혹은 성경에서 정당하게 추론될 수 있는 모든 것은 이러한 일반적 의미에서의 신앙의 대상에 속한다. 그러나 하나님의 말씀으로서 성경에 대한 진정한 신앙이 절대적으로 필요하지만, 이는 보다 특별한 신앙으로 인도받아야 하고 또 사실상 이 신앙으로 인도한다. 바로 예수 그리스도와 그를 통한 구원의 약속이다. 그래서 신앙의 특별한 행동은 그리스도를 영접하고 복음 안에서 제시된 대로 그에게 의존하는 것이다(요 3:15, 16, 18; 6:40).

2. 신앙의 근거

신앙의 궁극적 근거는 하나님의 진실성과 신실성이다. 진실하고 신실하신 하나님의 말씀이 신앙의 궁극적 근거이다. 우리는 오직 성령의 증언에 의해 성경에 나타난 계시를 하나님의 말씀 자체라고 인정하게 된다(요일 5:7).

H. 신앙과 구원의 확신[835]

---

[834] Cf. Berkhof, 『조직신학』, 757-58.
[835] Cf. Berkhof, 『조직신학』, 758-60.

이는 "신앙은 항상 구원의 확신을 수반하는가?"의 문제에 대한 것이다.

1. 로마 가톨릭 교회의 견해

로마 가톨릭 교회는 세례에 의한 중생을 주장하기 때문에, 세례를 받았다면 그 이유로 구원의 확신을 가질 수 있다고 주장한다. 그러나 다른 한편 로마 가톨릭 교회는 특별 계시에 의해 확신이 주어지는 특별한 경우를 제외하고는 신자는 절대 자신의 구원을 확신할 수 없다고도 가르친다. 이렇게 말할 수 있는 이유는 그의 세례 시에 발생한 중생이 끝까지 지속되는 것이 보장되지 않기 때문이다. 그들에 의하면 구원은 인간의 행위 여하에 따라 취소될 수 있다. 결국 구원의 확신이란 로마 가톨릭 교회에 있을 수 없다.

2. 개혁파의 견해

개혁파 교회는 참된 믿음을 가진 자는 구원의 확신을 가질 수 있다고 주장한다. 종교 개혁자들은 하나님의 진정한 자녀가 종종 모든 종류의 의심과 불확실성과 투쟁해야 한다는 것을 부인하려 하지는 않았다는 것이 명약관화하다. 도르트 신조는 선택된 자의 확신은 특별 계시의 열매가 아니라, 하나님의 약속에 대한 신앙과 성령의 증거 그리고 선한 양심과 선행에서 발원하며, 신앙의 정도에 따라 다르게 향유된다는 입장을 취하고 있고, 웨스트민스터 신앙고백 또한 이것이 신앙의 본질에 속한 것은 아니라고 말한다.

IX 칭의

A. 칭의에 대한 성경의 용어들과 그 의미[836]

1. 구약 성경

칭의에 해당하는 구약의 용어는 히츠디크이다. 이는 "어떤 사람의 지위가 율법의 요구와 일치한다고 법적으로 선언하다"라는 의미로 사용된다(출 23:7; 신 25:1; 잠 17:15; 사 5:23). 피엘형은 치데크인데, 동일한 의미를 지닌다(렘 3:11; 겔 16:50, 51). 이 단어들은 모두 내적으로 의롭게 만든다는 의미가 아니라 법적 또는 법정적으로 사람을 "의롭다"고 선포하여 그에게 의의 신분을 주는 것을 의미한다.

2. 신약 성경

a. 동사, 디카이오오

이 동사는 "어떤 사람을 의롭다고 선언한다."는 의미인데, 신약 성경에서 100회 이상 사용되었다. 이 단어가 법적인 의미를 가진다는 근거는 (1) 많은 경우 다른 의미로 해석될 수 없고(롬 3:20-28; 4:5-7; 5:1; 갈 2:16; 3:11; 5:4) (2) 이 단어가 '정죄'와 대립적으로 사용되고 있으며(롬 8:33, 34), (3) 이와 동의어 혹은 서로 호환될 수 있는 용어들이 법적인 의미를 가지며(요 3:18; 5:24;

---

[836] Cf. Berkhof, 『조직신학』, 762-63.

롬 4:6,7; 고후 5:19), (4) 이러한 의미를 지니지 않는다면 칭의와 성화의 구분이 존재할 수 없다는 것이다.

b. 형용사, 디카이오스

이 단어는 '의로운'이라는 의미를 지니는데, 특별히 외부에 있는 어떤 기준과의 관계를 표현하는 단어이다. 성경에서는 하나님의 심판 앞에서 율법에 대한 관계가 정당하거나 그의 삶이 하나님과의 법적 관계가 요구하는 수준이 될 때 그 사람을 '디카이오스'하다고 부른다.

c. 명사, 디카이오시스

이 단어는 로마서 4장 25절과 5장 18절에서만 발견되는데, 이는 인간이 죄책에서 자유롭고 하나님에게 열납 될 수 있다고 선언하는 하나님의 행위라는 의미를 지닌다.

결론적으로 신구약 성경은 윤리적이 아니라 법적인 의미로 하나님께서 사람을 의롭다고 선포하시는 의미로 이 모든 용어들을 사용하고 있음을 볼 수 있다. 이는 그리스도의 의를 신자에게 전가해 주신 덕분이다.

B. 칭의 교리의 발전[837]

1. 종교 개혁 이전

이 시기에는 칭의와 중생 그리고 성화 사이의 구분이 분명하지 못했다. 어거스틴조차도 칭의가 법적인 행동으로서 성화의 도덕적 과정과는 명백히 구분된다는 점을 정확하게 이해하지 못했다. 칭의와 성화의 혼동은 중세 시

---

[837] Cf. Berkhof, 『조직신학』, 764-65.

대까지 계속 이어져서 이런 혼동이 점차로 보다 적극적이며 교리적으로 확립하게 되었다. 로마 가톨릭 교회의 트렌트 공의회 신조 16장 9조에서는 "누구든지 칭의의 은혜를 획득하기 위해서 어떤 것도 협력할 수 없다는 방식으로 오직 신앙으로만 불경한 자가 칭의 된다고 하거나 자신의 의지의 운동에 의해(칭의를) 예비하거나 원할 필요가 전혀 없다고 말하는 자는 저주 받으리라"라고 말한다. 그리고 26조에서는 칭의의 증가를 언급한다. "누구든지 수여된 의가 선행을 통해 하나님 앞에서 보존되거나 증대되지 않고 선행이 단지 획득된 칭의의 열매와 표지일 뿐 이의 증가의 요인이 될 수 없다고 말한다면 저주를 받으리라." 이는 칭의를 하나의 과정으로 보고 있음을 나타낸다.

2. 종교 개혁 이후

종교개혁자들은 칭의와 성화에 대한 구별을 명백히 하면서 칭의는 인간의 행위가 아니라 오직 예수 그리스도의 의에 의한다고 하였다. 그러면서 당연하게도 점진적인 칭의는 완전히 배격되었다. 칭의는 순간적이고 완전하며, 완성을 위해 어떤 추가적 보속 행위도 필요로 하지 않는다고 하였다. 이들은 칭의의 법적 성격을 강조했다. 칭의란 하나님께서 우리의 죄를 용서하고 그 면전에서 의롭다고 인정하는 행위이지 우리는 내적으로 변화시키는 행위가 아니라고 바르게 주장했다.

C. 칭의의 본질과 성격[838]

칭의는 "예수 그리스도의 의를 기초로 율법의 모든 요구가 충족되었다고 죄인에 대해서 선언하시는 하나님의 법적인 행위"라고 정의된다. 칭의

---

[838] Cf. Berkhof, 『조직신학』, 765-66.

는 다음과 같이 성화와 구별되는 본질과 성격을 지닌다. (1) 칭의는 죄책을 성화는 죄의 부패를 제거한다. (2) 칭의는 법정적 선언으로 죄인의 내면을 변화시키지 않지만, 성화는 내면적 변화를 가져온다. (3) 칭의는 즉각적으로 단 번에 완성되는 행위이지만, 성화는 지속적, 점진적이며, 이 생에서는 완성되지 않는다. (4) 칭의에서는 성부 하나님께서 성화에서는 성령 하나님께서 그 동인으로 일하신다고 말할 수 있다.

D. 칭의의 요소[839]

1. 소극적 요소

칭의의 소극적 요소는 죄의 용서인데, 이는 그리스도의 속죄 사역 즉, 수동적 순종이라고 일컬어지는 사역에 근거한다. 가끔 종교 개혁자들이 이것을 칭의에 대한 전부인 것처럼 언급하기도 했으나 성경은 이것이 칭의의 한 부분임을 말한다(시 32:1; 사 43:25; 44:22; 렘 31:34). 칭의의 소극적 의미인 죄의 용서는 신자의 현재, 과거, 미래의 모든 죄를 포함하며, 따라서 모든 죄책과 모든 형벌의 제거를 포함하는 것이다. 칭의가 반복을 허용하지 않는다는 사실과 어느 누구도 칭의 된 자를 송사할 수 없다는 말씀(롬 5:21; 8:1, 32-34; 히 10:14; 시 103:12; 사 44:22) 등은 이를 증거 한다. 하나님은 칭의시 죄책을 제거하시지만 죄의 유책성(culpability)은 제거하지 않는다. 이것이 신자에게 죄책감, 하나님으로부터의 거리감, 슬픔, 회개 등의 감정을 야기 시키고, 따라서 신자들은 죄를 고백할 필요를 느끼며, 그렇게 해야 한다. 칭의는 본질적으로 하나님의 법정에서의 죄인에 대한 객관적 선언이지만 또한 신자의 의식에 이전되는 전이 행위이기도 하다. 그러므로 죄인은 사면적 신적 판결에 따른 죄의 용서와 하나님의 호의를 기쁨으로 인식해야 한다. 이는 고백과 기도, 새롭게 된 신앙의 활동에 의해 소생되고 강화된다.

---

[839] Cf. Berkhof, 『조직신학』, 766-68.

2. 적극적 요소

칭의의 적극적 요소는 그리스도의 의의 전가인데, 이는 그리스도의 능동적 순종 즉 모든 율법의 요구를 만족시키신 순종을 근거로 한다. 칭의는 단순히 죄의 용서 이상이라고 성경은 말한다. 이 적극적 요소는 두 가지로 구분될 수 있는데, (1) 먼저는 양자됨이다(요 1:12; 롬 8:15,16; 갈 4:5,6). 양자됨을 통해 신자들은 하나님의 가족이 되고, 자녀의 순종의 법아래 두어지며, 동시에 자녀의 모든 특권을 부여 받는다. (2) 둘째는 영생의 권리이다. 믿음으로 의롭게 된 사람은 이생에서 구원의 모든 복의 상속자가 되며, 또한 장래의 모든 영원한 복을 받게 된다(롬 8:17; 갈 3:18; 4:7).

E. 칭의가 일어나는 영역[840]

1. 객관적(또는 능동적) 칭의

이는 가장 근본적인 의미에서의 칭의 개념으로서, 주관적 칭의의 기초가 된다. 이는 하나님의 법정에서 행해지는 죄인에 대한 하나님의 선언을 가리킨다. 이러한 객관적 칭의는 논리적으로 신앙과 수동적 칭의에 선행한다. 왜냐하면 신자의 신앙은 죄의 용서를 포함하고 있기 때문이고, 이 죄의 용서가 바로 객관적 칭의이다.

2. 주관적(또는 수동적) 칭의

객관적 칭의가 하나님의 법정에서 일어나는 사건이라면, 주관적 칭의는 죄인의 심령 혹은 양심에서 발생하는 것이다. 성경이 칭의를 언급할 때,

---

[840] Cf. Berkhof, 「조직신학」, 769.

보통 이 주관적 칭의를 언급한다 하더라도 이 양자는 결코 분리될 수 있는 것이 아니라는 사실을 주의해야 한다. 주관적 칭의는 객관적 칭의를 기초로 한다. 논리적으로 주관적 칭의는 신앙 후에 위치하는데, 우리는 믿음으로 의롭다 하심을 얻기 때문이다.

F. 칭의의 시기[841]

1. 영원 전 칭의

영원 전의 칭의를 말할 때는 오직 객관적(능동적) 칭의와 관련해서만 말할 수 있는데, 다음과 같은 이유로 영원 전부터 칭의 되었다고 말할 수 있다. (1) 하나님의 은혜는 영원한 은혜이기 때문이다. 영원 전에 그리스도 안에서 하나님은 이미 택자들을 의롭다고 보셨다(시 25:6; 103:17; 딤후 1:9). (2) 구속의 언약에 근거하여 생각할 때에 그렇다. 구속 언약에서 택자들은 창세전부터 하나님의 법정에서 그리스도 안에서 칭의 된 것이라 할 수 있다. (3) 중생은 죄인이 죽어 있을 때 이루어지고 이는 그리스도의 의에 기초한다. 그러므로 그리스도의 공로는 반드시 중생 이전에 전가되었고, 그런 의미에서 칭의는 중생 보다 앞선다(계 13:8; 벧전 1:20 참조). 그러나 일상적으로 칭의는 능동적 칭의 보다는 수동적 칭의를 지칭할 때가 많다. 그러므로 영원 전부터의 칭의 교리가 수동적 칭의로 이해되지 않도록 해야 한다. 수동적이고 주관적인 의미에서 영원 전부터의 칭의는 성경적인 근거가 없다.

2. 그리스도의 죽음과 부활에서의 칭의

이는 주님께서 죽음과 부활을 통해서 택자들의 칭의를 완성하신 것을 의미한다(롬 6:3, 5, 8; 엡 2:5,6; 롬 5:10, 11; 골 1:20; 롬 4:25). 물론 이는 영원 전의

---

[841] Cf. Berkhof, 『조직신학』, 769-75.

칭의와 함께 객관적인 칭의 로서 주관적인 칭의와 혼동되어서는 안 된다.

3. 신앙에 의한 칭의

a. 신앙과 칭의의 관계

바울은 칭의가 현재 일어난다고 이해한다. 성경은 칭의와 믿음을 매우 밀접하게 연관시킨다. "믿음으로 말미암아"(디아 피스튜오스), "믿음으로"(에크 피스튜오스 혹은 피스테이) 칭의 된다는 것이다(롬 3:25, 28, 30; 5:1; 갈 2:16; 빌 3:9). 그러나 성경은 절대로 우리가 "신앙 때문에"(디아 텐 피스틴) 칭의 된다고 말하지는 않는다. 신앙은 우리의 칭의의 근거가 아니고, 단지 칭의의 수단인 것이다. 칭의의 근거를 율법을 만족시키신 그리스도의 순종이다.

b. 신앙과 칭의의 관계를 표현하는 신학적 용어들

여기에서는 세 가지 용어를 들 수 있다. (1) 먼저는 도구적 원인(Instrumental Cause)이다. 성경에서 이를 설명하는 전치사 '디아'는 도구적 의미로만 이해될 수 있고(롬 3:28; 갈 3:8) 또 하나님께서 신앙을 칭의를 위한 도구로 제시하고 계시며(롬 3:30), 칭의를 받는 수단으로서 인간의 도구로 신앙이 제시되고 있다는 점(갈 2:16)이 이를 지지한다. (2) 또 신앙은 획득 기관(Appropriation Organ)으로 표현되기도 한다. 신앙은 두 가지 의미에서 획득 기관으로 명명될 수 있는데, 하나는 신앙이 우리가 그리스도의 공로를 포착하고 획득하고 그리스도의 공로를 우리의 칭의의 근거로 받아들일 수 있는 기관이라는 점에서 그렇고, 다른 하나는 우리가 의식적으로 우리의 칭의를 이해하게 하여 주관적 칭의를 획득하게 하는 기관이라는 의미에서 그렇다. (3) 마지막 신학 용어는 필수 조건(Conditio sine qua non)이다. 이 명칭은 일부 신학자들에 의해 제안되었지만 크게 환영을 받지는 못했는데, 이는 신앙이 믿음의 필수 조건이라는 개념을 가지는데, 유아기에 사망한 아이들이나, 정신 지체자들에 대해서는 해당되지 않다고 보았는데 이는 오해의 소지가 다분하기 때문이다.

G. 칭의의 근거[842]

1. 소극적 측면

소극적 측면에서 인간의 어떤 덕이나 선행은 칭의의 근거가 될 수 없다는 사실이 견지되어야 한다. 인간의 의는 항상 불완전하고, 내적으로 아무리 성장한 신자라 할지라도 하나님 앞에 자신의 의를 주장할 수 있는 완전한 의는 없다. 칭의는 율법의 행위로나 사람의 선행에 의하지 않는다고 말한다 (롬 3:28; 갈 2:16; 3:11).

2. 적극적 측면

적극적 측면에서 칭의의 근거는 택자를 위해서 성취하신 그리스도의 완전한 의이다(롬 3:24; 5:9; 8:1; 10:4; 고전 1:30; 6:11; 고후 5:21; 빌 3:9). 이 하나의 순종은 수동적 순종과 능동적 순종의 측면으로 구별될 수 있어서, 수동적 순종으로는 죄의 용서의 근거를 발견하며, 능동적 순종으로는 영생의 상속자, 즉 양자됨의 근거를 발견할 수 있다.

H. 칭의 교리에 대한 반론과 이에 대한 답변[843]

1. 칼빈주의적 칭의는 은혜를 제외한다.

---

[842] Cf. Berkhof, 『조직신학』, 775.

[843] Cf. Berkhof, 『조직신학』, 775-76; 김달생, 『바른신학』, 448-49.

칭의가 법적 행위이기 때문에 그 관념 자체가 은혜를 제외한다고 주장하는 이들이 있다. 하지만 칭의 그 자체가 은혜의 사역이다(롬 3:23, 25). 내재적이고 윤리적인 변화를 일으키는 은혜뿐만 아니라 전가된 은혜 또한 은혜다. 주입된 은혜는 전가된 은혜를 기초로 하는 것이다. 그리하여 칭의 교리는 은혜를 제외하는 것이 아니라, 오히려 은혜를 더욱 더 선명하게 드러낸다.

2. 칭의는 사실과 반대된다.

두 번째 반론은 칭의 교리가 사실과 반대되기 때문에 하나님의 진실하심에 어긋난다는 것이다. 그러나 칭의 교리는 우리 행위에 대한 선고가 아니라 다만 법정적으로 은혜 받은 자의 신분에 대한 선언이다. 그리스도의 의가 전가될 수 있다는 것 자체가 불의하거나 진실 되지 못한 것은 아니다.

3. 값없는 칭의는 방종을 초래한다.

칭의 교리는 방종을 초래하여 거룩한 생활에 파괴적인 영향을 끼친다는 반론이 있다. 그러나 오히려 칭의는 거룩한 생활의 유일한 기초다. 칭의가 없다면 성화의 영께서 오실 수 없기 때문이고, 그렇다면 그 어떤 거룩한 생활도 불가능한 것이 되기 때문이다.

I. 칭의에 대한 다른 견해들[844]

1. 로마 가톨릭 교회의 견해

로마 가톨릭 교회의 견해를 한 마디로 표현하면, 이는 칭의와 성화를

---

[844] Cf. Berkhof, 『조직신학』, 776-77.

혼동한 견해라고 할 수 있다. 이들에 의하면 성례에 의해 주어진 은혜에 인간이 협력하여 성화될 때 칭의 된다고 말한다. 이는 칭의에 인간의 행위와 공로가 섞여지는 것을 의미한다. 결국 이들에게 신자들의 칭의는 그리스도의 의의 전가가 아니다.

2. 피스카토르의 견해

피스카토르는 그리스도의 순종의 능동적 측면을 부정하고 오직 그리스도의 수동적 순종만을 인정하여 칭의는 곧 죄의 용서라는 소극적 측면만 인정한다. 그는 그리스도께서 우리를 위해 율법을 성취하셨다면 우리는 율법을 준수할 책임을 지지 않는다고 주장한다. 이는 성경적이지도 않을 뿐더러 결국 개인의 순종이 구원의 근거가 되게 하는 문을 열게 된다.

3. 알미니우스주의의 견해

이들은 피스카토로와 유사하게 그리스도의 능동적 순종에 의한 칭의의 적극적인 요소를 부정한다. 이들에게 신앙은 하나의 복음적 순종의 행위로서 의로 간주되고, 그래서 칭의에서 신앙은 단순히 도구적 원인이 아니라 칭의의 근거가 된다. 구원에 있어서 인간의 행위를 결부시키는 이런 이해는 성도의 궁극적 구원에 대한 부정으로까지 이어진다.

4. 바르트주의의 견해[845]

바르트는 하나님의 은혜에서 시작한다. 하나님은 그리스도 안에서 우리 대신에 정죄를 받으신 유일무이한 재판관이시다. 그의 견해에 의하면, 칭

---

[845] J. 판 헨더렌 & W. H. 펠레마, 1035-36.

의는 그리스도 안에서 인간과 창조 세계를 위해 실제가 된 하나님의 공의에 대한 선포다. 믿음은 이 실재를 확인하는 것일 뿐이다. 해당 문제는 인간이 믿음으로 의롭다고 여김을 받아야 하는 것이 아니며, 오히려 하나님의 공의의 선포를 통해 객관적이며 보편적인 칭의가 생겨났고, 인간은 믿음으로 그것을 인정하고 받아들이는 경험을 해야 한다는 것이다.

X 성화

A. 성화와 관련된 성경의 용어 사용 및 의미[846]

거룩과 관련된 구약의 용어는 '코데쉬'이다. 이 단어는 초연, 분리, 장엄의 의미를 가지고 있다. 거룩이란 말의 근본적인 의미는 도덕적인 측면 이전에 다른 것과 구별되어 하나님께 속하였다는 뜻을 지닌다. 거룩에 대한 신약의 용어는 '하기아조'인데, 이 단어 또한 하나님께 대하여 관계된 위치가 달라져서 하나님께 속하게 된다는 의미로 사용되었다(요 17:17, 19; 벧전 1:15; 3:15). 즉 구약이나 신약이나 물론 이 용어 안에 도덕적 성결과 순결의 의미가 담겨 있다 할지라도, 더 근본적인 의미는 하나님께 구별된다는 것이다.

B. 성화 교리의 역사적 발전[847]

성화론의 역사적 전개에서 관심을 기울여야 할 주제는 (1) 성화에 있어서 하나님의 은혜와 칭의와의 관계, (2) 성화와 칭의의 관계, (3) 현세에서의 성화의 정도이다.

1. 종교 개혁 이전

---

[846] Cf. Berkhof, 『조직신학』, 779-81.
[847] Cf. Berkhof, 『조직신학』, 781-83.

초대 교회에서는 성화 교리가 거의 발전하지 못했다. 어거스틴은 성화에 대해 다소 명확한 개념을 발전시킨 최초의 인물이었다. 그는 중세 교회에 결정적인 영향을 주었다. 그는 칭의와 성화를 명확히 구분하지 못하고, 성화가 칭의 안에 포함되는 것으로 이해했다. 중세에 칭의는 인간 영혼에 신적 은혜가 주입되는 것을 포함했다. 결국 성화하므로 칭의 된다고 여겨지게 되었다.

2. 종교 개혁 이후

종교개혁자들은 칭의와 성화를 명확히 구분하여 칭의는 신적 은혜의 법적 행위로 인간의 법적 지위에 영향을 미치는 것으로, 또 성화는 인간 내면을 변화시키는 것으로 이해했다. 동시에 칭의와 성화는 분리될 수 없는 것으로 이해됐다. 칭의는 항상 성화를 수반하게 된다. 종교 개혁자들은 칭의와 성화를 혼동시키지 않으면서도, 늘 가능한 한 밀접한 관련을 유지해야 한다고 여겼다. 종교개혁 이후에 일어난 경건주의 운동은 성화를 지나치게 강조하다가 칭의를 희생시키고 결국 자기 의(self-righteousness)의 위험에 노출 되었다. 그리하여 이 땅에서 완전 성화를 이룰 수 있다고 주장하기도 하였다.

C. 거룩함과 성화에 대한 성경적 개념[848]

1. 구약 성경

성경에서 거룩은 우선 하나님께 적용되는 것으로 기본적인 개념은 '접근할 수 없음'인데, 이는 하나님께서 피조물과는 절대적으로 구분되신다는 사실을 보여준다. 이런 의미에서 거룩은 하나님 안에서 발견되는 여러 속성 중에 하나가 아니라, 하나님 안에서 발견되는 모든 것의 속성이라고 할 수

---

[848] Cf. Berkhof, 『조직신학』, 783-84.

있다. 동시에 거룩함은 윤리적 의미에서 하나의 속성인데, 이는 죄의 불결함과 대치되는 하나님의 순결하심과 도덕적 탁월하심을 가리킨다. 파생적인 의미에서 거룩은 하나님과 특별한 관계가 있는 사물들과 사람들에게도 적용된다. 하나님에 대해 구별된 것들이 거룩한 것으로 일컬어졌다.

2. 신약 성경

신약 성경에서는 이 거룩함을 하나님의 영의 독특한 특징으로 강조하여 나타낸다. 하나님의 영에 의해 신자들은 성화되고, 봉사할 권능을 받고, 영원한 목표로 인도된다(살후 2:13; 딛 3:5). 그럼에도 신약 성경에 있어서의 거룩함과 성화의 개념은 구약 성경적 개념과 동일하다는 사실은 분명하다.

이런 성경적 개념을 따라서 성화는 칭의 받은 죄인을 죄의 부패로부터 해방하고 그의 본성 전체를 하나님의 형상으로 갱신하며 그가 선행을 할 수 있게 하는 성령의 자비롭고 지속적인 사역이라고 정의될 수 있다.

D. 성화의 성격[849]

1. 성화는 하나님의 초자연적인 사역이다.

어떤 사람들은 칭의는 하나님의 사역으로 성화는 인간의 사역으로 오해하지만, 성화 또한 하나님의 초자연적인 사역이며, 삼위일체 하나님의 선물이다. 성경은 성화를 하나님의 사역(살전 5:23; 히 13:20, 21), 예수 그리스도와의 연합의 열매(요 15:4; 갈 2:20; 4:19)로 설명함으로써 성화의 초자연적 성격을 보여준다. 또 성경은 그리스도인의 모든 미덕이 성령의 역사로 말미암는 것이라고 말한다(갈 5:22).

---

[849] Cf. Berkhof, 『조직신학』, 784-86.

2. 성화에서 신자들은 협력한다.

성화는 하나님의 초자연적인 사역이지만, 인간이 협력하는 하나님의 사역이다. 이는 인격적 존재인 인간을 도구로 사용하셔서 성화의 사역을 수행하신다는 의미이다. 인간이 성화에 있어서 성령의 역사에 협력해야 한다는 것은 (1) 인간이 악에서 떠나야 할 것에 대해 능동적이어야 한다는 성경의 여러 말씀들과 경고들(롬 12:9, 16, 17; 고전 6:9, 10; 갈 5:16–23)과 (2) 거룩한 삶에 대한 계속적인 권면(미 6:8; 요 15:2, 8, 16; 롬 8:12, 13; 12:1, 2, 17; 갈 6:7, 8, 15)에 잘 나타나 있다.

3. 성화는 두 부분으로 구성된다.

a. 옛 사람, 죄의 몸에 대한 극복

이는 성화의 소극적 측면으로서, 죄로 인한 인간 본성의 부패와 타락이 점진적으로 제거되게 하시는 하나님의 행위를 나타낸다. 옛사람은 죄로 인해 죄의 지배를 받는 인간의 본성인데(롬 6:6; 갈 5:24), 성경은 이 옛사람의 행위를 버리라고 명령한다.

b. 새 사람의 소생

이는 성화의 적극적 측면으로서, 영혼의 거룩한 성향이 강화되고 거룩한 실천들이 증대되고 새로운 삶의 과정들이 시작되고 창출되도록 촉진하시는 하나님의 행위이다. 죄의 옛 구조가 점진적으로 파괴되고 하나님의 새로운 구조가 건조된다. 이는 "그리스도와 함께 살리심을 입음"(롬 6:4, 5; 골 2:12; 3:1, 2)이라고도 불린다.

이 성화의 두 부분은 연속적이라기보다는 동시적이다. 옛것이 점진적으로 해체됨에 따라 새것이 그 모습을 드러내고 옛 공기가 빠져 가게 됨에 따라 새로운 공기가 들어오는 것이다.

4. 성화는 전인에 영향을 미친다.

성화는 내면적인 삶 즉, 심령에서 나타나는 일인데, 이는 필연적으로 전인을 변화를 야기한다. 성화는 직접적으로는 영혼이지만 몸에까지 그 영향을 미치고(살전 5:23; 고후 5:17; 롬 6:12), 또 지성(렘 31:24; 요 6:45), 의지(겔 36:25-27; 빌 2:13), 감정(갈 5:24), 양심(딛 1:15; 히 9:14)에도 실질적인 영향을 미친다.

5. 성화의 목표는 그리스도의 형상이다.

성화는 그리스도의 형상, 정확히 말하면 그리스도의 인성에 따라 그 형상의 충만함을 목표로 한다. 성화에서 죄인은 아담 안에서 상실한 하나님의 형상을 회복하여 그리스도를 닮아간다.

E. 성화의 특징[850]

1. 성화는 인간이 아니라 하나님이 주체이신 하나님의 사역이다.

성화는 인간이 이에 협력해야 한다는 점에서 중생과 구별된다. 율법폐기론자들은 이 진리를 망각하고 거짓된 수동성 속에 숨는다. 우리는 이를 경계해야 한다. 그럼에도 불구하고 성화가 단지 인간의 사역이라는 생각에 동조해서도 안 된다. 성경은 성화가 하나님께서 주체가 되셔서 주도하시며 하나님의 사역이라고 말한다.

---

[850] Cf. Berkhof, 「조직신학」, 786-87.

2. 성화는 부분적으로는 잠재의식에서 일어나고 이러한 점에서 성령의 직접적 사역이다.

성화는 부분적으로는 의식의 영역에서 부분적으로는 잠재의식에서 일어난다. 성령의 직접적인 역사는 인간 내면의 깊은 곳에까지 닿아 그것을 새롭게 한다.

3. 성화는 통상적으로 장구한 과정이며 이생에서는 결코 완성에 도달할 수 없다.

성화는 점진적 사역인데, 이는 이 생에서 계속되는 긴 여정이다. 그러므로 이 땅에서 완전 성화라는 것은 불가능하다. 이 세상에서 죄로부터 완전히 자유하게 되었다고 말하는 것은 그 누구에게도 불가능하다(왕상 8:46; 롬 3:10; 요일 1:8; 잠 20:9).

4. 신자의 성화는 영혼에 있어서는 사망 바로 그 순간에 혹은 사망 직후에 완성되며, 몸에 있어서는 부활 시에 완성된다.

"하늘"(heaven)에서는 더 이상 범죄 하지 않게 되는데, 이는 그곳에 있는 사람의 성화가 완성되었음을 의미한다. "하늘"은 하나님의 뜻이 완전히 성취되는 세상이다.

F. 성화의 방편[851]

---

[851] 벌코프는 말씀, 성례, 섭리적 인도만을 언급하지만(Berkhof, 『조직신학』, 787-88.), 웨스트민스터 소요리문답(88문)은 기도를 포함한다.

1. 하나님의 말씀

성화를 위해 성령께서 사용하시는 가장 중요한 수단은 하나님의 말씀이다. 성경은 거룩한 실천과 행위들에 대한 모든 객관적 조건들을 제시한다. 성경은 성화를 위한 동기와 이유를 제시하고, 영적인 활동을 자극하며, 영적인 생활을 지도한다.

2. 성례

로마 가톨릭은 성례를 성화를 위한 최고의 수단이라고 여긴다. 성례가 중요한 성화의 방편이지만, 이는 하나님의 말씀에 종속된다. 성례는 진리를 생동적으로 제시하고 거룩하게 하시는 성령의 활동을 위한 기회를 만드시는 행동화된 말씀이다.

3. 기도

기도 또한 성화의 방편이다. 하지만 성례와 마찬가지로 기도 또한 하나님의 말씀에 의존한다. 웨스트민스터 요리문답에 의하면 기도는 은혜의 방편인데, 이를 통해 하나님의 은혜가 신자의 영혼에 임하여 그 심령을 갱신케 한다.

4. 섭리적 인도

말씀을 통한 성령의 사역과 연관될 때 호의적이고 적대적인 하나님의 섭리는 종교적 진리에 대한 인상을 심화시키고 감화시킴으로서 성화를 위한 방편으로 작용한다. 하지만 물론 섭리적 인도를 해석하는 데 있어서 하나님의 말씀이 필수적이라는 것을 명심해야 한다(시 119:71; 롬 2:4; 히 12:10).

G. 성화와 구원의 서정의 다른 단계들과의 관계[852]

1. 성화와 중생의 관계

성화와 중생은 모두 실존적 변화라는 공통점을 가진다. 성화와 중생은 신분과 지위가 아니라 존재의 도덕적이고 종교적인 실제 변화를 지시한다. 둘 사이에 차이점은 중생은 단번에 완성되는 하나님의 사역이라면, 성화는 점진적이고 이 땅에서는 완성되지 않고 지속적인 사역이라는 점이다. 중생은 성화의 시작이다. 중생은 출생과 같고 성화는 그것의 성장과 같다.

2. 성화와 칭의의 관계

칭의는 성화에 선행하며 성화의 법적인 기초가 된다. 하나님은 우리 안에 칭의시 우리에게 전가된 예수 그리스도의 의를 기초로 성령을 통해 값없이 거룩함을 일으키신다. 칭의 자체는 우리의 내면적 존재에 변화를 야기시킬 수 없으며, 따라서 그 보완으로서 성화를 필요로 한다.

3. 성화와 신앙의 관계

신앙은 칭의 뿐만 아니라 성화의 도구적 원인이기도 하다. 신앙 안에서 신자는 그리스도와 연합하고 그리스도는 점진적 성화의 근원이 되신다. 성화가 칭의에 기초하며, 이 칭의는 오직 그리스도를 의존한다는 것은 거룩한 생활의 진보를 위한 신자의 노력에 있어서 모든 자기 의를 경계하게 한다. 신앙이 칭의와 성화에 대해 가지는 차이는 가장 약한 신앙도 완전한 칭의를 중개할 수 있지만, 성화의 정도는 신자의 신앙의 강도에 비례한다는 것이다.

---

[852] Cf. Berkhof, 『조직신학』, 788-89.

H. 이생에 있어서 불완전한 성화[853]

1. 정도에 있어서 불완전한 성화

새롭게 태어난 아이가 모든 부분이 완전하지만 그 발전의 정도가 완전하지 않은 것처럼, 모든 신자는 이 생에서는 영적인 발전의 정도가 불완전한 상태로 남아 있다. 완전에 도달했다고 말할 수 있는 상태는 이 생에서는 불가능하여 신자들은 일생 동안 늘 죄와 싸워야 한다(왕상 8:46; 잠 20:9; 전 7:20; 약 3:2; 요일 1:8).

2. 불완전한 성화에 대한 완전주의자들의 주장과 이에 대한 반론

완전주의는 신자들이 지상에서 실제적으로 완전히 거룩해 질 수 있고 또 완전 거룩에 도달해야 한다는 주장이다. 이들이 제시하는 성경적 근거는 네 가지 정도가 있다. (1) 성경이 완전한 거룩을 명령한다는 것이다(벧전 1:16; 마 5:48; 약 1:4). 그러나 우리의 능력의 정도와 이 땅에서 그것의 실현 가능성이 성경의 계명으로부터 도출될 수는 없다. (2) 거룩함과 완전이 종종 신자들에게 적용되어 언급된다는 것이다(아 4:7; 고전 2:6; 고후 5:17; 엡 5:27; 히 5:14; 빌 4:13; 골 2:10). 이는 신자의 신분적(지위적) 성화를 일컫는 것을 의미한다. (3) 완전한 삶을 영위한 성경적 사례들이 있다고 주장한다(창 6:9; 욥 1:1; 왕상 15:14). 하지만 이는 상대적인 것으로서 그들이 말하는 완전과는 거리가 있다. 오히려 성경은 가장 유명한 성도들조차도 실패를 경험한 자들로, 어떤 경우에 있어서는 매우 중한 죄를 범한 자로 묘사한다. (4) 사도 요한이 하나님에게서 난 자는 죄를 범하지 않는다고 말한 것과 연관된다(요일 3:6,8,9; 5:18). 그러나 이는 옛 사람과 대조된 새 사람의 생활의 본질적인 거룩성에

---

[853] Cf. Berkhof, 『조직신학』, 790-93.

대한 것이다. 이 구절을 완전주의자들의 주장처럼 해석한다면, 죄를 짓는 자는 누구도 그리스도인이 아니라는 결론이 나오는데, 이는 성경에 어긋나고 그들도 이런 정도로는 주장할 수 없다. 지상에서 범죄 하지 않는 사람은 없고(왕상 8:46; 잠 20:9; 전 7:20; 롬 3:10; 약 3:2; 요일 1:8), 신자들은 이 땅의 생활에서 육신과 성령 사이의 전투를 경험한다. 신자들에게도 늘 죄의 고백과 용서를 위한 기도가 계속적으로 요구된다. 이런 성경의 주장들은 완전주의가 바른 성경 해석에 근거한 것이 아님을 보여준다. 완전주의자들은 자신들의 이론을 주장하기 위해 율법의 기준을 낮추고 죄 개념을 축소한다.

I. 성화와 선행[854]

1. 선행의 본질

a. 신학적 의미에서의 선행

신학적 의미의 선행은 일반적으로 말하는 선행과는 좀 다르다. 이는 새롭고 거룩한 본성의 표현들로서의 행위들인데, 하나님께서 용인하실 뿐만 아니라 어떤 의미에서는 보상해 주시는 행위들이다. 영적으로 선한 행위들은 (1) 중생한 심령의 열매들이어서(마 12:33; 7:17,18), 그 동기는 믿음이고 (2) 또 하나님의 율법에 일치해야 하며(신 6:2; 삼상 15:22; 사 1:12; 29:13; 마 15:9), (3) 그 최종적인 목표는 인간의 복락이 아니라 인생이 상상할 수 있는 가장 최고의 목표인 하나님의 영광이다(고전 10:31; 롬 12:1; 골 3:17,23). 성화의 삶은 선행하는 삶이며, 선행이 하나님의 율법에 일치하는 것을 행하는 것이라면, 성화의 삶은 율법이 없는 삶이 아니라는 사실을 지적하는 것이 필요하다. 성화는 율법에 대해 자율적인 사람을 만드는 것이 아니라, 오히려 자유함 속에서 율법에 더 부합하며 살아가는 사람을 만든다.

---

[854] Cf. Berkhof, 『조직신학』, 793-96.

b. 일반적 의미에서의 선행

이는 일반 은혜에 의하여 행해진 선행(눅 6:33)인데, 그 행위 자체는 하나님의 말씀과 일치하지만, 그 동기와 목적이 하나님과 무관하기 때문에 결함이 있다. 이것은 시민적인 선이요, 상대적인 선일뿐이다.

2. 선행의 공로성 문제

a. 로마 가톨릭 교회 견해

로마 가톨릭 교회는 선행을 개인의 구원 문제와 결부시켜서 구원을 받기 위해서 공로로서의 선행이 절대 필요하다고 주장한다. 더 나아가 자신의 구원에 필요한 공덕 이상을 쌓을 수 있고, 이 축적된 선행으로 다른 사람들에게 혜택도 줄 수 있다고 주장한다.

b. 성경적 견해

성경은 인간의 어떤 선행도 공로로 인정하지 않는데(눅 17:9; 딤후 1:9; 롬 5:15-18; 6:23; 딛 3:5; 엡 2:9, 10), 선행이 공로가 될 수 없는 이유는 다음과 같다. (1) 신자들은 자신의 모든 삶을 하나님께 의존한다. 그래서 신자가 하는 모든 것은 마땅히 하나님께 드려야 할 것이므로 그 어떤 것도 공로가 될 수 없다(눅 17:9, 10). (2) 신자는 자력이 아니라 하나님에 의해 날마다 부여 받는 힘에 의해 선행을 함으로 공로가 될 수 없다(고전 15:10; 빌 2:13). (3) 신자들의 최선의 행위조차도 이 생에서는 불완전하기에 공로가 될 수 없다(사 64:6; 약 3:2). (4) 신자의 선행은 공로의 보상인 영광의 영원한 보상과는 전혀 균형이 맞지 않으므로 그것이 공로가 될 수 없다.

3. 선행의 필요성

선행은 (1) 비록 구원 얻는 방편일 수는 없으나 칭의 받은 성도에게 필수적으로 나타나는 것이며(요 15:1-7), (2) 또 하나님께서 신자에게 요구하시는 것이고(롬 7:4; 8:12, 13; 갈 6:2), (3)신앙의 증거가 되며(약 2:14, 17, 20-22), (3) 또 하나님을 향한 감사의 표현이며(고전 6:20), (4) 또 하나님의 영광(요 15:8; 고전 10:31)을 위해서 필요하다.

성도의 견인

A. 견인(堅忍) 교리의 역사[855]

견인은 영광의 나라를 향해 가는 과정에서 끝까지 참고 견디는 것이라고 이해할 수 있다. 이 교리에 대한 최초의 설파자는 "은혜 박사"라고 일컬어지는 어거스틴이다. 그러나 그는 종교 개혁자들만큼 철저하지는 못했다. 그는 선택된 자가 궁극적으로 타락하지는 않을 것이라 주장했지만, 동시에 진정한 신앙을 가진 이들 중 일부가 은혜로부터 완전히 타락하여 궁극적으로 영원한 저주를 받는 것이 가능한 일이라고 보았다.

중세기의 로마 가톨릭 교회는 성도의 견인론을 전적으로 부인했고, 성도의 견인의 궁극적 근거를 인간의 자유 의지와 선행에 두었다. 그러나 종교 개혁자들은 이 교리를 분명하게 설명했다. 후대에 루터 교회는 이 궤도에서 벗어났고 오직 칼빈주의적 교회만이 이 교리를 절대적인 확신을 부여할 수 있는 형태로 주장했다.

개혁파 교회는 도르트 회의에서 알미니우스파를 반대하며 다섯 가지 신조를 택하였는데 그것은 (1) 전적 타락, (2) 무조건적 선택, (3) 제한 속죄, (4) 불가항력적 은혜, (5) 성도의 견인이다.

B. 견인 교리의 진술[856]

---

[855] Cf. Berkhof, 『조직신학』, 798-99.

도르트 신조는 제 5장에서 "성도의 견인"에 대해 이렇게 표현한다. "우리 안에 남아 있는 이와 같은 죄들로 말미암아, 또한 이 세상과 사탄의 유혹으로 말미암아, 회심한 이들도 만약 자신들의 힘만을 의지한다면 하나님의 은혜 안에서 끝까지 참고 견디지 못할 수도 있다. 하지만 하나님은 신실하시다. 그분은 그들에게 은혜를 베푸셔서, 그 과정에서 그들을 끝까지 그분의 자비로 붙잡으시고 또한 그분의 능력으로 보존하신다." 이 교리는 하나님에 의해 중생하고 효과적 부르심을 받아 회심한 신자들이 비록 때때로 악에 정복당하기도 하고 죄에 빠지기도 하지만 결코 그 신분에서 완전히 타락하여 영원한 구원을 획득하지 못하게 되는 일은 없다는 것을 가르친다. 성도로 하여금 견인할 수 있도록 하시는 이는 하나님이시다. 견인은 "심령 안에 시작된 신적 은혜의 사역이 지속되고 완성에 이르게 하는 신자 안에서 이 성령의 지속적 사역"이라고 정의될 수 있다. 하나님께서 자신의 사역을 포기하지 않으시기에, 신자들은 끝까지 견디고 인내할 수 있게 되는 것이다.

C. 견인 교리에 대한 증명[857]

1. 성경의 직접적인 진술

성경은 많은 곳에서 성도의 궁극적 구원에 대해 확실하게 말하고 있다 (요 10:27-29; 롬 11:29; 빌 1:6; 살후 3:3; 딤후 1:12; 4:18 등). 이 성경 구절들은 성도의 견인과 성도가 궁극적으로 구원 받게 될 것이라는 것 외에 다른 방식으로 해석될 가능성은 없다.

2. 증명론적

---

[856] Cf. Berkhof, 『조직신학』, 799.
[857] Cf. Berkhof, 『조직신학』, 799-801.

a. 선택의 교리로부터

선택은 궁극적 구원으로의 선택이다. 하나님은 신자들에게 성령의 감화력을 주셔서 그들로 끝까지 견인하게 하심으로서 구원에 이르도록 하신다.

b. 구속 언약의 교리로부터

구속 언약에서 성부는 성자의 순종과 고난에 대한 보상으로 택하신 백성들을 성자에게 주셨다. 이 보상은 영원 전부터 오직 성자의 순종에 의해 주어지기로 한 것이므로 인간의 행위에 의존하지 않고 그 백성들에게 주어진다.

c. 그리스도의 공로와 그의 중보의 효력으로부터

그리스도는 죄인의 용서와 열납을 획득하기 위한 충분한 대가를 지불하셨다. 더욱이 그리스도는 자기 백성을 위해 계속 중보하시며, 그의 중보는 항상 효과적이다(요 11:42; 히 7:25).

d. 그리스도와의 신비적 연합으로부터

그리스도와의 연합은 항구적인 연합이다. 이는 하나님의 영원하고 값없는 사랑에서 발원하므로 항구적이고, 그 연합의 원인이 하나님께 있고 인간에게 있으니 이 연합을 깨질 수 없다. 이 연합된 자들은 그리스도의 생명에 늘 참여하게 된다.

e. 신자 안에 내주하시는 성령의 사역으로부터

신자 안에 내주하시는 성령님은 그리스도의 사역을 기초로 신자에게 영생을 소유하게 하기 위해 지속적으로 또 유효적으로 역사하신다(요 3:36; 5:24; 6:54).

f. 구원의 확신으로부터

구원에 대한 확신이 신앙의 본질은 아니지만, 신자들은 실제적으로 구원을 확신을 지니는 것을 본다(히 3:14; 6:11; 10:22; 벧후 1:10). 만일 신자들에게 타락할 가능성이 있다면 이런 확신은 불가능한 것일 뿐 아니라 옳은 것일 수도 없다.

D. 견인 교리에 대한 반론과 이에 대한 반박[858]

1. 인간의 자유와 모순된다.

성도의 견인 교리가 타락할 자유의 박탈로서 결국 인간의 자유와 모순된다는 주장이 있다. 이는 자유에 대한 오해에서 기인한 것이다. 진정한 자유는 거룩함의 방향으로의 자기 결정이다. 하나님의 형상으로서 인간은 하나님을 떠날 때가 아니라 하나님을 향할 때 진정으로 자유롭다.

2. 태만과 부도덕으로 인도한다.

성도의 견인 교리가 도덕적 책임을 무시하고 방종에 이르게 한다는 주장이 있다. 이는 중생하지 못한 자의 악용일 뿐이다. 오히려 참된 신자는 성화를 위한 능동적인 노력이 성공할 것이라는 확신을 최고의 자극으로 삼아 성화를 위한 노력을 더욱 더 해 나갈 것이다.

3. 성경에 위배된다.

a. 성경에는 배교에 대한 경고의 구절들이 있다.

---

[858] Cf. Berkhof, 『조직신학』, 801-02

성경은 배교에 대해서 경고한다(마 24:12; 골 1:23; 히 2:1; 3:14; 6:11; 요일 2:6). 그러나 이는 참된 성도의 배교를 증명하는 것은 아니고, 다만 주께서 이를 신자들의 견인을 유지하기 위한 도구로 사용하신다는 사실만 보여줄 뿐이다.

b. 성경은 실제적인 배교의 사례들을 기록하고 있다.

배교의 사례들에 대한 성경의 구절들이 있다(딤전 1:19,20; 딤후 2:17,18; 4:10; 벧후 2:1,2; 히 6:4-6). 그러나 이들의 주장이 참된 것이 되기 위해서는 배교한 자들이 일시적 신앙이 아니라 참된 신앙을 가진 자들이라는 근거를 제시해야 한다. 참된 신앙을 가지 않은 사람은 결국 자기의 본 모습을 드러내고 자신의 자리로 돌아가게 된다. 성경은 신앙을 고백하지만 참된 신앙을 지니지 못한 사람들이 존재한다고 말한다(롬 9:6; 요일 2:19; 계 3:1).

E. 구원론에서 견인 교리의 중요성[859]

견인의 교리가 부정되면 결국 인간의 구원은 전적으로 하나님의 은혜가 아니라 인간의 의지에 의존한 것이 된다. 구원에 있어서 하나님의 주권과 성도의 견인 교리는 함께 간다. 견인의 교리를 고수하는 것은 하나님 주권의 구원 교리를 위해 절대적으로 중요하다.

---

[859] Cf. Berkhof, 『조직신학』, 802-03.

安秉柱 牧師의
개혁주의 조직신학 강설

교회론

제1부

"교회에 관한 교리"

I
서론

구원론과 교회론은 매우 밀접한 연관을 가진다. 교회론은 하나님께서 창조경륜을 이루시기 위하여 반역한 백성들 가운데서 그리스도의 피로 구속한 백성을 그리스도에게 연합시켜 교회로 삼으시고 그 백성 가운데 거주하심을 다루는 신학이다. 이렇게 교회를 이루는 과정은 하나님이 먼저 주 예수의 복음으로 죄인들을 부르시고 그의 피로 죄를 다 씻으셔서 그리스도에게 연합시켜 교회로 세우시고 그 백성 가운데 거하시게 된 것이다.860

교회는 신자의 어머니(mater fidelium)로서 성도들은 교회를 통해 전달되는 복음을 듣고 교회 안에서 양육된다. 로마 가톨릭 신학에서 교회론은 다른 그 어떤 교리보다도 우선한다. 심지어 신론과 계시론 보다도 우선하여 논의되는데 그 이유는 교회는 성경을 산출해내는 도구이기 때문이며, 또한 교회가 모든 초자연적인 은사를 수여해 주는 주체이기 때문이다. 그들에 의하면 그리스도께서 신자를 교회로 인도하시는 것이 아니라 교회가 신자를 그리스도께로 인도한다.

종교 개혁은 로마 가톨릭의 교회론이 지니는 이런 지위를 거절하고, 교회는 오직 그리스도의 구원 사역에 의존하므로 구원론을 교회론보다 앞서 논의하는 것을 정당한 것으로 여겼다. 종교 개혁은 그리스도의 구속 사역과 성령의 새롭게 하는 사역과 별도로 교회가 존재하지 않으며, 따라서 구원론을 교회론보다 앞서 논의하는 것이 논리적으로 옳다고 강조하였다. 교회론은 교회 자체에 관한 교리와 은혜의 방편에 관한 교리로 구분되어 논의될 수 있다.861

---

860 서철원, 『서철원박사 교의신학-교회론』, (서울: 쿰란출판사, 2018), 16.
861 Cf. Berkhof, 『조직신학』, 809.

교회의 명칭과 구분

A. 교회의 명칭862

1. 구약의 명칭

구약 성경은 공동체를 묘사하는 데 있어 '카할(qahal)'과 '에다(eda)'라는 두 가지 히브리어 명사를 사용한다. 이 단어들은 종교 공동체, 하나님께 예배와 제사를 드리기 위해서 모인 회중을 가리킨다.863 카할은 "부르다"는 뜻인데, 이 단어는 실제적인 백성들의 모임을 지칭하는 것으로서 '회중의 모임'을 의미한다(출 12:6; 민 14:5; 렘 26:17 등). 에다는 "지정된 장소에 모인다."는 뜻을 가지는데, 약속에 따라 모이는 모임을 의미하며, 이 단어가 이스라엘에 적용될 때는 소집 여부와 상관없이 이스라엘의 백성들 혹은 그들을 대표하는 머리들로 형성된 사회 그 자체를 지칭한다. 이 단어는 출애굽기, 레위기, 민수기, 여호수아에서 주로 사용되고 신명기에서는 한 번도 사용되지 않았으며, 그 이후의 책에서도 거의 나타나지 않는다. 70인 역에서 에다는 통상적으로 수나고게로, 카할은 에클레시아로 번역되었다.

2. 신약의 명칭

신약에서 교회를 지칭하는 용어는 '수나고게'와 '에클레시아

---

862 Cf. Berkhof, 『조직신학』, 811–13.
863 J. 판 헨더렌 & W. H. 펠레마, 1100.

(*ekklesia*)'이다. 수나고게는 "오다" 또는 "함께 모이다"는 뜻을 지니는데, 이는 유대인들이 종교적 회합 또는 공적 예배를 위한 건물인 회당을 지칭한다(마 4:23; 행13:43; 계 2:9; 3:9). 에클레시아는 본래의 의미대로 세속적 회합을 의미하기도 하지만(행 19:32, 41) 일반적으로 교회를 가리키는 용어로 사용되었다. 예수님은 예수님을 그리스도와 하나님의 아들로 인정한 무리에게 '에클레시아'라는 말을 적용하셨다(마 16:18; 18:17). 그렇게 이 단어는 집회 장소가 아닌 신자들을 의미하는 용어로 사용되었다.

B. 그 범위에 따른 교회 구분[864]

1. 집에 있는 교회

지금도 선교지나 개척지에서 자주 볼 수 있는 것처럼, 사도 시대에는 어떤 부자나 교회 안에서 중요한 역할을 하는 성도의 집을 집회 장소로 하여 교회가 모였다. 이를 성경은 "OO 집에 있는 교회"라고 한다(롬 16:5; 고전 16:19; 골 4:15; 몬 1:2). 이는 신약 교회의 가장 일반적인 모습이었다.

2. 지교회

지교회는 일정한 지역에 있는 교인들의 무리를 가리킨다(행 5:11; 11:26; 고전 11:18). 성경은 집에 있는 교회뿐만 아니라 지교회 또한 '교회'라는 용어로 자주 지칭한다. 들을 자주 지칭한다. 예를 들면, 예루살렘 교회(행 8:1; 11:22), 안디옥 교회(행 13:1), 에베소 교회(행 20:17), 고린도 교회(고전 1:2; 고후 1:1) 갈라디아 교회(갈 1:2), 라오디게아 교회(골 4:4-16), 데살로니가 교회(살전 1:1; 살후 1:1) 아시아의 교회들(계 1:4)이 있다.

---

[864] Cf. 김달생, 『바른신학』, 476-77.

3. 보편적(우주적) 교회

교회의 범위를 가장 넓게 이야기할 때, 이는 시대, 민족, 나라에 제한되지 않는 전 세계에 걸쳐 있는 참된 교회를 의미한다. 성경의 많은 구절들이 교회의 보편성을 말해준다(창 12:3; 시 2:8; 렘 3:17; 말 1:11; 마 8:11; 29:19; 요 10:16; 롬 1:8; 10:10-12; 엡 2:13, 14; 골 1:6; 계 1:9; 5:9, 10). 개신교의 교회의 보편성은 어느 특정 교파에만 적용되지 않고 모든 참 교회에 적용된다. 조직 교회로서는 갈라져 있는 듯하지만, 불가시적 교회는 그리스도를 머리로 하여 하나 되어 있기 때문이다.

C. 교회를 나타내는 여러 표현들

웨스트민스터 신학교의 초대 총장을 역임한바 있는 클라우니 교수는 교회에 대한 정의를 하나님 나라의 징표로 이해하고 있다. 교회가 하나님 나라와 동일시 될 수는 없지만, 교회는 성령님을 통하여 이미 현존하는, 그러나 그리스도께서 강림하실 때에 종국적으로 임할 그 나라의 증표로 본 것이다. 교회는 인간의 제도가 아니라 하나님이 만드신 것이다. 주님이신 예수님은 자기 백성을 모아 그분의 제자들을 불러 모으는 자의 무리로 만드신다고 했다.[865]

1. 그리스도의 몸

이 명칭은 보편적 교회뿐만 아니라(엡 1:23; 골 1:18) 단일한 회중에게도 적용된다(고전 12:27). 교회가 그리스도의 몸이라는 표현은 교회의 통일성과 유기체성을 강조한다. 이승구 교수는 교회를 가리켜서 그리스도의 몸이라고

---

[865] 이승구, 『전환기의 개혁신학』, (서울: 이레서원, 2016), 394.

하는 것은 비유적인 표현이라고 하였다. 물리적인 예수님의 몸은 승천 이후 온전히 성화되고 영화된 몸(glorified body)으로 하나님께서 계신 하늘(heaven)에 계시지만 예수님의 영적인 몸이 이 지상에서도 가지시게 되는데 그곳이 바로 예수님의 신비한 몸인 교회 공동체를 뜻한다866고 했다.

교회는 한 몸으로서 통일성을 가질 뿐만 아니라 머리되신 그리스도와의 유기체성을 가진다. 이는 다음 여섯 가지 의미를 지니고 있다고 할 수 있다. (1) 몸은 머리와 불가분의 관계를 지닌다. (2) 몸에 대한 주권은 머리에 있다. (3) 몸은 머리가 누릴 영광에 동참한다(엡 1:23; 골 1:18; 고전 12:27). (4) 주님께서는 몸 된 교회를 사랑하시고 보호하신다(엡 5:29-33). (5) 신자들은 서로를 사랑하고 아끼고 돕는다. (6) 신자들은 한 몸으로서 서로의 고통과 영광에 동참한다(고전 12:12-27; 딤후 2:11, 12; 계 3:21).867

2. 성령의 전

교회는 성령이 거하시는 '하나님의 전'이라고 불린다(고전 3:16). 성전이란 성령께서 내주하시는 전으로서 건물이 아니라 성도들의 모임 즉, 교회에 내주하심을 의미한다. 교회를 성령의 전이라는 명칭으로 부르는 것은 특별히 교회의 거룩성을 잘 나타내 보여준다. 성경은 여러 곳에서 하나님의 성령이 교회에 내주하심을 말한다(롬 8:11; 고전 3:16; 고후 6:16; 딤후 1:14; 엡 2:21; 벧전 2:5). 성령은 오실 때 은사들을 가지고 오신다. 은사들은 교회를 세우시려는 의도에서 주어지는데, 성령의 다양한 은사를 통해서 교회는 함께 세워져 나간다.868

---

866 이승구, 『교회란 무엇인가』, (서울: 나눔과 섬김, 2010), 18.
867 Cf. Berkhof, 『조직신학』, 813-14; 김달생, 『바른신학』, 478-81.
868 Genderen&Velema, 『개혁교회교의학』, 1138.

3. 진리의 기둥과 터

성경 한 곳에서 교회는 진리의 기둥과 터라고 불려진다(딤전 3:15). 이는 교회가 모든 거짓에 대항하여 진리를 지키고 전파하는 공동체임을 의미한다. 또 역으로 이는 교회가 진리에 의존하고 진리에 의해 유지된다는 사실 또한 잘 보여준다고 하겠다.

4. 예루살렘

성경은 교회를 예루살렘이라고 하는데, 위에 있는 예루살렘, 새 예루살렘, 또 하늘의 예루살렘과 같이 여러 수식어와 함께 그렇게 불려진다(갈 4:26; 히 12:22; 계 21:2). 이와 같은 수식어와 함께 교회를 예루살렘이라고 말할 때 의미하는 것은, 교회가 하늘에서 유래하는 공동체로서 계시의 종교임을 가리키고, 교회에 주어지는 모든 신령한 것과 좋은 것들이 하나님에 의해 주어지는 선물이라는 사실을 보여준다고 하겠다.

5. 그리스도의 신부

구약에서는 하나님과 그의 백성인 이스라엘의 관계를 부부 관계로 비유했다(렘 2:32; 7:34; 16:9; 25:10; 33:11; 호 1, 3장). 신약에서도 많은 구절들이 교회를 그리스도의 신부로 표현하는 것을 볼 수 있다(요 3:29; 고후 11:2; 계 19:7). 이는 교회가 (1) 교리적으로 순수해야 할 것과 (2) 그리스도께 헌신해야 할 것 (3) 그리스도를 만날 날을 사모할 것 (4) 그리고 때가 되면 그리스도와 교회가 완전히 친밀한 교제를 하게 될 것을 알려준다.[869] 그러므로 교회는 예수 그리스도와 신비하게 하나 된 사람들의 모임이다.[870]

---

[869] Cf. 김달생, 『바른신학』, 480.
[870] 이승구, 『교회란 무엇인가』, 21.

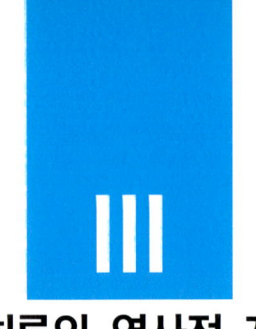

III
교회론의 역사적 개요

A. 종교개혁 이전의 교회관[871]

1. 교부시대

　속사도들과 변증가들은 교회를 "성도의 교제"(*communio sanctorum*) 또는 "소유하기 위해 택하신 백성"으로 생각했다. 처음에는 교회를 구별할 특별한 필요가 없었지만, 2세기 후반 이단들이 등장함에 따라 참된 보편 교회의 몇 가지 특징들을 정리할 필요가 생겼다. 교회의 세속화와 부패에 따른 다양한 종파 발생하는 상황에서 교회의 통일성과 보편성에 대한 주장이 강하게 나타났고, 초대 교회 교부들은 이단 종파들과 싸우면서 교회의 감독 제도를 점차 강조하기 시작했다. 키프리안은 "감독이 있는 곳에 교회가 있다"며 감독단에 의한 교회의 통일을 구성하려 하였다. 그리고 감독들에게 복종하지 않는 자들은 교회의 교제와 구원까지도 상실하게 하였다. 어거스틴 또한 참된 교회는 보편 교회로서, 이 교회에서는 사도적 권위가 감독에게 계승된다고 주장하였다. 교회는 거룩한 은총의 보고로서 이 은총을 성례를 통하여 세상에 나누어준다는 것이다. 그리하여 그는 교회와 하나님의 나라를 동일시하는 로마 가톨릭의 교회관의 기초를 놓았다.

2. 중세기의 교회관

---
[871] Cf. Berkhof, 『조직신학』, 814-16.

이 시기는 키프리안과 어거스틴이 발전시킨 높은 수준의 교리 체계에 약간의 손질만 하는 시기였다. 교회론 자체는 발전하지 않았다 하더라도 교회 그 자체는 더욱 빈틈없이 짜여 지고 조직화된 절대적인 제도로 발전되어 갔다. 교회의 최고 지도자인 교황은 절대적 군왕의 권세를 가지게 되었고 세속 주권자들에 대한 지배권 또한 가지게 되었다. 그 결과 교회는 본연의 구원과 관련된 문제 보다는 정치 문제에 더 치중하게 되었고 교회는 점점 부패하고 성직을 매매하는 상황에까지 이르게 되었다.

B. 종교 개혁 시대와 그 이후의 교회관[872]

1. 종교 개혁기

종교 개혁자들은 로마 가톨릭의 교회관을 거부하였다. 로마 가톨릭 교회가 "교회가 있는 곳에 그리스도께서 계시다"고 가르쳤다면, 종교개혁은 "그리스도께서 계신 곳에 교회가 있다"고 하였다. 루터와 칼빈은 성경을 절대 무오한 유일한 법칙으로 인정하였다. 성경을 따라 교회는 본질적으로 신앙에 의해 연합된 모든 사람들의 교제로 구성되고, 모든 시대의 택함 받은 자들이 교회에 속하여, 참된 교회는 불가견적(invisible)이지만, 하나님의 말씀이 순수하게 전파되고, 성례가 옳게 실행되며, 권징이 유지되는 곳에서 가견적(visible)으로 나타난다고 하였다. 또 모든 성도는 다 제사장이라고 주장하였고, 로마 가톨릭 교회의 사제주의를 반대하였다. 루터는 교회가 국가를 지배해야 한다는 로마 가톨릭 사상에 반론을 제기하는 과정에서 반대편 극단으로 나아가, 말씀을 선포하는 권한을 제외하고는 사실상 교회를 국가에 복종시키고 말았다. 재세례파는 이런 루터 입장에 불만을 가지고 유형 교회와 국가 사이의 철저한 분리를 요구했다. 칼빈과 17세기 개혁파 신학자

---

[872] Cf. Berkhof, 『조직신학』, 816-18.

들도 어느 정도는 교회를 국가에 복종시키는 사상을 가졌지만, 그럼에도 불구하고 그들은 루터파 보다는 교회의 독립성을 훨씬 더 보존하였다.

2. 종교 개혁 이후의 교회관

18세기의 합리주의는 교회론에도 큰 영향을 끼쳤다. 합리주의는 영적이고 신앙적인 일들에 관심이 없었고 교회를 단지 인간적인 공동체로 여겼다. 슐라이어마허는 교회를 유형 교회와 무형 교회로 구분할 필요를 느끼지 못했다. 그에게 교회는 단지 기독교 공동체 즉, 동일한 생각을 가진 신자들의 집단에 불과한 것이었다. 리츨은 유형 교회와 무형 교회의 구분을 하나님 나라와 교회 구분으로 바꿨다. 하나님 나라는 사랑을 동기로 행동하는 하나님 백성들의 공동체로, 교회를 예배를 위하여 모인 공동체로 여겼다. 즉, 교회는 단지 예배라는 한 가지 기능만을 위한 외적 기관이었다. 그의 교회론은 단순히 사회적인 기관으로 교회를 여기도록 했다.

IV 교회의 성질

A. 교회의 본질[873]

1. 로마 가톨릭의 교회관

로마 가톨릭 교회는 스스로를 다음과 같이 정의한다. "교회는 세례를 받고 동일한 신앙을 고백하며, 동일한 성례에 참여하며, 지상에 있는 하나의 가시적인 머리 아래에서 합법적인 치리를 받는 모든 신실한 자들의 회중이다." 그들은 교회를 가르치는 교회(ecclesia docecns)와 배우는 교회(ecclesia audiens)로 구분한다. 엄밀한 의미에서 교회는 가르치는 교회이다. 가르치는 교회는 교회의 영광스러운 속성들을 직접 공유하지만, 배우는 교회는 오직 간접적으로만 그것들로 단장된다.

2. 희랍 정교회의 교회관

희랍 정교회의 교회관은 로마 가톨릭의 교회관과 매우 흡사하나 몇 가지 점에서 중요한 차이를 지닌다. 희랍 정교회에서는 교회의 본질을 성도의 무리로 보지 않고, 자신들이 가지고 있는 감독 교직 제도 안에서 찾는다. 그들은 교회의 무오성을 주장하지만, 이 교회의 무오성은 로마 가톨릭의 그것처럼 교황에게 있는 것이 아니라 감독들에게 있으며, 따라서 교회 회의와 대회에 있다고 주장한다.

---

[873] Cf. Berkhof, 『조직신학』, 819-22.

3. 개신교의 교회관

종교 개혁은 외형적인 기관으로서의 교회로부터가 아닌, 성도의 무리로서의 교회로부터 교회의 본질을 발견해야 한다고 강하게 주장하였다. 루터와 칼빈에게 있어 교회는 성도들의 공동체, 머리이신 그리스도와 연합된 자들의 공동체였다. 로마 가톨릭이나 희랍 정교회처럼 유형 교회에 강조점과 우선권을 두지 않고, 무형 교회에 강조점을 둔 것이다. 그럼에도 무형 교회뿐만 아니라 유형 교회도 또한 성도들의 공동체로 간주되었는데, 이 두 교회는 분리된 두 개의 교회가 아니라 하나이며, 따라서 본질도 하나로서, 두 교회 모두 본질적으로 성도의 무리로 여겨졌다. 그러나 무형 교회는 하나님이 보시는 교회로서 신자들을 포함하는 교회인 반면에 유형 교회는 인간이 보는 교회로서 그리스도를 고백하는 성도들의 공동체로 간주되는 교회여서, 여기에는 아직 회심하지 않은 자들이 포함될 수 있고 또한 항상 포함되어 있다고 하였다.

B. 교회의 다양한 구분[874]

1. 전투하는 교회와 승리한 교회

전투하는 교회는 현세의 지상 교회다. 이들은 마귀와 죄악에 대하여 끊임없이 영적인 전투를 하는 교회다. 성경은 지상에 있는 교회를 향하여 싸우라고 명령하고(엡 6:11-18), 사도 바울도 선한 싸움을 싸우는 삶을 살았다고 말한다(딤후 4:7). 교회는 있는 힘을 다하여 주님의 싸움에 참여하며, 공격적인 그리고 때로는 방어적인 전투를 수행해야 한다.

지상의 교회가 전투하는 교회라면 천상의 교회는 승리한 교회다. 찬상의 교회에

---

[874] Cf. Berkhof, 『조직신학』, 822-24.

서 전쟁하는 칼은 승리와 영예의 종려나무가 되고, 전쟁의 함성은 승리의 노래가 되고, 고난의 십자가는 영광의 면류관이 된다. 천상 교회는 지상 교회의 전투와 고난과 사망에서 해방되어, 영광중에서 편히 거주하며, 그리스도와 함께 있고, 성전에서 즐겁게 하나님을 섬긴다.

로마 가톨릭 교회는 전투하는 교회와 승리한 교회뿐만 아니라 수난 받는 교회(a suffering church)에 대해서도 말한다. 이들은 지상에서 전투하는 상태는 아니지만, 하늘에서 승리를 누리고 있지도 않다. 이들은 연옥에 남아 고통 속에서 죄의 정화를 받고 있는 이들을 의미하는데, 이는 성경이 말하는 것과는 전혀 다른 주장이다.

2. 유형 교회와 무형 교회

종교 개혁 이전에는 이런 구분이 없었고, 종교 개혁자들에 의해 이 개념이 알려졌다. 루터는 절대 권력을 지닌 채 성직을 중심으로 위계적으로 통치되는 로마 가톨릭 교회 제도와 투쟁을 하면서 교회를 영적인 실재로 강조하였다. 그러면서 그는 비가시적 교회, 즉 무형 교회를 중요하게 여겼다. 칼빈 또한 교회를 가시적인 교회와 비가시적인 교회로 구분하였다.[875] 루터와 칼빈이 유형 교회와 무형 교회를 말할 때 그들은 두 개의 다른 교회를 말하는 것이 아니라 하나의 교회가 지니는 두 양상을 지칭한다는 사실을 늘 강조했다. 무형적(비가시적) 이라는 의미는 다양한 의미로 해석되었는데, (1) 승리한 교회 (2) 마지막에 나타날 완전한 교회 (3) 온 세계에 편재해 있고 인간이 볼 수 없는 교회 (3) 핍박 중에 숨어서 말씀과 성례를 박탈당한 교회를 의미하였다. 무형 교회는 자연히 유형적인 형태를 취하게 된다. 무형 교회는 신앙고백, 조직, 행정, 복음 사역 등으로 자신을 나타낸다. 유형교회는 신앙을 고백하고 교회에 등록하고 출석하는 모든 교인들과 그 자녀들로 구성된다. 유형 교회에는 늘 중생한 신자와 중생하지 못한 신자가 늘 섞여 있다(마

---

[875] Calvin, Institutes., IV. 1. 7.

13:24-30, 36-43; 행 5:1-16). 그러므로 교회는 교회의 정화와 치리와 권징을 위한 노력을 늘 쉬지 않아야 한다.

3. 유기체로서의 교회와 제도로서의 교회

이 구분은 무형 교회와 유형 교회의 구분이 아니라, 유형 교회 안에서의 구분이다. 즉, 유형적 단체의 두 가지 다른 면에 주목하는 것이다. 유기체로서의 교회는 성령의 끈으로 연합된 신자들의 공동체(coetus fidelium)를 의미하고, 조직체로서의 교회는 신자들의 어머니(mater fidelium)로서 구원의 방편이요, 죄인들을 개종시키고 성도들을 완전케 하는 역할을 담당하는 교회를 의미한다. 즉, 조직과 제도는 유기체로서의 교회를 이룩하기 위한 목적으로 움직이는 방편인 것이다. 그러므로 제도로서의 교회는 여러 가지 시설을 갖추어 유기체로서의 영적 생명을 공급하는 일에 이바지할 수 있도록 해야 한다.

C. 교회의 정의[876]

1. 선택의 관점에서

일부 신학자들은 교회를 선택 받은 자들의 공동체(community of the elect, coetus eclectorum)라고 한다. 하지만 이 정의는 많은 오해를 가지고 올 수 있는데, 왜냐하면 이는 마지막 때에 완성될 교회에는 적용될 수 있지만, 현재 경험적인 실재로서의 교회에서는 적용될 수 없기 때문이다.

2. 효과적 소명의 관점에서

---

[876] Cf. Berkhof, 『조직신학』, 825.

이 관점에서 교회는 하나님의 성령의 부르심을 받은 선택된 자들의 무리(coetus electorum vocatorum), 유효하게 부르심을 받은 무리(coetus vocatorum)로 정의된다. 이는 신자들의 공동체를 의미하는데, 교회의 유형적 측면을 잘 반영하지 못하는 한계를 지닌다.

3. 세례와 고백의 관점에서

이 관점에서 교회는 세례를 받고 참 믿음을 고백하는 자들의 공동체로 정의된다. 이는 외적인 표지에 따른 정의이다. 칼빈은 유형 교회를 이렇게 정의했다. "전 세계에 흩어져 있는 사람들의 무리로서, 그리스도 안에서 한 분 하나님을 경배하기로 고백하는 자들이며, 세례로써 이 신앙을 시작하는 자들이며, 성찬에 참여함으로써 교리와 자선에서 그들의 일치를 증거하며, 하나님의 말씀에 동의하며, 말씀 선포를 위하여 그리스도가 제정하신 사역을 유지하는 자들이다"(기독교 강요 IV. 1. 7).

D. 여러 시대의 교회[877]

1. 족장 시대

이 교회의 기원은 아벨의 시대까지 올라갈 수 있다. 범죄 후 인간은 제사를 통해 하나님께 나아갈 수 있었다. 가인과 아벨은 바른 예배와 바르지 않은 예배 사이의 구별이 이미 있었음을 보여주고 있다. 또 창 4:26은 공식적인 예배 행위에 대해서 말해 주고 있다. 노아도 제단을 쌓고 번제를 드렸고(창 8:20), 아브라함도 가는 곳마다 제단을 쌓고 제사를 드렸고(창 12:8; 13:18; 15:9-11), 또 욥도 그렇게 하였다(욥 1:5). 이것이 족장 시대의 교회의 모

---

[877] Cf. Berkhof, 『조직신학』, 827-29.

습으로서, 믿는 자들의 가족이 종교적 회중을 형성하고 있었고, 아버지는 제사장의 역할을 하였다.

2. 모세 시대

출애굽 이후 이스라엘 백성들의 국가 형성은 곧 교회 형성이었다. 이스라엘 백성들은 가족 단위의 종교 생활뿐만 아니라 민족적 단위의 국가 종교로 신앙을 표현하였다. 교회는 따로 독립적인 조직으로서 존재하지는 않았고, 국가 교회라는 특수한 형식을 취하였다. 따라서 국가와 교회 사이의 명확한 구분은 어려웠다. 이 시대에 주목할 만한 교리상의 발전이 있었다. 모세에 의해 성경이 기록되었고, 선지자들을 통해 계시가 계속 주어지고 기록되었다. 이 시대 교회의 예배는 아주 상세하게 규정 되었는데, 대부분 제의적이고 예전적인 것이었다. 이 국가 교회 안에서 예배는 하나의 중앙 성소에서 드려졌다.

3. 신약 시대

신약 교회는 본질적으로 구약 교회와 동일하다. 하지만 그리스도의 구속 사역 완성으로 인해 몇 가지 중요한 변화가 발생했다. 가장 중요한 변화는 교회가 국가로부터 분리되어 독립된 조직을 형성한 것이라 하겠다. 이로 인해 국가 교회의 한계가 사라졌다. 이제 교회는 민족적으로 보다 보편적인 성격을 띠게 되었다. 또 예배에 있어서도 예전(禮典)적 예배에서 벗어나 신약에 주어진 특권과 더 잘 조화되는 더 영적인 예배를 드리게 되었다(요 4:23). 신약의 교회는 주어진 성령의 강력한 역사로 말미암아 구약의 폐쇄적이고 수동적인 교회의 모습에서 벗어나 더 선교적이고 능동적인 모습으로 바뀌어 세상을 향해 더욱 더 진취적으로 뻗어나가게 되었다.

E. 교회의 속성[878]

1. 교회의 통일성

a. 로마 가톨릭 교회의 통일성

로마 가톨릭 교회의 통일성은 조직적 통일성이다. 이들은 세계 모든 나라의 교회를 포함시키는 위계적인 범세계적 조직체로서 통일성을 주장한다. 이들의 통일성은 피라미드 구조적 통일성으로서 그 정점에 가시적인 우두머리인 교황이 있고, 그 아래에 위치한 자들을 철저하게 통제하고자 한다.

b. 개신교회의 통일성

개신교회가 주장하는 교회의 통일성은 외적인 성경이 아니라 내적이고 영적인 성격을 갖는다. 즉, 유형 교회의 통일성 보다는 무형 교회의 통일성에 그 강조점을 두었다. 이는 교회가 하나 되어야 한다는 것을 의미하지 않고, 오히려 교회는 하나라는 것을 말한다. 이 통일성은 그리스도와의 신비로운 연합에서 나타나는바 한 몸으로서의 통일성이다. 이 몸은 오직 하나의 머리이시며, 교회의 왕이신 예수 그리스도의 통치 아래에 있고, 그리스도의 영에 의하여 생명의 능력을 부여 받음에 다른 통일성이다(요 10:16; 15:4; 롬 12:5; 고전 6:7; 12:12, 13; 엡 1:10; 2:20-22; 4:4, 5). 그러나 이것이 교회의 외면적 통일성, 유형 교회의 통일성을 무시한 것은 아니었다. 그러나 그들은 이 연합의 끈을 교회 조직에서 찾지 않았고, 도리어 말씀의 참된 선포와 성례의 바른 시행에서 찾았다. 성경은 무형 교회의 통일성뿐만 아니라 유형 교회의 통일성도 언급하고 있다(고전 12:12, 13; 엡 4:4-16). 교회는 성령께서 하나 되게 하신 것을 지키기 위해 힘써야 한다. 하지만 이것의 근거인 말씀의 참된 선포와 성례의 바른 시행을 부정하는 방식으로는 하나 될 수 없다. 오직 그리

---

[878] Cf. Berkhof, 『조직신학』, 829-33.

스도를 의지하여 교회의 통일성을 붙잡아야 할 것이다.

2. 교회의 거룩성

a. 로마 가톨릭 교회의 거룩성

로마 가톨릭 교회의 거룩성은 통일성에서와 마찬가지로 외형적인 성격을 갖는다. 그들의 거룩성은 예전적 거룩성이다. 드하브(Deharbe) 신부에 의하면, 교회가 거룩한 이유는 "교회 안에는 언제나 하나님께서 기적과 비상한 은혜로 거룩함을 확인한 성인들이 있기 때문이다"(Catechism of the Catholic. Religion, 140)라고 했다. 그리고 이들은 자신들의 거룩함이 그 무엇보다도 특별히 "성체성사"를 통해 잘 나타난다고 주장한다.

b. 개신교회의 거룩성

개신교의 거룩함은 로마 가톨릭의 개념과 전혀 다르다. 객관적 의미에서 교회는 예수 그리스도 안에서 절대적으로 거룩하다고 여겨진다. 이는 그리스도의 중보적 의(義)에 의한 거룩이다. 그래서 교회는 성도들의 공동체(congregatio sanctorum) 또는 성도들의 교제(communio sanctorum)로 이해된다. 또 교회는 주관적인 의미에서도 거룩하다고 여겨지는데, 이는 교회가 생의 내적인 원리에서 실제적으로 거룩하며, 완전한 거룩을 지향하기 때문이다. 이 거룩함은 내면이 거룩함인데, 이런 거룩함은 외적인 삶에서도 표현된다. 그래서 이 거룩함은 부차적으로 유형 교회의 속성으로도 여겨진다.

3. 교회의 보편성

a. 로마 가톨릭 교회의 보편성

로마 가톨릭 교회는 자신들의 교회만 보편적이라고 불릴 수 있는 권리가 있는 것처럼, 그 이름에서부터(가톨릭) 보편성이라는 속성을 독점적으로 주장한다. 로마 가톨릭은 이 속성 또한 외적인 유형 조직체에 적용한다. 다른 종파들은 생겼다가 사라지지만 로마 교회는 처음부터 존재해왔고, 온 세상에 퍼져 있기 때문이라고 주장한다.

b. 개신교회의 보편성

교회의 보편성은 기독교의 보편성을 전제한다. 기독교는 보편적이다. 기독교에는 아무런 경계선도 없어서 성별이나 연령, 사회적인 지위나 신분, 국적이나 언어 등 아무런 경계선도 가지지 않는다.[879] 개신교는 이 보편성이라는 교회의 속성을 다른 속성처럼 먼저 무형 교회에 적용한다. 이 무형 교회가 보편적이라고 할 수 있는 이유는 이 교회만이 세상의 각 시대에 속한 모든 신자들을 예외 없이 포함하기 때문이고, 그 결과로 복음화 된 세계의 모든 나라에 그 회원들이 있기 때문이다.

4. 교회의 사도성

a. 로마 가톨릭 교회의 사도성

로마 가톨릭 교회에 의하면 사도적 교회와 사도적 교의는 베드로와 그의 후계자들이 있는 곳에서 발견된다. 로마 가톨릭 교회는 교황을 베드로의 후계자로 간주하고, 베드로의 사도적 수위성을 계승하고 있는 자신들의 교회에만 사도성의 합법성과 순결성이 유지된다고 주장한다.

b. 개신교회의 사도성

종교 개혁 관점에 의하면, 교회는 주교들이나 교황을 의존하지 않는다.

---

[879] J. 판 헨더렌 & W. H. 펠레마, 1164.

개신 교회가 말하는 교회의 사도성은 교회가 사도적 가르침의 터 위에 서 있다는 사실을 의미한다. 사도적인 교회의 신앙고백과 관련된 모든 진술은 그것이 사도들이 선포한 복음에 부합하고 복음으로부터 벗어나는 모든 것을 거부한다는 것을 분명하게 보여주어야 한다. 이 교회의 사도성은 교회의 연속성을 위한 기초가 된다.

F. 교회의 표지[880]

교회에 이단들이 생기면서, 참된 교회를 인식하는 표지가 무엇인지 분명하게 해야 할 필요성이 생겨나게 되었다. 이 표지의 필요성에 대해서는 초대 교회에 이미 있었고, 중세 시대에서는 불분명해졌다가 종교 개혁 시대에 다시 강하게 나타났다. 종교 개혁의 중요한 싸움은 참된 교회를 분별하고 정의하는 싸움이었다. 참된 교회는 교회의 크기나 그 숫자, 또 역사나 전통에 있지 않고 그 질에 달려 있다. 종교 개혁자들은 참된 교회의 표지를 다음 세 가지로 보았다.

1. 말씀의 바른 선포

이것은 가장 중요한 교회의 표지라고 할 수 있다. 말씀의 바른 선포는 교회를 유지하고 교회가 신자들의 어머니가 되도록 하는 위대한 방편이다. 요 8:31, 32, 47; 14:23; 요일 4:1-2; 요한이서 9절 등에서 이것이 교회의 참된 표지라는 사실이 잘 나타난다. 물론 이것이 교회의 선포에 그 어떤 불순한 것도 첨가 되어서는 안 된다는 의미는 아니다. 이 땅의 교회가 그런 순수성에 도달할 수는 없다. 하지만 교회가 진리를 그릇되게 가르치고 그것을 부인한다면 그 교회는 참된 교회로서의 표지를 잃어버리고 거짓 교회로 여겨지게

---

[880] Cf. Berkhof, 『조직신학』, 834-36.

되는 것이다. 신앙의 근본적인 조항들이 공적으로 거부되고, 교리와 삶이 하나님의 말씀의 통제를 벗어나게 된다면, 그 교회는 거짓 교회가 되는 것이다.

2. 성례의 바른 집행

성례는 말씀과 분리될 수 없다. 왜냐하면 성례는 그 내용을 온전히 하나님의 말씀에 의존하기 때문이다. 보이는 설교, 또는 말씀의 가시적 선포로서 성례는 말씀의 합법적인 사역자들에 의해 하나님이 세우신 제도에 따라 자격을 갖춘 교인들에게 시행되어야만 한다. 성례의 바른 집행이 참된 교회의 특성이라는 것은 성례와 말씀 사이의 밀접한 관계와 다음과 같은 구절들, 마 28:19; 막 16:15, 16; 행 2:42; 고전 11:23-30 등에서 잘 드러난다.

3. 권징의 신실한 시행

권징은 교리의 순수성을 유지하는 것과 성례의 거룩성 수호를 위해서 절대적으로 필요하다. 주께서 교회에 필요하다고 말씀하신 것을 무시하면서 교회의 순수성과 거룩성이 유지될 수는 없다(마 18:18; 고전 5:1-5; 계 2:14, 15, 20). 이를 소홀히 할 때 교회는 말세의 타락한 세상의 조류에 휩쓸려 부패하게 된다.

V 교회의 정치

A. 교회의 여러 정치 제도[881]

1. 무정치주의 혹은 무교회주의

성경이 교회의 조직을 말하고 있음에도 불구하고, 기독교 역사에서 교회의 조직을 반대하고 오직 영적 단체로 교회가 존재해야 한다는 주장이 있었다. 이것을 무정치주의 혹은 무교회주의라고 한다. 이들은 교회 자체가 아니라 교회의 조직을 반대하는 자들이다. 영국의 플리머스 형제단(Plumouth Brethren), 일본의 우찌무라 간조, 퀘이커, 다비파 등이 기독교 역사상에 나타난 무교회주의자들이다. 이들은 유형 교회를 조직하는 것은 교회 안에서의 성령의 활동을 제한하려는 죄악이며, 직분 또한 무시되고, 신자들은 모임에서 그저 성령의 감동을 따르기만 하면 된다고 주장한다.

2. 에라스투스주의(국가에 위임하는 정치)

에라스투스(Thomas Erastus, 1524-1583)는 교회도 하나의 단체이기 때문에 국가의 통치를 받아야 한다고 주장했다. 이 정치 체제에서 교회의 직원들은 단지 말씀을 가르치고 선포하는 자들로서, 시민 정부의 지도자들로부터 위임받은 권한을 제외하곤 그들에게는 다스릴 권한이나 능력이 없다. 이들

---

[881] Cf. Berkhof, 『조직신학』, 837-43.

에게 교회를 치리하고 권징을 시행하며 파문을 선고하는 것은 국가에 위임된 기능이다. 이 제도는 영국, 스코틀랜드, 그리고 독일에서 다양한 방법으로 적용되었다. 그러나 이 제도는 그리스도의 교회는 그리스도께서 머리로서 통치하시는 신비로운 공동체라는 사실을 고려하지 못한 것이라 할 수 있다.

3. 감독 정치

이는 영국의 성공회와 감독교회, 그리고 감리교 등의 정치 체제로서, 이를 주장하는 자들은 교회의 머리이신 그리스도께서 교회 정치 집행의 전권을 고위 선지자들 또는 감독들에게 위임하셨으므로, 회중은 이에 상관할 것이 없다는 체제이다. 이들에 의하면 감독은 교회 생활 전반에 걸친 최종적 치리권을 가진다. 그러므로 교회의 감독은 교회에 필수불가결한 존재이고, 감독이 없으면 교회도 없어서, 감독이 없는 교회는 생각할 수도 없다는 것이 그들의 주장이다. 이들에 의하면 감독은 사도적 권위를 받은 자들로서, 감독들은 안수와 치리에 대한 고유한 권한을 지니며, 그들은 신자들을 대표하는 것이 아니고, 어떤 의미로도 신자들로부터 그 직분을 얻는 것이 아니라고 주장한다. 그러나 성경은 사도 직분이 항구성을 지닌 것도 아니며, 교회 제반사를 다스리는 권한이 그들에게 맡겨진 것도 아니라고 말한다. 오히려 그들의 의무는 복음을 전하고, 교회를 세우며, 신자들로부터 그들의 대표로서 장로들을 세우고 교회를 다스리는 일을 맡기는 것이라고 한다.

4. 로마 가톨릭 교회의 교황 정치

로마 가톨릭 교회 정치는 감독 제도의 자연스러운 귀결이다. 로마 가톨릭 교회는 마태복음 16장 17절 이하의 말씀에서 주께서 베드로에게 교회의 열쇠 곧 교황의 권위가 부여하셨다고 주장한다. 베드로는 로마 가톨릭 교회의 초대 교황이며, 자신들의 교회에는 베드로의 후계자들이 있다고 주장한다. 그리하여 교황이 그의 권좌(ex Cathedra)에서 공식적으로 선포하는 것은 무엇이든 무오하다고 주장한다. 로마 교회는 절대적 군주제의 성격을 띤다. 이런 정치는 성경에 어긋나는 것으로서, 성경은 베드로의 수위권 자체를 인정하지 않을 뿐만 아니라, 교회 문제에 대한 모든 성도들의 발언권을 분명히 인정한다. 뿐만 아니라 베드로 시대로부터 현재에 이르기까지 교황이 단절되지 않고 계승되었다는 주장 또한 역사적으로 증명될 수 없는 주장이다.

5. 회중 정치

이 정치 체제는 각각의 지교회가 독자적인 권위를 가지고 자기들의 교회를 운영한다는 원리를 가진다. 이들은 교회 정치의 독립을 강조하기 때문에 독립 정치라고도 일컬어진다. 이 제도에서 교회의 치리권은 교회의 회원들에게 있다. 필요한 경우에는 공동의 이해를 위해 여러 교회들이 서로 연합하여 교회 회의나 지방회를 구성할 수 있으나 이 연합체는 권고적이나 선언적 의미만 지닐 뿐, 실제적인 구속력을 특정 교회에 대해 가지는 것은 아니다. 하지만 이런 이해는 교회의 통일성을 표현하기 어려우며, 교회를 분열시키는 결과를 초래하게 되고, 개교회에서 발생하는 문제에 대해서 호소할 곳도 사라지게 된다. 성경은 물론 성직자들이 회중의 투표에 의하여 선택이 되기 때문에 회중들에게서 그 권한을 받는 것도 사실이지만, 다른 한편 하나님께서 그들을 사역자로 세우셨으므로 치리권도 가진다고 말한다(딤후 5:17).

6. 개혁파 혹은 장로교 제도의 근본 원리

개혁 교회는 교회 정치 제도가 세칙까지 하나님의 말씀에 의해 결정되었고 주장하지는 않는다. 그러나 그 근본 원리들이 성경에서 도출된 것이라고 한다. 이 근본 원리는 다섯 문장으로 요약될 수 있다.

a. 그리스도는 교회의 머리이며 모든 교회의 권위의 원천이시다.

종교 개혁자들은 교회의 통치권에 대해서 한편으로는 로마 가톨릭 교회와 싸웠고, 다른 한편으로는 국가 그리고 국왕들의 권위를 주장하는 에라스투스주의자들과 싸웠다. 개혁파 신학자들은 그리스도께서 무형 교회뿐만 아니라 유형 교회의 유일한 합법적 머리이시며, 왕이시라는 주장에 주의를 기울였다. 성경은 그리스도께서 교회의 머리로서, 교회와 살아있는 유기적 관계를 맺고 계시며, 교회를 영적으로 다스리신다고 말한다(요 15:1-8; 엡 1:10,22,23; 2:20-22; 4:15; 5:30; 골 1:18; 2:19; 3:11). 그의 권위는 다음과 같은 점에서 나타나는데, (1) 신약 교회를 세우심(마 16:18), (2) 은혜의 방편인 말씀과 성례를 제정하심(마 28:19,20; 막 16:15,16; 눅 22:17-20; 고전 11:23-29), (3) 교회에 법과 직원을 주시고 자신의 이름으로 말할 권위를 주심(마 10:1; 16:19; 요 20:21-23; 엡 4:11,12), (4) 모임 중에 임재하시고 역사하심(마 10:40; 고후 13:3) 속에서 나타난다.

b. 그리스도는 말씀이라는 방편을 통하여 권위를 행사하신다.

그리스도는 주관적으로는 교회 안에서 역사하시는 성령을 통해서, 객관적으로는 권위의 표준 문서인 성경을 통해서 다스리신다. 모든 신자들은 항상 왕의 말씀에 순종해야 한다. 로마 가톨릭 교회는 교황의 말을 무오한 말로서 하나님의 말씀처럼 생각하지만, 오직 성경만이 참되고 유일한 하나님의 말씀으로서 교회에 대한 유일한 궁극적 권위다. 비록 그리스도께서 교회를 다스리실 때 교회의 직원들을 자신의 도구로 사용하신다고 할지라도 그리스도께서 친히 그의 말씀과 성령으로 직접 교회를 다스리시는 것이다.

c. 왕인 그리스도께서 교회에 권세를 주셨다.

그리스도는 전체로서의 교회 즉 모든 직원과 성도들에게 똑같이 교회의 권세를 부여하셨다. 그럼에도 직원들에게는 자신들에게 부여된 의무들을 완수하게 하시기 위해 필요한 권세를 추가로 주셨다. 즉, 그들은 교회에 부여된 원래의 권세를 모든 성도들과 함께 소유하는 동시에, 직원으로서의 권세와 능력을 그리스도께로부터 받는 것이다.

d. 그리스도는 대표적 기관들에 의해 이 권세가 특별히 행사되게 하셨다.

그리스도께서는 교회 전체에 위임된 권세가 주께서 세우신 대표적인 기관들에 의해 통상적으로 그리고 특수적으로 행사되도록 하셨다. 이 교회의 직원들은 투표를 통하여 선출된다. 교회의 직원들은 투표를 통하여 선출된 교인들의 대표들인데, 이들이 대표로 불리는 이유는 그들이 교인들에 의해 직분을 맡도록 선출되었기 때문이지, 그들로부터 권세를 받았기 때문은 아니다. 모든 권세는 교회의 왕이신 그리스도로부터 받는다.

e. 교회의 권세는 근본적으로 지교회의 당회에 있다.

교회 정치에 있어서 개혁 교회의 기본 원리는 교회의 권위 또는 권세가 일차적으로 교회의 총회가 아니라 지교회의 당회에 있다는 것이다. 그래서 개혁 교회는 한 교단 안에서 다른 교회와의 연합으로 인해 지교회의 자치권에 어떤 제한이 있을 수 있다고 여기지만, 동시에 그 자치권은 항상 존중된다.

B. 교회의 직원들[882]

교회의 직원은 일반적으로 비상 직원과 통상 직원으로 구분된다.

1. 비상 직원(Extraordinary Officers)

---

[882] Cf. Berkhof, 『조직신학』, 843-47.

a. 사도

사도들은 모든 시대 전 세계 교회의 초석을 놓는 직무를 지닌 자들이다(행 14:4,14; 고전 9:5,6; 고후 8:23; 갈 1:19). 오직 그들의 말씀을 통하여 그 후 온 세계 교회의 성도들이 예수 그리스도와 관계를 갖게 되므로, 신약 시대의 사도들이 모든 시대의 사도들이다. 이들은 아래와 같은 특별한 자격을 구비해야 했다. ① 그들은 자신들의 사명을 하나님 또는 예수 그리스도에게서 직접 받았다(막 3:14; 눅 6:13; 갈 1:1). ② 또 이들은 그리스도의 생애, 특히 그의 부활의 증인들이었다(요 15:27; 행 1:21,22; 고전 9:1). ③ 이들은 말이나 글로 가르친 그들의 가르침이 하나님의 성령에 의해 영감된 것임을 의식했다(행 15:28; 고전 2:13; 살전 4:8; 요일 5:9-12). ④ 또 이들은 이적 행하는 권능을 받아서 그것으로 자신들의 메시지를 확증하였다(행 8:17,18; 고후 12:12; 히 2:4). ⑤ 하나님께서는 이들의 사역에 복을 주셔서 그들의 수고를 하나님이 기쁘게 받으시는 표적을 주셨다(고전 9:1; 고후 3:2,3; 갈 2:8). 이런 자격들은 1세기의 사도 이외에 다른 사도들이 있을 수 없고, 사도들은 당대의 사명을 완수함으로서 더 이상 다른 사도들을 필요로 하지 않음을 함의한다.

b. 선지자

구약 시대에 선지자들이 있었던 것 같이 신약 시대에도 선지자들이 있었다(행 11:27,28; 13:1,2; 15:32; 고전 12:10; 13:2; 14:3; 엡 2:20; 3:5; 4:11; 딤전 4:14; 계 11:6). 이들은 교회의 덕을 세우기 위하여 특별한 말씀의 은사를 받은 자들이다. 이들은 종종 비밀을 드러내고 미래의 사건들을 예언했다. 교회의 덕을 위하여 말씀의 은사를 받아 말하는 은사는 교회 안에서 영구적임에 반해, 비밀과 미래의 일을 드러내는 부분은 일시적인 성격을 갖는다. 칼빈은 "선지자들은 신적 의지의 모든 해석자들을 의미하지 않고 특별한 계시로 뛰어난 자들을 의미하나니 지금은 이러한 사람들이 존재하지 않으며 혹은 뚜렷이 나타나지 않는다."고 하였다.[883]

c. 전도자

성경에는 사도와 선지자 외에 전도자들에 대해서도 말한다(행 21:8; 엡 4:11; 딤후 4:5). 빌립, 마가, 디모데, 디도가 이 전도인의 반열에 속한다. 이들은 사도들을 도와 그들에게서 파송을 받아 특별한 사명들을 수행했다. 이들은 전도하고 세례를 베풀었으며, 장로를 세우고, 권징을 시행하기도 하였다(딛 1:5; 딤전 5:22; 딛 3:10). 이들의 권위는 보통 지역 교회 사역자들보다 다소 우월하였던 것으로 여겨진다. 이 직분은 사도들을 보조하는 것이었기에 사도직의 폐지와 함께 폐지된 것으로 여겨진다.

2. 통상 직원(Ordinary Officers)

a. 장로 혹은 감독

장로(프로스부테로이)는 연장자를, 감독(에피스코포이)은 감독자(overseers)를 의미하는 명칭이다. 성경은 이 두 단어를 교대로 사용함으로써, 이 두 직분이 사실은 동일한 직임이라는 사실을 보여준다(행 20:17, 28; 딤전 3:1; 4:14; 5:17, 19; 딛 1:5, 7; 벧전 5:1,2). 이 직원들의 직무는 자신들에게 맡겨진 양떼들을 돌보는 것이다. 이들은 맡은 교회 성도에게 필요한 것을 공급하고 그들을 다스리며 보호해야만 했다.

b. 목사와 교사

이 직분은 에베소서 4장 11절에서 발견된다. 디모데전서 5장 17절에 "말씀과 가르침에 수고하는 이들"은 바로 이 직분자들에 대한 언급으로 보인다. 목사들은 가르치는 장로로서 치리하는 장로들과 함께 교회를 치리하는 사역 외에도 말씀과 성례의 사역을 수행한다. 디모데전서 3장 1-7절은

---

883 Calvin, Institutes, 4. 3. 4.

감독, 즉 목사의 자격을 다음과 같이 규정하였는데, (1) 책망할 것이 없는 자, (2) 한 아내의 남편인 자, (3) 근신하는 자, (4) 잘 가르치는 자, (5) 술을 즐기지 않는 자, (6) 구타하지 않는 자, (7) 더러운 이를 탐하지 않는 자, (8) 자기 집을 잘 다스리는 자, (9) 불신자로부터 좋은 평을 받는 자이다.

c. 집사

신약에서 집사는 '디아코노이'로 표현되는데, 이는 사환, 봉사자, 일꾼 등의 의미를 지닌다. 교회에서 집사는 주로 궁휼과 자선의 사역에 봉사하는 직분이다(행 6:1-6; 11:29; 롬 12:7; 고후 8:4; 9:1, 12, 13). 집사의 자격은 디모데전서 3장 8절-12절에 잘 나타나있다.

3. 직원의 소명과 임직

a. 직원의 소명

① 내적 소명

어떤 이들은 교회의 직분에 대한 내적 소명이 하나님의 특별한 지시, 즉 일종의 특별한 계시라고 주장한다. 그러나 그보다는 하나님의 통상적이고 섭리적인 지시라고 하는 것이 맞다. 이 존귀함과 특권은 오직 하나님의 부르심을 입은 자만이 취할 수 있는 것이다(히 5:4). 이 내적 소명에는 특별히 세 가지가 포함되는 데, (a) 첫째로, 이 직무를 향한 소원과 그것을 담당하도록 강권함을 받고 있다는 의식이고, (b) 둘째는 이 직분을 맡기에 합당한 자질을 갖추었다는 확신이고, (c) 마지막으로는 하나님께서 그 길을 열어주시고 계시다는 체험이다.

② 외적 소명

이를 위해서는 내적 소명뿐만 아니라 외적 소명도 있어야 하는데, 이는 교회를 통해서 주어지는 소명이다. 이 일은 직원들이 주도하지만, 그렇다고 하여 비직원 성도들을 배제하지는 않는다(행 1:15-266; 6:2-6; 14:23).

b. 직원의 임직식

임직식은 임직 후보자의 소명과 시취 이후에 이루어지는 것으로 노회가 주도하여 행하는 것으로(딤전 4:14), 통상 안수가 수반된다. 로마 가톨릭은 안수를 성례의 하나로 여기지만, 개혁파는 이런 이해를 거절하는데, 왜냐하면 안수로서 성직자를 세우는 일은 성경적이라 하더라도, 그것이 절대적으로 본질적인 것으로 여기지 않기 때문이다. 개혁파 교회에서 안수란 그 대상자를 직분을 위하여 성별한다는 상직적인 표시일 뿐, 주술적인 무엇은 아니다.

C. 교회의 회의들[884]

1. 개혁파 교회의 치리 단체들

개혁파 정치의 치리 회의들은 당회, 노회, 대회 그리고 총회가 있다. 당회는 목사와 지교회의 장로들로 구성된다. 노회는 일정한 지역에 있는 지교회의 목사와 장로로 구성되며, 대회는 각 노회에서 파송된, 목사와 장로로 구성된다. 그리고 총회는 각 노회로부터 파송된 목사와 장로로 구성된다.

2. 지교회의 대표 정치와 상대적 자치권

a. 지교회의 대의 정치

---

[884] Cf. Berkhof, 『조직신학』, 847-50.

성경은 교회의 치리를 한 사람의 목사나 치리 장로에게 허락하지도 않았고, 또 회중에게 맡기지도 않았다. 개혁 교회는 치리하는 장로들을 대표로 세우고, 이 대표들이 목사(또는 목사들)와 함께 지교회의 치리를 맡아야 한다고 말한다(행 11:30; 14:23; 20:17; 고전 12:28; 히 13:7). 그리고 그 장로 선택은 회중이 하게 되어 있다. 유대인 회당에서와는 달리 교회에서는 교인들이 직분자를 선출할 때 참여할 권리가 있음을 성경이 분명히 시사하고 있다(행 1:21-26; 6:1-6; 14:23).

b. 지교회의 상대적 자치권

개혁파 교회 정치는 지교회의 상대적 자치권을 인정한다. 이는 다음의 네 가지 의미를 지닌다.

① 지교회는 교회 정치에 요구되는 모든 것을 충분히 구비한 완전한 교회이다. 그 어떤 정치적 요소도 외부로부터 강요될 수 없다는 것이다.

② 다른 교회와의 적절한 연합은 있을 수 있으나, 지교회의 자치권을 파괴하는 식으로는 될 수 없다. 노회와 대회조차도 당회에 비해 그 권위가 높은 것이 아니라 단지 당회가 가진 것과 같은 권한을 더 넓은 범위에서 행사할 뿐이라는 의미이다.

③ 그래서 대회의는 당회가 가진 헌법상의 권리를 넘어선 주장을 지교회와 지교회의 회원들에게 할 수 없다.

④ 그래서 지교회의 자치권 또한 연합하는 교회와의 관계 속에서 교회들의 일반적인 이익을 위해 제한이 된다.

노회나 대회가 그가 하고자 하는 것을 무엇이든지 지교회에 부과할 수 있다는 생각은 본질적으로 로마 가톨릭 교회적 관념이다.

3. 대회의체들

a. 대회의체들에 대한 성격적 근거

성경에 묘사되어 있는 교회의 본질은 교회적 연합을 요청한다. 교회는 영적인 유기체로서, 머리되신 그리스도 안에서 하나의 몸을 이루고 있고, 이런 내적 통일성은 가시적으로도 표현될 필요가 있다. 그 이유로 교회는 대회의체들(major assemblies) 노회, 대회 총회를 구성하게 된다. 회중주의자들이나 독립파나 반교단주의자들은 이런 사실의 중요성을 파악하지 못하고 교단적 연합을 반대한다. 그러나 성경이 무형교회 뿐만 아니라 유형 교회의 통일성도 명료하게 지시하고 있다는 사실을 놓쳐서는 안 된다(행 9:31; 고전 12:287; 고전 10:32).

b. 대회의체의 대표적 직무와 권위

이 대회의체들은 (1) 성격상 지교회에 속한 문제이지만 여러 이유로 지교회에서 결정할 수 없게 된 난제들과 (2) 성격상 대회의 관할에 속한 문제들 곧 신조와 신앙고백, 교회의 헌장 그리고 예배 모범과 권징 조례와 같은 것들을 작성하는 일들을 담당한다. 개혁 교회는 당회가 가지는 교회적인 권세 보다 더 높은 권세를 인정하지 않으나, 대회의들은 그 정도나 범위에 한하여 당회보다 더 큰 권위를 갖는다. 따라서 대회의의 결정은 큰 비중이 있으므로 결코 함부로 무시되어서는 안 되는 것이다.

VI
교회의 권세

A. 교회 권세의 원천885

교회의 권세의 원천은 오직 그리스도시다. 그리스도는 유기적인 의미에서만 아니 아니라 행정적인 의미에서도 교회의 머리이시다. 즉, 그가 교회의 왕이시라는 것이다. 그리스도는 교회의 왕으로서 교회에 권세와 권위의 옷을 입혀 주신다. 예수께서 베드로에게 권세를 주셨다는 것은 권세를 주심을 의미하는 것이다(마 16:19). 그리고 이 권세는 교회의 치리권을 의미한다. 로마 가톨릭 교회는 이를 잘 못 해석하여 이 열쇠를 받은 베드로와 그의 계승자들에게 사람들을 천국이나 지옥에 보낼 수 있는 권한이 주어졌다고 주장한다. 그러나 성경은 "무엇이든지"라고 하였지 "누구든지"라고 하지 않았다. 이는 사람에 관한 것이 아니라 그 행위에 관한 것이라는 의미이다. 이 권세는 일차적으로는 사도들에게 주셨지만 일반 교회에도 이 권세가 확대된다. 이 사실은 다음의 신약 여러 구절들이 명백하게 말씀하고 있다(행 15:23-29; 16:4; 고전 5:7, 13; 6:2-4; 12:28; 엡 4:11-16).

B. 교회 권세의 성질886

1. 교회 권세는 영적인 권세이다.

---

885 Cf. Berkhof, 『조직신학』, 852-53.
886 Cf. Berkhof, 『조직신학』, 853-54.

교회의 권세가 영적이라는 의미는, 이 권세가 하나님의 성령에 의해 주어진 권세이고(행 20:28), 그리스도의 이름과 성령의 능력을 통해 행사되는 권세요(요 20:22, 23; 고전 5:4), 불신자는 이에 참여할 수 없는 신자들에게만 속한 권세이고(고전 5:12), 오직 도덕적이고 영적인 방법으로만 행사되는 권세이기 때문이다(고후 10:4). 그리스도께서는 이 땅 위에 임한 그리스도의 나라의 다스림이 시민적인 권세가 아닌 영적인 권세에 의해 이루어진다는 사실을 여러 번 강조하셨다(눅 12:13 이하; 마 20:25-28; 요 18:36,37). 그러나 로마 교회는 이를 거절하고 시민 권세를 추구한다.

2. 교회의 권세는 사역적 권세이다.

교회의 권세는 독립적인 주권적 권세가 아니다(마 20:25, 26; 23:8, 10; 고후 10:4,5; 벧전 5:3). 교회의 권세는 오히려 사역적 권세로서(행 4:29, 30; 20:24; 롬 1:1) 그 권세는 오직 그리스도로부터 유래한 것으로 그리스도의 주권적 권위에 종속되는 것이다(마 28:18). 그러므로 이 권세는 오직 하나님의 말씀과 일치하는 방식으로 교회의 왕이신 그리스도의 이름으로 행사되어야 하는 권세이다(롬 10:14,15; 엡 5:23; 고전 5:4).

C. 교회 권세의 종류[887]

1. 교리권 혹은 가르치는 권세

교리권 혹은 가르치는 권세는 그리스도의 선지자직의 반영으로서 진리를 전달하고 수호하는 권세이다. 교회는 다음과 같은 방식으로 이 권세를 행사하여야 한다. (1) 교회는 하나님의 말씀을 보전함으로써 이 권세를 행

---

[887] Cf. Berkhof, 『조직신학』, 854-62.

사하여야 한다. (2) 교회는 말씀을 선포하고 성례를 집행함으로써 이 권세를 행사하여야 한다. (3) 교회는 신조와 신앙 고백서를 작성함으로써 이 권세를 행사하여야 한다. (4) 교회는 신학 연구를 진작시킴으로써 이 권세를 행사하여야 한다. 이런 권세의 행사를 통하여 교회는 모든 불신앙과 오류를 대항하여 진리를 수해야 하고(딤전 1:3,4; 3:15; 딤후 1:13; 딛 1:9-11), 사도적 정통 신앙을 대대로 보존해야 한다.

2. 치리권

치리권은 그리스도의 왕권의 반영으로, 교회의 질서 유지와 순결 유지를 위하여 주신 것이다.

a. 질서 유지권

무질서는 하나님의 성품에 어긋난다(고전 14:33, 40). 그러므로 교회는 질서 유지에 힘을 써야 한다. 교회의 질서 유지권은 다음의 두 권세를 내포하고 있다. (1) 먼저는 그리스도의 법을 시행하는 권세이다. 이는 그리스도께서 교회를 위하여 공포한 법들을 실행에 옮기는 권세를 의미한다. 로마 교회는 교회가 사람들을 구속할 규례를 제정할 권한이 있다고 주장하지만, 개혁 교회는 이와 같은 권한을 인정하지 않고, 오직 그리스도의 법을 시행할 권한만 있다고 주장한다. 이 권세의 사역적 성격은 고후 1:24; 벧후 5:2,3에 나타나 있다. (2) 두 번째는 교회법 또는 교회 헌장을 작성할 수 있는 권세이다. 이는 새로운 율법이 아니라 율법의 적절한 적용을 위한 규정으로 이해되어야 한다. 이런 법규는 교회가 외적인 정치를 형태화할 때, 교회 직분을 맡을 사람의 조건을 규정할 때, 공예배의 형식을 정할 필요가 있을 때, 적절한 권징의 형식을 결정할 필요가 있을 때 필요하다. 예배를 위한 일반적 원리들은 성경에 규정되어 있으나(요 4:23; 고전 11:17-33; 14:40; 16:2; 골

3:!6; 딤전 3:13), 예배의 세칙을 규정하는 일은 교회에게 자율성이 부여된다.

b. 순결 유지권

순결 유지권은 심사한 후 승인된 자를 받아들이고, 진리에서 떠났거나 부도덕한 생활을 하는 자들을 제외시킴으로써 교회의 성격을 보호하기 위해 행사되는 권세이다. 이는 권징에서 본격적으로 행사된다.

① 권징에 대한 성경적 근거

권징의 성경적 근거는 신구약 성경 여러 곳에서 나타난다(출 30:33, 38; 레 17:4, 9; 13:46; 스 10:8; 눅 6:22; 12:42-48; 16:2; 마 16:19; 18:18; 요 20:23). 교회는 그리스도께로부터 받은 권세로서 이를 실행한다(고전 5:2, 7, 13; 살후 3:!4, 15; 딤전 1:2; 딛 3:10).

② 권징의 이중적 목적

권징의 목적은 이중적인데, (1) 첫째로 그것은 회원을 받아들이는 것과 축출하는 것에 관한 그리스도의 법을 실행하는 것이고, (2) 둘째는 이를 실행함으로써 교회 회원들의 영적인 덕을 증진시키는 것이다. 교회는 권징을 시행할 때, 이 둘 모두를 기억해야 하며, 아무리 극단적인 경우라 할지라도 교회는 죄인을 구원한다는 목적을 반드시 염두에 두어야 한다(고전 5:5).

③ 권징의 종류

권징에는 다음 여섯 가지 종류가 있다. (1) 권계, (2) 견책, (3) 정직, (4) 면직, (5) 수찬 정지, (6) 제명, (7) 출교이다.

④ 권징의 주체와 방법

일반적으로 권징은 교회의 직원들에 의해 시행되며, 권징이 형벌이 될 경우에는 특별히 더욱 더 오직 직원들만이 시행의 주체가 되어야 한다. 권징은 당회에서 집행하되 개인적으로 하고 세례 받은 신자에게 국한하여 여러 단계에 걸쳐 실행해야 한다. 숨은 범죄는 은밀히 책망하는 단계를 거치고 만일 듣지 않을 때는 공적 권징을 받도록 한다(마 18:15-18). 그러나 이미 나타난 범죄는 속히 공적 권징을 받게 해야 한다. 그러나 범죄자가 언제든지 분명한 회개를 보일 때는 교회가 그를 다시 받아야 함을 잊지 말아야 한다(마 18:18; 요 20:23; 고후 2:5-10).

3. 긍휼 사역권

이는 그리스도의 제사장권의 반영으로서 가난한 자와 병든 자를 돌보고 섬기는 교회의 권세이다. 가난한 교인을 구제하는 일에 대해서는 구약과 신약이 함께 강조하고 있다. 오순절 성령이 임하고 교회는 물건을 서로 통용하여 교인이 핍절하지 않도록 하였고(행 4:34), 사도 바울도 구제금을 모아 가난한 교인을 도왔다(행 20:35; 고전 16:1, 2; 고후 9:1, 7, 12-14; 갈 2:10; 6:10; 엡 4:28; 딤전 5:10, 16). 야고보와 요한도 이를 강조하였다(약 1:27; 2:15, 16; 요일 3:17). 교회가 구제할 때는 불신자에게도 구호의 손을 내밀어야 하지만(막 7:24-30) 믿음의 가족들에게 먼저 해야 한다(갈 6:10).

제2부
"은혜의 방편"

은혜의 방편 개요

A. 은혜의 방편 개념[888]

"은혜의 방편" 또는 "은혜의 수단들"(media gratiae, means of Grace)이란 그리스도께서 획득하신 구원의 은혜를 성령께서 전달해 주시기 위해 통상적으로 사용하는 방편을 의미한다. 교회 자체는 은혜의 방편은 아니고 오직 그 방편을 실행하는 기관일 뿐이고, 은혜의 방편은 말씀과 성례이다. 회개, 신앙, 기도 등도 은혜의 방편으로 일컬어지기도 하지만, 엄밀히 말해서 이것들은 은혜의 결과들로서, 엄격하게 말한다면 오직 말씀과 성례만이 그리스도께서 교회에 제정하신 객관적인 은혜의 통로로 여겨질 수 있다. 이 방편들은 그리스도와 성령과 분리되어 작용하는 것으로 이해될 수는 없다. 이는 주술적이고 마술적인 결과를 낳게 된다. 이 방편들은 오직 성령의 효과적인 작용을 통해서만 영적인 결과를 낼 수 있다.

B. 은혜의 방편으로서 말씀과 성례의 특징[889]

은혜의 방편으로서 말씀과 성례의 특징은 다음 네 가지로 정리할 수 있다. (1) 말씀과 성례는 일반 은혜의 방편이 아니라, 특별 은혜 즉 죄를 제거하고 죄인을 새롭게 변화시키는 특별 은혜의 방편이다. (2) 말씀과 성례

---

[888] Cf. Berkhof, 『조직신학』, 865-66.
[889] Cf. Berkhof, 『조직신학』, 866-67.

는 그 안에 포함되어 있지 않은 것들과 관련에 의해서가 아니라, 그 자체로서 은혜의 방편이다. 말씀과 성례는 그 자체가 은혜의 방편으로서 이 방편들의 영적인 효력은 오직 성령의 역사에만 의존한다. (3) 말씀과 성례는 우연적으로가 아니라 정례적이고 합당한 방편으로서 은혜의 방편이다. (4) 말씀과 성례는 예수 그리스도의 교회의 공적인 방편이다.

C. 은혜의 방편에 대한 역사적 견해들[890]

1. 로마 가톨릭 교회의 견해

로마 교회는 말씀과 비교하여 성례를 진정한 은혜의 방편으로 여겼다. 세례는 중생을 위한 것으로, 성찬으로 성화를 위한 것으로 여겼다. 후에는 점진적으로 성례보다는 성례를 시행하는 교회 자체를 더 우월한 방편으로 인정하게 되었다. 이들에 의하면 은혜는 절대적으로 방편에 얽매이게 되어, 유형적 표시들과 무형적 은혜가 불가분리적으로 연결되어 버렸고, 이를 실행하는 교회의 권세는 절대적이게 되었다.

2. 루터파의 견해

루터는 종교개혁을 통해 그 강조점을 성례에서 말씀으로 옮겼다. 루터는 가장 중요한 은혜의 방편으로서 말씀을 강조했다. 그는 성례는 말씀을 떠나서는 아무런 의미가 없다고는 잘 주장했지만, 성례가 내적 은혜와 불가분리의 관계가 있다는 로마 교회의 오류를 완전히 버리지는 못했다. 그래서 성례의 사효적(*ex opere perato*) 이해로부터 완전히 벗어나지 못하게 되었다.

---

[890] Cf. Berkhof, 『조직신학』, 867-69.

3. 신비주의자들의 견해

신비주의자와 재세례파는 외적인 방편들을 무시했다. 그들은 은혜는 마음에 직접 사역하기 때문에 말씀과 성례는 내면적 은혜를 싱징 하는데 유용할 뿐이고, 영적인 결과를 내는 일에 있어서는 가치가 없다고 여겼다. 외적인 방편은 사실상 자연의 세계에 속한 것으로서 영적인 세계와는 아무런 상관이 없다는 것이 이들의 주장이다. 이와 같은 개념은 자연과 은혜에 대한 이원론적 견해를 전제한다.

4. 합리주의적 견해

종교개혁 당시 소시니안파(Socinian)는 신비주의적 재세례파와는 반대의 극단으로 나아갔다. 그들은 세례와 성찬을 영구적인 효력을 지닌 의식으로 여겼으나, 다만 도덕적인 효력만을 가진 것으로 이해하였다. 이들에게 있어 은혜의 방편은 통하여 하나님이 일하신다는 개념보다는 인간이 일한다는 점이 강조된다.

5. 개혁파의 견해

개혁파 교회는 은혜의 방편들을 하나님이 정하신 통상적인 은혜의 전달 방편으로 보고 그것들을 존중하였다. 하나님은 그 방편들을 사용하는 데에 있어서 자유로우시다는 사실은 확실하지만, 또한 하나님은 자신의 신실하심으로 스스로 제정하신 통상적인 방편들을 사용하신다는 것 또한 인정되었다. 그러므로 이 방편들을 무시하고 고의적으로 등한히 취급하는 것은 영적인 큰 손실을 갖게 되는 것이다. 개혁파의 은혜의 방편에 관한 교리는 다음 5가지의 특징을 지닌다. (1) 하나님의 특별 은혜는 통상적으로 은혜의 방편이 작용하는 영역에서 역사한다. (2) 한 가지 점에 있어서 곧 새 생명을 심는 일에 있어서는, 하나님의 은혜가 이 방편들을 사용하지 않고 직접 작용한다. (3) 하나님의 은혜는 대개 간접적으로 역사하지만, 이 은혜는 방편들에 본래부터 있는 것이 아니라 이 방편들의 사용과 함께 임하는 것이다. (4) 하나님의 말씀은 성례로부터 분리되어서는 안 된다. (5) 하나님의 은혜를 받은 자가 획득한 모든 지식은 말씀이라는 방편을 통하여 그 사람 안에서 역사하며, 말씀에서 비롯된 것이다.

II
은혜의 방편으로서의 하나님의 말씀

A. 하나님의 말씀의 의미[891]

은혜의 방편으로서 하나님의 말씀을 말할 때, 그 하나님의 말씀은 인격적인 말씀, 로고스(요 1:1-14)를 의미하지 않는다. 이는 영감 된 하나님의 말씀, 주로 전도자들을 통하여 전달되거나, 여러 방식으로 사람들에게 접촉되는 말씀을 가리킨다. 말씀이 전파될 때, 그 말씀은 은혜의 방편이 된다. 그렇기에 성경 자체를 은혜의 방편이라고 말하는 것은 정확한 묘사는 아니다. 은혜의 방편으로서 하나님의 말씀은 공적으로 오직 교회의 합법적이고 자격을 갖춘 직원들만이 시행할 수 있지만, 그럼에도 하나님의 말씀은 성례와는 달리 모든 신자들에 의하여 다양한 방법을 통해 세상에 전달될 수 있다. 성경은 하나님의 말씀으로 말미암는 여러 능력 있는 역사에 대하여 다음 구절들에서 말하고 있다. 마 13:23; 요 6:68; 롬 1:16; 고전 1:18; 2:4,5; 엡 1:13; 히 4:12; 벧전 1:25; 벧후 1:19.

B. 말씀과 성령의 관계[892]

1. 여러 율법주의의 견해

---

[891] Cf. Berkhof, 『조직신학』, 871-72.
[892] Cf. Berkhof, 『조직신학』, 872-73.

유대주의, 펠라기우스주의, 반펠라기우스주의, 알미니우스주의, 신율법주의, 이성주의 등의 율법주의는 말씀의 능력이 말씀의 지적이고 도덕적이며 심미적인 감화에 있다고 주장한다. 말씀을 통한 초자연적 역사를 믿지 않는 것이다.

2. 율법폐기론의 견해

율법폐기론은 내적인 말씀 또는 성령의 직접적인 역사로부터 모든 것이 나오기를 기대하는 신비주의 입장을 취한다. 이 사상의 모토는 "문자는 죽이지만 영은 살린다."라고 할 수 있다. 자연적인 것은 어떤 영적인 결과도 낼 수 없다. 모든 형태의 율법폐기론자들은 결국 은혜의 방편을 경시하는 경향을 보이게 된다.

3. 루터파 교회의 견해

루터파는 성령이 방편으로서의 말씀을 통하여 (per verbum) 역사한다고 주장한다. 이는 하나님의 말씀과 성령이 나눌 수 없도록 하나가 되어 있어서, 심지어 말씀이 사용되지 않을 때나 합법적으로 작용하지 않을 때 조차도 말씀 안에 성령이 임재 하여 있다는 루터파 자체의 교리로 발전했다. 그렇다면 말씀 전파 시에 효력이 나타나지 않는 자들의 원인에 대한 설명 문제가 등장하게 된다. 이를 설명하기 위해 루터파는 사람의 자유 의지 교리에 의뢰한다. 그러나 이것은 비성경적인데, 구원을 주시는 것은 오직 하나님의 주권적 활동에 의한 것이기 때문이다.

4. 개혁파 교회의 견해

개혁주의자들은 하나님의 말씀이 어떤 사람에게는 생명에 이르게 하는 냄새가 되고, 어떤 사람에게는 사망에 이르는 냄새가 된다고 믿는다. 하지만 하나님의 말씀이 이런 효력을 나타내어 사람을 회심으로 이끄는 원인은 말씀 자체에 있지 않고 성령께서 "말씀과 함께"(cum verbo) 사역하시기 때문이라고 설명한다. 성령께서 영혼의 눈을 뜨게 하시고 귀를 열어주실 때에야 비로소 진리를 깨닫게 된다는 것이다. 성경 말씀의 효력의 위대함은 이루 말할 수 없는 것이어서, 교회가 성경을 부지런히 가르칠 의무가 있고, 그래야만 하지만(딤후 4:2; 고전 9:16), 개혁파 신학자들은 이 효력을 말씀 안에 내재해 있는 비인격적인 능력으로 간주하기를 거부했다.

C. 은혜의 방편으로서 하나님의 말씀의 두 구성 요소[893]

1. 하나님의 말씀 안에 있는 율법과 복음

은혜의 방편으로서 하나님의 말씀은 율법과 복음으로 구성되어 있다. 그러나 이 구분은 많은 이들이 오해하는 것처럼 신약과 구약의 구분과 동일한 것은 아니고 오히려 신구약 모두에 적용되는 구분이었다. 즉, 구약도 율법과 복음으로 구성되어 있고, 신약도 율법과 복음으로 구성되어 있다는 것이다. 율법에는 명령과 금령의 형태로 된 하나님의 모든 명령이 포함되고, 복음에는 신구약을 망라하여 화목의 사역에 속한 모든 것이 포함되어 있다. 율법은 인간의 마음속에서 죄를 상기시켜 회개로 이끄는 반면에, 복음은 예수 그리스도를 믿는 믿음으로 이끈다. 비록 사도 바울이 율법과 복음을 예리하게 구별하여 이 두 부분이 서로 대조되는 것처럼 말하기도 했지만(고후 3:6-11; 갈 3:2,3,10-14), 원래적 의미에서 그런 것은 아니다.

---

[893] Cf. Berkhof, 『조직신학』, 873-75.

2. 율법과 복음의 관계

　　율법과 복음은 서로 연결되어 둘이 함께 은혜의 방편으로 역사한다. 그러므로 이 둘은 서로 배타적일 수 없다. 예수님께서는 세대주의자들의 주장과는 달리 율법을 영구히 폐하지 않으시고 그것이 여전히 유효하다고 하셨고(마 15:17-19), 사도들 또한 그렇게 주장하였다(롬 8:4; 13:9; 약 2:10; 요일 3:4; 5:3). 여기서 기억해야 할 것은 그리스도인의 율법에 대한 관계가 이중적이라는 것이나, 한편으로 언약적 측면에서 그리스도인은 율법으로부터 자유 하여, 율법의 모든 요구에서 해방되었다고 할 수 있고, 다른 한편으로는 자연적이고 도덕적인 관계로서 여전히 율법에 순종할 책임이 있다는 것이다. 그리스도인은 구원을 받기 위해서가 아니라 이미 구원을 받은 자로서 감사를 동기로 하여 마음과 뜻과 목숨을 다하여 율법에 순종할 특권을 가지는 것이다.

III
성례 개요

A. 말씀과 성례의 관계[894]

　　말씀과 성례의 가치를 구별하는 것에서 개혁파 교회와 로마 가톨릭 교회는 서로 반대되는 입장을 취한다. 개혁파 교회들은 말씀에 우선권을 두지만, 로마 가톨릭 교회는 성례에 우선권을 둔다. 로마 가톨릭 교회에 의하면 성례는 죄인의 구원에 필요한 모든 것을 포함하기 때문에, 결과적으로 은혜의 방편으로서의 말씀은 불필요한 것으로 여겨지고, 그들은 미사와 성례에 우선권을 부여하는 것이다. 개혁파가 주장하는 말씀과 성례의 관계를 유사점과 차이점을 중심으로 정리하면 다음과 같다. 먼저 유사점에 대해서 말하자면, (1) 창시자가 하나님이시라는 것, (2) 그 내용은 둘 모두에서 그리스도이며, (3) 그 내용을 소유하는 방식이 믿음이라는 사실이다. 차이점에 있어서는 (1) 필연성에 있어서 말씀은 필수 불가결하지만 성례는 그렇지 않고, (2) 효과에 있어서 말씀은 믿음을 일으키고 강화하지만, 성례는 다만 강화시킬 따름이라는 것 (3) 마지막 세 번째로 그 대상에 있어서 말씀은 온 세상을 대상으로 하는 반면에, 성례는 오직 교회를 대상으로 한다는 것이다.

B. 성례의 의미[895]

---

[894] Cf. Berkhof, 『조직신학』, 877.
[895] Cf. Berkhof, 『조직신학』, 878.

성례라는 단어는 성경에서 발견되지 않는다. 이 단어는 라틴어로 사크라멘툼에서 유래한 단어인데, 이는 소송시 공탁금을 가리키는 용어였다. 이 단어는 신학에서는 원래의 의미로 사용되지 않는다. 그러나 이 단어가 성경에서 발견되지 않고, 예수께서 제정하신 규례에 적용될 때에 원래의 의미로 사용되지 않는다고 해서 이 용어의 사용을 주저할 필요는 없다. 왜냐하면 종종 용법이 단어의 의미를 규정하기도 하기 때문이다. 벌코프는 성례를 다음과 같이 정의한다. "성례란 그리스도께서 제정한 거룩한 규례로, 그리스도 안에 있는 하나님의 은혜와 은혜 언약의 혜택들이 감각할 수 있는 표호들에 의하여 신자들에게 제시되고 인(印) 쳐지고 적용되며 이로 인하여 신자들은 하나님께 향한 신앙과 충성을 표현하는 것이다."

C. 성례의 구성 부분[896]

성례는 세 부분으로 구성되어 있는데, (1) 먼저는 외적인 혹은 가시적인 표징(sign)이다. 모든 성례는 감지될 수 있는 물질적 요소를 가지고 있다. (2) 두 번째 구성 요소는 그것이 의미하고 인(seal)치게 되는 내면적인 영적인 은혜이다. 이것은 간단히 말하면 그리스도와 그리스도의 모든 영적인 부요함을 의미한다. (3) 마지막 세 번째로 표와 그 표가 의미하는 것 간의 성례전적 연합이다. 로마 가톨릭 교회는 이 연합을 물질적으로 이해하고, 루터파는 장소적으로 이해한다. 하지만 개혁파는 이것을 영적 혹은 도덕적, 관계적으로 이해한다. 믿음을 통하여 성례를 받아들이는 곳에서 하나님의 은혜가 나타난다.

D. 구약과 신약의 성례 비교[897]

---

[896] Cf. Berkhof, 『조직신학』, 879.
[897] Cf. Berkhof, 『조직신학』, 880.

1. 본질상의 일치

구약의 성례와 신약의 성례 사이에는 본질적인 차이가 없는데, 다음과 같은 것들이 이 사실을 입증한다. (1) 고전 10:1-4에서 바울은 신약 성례의 본질적인 요소가 구약 교회에 기인한 것으로 말한다. (2) 롬 4:11에서 바울은 아브라함의 할례를 믿음의 의의 인침이라고 말하는데, 이는 세례와 연결된다. (3) 신약과 구약의 성례의 명칭들이 상호 교차적으로 사용된다. 즉, 할례와 유월절이 신약 교회에 대해서도 사용되고 있으며(고전 5:7; 골 2:11), 세례와 성찬이 구약 교회에 대해서도 사용된다(고전 10:1-4).

2. 형식상의 차이

그 차이점은 4 가지로 말할 수 있다. (1) 이스라엘에서 성례는 은혜의 상징과 인으로서의 영적인 의미 외에도 국가적 면을 가지고 있었다. (2) 성례와 더불어 이스라엘은 다른 많은 상징적인 규례들, 예를 들면 제사 규례와 정결 의식을 가지고 있었던 것과 달리, 신약에는 오직 성례만 존재한다. (3) 구약의 성례는 그리스도를 예시하며 장차 누리게 될 은혜를 인치는 역할을 하는 반면, 신약의 성례는 그리스도와 그리스도의 완성된 구속의 제사를 회고한다. (4) 구약의 성례에 따르는 하나님의 은혜는 신약 시대에 얻는 것보다 적었다.

E. 성례의 수[898]

성례의 수에 대하여 로마 가톨릭 교회와 개혁파 교회는 다른 견해를 가지고 있다. 로마 가톨릭 교회는 개혁파 교회가 인정하는 성례와 세례에 다섯

---

[898] Cf. Berkhof, 『조직신학』, 881-82.

가지를 더하여 일곱 가지 성례를 말한다. 견진 성사(confirmation), 고해 성사(penance), 신품 성사(orders), 혼배 성사(matrimony), 종부 성사(extrem unction)가 그것이다. 이것들은 스콜라 신학자들의 전통과 교회의 권위에 의해 결정된 것이고 그리스도에 의해 제정된 것이 아니다. 그들은 비록 성경적 근거를 주장하지만, 이를 입증할 길은 없다. 개혁파는 구약에서는 할례와 유월절이라는 두 개의 성례를, 신약에서는 세례와 성찬이라는 두 개의 성례만을 유일하게 성경이 지지하는 성례라고 바르게 주장해 왔다.

IV 기독교 세례

A. 세례의 제정[899]

1. 세례는 그리스도에 의해 제정되었다.

그리스도께서는 충만한 중보자적 권위로 옷 입으시고 세례를 제정하셨다(마 28:19, 20; 막 16:15, 16). 그러면 세례 요한의 세례에 대한 의문이 제기된다. 왜냐하면 성경은 세례 요한의 세례도 신적 권위에 의한 것이라고 말하기 때문이다(막 11:30; 눅 7:30; 요 1:31, 33). 그러나 요한의 세례는 구약 경륜에 속한 것이었고(마 11:13, 14; 눅 1:17), 회개를 강조한 세례였으며, 삼위일체의 이름으로 실행되지는 않았다. 세례 요한의 세례와 예수님의 승천 이전에 예수님의 제자들이 주었던 세례는 다 준비적 성격을 지닌(요 4:2), 정결 예식이라고 할 수 있다. 그리스도의 세례 제정의 말씀에는 다음과 같은 요소들이 내포되어 있다. (1) 제자들은 온 세상에 나아가 복음을 전해야 한다. (2) 믿음으로 그리스도를 영접한 사람들은 삼위일체 하나님의 이름으로 세례를 받아야 한다. (3) 말씀을 더욱 더 배우고 거기에 순종해야 한다는 것이 그것이다.

2. 세례의 형식

세례는 기본적으로 정화 혹은 영적 씻음과(행 2:38; 22:16; 고전 6:11; 딛

---

[899] Cf. Berkhof, 『조직신학』, 886-88.

3:5; 히 10:22; 벧전 3:21; 계 1:5), 그리스도의 죽음과 부활에 연합됨을 의미한다 (롬 6:4, 5). 또한 동료 신자들과 연합되어진 것도 상징한다(고전 12:13). 성경의 그 의미에 강조점을 두고 세례 양식을 어느 하나로 엄격하게 규정하고 있지는 않다. 침례교회는 물에 침수하는 방식만을 주장하면서 그 근거로 세례를 의미하는 헬라어 '밥토'와 '밥티조'라는 단어의 뜻에 호소하지만, 이 두 용어는 꼭 침수만을 의미하지는 않는다. '밥토'는 신약에서 네 번 나타나는데(눅 16:24; 요 13:26; 계 19:13), 이 네 경우 모두 기독교 세례를 의미하지는 않는다. '밥티조'는 76번 사용되었는데, 이 말 또한 항상 침수한다는 의미로 사용된 것은 아니었다. 그래서 칼빈은 침례만이 유일한 세례의 방식이라고 주장하는 것은 잘못이라고 지적하며, 물을 찍어 바르거나 붓거나 뿌리는 등의 양식도 유효하다고 하였다.[900]

B. 세례의 합법적 실행[901]

1. 시행자

세례의 시행은 교회의 공적 영역에 속하므로 공식적으로 임직을 받아 자격을 갖춘 말씀의 사역자만이 세례의 합법적인 시행자이다. 로마 가톨릭 교회는 세례를 구원을 위해 절대적으로 필요한 것으로 여기기 때문에, 사제의 부재로 인해 상황이 위급한 비상시의 경우 다른 사람들 특히 산파들이 세례를 주는 것을 허용한다. 그러나 개혁파는 오직 자격을 갖춘 말씀의 사역자만이 유일한 합법적 성례의 시행자라고 믿는다. 개혁파는 삼위일체를 부정하는 종파들이나 다른 이단자들의 경우를 제외하고는 로마 가톨릭을 포함하는 다른 교회들의 세례를 인정하였다. 일반적으로 (1) 공식적으로 임직한 목사에 의하여 (2) 신자들이 모인 공석에서 (3) 삼위 하나님의 이름으로 베

---

[900] Calvin, *Institutes*, IV. 15. 19.
[901] Cf. Berkhof, 『조직신학』, 894-905.

풀어진 세례를 합법적이며 효력 있는 것으로 보았다.[902]

2. 세례의 정당한 대상자

a. 성인 세례

세례의 대상자가 장년인 경우에는 예수를 구주로 믿는다고 신앙 고백을 하는 자에게만 줄 수 있다(막 16:16; 행 2:14; 8:37; 16:31-33). 그러므로 교회는 성인에게 세례를 주기 전에 신앙 고백을 요구해야 한다. 하지만 교회는 마음의 은밀한 것을 다 알 수 없기에 교회는 거짓된 고백에 속을 수도 있다. 고백의 진실성은 고백자에게 책임이 있다. 오히려 고백의 진실성을 파악하려는 의도로 너무 엄격하게 세례를 제한하는 것은 교회가 자신의 한계를 넘어서려는 행위일 수 있음을 기억해야 한다.

b. 유아 세례

개혁교회와 침례교간의 가장 중요한 차이는 유아 세례에 대한 서로 다른 입장이다. 침례교에 의하면, 그리스도에 대한 신앙을 스스로 고백할 수 있는 사람만이 세례의 대상이 된다. 하지만 침례교를 제외한 다른 모든 교파에서는 유아 세례를 인정하고 있다. 개혁파가 말하는 유아 세례의 성경적 근거는 다음과 같다.

① 은혜 언약의 통일성이다. 구약의 할례는 신약의 세례와 본질상으로 동일한 의미, 즉 언약에 참여자라는 표시라는 의미를 지니는데, 구약 시대에 유아들이 할례를 받았기 때문이다. 신약 시대에 어린이들을 언약으로부터 제외시키려면 명시적인 성경적 증거가 필요한데, 성경은 오히려 반대로 말하고 있다(마 19:14; 행 2:39; 고전 7:14).

---

[902] 김달생, 『바른신학』, 548.

② 비록 사도 시대에 유아들에게 세례를 주었다는 직접적인 증거가 없다고 할지라도, 신약의 언어는 어린 아이들에게 할례를 줄 것을 요구한 언약을 계속 유기적으로 완전하게 시행하고 있음을 보여줄 뿐만 아니라(마 19:14; 막 10:13-16; 행 2:39; 고전 7:14), 신약의 가족 세례는 유아에게 세례를 주는 일이 일상을 벗어난 일이 아니라 오히려 통상적인 일이었음을 시사해 준다고 할 수 있다(행 16:15, 33; 고전 1:16).

V 성찬

A. 성찬의 제정과 그 명칭[903]

성찬의 제정에 대한 기록은 네 곳에서 발견된다(마 26:26-29; 막 14:22-25; 눅 22:17-20; 고전 11:23-26). 주님께서는 십자가에 달리시기 전날 유월절 만찬에서 성찬을 제정하시고, 이를 그리스도의 재림 때까지 지속하여 행할 것을 명령하셨다. 성경은 성찬을 다양한 명칭으로 부른다. 이는 (1) "주의 만찬"(고전 11:20), (2) 주의 상(고전 10:21), (3) 떡을 뗌(행 2:42), (4) "축사" 또는 "축복"(eucharist)(고전 10:16; 11:24; 마 26:26, 27)이 있다.

B. 성찬이 의미하고 인치는 것들[904]

성찬은 (1) 주의 죽으심을 상징적으로 표현하고(고전 11:26), (2) 또 신자가 십자가에 못 박히신 그리스도께 참여한다는 것을 상징한다(요 6:53). (3) 성찬은 믿음의 대상으로서의 그리스도의 죽으심과 신자를 그리스도께로 연합시키는 믿음의 행동과 그 행동의 효과 즉, 영혼에 생명과 힘과 기쁨을 주는 것 또한 표현한다. 그리고 마지막으로 (4) 성찬은 신자들 상호간의 연합을 상징하기도 한다(고전 10:17; 12:13). 또한 성찬은 상징일 뿐만 아니라 인(seal)이기도 해서, 다음의 것들을 신자 안에 인 친다. (1) 성찬은 신자들을 구속하시는

---

[903] Cf. Berkhof, 『조직신학』, 910-11.
[904] Cf. Berkhof, 『조직신학』, 914-15.

그리스도의 사랑을 참여자들에게 인 쳐준다. (2) 성찬은 그 참여자들에게 새 언약의 유익이 자신들에게 주어질 수 있고 그 선물들을 요구할 수 있다는 개인적인 확신을 심어준다. (3) 마지막으로 성찬은 상호적 성격을 지닌 인으로서, 성례에 참여하는 자가 하는 신앙 고백의 표지이기도 하다.

C. 성찬에 관한 견해들[905]

1. 로마 가톨릭 교회의 견해: 화체설

로마 가톨릭 교회는 성례적 연합을 물질적 의미로 생각했다. 이들은 사제가 "이것은 내 몸이라"(hoc est corpus meum)고 축성할 때 빵과 포도주의 본질(substance)이 예수님의 살과 피의 본질(substance)로 변한다는 화체설(transubstantiation theory)을 주장한다. 즉, 빵과 포도주의 특성들은 그대로 남아 있으나, 그 본질이 예수님의 살과 피로 바뀐다는 것이다. 이들은 이와 같은 주장의 근거를 "이것이 내 몸이니라"고 하신 주님의 말씀에 두었다(마 26:26; 요 6:50). 그러나 이 구절들은 당연히 비유적이며 영적으로 해석 되어야 한다(요 6:63; 14:6; 15:1; 10:9 참고). 또한 이는 성경 해석에 있어서 부당할 뿐만 아니라, 인간의 상식과 이성의 법칙에도 위반된다. 이런 오류의 결론은 성체를 높이고 숭상하는 무지와 미신에 빠지게 되는 것이다.

2. 루터파 교회의 견해: 공재설

루터는 화체설을 거부하였으나 그것의 물리적 성격까지는 완전히 제거하지 못하였다. 루터는 성찬에서 빵과 포도주는 아무런 변화가 없이 남아 있지만, 빵과 포도주 "그 안에, 그 아래, 그리고 그것들과 함께"(in, under and with) 몸과 피를 포함하는 그리스도의 전인격이 신비스럽고 기적적인 방법

---

[905] Cf. Berkhof, 『조직신학』, 915-18.

으로 임재 한다고 주장한다. 즉, 그리스도의 육체적인 몸과 피가 성찬에 장소적으로 임재(local presence)한다는 것이다. 따라서 그들도 로마 가톨릭 교회와 같이 소위 입으로 먹음(manducatio oralis)을 가르치고 있는 것이다. 이는 개혁파가 말하는 것처럼 성찬시에 믿음으로 주의 몸과 피를 소유하게 되는 것만이 아니라, 그것들을 몸의 입으로 먹고 마신다는 것이다. 하지만 이들의 해석, "이것은 내 몸이라"를 "이것은 내 몸에 동반 한다"로 해석하는 것은 정당성이 없다.

3. 쯔빙글리파의 견해: 상징설 = 기념설906

쯔빙글리는 성찬이 주로 그리스도의 죽음을 상징하는 것으로만 보고 그의 몸이 실제로 임재 하는 것이 아니라는 상징성을 주장하였다고 알려져 있다. 즉, 성찬은 그리스도께서 죄인들을 위해 행하신 것을 단순히 기념하는 공식적인 표시일 뿐이라는 주장이다. 그러나 쯔빙글리도 성찬에 그리스도께서 영적으로 임재 하신다는 것을 어느 정도 인정하였다는 논의도 제기된다. 쯔빙글리의 저서에는 성찬을 인 또는 보증으로 간주하고 있는 내용이 들어있다는 것이다. 그러므로 다음에 논의될 영적 임재설과 어느 정도 함께 갈 수 있는지가 논의될 수 있다. 칼빈과 쯔빙글리의 후계자격인 불링거 사이에 이 문제에 대한 의견 일치가 이루어지기도 하였다.

4. 개혁파 교회의 견해: 영적 임재설

성찬에 대한 칼빈의 견해는 쯔빙글리의 견해와 루터의 견해의 중간 즈음에 있다고 할 수 있다. 칼빈은 그리스도께서 물론 육체적으로 장소적으로 성찬시에 임재하시는 것은 아니지만, 성찬이 단순히 상징이거나 기념만은 아니라고 하였다. 그리스도의 인성을 위격에 연합시키신 그리스도의 신성

---

906 김달생, 『바른신학』, 554.

의 임재로 말미암아 믿음 안에서 그리스도의 몸과 피를 향유할 수 있다는 것이다. 신자가 성찬에서 빵과 포도주를 받을 때 생명을 주는 감화를 그에게 전달하시는데, 이는 실제적이면서도, 육체적인 것이 아니라 영적이며 신비적이요, 성령을 매개로 전달되는 것이라고 하였다. 이런 그리스도와의 친교 (communion)은 한편으로는 믿음을 통하여 자신의 마음을 그리스도께서 계신 하늘로 들어 올리는 것이고, 다른 한편으로는 성령이 그리스도의 몸과 피의 감화를 수찬자에게 내리시는 것으로 표현된다. 이런 칼빈의 견해에 대한 가장 보편적인 해석은 그리스도의 몸과 피가 실질적으로(virtually) 임재 한다는 것이다.

D. 성찬의 참여자[907]

1. 참여할 수 있는 자

성찬은 모든 사람들이 무차별적으로 참여할 수 있도록 제정된 것이 아니다. 성찬에 참여하는 자들은 회개한 죄인들로서, 자신들의 힘으로는 구원받을 수 없음을 기꺼이 인정하는 자들이어야 한다. 그들은 예수 그리스도에 대한 살아 있는 믿음을 소유한 자들로서, 구주의 구속의 피만이 자신들을 구속할 수 있다고 믿으며, 영적으로 자라고자 하는 열망을 가진 자들이다.

2. 성찬에 참여해서는 안 될 자

a. 아이들

구약 시대에는 아이들도 유월절에 참여하여 먹는 것이 허락되었으나 신약에서는 주의 만찬에 참여하는 것이 허락되지 않는다. 그 이유는 아이들

---

[907] Cf. Berkhof, 『조직신학』, 920-22.

이 성찬에 합당하게 참여할 요건을 갖추지 못했기 때문인데, 이는 아이들이 수찬하기 전에 자기를 살필 수 없고, 주의 몸을 분별할 수도 없기 때문이다 (고전 11:28, 29). 그러므로 유아 세례를 받았다고 하더라도, 이를 분별할 수 있는 연령에 도달할 때, 즉 입교 문답을 지나 입교 예식을 행한 후에 성찬에 참여하는 것이 교회의 상례이다.

b. 불신자

성찬은 교회를 위한 성례이므로 교회 밖에 있는 불신자들은 성찬에 참여할 수 없다. 또한 교회는 출석하고 있지만, 아직 공적인 신앙의 고백이 없고 그리스도를 구주로 믿지 못하고 있는 이들도 성찬에 참여할 수 없다.

c. 결함이 있는 신자

참 신자라 할지라도 그들의 영적인 생활의 상태나 하나님과의 관계, 또는 그들이 동료 그리스도인들에 대하여 보인 태도에 따라 성찬 예식과 같은 영적인 행사에 참여할 자격을 상실할 수 있다. 이는 고전 11:28-32에 밝히 말하고 있는 바이다. 어떤 사람이 주님으로부터 멀리 떠나 있다든지 형제들로부터 멀리 떠나 있음을 의식하는 경우, 그는 교통으로서의 주의 상에 참여할 자격을 상실한다. 그러나 구원의 확신이 결여되어 있다고 해서 성찬에 참여할 수 없는 것은 아니다. 왜냐하면 성찬은 믿음을 강화시키기 위한 바로 그 목적으로 제정되었기 때문이다.

安衡柱 牧師의
개혁주의 조직신학 강설

종말론

The Reformed
Systematic Theology

I
종말론이란

A. 종말론 연구의 필요성

　인간을 가리켜서 사회적 동물, 또는 역사적인 동물이라고 말을 한다. 그것은 여러 가지 이유가 있어서 그렇게 붙여진 이름이기도 하겠지만 무엇보다도 과거를 회상할 수 있고 또한 그것을 거울삼아 현재를 분석하고 다가올 내일의 방향을 모색할 수 있는 능력이 있는데서 붙여진 이름이라고 본다. 그러나 인간들이 미래를 내어다 볼 수 있는 능력은 지극히 한정적일 수밖에 없다. 미래는 하나님의 섭리의 영역이요, 인간들이 침투할 수 없는 성역으로서, 오직 하나님만이 시공을 초월하여 미래를 내어다 볼 수 있고 주관하시기 때문이다. 그러기에 종말에 대한 오해와 편견이 많은 것도 사실이다. 어떤 자는 종말을 아예 부정하는 사람들도 있고 혹자들은 시한을 정해 놓고 종말을 이야기하고 있어 많은 혼란과 문제점들을 낳고 있다.

　오늘의 세계는 희망적이기 보다는 비관적인 상황이 아닐 수 없다. 우리의 개인적인 삶뿐 아니라, 우주 또한 물리적인 멸망의 운명에 처해 있다. 이러한 통찰은 신학과 종교들의 모든 믿음에 커다란 위협을 가하고 있다.[908] 초강대국간의 핵무기 경쟁에 따른 국제정세는 인류를 죽음의 공포에서 떨게 하고 자원의 고갈, 인구문제, 가정의 해체, 생태학적 위기, 인간성 상실로 가득 차 있다.[909] 이러한 위기의식 속에서 기독교는 죽음을 넘어서

---

[908] 미하엘 벨커·존 폴킹혼 엮음, 『종말론에 관한 과학과 신학의 대화』, 신준호 옮김 (서울: 대한기독교서회, 2002), 11.

[909] 이원설, "최근의 세속적 종말론", 『신학지남』, 41권 2집, 1974년 6월호, 48.

는 미래에 대한 최종적이고 보편적인 희망을 선포하고 있다.910 기독교의 종말에는 우주적인 영광으로 오실 그리스도의 재림, 세계의 심판, 죽은 자의 부활, 만물의 새로운 창조가 있기에 희망적911이라고 할 수 있다. 이렇게 볼 때 종말론은 신학의 마지막이 아니고 시작이어야 한다고 했던 몰트만의 견해는912 많은 시사점을 주고 있다고 본다. 그러나 오늘날 대부분의 기독교인들은913 기독교의 종말론적인 사고를 신학적으로 이해하기 보다는 세상적인 말세관 정도로 이해하는 경향이 농후하다.914

이제 선교 1세기를 지나 2세기를 향하고 있는 한국 교회는 기독교 2000년 역사에 세계 교회가 놀랄 만큼의 장족의 발전을 가져 왔음이 분명하다. 1907년의 부흥운동을 시발로 전도운동 및 사경회를 통한 부흥성장은 매우 괄목할만한 것이었다. 1919년 3.1운동을 전후하여 교회는 큰 핍박을 받게 되었고 이로 인하여 교회의 성장은 둔화되는 듯 하였으나 1945년 해방과 1950년의 6.25사변은 사회적 급변을 가져와 많은 난민들로 하여금 교회의 문을 두드리게 하였다.

이후 한국교회는 교단분열의 시련기를 거쳐 오면서도 성장은 계속 되었고, 1970년대에 이르러서는 경제성장과 도시화라는 개발붐으로 교회는

---

910 Gisbert Greshake, *"Bemerkungen zur gegenw rtigen theologischen Positionen"*, in: *"Konturen heutiger Theologie"*, M nchen, 1976, 203.

911 요한복음 1장 3절과 계시록 4장 11절에서 결국 만물이 그리스도를 위하여 또 그리스도로 말미암아 창조되었음을 말씀하고 있다. 사도 바울도 로마서 11장 36절에 "이는 만물이 주에게서 나오고" 라고 표현하고 있다. 요한도 사도 바울도 예수그리스도를 만물의 창조자로 말하고 있다.

912 J. Moltmann, *"Theology of Hope,"* On the Ground and the Implications of aChristian eschatology (New York: Harper & Row, 1975). 우리말로 번역된 책으로는; J. Moltmann, 『희망의 신학』 전경연 · 박봉랑 옮김 (서울: 대한기독교서회, 1973). J. Moltmann, *The Coming of God: Christian Eschatology* (Minneapolis: Fortress press, 1996). 우리말로 번역된 책으로는; J. Moltmann, 『오시는 하나님: 기독교적 종말론』 김균진 옮김 (서울: 대한기독교서회, 1997). 몰트만의 『희망의 신학』은 종말론에 가장 영향력 있는 저서로서 그의 전체 신학의 종말론적 방향을 설정한 연구서라고 할 수 있다.

913 김철손, "한국 교회의 하나님 나라 이해", 『신학사상』 1981년 봄 (서울: 한국신학연구소, 1981), 5.

914 판넨베르그는 불트만과 다드와 같은 사람들이 예수의 메시지가 임박한 하나님 나라의 선포였고 이는 분명 유대교의 종말론적 희망과 커다란 차이가 있음에도 불구하고 예수의 하나님 나라 메시지인 미래성을 유대교 사상의 잔재로 보고 이를 폐기하였다고 지적하고 있다(W. Pannenberg, *"Theology and The Kingdom of God"*, 이병섭 역 [서울: 대한기독교출판사, 1977], 70-2).

그 유례를 찾아볼 수 없을 만큼 급성장하기 시작하였다. 그러나 양적인 성장(External Growth)에 비해 질적 성장(Internal Growth)이 따르지 못하는 안타까움과 함께 많은 문제점들이 노출되었는데 종말론은 그 문제의 중심에 있다고 할 수 있다.

한국교회의 종말론은 많은 부분에서 근본주의와 세대주의의 영향을 받아 다분히 시한부적인 인상을 떨쳐 버리지 못하고 있다. 그러다보니 건강하고 성경적인 종말관이 정립되지 못하고 아직까지도 우왕좌왕하는 모습을 노출시키고 있고 격변기마다 그 노선이 바뀌는 일들이 있었다.

우리는 그리스도인으로서 예수 그리스도의 재림을 기다리고 있다. 그러나 그리스도께서 재림하시기 전에 적그리스도(Antichrist)가 나타날 것이고 요한의 시대에 그러했던 것처럼 현재 많은 적그리스도의 영을 받은 거짓 선지자들이 활동하고 있다. 우리가 살고 있는 시대는 성경이라면 한 자도 믿지 않는 불신에서부터 성경을 처음부터 끝까지 믿는다고 주장하지만 원본이 이미 오래 전에 없어졌으므로 무오한 성경이 단 한 권도 없다고 믿는 불신에 이르기까지 참으로 다양하다.

이 교리에 대한 무관심과 반대, 그리고 불신의 이유를 헨리 디이슨은 지적하기를 1) 재림 일자의 확정으로 인한 불신, 2) 재림에 대한 비성경적인 교리의 제시, 3) 재림에 대한 해석의 우유부단으로 인한 선입관과 편견[915]이 이 교리를 받아 드리지 못하게 하고 있다고 하였다. 이어서 그는 이 교리를 받아들이지 못하는 주된 이유가 중생하지 못한 마음에 있다[916]고 예리한 지적을 한 바 있다.

성경을 믿지 못하거나 우리 주님의 재림을 사모하지 않는 자들의 마음 속에는 이러한 불신이 짙게 깔려있다. 우리 주변과 심지어 교회에도 하나님의 기록된 말씀을 믿지 않는 불신자들은 많다. 요한계시록 7장에 나오는

---

[915] 헨리 디이슨, 『조직신학 강론』, 권혁봉 역 (서울: 생명의 말씀사, 1975), 694-95.
[916] 헨리 디이슨, 695.

144,000명은 잘못된 종말론을 판별하는 가장 좋은 문맥이 될 것이다. 여호와의 증인들은 144,000명이 신실한 여호와의 증인들이라고 주장한다.

우리가 잘못된 종말론을 시험할 수 있는 또 다른 문맥이 바로 계시록 20장이다. 계시록 20:1-7에는 "천 년"이라는 용어가 6번 나온다. 이 천년에 관해서도 많은 이설(異說)이 있다. 이 부분에 대한 구체적인 내용은 Ⅱ장에 가서 다루기로 하겠다.

기독교 2000년 역사를 보면 대개 500년을 주기로 재림에 대한 파동이 있었던 것을 볼 수 있다. 로마의 히폴리투스(Hippolytus of Rome)는 A.D. 262년에, 아프리카너스(Julius Africanus)는 A.D. 500년에 종말이 온다고 하였다. 니콜라스는 1734년에, 윌리엄 휴스턴은 1736년에, 어빙은 1825년에, 죠셉 월프는 1847년에, 화이트는 1855년에, 마이클 백스터는 1903년에 종말이 온다고 주장했었다.[917]

안식교의 원조라고 할 수 있는 윌리엄 밀러(William Miller, 1782-1849)는 다니엘 8:14의 "이천 삼백주야(two thousand and three hundred days)"라는 숫자와 역시 9:24의 "칠십 이레(seventy weeks)"라는 숫자에 근거하여 그리스도의 재림 날짜를 예언하고, 그 날짜를 1843년 3월 21일에서 1844년 3월 21일 사이라고 못을 박았지만 크게 빗나가고 말았다.[918] 그러나 그는 또다시 날짜를 수정하여 그리스도께서 재림하실 날짜는 1843년 3월 21일과 1844년 3월 21일 사이가 된다고 단정하였으나[919] 이 역시 불발에 그치고 말았다. 1843

---

[917] 천정웅, 『시한부 종말론과 실현된 종말론』 (서울: 말씀의 집, 1991), 14.

[918] Francisd. Nichol, *The Midnight Cry*(Washington: Review and Herald, 1945), 169.

[919] 밀러는 다니엘 8:14에 있는 "성소가 정결하게 함을 입으리라."는 말씀은 그리스도의 재림을 의미하고 "이천 삼백주야"는 2,300년을 의미한다고 풀이하였다. 그리고 그는 아닥사스다 왕이 예루살렘을 중건하라는 해가 주전 457년이며, 다니엘 9:24의 "칠십 이레"를 490년으로 계산하였다. 그러므로 457년부터 490년이 되는 해는 주후 33년이 되고, 이때가 그리스도께서 십자가에 달리신 해라고 그는 단정하였다. 밀러는 이 457년을 2,300년의 출발점으로 계산하면 그리스도께서 재림하실 날짜는 1843년 3월 21일과 1844년 3월 21일 사이가 된다고 단정하였다. 그러나 1843년이 아무 일 없이 지나가자 그는 자기의 날짜 계산이 유대력으로 했기 때문이며, 이것을 로마력으로 하면 1844년 10월 22일이 된다고 하였다. 그리스도의 재림을 기다리던 12만 여명의 안식교도들은 뉴욕 주에서 기다렸으나, 그날도 다른 날과 조금도 다름이 없었다.

년이 아무 일 없이 지나가자 그는 자기의 날짜 계산이 유대력으로 했기 때문이며, 이것을 로마력으로 하면 1844년 10월 22일이 된다고 하였다. 그리스도의 재림을 기다리던 12만 여명의 안식교도들은 뉴욕주에서 기다렸으나, 그날도 재림은 일어나지 않았다.[920] 안식교는 그리스도의 재림 예고는 그리스도의 지상 재림이 아니라 성소를 정결케 하기 위하여 하늘 지성소에 들어가신 것이라고 해석을 하기도 하는데 그들은 이것을 그들의 교리로 채택하고 있다.

몰몬교의 조셉 스미스와[921] 여호와의 증인[922]의 창설자인 럿셀(Charles Taze Russel, 1852-1916)도 시한부 재림론을 주장했었다. 럿셀에 의하면 1874년 가을에 그리스도의 재림이 보이지 않게 시작되어, 40년간의 추수기를 마치고 1914년에 이방인의 때가 끝남과 동시에 재림하셨다는 것이다.[923] 그들은 아벨이 최초의 여호와의 증인이며, 예수 그리스도는 여호와의 증인의 가장 으뜸이 되며, 그 후계자는 럿셀과 루더포드와 노르라는 황당한 논리를 주장하기도 했다.[924] 그리스도의 재림은 육체적인 것이 아니라 영적인 것이며, 누구나 볼 수 있는 것이 아니라고 하였다.[925] 그리스도는 이미 1874년에 보이지 않게 재림하시고, 1914년에는 지상에 오셔서 역사를 지배하고

---

[920] *Seventh-day Adventist Answer Questions on Doctrine*(Washington: Review and Herald, 1957), 463.

[921] 몰몬교는 조셉 스미스 2세(Joseph Smith, Jr., 1805-1844)에 의하여 1830년에 창시 되었는데 이 교파는 성경과 몰몬경, 즉 스미스가 1822년에 하나님으로부터 직접 받았다는 계시서에 근거하여, 예수의 재림에 대한 강한 믿음과 천년왕국의 예비 작업으로서 이상적 공동체를 지상에 만들기 위하여 솔트레이크(Salt Lake)를 몰몬교의 성도(聖都)로 만들었다. 그들은 교회가 모든 개인의 생활과 정치적, 경제적 활동까지도 지배해야 한다고 믿었으며, 그 밖의 문화생활도 교회의 지배하에 두었다. 몰몬교는 처음에는 예수의 재림과 지상 천국 건설에 관심을 가졌으나 결과적으로는 특이한 신정정치 제도를 확립하였다. 이것은 몇 사람의 주관적 신앙 체험 위에 세워진 것이라고 밖에 볼 수 없다.

[922] 여호와의 증인은 이사야 43:10과 44:8에 근거하여 이미 5천 년 전에 시작된 운동이라고 말한다. 그들은 이 구절에서 '너희는 나의 증인'이라는 말을 인용하여 '여호와의 증인'이라는 이름으로 부르게 된 것이다(Jehovah's Witnesses, *Yearbook of Jehovah's Witnesses*[Brooklyn : Watchtower Bible & Tract Society, 1941], 30-5).

[923] F. S. Mead, *Handbook of Denominations in the United States*(Nashville: Abingdon, 1980), 145.

[924] Jehovah's Witnesses, *Make Sure of all Things Fast to What is Fine*, 1965, 270.

[925] Jehovah's Witnesses, *Qualified to be Minister*, 1965, 300.

있다고 하였다. 그들은 계속해서 1918년을 재림의 해로, 럿셀의 후계자인 루더포드는 1925년을, 다시 1975년을 재림의 해로[926] 수정하여 번복하는 일들이 있었으나 모두가 거짓으로 드러나고 말았다.

우리나라도 크게 다르지 않다. 이단연구가들의 통계에 따르면 우리나라에는 자칭 하나님이나 혹은 자신이 준 메시야에 해당한다고 믿는 사람들이 40여명이 넘는다고 한다. 그들 중 대부분은 자신이 앞으로 재림을 할 것이라든지 혹은 "이미" 재림했다고 주장하고 있다. 그들은 자신이 "재림주"인 것과 더불어 거짓 종말론으로 많은 사람들을 미혹하고 있는 것이다.

특별히 한국에서는 샤머니즘과 어우러져 휴거와 종말론이 기복신앙을 유도하는 당근으로 사용되고 있는 실정이기도 하다. 흔히 "시한부 종말론자"라고 불리는 사람들은 모두 휴거, 천년왕국, 대환란 등 성경적 용어들을 사용하고 있다. 물론 그것은 사람들로 하여금 성경적 종말론 자체를 불신하게 하려는 마귀의 술책이 아닐 수 없다.

한국교회는 그 동안 시한부 종말론으로 인하여 많은 혼란을 겪은 바 있다. 종말론이 정립되지 않아 나타나고 있는 시한부적인 현상은 우리 한국 교회에서는 너무 쉽게 찾아 볼 수 있다. 이장림을 중심으로 한 1992년 10월 28일 휴거 파동 외에도 하나님의 교회라는 안상홍 증인회, 들림교회의 공용복, 여호와 세일교단의 백군서, 지구촌 선교회의 임원순, 에덴 수도원의 박인선을 비롯한 많은 사람들이 시한부 종말을 선언한 바 있다.[927]

수년 전 자신들의 부정과 비리가 방영되자 MBC 방송국 주조정실에 난입하여 정규방송을 중단시키면서 사회에 커다란 물의를 빚은 바 있는 만민중앙교회의 이재록도 다분히 시한부 종말론자인 것을 알 수 있다. 그는 1992년 12월 31일(목) 만민중앙교회 송구영신예배에서 "깨어라 근신하라"는

---

[926] Watchtower Bible and Tract Society, *Life Everlasting in Freedom of the Sons of God*, 1966, 141-52.

[927] 천정웅, 15.

제목의 설교를 통해 아담에서 아브라함까지가 2,000년, 예수님 초림까지가 2,000년, 다시 재림까지가 2,000년으로 인류역사를 인간 경작 6천 년으로 보았으며, 이를 6일 창조와 결부시켰고 7일째 하나님이 안식하신 것처럼 1,000년 왕국이 도래 할 것이며 재림이 멀지 않다는 주장을 펼쳤다.[928] 그의 트레이드마크와 같은 설교는 "십자가의 도"로 알려져 있는데 그는 이곳에서도 비슷한 주장을 되풀이 하고 있다.[929] 그는 이 뿐 아니라 재림과 휴거될 것, 하늘나라의 처소와 면류관, 죽음을 맞지 않고 들림 받을 것도 안다고 주장하고 있다.[930]

단일 교회로서 세계 제일의 초대형 교회를 담임하고 있는 조용기목사는 EC의 회원국이 10개국이 되면 휴거가 일어나게 된다고 주장했으며, 2000년 안에 재림이 있을 것이라고 공언한 바 있지만 그의 주장은 완전히 빗나가고 말았다.[931] 휴거라는 말도 잘못된 종말론을 주장하는 자들에 의해

---

[928] 이재록, "만민중앙교회 송구영신예배 – 깨어라 근신하라" 테이프 녹취 (1992년12월 31일).

[929] "창세기 1장을 보면 하나님의 창조에 대해 잘 나와 있는데 그 중 여섯째 날에 마지막으로 인간을 창조하시고 만물의 영장으로 세워주신 것을 볼 수 있습니다. 천 년이 하루 같고 하루가 천년 같은 하나님께서는 6일 동안 천지 만물을 창조하시고 7일째 가서 안식하셨습니다. 그러므로 하나님의 역사는 6천년의 인간 경작 후 천년왕국, 백보좌 대심판을 거쳐 천국과 지옥으로 나뉘어 진다고 하는 것입니다. 6천년의 인간경작이란 아담이 하나님의 말씀에 불순종하여 선악과를 따먹고 죄인이 되어 에덴동산에서 쫓겨난 것을 기점으로 하여 주님이 재림 하실 때까지를 말하는 것입니다(이재록, "십자가의 도 '인간을 창조하신 하나님'", 『기도의 횃불』, 통권149호[1995], 18-9).

[930] "하나님은 나에게 재림에 대해 알려 주셨다. 심히 가까움을 알려주셨고 휴거 될 것을 알려 주셨다. 하늘나라의 처소를 알려 주셨고 상급을 알려 주셨으며 천국에서 받을 면류관을 알려 주셨다. 하나님은 예수님의 공중 재림이 가까움을 알려 주셨다. …… 하나님은 나 외에도 많은 깨어 있는 자들에게 그 때를 알려 주셨다. 자신이 죽음을 맞지 아니하고 들림 받을 것을 알고 있는 사람이 얼마나 많은가(이재록, 『죽음 앞에서 영생을 맛보며』, [서울: 도서출판 우림, 1981], 198-230)."

[931] "벧후 3:8, 이 말씀을 요한계시록 20:4절에 나타난 '천년왕국' 과 비교해서 생각하면 인간의 역사는 6천년에 끝나고 마지막 7천년에 안식년이 있다는 것을 알 수 있습니다. 하나님께서는 엿새 동안 일하시고 이레째에는 안식하셨습니다. 아담부터 아브라함까지 2000년이요, 아브라함부터 예수님까지 2000년이요, 예수님부터 마지막까지 2000년 그래서 6000년입니다. 1000년을 하루로 계산한다면 엿새 후가 6000년 즉 인류의 역사가 끝나는 때가 되는 것입니다. 이 때문에 여러분은 말세의 정점에 살고 있다는 사실을 분명히 깨닫고 잠에서 깨어 일어나야 할 것입니다(조용기, 『종교냐 사랑이냐』 [서울: 서울서적, 1986], 190-91)." 그는 이어서 위와 동일한 내용을 1988년 3월 20일 제25회 조장, 구역장 세미나에서 이렇게 설교하고 있다. "…그러므로 인류 역사 6천년에 종말이 온다는 것을 우리가 계산을 하고 있는데, 그렇다면 지금은 어디쯤 왔느냐, 아담부터 아브라함까지는 약 2천년, 아브라함부터 예수님까지 약 2천년, 예수님부터 오늘날까지 1988년 됐으니까 6000년에서 5988년 아담부터 지금까지 햇수를 빼니깐 몇 년입니까? 12년 남았지요, 12년 정도 남았습니다(『교회와 신앙』, 1994년 1월호, 149)." 계속해서 그는 "여러분과 내가 사는 이 세대가 바로 열 발가락의 시대입니다. 열 왕의 시대입니다. 지금 우리 눈앞에서 열 나라와 열 왕들

서 오도되고 있다. 구원에 대해서 물으면 구원파냐고 되물음을 당했던 것처럼 휴거에 대해서 이야기를 하게 되면 휴거파냐고 몰아붙이는 것이 우리의 현실이기도 하다.

종말론에 대한 많은 이론들은 마귀의 존재를 더욱 분명히 해준다. 그리고 종말이 정말 가까이 왔음을 몸으로 느끼게 해준다. 시한부 종말론은 복음의 길을 가로막고 있다. 그러므로 우리는 속지 않기 위해서 성경을 바르게 공부하고 믿음의 반석 위에 든든히 서야 하며(딤후 2:15), 잘못된 종말론으로 마귀가 득세하지 못하게 해야 한다(마 24:11).

사람이 자기의 삶을 진지하게 숙고할 때에 어디에서부터, 어떻게 왔는가에 대한 궁금증이 있을 뿐만 아니라 어디를 향하여 가고 있으며 그 시점은 언제일 것인가에 대한 궁극의 질문을 갖지 않을 수 없다. 개인이나 인류의 최종적 운명에 대한 질문은 모든 분야에서 자연스럽게 제기되어 철학에서는 영혼불멸설로, 일반 여타 종교에서는 이를 신앙화하여 사후의 생의 존속을 여러 형태로 주장하고 있으나 이 종말에 대한 근본적인 물음에 대한 정확한 답은 역시 기독교의 진리가 제시하고 있음을 알 수 있다. 이러한 이유에 대해 오토 웨버(Otto Weber)는 그리스도교의 신앙의 핵심이 창조, 구속, 종말이라 할 수 있기 때문이며, 종말은 그리스도교 신앙의 중심을 차지하고 있으며, 창조가 있으면 반드시 종말이 있다는 것이 그리스도교의 가르침의 근본이라고 했다.932 창조, 구속, 종말의 연속적 이해가 바로 그리스도교의

이 경제적으로 정치적으로 얽히고설키면서 하나로 합하여 가고 있습니다. 우리의 생전에 어느 날 어느 시 전 세계의 매스컴을 통하여 구라파 10개국이 통합되었다는 뉴스가 울려 퍼질 때, 그리고 통합 구라파 국회에서 대통령을 선출하였다는 소식이 들릴 때, 바로 이 대통령이 적그리스도임을 알 수 있으며 이 때부터 시작하여 요한계시록에 기록된 7년 환난이 시작 될 준비가 된 줄 아시기 바랍니다(『다니엘서 강해』 [서울: 서울서적, 1991], 44-5).” 이어서 그는 “… 여기서 적그리스도의 정체는 보다 확실하게 밝혀집니다. 적그리스도는 시리아에서 날 것이며 유대 민족임이 틀림없습니다. 그러므로 적그리스도는 유대계 시리아인으로서 구라파 정치가가 되어 그 엄청난 얼굴과 궤휼로서 구라파 10개국을 통합하고 일어날 것입니다. 이것은 성경이 밝히 보여주고 있는 사실입니다(조용기, 『다니엘서 강해』, 212).” “여러분께서 어느 날 잠자리에서 일어나 신문을 펼쳐들었을 때 구라파 연방의 대통령이 이스라엘과 '7년 상호우호 변영조약' 계약을 맺었다는 기사를 읽었다면 이는 가장 슬픈 일인 줄 아십시오. 왜냐하면 그 기사를 읽은 분은 하늘나라에 들려(휴거) 올라가지 못한 사람이기 때문입니다. 이미 여러분과 저는 그 때 하늘나라에 들려 올라가서 그 소식과 되어가는 상황을 보고 있을 것입니다. 그 책을 읽는 여러분 중에는 그런 낙제생이 없기를 주의 이름으로 축원합니다(『요한계시록 강해』 [서울: 서울서적, 1990], 147-48).”

역사 이해인 것이다.

　　미래에 대한 물음은 최종적 미래에 대한 물음, 인생의 의미와 목적에 관한 물음으로 바뀌게 되는데[933] 이는 우리에게 두 가지를 가져다준다. 하나는 그리스도인으로 하여금 최종적 미래를 보게 함으로 우리의 목표가 무엇인가를 깨닫게 하여 삶과 역사의 방향, 정황을 규정하여 구체적 변화를 추진함과 동시에 다른 하나는 그리스도 안에서 약속된 완성된 미래, 충만한 미래, 모든 인간과 역사를 포괄한 미래에 완성될 궁극적인 고향을 그리워하면서 희망과 그리움 속에서 살게 한다. 그리스도교회는 종말론으로 미래에 대한 인간의 원초적인 물음을 제기하고 포착하여 궁극적이고 보편적인 희망의 복음으로서 이에 응답을 주고 있다.

　　종말론은 결코 신학의 한 부록 정도로 취급되어야 할 분야가 아니며 기독교 신앙이 궁극적으로 지향하는 목적이 종말에 있다는 점에서 이제는 그 정당성을 부여 받아야 한다고 본다. 그런 점에서 몰트만의 다음과 같은 지적은 상당한 설득력이 있다고 본다. "기독교는 다만 하나의 부록이 아니라, 전적으로 종말론이며, 희망이고, 앞을 향한 전망과 성취이다. … 종말론적인 것은 기독교에 관한 어떤 것이 아니고 전적으로 기독교 신앙의 매개체이며, 종말론은 엄밀히 말해서 결코 기독교의 가르침의 한 부분일 수가 없다. 오히려 모든 기독교의 선교, 모든 기독교의 실존, 아니 전 교회의 성격이 종말론적으로 지배되어 있다."[934]

　　사가(史家)인 로이 스완스트롬(Roy Swanstrom)은 기독교 공동체 안에는 두 가지 역사관이 있다고 했다. 첫째는 과거의 비교적 구체적이고 또는 특수한 사건들과 운동들을 취급하는 것으로 이는 실제적이고 고고학적인 증거를 통해 잠정적으로 증명이 가능한 모든 사건들을 포함한다. 둘째는 인간 역사의 전 과정이 어떤 의미를 가지며 그것은 무엇인가라는 것이다.[935]

---

[932] Otto Weber, *Foundations of Dogmatics*(II) (Michigan: WM. b. Eerdmans, 1983), 651.

[933] Gisbert Greshake, "Starker als der Tod,"Maing: 1976, 55.

[934] J. Moltmann, "Theology of Hope", 15.

마지막 때를 살고 있는 우리 그리스도인들은 자신을 포함한 온 피조세계가 어디로부터 와서 어디로 가고 있는지를 깊이 성찰할 필요가 있다. 시간의 종착역으로서(finish)가 아니라 목적의 완성으로서(telos)936 온 피조세계의 역사가 앞을 향해 가고 있음을 인식할 필요가 있는 것이다. 그리스도인들의 소망은 과거에 뿌리를 두고 있는 미래에 놓여 있다. 다시 말하자면 우리는 회고적으로 갈보리 산에서 이루어졌던 위대한 사건을 뒤돌아보면서 전망적으로는 천상의 시온산에서 이루어질 또 다른 위대한 사건을 바라다보는 것이다.937 즉, "이미"(already)와 "아직 아니"(not yet) 사이의 긴장 속에서 사는 존재들이 우리들인 것이다.

몰트만은 근대 종말론의 긴장관계(Spannung)는 일반적으로 미래적 종말론과 현재적 종말론 사이의 반립(Antithese)으로 보고 있다. 다시 말하여 "모든 사물의 종말"은 완전히 미래에 있든지, 아니면 완전히 이미 왔으며 현재적이라는 것이다.938 이 견해에서는 미래와 현재가 동일한 시간선상에 있는 것으로 생각된다. 그러므로 "지금 이미"(jetzt schon) 있는 것과 "아직 있지 않은"(noch nicht) 것을 시간적으로 구분할 때, 우리는 양자의 타협을 쉽게 발견할 수 있다. 하나님의 나라가 기독교의 종말론적 메시지의 총괄개념이라면, 그것은 은폐된 방법으로는 "이미 지금" 현존하지만 명백한 방법으로는 "아직 있지 않다." 따라서 희망은 아직 존재하지 않는 것이 될 수 있는 데에 있다. 그러나 여기에서 몰트만은 이와 같은 타협은 피상적인 해결에 불과하다고 보고 있다.939

윌리암 헨드릭슨은 "영적으로 신자는 세 시제 속에서 살고 있음이 확실하다"고 했다.940 그는 이어 여호와라는 그의 이름 자체가 이 사실을 의미

---

935 로이 스완스트롬, 『역사란 무엇인가』, 홍치모 옮김 (서울: 성광문화사, 1982), 17.

936 Anthonya. Hoekema, "Amillennialism", The Meaning of the Millennium, ed. by Robert G. Clouse(Downers Grove: Inter Varsity Press, 1977), 5.

937 Anthonya. Hoekema, "Amillennialism", 5.

938 J. Moltmann, "The Coming of God", 30.

939 J. Moltmann, "The Coming of God", 31.

해 주고 있다고 했다. 과거에 신자의 도움이셨던 그는 현재에도 그의 힘이시며, 미래에 있어서도 그의 소망이시라는 것이다.[941] 그래서 신자는 과거에 대해서는 은혜에 감사하는 마음을 가지며(grateful), 현재에 대해서는 안식하는 마음을 가지며(restful), 미래에 대해서는 신뢰하는 마음을 가진다(trustful)[942]고 했다. 바로 이 미래에 대한 온전한 신뢰는 종말론에 대한 깊은 관심으로 이어지지 않을 수 없게 만든다.

B. 종말론의 명칭

윌리암 헨드릭슨은 종말론을 정의하기를 "종말론(終末論)은 그 이름이 말해 주는 대로 마지막 날에 이루어질 일들에 대한 연구를 의미한다."고 했다.[943] 좀 더 구체적으로 말하면, 성경이 개인의 미래와 세계 및 인류의 미래 전반에 관하여 계시해 주고 있는 것에 대한 조직적인 연구를 말한다. 종말론은 "신학의 왕관"이라고 할 수 있다. 왜냐하면 신론, 인간론, 기독론, 구원론, 교회론이 있다 하더라도 종말론이 빠지면 불완전한 것이 되기 때문이다.[944]

종말론은 조직신학의 구성에 있어서도 필수불가결하며 더욱이 신앙의

---

[940] William Hendriksen, *The Bible on the Life Hereafter*(Grand Rapids: Baker, 1991), 17-19.
[941] 그는 시편 116편을 예로 들면서 시제를 이렇게 적용시키고 있다.
과거: "주는 내 영혼을 사망에서 건지셨나이다."
현재: "여호와는 은혜로우시며 의로우시며 우리 하나님은 자비하시도다."
미래: "내가 평생에 여호와의 이름을 부르리이다."
또한 시편 73편에 대해서도 현재에 대하여 "내가 항상 주와 함께 있나이다." 과거에 대하여 "주께서 내 오른손을 붙드셨나이다." 그리고 미래에 대하여 "주의 교훈으로 나를 인도하실 것이오며, 후에는 영광으로 나를 영접하시리이다(William Hendriksen, 18-19)."

[942] 그는 바울의 예를 들면서도 다음과 같이 시제 적용을 하고 있다. 과거 "죽으셨을 뿐 아니라 죽은 자 가운데서 다시 살아나신 이는 그리스도 예수시니"와, 현재 "그는 하나님 우편에 계신 자요, 우리를 위하여 간구하시는 자시니"와 미래 "누가 우리를 그리스도의 사랑에서 끊으리요"에서와 같이 세 시제로 구분하고 있음을 알 수 있다(William Hendriksen, 19).

[943] William Hendriksen, 21.
[944] William Hendriksen, 18.

궁극적 문제를 다루기에 매우 중요하다고 할 수 있다. 자신이 영육 간에 부족함이 없이 모든 것을 구비하고 있다고 하더라도 죽음에 대한 문제, 그리고 종말과 내세의 문제가 해결되지 않으면 예수께서 말씀하신 누가복음 12장에 나오는 어리석은 부자[945]와 같이 그것은 모두 무용한 것이 되고 말 것이기 때문이다. 그런 의미에서 종말론은 모든 인생의 경작과 신앙에 있어서 오메가 포인트라고 할 수 있다.

'종말론(eschatology)'이란 용어는 헬라어의 에스카토스(ἔσχατος)와 로고스(λόγος)의 두 단어가 합쳐져 되었는데 "마지막 일들에 관한 가르침"이며,[946] "최후 또는 끝에 관하여 말한다."는 뜻을 함의하고 있다.[947] 그러므로 에스카토스는 "마지막"을 뜻하고, "로고스"는 말씀 또는 강화(講話)를 의미하는데 이는 "마지막 일들에 관한 강화"라고 할 수 있다.[948] 그래서 종말론은 모든 것의 마지막에 일어날 일들을 논한다. 즉, 인간의 지상 생활의 마지막과 그 이후에 일어날 일들, 그리고 현세의 마지막과 그 이후의 세대에 일어나게 될 일들을 논하게 되는 이론인 것이다.

넓은 의미에서 "종말론"이라는 말은, 죽음 저편의 생활, 천국과 지옥, 영혼의 불멸과 부활, 그리고 최후 심판과 같은 것들을 포함하는 전체 개념을 의미한다. 종말론은 역시 인간성, 육체와 영혼, 그리고 가치체계와 세계관에 대한 우리의 이해에 의해서 결정되고, 또한 그것들에 대한 우리의 이해를 결정한다. 인류에 대한 자연주의적 개념은 영적 개념과는 다른 종말론의 개념을 낳게 될 것이며, 육체와 영혼에 대한 이원론적 개념은 더욱이 다른 종말론의 전망으로 끝날 것이다.[949]

---

[945] "또 내가 내 영혼에게 이르되 영혼아 여러 해 쓸 물건을 많이 쌓아 두었으니 평안히 쉬고 먹고 마시고 즐거워하자 하리라 하되 하나님은 이르시되 어리석은 자여 오늘 밤에 네 영혼을 도로 찾으리니 그러면 네 예비한 것이 뉘 것이 되겠느냐 하셨으니 자기를 위하여 재물을 쌓아두고 하나님께 대하여 부요치 못한 자가 이와 같으니라"(눅 12:19-21).

[946] Anthonya. Hoekema, "*Amillennialism*", 11.

[947] 박아론, 『기독교 종말론』, (서울: 기독교문서선교회, 1999), 22.

[948] 신복윤, 『종말론』, (서울: 개혁주의 신행협회, 2001), 15.

[949] Hans Schwarz, *Eschatology*(Grand Rapids: Eerdmans, 2000), 26.

종말론이라는 명칭은 "말일"(사 14:1), "말세"(벧전 1:20), 그리고 "마지막 때"(요일 2:18)를 말하는 성경 구절에 그 근거를 두고 있다. 이 말들은 자주 신약 시대 전체를 말하고 있는 것이 사실이지만 그러한 경우에도 이 말들은 종말론적 개념을 나태내고 있다.[950]

구약의 예언은 두 종류의 시대만을 구별한다. 즉, "이 시대"와 "오는 시대"이다. 선지자들은 메시야의 오심과 세계의 종말을 동시적인 것으로 보았다. 그러므로 "말일"이란 메시야의 오심과 세계의 종말 직전에 있는 시기를 의미한다.[951] 선지자들은 메시야의 초림(初臨)과 재림을 분명하게 구분하지 않았다. 선지자들은 예언의 사건들을 정확하고 상세하게 묘사할 수가 없었다. 그리스도의 두 강림(降臨)은 그가 처음 오시기까지는 인식될 수 없다. 그러나 구약 선지자들의 예언에도 그리스도의 재림 후에 있을 일들이 포함되어 있다는 것은 부인할 수 없다.[952]

한편 신약은 메시아의 강림이 두 번 있다는 것을 명백히 가르친다. 즉, 초림과 재림(再臨)의 이중성이다.[953] 그러나 우리가 종말론을 말할 때는 특별히 그리스도의 재림과 관계되는 사건들을 염두에 둔다. 왜냐하면 그리스도의 재림은 현 시대의 종말의 표지이며, 영원한 영광의 내세(來世)를 맞아들일 것이기 때문이다.

C. 현대신학에서의 종말론

현대신학에서 종말론의 전개는 다양하게 이루어지고 있는데 이에 대해, 게이하르트 사우터(G. Sauter)는 세 가지의 유형으로 설명하고 있다.[954]

---

[950] 신복윤, 『종말론』, 12.
[951] Louis Berkhof, *Systematic Theology*(Grand Rapids: Eerdmans, 1946), 666.
[952] 신복윤, 『종말론』, 13.
[953] 박아론, 23.
[954] G. Sauter, 『종말론』, 최성수 역 (서울: 한들, 1998), 27-8.

1. 마지막 것에 대한 가르침으로 전개되는 방향이다. 이것은 조직신학의 마지막을 장식해 온 것으로 전통적인 형식이라고 할 수 있다. 즉 죽음과 부활, 영생과 영벌을 다루는 하나님의 심판 등 항목을 다루는 것으로 종말의 지평을 미래라고 하는 시각적인 전망을 암시하고 있다.

2. 미래가 결코 비어있는 시간과 공간이 아니라고 전제한다면, 미래에 대한 표상과 기대 그리고 완전한 변화에 대한 기독교 믿음이 갖는 희망과 관련되어 있는 방향이다. 여기서는 미래에 대한 신학적인 사고를 전개한다. 또한 미래의 일 가운데 무엇을 소망할 수 있는가 하는 기대로서 단순히 기대만 하는 것이 아니라 동시에 그것이 나타내는 과정에 적극 개입하는 역사의 마지막 목표에 대한 이해가 포함되어 있다.

3. 종말론은 신학 전체를 필요로 하며 더 나아가 신학전체를 구성 한다는 입장이다. 여기서는 종말론은 신학의 대단원의 마지막이 아니라 새로운 시작이며 새 창조의 요소라는 것이다. 종말론의 질문은 신학의 뿌리와 그 경계에까지 미치는 신학의 근본적 근거로 이끌어 주기 때문이다.[955]

위와 같은 현대 신학의 종말론의 방향은 서로 연계되어 있고 각기 다른 신학적 의도와 내적 동기들을 보여주고 있다. 이에 '마지막 일들에 대한 가르침'과 '종말론'은 구분될 수 있다. '마지막 일들에 대한 가르침'이 내용적으로는 종말론을 가르치나 전체 종말론의 한 가지 방향만을 대표하는 것으로 이해할 수 있다.

성경의 모든 논의들 가운데 가장 일치를 보지 못하고 있는 교리 중 하나인 천년기설에 대해 그리스도의 재림이 천년왕국 직전에 일어나고 그 후 일천년 동안 그리스도로 더불어 왕 노릇 할 것으로 믿는 역사적 전 천년기설[956]

---

[955] 서창원, "종말론 : 조직신학적 의미", 『神學과 世界』, 통권 제 44호 (서울: 감리교신학대학교, 2002년 봄호), 151-52.

[956] 역사적 전 천년기설에 대한 책으로는 클라우스(Robert G. Clouse)의 『千年王國』 7-13, 217-8을 보라. 여러 다양한 천년기설을 역사적으로 살펴본 자세한 책으로는 크롬밍가(D. H. Kromminga)의 *The Millennium in the Church* (Grand Rapids: Eerdmans, 1945)를 보라.

과 성경해석에 있어 철저히 문자적이며957 이스라엘을 위한 하나님의 계획과 교회를 위한 하나님의 계획을 엄격히 구별 지으면서958 현 세대는 구약의 계시된 사건들의 프로그램들을 성취시키거나 발전시키지 못하며959 마지막에 그리스도가 나타나 2차에 걸쳐 강림하셔서 천 년간 왕 노릇 하리라는 사실을 굳게 믿는 세대주의적 전 천년기설, 그리고 세계가 점진적으로 그리스도에게 돌아올 것이며, 온 인류의 생활이 마침내는 복음으로 변화되고 의와 평화가 지배하게 되며, 성령의 풍성한 축복으로 인하여 주님의 재림 직전에는 교회가 비교할 수 없을 만큼 번성하게 된다고 주장하는 후 천년기설,960 요한계시록 20장의 천년기가 미래를 의미하는 것이 아니라, 현재 실현 과정 중에 있다고 믿는 무 천년기설961에 이르는 견해를 고찰할 것이고, 현대에 이르러 논의되고 있는 종말론의 다양한 주장들을 살피려고 한다.

종말은 기독교 신앙의 중심을 차지하고 있으며, 창조된 것은 반드시 종말이 있다는, 즉 시작은 끝이 있다는 가르침이 기독교의 근본이다. 창조, 구속, 종말의 직선적 이해(The linear view)가 바로 기독교의 역사 이해이다.962 그러므로 그리스도교가 철저하게 종말론적이지 않다면 그리스도교와 어떤 관계도 갖고 있지 않다는 칼 바르트(K. Barth)의 종말에 대한 말 만큼은 시사(時事)하는 바가 크다.963

종말론은 기독교 신앙의 중심이자 신학에 있어서도 신학의 면류관이요 정석(capstone)이다. 신학의 각 부분이 응답하지 못한 문제는 종말론에 이

---

957 Hermana. Hoyt, *"Dispensational Premillennialism,"* in The Meaning of the Millennium, ed., Robert G. Clouse, 1977 (Downers Grove: Inter Varsity), 66–77.

958 Lewis S. Chafer, *Dispensationalism*(Dallas, Tex.: Dallas Seminary Press, 1936), 107.

959 John F. Walvoord, *The Millennial Kingdom* (Grand Rapids: Zondervan, 1959), 231.

960 Greg L. Bahnsen, *"The Prima Facie Acceptability of Postmillennialism,,"* Journal of Christian Reconstruction 3, 2, Winter, 1976–1977, 68.

961 Anthonya. Hoekema, *"Amillennialism"*, 155–56.

962 황승룡, "기독교 종말론- 시한부 종말론을 중심으로"『神學理解』(광주: 湖南神學大學, 1991, 第9輯), 137–38.

963 Otto Weber, *Foundations of Dogmatics*, 651.

르러 해답을 찾게 되므로 신학의 진정한 초석이다.964 이렇게 기독교 신앙과 신학의 중심인 종말론이 간혹 성서의 가르침에서 이탈하여 사욕화, 편견화, 왜곡화 되어 이단965과 사이비966의 온상이 됨은 몹시 안타까운 일이 아닐 수 없다. 다시금 종말 신앙을 되찾게 하고 편견과 오류, 그리고 불신을 극복하여 하나님 나라를 이룩하는데 본 논문이 조금이라도 기여하였으면 하는 바람을 가져 본다.

---

964 황승룡, 138.

965 이단이란 일반적으로 철학적 사상이나 종교적 교리를 추종함에 있어서 유형을 같이한 사람들 사이에 갈등이 될 만한 이념적 차이가 발생할 경우 보수주의 측의 반대 입장에 서는 자들을 일컬어 지칭하는 명사이다. 한국 사람들의 언어에 있어서 '이단' 이라는 말의 일반적 의미는 자기가 신봉하는 도와 다른 길을 걷는 것, 또는 전통적인 것의 권위에 도전하는 것 등을 의미한다. 영어로는 이단을 'Heresy'라 하고 독일어로는 'Ketzrei', 라틴어로는 'Haeresic'인데 이들은 모두 헬라어 'Hairesis'라는 말의 음을 자기들의 글로 받아 적은 것들이다. 헬라어의 'Hairesis'라는 말은 보통 붙잡힘 (Srizure), 선택(Choice), 결심(Resolve)등의 의미로 쓰여 지고 있다. 그러나 이 말이 헬라인들이 좋아하는 철학이나 과학 등 학술적인 용어로 활용될 때는 전통적인 것과 특별히 구별된 어떤 견해나 학파 같은 것을 가리키는 뜻이 되었다. 이 용어는 70인역 헬라어 성경에는 선악간의 "선택"이란 의미(창 49:5; 느 12:40)로 쓰여 졌고 요세푸스가 쓴 책들에서는 비난의 의미가 없이 일종의 "파당"이나 "분파"의 의미로 쓰여 지고 있는데 성경에서도 이와 같은 의미로 활용된 경우(행 5:17; 15:5; 26:5)가 있다. 그러나 이 용어는 신양성경에서 대체적으로 교회 안에서 일어난 한 분파주의나 그 추종자들을 능멸(행 24:5; 고전 11:19; 갈 5:20; 벧후 2:1; 딛 3:10; 고전 1:10; 11:18, 12:25; 롬 16:17)하는 의미로 쓰여 졌다(이대복, 『이단종합연구』[서울: 기독교이단문제연구소, 2000], 35).

966 이종성은 정통과 사이비와 이단의 판단기준은 성경적이고 복음적인 토대 위에 2천년 동안 정통적으로 신봉해 온 교리나 신학적으로 바로 선 신관, 그리스도관, 성령관, 성경관, 교회관, 인간관, 종말관 등에 있어서 일곱 가지 교리를 전적으로 믿는 입장을 정통이라 하고 부분적으로 믿을 때 사이비라 하고 전체를 반대 할 때 이단이라고 정의했다(이종성, "정통, 사이비, 이단", 한국기독교학술원 강연 중에서, 1992. 3. 16). 김영한은 "사이비란 실제로 이단이나, 현상적으로는 마치 정통인양 행동하는 이단의 위장적 형태를 말한다. 사이비는 위장 된 이단이다. 그러므로 이단보다 더 무섭다. 이단은 그 정체를 밝히고 있기 때문에 방어 할 수 있으나 사이비는 스스로 진리라고 주장하기 때문에 방어하기가 쉽지 않다."라고 했다 (김영한, "사이비 이단과 정통의 표준", 한국기독교문화 연구소 편, 『한국기독교와 사이비 이단운동』 [서울: 숭실대학교 출판부, 1995], 7).

II
천년 왕국에 대한 제 견해들

오늘날 교계와 신학계에서는 천년기설에 대한 여러 가지 엇갈린 주장이 제기되고 있는 실정이다. 이 논제(論題)의 초점은 계시록 20:1-6의 해석상의 차이에서 오는 것이라고 할 수 있다. 이곳에서 "그리스도로 더불어 천년 동안 왕 노릇 하니"(계 20:4)라는 말씀이 나오는데 바로 이 천년에 대한 해석을 어떻게 하는가에 따라 입장이 달라지고 있다.

1) 문자적으로만 볼 것인가, 아니면 상징적으로 볼 것인가?

2) 세상 종말에 일어날 것으로 예언된 다른 사건들과의 선후 관계는 어떻게 되는가?

3) 특히 그리스도의 재림에 관련하여 천년왕국이 있은 후에 주께서 재림하시는가, 아니면 재림하시어서 천년동안 왕 노릇 하시는가[967]의 문제가 초점이 되고 있으나 아직까지 여기에 대한 명쾌한 답이 주어져 있지 않은 상태에서 제 각각 다른 주장을 펴고 있는 실정이다.

더구나 우리 한국적 상황 하에서는 세대주의[968]의 영향과 다미선교회

---

[967] 하문호, 『교의신학』, (서울: 한국로고스연구원, 1990), 147.

[968] 世代主義를 영어로 Dispensationalism이라고 하는데 이 말은 Dispensation에서 온 말로 分配, 分配物 또는 神의 攝理에 의한 질서, 제도 또는 世代 또는 天命이란 뜻이다. 곧 Dispensationalism이란 하나님이 어떤 특수한 원리를 定하셔서 인간들과 대처 하시는 세대들이 있다고 주장하는 것들을 의미한다. 古典 世代主義 代表者인 스코필드(C. I. Scofield)는 dispensation을 정의하기를 "하나님의 뜻이 어떤 특수한 계시에 인간의 순종이 시험되는 일정한 기간이다"라고 하였다(C. I. Scofield, Scofield Reference Bible, New York: Oxford Univ Press. 1917. edition, 5). 보스(J. G. Vos)박사는 세대주의의 대표자인 '다비(J. N. Darby)의 저서들과 스코필드 관주 성경에 의하여 제시된 그릇된 성경 해석의 法式이나 인류 역사를 七世代로 나누고 각 시기에서 하나님의 어떤 특수한 원리들을 기초로 하여 인류와 대처하신다는 것을 긍정하며 이스라엘과 교회의 목적 동일성을 부정하고 은혜와 율법을 상호 배타적인 원리들로 대립시

의 1992년 10월 28일 휴거설969과 같은 시한부 재림 파동으로 인해 재림에 대한 무관심과 혼미함이 아직도 상존하고 있다. 이러한 여파는 기독교 교리 가운데 매우 중요하게 다루어져야 할 오메가 포인트와 같은 종말론이 용도 폐기된 것처럼 상당히 소외되고 있음은 심히 안타까운 현실이 아닐 수 없다.

장자 교단을 자처하고 있는 장로교에서도 여기에 대한 입장이 분분하고 아직까지도 명확한 관을 가지지 못하고 서로 다른 주장을 펴고 있는 현실을 직시하면서970 본고(稿)에서는 어떤 주장이 좀 더 성서적(Biblical)인지를 조심스럽게 살펴 볼 것이다.

대부분 천년왕국에 대한 입장은 크게 3설(무천년설, 후천년설, 전천년설)로971 나누어지나 전천년기적 입장에서 역사적인 전천년설과 세대주의적인 전천년설로 분류하고 있다. 요한계시록은 그리스도와 함께 천 년 동안 다스

키려 하는 자들이라"고 정의를 내렸다(J. G. Vos, *Blue Banner Faith and Life*, Grand Rapids, Erdman Publi. Co. 1951).

969 이장림은 1) 연도 추정에 고려해야 할 점으로 ① 성경의 1년은 360일로 되어 있고, 태양력은 365일을 1년으로 쓰고 있어 구속사 6천년은 태양력으로 5913년이며 금년은 아담 이후 5904년이 되는 해이다. ② 금년은 서기로 1991년이며 단기로는 4324년이다. ③ 금년은 유대력으로 5751년이며 구속년으로는 5991년이 된다. 2) 구속사적으로본 인간역사 6000년에 대해 천지창조 6일은 인간 구속사 6000년의 모형이다. 3) 천년왕국은 희년으로 시작된다. ① 50년마다 돌아오는 희년은 자유의 해이다(레25:10). ② 희년은 진정한 자유를 누리는 천년왕국의 모형이다. ③ 희년 1년 전의 49년째는 속죄일이며 주님의 지상강림하실 해이다. 희년은 6000년째이며 5999년 속죄일은 지상강림해이다. ④ 창6:3에 있는 그들의 날이 120년이 되리라 한 것도 성령이 머물러 인간을 구속하는 기간 6000년을 상징하며 그 기간에 희년이 120번 있을 것을 예시, 희년은 50년마다 돌아오므로 50x120= 6000년이 된다. ⑤ 1일=1년= 1000년(겔4:6, 벧후 3:8). ⑥ 첫날 원소적인 빛을 만드시고 해, 달, 별을 만드셨는데 넷째 날 태양은 의의 태양이신 예수님을 상징함으로 예수님은 4일째가 마치는 4000년 전에 오셔야 했다. ⑦ 여호수아 3장의 요단강은 종말의 강을 의미하고 건너편 가나안 땅은 천년왕국, 언약궤는 예수님, 언약궤와의 간격을 2천 규빗으로 한 것은 그리스도가 죽음의 땅에 첫발을 내 디딘 후 2000년이 지난 다음에 오실 것을 예시하신 것이다. ⑧ 막 15:25의 십자가상의 6시간도 인간 구속사 6000년을 모형으로 보여준 것이며 7시간째에 안식하신 것처럼 7000년 안식일이 된다. ⑨ 요한복음 2장의 돌 항아리 여섯도 인간 구속사를 가리키며 돌 항아리가 채워지는 때 하늘의 혼인잔치가 있음을 모형으로 보여준 것이며, 7일 전에 방주에 들어가라는 것은 지상 강림 7년 전을 상징하는 것이다(이장림, 『예수 공중 재림과 휴거를 준비하라』, [서울: 다미선교회 세계 총본부, 1991], 25-6).

970 칼빈이 요한 계시록에 대한 주석을 쓰지 않아서 그런지는 몰라도 장로교 안에는 여러 유형의 천년기설이 존재하고 있다. 근래에 와서는 박형용, 박윤선 박사를 중심으로 한 전통적 전천년설의 아성이 무너지면서 이승구 교수를 비롯한 젊은 소장 신학자들을 중심으로 한 무천년설이 정설로 받아들여지고 있는 추세라고 할 수 있다. 시대적 상황과 더불어 깊은 연구에 의한 학자적 양심의 발로라고 생각할 때 바람직한 모습이라 생각한다.

971 임종만, 『내세론』, (서울: 성광문화사, 1986), 248.

리게 될 개인들에 관해 말하고 있다. 최근 천년기 혹은 천년기적 통치의 본질에 관한 네 가지의 중요한 견해들이 대두되고 있는데[972] 여기서는 세대주의적 전천년기설은 성경에서 일탈하고 있고[973] 이미 앞의 각주 란에서 언급하였을 뿐 아니라 1)의 (4)에서도 언급되고 있으므로 이를 제외하고 세 가지 견해만을 살펴보기로 한다.

A. 역사적 전천년기설

1. 주장의 요지

전천년기설은 그리스도의 재림이 천년기 전에, 즉 그리스도께서 천년 동안 친히 왕으로 통치하시게 될 평화와 의의 시기가 있기 전에 도래한다고 하는 종말관이다. 그러므로 전천년기설은 그리스도께서 재림하시고 나서 천년동안 지상에서 왕으로 통치하게 되며, 천년기가 끝나면 그 때 최후 상태가 오게 된다고 주장한다.

역사적 전천년기설의 주요 내용은 다음과 같다. 그리스도의 재림에 앞서 먼저 모든 민족에게 복음이 전파되고, 대배교와 대환난이 있게 되며, 불법의 사람 적그리스도가 나타나게 된다. 그러므로 교회는 이 대환난을 통과하지 않을 수 없게 된다.

---

[972] Robert G. Clouse, edited, *The Meaning of the Millennium* (I.V.P., 1979)에서 George Eldon Ladd의 "역사적 전천년기설", Hermana. Hoyt의 "세대주의적 전천년기설", Loraine Boettner의 "후천년기설", Antonya. Hoekema의 "무천년기설"에 대한 주장과 그에 대한 상호 비판을 볼 수 있다.

[973] 세대주의적 전천년기설(Dispensational Premillennialism)은 19세기에 스코틀랜드교회의 목사 에드워드 어빙(Edward Irving)과 영국 성공회의 플리머스 형제단 (Plymouth Brethren) 창설자인 존 N. 다비(John N. Darby)의 지도 하에 일어났다. H.a. Ironside, c. I. Scofield, a.c. Gaebelein, R.a. Torrey, J. M. Grey, L. S.Chafer, J.d. Pentecost, J. Walvoord, a. J. McClain, 그리고 c. c. Ryrie와 같은 이들은 이 운동을 발전시켰다. 세대주의는 철저하게 성경을 문자적으로 해석함과(Hermana. Hoyt. *"Dispensational Premillennialism," in The Meaning of the Millennium*, ed., Robert G. Clouse, 1977[Downers Grove: Inter Varsity], 66-77), 이스라엘을 위한 하나님의 계획과 교회를 위한 하나님의 계획으로 엄격히 구분 짓는 두개의 원리를 기본적으로 채택하고 있다(Lewis Sperry Chafer, *Dispensationalism*[Dallas, Tex: Dallas Seminary Press, 1936], 107).

그리스도의 재림은 거대하고, 눈부시고, 영광스러운 단일 사건이요, 세대주의적 전천년기설의 주장처럼 두 단계에 걸쳐 실현되는 사건이 아니다.974 주님의 재림 시에 이미 죽은 성도들은 부활하게 되고, 그 때까지 살아 있는 성도들은 변형되어 하늘로 들어 올리어 주님을 공중에서 영접하게 된다.975 공중에서 주님을 영접하고 나서 신자들은 즉시 그리스도와 함께 다시 지상으로 내려오게 된다.

그리스도께서 지상에 내려오신 후 적그리스도와 그의 악한 동맹들은 살해되고 그의 강포한 통치가 끝나게 된다. 한편 이 때 하나님의 백성 이스라엘의 대다수가 죄를 회개하고 그리스도를 그들의 메시아로 믿고 구원 얻어 성지에 회복하게 된다. 유대 민족의 개종은 세상을 위한 말로 다 할 수 없는 축복의 근원이 될 것이다.

그리스도께서 이 때 천년 왕국을 세우시고 실제적으로 천년동안 친히 통치하신다. 그리고 유대인들과 이방인들로 구성된 구속받은 성도들은 그리스도와 함께 왕 노릇한다. 이 사람들은 부활한 성도들과 그리스도의 재림 시에 살아 있다가 변형된 신자들이다. 이 때 이방인들의 많은 수가 왕국에 편입되고, 유대인들의 대부분이 그리스도를 영접하게 된다. 평화와 의의 상태는 전 세계에 충만하여 정치적, 경제적, 사회적 정의가 득세한다. 자연계도 이 시대의 축복을 나타낸다. 땅은 전에 없이 많은 소산물을 낼 것이며, 사막은 장미꽃을 피울 것이다. 그럼에도 불구하고 이 천년 왕국에는 죄와 죽음이 계속 존재하게 된다. 물론 악은 크게 억제되고, 지상에는 전에 볼 수 없었던 의가 편만하게 된다.

천년 동안의 그리스도의 지상 통치가 끝나고, 천년 동안 결박되었던 사단이 잠시 놓이게 되어 다 시 한번 나라들을 미혹하게 된다. 사단은 곡과 마곡의 전쟁을 치르기 위하여 나라들을 모아 반란을 일으켰다가 하늘 불에

---

974 세대주의적 전천년기설에 의하면, 그리스도의 재림은 먼저 공중에 "강림하심이 있고, 7년 동안 공중에 계시다가 7년기 종말에 나타나심(revelation)", 즉 지상 강림이 있다고 주장한다.

975 역사적 전천년기설은 대환난 후 재림관을 갖는다.

의하여 소멸되어 다시 불 못으로 던져진다. 나머지 죽은 악인들의 부활이 있고, 최후의 심판이 있게 되는데, 이 때 의인과 악인이 모두 주님의 백보좌 심판대 앞에 서게 된다. 생명책에 그 이름이 기록된 자들은 영원한 생명으로 들어가고, 그 책에 이름이 없는 자들은 불 못으로 들어가게 된다. 이 심판이 있은 후, 인간의 최후 상태가 펼쳐지는데, 악인은 지옥에서 영벌 상태로 지내고 의인은 모든 죄악이 제거된 새 하늘과 새 땅에서 영원히 주님과 함께 살게 된다.[976]

2. 성경적 기초

역사적 전천년기설이 기초로 하고 있는 성경은 계시록 20:1-6이다. 특별히 4-6절에 역점을 두고 있다. "또 내가 보좌들을 보니 거기 앉은 자들이 있어 심판하는 권세를 받았더라 또 내가 보니 예수의 증거와 하나님의 말씀을 인하여 목 베임을 받은 자의 영혼들과 또 짐승과 그의 우상에게 경배하지도 아니하고 이마와 손에 그의 표를 받지도 아니한 자들…." 이 말씀이 가르치고 있는 대로, 순교한 성도들과 진실한 성도들이 부활하여 그리스도와 함께 천년 동안 지상에서 왕 노릇하게 된다. 이것은 장차 그리스도께서 재림하신 후 천년 왕국을 세우시고, 부활한 성도들과 함께 통치하실 것을 의미한다.

계시록 20:1-3은 그리스도께서 재림하신 후 천년 동안 있게 될 사단의 결박에 대해서 묘사하고, 4절은 부활한 신자들이 천년 동안 그리스도와 함께 왕 노릇하는 것을 묘사하고, 5절은 천년기가 끝날 무렵 불신자(악인)들의 육체 부활을 묘사한다.[977]

---

[976] 이상의 내용은 대략 Georgy Eldon Ladd의 견해이다. 그는 *Crucial Questions about the Kingdom of God*(1952); *The Blessed Hope*(1956); *The Gospel of theKingdom*(1959);*Commentary on the Revelation of John*(1972); *A Theology of the New Tesrament*(1974), 그리고 "Historic Premillenialism", in The Meaning of the Millennium, ed., Robert G. Clouse 등에서 자신의 역사적 전천년기설적 입장을 펴고 있다.

[977] Georgy E. Ladd, "Historic Premillennialism", in The Meaning of the Millennium of the Millennium, ed., Robert G. Clouse(Downers Grove: Inter Varsity, 1977), 35-38.

이 밖에도 그리스도께서 부활한 성도들이 참여하는 완전한 정부에서 세계를 친히 통치하시되, 아직 완전하게 회복되지 않은 세상에서 통치하시게 될 것을 지시하는 성경 구절들이 많이 있다. 고린도전서 15:23-26도[978] 그리스도의 천년기 통치를 묘사한다.[979]

특히 25절의 "저가 모든 원수를 그 발아래 둘 때까지 불가불 왕 노릇 하시리니"라는 말씀은 이 사실을 잘 설명해 준다. 이사야 65:20, 21은 인간의 장수와 집, 그리고 포도원에서의 안락한 생활을 말함으로 천년기를 암시하고, 이사야 66:8은 "나라가 하루에 생기겠음"을 말함으로, 바울이 로마서 11:26에서 예언한 대로 그리스도의 재림 후(교회의 휴거 후) 이스라엘이 전체로 주께 돌아올 것을 언급하였다.

이사야 66:18-20은[980] 오늘의 선교 시대를 말하는 것보다는 오히려 그리스도의 천년기 통치 초기에 멀리 떨어진 외딴 곳에서 짐승의 표도 받지 않고, 그리스도도 받지 않은 사람들이 복음화 될 것을 직접적으로 또는 문자적으로 언급한다.

이사야 66:23-24은[981] "새 땅"의 상태를 묘사하는 것으로 해석될 수 있으나, 이보다는 오히려 "그 나머지 죽은 자"의 부활에 앞서 있을 천년 왕국을 가르친다고 생각된다.[982]

---

[978] "그러나 각각 자기 차례대로 되리니 먼저는 첫 열매인 그리스도요 다음에는 그리스도 강림하실 때에 그에게 붙은 자요 그 후에는 나중이니 저가 모든 정사와 모든 권세와 능력을 멸하시고 나라를 아버지 하나님께 바칠 때라 저가 모든 원수를 그 발아래 둘 때까지 불가불 왕 노릇하시리니 맨 나중에 멸망 받을 원수는 사망이니라."

[979] Georgy E. Ladd, 38참조.

[980] "내가 그들의 소위와 사상을 아노라 때가 이르면 열방과 열족을 모으리니 그들이 와서 나의 영광을 볼 것이며 내가 그들 중에 징조를 세워서 그들 중 도피한 자를 열방 곧 다시스와 뿔과 활을 당기는 룻과 및 두발과 야완과 또 나의 명성을 듣지도 못하고 나의 영광을 보지도 못한 먼 섬들로 보내리니 그들이 나의 영광을 열방에 전파하리라 나 여호와가 말하노라 이스라엘 자손이 예물을 깨끗한 그릇에 담아 여호와의 집에 드림 같이 그들이 너희 모든 형제를 열방에서 나의 성산 예루살렘으로 말과 수레와 교자와 노새와 약대에 태워다가 여호와께 예물로 드릴 것이요."

[981] "여호와가 말하노라 매 월삭과 매 안식일에 모든 혈육이 이르러 내 앞에 경배하리라 그들이 나가서 내게 패역한 자들의 시체들을 볼 것이라 그 벌레가 죽지 아니하며 그 불이 꺼지지 아니하여 모든 혈육에게 가증함이 되리라."

3. 전천년기설의 역사

찰스 파인버그(Charles Feinberg) 박사는 기독교 초기 3세기 동안은 전천년기설이 지배적인 종말론이었다고 말한다.[983] 그것은 대환난 후 재림론이었으며, 여러 점에서 매우 간단한 내용을 갖고 있었다.[984]

사도 요한의 제자였다고 전해지는 파피우스(Papius)는 속사도 교부 중 최초의 중요한 천년 왕국설자였다. 유세비어스(Eusebius)는 그의 말을 다음과 같이 인용하였다. "천년 왕국은 죽은 자의 부활이 있은 다음에 있게 되는데, 이 때 그리스도의 왕국이 세워지게 될 것이다."[985] 파피우스는 천년 왕국의 풍성함을 다음과 같이 생생하게 묘사하였다. "그 날에는 포도나무가 자라고 각 나무마다 일만 개의 가지가 날 것이며 매지에는 만 개의 어린 가지들이 돋아나올 것이며 그 어린 가지 하나하나에는 만 개의 포도송이가 주렁주렁 달릴 것이며 모든 포도를 짜면 25metretes(한 metretes는 40리터 혹은 9갤런)의 포도주를 생산할 것이다."[986]

저스틴 마티어(Justine Martyr)는 실제적인 천년 왕국을 전후로 해서 두 번의 부활이 있게 될 것이라고 믿고 있었다. "나와 다른 사람들은 죽은 자의 부활과 예루살렘에 천년기가 있게 될 것을 확신한다. 그리고 에스겔과 이사야가 예언한 것처럼 이 때 예루살렘은 재건되고 화려하게 장식되며 크게 확

---

[982] J. O. Buswell, *A Systematic Theology of the Christian Religion*(Grand Rapids: Zondervan, 1962-63), 501-02.

[983] W. J. Grier, *"The Momentous Event"*, 명종남 역, 『재림과 천년왕국』, (서울: 새순출판사, 1987), 29.

[984] 이 견해를 주장한 사람들은 Papius, Barnabas, Irenaeus, Justin Martyr, Tertullian, Hippolytus, Methodius, Commmodianus, Lactantius, 그리고 Apollinaris of Laodicea 등이었다. 이 견해는 어거스틴의 영향으로 17세기까지는 지지를 받지 못하였다. 그리고 현대에 와서는 J. H. Bengel, J. Gill, J. Prestly, Delizsch, Zahn, Lange, Godet, Trench, Alford, a. Reese, O. J. Smith, G. Ladd, J. b. Payne, G. R. Beasley-Murray, 그리고 M. J. Erickson과 같은 학자들이 이 설을 지지하였다.

[985] Eusebius, *Ecclesiatical History, in the Nicene and Post-Nicene Fathers*, Vol. I(Grand Rapids: Eerdman, 1979), 172.

[986] Irenaeus, *Aganist Heresies, in the Ante-Nicene Fathers*, vols. I(Grand Rapids: Eerdmans, 1979), 563. 이하 ANF로 표기한다.

장될 것이다."987 저스틴은 교회를 참 이스라엘이라고 생각하였다. "우리는 그리스도의 창자(bowel)로부터 파낸 바 된 자들로, 참된 이스라엘 백성인 것이다."988 이처럼 천년 왕국은 성격상 유대인의 것이 아니라, 그리스도인의 것이다. 저스틴은, 천년 왕국설은 영지주의자들을 제외하고는 제2세기의 모든 권위자들이 주장한 학설이라는 것을 확실하게 판단하고 있었다.989 이 견해는 8세기 중엽까지 초대교회를 지배하고 있었다.990

이레니우스(Irenaeus)는 훌륭한 전천년기설의 도식을 설명하였다. 그는 아브라함과 그 후손에게 약속된 천년기의 축복이 그리스도의 교회에서 성취된다고 주장하였다(갈 3:16).991 이레니우스는 창조 6일과 하루의 안식일에 비추어 세계 역사는 6 천년동안 지속되고, 그 후 1천년 동안의 행복한 시대가 뒤따르게 된다고 해석하였다.992 터툴리안(Tertullian)은 말키온(Marcion)을 대항하여 다음과 같이 천년 왕국설을 옹호하였다:

> "왕국은 존재의 다른 상태인 천당에 들어가기 전 이 땅 위에 사는 우리에게 약속되었다는 것을 우리는 믿는다. 왕국은 부활 후 천년 동안 하나님이 세우신 예루살렘, 즉 "하늘에서 내려온 예루살렘"에 있게 될 것이다. 그 천년이 지나면 심판으로 세계는 파멸되고 만물은 불에 타 없어지게 될 것이다."993

---

987 Justine Martyr, *Dialogue With Trypho*, ANF, vols. I(Grand Rapids: Eerdmans, 1979), 239.

988 Justine Martyr, 267.

989 Russellb. Jones, *What, Where, and When Is the Millennium?*(Grand Rapids: Baker, 1975), 13.

990 김철손, 『요한계시록신학』 (서울: 대한 기독교서회, 1989), 97.

991 Irennaeus, 561.

992 이레내우스에 의하면, 현 세계는 창조의 6일에 따라 6천년동안 지속되며, 이 시기가 끝날 무렵 경건한 사람들의 수난과 핍박이 크게 증가하여 마침내 모든 악의 화신인 적그리스도가 나타나, 파괴적 사역을 완수하고 담대히 하나님의 성전에 앉는다. 이 때 그리스도께서 하늘 영광과 그의 모든 원수들에 대한 승리로 나타나신다. 이와 함께 성도들이 육체적으로 부활하고, 이 땅 위에는 하나님의 나라가 설립된다. 천년 동안 지속되는 천년기의 행복은 창조 제7일, 즉 안식의 날에 해당된다. 이 때 예루살렘은 재건되고, 땅은 열매를 풍부히 내고, 평화와 의는 온 땅에 널리 퍼지게 된다. 천년기 끝에는 최후 심판이 있고, 구속받은 자들은 하나님 앞에서 영원히 살게 된다는 것이 이레내우스의 설계이다.

993 Tertullian, *Against Marcion*, ANF, vols. Ⅲ(Grand Rapids: Eerdmans, 1979), 342-43.

바나바, 이레니우스, 메도디우스, 히폴리투스, 그리고 락탄티우스와 같은 교부들은 창조의 6일과 나머지 하루의 도식으로 천년 왕국을 확정하였다. 락탄티우스는 베드로후서 3:8을 근거로 하여, 창조의 6일 동안은 세계 역사의 6천년에 해당되고, 제 7일은 천년 왕국에 해당된다고 믿고 있었다.[994]

초대 교회의 많은 권위자들은 대환난 후 재림론을 지지하였다. 디다케(Didache)는 진술하기를, 말세에 적그리스도가 세계를 지배하고, 살아 있는 성도들에게 혹독한 박해를 가하고 나면, 이 때 그리스도가 재림하셔서 의로운 죽은 성도들을 부활시킬 것이다. 이 문헌은 성도들에게 다음과 같이 권고하였다. "당신의 전 생애의 신앙생활은 마지막 날 당신이 완전해지는 것 외에는 아무런 유익도 주지 않을 것이다."[995] 바나바 서신(Epistle of Barnabas)은 진술하기를, 교회는 대환난을 당하지만 하나님은 그 기간을 축소하여 자기 백성을 구하실 것이라고 하였다. 이 시련의 때가 끝날 때 그리스도는 오셔서 적그리스도를 파멸하고, 천년 왕국의 안식으로 안내하실 것이다.[996] 헤르마스의 목자(shepherd of Hermas)는 네 색깔의 머리를 가진 큰 짐승(다가올 대환난의 상징)의 환상을 기록하고 있다. 검은색은 교회가 거주하고 있는 타락한 세상을 뜻하고, 붉은색은 불과 피로 이 세상이 마땅히 망해야 한다는 것을 표시한다. 황금색은 시련으로 성결해짐을 의미한다. "금이 모든 불순물을 버리는 것처럼, 당신은 모든 슬픔과 환난에서 벗어나서 교회(building of the tower)를 위하여 순결하고 유용한 사람이 될 것이다."[997] 넷째는 흰색인데, 이것은 앞으로 올 시대를 의미한다. 이 책의 저자는 하나님은 대환난 속에서도 교회를 보존하시리라는 것을 믿고 있었다.

---

[994] 락탄티우스는 "그리스도는 대심판을 수행하시고, 처음부터 의로운 자들을 부활시키고 나서, 천년동안 그들과 함께 계시면서 가장 공의로운 통치를 행하실 것이다."라고 주장하였다(Lactantius, *The Divin Institutes*, ANF, vols. Ⅷ[Grand Rapids: Eerdmans, 1979], 254).

[995] Didache, *in Early Christian Fathers, The Library of Christian Classics*, vol. I(Philadelphia : Westminster Press, 1953), 178.

[996] *Epistle of Barnabas*, ANF, vols. I(Grand Rapids: Eerdmans, 1981), 138.

[997] *The Shepherd of Hermas*, ANF, vols. Ⅱ(Grand Rapids : Eerdmans, 1979), 18.

히폴리투스(Hippolytus, 235 사망)는 여자(교회)와 아들(그리스도)과 용(적그리스도)을 설명하는 계시록 12:1-6에서 "교회를 해치려는 원수의 박해의 환난"이 있을 것을 주장하였다.998 그 기간은 "일천 이백 육십일 동안인데, 이 때 폭군은 교회를 다스리고 핍박하며, 따라서 교회는 도시에서 도시로 도망가고, 산 속 광야에서 숨을 곳을 찾는다."999 이 시기가 지나면 그리스도께서 하늘로부터 내려오셔서 악한 자들을 복수하고 성도들을 부활시키신다.

락탄티우스(Lactantius)는 대환난의 공포를 생생하게 묘사하였다. 적그리스도는 "의인들을 핍박할 것이며", 살아 있는 신자의 3분의 2가 죽임을 당할 것이다. 살아남은 성도들은 산으로 도망하여 안전을 찾을 것이나, 적그리스도는 그들을 뒤쫓아 포위할 것이다. 이 위기 속에서 성도들은 하나님을 찾을 것이며, "하나님께서는 그들의 부르짖음을 듣고, 하늘로부터 만왕의 왕을 보내시어 그들을 구원하시고, 한편 모든 악한 자들을 불과 칼로 멸망시킬 것이다."1000

건드리(Gundry)는 니케아 전 교부들의 그와 같은 증거에서 다음과 같은 결론에 도달하였다. "초대 교회는 분명히 대환난 후 재림론이며 전천년기 재림론을 지지하였다."1001 클라우스(Clouse)는 "19세기 초까지 휴거를 논한 신자들은 그 휴거가 대환난기 마지막 때 그리스도의 재림과 함께 있게 될 것이라고 믿었다."고 하였다.1002

래드(George Eldon Ladd)는 예수님의 사역을 통하여 역사 속에서 이루어 놓으신 현재의 깨뜨릴 수 없는 왕국과 종말에서의 왕국의 완성을 구별하였다. 래드는 계시록 20장과 21장을 읽고 왕국은 두 단계로 임한다고 주장하

---

998 Hippolytus, *Treatise on Christ and the Antichrist*, ANF, vols. V (Grand Rapids: Eerdmans, 1978), 217.

999 Hippolytus, 61.

1000 Lactantius, 214.

1001 Robert H. Gundry, *The Church and the Tribulation* (Grand Rapids: Zondervan, 1973), 178.

1002 R. G. Clouse, "*Rapture of the Church*," Evangelical Dictionary of Theology ed., Waltera. Elwell (Grand Rapids: Baker 1984), 908.

였다. 하나는 천년 왕국에서의 그리스도의 통치요, 다른 하나는 영원한 상태에서의 그리스도의 통치이다. 성경은 교회를 "새 예루살렘, 참 이스라엘, 그리고 영적 이스라엘"(롬 4:11-12, 16; 갈 3:7)1003이라고 설명하기 때문에, 이 이스라엘에 관해서 예언된 많은 예언들은 하나님의 한 백성, 즉 유대인과 이방인의 교회에서 성취되고 있는 것이다(호 1:10; 참조, 롬 9:26; 호 2:23; 롬 9:25). 천년 왕국은 유대인의 새로운 질서, 즉 성전을 재건하고 제사를 다시 드리는 등의 새 질서를 내포하지 않는다. 왜냐하면 모세의 언약과 그 정교한 제사는 그리스도의 완성된 사역으로 말미암아 영원히 폐지되었기 때문이다(히 8:6-7; 10:1, 16-18). "하나님의 구속의 계획이 그림자의 시대로 되돌아간다는 것은 생각조차 할 수 없는 것이다."1004

래드는 추가해서 주장하기를, "신자의 휴거와 부활이 대환난 전에 있다는 것을 하나님의 말씀은 어느 곳에서도 말하지 않는다."고 하였다.1005 재림은 오직 한 번만 있을 뿐이다. 왜냐하면 파루시아(parousia), 아포칼립시스(apokalypsis), 그리고 에피파네이아(epiphaneia)는 하나이며 동일하기 때문이다. 더욱이 부활은 두 번이 있을 뿐이다. 왜냐하면 계시록은 분명히 첫 번째 부활이 천년 왕국 시초에 있고, 둘째 부활은 천년 왕국 마지막 때에 있다고 가르치기 때문이다(계 20:4-15). 그리스도의 재림 때에 의로운 죽은 성도들과 살아 있는 성도들은 그리스도를 영접하기 위하여 들어 올리어졌다가 그리스도와 함께 다시 지상으로 돌아올 것이다. 계시록 20:4-6은 이 사건을 잘 묘사하고 있다. 더욱이 그리스도인은 대환난 중에 고난을 받을 것이나, 그것은 하나님의 진노가 아니라 악한 세력의 박해이다. 그러한 박해는 수많은 성도들이 역사 속에서 계속 받아 왔다(요 16:33; 행 14:22). "순교의 역사를 살펴보면, 수많은 성도들이 박해를 받았는데 우리는 왜 그들이 받은 박해로부터 구출 받을 것을 찾아야 하는가?" 이처럼 "축복된 소망"은 환난

1003 George Eldon Ladd, *The Last Things*(Grand Rapids: Eerdman, 1978), 23.

1004 George E. Ladd, *The Last Things*, 25.

1005 George E. Ladd, *The Blessed Hope*(Grand Rapids: Eerdmans, 1956), 88.

으로부터 구출될 것이라는 기대가 아니라, 구세주 자신의 영광스러운 강림인 것이다(딛 2:13). 래드는 재림은 급박한 것은 아니라고 주장한다. 왜냐하면 어떤 예언된 사건들, 즉 대환난의 징조, 유럽의 정치 무대에서 일어날 적그리스도의 출현, 그리고 유대 민족의 핍박과 같은 사건들이 먼저 일어나야 하기 때문이다. 그리스도인의 책임은 그러므로 영적으로 경성하고 깨어 그리스도의 강림을 기다려야 하는 그것이다.

패인(J. Barton Payne, 1979 사망)의 "임박한 대환난 후 재림설(imminent post-tribulationism)"1006은 대환난 전 재림론의 긴급성과 대환난 후 재림론을 조정하려고 하였다. 패인은 대환난 후에 그리스도의 단 한 번의 강림이 있을 것이라고 주장하였다(마 24:29-31; 살후 1:6-8; 계 20:4-5). 패인은 그리스도께서 대환난 후 즉시 강림하신다는 것을 다음과 같이 주장하였다. 즉, 사도 시대 말기의 교회는 그리스도 재림 전에 발생할 것이라고 예언된 모든 사건들이 다 이루어졌다고 믿고 있었다. 즉, 바울의 투옥과 죽음(행 27:24; 딤후 4:6), 베드로의 죽음(요 21:18-19), 예루살렘의 멸망(눅 21:24), 세계적인 복음 전파(마 24:14), 그리고 아세아 교회들의 핍박(계 2:10)과 같은 사건들이었다. 교회는 항상 박해를 받아 왔기 때문에, 대환난은 진행 중에 있을 수도 있다. 더욱이 7년은 상징적일 수 있으며, 그러므로 대환난의 기간은 짧을 수도 있다. 그리스도의 강림에 앞서 있을 모든 사건들이 다 일어났기 때문에, 우리는 재림의 "긴박성" 혹은 "잠재성 긴박성"을 단정할 수 있다.1007 그리스도는 어느 순간에도 오실 수 있기 때문에, 추가적인 어떤 징조를 필요로 하지 않는다. 패인은 구약 예언의 이중적 성취(가까운 성취와 먼 미래의 성취 모두)를 부정함으로 자신의 입장을 내세웠다. 다른 말로 하면 그는 예언서(계시록을 포함해서)를 과거 형식으로 해석하였다. 그리하여 주후 476년 로마제국의 멸망은 로마가 장차 열 뿔(열 왕)에 의해서 전복될 것이라는 예언의 성취였다(계 17:2-16). 예루살렘의 함락은 마태복음 24:4-22에 기록된 고난을 남김없이

1006 J. Barton Payne, *Imminent Appearing of Christ*(Grand Rapids: Eerdman, 1962), 159.

1007 J. Barton Payne, 98.

말해 준다. 다니엘의 일흔 번째 주간(단 9:24-27)은 주후 약 70년에 해당된다. 더욱이 적그리스도(살후 2:6-8)는 이미 나타났다고도 할 수 있다. 패인은 추측하기를, "적그리스도의 적절한 후보는 지금의 후르시쵸프(Nikita Khurushchev)이다."라고 하였다.1008 이렇게 추론해 나가면, "마지막 때는 역사적 현재가 될 수 있으며", 그러므로 그리스도는 지금 오실 수 있다.1009

건드리(Robert H. Gundry)는 자신을 대환난 후 휴거를 주장하는 세대주의자라고 자처하였다. 건드리에 의하면, 성경은 자주 그리스도께서 "첫째 부활"을 완성하기 위하여 대환난 후에 강림하신다고 가르친다. 건드리는 세례 요한과 사도들의 사역에는 옛 세대와 새 세대의 과도기가 있었다고 보고, 이 기간에 하나님께서는 이스라엘과 교회를 동시에 관계하셨다고 주장하였다. 마찬가지로 대환난 중에도 이스라엘과 교회 모두를 포함하는 과도기가 있을 것이다. "장차 있을 이 미래의 과도기는 환난기가 될 수도 있으며, 이 시기에 하나님은 교회와 교제하시고 그리스도의 천년 왕국을 위해 이스라엘과 백성들을 준비하실 것이다."1010 환난 중에 그리스도인은 하나님의 진노를 경험하지 않겠지만, 사단으로부터 오는 고통을 당하게 될 것이다. 이 고통은 그리스도인들이 역사 속에서 받은 고통보다 더 심한 고통이 될 것이다. 하나님의 진노는 70주간 전 기간에 내리는 것이 아니라, 여섯째 인이 떼어지고 넷째 나팔이 울리고, 그리고 첫째 대접이 쏟아질 때 시작된다. 즉, 아마겟돈 전쟁 중 대환난이 끝날 무렵에 시작된다는 말이다. 하나님은 하나님의 진노가 쏟아지기 바로 전에 주의 날에 교회를 휴거시킬 것이다. 대환난에 살아남은 회개하지 않은 유대인들(144,000)은 그리스도가 돌아오실 때 그를 믿고, 아브라함의 자손으로서 이 지상에서 살기 위하여 신정국에 들어가게 될 것이다. 건드리는 그리스도의 재림 전에는 반드시 특별한 징조들이 있어야 하기 때문에(마 24:32-25:13; 딤후 3:1-7), 재림은 긴박한 것은 아니라고

1008 J. Barton Payne, 121.

1009 J. Barton Payne, 42.

1010 Robert H. Gundry, 21.

주장한다. 우리는 긴박성(imminence)이라는 말 대신에 "돌연함(suddenness), 예기치 않음(unexpectedness), 혹은 헤아릴 수 없음(incalculability), 그리고 어느 때에라도 발생할 수 있음"이라는 개념으로 바꾸어 사용해야 한다고 그는 주장하였다.[1011]

4. 한국 교회와 역사적 전천년기설

고(故) 박형룡 박사는 "대한 예수교 장로회의 신학적 전통은 역사적 천년기 전(前) 재림론이다."[1012]라고 하였다. 구 평양 장로회 신학교에서 오랫동안 조직 신학을 가르친 이눌서(W. d. Reynolds) 박사도 역사적 전천년기 재림설을 강의하였다고 한다. "8.15광복 후 남한의 장로회 신학교와 총회 신학교에서 여러 해에 걸쳐 조직 신학을 강의한 필자도 역사적 천년기 전 재림론을 전하였다."[1013]고 하여 박형룡 박사 자신이 역사적 전천년기설 주장자임을 밝히기도 하였다. 그는 역사적 전천년기설의 정당함을 변호하기 위하여 "역사적 천년기전론의 정당성"이라는 제목을 붙이기까지 하였으며, 또한 천년기의 묘사에 번잡한 상상을 사용하기를 피하는 것이 신중하고 현명한 일일 것이라고 말하기도 했다.[1014]

그러나 아이러니하게도 칼빈을 비롯하여 아브라함 카이퍼, 헤르만 바빙크 등 많은 개혁주의 신학자들이 무천년기설의 입장을 취하고 있다. 유럽 대륙에서는 오늘날까지도 이 견해는 표준적 개혁파 및 루터파 신학으로 불러지고 있다.[1015]

[1011] Robert H. Gundry, 29.

[1012] 박형룡 박사 저작전집 Ⅶ, 『내세론』, (서울: 성광문화사, 1973), 278.

[1013] 박형룡, 269.

[1014] "한국교계에 전통적으로 많이 유행한 재림론은 천년기전론이요, 부흥사들로부터 시대론의 색채를 띤 설교를 듣게 되는 때도 종종 있다. 그러나 우리는 우리 교회의 전통적인 역사적 천년기전론의 간단한 입장을 위하여 말세 사변들의 연쇄를 과도히 연장하거나, 천년기의 묘사에 번잡한 상상을 사용하기를 피하는 것이 신중하고 현명한 일일 것이다"(박형룡, 278).

[1015] 최근에는 특별히 1930년 이후에 미국의 많은 신학자들이 무천년기설적 입장에서 저술 활동

미국에서의 상황도 유럽과 비슷하다. 무천년기설은 미주리 대회 루터 교회(Missouri Synod Lutheran Church)와 기독교 개혁파 교회(Christian Reformed Church), 정통 장로교회(Orthodox Presbyterian Church), 또한 미국에서 가장 보수적이며, 학구적인 칼빈 신학교와 웨스트민스터 신학교의 입장이기도 하다.1016 이처럼 개혁주의 신학의 전통적인 종말론이 무천년기설임에도 불구하고, 개혁주의적 한국 장로교회는 어째서 전천년기설을 받아들이게 되었는가?

우리는 그 이유를 몇 가지로 분석해 볼 수 있다.

a. 개혁주의적 신학과 함께 천년 왕국에 대한 신앙을 가졌던 초기 선교사들의 영향이었다. 그들은 한 결 같이 청교도적인 신앙인이었으며, 재림론에 있어서는 전천년기설의 입장을 견지하고 있었다고 미국 웨스트민스터 신학교 교수였던 간하배 박사는 주장한다.1017

b. 시대적 상황이었다. 나라를 잃고 나라의 미래를 예측할 수 없는 난감하고 험난한 상황 속에서 살던 초기 한국 교회의 신자들은 자연히 내세 지향적인 종말 신앙을 품을 수밖에 없었고, 이 신앙은 마침내는 구원의 복음으로 뿌리를 내리게 되었다. 당시 방황하고 있던 민중들을 향하여 길선주 목사는 "형제들이여! 신자의 변함없고 썩지 않는 무궁한 소망은 주님이 다시 오셔서 평화의 낙원을 건설하는 것입니다. 깨어 준비하고 믿음에 굳게 서서 소망 중에 즐거움으로 주님의 재림을 기다리시기를 바랍니다." 라고 외치면서 희망과 위안을 주었다.

c. 무천년기설과 후천년기설을 강하게 비판하고 전천년기설을 주장하며 광범위하게 부흥 사경회를 인도한 한국 장로교회의 최초의 목사인 길선

을 하였다. 예를 들면 그들은 Louis Berkhof, Geerhardus Vos, Albertus Pieters, Floyd E. Hamilton, George L. Murrary, W. H. Rutgers, Martin J. Wyngarden, William Hendriksen, William Masselink, William J. Grier, Oswald T. Allis, 그리고 Anthony A. Hoekma 등이다.

1016 신복윤, "무천년기설", 「신학정론」 제11권 1호, 258, 259.

1017 간하배, 한국 장로교 신학사상 (서울: 개혁주의신행협회, 1997), 10-11.

주 목사(1907년 안수)의 영향 또한 지대하였다. 그는 전천년기설을 주장하되 세대주의적 전천년기설을 주장하였다.1018 "1920년대에 세대주의의 사상을 가진 선교사들이 들어온 이 후부터는 부흥사들을 통하여 세대주의적인 전천년기설이 유포되었으며, 역사적 전천년기설은 세대주의적인 전천년기설로 채색이 되었다."1019 그러나 한국의 세대주의는 미국의 강한 율법 폐기론과 같은 그런 세대주의는 아니었고, "서구로부터 선교사들을 통하여 온건한 형태의 세대주의가 유입되었다"1020고 간하배 교수는 지적하였다.

한국 교회가 세대주의로부터 가장 큰 영향을 받은 것은 하나님 나라에 대한 개념과 단순한 성경 해석법이다. 모든 예언의 약속에 대한 엄격한 문자적 해석과 문자적 성취라는 세대주의적 원리가 초기 한국 교회에 심어졌던 것이다. 그래서 세대주의적 해석방법에서 중요한 자리를 차지하는 "미래에 대한 강조"가 한국 교회에 널리 퍼졌다. 오늘의 한국 교회가 "천국의 현재성"을 제대로 인식하지 못하고 있는 이유도 바로 여기에 있다고 하겠다.

d. 한국 교회의 신학적 지도자인 박형룡 박사와 박윤선 박사의 역사적 전천년기설의 입장은 한국 교회의 전천년기적 종말론 사상을 굳히는데 더욱 결정적인 영향을 미쳤다고 하겠다. 지난 50년 간 한국 장로교 계통의 신학교에서 교육을 받고 배출된 대부분의 목회자들은 한 결 같이 박형룡, 박윤선 두 분의 역사적 전천년기 재림론의 교육을 받은 사람들이다. 그러므로 역사적 전천년기 재림론이 한국 장로교회의 공식적인 견해처럼 되어 있는 것도 무리는 아닐 것이다.

5. 역사적 전천년기설이 극복해야 할 과제

역사적 전천년기설에는 우리가 동의할만한 점들이 많이 있다. 예를 들

1018 김광수, 「현대종교」, 1986, 11월호, 49; 정성구, 「한국교회 설교사」, 152-252.
1019 김영재, "한국교회의 종말론", 「신학정론」 제11권 1호, 226.
1020 간하배, 한국 장로교 신학사상, 42.

면 첫째로, 그들은 세대주의적 전천년기설과는 달리 하나님은 오직 한 백성만을 소유하고 계시기 때문에 유대인과 이방인, 혹은 이스라엘과 교회로 나누지 않는다. 둘째로, 그들은 하나님의 나라를 현재적이요, 동시에 미래적이라고 주장한다. 셋째로 그들은 교회는 현 시대에서도 이미 종말론적 축복들을 향유하고 있다고 믿는다. 넷째로, 그들은 시대의 징조들이 그리스도의 초림 이후 계속 되어 왔으나, 그리스도의 재림 직전에는 매우 심각한 형태로 나타나게 될 것이라고 주장한다. 다섯째로, 그리스도의 재림은 세대주의의 주장과는 달리 단회적 사건이요, 두 단계로 이루어지는 것이 아니라고 주장한다.[1021] 이렇게 동의할 점이 많음에도 불구하고, 여기에는 또한 문제점이 없는 것이 아니다.

첫째, 역사적 전천년기설자들의 기초 성경인 계시록 20:1-6은 그리스도께서 재림하신 후 천년 동안의 지상 통치를 하시게 된다는 것을 결정적으로 증거 하지 못한다는 사실이다. 이 구절은 고도의 상징적인 계시록에서 발견되는데, 그것을 문자적으로 해석한다는 것은 성경 다른 부분의 지원을 받지 못한다. 그들은 천년 동안 그리스도와 더불어 왕 노릇하게 될 자들을 부활한 성도들과 그리스도의 재림 시 살아 생존한 성도들이라고 주장하는데, 사실 이 구절에는 살아 생존한 성도에 대하여는 전혀 말하고 있지 않다는 점이다.

둘째로, 전천년기설의 주장은 장차 일어날 대사건들, 즉 부활과 최후 심판과 세계 종말에 대한 성경의 제시와는 반대된다. 왜냐하면 성경은 이 대사건들이 동시에 발생할 것으로 제시하기 때문이다. 계시록 20:4-6이외의 성경 구절에서는 이 사건들이 천년을 사이에 두고 분리되어 일어나게 된다는 최소한의 지시도 없다.

셋째로, 영화롭게 된 그리스도와 신자들이 아직 죄와 사망이 존재하는 지상으로 온다는 것은 그들의 영화가 결정적으로 완성되었다는 사실에서 볼

[1021] Anthony A. Hoekema, *The Bible and the Future* (Grand Rapids: Eerdmans, 1989), 183.

때 그것은 모순이다. 중간기 상태에서 하늘의 영화를 누리고 있던 성도들이 죄와 사망이 아직도 왕 노릇하고 있는 이 땅으로 돌아오기 위해 죽은 자들로부터 부활할 이유가 어디 있는가? 영화롭게 되신 그리스도께서 왜 죄와 죽음이 아직도 왕 노릇하는 이 지상에 오셔야 하는가? 그리고 그리스도께서 재림하시는 것은 일시적인 평화와 축복의 기간이 아닌, 영원하고 완전한 최후의 상태를 소개하기 위하여 오신다고 성경은 가르치고 있는 것이 아닌가?

B. 후천년기설(Postmillennialism)

1. 주장의 요지

로뢰인 뵈트너(Loraine Boettner)는 후천년기설을 "하나님의 왕국은 지금 복음의 전파와 각 개인들의 심령들 속에서 역사하는 성령의 구속적 사역을 통하여 이 세상 안에 확장되고 있다. 따라서 이 세상은 점차적으로 기독교화할 것이다. 그리스도의 재림은 일반적으로 천년기라고 불리는 의와 평화와 긴 시대의 끝 무렵에 발생하게 될 것이다. 한 가지 덧 붙여야 할 사실은 후천년설의 원리에 의하면 그리스도의 재림 시에 대부활, 대심판, 그리고 천국과 지옥으로의 인도됨이 충만한 의미에 있게 된다."[1022]고 정의한다.

후천년기설에 의하면 세계의 대부분의 사람들이 복음의 전파를 통하여 더욱더 기독교로 개종하게 됨으로 현 세대는 점진적으로 천년기에 들어가게 된다는 것이다. 이렇게 급증하는 그리스도인의 수에는 물론 유대인과 이방인이 다 포함되어 있다. 천년기가 실현될 때에는 신앙과 행위에 관한 기독교적 원리들이 모든 나라와 개인들에게 받아들여질 것이다. 죄가 완전히 없어지지는 않겠지만, 그러나 최저의 상태로 감소될 것이다. 인류의 사회적, 경제적, 정치적, 그리고 문화적 삶은 매우 크게 개선될 것이다. 일반적으로

[1022] Anthonya. Hoekema, *"The Millennium"*(Grand Rapids: Baker, 1958), 14.

세계는 번영하게 되고, 모두가 골고루 부유하게 될 것이며, 사막은 장미꽃으로 장식되고, 전에는 적대적인 나라들이 서로 조화를 이루게 될 것이다. 이러한 영적 번영의 황금시대가 장기간 계속될 것이며, 아마 이 기간은 천년 이상의 오랜 기간이 될 것이다. 그러나 천년기는 갑자기 시작되거나 어느 특수한 날짜에 출발하는 것이 아니라, 알아차릴 수 없을 정도로 접근하여 올 것이다. 왜냐하면 그것은 장구하고 서서히 다가오는 과정의 결과이기 때문이다.[1023]

후천년기설에 의하면 천년기는 현 시대, 즉 교회 시대 동안에 있을 영적 번영의 황금시대이니만큼 복음의 감화력을 통하여 도입될 것이다. 개인들의 변화된 성격은 인류의 향상된 사회, 경제, 정치, 문화적 생활에 반영되고, 세계는 그때에 전체적으로 의의 상태를 즐길 것이다.[1024] 물론 이것은 모든 사람들이 다 신자가 되거나 죄가 전부 없어지는 때가 온다는 것을 의미하지 않는다. 그러나 천년기에는 여러 가지 종류의 악이 마침내 축소되어 있는지 없는지 알 수 없을 정도의 상태에 이를 것이며, 기독교의 원리들이 예외가 아니라 법칙으로 될 것이며, 그리하여 그리스도는 참으로 기독교화 된 세계에 재림하신다는 것이다.

이 황금시대는 생의 기초적 사실들에서 현 시대와 본질적으로 다르지 않다. 그 때에도 혼인과 가정은 계속될 것이며, 사회적, 경제적, 교육적인 어려운 문제들이 남아 있지만, 그 우수한 특성들이 크게 드러날 것이며, 또한 고상한 도덕적, 영적 생활의 결과 물질적 번영도 고도에 달할 것이다.[1025]

[1023] 바리새인들이 "하나님의 나라가 어느 때에 임하나이까"라고 물었을 때, 예수님은 "하나님의 나라는 볼 수 있게 임하는 것이 아니요"(눅 17:20)라고 답하셨다. 예수님은 또 이렇게도 말씀하셨다. "하나님의 나라는 사람이 씨를 땅에 뿌림과 같으니 저가 밤낮 자고 깨고 하는 중에 씨가 나서 자라되 그 어떻게 된 것을 알지 못하느니라 땅이 스스로 열매를 맺되 처음에는 싹이요 다음에는 이삭이요 그 다음에는 이삭에 충실한 곡식이라."(막 4:26-28)

[1024] 후천년자들은 시 47:2와 97:5의 성경 구절에 대하여 말하기를 이는 여호와 하나님을 온 땅의 왕으로, 그리고 온 땅의 주로 말하고 있는데, 이 구절은 땅 위의 천년왕국 때에 이루어질 것으로 본다(한정건, "시한부 종말론 이후의 천년왕국설을 재고찰 한다", 『목회와 신학』, [서울: 두란노, 1993], 10월호, 114).

[1025] "너희는 먼저 그 나라와 그의 의를 구하라 그리하면 이 모든 것을 너희에게 더하시리라"(마

후천년기설은 17세기에 소수의 루터파와 개혁파 학자들이 그리스도의 유형적 지상 천년 통치설을 거부하고, 천년 왕국의 영적 개념을 옹호함으로 나타난 또 다른 형식의 천년 왕국설이다. 세계의 종말과 예수 그리스도의 재림이 있기 전에, 그리스도께서 영적으로 교회에 임재하시는 시기가 있게 되는데, 이 시기에 성도들은 이것을 비상한 방법으로 체험하게 될 것이며, 세계적으로 종교적 각성이 또한 일어나게 될 것이라고 그들은 주장하였다. 그 후에 그리스도의 왕국이 평화와 의의 왕국으로 건설될 것이다.[1026] 이것이 바로 전천년기설과 구별되는 후천년기설의 초기 형식이었다. 이 후천년기설은 18세기와 19세기 초에 과학의 혁명과 신앙 부흥의 시대, 그리고 현대 선교의 발전과 같은 요소들에 의해 자극을 받아 더욱 번성하였다.

2. 역사적 개관

초기형태는 16세기와 17세기 동안에 화란 개혁파 신학자 몇 명은 오늘날 후천년설이라고 불리고 있는 형태의 천년왕국설을 가르쳤다. 그들 중에는 코케이우스, 알팅 두 사람 외 비트링가, 다우트레인, 비치우스, 호른벡, 코엘만, 브라켈 등 익히 알려진 사람들이 있는데, 그들 중에서 어떤 이는 천년왕국을 이미 지나간 과거로, 그리고 어떤 사람은 지금 현재로, 또 어떤 사람은 미래에 있을 것으로 생각하였다.

후기형태인 오늘날의 후천년설은 이와는 전혀 다른 형태로서, 사람들이 한때 믿고 있었다는 역사적 의미를 제외하면 성경의 가르침과는 거의 무관하다.[1027] 현대인은 하나님을 전적으로 의뢰하는 가운데 천년 왕국을 기

6:33). "육체의 연습은 약간의 유익이 있으나 경건은 범사에 유익하니 금생과 내생에 약속이 있느니라." (딤전 4:8; 참조, 사 35:1,2; 시편 72:14-19 참조.)

[1026] 후천년자들은 스가랴 9장 9절에 메시아의 예루살렘 입성이 예언되고 난 직후 10절은 예루살렘뿐만 아니라 이방에도 평화가 이루어질 것이고 그의 통치가 "바다에서 바다까지 이르고 유브라데 강에서 땅 끝까지 이르리라" 한 것이 바로 온 땅위의 편만한 그리스도의 통치가 이루어질 것에 대한 예언으로 본다(한정건, "시한부 종말론 이후의 천년왕국설을 재고찰한다", 115).

[1027] 역사적으로 후천년기설을 주장한 사람들은 다음과 같다. Eusebius, St. Benedict, Cocceius,

다려 오던 과거의 소망에 대한 인내심을 거의 상실하고 말았다. 그는 복음의 전파와 그에 동반되는 성령님의 사역에 의해 새로운 세대가 도래할 것이라는 사실을 믿지 않으며, 이것이 대변혁의 결과로서 오게 되리라는 것도 믿지 않는다.[1028]

3. "천년"의 의미

천년기는 명확하지 않은 오랜 시기이기 때문에 그것은 문자적 천년보다는 훨씬 더 오랜 기간일 것이라고 후천년기설자들은 주장한다. 그것은 상징적인 수의 표현이다. 계시록에서 우리는 상징적이며 비유적인 숫자의 표현을 얼마든지 볼 수 있다. "천년"은 비유적인 표현이며, 명확하지 않은 오랜 시기요, 완전한 연수이며, 문자적 천년보다 훨씬 더 오랜 기간을 가리킨다. 칼빈은 천년기설자들이 이것을 문자적 천년으로 보는 것을 유치하게 생각하였다:

> "그러나 조금 후에 천년 왕국론자들이 뒤를 이어, 그리스도의 통치 기간을 천년 동안으로 제한하였다. 그들의 조작은 너무도 유치해서 논박할 필요나 가치가 없다. 그들의 오류에 구실을 준 것이 계시임이 분명하나, 그 계시록도 그들을 지지하지 않는다. 천이라는 수는(계 20:4) 교회의 영원한 복에 적용되는 것이 아니라, 교회가 지상에서 수고하는 동안에 당할 각종 곤란에만 적용되는 것이다. 도리어 성경 전체는 선택된 자들의 복이나 악한 자들의 벌이 영원하다고 선언한다(마 25:41, 46)."[1029]

청교도로서는 Thomas Brightman, John Owen, Samuel Rutherford 등이 있고, 그리고 Philip Spener, Isaac Watts, Jonathan Edwards, Adam Clarke, 그리고Richard Watson 등이 있으며, Charles Finney, Mattew Henry, Cherles Hodge,a.A. Hodge, W. G. T. Sh-e dd, Robert L. Dabney,a. H. Strong, J. Orr,b.b. Warfield,L. Boettner, 그리고J. J. Davis 등도 후천년기설자에 속한다.

[1028] Berkhof, 991.

[1029] Calvin, J. *Institutes of Christian Religion*, ed. by. John T. Mcneill, trans by F. L. Battles, (Lihravy of Christian Classice Vol. Ⅰ-Ⅲ), (Philadelphia: The Westminster press, C, 1979), Ⅰ. 15. 2. 이후부터 Inst로 표시한다.

계시록 20장에서 1-3절의 "천년"은 지상에서 사단을 결박하여 온 세계를 미혹하지 못하게 하는 때를 가리키고, 4-6절의 "천년"은 순교자들의 영혼이 살아서 그리스도와 함께 왕 노릇하는 중간 상태를 말하기 때문에, 그 시기는 각 사람의 죽음과 부활 사이의 전 기간을 의미한다고 후천년기설은 주장한다. 살아서 그리스도와 함께 왕 노릇하는 "영혼"들이 중간 상태에 있다는 것은 다음과 같은 사실에서 알 수 있다. 첫째로, 요한이 그들을 "영혼들"로 보고 신체를 가진 사람들로 보지 않았다는 사실이다. 둘째는, 그 영혼들이 "그 나머지 죽은 자들"(5절)과 대조되었기 때문에, 그 두 무리가 다 죽은 자들로 간주될 것이다. 즉, 주 안에서 죽은 자들과(계 14:13) 죄 가운데서 죽었기 때문에 중간기에 왕 노릇하지 못하는 자들이라는 사실이다. 셋째로, "첫째 부활"이라는 표현과 "둘째 사망"이라는 다른 비유적 표현이 대조된 사실이다. 아무도 "둘째 사망"을 문자적이며 육체적 사망으로는 보지 않고, 악한 자의 영벌을 가리키는 것으로 본다. 이와 마찬가지로 "첫째 부활"은 비유적 표현으로 중간 상태의 삶을 가리킨다. 어떤 사람은 이것을 현세에서의 중생을 의미한다고 말한다. 그러나 워필드(Warfield)와[1030] 박형룡 박사는[1031] "천년"은 상징적 용어로 명확하지 않은 오랜 시기로 이해되어야 한다고 반박하고 있다.

4. 다양한 견해들

유세비어스(Eusebius, 340 사망)는 콘스탄틴 1세(Constantine I)의 통치 기간에 그리스도교의 국교 승인을 하나님 나라의 시작이라고 해석하였다. 그는 초대 교회 교부들의 천년 왕국설을 "신화"라고 판단하고, 구약의 왕국 약속을 "신비적"으로 혹은 "영적"으로 해석하였다.[1032] 요나단 에드워즈

[1030] 워필드(Warfield)는, 성경에서 일천 수는 절대적 완전과 완성을 상징한다고 하였다(B. b. Warfield, *Biblical Doctrines*[N. Y.: Oxford, 1929], 654).

[1031] 박형룡 박사 저작전집 Ⅶ, 241-42.

(Jonathan Edwards, 1758 사망)는 42개월 동안의 사단의 통치와 1260년 동안의 교황통치, 즉 세계적인 감독 정치가 확립된 주후 606년으로부터 교황정치가 몰락한 1866년까지의 교황 통치를 동일시하였다.[1033] 에드워즈는 제1차 대각성 운동(First Great Awakening, 1735-43)은 사단의 세력의 약화와 함께 이 성령의 시대의 시작이라고 믿고 있었다. 적그리스도가 마침내 주후 약 2000년경 파멸되면 그 때 천년기가 시작될 것이다. 그는 이사야 60:9의 "섬들"을 미국 식민지로 해석하고, 천년기가 미국에서 시작될 것이라고 판단하였다. 이 황금시대는 지상에 있어서의 평화와 번영, 거짓 교리의 파멸, 그리고 세계 인구의 3분의 1의 회심 등으로 특징지어질 것이다. 첫째 부활(계 20:4-6)은 영적인 것이며, 적그리스도로 말미암아 순교당한 성도들의 영혼이 하늘나라에 승천한 것을 의미한다. 에드워즈의 종말론은 후천년기설에 속한다. 그 이유는 천년기가 그리스도의 재림으로 시작되는 것이 아니라, 영광스러운 종교의 부흥으로 말미암아 도래한다고 주장하기 때문이다.[1034]

스트롱(A. H. Strong)은 "그리스도의 재림과 부활, 일반 심판, 그리고 만물의 종말 사이에는 천년의 간격이 없다는 증거가 풍부하다."고 주장하였다.[1035] 그리스도께서 죽은 자를 심판하시기 위하여 세상의 종말에 육체적으로 재림하시기에 앞서 그리스도의 나라는 온 세계에 충만할 것이다. 천년왕국은 대격변을 통해서 오지 않고, 악의 세력의 정복과 그리스도에게 돌아오는 대대적인 회심을 통하여 점진적으로 도래할 것이다. 스트롱에 의하면 계시록 20:4-6은 자기 백성의 마음속에서 다스리기 위하여 오시는 그리스도의 "무형적 영적 강림"과 자기 백성의 마음속에서의 "믿음과 사랑의 영적 부활"을 비유적 언어로 가르치고 있다. 이처럼 성도의 첫째 부활은 영적이

[1032] Eusebius, *Ecclesiatical History*, 3, 39; 7, 24; 10. 4.

[1033] Jonathan Edwards, "*Notes on the Apocalypse,*" *The Works of Jonathan Edwards*, 9 vols. (New Heaven: Yale University Press, 1957-89), 5:129.

[1034] Jonathan Edwards, "*An Humble Attempt,*" *The Works of Jo-nathan Edwards*, 9 vols. (New Heaven: Yale University Press 1957-89), 5:207.

[1035] Augustine Hopkins Strong, *Systematic Theology*(Valley Forge, Penn: Judson, 1907), 1012.

며, 그렇기 때문에 모든 사람의 둘째 부활은 육체적이다.

뵈트너(Lorain Boettner)는 성경의 언어는 상징적인 것들이 많다고 말하고[1036] 천년 왕국을 복음 전파를 통하여 인간의 마음속에 세워지는 영적 왕국의 점진적 실현이라고 상상하였다. 불확실한 기간의 이 황금시대에는 신자가 그 대다수를 차지할 것이며, 그리스도교의 행동 원리가 그 규칙이 될 것이며, 평화와 번영이 우세하고, 악이 감소되고, 가난과 무지가 제거될 것이다. "어쩌면 우리는 영적 번영의 이 대황금 시대가 여러 세기 동안, 혹은 수 천년동안이라도 계속되는 것을 볼 수 있을 것이다. 이 시기에 그리스도교는 온 세계에 대하여 승리할 것이며, 많은 사람들이 구원받게 될 것이다.[1037] 천년 왕국이 접근하고 있다는 징조는 현재 여러 면에서 발전하는 형태에서 분명히 알 수 있다. 예를 들면, 사회적 영역(노예 제도와 일부다처 제도의 폐지와 여성과 어린이의 지위 향상), 교육의 영역(지식의 폭증과 무지의 점진적 제거), 기술의 영역(교통과 통신의 발전), 정치적 영역(개발 국가에 대한 외국의 원조), 그리고 영적 영역(해외 선교, 성경 번역, 복음주의적 대중 전달 수단의 진보와 비기독교 종교들의 쇠퇴)등에서 나타나고 있다. 그러므로 현 시대는 점진적으로 천년 왕국의 황금시대로 바뀌어질 것이다.

뵈트너는 주장하기를 계시록 19:11-12은 아마겟돈 전쟁이나 그리스도의 재림을 말하는 것이 아니라, 선과 악의 오랫동안의 싸움이요 최후 승리의 약속을 묘사하는 것이라고 하였다. 즉, 이 말씀은 "세계에 있어서 그리스도의 복음의 승리적 성공을 묘사하는 것"이다. 사단의 천년 동안의 결박(계 20:1-3)은 사단의 세력의 제한을 의미하는데, 이 기간에 세계의 기독교화가 촉진될 것이다. 천년 동안의 성도의 통치(계 20:4-6)는 성도들이 중간 상태에서 하늘나라에 있게 됨을 묘사한다.[1038]

[1036] 예를 들면 "천사의 생축"(시 50:10), "용"(계 20:2), "일곱 뿔과 일곱 눈"이 있는 "어린 양"(계 5:6) 등.

[1037] Loraine Boettner, *The Millennium*(Philadelphia: Presbyterian and Reformed, 1957), 29.

[1038] 뵈트너는 주장하기를, 계시록 20:1-3과 3-6에서 말하는 천년은 동일한 것을 말하지 않는다. 첫째는 교회 시대를, 둘째는 각 성도의 중간 상태를 말하는 것이다. 더욱이 첫째 부활은 영적인 것이기 때

이 운동은 구약 모세 율법의 교훈과 형벌은 전혀 폐지되지 않았으며, 그러므로 오늘날에도 그것은 통치자에 의해 시행되어야 한다고 주장한다. 옹호자들은1039 마태복음 5:17-19에 호소하여 '플레로사이'를 이행(fulfill)보다는 확증(confirm)으로 해석한다. 교회가 국가를 설득하여 성경의 법(특히 구약)을 따르도록 할 때, 세계적인 신정국, 즉 천년 왕국이 이 땅 위에 설립될 것이다. 신율론자들은, 그리스도의 재림에 앞서 이스라엘의 신정 국가에 대한 예언이 이 지상에 문자적으로 성취될 것이라고 이해하고 있다.1040

칠턴(David Chilton)은 그의 저서『회복된 낙원(Paradise Restored)』에서 "주권의 종말론(eschatology of dominion)"을 설명하고, 이 주권으로 하나님은 그의 교회로 하여금 승리의 정복을 하게 하신다고 주장한다. 칠턴은 또한 대담하게 다음과 같이 주장 한다:

> "그리스도인의 세계를 위한 목표는 성경적인 신정 국가를 세계적으로 발전시키는 데 있으며, 이 나라에는 모든 분야의 사람들이 구속함을 받아, 예수 그리스도의 주권과 하나님의 율법아래 놓이게 된다."1041

복음이 전파되고 나라들이 제자화 될 때, 사단의 요새는 무너질 것이며, 그리스도의 통치가 수립될 것이다. 이 때 교회 시대, 즉 천년 왕국 시대가 도래 할 것이니 이 나라의 특징은 인류의 다수가 회개하고, 전쟁이 중단되고, 저주가 없어지고, 지구는 에덴의 상태로 회복되는 일이다. "에덴동산, 즉 주의 성산이 주님의 재림 전 복음의 능력으로 말미암아 역사 속에서 회복될 것이다. 그리고 사막이 백합화같이 피어 즐거워할 것이다(사 35:1)."1042

문에, 둘째 부활은 육체적인 부활이라고 주장한다.

1039 러시두니(R. J. Ruchdoony), 반센(Greg Bahnsen), 노스(Gray North), 칠턴(David Chilton), 그리고 기독교 재건지(Journal of Christian Reconstruction) 등을 대표하는 신정론 운동(the theonomy movement)은 독특한 관점에서 후천년기설을 옹호한다.

1040 Thomasd. Ice, "An Evaluation of Theonomic Neopostmillennialism", Bibliotheca Sarca 145, July-Sept. 1988, 281-300 참조.

1041 David Chilton, Paradise Restored : A Biblical Thelogy of Dominion(Tyler, Tex: Reconstruction Press, 1985), 156, 189.

칠턴의 도식에서 계시록은 당시의 사건을 묘사하는 것이지 미래를 기술하는 것이 아니다. 대환난은 주후 70년 로마의 침입으로 말미암아 일어났다. "인자의 임함"(마 24:26-31)은 그리스도께서 나라들을 통치하시기 위하여 왕위에 오르심을 의미한다. 인자가 천사들을 보내어 그 택하신 자들을 모으신다는 말씀(마 24:31)은 이스라엘의 멸망 후 민족들의 세계적인 회심이 있을 것을 묘사한다. 계시록 20:3-6의 천년은 거대한 중간 재림의 시기를 의미한다. "이 세상은 그리스도의 재림 전에, 만년, 아마 몇 십만 년 동안이라도 경건이 증가하는 세계가 될 것이다." 마지막으로, 계시록 21-22장은 천년기(현 시대)에 지구가 에덴의 상태로 회복될 것에 대한 고도의 상징적 묘사이다. 그러므로 우리는 지금 "새 하늘과 새 땅"에 살고 있는 것이다.

반센(Bahnsen)은 미래 왕국에 대한 구약의 예언들은 교회 시대에 그리스도의 통치에 의해서 이루어질 번영에 관한 것이라고 해석한다. 그리스도의 왕적인 통치에 의해서 이루어질 번영에 관한 것이라고 해석한다. 그리스도의 왕적인 통치에 의해서 그리스도의 대명령은 성공을 거두어, 인류의 대다수가 회심하게 될 것이다. 그는 "민족들이 그리스도의 제자가 되고, 교회가 성장하여 온 세상을 채울 것이며, 기독교는 지배적인 원리가 될 것"이라고 확신하고 있다.[1043] 민족들이 현재 성령의 권능으로 훈련받는 것은 세계의 기독교화, 물질적인 번영, 그리고 세계적인 평화를 가져오게 할 것이다.

5. 후천년기설이 극복해야 할 과제

후천년기설은 계시록 20:1-6이 명백한 진술을 무리하게 영해한다는 비판을 받는다. 요한계시록에 상징적인 숫자가 많은 것은 사실이지만, 20장 첫 부분에서 여섯 번이나 기록된 "천년"이라는 숫자를 상징적으로 해석함

[1042] David Chilton, 46.

[1043] Gerg L. Bahnsen, "The Prima Facie Acceptavility of Postmillennialism", Journal of Christian Reconstruction 3, 2, Winter, 1976-1977, 68.

으로 정확한 숫자의 의미를 부정하는 것은 지나친 영해라는 것이다. 앞에서 이미 언급한 바 있지만, 후천년기설자들은 계시록 20장에서 1-3절의 "천년"은 지상에서 사단을 결박하여 만국을 미혹하지 못하게 하는 "때"라고 해석하고, 4-6절의 "천년"은 순교자들의 영혼이 살아서 그리스도와 함께 왕노릇하는 "중간 상태"라고 해석하고 있는 것이다.

후천년기설자들은, 전 세계가 점진적으로 그리스도에게 돌아올 것이며, 온 인류의 생활이 마침내는 복음으로 변화되고, 의와 평화가 지배하게 되며, 성령의 풍성한 축복으로 인하여 주님의 재림 직전에는 교회가 비교할 수 없을 만큼 번성하게 된다고 주장한다.[1044] 그러나 이와 같은 주장은 성경에서 볼 수 있는 재림 시기에 관한 묘사와는 조화되지 않는다.

성경은 재림 직전에는 큰 배교와 환난이 있고 핍박이 있어서, 많은 사람의 신앙이 식어지고, 그리스도에게 충성하는 자는 혹독한 핍박을 받을 것이며, 어떤 경우에는 자기들의 피로 신앙 고백을 인치는 때가 될 것이라는 사실을 강조한다(마 24:6-14, 21, 22; 눅 18:8; 21:25-26; 살후 2:3-11; 계 13장). 후천년기설자들은 물론 종말의 표지가 될 배교와 환난에 대하여 예언된 것을 전혀 부정하지는 않으나, 그것을 최소한도로 축소하여 종교생활에 별로 영향을 미치지 않을 소규모의 고통으로 생각한다. 그러나 그것은 성경의 말세 예언에 대한 공정한 태도가 아니다.

후천년기설자들은, 현 시대가 급격한 변동으로 끝마쳐지는 것이 아니라, 거의 알아차릴 수 없을 정도로 평온한 상태에서 다음 시대로 넘어간다고 주장한다. 그러나 성경은, 하나님의 특별한 간섭으로 사단의 세력을 종식시킬 것이라고 가르친다.[1045] 신자들이 죽을 때 큰 변화를 통과해야 하는 것

[1044] 전천년왕국설은 세상이 어지럽고 비관적일 때 유행하며, 후천년왕국설은 세상이 정적으로 되어 갈 때 더욱 영향을 미친다. 그래서 파인버그는 말하기를 두 차례의 세계 대전을 겪은 후 후천년설은 죽었다고 말했다(C. L. Feinberg, *Millennialism*: The Two Major View[Chicago: Moody Press, 1982], 9-19).

[1045] "그 날 환난 후에 즉시 해가 어두워지며 달이 빛을 내지 아니하며 별들이 하늘서 떨어지며 하늘의 권능들이 흔들리라 그때 인자의 징조가 하늘에서 보이겠고 그때에 땅의 모든 족속들이 통곡하며 그들이 인자가 구름을 타고 능력과 큰 영광으로 오는 것을 보리라 저가 큰 나팔 소리와 함께 천사들을 보내리

처럼, 세계도 종말의 황금시대가 올 때 반드시 초자연적인 하나님의 권능으로 큰 변화를 받아야 할 것이다.

C. 무천년기설(Amillennialism)

1. 무천년기설이라는 명칭은 'no' 혹은 'non'의 뜻을 가지는 헬라어 접속사 a가 라틴어 '*millennium*(천년 기간)'에 결합된 용어이다. 그리고 이 '*millennium*'은 '*mille*(천)'와 '*annus*(년)'의 합성어에서 유래되었다. 이 용어는 이 명칭을 받아들이는 대부분의 사람의 신념을 정확하게 설명하지 못한다. 콕스(Wm. E. Cox)가 말한 대로, "이것은 만족하지 못한 용어이다. 왜냐하면 대다수의 무천년기설자들은 계시록 20:1-10에 근거하여 천년 왕국을 믿고 있기 때문이다."[1046]라고 하였다.

후크마(Anthonya. Hoekema)교수도 무천년기설이라는 용어는 그 자체가 별로 만족스러운 용어가 되지 못한다고 하였다. 왜냐하면 무천년기설은 천년기에 대하여 전혀 부정적이거나, 또는 천년기 통치에 대하여 말하는 계시록 20:1-6을 무시하는 듯한 인상을 주고 있기 때문이라고 하였다.[1047] 무천년기설자들이 그리스도의 재림 직후에 있을 천년 동안의 문자 그대로의 지상 통치를 믿지 않는 것은 사실이지만,[1048] 그러나 무천년기설이란 용어는

[1046] W. m. E. Cox, *The Millennium*(Philadelphia: Presbyterian and Reformed), 15-6.

[1047] Anthonya. Hoekema, *The Bible and the Future*, 173.

[1048] 무천년자들은 이 "천년"을 문자적으로 보지 않고 상징적으로 보고 있다. 이를 달리 표현하면

그들의 견해를 정확하게 설명하지 못한다. 무천년기설자들은 요한계시록 20장의 천년기가 미래를 의미하는 것이 아니라, 현재 실현 과정 중에 있다고 믿기 때문에, 차라리 실현된 천년기설(realized millennialism)이라는 용어로 대치되어야 한다고 제안한다.[1049] 그러나 이 용어도 만족스러운 것이 못되므로, "나는 무천년기설이란 용어가 갖고 있는 약점과 제한성에도 불구하고, 그것이 일반화되어 있기 때문에 계속적으로 그 용어를 쓰려고 한다."고 후크마 교수는 말한다.[1050]

어거스틴(Augustine)은 계시록 20장의 천년기가 복음 시대와 동일한 것이며, 이 둘은 그리스도의 재림과 밀접한 관계가 있다고 주장하였다. 다른 무천년기설자들은 그것은 다만 복음 시대의 일부분이 될 것이라고 말한다. 그러나 이것은 후천년기설이라는 용어를 무천년기설자들에게 적용하게 만든다. 왜냐하면 무천년기설자들은 그리스도의 재림을 그들의 영적 천년기 후에 두기 때문이다. 이 사실을 크로밍가(Kromminga)교수는 다음과 같이 말하였다. "그러므로 후천년기설은 일반적인 용어이고 무천년기설은 다양성을 가진 용어이다."[1051]

무천년기설자들은 그리스도의 초림 시에 하나님의 나라가 시작되었다는데 대하여 후천년기설자들과 의견을 같이한다. 그리고 그리스도의 재림 후에 일반적 부활, 최후 심판, 영원한 상태의 시작이 있게 된다는 것에 대하여도 그들과 일치한다. 그러나 무천년기설자들은 그리스도의 재림 때까지 선과 악이 서로 반대하여 계속 작용한다는 점에서 전천년기설자들과 뜻을 같이 한다. 분명한 것은 무천년기설은 그 차이점에서는 이 이상 유지될 수

천년에 대한 구절을 무시간적이라고 주장하는 것이다(Millard J. Erickson, "Contemporary Opitions in Eschatology", 91).

[1049] Jay E. Adams, *The Time is at Hand*(Philadelphia: Presbyterian & Reformed Publishing Co., 1970), 7-11.

[1050] Anthonya. Hoekema, "*Amillennialism,*" *The Meaning of the Millennium*, ed. by Robert G. Clouse(Downers Grove: Inter Varisity Press, 1977), 155-56.

[1051] d. H. Kromminga, *The Millennium In the Church*(Grand Rapids: Eerdmans, 1945), 299.

없다고 하여 버림을 받게 된다면, 아마 그는 전천년기설보다는 무천년기설로 돌아오게 될 것이라고 무천년기설자들은 자부한다.

2. 무천년기설의 종말 사상

무천년기설자들은 천년 왕국의 대망을 입증할 만한 충분한 성경적 기초를 발견할 수 없다고 주장한다. 성경은 다만 현재의 하나님의 나라 다음에 완성되고 영원한 형태의 하나님의 나라가 즉시 나타난다고 가르칠 뿐이라고 주장한다. 예수 그리스도의 왕국은 영원한 나라로 제시되었고 시간적인 것으로 묘사되지 않았다(사 9:7; 단 7:14; 눅 1:33; 히 1:8; 12:28; 벧후 1:11; 계 1:15). 그러므로 장차 천국에 들어간다는 것은 사람이 영원한 상태에 들어간다는 것이며(마 7:21,22), 생명에 들어가는 것이요(마 18:8, 9), 또한 구원 얻었음(막 10:25,26)을 의미하는 것이다.1052 무천년기설자들은 요한계시록 20:4-6에서 말하는 천년기를 이미 죽은 신자들의 영혼이 하늘에서 그리스도와 함께 현재적으로 통치하고 있는 것으로 해석한다. 그러므로 천년기는 최후 심판 전의 그리스도의 문자적 지상 통치가 아니라, 영적 혹은 천상적 통치 기간을 말하며, 그 명칭 'amillennium'은 문자적으로 무천년기, 즉 'no millennium'을 의미한다. 무천년기설자들은 이 천년 동안에 신체를 떠난 영혼들이 하늘에서 그리스도와 함께 영적으로 왕 노릇한다고 믿는다. 완전 혹은 완성의 수인 일천은 완전한 시기, 즉 그리스도의 두 강림 사이에 있는 완전한 시기를 상징하는 것이라고 주장한다. 영적, 혹은 천상적 천년기가 그리스도의 재림보다 앞서 있다는 것을 믿는 점에서 무천년기설은 후천년기설과 뜻을 같이 한다.1053

무천년기설자들은 요한 계시록 20:1-3에서 말하는 "사단의 결박"을

1052 L. Berkhof, *Systematic Theology*(Grand Rapid: Eerdmans, 1953), 708.

1053 Floyd E. Hamilton, *The Basis of Millennial Faith*(Grand Rapids: Eerdmans, 1955), 35-37.

그리스도의 초림과 재림 사이에 계속되는 사건으로 해석하고, 그리스도의 재림 바로 직전에 끝나게 되는 것으로 이해한다. 사단이 지금 결박되어 있다는 사실은 사단이 오늘날 이 세상에서 활동하지 않는다는 의미가 아니라, 이 기간 동안 그는 열방을 미혹할 수 없다는 말이다. 즉, 그는 복음 전파 사역을 방해할 수 없다는 말이다. 이러한 사실은 분명히 지상 교회를 격려하고도 남음이 있다.

무천년기설자들은 미래의 영화롭고 완전한 왕국이 장차 새 땅위에 건설된다는 것을 바라보는 동시에, 하나님의 왕국은 승리하신 그리스도가 말씀과 성령으로 자기 백성을 통치하심으로 현재 이 세상 속에서도 나타나고 있다고 주장한다. 다른 말로 하면, 하나님의 나라는 현재적인 동시에 미래적이다. 예수님은 하나님나라의 현재성을 다음과 같이 가르치셨다. "그러나 내가 하나님의 성령을 힘입어 귀신을 쫓아내는 것이면 하나님의 나라가 이미 너희에게 임하였느니라."(마 12:28) 바리새인들이 하나님의 나라가 언제 임하였느냐고 물었을 때, 예수님은 "하나님의 나라는 볼 수 있게 임하는 것이 아니라 또 여기 있다 저기 있다고도 못하리니 하나님의 나라는 너희 안에 있느니라."(눅 17:20, 21)고 말씀하셨다. 그러나 예수님은 또한 특별한 말씀(마 7:21-23, 8:11, 12)과 종말론적인 비유 등을 통하여, 즉 혼인 잔치의 비유, 겨자씨 비유, 달란트 비유 등을 통하여, 하나님의 나라는 여전히 미래적임을 가르치셨다. 바울도 역시 이 나라를 설명할 때 현재적이며(롬 14:17; 고전 4:19, 20; 골 1:13, 14) 동시에 미래적(고전 6:9; 갈 5:21; 엡 5:5; 딤후 4:18)이라고 하였다.

이들의 주장은 그리스도의 재림과 관련하여 결정적, 미래적 사건들이 일어날 것을 바라본다. "시대의 징조들"이 그리스도의 초림 이후 이 세상에 나타났으며, 또한 그리스도의 재림 바로 직전에는 이 시대의 징조들은 더욱 심화된 결정적 형태로 나타나게 된다. 그러므로 무천년기설자들은 그리스도의 재림 전에 복음이 모든 나라에 전파되고 이스라엘의 충만한 수가 회심하고, 적그리스도가 출현하고, 대환난과 배교하는 일이 있게 된다고 믿는다.

신약에서는 재림을 묘사하는데 '도래'(coming), '도착'(arrival), '현존'(presence)을 의미하는 '파루시아'(parousia)를 쓰고 있다.1054 무천년기설자들은 그리스도의 재림이 단일한 사건이요 결코 두 단계로 일어난다고 보지 않는다. 그들은 세대주의자들처럼 그리스도의 재림을 두 국면, 즉 "파루시아(parousia, 강림)"와 "나타나심(revelation)"으로 나누어, 이 두 사건 사이에 7년이라는 기간이 삽입된다고 생각하지 않는다. 그리스도의 재림 시에 신자들과 불신자들의 일반적 부활이 있으며, 그렇기 때문에 신자들의 부활과 불신자들의 부활을 천년 사이에 두고 구분하는 것을 그들은 반대한다.1055 부활 사건이 있은 직후, 그 때 살아 있던 성도들은 갑자기 변화되어 영화로운 몸을 입게 된다. "보라 내가 너희에게 비밀을 말하노니 우리가 다 잠잘 것이 아니요 마지막 나팔에 순식간에 홀연히 다 변화하리니 나팔 소리가 나매 죽은 자들이 썩지 아니할 것으로 다시 살고 우리도 변화하리라"(고전 15:51, 52).

　　죽음으로부터 일어난 성도들과 살아서 변화된 성도들은 이 때 공중에서 주님을 만나기 위하여 구름 속으로 끌려 올라간다(살전 4:17). 무천년기설자들은, 공중 휴거 후 온 교회가 7년 동안 하늘로 끌려 올라가고 반면에 지상에 남아 있는 자들은 대환난을 당하게 된다는 세대주의자들의 주장을 반대한다. 부활하여 영화롭게 된 성도들의 몸은 하늘에 속한 것이 아니고 지상에 속한 것이다. 바울이 데살로니가전서 4:17에서 "주를 영접하게 하시리니"라고 하신 말씀의 뜻은, 부활한 성도들과 살아서 변화된 몸을 입은 성도들은 재림하시는 주님을 영접하기 위하여 구름 속에 끌려 올라갔다가 영접한 후에 즉시 주님과 함께 다시 지상에 내려온다는 말씀이다.

　　무천년기설자들은 그리스도께서 재림하실 때 최후의 심판을 시작하신다고 믿는다. 이 최후 심판의 목적은 첫째로, 각자가 받을 최후의 운명을 통하여 하나님의 영광을 드러내고, 둘째로, 하나님의 백성과 하나님의 원수는

1054 조지 래드 지음, 『개혁주의 종말론 강의』, 이승구 역 (서울: 이레서원, 2000), 62.
1055 세대주의자들은 이 두 부활 사건 외에도 환난 때 죽은 성도들의 부활과 천년 왕국 시대에 죽은 자들의 부활을 주장한다(L. Berkhof, 734-27 참조).

정반대의 성격을 가지고 있음을 보여주며, 셋째로, 각자가 받을 상급과 형벌의 정도는 어떤 것인가 함을 드러내는 데 있다. 이 심판이 있은 후 인류는 영원한 상태에 들어가게 된다. 불신자들과 그리스도를 부인한 사람들은 영원한 형벌에 처하여 지옥에 머물게 되고, 신자들은 새 하늘과 새 땅에서 영광 중에 영원한 축복을 즐기게 될 것이다.

3. 계시록 20:1-6과 마태복음 13:24-30의 해석

천년 동안의 통치를 명백히 말하는 유일한 구절인 요한계시록 20:1-6을 먼저 해석해 보자. 이 구절은 두 부분으로 나누어지는데, 첫째 부분은 1-3절에서 사단의 결박에 대하여 말하고, 둘째 부분은 4-6절에서 예수님의 증거와 하나님의 말씀 때문에 목 베임을 받은 자의 영혼들이 천년 동안 왕 노릇하는 것에 대하여 말한다.

무천년기설자들은 천년 왕국, 잠시 동안의 사단의 시기, 주의 재림, 모든 죽은 자의 부활, 그리고 최후의 심판 등의 순서로 틀을 짜고, 주님께서 천년 왕국 이전에 재림하신다고 주장하는 전천년기설자들이 성경의 순서를 바꾸어 놓았다고 비평한다.[1056] 이 사건들의 순서를 주목해 보면, 천년 후(계 20:7)에 잠시 동안(3절) 사단의 시기가 오고(7절) 그 후에 그리스도의 영광스러운 재림이 있게 되는데, 그 때 그리스도는 "큰 흰 보좌" 위에 앉을 것이며(11절) 한편 무론대소하고 죽은 자들이 부활하여(11, 12절) 각 사람이 자기의 행위대로 심판을 받게 된다(13절).

그러면 사단의 결박을 말하는 1-3절에 대하여 무천년기설자들은 어떻게 해석하는가? 이 세 구절의 핵심은 사단의 결박이다. 천사가 사단(용, 옛 뱀, 마귀)을 잡아 천년 동안 결박하여 무저갱에 던져 잠그고 만국을 미혹하지 못하게 한다. 먼저 "천년"이라는 표현은 문자적으로 해석될 것이 아니라,

---

[1056] William Hendriksen, *The Bible on the Hereafter* (Grand Rapids: Baker Book House, 1959), 150.

하나의 완전한 기간을 의미한다. 혹은 길이가 불확정한 매우 긴 기간으로 생각할 수도 있다. 계시록 20:7-15의 내용(사단의 잠시 동안의 번영, 최후의 전투, 그리고 최후의 심판)으로 볼 때, 이 천년 동안은 그리스도의 초림에서 재림 전까지의 전 기간에 해당하는 것으로 해석할 수 있다.

계시록 20:1, 3의 "무저갱"은 최후의 형벌을 받는 장소가 아니라, 천년 동안 사단의 행동이 억제당할 것을 상징적으로 설명하고 있는 것뿐이다. 왜냐하면 20:10, 14, 15에서 말하는 "불 못"이 최후의 형벌을 받는 곳으로 설명되기 때문이다.

다음으로 사단의 결박은 무엇을 의미하는가? 사단의 결박은 사단이 복음의 팽창을 저지할 수 없고, 그리스도의 모든 원수들을 모아 교회를 대적할 수 없다는 것을 의미한다. 이 말은 물론 사단이 결박되어 있는 동안 아무것도 해할 수 없다는 말은 아니다. 이 말은 사단이 결박되어 있는 동안 열방이 하나님의 진리를 배우지 못하도록 그들을 미혹할 수 없다는 뜻이다. 사단은 결박되었기 때문에, 이미 그리스도의 초림에서 시작된 복음 시대에 그는 계속해서 과거처럼 열방을 미혹할 수 없을 것이다. 계시록 20장 후반부에서 천년이 끝나고 사단이 옥에서 풀려 나와 세계 열방을 미혹하고 모아 싸움을 붙일 것이며, 가능하다면 하나님의 백성까지도 멸할 것이다(7-9절). 그러나 그가 결박되어 있는 동안 이런 일은 할 수 없는 것이다.

사단의 결박은 그리스도의 초림 때 시작된다. 바리새인들이 사단의 능력을 힘입어 마귀를 쫓아냈다고 비난했을 때, "사람이 먼저 강한 자를 결박하지 않고 어떻게 그 강한 자의 집에 들어가서 그 세간을 늑탈하겠느냐 결박한 후에야 그 집을 늑탈하리라."(마 12:29)고 예수님이 응수하신 것으로 보아 사단의 결박이 그리스도의 초림 때 된 것을 알 수 있다. 70인의 전도자들이 전도하고 돌아와서 "주여 주의 이름으로 귀신들도 우리에게 항복하더이다"라고 말할 때, 주님은 "사단이 하늘로서 번개같이 떨어지는 것을 내가 보았노라."(눅 10:17, 18)고 대답하셨다. 이 말씀은 제자들의 사역을 통하여 사단의 나라가 방금 분쇄된 사실을 눈으로 보았다는 뜻이다. 사실상 사단은 결박당하여 능력에 제한을 받게 된 것이다. 이 사실에서 볼 때 사단의 멸망과 결박은 예수님 제자들의 선교 활동과 직접적으로 관련되어 있다(요 12:31, 32 참조). 계시록 20:1-3의 사단의 결박 상태는 지금 우리가 살고 있는 복음 시대에 사단의 영향력이 비록 전멸되지는 않았으나 크게 축소되어, 사단은 이제 복음이 전 세계에 퍼져 나가는 것을 방해할 수 없게 되었음을 의미한다. 현 시대에 사단이 결박되었기 때문에 열방은 교회를 정복할 수 없으나, 교회는 열방을 정복하고 있는 것이다.

4-6절은 천년 동안 성도들의 통치를 다룬다.[1057] 무천년기설자들은 지상에서의 천년 왕국을 "사단의 결박"으로 보고, 천상에서의 천년 왕국을 "성도들의 통치"로 해석한다.[1058] 여기서 말하는 "성도들"은 천상에 있는 구속받은 자들이다. 성도들의 통치와 관련하여 몇 가지 생각해 볼만한 것이 있다.

첫째로, 성도들의 통치는 언제 있는가 하는 문제이다. 그것은 그리스도의 초림 때부터 시작하여 재림 때까지 계속된다. 물론 그것은 재림 후까지 연장되지는 않는다. 왜냐하면 4-6절을 주의해서 살펴보면 성도들의 통치는 그들의 영혼이 왕 노릇하는 것이요, 그리스도의 재림 후에는 영혼만이 아니라, 영혼과 몸이 함께 왕 노릇할 것이기 때문이다. 그러므로 천상에서의 천년 왕국은 그리스도의 초림과 재림 때까지에 있을 것이며 재림을 넘지는 않을 것이다.

둘째로, 성도들의 통치는 어디서 이루어지는가 하는 문제이다. 4절 첫

[1057] "또 내가 보좌들을 보니 거기 앉은 자들이 있어 심판하는 권세를 받았더라 또 내가 보니 예수의 증거와 하나님의 말씀을 인하여 목 베임을 받은 자들의 영혼들과 또 짐승과 그의 우상에게 경배하지도 아니하고 이마와 손에 그의 표를 받지도 아니한 자들이 살아서 그리스도로 더불어 천 년 동안 왕 노릇하니 (그 나머지 죽은 자들은 그 천 년이 차기까지 살지 못하더라.) 이는 첫째 부활이라 이 첫째 부활에 참여하는 자들은 복이 있고 거룩하도다 둘째 사망이 그들을 다스리는 권세가 없고 도리어 그들이 하나님과 그리스도의 제사장이 되어 천 년 동안 그리스도로 더불어 왕 노릇하리라."

[1058] Hendriksen, *The Bible on the Hereafter*, 154.

부분에서 "또 내가 보좌들을 보니 거기 앉은 자들이 있어 심판하는 권세를 받았더라."고 한 것으로 보아 성도들의 통치는 보좌들이 있는 곳, 즉 하늘에서 되어지는 것이 분명하다. 요한은 심판하는 권세를 받은 사람들이 보좌 위에 앉아 있는 것을 보았던 것이다. 이 하늘은 순교자들의 영혼이 몸을 떠난 상태에서 사는 곳이며, 또한 예수님이 사시는 곳이기도 하다. 요한 계시록은 정의의 문제와 많은 관계를 가지고 있기 때문에, 그리스도를 위하여 핍박을 받고 보좌에 앉은 자들이 그리스도와 더불어 심판하는 권세를 부여받는다는 것은 매우 중요한 일이다.

셋째로, 보좌들 위에 앉아서 왕 노릇하는 자들은 누구인가 하는 문제이다. 물론 그들은 순교자의 영혼들이다. 요한이 "목 베임을 받은 자의 영혼"을 보았다고 하였으니 그들은 분명히 지구상에 있는 사람들이 아니라, 천상에 있는 영혼들이다. 요한은 예수님의 증거와 하나님의 말씀으로 인하여 목 베임을 받은 자들의 영혼을 보았다. 다른 말로 하면 그는 순교자들, 즉 그리스도를 위한 충성심 때문에 순교당한 신자들의 영혼을 본 것이다.

이상에서 논한 계시록 20장의 견해에 대한 열쇠는 마태복음 13:24-30의 곡식과 가라지 비유이다. 이 비유에서 예수님은 신자와 불신가자 심판 날까지 함께 살다가 그때에 실지로 동시에 악인은 처벌되고, 의인은 아버지의 나라에 소집된다고 가르치셨다. 사단의 자식을 상징하는 가라지가 추수 때까지 계속 알곡과 함께 자라다가 추수 때에 마침내 가라지가 알곡으로부터 분리된다는 말씀이다. 다시 말하면 사단의 왕국이 최후 심판 날가지 하나님의 왕국이 성장하는 한 함께 공존하며 자라날 것이라는 말이다. 그러다가 세상 끝날에 동시에 행악자는 풀무불 속에 던져질 것이며, 의인은 "그들의 아버지의 왕국에서 해처럼 빛나게 될 것이다." 그러므로 그리스도께서는 천년 동안 임시로 지상에서 통치하실 기간이 없으시다. 이 무천년기설은 그리스도의 강림 이전에 전 세계가 회심할 것을 기대하지 않기 때문에 그 세상과 그리스도인의 사업 진행에 대한 태도는 결국 전천년기설의 태도와 부합된다.[1059]

4. 교회와 무천년기설

무천년기 재림설은 벌코프(L. Berkhof)가 주장한 것처럼 기독교만큼이나 오랜 역사를 가지고 있다.[1060] 무천년기설은 천년기설의 전성시대로 알려진 2-3세기의 교부들 중에 천년기설과 마찬가지로 많은 옹호자들을 가지고 있었다. 그 후 이 견해는 계속 널리 받아들여졌으며, 교회의 역사적 신앙고백서들에서 표현되었고, 개혁파 교회에서 항상 환영을 받아 온 것이 사실이다.

3세기 초에는 알렉산드리아의 클레멘트(Clement)와 오리겐(Origen)이 이 천년기를 성경의 신령한 나라와 전적으로 배치된다고 하여 강하게 반대하였고, 4세기에 와서 교회사가인 유세비어스(Eusebius)와 아타나시우스(Athanasius)도 강력하게 반대하였다. 교회사에서 천년기를 반대하는 데 가장 결정적인 역할을 한 사람은 어거스틴(Augustine)이었다. 그는 천년기가 너무 지나치게 육욕적이며 물질적이어서 하나님의 나라의 성격에 전적으로 배치된다고 주장하였다.[1061] 381년 콘스탄티노플 회의는 그리스도의 나라는 영원하다고 확정함으로 천년기를 공식으로 배척하고, 그리스도의 재림, 일반 부활, 최후 심판, 그리고 신천 신지의 형식을 교회의 신앙으로 확정하였다.

종교 개혁 시대에는 루터 교회와 개혁 교회가 다 같이 그들의 신앙 고백서에 천년기를 반대하고 그리스도의 재림, 일반 부활, 최후 심판, 그리고 신천 신지의 형식을 취하였다. 특히 칼빈은 그리스도의 왕권은 영원한 왕권인데, 그것을 천년에 국한시킨다는 것은 전적으로 잘못되었다고 하여 강하게 반대하였다.

[1059] 표준성경 주석, 롬 13:11.

[1060] L. Berkhof, 708.

[1061] 그러나 한편 어거스틴의 사상에는 사실상 후천년기설과 무천년기설의 두 요소가 다 발견되기 때문에 두 편이 다 그의 권위에 호소한다(Oswald Tallis, *Prophecy and the church*(Philadelphia: Presbyterian and Reformed, 1970), 3-4 참조).

무천년기설은 그 후 아브라함 카이퍼(Abraham Kuyper)와 헤르만 바빙크(Herman Bavinck), 그 밖의 여러 사람들에 의하여 충분히 발전되었다. 유럽 대륙에서는 오늘까지도 이 견해는 표준적 개혁파 및 루터파 신학으로 불려지고 있다고 말할 수 있다. 최근에는 특별히 1930년 이후에 미국의 많은 신학자들은 무천년기설의 입장에서 저술 활동을 하여 왔다.[1062]

5. 무천년기설이 극복해야 할 과제

무천년기설은 성경을 지나치게 영해한다는 지적을 받는다. 그들은 요한 계시록 20:1-6의 명백한 진술을 영해하고, 지상천년기의 실재성을 인정하지 않으려 한다는 것이다. "천년 동안"은 명확한 연수임에도 불구하고, 이것을 "완전한 시기"로 보는 것은 지나친 억설이라는 비난을 받는다. 그리고 그들은 이중 부활을 부인하기 위하여 "첫째 부활"을 해석하면서, 마치 첫째 사망이 몸의 사망이고, 둘째 사망이 영의 비유적 사망, 즉 지옥의 영벌인 것처럼, 첫째 부활은 영이 몸을 떠나서 영광중에 그리스도와 함께 다스리는 것이고, 둘째 부활은 몸의 부활 즉 몸과 영혼의 재결합이라고 말한다. 래드 교수는 이에 대하여 "첫째 부활이라는 이 단어는 보통 육체적 부활을 언급하는 것으로 이해되어 왔다."고 비판하였다.[1063]

무천년기설자들은 계시록 20:2과 마태복음 12:29을 혼동한다는 비난을 받는다. 그들은 계시록 20:2의 "사단의 결박"을 그리스도께서 초림 중에 십자가의 속죄로 사단에게 승리하실 때 수행된 것으로 해석한다. 그리하여 천년기는 초림에서 시작하여 재림 때까지 계속된다고 주장한다. 이 사실을 증명하기 위하여 그들은 마태복음 12:29을 인용한다. "사람이 먼저 강한 자

[1062] 주장자들은 Louis Berkhof, Geerhardus Vos, Albertus Pieters, FloydE. Ha-milton, George L. Murray, W. H. Rutgers, Martin J. Wyngarden, William Hendriksen, William Masselink, William J. Grier, 그리고 Anthonya. Hoekema 등이다.

[1063] Robert G. Clouse, *"Rapture of the Church"*, 190.

를 결박하지 않고야 어떻게 그 강한 자의 집에 들어가 그 세간을 늑탈할 수 있겠느냐 결박한 후에야 그 집을 늑탈하리라." 그러나 이것이 사단의 결박을 의미하는 것이라면, 계시록 20:3,7에서 말하는 사단의 잠시 동안의 놓임은 그리스도의 속죄 사역을 일시나마 무효화하게 되는 난관에 부딪히게 될 것이라고 비판한다. 그러므로 마태복음 12:29의 말씀은 그리스도께서 마귀보다 우월하시다는 것을 말하는 단순한 진술일 뿐이지 그 이상의 깊은 뜻을 가진 것은 아니라고 한다.

종교개혁자 루터와 칼빈에서부터 오늘에 이르기까지 개혁신학의 기본 전통은 천년왕국을 거부하는 정신이 우세하였다. 천년왕국이라는 표현이 요한계시록 20장에 나타나고 있음에도 불구하고 천년왕국설이 거부되는 가장 중요한 이유는 계시록 20장을 제외하고는 성경 어느 곳에서도 천년 왕국을 발견할 수 없다는 점에 있다. 즉, 천년왕국설자들이 주장하는 은밀한 휴거, 그리스도의 이중적 재림, 천년왕국 이전에 나타나는 심판과 천년왕국 이후의 심판으로 나누어지는 이중적 심판, 이중적 부활 등 그 어떤 것도 요한계시록 20장을 제외하고 성경 속에서 찾아볼 수 없다는데 그 이유를 두고 있다.[1064]

그렇다면 천년왕국의 의미는 무엇인가? 무천년주의자들은 이 '천년'이라는 기간을 문자적인 기간을 말하는 것이 아니라 생명을 부여하시는 그리스도와 그의 백성의 승리와 통치의 극적인 묘사로 본다. 즉 천년왕국은 그리스도의 승리와 그리스도 통치의 위대함과 장구함을 표현한 것이다.[1065] 또한 성경에서 뜻하는 천년이라는 기간은 긴 시간을 뜻한다. 따라서 그리스도의 통치는 장구하지만 사단의 지배는 잠깐이라는 뜻도 나타내고 있다. 그럼으로 이 '천년'이라는 기간은 상징적으로 해석되어, 이 기간을 그리스도의 초림부터 재림까지의 전 기간으로 보며, 바로 교회가 천년 왕국의 실현이

[1064] 김명용, "1992년 재림론, 천년왕국, 열 뿔 짐승과 666", 『시한부 종말론 과연 성경적인가』 (서울: 대한예수교장로회총회출판국, 1991), 128.

[1065] 황승룡, "시한부 종말론의 이단성", 『신학이해』 제9집(1991), 143.

며, 현재 그리스도께서 교회를 통해 평화의 의를 행하신다고 본다. 그러나 구약 성경에 예언된 약속의 땅은 이 기간에 완전히 성취되는 것이 아니고 그리스도의 재림 이후에도 성취된다.[1066] 그러므로 천년 왕국보다는 새 하늘과 새 땅이 더욱 중요한 미래이다. 그리고 이 새 땅은 천년 동안만이 아니라 영원무궁토록 존재할 것이다. 그러나 새 하늘과 새 땅에서의 완성은 전혀 새로운 시작이 아니라 현재 것의 변혁이다. 즉 그리스도의 부활 이전의 몸과 부활체가 연속성이 있듯이 현재의 것과 새 하늘 새 땅 사이에도 연속성이 있는 것이다.[1067]

한국에 들어온 초기선교사들은 신앙의 열정으로 선교지를 찾아온 이들이었다. 그들은 천년설을 핵심적인 진리로 믿었다.[1068] 이러한 그들의 신앙은 한국적 상황과 어우러져 한국 신자들의 신앙으로 정착하게 된다. 부흥 사경회를 통해 이러한 신앙은 확대되고, 평양신학교에서 조직신학을 교수한 남장로교 출신의 이율서(W. D Reynolds), 1930-1970년대 후반까지 조직신학 체계를 세우는 데 공헌한 박형룡 박사[1069], 주경신학자 박윤선 박사[1070] 등이 모두 전천년을 신학적으로 뒷받침해 놓았다. 그러나 역사적으로 볼 때 어거스틴, 루터, 칼빈 등 개혁주의적 입장은 상징적으로 이해한 무천년적 전통에 있었고[1071] 이런 무천년적인 해석방법이 자리를 잡아가고 있고 우리 한국의 신학계에서도 상당 부분 이 무천년설 쪽으로 흐르고 있음을 알 수 있다.

[1066] F. E. Hamilton, 35.

[1067] a.a. Hoekema, *The Bible and the Future*, 384.

[1068] 민경배, 『한국기독교회사』, (서울: 대한기독교서회, 1983), 134.

[1069] 박형룡 박사는 그리스도의 재림은 즉시 영원세계로 도입할 것이 아니라 먼저 지상에 그리스도와 그의 성도들의 지상통치를 설립하여 영원 세계의 전주곡을 울린 후에 최종 부활, 최종 심판을 지나 최종상태에 도달 할 것을 목적으로 한다. 재림으로부터 최종 부활과 최종 심판까지는 천년의 세월이 개재될 것이라고 하였다(박형룡, 『박형룡박사 저작전집 Ⅶ』, 219-20).

[1070] 박윤선 박사는 "나는 계시록 20:4-6이 재림 후의 일을 가리킨다고 확신한다. 나는 전천년설이 옳다고 생각 한다"고 했다(박윤선, 『계시록』, 330-31, 323).

[1071] 참고로 미국의 개혁교회와 정통장로교, 칼빈신학교, 웨스트민스터신학교 등은 칼빈과 루터의 영향 아래 무천년설을 고수하고 있다(조영엽, 『종말- 내세론』[서울: 도서출판 미스바, 2004], 442).

그러나 천년왕국이라는 주제는 기독교 교리 부분의 일부분으로서 클라우스가 서문에서 밝히듯이 예언에 대한 해설은 "우리가 이제는 거울로 보는 것같이 희미하나 그 때에는 얼굴과 얼굴을 대하여 볼 것이요, 이제는 내가 아나 그때에는 주께서 나를 아신 것 같이 내가 온전히 알리라"(고전 13:12)는 바울의 경고를 항상 염두에 두어야 한다. 그리고 "성경을 바로 해석하려고 노력하는 자세가 서로(무천년설자, 후천년설자, 전천년설자)에게 필요하다"[1072]고 하겠다.

천년기 후 재림론자인 뵈트너(L. Boettner) 교수는 그의 글 마지막에서 이렇게 말하였다. "그리스도의 재림 방법과 그가 이 세상에서 세우고 또 앞으로 세울 그 왕국에 대하여는 의견상 일치를 보지 못하고 있다. 이 때문에 모든 교파의 교회는 실제에 있어서 여러 천년왕국론 중 어느 하나를 그 신조의 조항으로 삼기를 거절하고 오히려 그리스도께서 재림하신다는 사실을 아는 모든 사람들을 그리스도 안의 한 형제로 받아들이기를 기뻐한다. 따라서 우리는 개인적으로는 그리스도의 재림과 그 시기에 관하여 확고한 견해를 가질지 모르나 우리의 이념은 본질적인 면에 대해서는 하나로 일치하고 비본질적인 면에 대하여는 자유를 허용하고 기타 모든 면에서는 사랑으로 포용하는 것이 되어야 할 것이다.

또 래드(George Eldon Ladd) 교수는 그의 글 마지막에서 다음과 같이 말한다. "천년왕국에 대한 교리는 매우 심각한 신학적인 난제들을 안고 있다. 그러나 비록 모든 질문에 대한 대답을 발견할 수 없을지라도 복음적인 신학은 성경의 분명한 가르침 위에 세워져야 한다. 그러므로 나는 천년기 전 재림론자로 머문다"고 했다.[1073]

우리는 위의 두 사람의 글에서 다음과 같은 결론을 얻을 수 있다. 천년왕국론을 펼치는 사람들은 그래도 보수주의자들이라는 점이다. 위에서 세

[1072] 한국복음주의신학회 논문집 제13권, 성경과 신학, (서울: 기독지혜사, 1993), 28에서 성결대 성기호 교수의 '휴거의 신학적 의의'에 대한 이승구 교수의 '논평' 중.

[1073] Robert G. Clouse, 40.

가지 견해를 살펴보았지만 이들은 모두가 그리스도의 유형적 재림을 믿고 그 소망 가운데 살아가는 사람들이다. 따라서 성경이 영감 된 하나님의 말씀임을 믿으며 예수 그리스도를 주로 고백하는 자들이다. 자유주의자들이나 신정통주의자들과 비교한다면 이들은 한 울타리 안에 있는 형제들이라고 볼 수 있다.

또 한 가지는 우리의 견해는 분명히 하되 다른 견해를 따르는 자들을 함부로 폄하해서는 안 된다는 점이다. 위에서 말한 대로 천년왕국론은 보수주의 진영에서만 펼쳐지는 것이다. 물론 자유주의자들이 문명과 문화의 발전으로 말미암은 이상사회 실현을 천년왕국으로 보는 견해도 있지만, 이것은 천년왕국의 축에도 들지 못하는 천박한 견해가 아닐 수 없다. 천년왕국에 대한 여러 견해가 엇갈리는 궁극적인 원인은 이 문제에 대한 하나님의 특별계시가 그 분의 섭리적인 어떤 이유에서, 보다 풍성하게 주어지지 아니한데 있다. 따라서 나와 다른 견해를 취하는 자들을 그리스도 밖에 있는 자들, 곧 이단으로 정죄해서는 안 될 것이다.

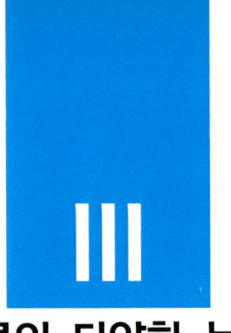

종말론의 다양한 논의들

하나님 나라는 예수님의 가르침 가운데 핵심이다.1074 "때가 찼고 하나님나라가 가까웠으니 회개하고 복음을 믿으라."(막 1:15)는 예수님의 말씀을 근거로 하여 많은 학자들은 거의 2세기에 걸쳐서 하나님나라에 대한 예수님의 교훈에 대하여 다음과 같은 질문을 던지며 논쟁하여 왔다. 즉, 예수님의 교훈에 있어서 "하나님나라는 묵시록적 개념인가? 하나님의 나라가 '현재'에 임한 것인가? 아니면 '미래'에 임할 것인가? 하나님의 나라는 '현재적이며 동시에 미래적'인가? 혹은 예수님의 지상 사역과 미래의 강림(Parousia) 사이에 시간의 긴장이 있는가? 있다면 이런 긴장을 '실존적'으로 해석할 것인가?" 하는 문제들이다. 이러한 질문들을 가지고 하나님나라 개념을 논의한 학자들의 종말론 체계를 살피고자 한다.

A. 도덕적 종말론

알브레흐트 릿츨(Albrecht Ritschl, 1822-1889)은 하나님나라의 개념이 기독교에 있어서 매우 중요하다고 주장하였다. 그는 기독교에는 두 개의 중심 축이 있는데, 하나는 그리스도의 구속(救贖)이요, 다른 하나는 하나님의 나라(王國)라고 하였다. 이 나라는 "사랑의 행동을 통한 인간의 도덕적 기관"이라고 그는 정의를 내렸다.1075 이 말에서 우리는 릿츨의 하나님나라는 하나

1074 조지 래드, 『개혁주의 종말론 강의』, 129.

1075a. Ritschl, *The Christian Doctrine of Justification and Reconciliation*, ed. H. R. Mackintosh

님의 선물이 아니라, 인간의 임무라는 것을 보게 된다.[1076]

이처럼 릿츨은 하나님의 나라를 인간의 일로 보고, 기독교를 본질적으로 도덕적인 종교로 보았기 때문에, 하나님 나라는 그에게 있어서 도덕적 가치와 목표를 의미할 뿐이었다. 구속받은 자들은 이러한 가치와 목표에 도달하기 위하여 끊임없이 노력해야 한다. 그러므로 릿츨의 하나님나라는 근본적으로 "이 세상에 속한 것"이다. 즉, 하나님의 나라는 하나님의 뜻을 인간이 현재 이 세상에서 실천하는 도덕적 생활을 의미한다고 릿츨은 본 것이다. 예수님은 이런 하나님의 나라를 세우기 위해서 오셨고, 그 자신이 하나님나라의 건설자이시며, 우리의 위대한 도덕적 선생이시오 모범자라고 하셨다. "우리 시대에는 종말론이라는 서랍은 거의 닫혀 있는 상태로 남아 있다."고 한 트뢸취(Ernst Troeltsch)의 말은 릿츨 당시의 신학을 적절하게 요약하고 있다.[1077]

1940년대에 영향력 있는 미국의 신학자들, 즉, C. C. McCown, F.C. Grant, John Knox, Amos N. Wilder와 같은 신학자들도 릿츨의 신학적 전통에 서 있었으며, 그들은 하나님의 나라를 근본적으로 세상적인 것으로 이해하고 있었다.[1078]

릿츨의 사상을 가장 잘 이해한 대표적인 학자는 하르낙(Adolf von Harnack, 1851-1930)이다. 하르낙의 사상은 19세기 자유주의 신학에서 절정을 이루었다. 하르낙에 의하면 예수님의 교훈은 다음과 같이 크게 셋으로 분류할 수 있다. 즉, 1) 하나님 나라와 그 도래, 2) 아버지 하나님과 인간 영혼의 무한한 가치, 3) 그리고 높은 의와 사랑의 계명 등이다.[1079]

---

anda.b. Macaulay(New York: Scribner, 1902), 13.

[1076] G.c. Berkouwer, *The Return of Christ*(Grand Rapids: Eardmans, 1972), 25.

[1077] Ernst Troeltsch, Glaubenslehre, 36; Anthonya. Hoekema, *The Bible and the Future*(Grand Rapids: Eerdmans, 1979), 288-89.

[1078] Norman Perrin, *Kingdom of God in the Teaching of Jesus*(Philadelphia: Westminster, 1963), 148-57 참조.

[1079] Adolf Harnack, *What is Christianity?*, trans. T.b. Saunders, 2nd ed.(New York: Putnam,

여기서는 하나님나라와 그 도래에 대해서만 알아보기로 하자. 하나님 나라에 대한 예수님의 메시지는 어떤 것인가? 하르낙에 의하면, 그것은 두 개의 축으로 되어 있는데, 하나는 하나님나라의 도래는 순수하게 미래에 있을 사건이며, 하나님나라 자체는 내적인 것, 즉 이미 현존하고 있어서 그 도래는 지금이라도 있을 수 있다는 것이다. 예수님은 유대인의 종교적 전통에서 하나님 나라의 현재적인 측면과 미래적인 측면을 받아들였지만, 그러나 하나님나라에 대한 예수님의 메시지 중에 무엇이 알맹이고 무엇이 껍질인가를 우리는 구별해야 한다고 하르낙은 주장하였다. 하나님나라는 하나님의 모든 원수들이 장차 사라져 버릴 것이라는 미래에 대한 극적인 소망을 의미하는데, 이것은 하나님나라의 껍질이다. 그러나 하나님나라가 이미 여기 있다는 것은 예수님 자신의 사상이었으며, 이것은 예수님의 메시지의 핵심이며 알맹이다. 하나님의 나라는 개인에게 오는 것이며, 인간 영혼 속에 들어가 그것을 붙잡는다. 하나님의 나라와 그 도래가 예수님의 말씀 선포의 중심에 자리 잡고 있었다고는 하지만, 그러나 그것은 외적인 것이 아니라 "인간의 마음속에 조용하고도 강력한 힘"으로써 이미 현존하고 있는 것이라고 하르낙은 주장했던 것이다.[1080] 이처럼 하르낙도 릿츨처럼 하나님나라의 종말론적 혹은 미래적 측면을 부정하고, 예수님을 다만 도덕적 교사로서만 보는 우를 범하였다.

B. 철저한 종말론

19세기 말엽 릿츨[1081]과 하르낙[1082]의 사상을 반대하는 운동이 활발

1902), 55.

[1080] Adolf Harnack, 60-1.

[1081] 알브레흐트 릿츨(Albrecht Ritschl, 1822-1889)은 하나님나라의 개념이 기독교에 있어서 매우 중요하다고 주장하였다. 그는 기독교에는 두 개의 중심축이 있는데 하나는 그리스도의 구속이요 다른 하나는 하나님의 나라라고 하였다. 이 나라는 "사랑의 행동을 통한 인간의 도덕적 기관"이라고 그는 정의를 내렸다. 이 말에서 릿츨의 하나님나라는 하나님의 선물이 아니라 인간의 과업이라는 것을 보게 된다. 이처럼 릿츨은 하나님의 나라를 인간의 일로 보고 기독교를 본질적으로 도덕적인 종교로 보았기 때문에

하게 전개되었는데, 여기에는 보수주의자들뿐만 아니라 자유주의자들도 포함되어 있었다. 그 선두 주자는 릿츨의 수제자이며 사위인 요하네스 바이스(Johannes Weiss, 1863-1914)였다. 그는 "예수의 하나님나라 선포(Jesus' Proclamation of the Kingdom of God)"라는 65쪽 정도의 자신의 작은 저서에서 릿츨의 사상을 비판하였는데, 릿츨의 학설은 19세기의 진화론적이며 비종말론적인 사고에 근거를 두고 있다는 것이었다.

바이스에 의하면, 예수님의 말씀하신 하나님나라는 현재적이며 윤리적인 나라가 아니라, 철저하게 종말론적이요 미래주의적이며, 심지어는 묵시록적(apocalyptic)이다. 예수님은 하나님나라가 인간들의 마음속에서 서서히 퍼져 나가는 일종의 윤리적 통치가 아니라, 오히려 하나님의 극적인 행동에 의해 나타날 미래적인 나라를 기대하셨다는 것이 바이스의 주장이다.1083

바이스는, 예수님은 단순히 위대한 윤리적 선생만이 아니었다고 주장한다. 예수님은 오히려 자신이 시대의 결정적 위치에 서 있다고 생각했으며, 스스로가 구원을 종말론적으로 전한 전파자라고 확신하고 있었다는 것이다. 예수님은 하나님의 나라를 미래에 세워지게 될 한 실체로 바라보았다. 이 나라는 점진적인 진화의 과정을 통해서 이루어지는 것이 아니라, 지금까지의 역사에서는 볼 수 없었던 전혀 다른 역사의 분기점으로 나타나게 될 것이라고 바이스는 말한다. 그러므로 하나님의 나라는 인간의 임무가 아니며, 인간의 행위로 말미암아 도래하지도 않는다. 그것은 전적으로 하나님의 사역이다. 릿츨과는 달리 바이스는 하나님의 나라는 인간의 어떤 역사로 이루어지는 것이 아니며 하나님이 주시는 것뿐이라고 주장한다.113) 바이스에 의하

하나님의 나라는 그에게 있어서 도덕적 가치와 목표를 의미할 뿐이었다. 그러므로 릿츨의 하나님나라는 근본적으로 "이 세상에 속한 것"이다(A. Ritschl, 13).

1082 릿츨의 사상을 가장 잘 이해한 대표적인 학자는 하르낙(Adolf Harnack, 1851-1930)이다. 하르낙의 사상은 19세기 자유주의 신학에서 절정을 이루었다. 하르낙에 의하면 예수님의 교훈은 다음과 같이 크게 셋으로 분류할 수 있다. 즉 ① 하나님나라와 그 도래, ② 아버지 하나님과 인간 영혼의 무한한 가치, ③ 그리고 높은 의와 사랑의 계명 등이다. 하르낙도 릿츨처럼 하나님나라의 종말론적 혹은 미래적 측면을 부정하고 예수님을 다만 도덕적 교사로서만 보는 우를 범하였다(Adolf Harnack, 55).

1083 Johannes Weiss, *Jesus' proclamation of the Kingdom of God*, ed. and trans. Richard H. Hiers and David, L. Holland(Philadelphia: Fortress, 1971), 17.

면, 예수님의 위대함은 하나님의 주권이 곧 역사하셔서 영원한 승리를 쟁취하게 될 것이라는 확신을 위하여 사셨고, 싸웠으며, 또한 고난을 당하셨다는 데 있다. 예수님의 사역은 하나님의 일들을 위한 전투였으며, 그의 사역의 출발점은 하나님의 승리에 대한 확신이었다.[1084]

바이스는 예수님의 교훈 속에 미래 종말론이 중심을 이루고 있다는 사실을 인식하고 있었다. 그러므로 릿츨이나 하르낙과는 달리 바이스에게 있어서는 예수님의 교훈의 종말론적 요소는 껍질이 아니라 알맹이였다 그러나 예수님에게 있어서 하나님의 나라는 전적으로 미래적이며 결코 현재적일 수 없다고 말한 바이스의 주장은 지나치게 일방적이었다.[1085]

바이스의 견해를 확대하고 일반화시킨 사람은 알버트 슈바이처(Albert Schweitzer, 1875-1966)이다. 그는 예수님의 선교에 대한 바이스의 견해는 기본적으로 옳았으나, 바이스가 그것을 좀 더 철저하게 주장하지 못한 데 대하여는 유감을 나타냈다. 바이스는 예수님의 설교에 종말론적 요소들이 있음을 강조하였다. 그러나 슈바이처는 이 종말론적 개념들이 예수님의 설교뿐만 아니라, 예수님의 전 생애를 지배하고 있었다고 주장한다.[1086] 그래서 예수님과 하나님나라에 대한 슈바이처의 해석은 철저한 종말론(Consistent eschatology)이라고 불리어지게 되었다.

슈바이처는 예수님을 일종의 윤리적인 왕국의 설교자로 보는 자유주의자들을 다음과 같이 비판하였다. "그는 합리주의에 의하여 고안되고 자유주의에 의하여 생명을 부여받았으며, 현대 신학에 의하여 역사적인 옷이 입혀진 인물이다."[1087] 슈바이처는, 미래에 대하여는 거의 아무것도 말하지 않은 그런 예수님이 아니라, 사상과 행동이 급진적이며 철저한 종말론으로

[1084] Johannes Weiss, 19.

[1085] Anthony Hoekema, *The Bible and the Future*, 388-89.

[1086] Norman Perrin, 33-9.

[1087] Albert Schweitzer, *The Quest of the Historical Jesus: A Critical Study of Its Progress from Reimarus to Wrede*(New York: Macmillan, 1964), 396.

충만해 있는 예수님을 발견하였다. 예수님의 메시지를 푸는 열쇠는 예수님이 장차 오시리라는 그것이다. 이러한 종말론적 설교는 예수님의 사역에 있어서 기본적이요 중심적이며, 본래의 계획이기도 하였다. 이처럼 슈바이처는 예수님의 설교의 기초는 초기 갈릴리 사역 때부터 미래의 하나님나라였다고 믿고 있었다.[1088]

바이스와 마찬가지로 슈바이처는 이처럼 예수님은 하나님나라를 현재적인 것이 아니라 미래의 실재(實在)로 생각했다고 주장 한다. 그런데 이 하나님나라는 사실은 미래적이지만, 매우 가까이 있고 바로 옆 모퉁이에 와 있다. 예수님은 이 하나님나라의 미래에 대한 개념을 유대인의 묵시 문학에서 취하였다고 슈바이처는 주장한다. 이 유대인의 묵시 문학에서 발견되는 것과 같이 예수님의 생활, 사역, 그리고 교훈 전체는 종말론적 기대 속에서 되어졌다. 이 기대의 중심은 장차 하나님나라가 임한다는 그것이다. 하나님나라에 대한 예수님의 교훈은 묵시록적 개념이며, 멀지 않은 장래에 하나님나라가 임할 것이라고 기대했다고 한다. 따라서 예수님의 지상 사역은 묵시록적 기대 속에서 전개되었으며, 예수님은 자신이 메시아이시며, 미래의 왕국이 곧 도래하리라는 확신을 가지고 계셨다. 이러한 확신으로 예수님은 하나님나라가 실제로 도래하기 전에 마지막 회개의 기회를 백성들에게 주기 위하여 "이스라엘 집의 잃어버린 양들"에게 자기 제자들을 보내셨다고 한다.

"내가 진실로 너희에게 이르노니 이스라엘의 모든 동네를 다 다니지 못하여서 인자가 오리라."(마 1:23)고 하신 예수님의 말씀을 근거로 하여, 슈바이처는 예수님은 제자들의 전도 여행이 끝나기 전에 그리스도의 강림(Parousia)과 왕국의 도래가 이루어질 것으로 기대했다고 결론지었다.[1089] 그러나 제자들이 돌아왔을 때 인자의 강림은 일어나지 않았으며, 하나님의 나라도 도래하지 않았다. 그래서 예수님은 자신이 착각했다는 것을 확신하

[1088] Albert Schweitzer, *The Mystery of the Kingdom of God: The Secret of Jesus' Messiahship and Passion*, trans. Walter lowrie(London: Black, 1914), 87, quoted in Erickson, 1158.

[1089] *The Quest of the Historical Jesus*, 238.

게 된다. 이것은 소위 강림의 연기의 처음 예(例)가 되었다. 하나님나라가 임하지 않았기 때문에, 예수님은 자신의 계획을 수정할 수밖에 없었다고 한다.[1090] 그래서 예수님은 예루살렘으로 올라가서 죽으므로 하나님나라가 임하도록 하셨다. 이와 같이 고난을 당하시고 죽으므로 예수님은 자신의 메시아직을 성취하시고 하나님나라를 임하게 하여 "인자"로 나타나려 계획하셨다는 것이 슈바이처의 상상이다.[1091]

19세기 말엽 릿츨과 하르낙의 사상을 반대하는 운동이 활발하게 전개되었는데, 여기에는 보수주의자뿐만 아니라 자유주의자들도 포함되어 있었다. 그 선두 주자는 릿츨의 수제자이며, 사위인 요하네스 바이스(Johannes Weiss, 1863-1914)였다 그는 "예수의 하나님나라 선포(Jesus' Proclamation of the Kingdom of God)"라는 65쪽 정도의 자신의 작은 저서에서 릿츨의 사상을 비판하였는데, 릿츨의 학설은 19세기의 진화론적이며 비종말론적인 사고에 근거를 두고 있다는 것이었다.

바이스에 의하면 예수님의 말씀하신 하나님 나라는 현재적이며 윤리적인 나라가 아니라, 철저하게 종말론적이요 미래주의적이며, 심지어는 묵시록적(apocalyptic)이다. 예수님은 하나님 나라가 인간들의 마음속에서 서서히 퍼져 나가는 일종의 윤리적 통치가 아니라, 오히려 하나님의 극적인 행동에 의해 나타날 미래적인 나라를 기대하셨다는 것이 바이스의 주장이다.[1092]

바이스는 예수님은 단순히 위대한 윤리적 선생만이 아니었다고 주장한다. 예수님은 오히려 자신이 시대의 결정적 위치에 서있다고 생각했으며, 스스로가 구원을 종말론적으로 전한 전파자라고 확신하고 있었다는 것이다. 예수님은 하나님의 나라를 미래에 세워지게 될 한 실체로 바라보았다. 이 나라는 점진적인 진화의 과정을 통해서 이루어지는 것이 아니라, 지금까지의

[1090] *The Quest of the Historical Jesus*, 358.

[1091] *The Quest of the Historical Jesus*, 386-87.

[1092] Johannes Weiss, *Jesus' Proclamation of the Kingdom of God*, ed and trans. Richard H. Hiers and David. Holland(Philadelphia: Fortress, 1971).

역사에서는 볼 수 없었던 전혀 다른 역사의 분기점으로 나타나게 될 것이라고 바이스는 말한다. 그러므로 하나님의 나라는 인간의 임무가 아니며, 인간의 행위로 말미암아 도래하지도 않는다. 그것은 전적으로 하나님의 사역이다. 릿츨과는 달리 바이스는 하나님의 나라는 인간의 어떤 역사로 이루어지는 것이 아니며 하나님이 주시는 것뿐이라고 주장한다.[1093] 바이스에 의하면, 예수님의 위대함은 하나님의 주권이 곧 역사하셔서 영원한 승리를 쟁취하게 될 것이라는 확신을 위하여 사셨고, 싸웠으며, 또한 고난을 당하셨다는 데 있다. 예수님의 사역은 하나님의 일들을 위한 전투였으며, 그의 사역의 출발점은 하나님의 승리에 대한 확신이었다.

바이스는 예수님의 교훈 속에 미래 종말론이 중심을 이루고 있다는 사실을 인식하고 있었다. 그러므로 릿츨이나 하르낙과는 달리 바이스에게 있어서는 예수님의 교훈의 종말론적 요소는 껍질이 아니라 알맹이였다. 그러나 예수님에게 있어서 하나님의 나라는 전적으로 미래적이며 결코 현재적일 수 없다고 말한 바이스의 주장은 지나치게 일방적이었다.[1094]

바이스의 견해를 확대하고 일반화시킨 사람은 알버트 슈바이처이다. 그는 예수님의 선교에 대한 바이스의 견해는 기본적으로 옳았으나, 바이스가 그것을 좀 더 철저하게 주장하지 못한 데 대하여는 유감을 나타냈다. 바이스는 예수님의 설교에 종말론적 요소들이 있음을 강조하였다. 그러나 슈바이처는 이 종말론적 개념들이 예수님의 설교뿐만 아니라, 예수님의 전 생애를 지배하고 있었다고 주장한다.[1095] 그래서 예수님과 하나님나라에 대한 슈바이처의 해석은 철저한 종말론(consistent eschatology)이라고 불리어지게 되었다.

슈바이처는 예수님을 일종의 윤리적인 왕국의 설교자로 보는 자유주의자들을 다음과 같이 비판하였다. "그는 합리주의에 의하여 고안되고, 자

[1093] Norman Perrin, 18.

[1094] Anthony Hoekema, *The Bible and the Future*, 290-91.

[1095] Anthony Hoekema, *The Bible and the Future*, 291; Perrin, 34.

유주의에 의하여 생명을 부여받았으며, 현대 신학에 의하여 역사적인 옷이 입혀진 인물이다."[1096] 슈바이처는, 미래에 대하여는 거의 아무것도 말하지 않은 그런 예수님이 아니라, 사상과 행동이 급진적이며 철저한 종말론으로 충만해 있는 예수님을 발견하였다. 예수님의 메시지를 푸는 열쇠는 예수님이 장차 오시리라는 그것이다. 이러한 종말론적 설교는 예수님의 사역에 있어서 기본적이요 중심적이며, 본래의 계획이기도 하였다. 이처럼 슈바이처는 예수님의 설교의 기초는 초기 갈릴리 사역 때부터 미래의 하나님나라였다고 믿고 있었다.[1097]

바이스와 마찬가지로 슈바이처는 이처럼 예수님은 하나님나라를 현재적인 것이 아니라, 미래의 실재(實在)로 생각했다고 주장한다. 그런데 이 하나님나라는 사실은 미래적이지만, 매우 가까이 있고 바로 옆 모퉁이에 와 있다. 예수님은 이 하나님나라의 미래에 대한 개념을 유대인의 묵시 문학에서 취하였다고 슈바이처는 주장한다.[1098] 이 유대인의 묵시 문학에서 발견되는 것과 같이 예수님의 생활, 사역, 그리고 교훈 전체는 종말론적 기대 속에서 되어졌다.

이 기대의 중심은 장차 하나님나라가 임한다는 그것이다. 하나님나라에 대한 예수님의 교훈은 묵시록적 개념이며, 멀지 않은 장래에 하나님나라가 임할 것이라고 기대했다고 한다. 따라서 예수님의 지상 사역은 묵시록적 기대 속에서 전개되었으며, 예수님은 자신이 메시아이시며, 미래의 왕국이 곧 도래하리라는 확신을 가지고 계셨다. 이러한 확신으로 예수님은 하나님나라가 실제로 도래하기 전에 마지막 회개의 기회를 백성들에게 주기 위하여 "이스라엘 집의 잃어버린 양들"에게 자기 제자들을 보내셨다고 한다. "내가 진실로 너희에게 이르노니 이스라엘의 모든 동네를 다 다니지 못하여

[1096] Albert Schweitzer, *The Quest of the Historical Jesus: A Critical Study of its Progress from Reimarus to Wrede*(New York: Macmillan, 1964), 396.

[1097] Albert Schweitzer, *The Mystery of the Kingdom of God: The secret of Jesus' Messiahship and Passion*, trans. Walter Lowrie(London: Black, 1914), 87, quotedin Erickson, 1158.

[1098] *The Quest of the Historical Jesus*, 238.

서 인자가 오리라."(마 1:23)고 하신 예수님의 말씀을 근거로 하여, 슈바이처는 예수님은 제자들의 전도 여행이 끝나기 전에 그리스도의 강림(Parousia)과 왕국의 도래가 이루어질 것으로 기대했다고 결론지었다.

그러나 제자들이 돌아왔을 때, 인자의 강림은 일어나지 않았으며, 하나님의 나라도 도래하지 않았다. 그래서 예수님은 자신이 착각했다는 것을 확신하게 된다. 이것은 소위 강림의 연기의 처음 예가 되었다. 하나님나라가 임하지 않았기 때문에 예수님은 자신의 계획을 수정할 수밖에 없었다고 한다. 그래서 예수님은 예루살렘으로 올라가서 죽으므로 하나님나라가 임하도록 하셨다. 이와 같이, 고난을 당하시고 죽으므로 예수님은 자신의 메시아 직을 성취하시고, 하나님나라를 임하게 하여 "인자"로 나타나려고 계획하셨다는 것이 슈바이처의 상상이다.[1099]

바이스와 함께 슈바이처의 신학적 공헌은 예수님을 단순히 도덕적 모범이나 윤리 선생으로 묘사했던 옛 신학자들의 예수님상(像)에 대하여 치명적인 타격을 주었다는 점이다.[1100] 슈바이처는 "예수님의 모든 사역과 교훈은 고정된 종말론적 기대를 기초로 하고 있었는데, 이 기대는 반드시 유대인의 묵시 문학에서 발견되는 용어로 해석되어야 한다."고 하였다.[1101] 그러나 슈바이처의 견해에서, 이 종말론적 기대는 결국 환상이 되고 만다. 그에게 있어서 예수님은 비극의 인물이 되었다. 즉, 하나님의 실제적인 아무런 계획도 없는 것을 이루기 위하여 예수님은 스스로 죽음을 택하였던 것이다. 결국 슈바이처의 철저한 종말론은 자유주의적 기독론의 피해를 계속 남겨두게 되었다.

C. 실현된 종말론

[1099] *The Quest of the Historical Jesus*, 386-7.
[1100] Hoekema, *The Bible and the Future*, 292.
[1101] Perrin, 30.

바이스와 슈바이처가 예수님이 선포한 하나님의 나라는 현재적이 아니라 미래적이라고 주장한 반면, 다드(Charles Harold Dodd, 1884-1973)는 이 하나님의 나라는 이미 도래했으며 예수님의 사역 속에 나타나 있다고 주장하였다. 그래서 다드의 견해는 "실현된 종말론(realized eschatology)"으로 알려지게 되었다. 다드의 종말론은 슈바이처와 유사하였으나, 다른 점에서는 정반대였다. 그는 슈바이처와 마찬가지로 종말론이 성경 속에, 특히 예수님의 교훈 속에 가득 차 있는 중요한 주제라고 주장하였다. 그러나 슈바이처와는 달리 다드는 예수님의 메시지 내용은 장차 어떤 미래적인 나라가 도래하는 것이 아니라, 오히려 예수님의 강림과 함께 하나님의 나라가 이미 도래한 것이라고 강조하였다.[1102]

다드의 기본적인 입장을 다음과 같이 요약할 수 있다. 첫째로 예수님에게 있어서 하나님의 나라는 현재적이라는 것, 둘째로 예수님은 하나님 나라의 실체가 자신의 사역에서 실현되었다고 가르치셨다는 것, 셋째로 예수님의 종말론은 "실현된 종말론"이라는 것이다.

다드는 구약의 선지자들이 예언하였던 하나님나라가 예수님의 사역을 통하여 도래했다고 주장한다. "종말은 미래에서 현재로, 기대의 영역에서 실현된 경험의 영역으로 들어왔다"고 주장한 것이다.[1103] 다드는 이처럼 하나님의 나라가 예수님의 지상 사역을 통하여 이미 실현된 것으로 본 것이다. 그는 마태복음 12:20과 누가복음 11:20의 "하나님의 나라가 이미 너희에게 임하였느니라."고 하신 말씀에서 그 "임하였다"는 짧은 하나님의 나라가 이미 실현되었다는 것을 분명히 보여 준다고 하였다 그리고 마가복음 1:15의 "하나님나라가 가까웠으니"라고 하신 말씀도 마태복음 12:28의 의미와 동일하다고 보았다.[1104]

[1102] Millard J. Erickson, 1158-59.

[1103] c. H. Dodd, *The Parables of the Kingdom*(London: Nisbet, 1935), 50.

[1104] c. H. Dodd, "*The Parables of the Kingdom*", 210.

다드는 자신의 종말론을 체계적으로 설명하기 위하여 특별히 주의 날 (the day of the Lord)에 대하여 주의를 기울인다. 그는 구약에서는 주의 날이 미래적인 문제로 언급되고 있으나, 신약에서는 현재적인 사건으로 서술되어 있다고 주장한다. 구약이 예언하였던 "주의 날"은 이미 동이 텄으며, 장차 올 세계 역시 이미 시작되었다고 주장한다. 신약의 저자들에게는 종말은 이미 역사 속에 들어왔다. 즉, 하나님의 감추어진 통치가 계시되었으며, 장차 올 세계가 이미 도래하였다. 원시 기독교의 복음은 실현된 종말론의 복음이라고 다드는 주장한다. 그의 주장에 의하면 종말론은 이처럼 성취 되었으며 실현되었다.

우리는 예언의 미래적 성취를 뒤돌아보는 것보다는 그 예언이 어떤 방법으로 이미 성취되었는가를 주목해야 한다고 다드는 말한다. 예를 들면, 하나님의 승리는 예수님께서 사단이 하늘에서 떨어지는 것을 보았을 때 명백해졌다. "예수께서 이르시되 사단이 하늘로서 번개같이 떨어지는 것을 내가 보았노라."(눅 10:18) 그리스도의 오심과 함께 심판은 이미 시작되었음을 알 수 있다. "그 정죄는 이것이니 곧 빛이 세상에 왔으되 사람들이 자기 행위가 악함으로 빛보다 어두움을 더 사랑한 것이니라."(요 3:19). 또한 영생은 이미 우리의 소유가 되었다는 것을 다음 말씀에서 알 수 있다. "내 말을 듣고 또 나 보내신 이를 믿는 자는 영생을 얻었고 심판에 이르지 아니하나니 사망에서 생명으로 옮겼느니라."(요 5:24). 다드는 이처럼 신약의 저자들이 마지막 때를 이미 도래한 것으로 보았다는 사실을 거의 의심하지 않는다.[1105] 다드는 역시 눅 14:28-33; 막 13:28; 마 9:36; 10:6; 25:32; 막 14:27; 눅 15:3-9; 12:32; 마 9:37-38; 눅 10:1, 2; 마 11:2-6; 13:16; 눅 16:23; 마 12:41(눅 11: 31); 마 12:28(눅 11:29); 눅 10:18; 막 3:27; 마 19:3-19; 막 10:2-10; 마 5:17, 18 등 여러 구절들도 하나님 나라를 실현된 종말론으로 해석하는 데 제공되는 구절들이라고 말한다.[1106]

[1105] Erickson, 1159.

[1106] 신복윤, 81.

그러나 다드는 그리스도의 재림, 심판의 날, 그리고 새 하늘과 새 땅과 같은 미래에 있을 사건들에 관한 구절들을 잘못 해석하고 있다. 예를 들면 마태복음 25:14-30과 누가복음 19:12-27과 같은 구절들이다. 전자는 달란트 비유이고 후자는 므나 비유이다. 이 비유들은 분명히 그리스도의 재림을 가리키는 말씀들이다. 그러나 다드는 이 비유들은 본래 바리새인들을 가리켜 하신 비유들이라고 주장한다. 두 비유에서 나타나는 "악하고 게으른 종", 즉 그의 달란트와 므나를 땅속이나 수건에 감추어 두었던 그 종은 바리새적 유대인들이며, 율법을 열심히 준수함으로 보호를 받으려는 자들이다. 그리고 그의 이기주의적 배타주의 때문에 창녀들과 죄인들의 구원을 위하여는 조금도 생각하지 않는 자들이다 다드는 이 비유들의 원형은, 그리스도의 재림에 대한 자료를 담고 있지 않으며, 게으른 종이 바깥 어두운 곳에 던져짐을 받는다는 언급도 전혀 포함하고 있지 않는다고 주장한다. 다드에 의하면, 오히려 이 미래 종말론적 요소들은 기다렸던 그리스도의 초기 재림이 일어나지 않았던 사실을 설명하려고 교회가 나중에 첨가한 것이라고 주장한다.[1107]

다드는 열 처녀 비유(마 25: 1-12)에 대해서도 이와 비슷한 이론을 제시한다. 다드에 의하면, 이 비유는 본래 예수님의 지상 사역 중에 일어나게 되어 있는 어떤 일들에 대해 준비하도록 가르치기 위해 의도되었다. 그러나 후에 예수님의 사역 중의 위기가 지나가 버리자 교회는 이 비유를 개조하여 종말론적 배경을 첨가하게 되었다. 그렇게 한 이유는, 그 당시 곧 다가올 것으로 믿었던 최후의 세계적 위기에 대해 사람들로 하여금 준비시키기 위해서였다는 것이 다드의 주장이다. 우리는 마가복음 14:25에 대한 해석에서도 미래 종말론에 대한 다드의 입장이 무엇인가를 알 수 있다. "진실로 너희에게 이르노니 내가 포도나무에서 난 것을 하나님나라에서 새 것으로 마시는 날까지 다시 마시지 아니하리라"고 하신 예수님의 말씀에 대하여 다드는

[1107] c. H. Dodd, 146-53.

"우리는 여기에 제시된 하나님의 나라를 장차 올 것으로 생각해야 할 것인가"라고 묻는다. 만일 그렇다면 그것은 이 세상에 올 것이 아니라고 다드는 말한다. 왜냐하면 "새 포도주"는 묵시록적 사상에서 말하는 "새 하늘과 새 땅"에 속해 있기 때문이다. 다시 말하면 시간과 공간의 영역 너머에 있는 초월적 질서에 속해 있기 때문이라는 것이다.[1108]

다드는 신약에서 발견되는 미래 종말론의 근원은 유대인의 묵시 문학이라고 지적한다. 신자들은 처음에는 주님의 재림이 곧 있을 것으로 기대했으나 주님의 재림이 없자 "교회는 하나님의 나라는 이미 도래했다는 선언으로 깨어지게 되었던 전통적인 유대인의 종말론을 변형하여 재구성하기 시작했다. 재구성을 위한 자료들은 묵시 문학에 풍부하게 나타나 있다. 그러므로 교회의 재구성된 종말론은 유대적 자료에 깊이 의존하고 있다"고 다드는 주장한다. 그리고 그는 유대 묵시 문학에서 유래된 이러한 자료들이 원시 기독교의 중심 메시지라고 생각하고 있었다.[1109]

바이스와 슈바이처가 예수님이 선포한 하나님의 나라는 현재적이 아니라 미래적이라고 주장한 반면, 다드(Charles Harold Dodd 1884-1973)는 이 하나님의 나라는 이미 도래했으며 예수님의 사역 속에 나타나 있다고 주장하였다. 그래서 다드의 견해는 "실현된 종말론(realized eschatology)"으로 알려지게 되었다. 다드의 종말론은 한 가지 중요한 점에서는 슈바이처와 유사하였으나, 다른 점에서는 정반대였다. 그는 슈바이처와 마찬가지로, 종말론이 성경 속에, 특히 예수님의 교훈 속에 가득 차 있는 중요한 주제라고 주장하였다. 그러나 슈바이처와는 달리 다드는 예수님의 메시지 내용은 장차 어떤 미래적인 나라가 도래하는 것이 아니라, 오히려 예수님의 강림과 함께 하나님의 나라가 이미 도래한 것이라고 강조하였다.[1110]

다드의 기본적인 입장은 다음과 같이 요약할 수 있다. 첫째로 예수님

[1108] c. H. Dodd, 56.
[1109] 신복윤, 82-3.
[1110] Millard J. Erickson, 1158-59.

에게 있어서 하나님의 나라는 현재적이라는 것, 둘째로 예수님은 하나님 나라의 실체가 자신의 사역에서 실현되었다고 가르치셨다는 것, 셋째로 하나님의 종말론은 "실현된 종말론(realized eschatology)"이라는 것이다.[1111]

다드는 구약의 선지자들이 예언하였던 하나님나라가 예수님의 사역을 통하여 도래했다고 주장한다. "종말은 미래에서 현재로, 기대의 영역에서 실현된 경험의 영역으로 들어왔다."고 주장한 것이다.[1112] 다드는 이처럼 하나님의 나라가 예수님의 지상 사역을 통하여 이미 실현된 것으로 본 것이다. 그는 마태복음 12:28과 누가복음 11:20의 "하나님의 나라가 이미 너희에게 임하였느니라."고 하신 말씀에서 그 "임하였다"는 말씀은 하나님의 나라가 이미 실현되었다는 것을 분명히 보여 준다고 하였다. 그리고 마가복음 1:15의 "하나님나라가 가까웠으니"라고 하신 말씀도 마태복음 12:28의 의미와 동일하다고 보았다.

다드는 자신의 종말론을 체계적으로 설명하기 위하여 특별히 주의 날(the day of the Lord)에 대하여 주의를 기울인다. 그는 구약에서는 주의 날이 미래적인 문제로 언급되고 있으나, 신약에서는 현재적인 사건으로 서술되어 있다고 주장한다. 구약이 예언하였던 "주의 날"은 이미 동이 텄으며, 장차 올 세계 역시 이미 시작되었다고 주장한다.[1113] 종말론은 이처럼 성취되었으며 실현되었다.

우리는 예언의 미래적 성취를 뒤돌아보는 것보다는 그 예언이 어떤 방법으로 이미 성취되었는가를 주목해야 한다고 다드는 말한다. 예를 들면, 하나님의 승리는 예수님께서 사단이 하늘에서 떨어지는 것을 보았을 때 명백해졌다. "예수께서 이르시되 사단이 하늘로서 번개같이 떨어지는 것을 내가 보았노라"(눅 10:18). 그리스도의 오심과 함께 심판은 이미 시작되었음을 알

[1111] Norman Perrin, 58.
[1112] C. H. Dodd, 50.
[1113] *The Apostolic Preaching and its Developments*(London: Hodder and Stoughton, 1936), 18.

수 있다. "그 정죄는 이것이니 곧 빛이 세상에 왔으되 사람들이 자기 행위가 악함으로 빛보다 어두움을 더 사랑한 것이니라."(요 3:19). 또한 영생은 이미 우리의 소유가 되었다는 것을 다음 말씀에서 알 수 있다. "내 말을 듣고 또 나 보내신 이를 믿는 자는 영생을 얻었고 심판에 이르지 아니하나니 사망에서 생명으로 옮겼느니라."(요 5:24). 다드는 이처럼 신약의 저자들이 마지막 때를 이미 도래한 것으로 보았다는 사실을 거의 의심하지 않는다.[1114] 다드는 역시 눅 14:28-33; 막 13:28; 마9:36; 10:6; 25:32; 막14:27; 눅 15:3-9; 12:32; 마 9:37,8; 눅10:1,2; 마11:2-6; 13:16; 눅 15:3-9; 12:32; 마 9:37,38; 눅 1;1, 2; 마 11:2-6; 13:16; 눅 16:23; 마12:41(눅 11:31); 마 12:28(눅 11:29); 눅 10:18; 막 3:27; 마 19:3-19; 막 10:2-10; 마 5:17, 18 등 여러 구절들도 하나님 나라를 실현된 종말론으로 해석하는 데 제공되는 구절들이라고 말한다.

그러나 다드는 그리스도의 재림, 심판의 날, 그리고 새 하늘과 새 땅과 같은 미래에 있을 사건들에 관한 구절들을 잘못 해석하고 있다. 예를 들면 마태복음 25:14-30과 누가복음 19:12-27과 같은 구절들이다. 전자는 달란트 비유이고, 후자는 므나 비유이다. 이 비유들은 분명히 그리스도의 재림을 가리키는 말씀들이다. 그러나 다드는 이 비유들은 본래 바리새인들을 가리켜 하신 비유들이라고 주장한다. 두 비유에서 나타나는 "악하고 게으른 종", 즉 그의 달란트와 므나를 땅속이나 수건에 감추어 두었던 그 종은 바리새적 유대인들이며, 율법을 열심히 준수함으로 보호를 받으려는 자들이다. 그리고 그의 이기주의적 배타주의 때문에 창녀들과 죄인들의 구원을 위하여는 조금도 생각하지 않는 자들이다. 다드는 이 비유들의 원형은, 그리스도의 재림에 대한 자료를 담고 있지 않으며, 게으른 종이 바깥 어두운 곳에 던져짐을 받는다는 언급도 전혀 포함하고 있지 않다고 주장한다.

다드에 의하면, 오히려 이 미래 종말론적 요소들은 기다렸던 그리스도

[1114] Erickson, 1159.

의 초기 재림이 일어나지 않았던 사실을 설명하려고 교회가 나중에 첨가한 것이라고 주장한다.1115 다드는 열 처녀 비유(마 25:1-12)에 대해서도 이와 비슷한 이론을 제시한다. 다드에 의하면, 이 비유는 본래 예수님의 지상 사역 중에 일어나게 되어 있는 어떤 이들에 대해 준비하도록 가르치기 위해 의도되었다. 그러나 후에 예수님의 사역 중의 위기가 지나가 버리자 교회는 이 비유를 개조하여 종말론적 배경을 첨가하게 되었다. 그렇게 한 이유는, 그 당시 곧 다가올 것으로 믿었던 최후의 세계적 위기에 대해 사람들로 하여금 준비시키기 위해서였다는 것이 다드의 주장이다.1116

우리는 마가복음 14:25에 대한 해석에서도 미래 종말론에 대한 다드의 입장이 무엇인가를 알 수 있다. "진실로 너희에게 이르노니 내가 포도나무에서 난 것을 하나님나라에서 새 것으로 마시는 날까지 다시 마시지 아니하리라"고 하신 예수님의 말씀에 대하여 다드는 "우리는 여기에 제시된 하나님의 나라를 장차 올 것으로 생각해야 할 것인가?"라고 묻는다. 만일 그렇다면 그것은 이 세상에 올 것이 아니라고 다드는 말한다. 왜냐하면 "새 포도주"는 묵시록적 사상에서 말하는 "새 하늘과 새 땅"에 속해 있기 때문이다. 다시 말하면 시간과 공간의 영역 너머에 있는 초월적 질서에 속해 있기 때문이라는 것이다.1117

다드는 신약에서 발견되는 미래 종말론의 근원은 유대인의 묵시 문학이라고 지적한다. 신자들은 처음에는 주님의 재림이 곧 있을 것으로 기대했으나 주님의 재림이 없자 "교회는 하나님의 나라는 이미 도래했다는 선언으로 깨어지게 되었던 전통적인 유대인의 종말론을 변형하여 재구성하기 시작했다. 재구성을 위한 자료들은 묵시 문학에 풍부하게 나타나 있다. 그러므로 교회의 재구성된 종말론은 유대적 자료에 깊이 의존하고 있다."고 다드는 주장한다.1118 그리고 그는 유대 묵시 문학에서 유래된 이러한 자료들이

1115 c. H. Dodd, 146-53.

1116 c. H. Dodd, 172-74.

1117 c. H. Dodd, 56.

원시 기독교의 중심 메시지라고 생각하고 있었다.

이제 우리는 다드의 공과(功過)를 평가할 때가 되었다. 먼저 다드의 공을 말한다면, 다드는 예수님의 교훈에 나타난 하나님의 나라는 전적으로 미래적이라고 주장한 슈바이처의 일방적인 견해를 수정한 점이다. 다드는 예수님과 사도들에게 있어서 하나님의 나라는 현재적이라는 것, 그렇기 때문에 성경의 종말론이 관심을 갖는 것은 단순한 미래적 사건만이 아니라, 역시 현재의 실체들에 대해서도 관심을 갖는다고 강조하였다. 이것이 실현된 종말론의 진상이다. 그러나 한편 다드는 지나치게 한쪽만을 강조했다는 사실을 우리는 지적하지 않을 수 없다. 우리가 이미 보았듯이 다드에게는 미래 종말론의 요소가 전적으로 결핍되었거나 설령 있다 하더라도 모두가 플라톤적으로 착색되어 설명되고 있다. 다드는 그리스도의 재림과 하나님나라의 미래의 완성에 대하여 명백한 제시를 주지 못함으로 자신의 실현된 종말론에 대해서까지도 성경전체의 메시지를 공평하게 적용시키지 못하게 되었다.1119

오스카 쿨만(Oscar Cullmann)이 바로 지적한 것처럼, 성경 저자들이 이해하고 있던 하나님나라의 미래성과 그리스도의 재림은 무시간적 실체들이 아니라, 그리스도의 초림과 동일한 시간적 연속성의 궤도에서 발생한 것으로 이해되어야 한다. 더욱이 새 하늘과 새 땅에 관한 분명한 성경의 교훈에서, 하나님 나라의 미래성은 "공간을 넘어선 것"이 아니라는 것을 보게 된다. 따라서 다드는 여기서 신약 저자들의 교훈에다가 외래적 요소들을 삽입시키고 있다는 느낌을 우리는 갖게 된다.1120

D. 수직적 종말론

1118 *Apostolic Preaching*, 80-1.

1119 Anthonya. Hoekema, 296-97.

1120 Oscar Cullmann, *Salvation in History*(New York: Harper & Row, 1967), 34, 174, 204.

칼 바르트(Karl Barth, 1886-1968)의 종말론은 전통적인 종말론과는 상당한 차이가 있다. 그에 의하면, 종말론은 장차 미래에 발생하게 될 어떤 사건들을 바라보는 것이 아니라, 우리가 그리스도와 마주 서게 되는 순간순간에 믿음과 회개를 통하여 예수 그리스도를 이해하는 것을 의미한다. 바르트의 종말론에서는, 그리스도의 강림(Parousia)은 그리스도께서 미래에 실제로 재림하신다는 것을 의미하지 않고, 모든 실존적 상황 속에서 영원에 대한 끝없는 진지함을 상징하는 것으로 이해한다. 그래서 우리는 그의 종말론을 수직적 종말론(vertical eschatology)이라고 부른다. 영원자(Eternal One)는 항상 우리 위에 계셔서 우리에게 말씀하시는데 이때 우리는 언제든지 그에게 응답해야 한다. 우리가 응답하는 그 순간에 영원은 시간과 교차하게 된다. 이것이 바로 종말론이라고 바르트는 말한다.

바르트의 종말론이 근거로 하고 있는 기초적 개념은 영원과 시간의 질적 차이이다.[1121] 바르트는 그의 로마서 주석 서문에서 "내가 만일 한 체계를 가진다면, 그것은 키에르케고어(Kierkegaard)가 시간과 영원의 무한한 질적 차이라고 불렀던 것을 인식하는 것이다."라고 하였다.[1122] 바르트가 이러한 입장에서 로마서 주석을 저술했기 때문에, 우리는 이 책에서 그가 하나님의 초월성을 강조한 점, 그리고 인간으로부터 하나님으로 가는 다리는 없고, 오직 하나님으로부터 인간으로 가는 다리만이 있다는 사실을 강조한 것을 볼 수 있다. 그는 이 주석에서 도덕, 문화 그리고 종교의 일시적이며 인간적인 모든 것들을 지배하시는 하나님의 초월적 주권에 주의를 기울였으며, 특별히 종말론은 주로 미래의 상태에 관심을 가지는 것이 아니라, 현재의 종말론적 선포에 관심을 가지는 것이라고 하였다.

바르트는 하나님의 영원성에 직면하여 계속 살아가고 있는 인간의 실

[1121] Herman Hoeksema, *Reformed Dogmatics*(Grand Rapids: Reformed FreePublishing, 1976), 731.

[1122] Karl Barth, *The Epistle to the Romans*, trans. E. c. Hoskyns(London: Oxford Univ. Press, 1933), 500.

존적 위기 속에서 종말, 즉 최후자로서의 하나님(God as the Last)을 보았다. 이 영원성은 시간적으로 먼 것이 아니라, 매일의 삶과 밀접한 관계를 갖고 있는 것이다.1123 바르트에게 있어서 세계의 종말은 연대적 의미의 시간과는 아무런 관계가 없다. 종말이 항상 가까이 있다는 것은 영원이 항상 시간을 표시하기 때문이다. 종말이 시작이라는 것은 시간이 영원에 기원을 가지기 때문이며, 시간이 영원에 기초를 두고 있기 때문이다.1124 "이처럼 시간적인 미래는 현재로 그 자리를 옮기게 되었으며, 실질적인 종말은 더 이상 시간적 범주 안에서 논의할 수 없고, 다만 공간적인 용어로만 말할 수 있게 되었다."1125

이상에서 보아 온 대로, 우리는 바르트의 종말론에서 미래 종말론에 대한 여지를 전혀 남겨 놓지 않은 것을 알게 되었다. 그러므로 그에게서 그리스도의 미래적 재림이나 최후의 심판 같은 것을 찾는 것은 헛수고가 될 것이다. 바르트는 그리스도의 재림은 다 일어난 일이며, 그는 그것을 이미 성취하셨다고 말함으로 그리스도의 미래의 유형으로서의 한 재림을 부인한 것이다.1126

E. 실존주의 종말론

불트만(Rudolf Bultmann, 1884-1976)은 마틴 하이데거(Martin Heidegger)의 실존주의 철학의 영향을 받아 종말론을 다른 방법으로 접근하였다. 즉, 그는 종말론을 단순히 비신화화(非神話化)라는 프로그램의 일부로 다루었다. 그는 신약 성경의 많은 부분이 신화의 형태로 이루어졌다고 본 것이다. 이 신화는 현대인에게는 전혀 받아들여질 수 없을 뿐만 아니라, 복음을 받아들

1123 G.c. Berkouwer, 27.
1124 Herman Hoeksema, 734.
1125 Berkouwer, 28.
1126 Karl Barth, *Dogmatics in Outline*(Ner York: Harper & Row, 1959), 133.

이는 데 오히려 방해가 되기 때문에, 신약 성경의 메시지를 '비신화화' 해야 한다고 그는 주장하였다. 불트만에게 있어서, 이 "비신화화"의 뜻은 신약에 나타난 신화적 요소들을 제거하자는 것이 아니고, 복음의 참되고 진정한 내면적 의미를 얻기 위해 그 신화들을 재해석해야 한다는 것이 그의 의도이다. 불트만이 주장한 대로, 그리스도의 성육신, 이적, 속죄, 부활, 재림, 그리고 최후의 심판과 같은 교리들은 모두 다 비역사적인 신화에 불과하다.

신약 성경의 저자들은 삶에 대한 이해를 그 시대의 공통된 용어들로 표현하였으며, 따라서 그들이 기록한 것들은 실제로 일어난 사건의 객관적 설명으로 받아들여져서는 안 된다고 하였다. 신약 성경의 저자들은 자신들에게 실존적으로 일어난 사건들을 표현하기 위하여 그노시스주의와 유대주의, 그리고 다른 자료에서 얻은 신화들을 사용한 것이라고 불트만은 주장한다.[1127]

신약 성경의 역사적 요소가 주로 말하려는 것은 특정한 사건들이 아니라, 존재의 본질이기 때문에, 우리는 그 역사적 요소를 무시간적(無時間的)인 것으로 간주해야 한다고 불트만은 말한다. 그것은 종말론에 대해서도 마찬가지이다. 성경의 역사가 과거에 일어났던 사건들을 문자적으로 말하지 않는 것처럼, 종말론도 미래에 발생할 것들을 문자적으로 말하지 않는다는 것이다. 불트만의 종말론에 있어서 근본적인 것은, 세상의 종말이 앞에 놓여 있다는 신념이 아니라, 종말론적 메시지 속에서 역사하시는 하나님과 그 메시지가 담고 있는 인간 실존에 대한 개념이다.[1128] 그러므로 불트만의 종말론은 미래에 발생하게 될 어떤 사건이 아니라, 예수 그리스도의 오심, 그리고 모든 사람이 이 예수에 대하여 취할 결단과 관련되어 있다.

예수 그리스도의 중요성은 예수님 자신(그 인격, 오심, 수난, 영화)이 종말론적 사건이라는 것이다.[1129] 예수님 자신인 이 종말론적 사건은 말씀이 전달될 때 바로 지금 여기서 발생하게 된다. 그러므로 믿음으로 산다는 것은

[1127] Rudolf Bultmann, *Jesus Christ and Mythology*(New York: Scribner, 1958), 33.

[1128] *Theology of the New Testament*, trans. K. Grobel(New York: Scribner, 1951), 23.

[1129] *Jesus Christ and Mythology*, 80.

종말론적 실존을 사는 것이다. 이 종말론적 실존은 세상적 현상이 아니라, 새로운 자아 이해를 통해서 실현된다. 그리고 이 자아 이해는 말씀으로부터 나와서 자란다. 그러므로 종말론적 실존은 새로운 자아 이해이다. 즉, 사람이 전파된 말씀에 믿음으로 반응했을 때 오게 되는 자아 이해이다.

불트만은 요한복음에서 힘을 얻는다. 그는 요한은 복음의 메시지를 비신화화 시킨 장본인이라고 말한다. 요한에게는, 심판은 그리스도를 통하여 이미 왔기 때문에, 최후의 심판 같은 것은 없다. 영원한 생명도 미래의 축복이 아니라, 현재의 소유라고 불트만은 주장한다. 요한에게 있어서 예수의 부활과 오순절, 그리고 재림은 하나의 동일한 사건이며, 믿는 자들은 이미 영생을 소유하고 있다.[1130] 그리고 요한복음에 기록된 미래의 종말론적 사건들에 대하여 불트만은 후기 편집자에 의해 본래의 복음서에 삽입된 것이라고 한다.[1131] 불트만은 역시 바울에 대해서도 주의를 기울인다. 물론 불트만은 바울에게도 재림이나 최후 심판과 같은 묵시록적 미래 사건들에 관한 교훈이 있다는 것을 인정하지만, 그럼에도 불구하고 그는 바울의 그러한 "신비적 종말론"을 받아들이려고 하지 않는다. "우리는 더 이상 인자가 하늘의 구름을 타고 재림하실 것으로 기대할 수 없으며, 또한 신자들이 공중에서 그를 만날 것이라고 소망하지도 않는다."[1132]

바울과 요한의 교훈에서 볼 때, 종말론적 사건은 극적이며 우주적인 대격변이 아니라, 오히려 역사 속에서 일어나는 사건이며, 이 사건은 예수그리스도의 오심과 함께 시작되고, 역사 속에서 계속해서 일어나는 것으로 이해해야 한다고 불트만은 주장한다. 물론 이 사건은 어떤 역사가에 의하여 확인될 수 있는 일종의 역사적 발전으로 이해해서는 안 된다. 종말론적 사건은 설교와 신앙에서 반복해서 일어나는 사건이다. 예수 그리스도는 과거에 이

[1130] *Jesus Christ and Mythology*, 33.

[1131] Berkouwer, 105.

[1132] "*New Testament and Mythology*," in *Kerygma and Myth*, ed. H. W. Bartsch(New York: Harper&Row, 1961), 4-5.

미 수립된 사실로서의 종말론적 사건이 아니라, 복음 전파를 통하여 지금 여기서 당신과 나에게 전해질 때 반복해서 현재적이 되는 사건이다.[1133] 여기서 우리는 불트만의 실존주의적 종말론의 성질을 명백히 볼 수 있는 것이다.

불트만은 구약에서 종말론의 발전을 찾는다고 말한다. 즉, 구약에는 왕이신 여호와가 자기 백성을 통치하시고 도우시며 보호하시는 가족적 신앙이 나타난다. 시간이 지나면서 이러한 기초적 개념이 종말론적으로 변하여 장차 하나님이 자기 백성을 다스리는 왕으로 오시리라는 소망이 싹트게 된다. 이처럼 종말론의 개념이 발전되어 오다가 예수님 때에 와서는 두 가지 종말론적 기대, 즉 "국가주의적 기대"와 "묵시록적 기대"라는 개념이 발전하게 되었다는 것이다. 국가주의적 기대는 역사 속에서 새로운 시대가 일어나리라는 소망이며, 변화된 국가에서 지상 생활이 계속될 것을 기대하는 역사적 소망을 의미한다. 한편 묵시록적 기대는 역사의 종점에 초역사적인 새 것이 시작될 종말론적 소망을 의미한다. 이때 하나님은 이 세상을 변화시키는 것이 아니라, 갑자기 세상을 종식시키시며, 따라서 역사는 끝이 나게 된다고 말한다.[1134] 예수님께서 천국이 가까웠다고 선포하신 것은 유대인의 묵시록적 기대를 마음에 품고 하신 것이라고 불트만은 해석한다. 즉, 예수님의 소망은 묵시록적 유대주의의 소망이라는 것이다.[1135]

그럼에도 불구하고 불트만은, 예수님께서는 천국이 미래에 이루어질 것이라고 기대하는 유대주의의 묵시록적 기대를 수정하고, 자신이 바로 종말이 표지이며, 천국이 이미 문밖에 도래한 것으로 생각했다는 것이다. 다시 말하면, 유대인들은 하나님의 나라가 미래에 이루어 질 것이라고 생각하였으나, 예수님은 유대주의의 묵시록적 기대를 수정하여, 하나님나라는 이미 문밖에 도래하였으며, 지금 예수님 자신에게 오고 있다고 생각하였다는 것이다.[1136]

[1133] Rudolf Bultmann, *History and Eschatology*(Edinburg: Univ. Press, 1957), 151.

[1134] Bultmann, *Jesus Christ and Mythology*, 12.

[1135] Bultmann, 12ff.

예수님이 선포하신 말씀에서 미래사(未來事)는 시간적인 것이 아니라, 실존적인 것이라고 불트만은 강조한다. 이 미래사는 사람이 순간순간 결단해야 한다는 의미에서 미래사이다.1137 이처럼 불트만의 실존주의 종말론은, 하나님나라가 미래사이지만 결단을 요구하는 인간의 실존적 입장에서 볼 때 미래사인 하나님나라는 매우 가까이 임박해 있으며, 사람이 순간마다 자신을 하나님 앞에 세워 놓는 것을 의미한다.

우리는 불트만이 말씀의 선포에 대하여 결단의 필요성을 강조하였다는 점, 그리고 인간은 예수 그리스도에 대한 믿음을 통해서만 자신의 진정한 존재를 찾을 수 있다고 주장한 데 대하여 동의할 수 있다. 그러나 그가 모든 미래적 종말론을 거절하고, 성경의 메시지를 단순한 인간론으로 환원시키려는 의도에 대하여는 우리는 마땅히 배격하지 않을 수 없다. 그가 도입한 실존주의 철학은 그로 하여금 성경의 종말론을 비신화화하는 데 성공한 셈이다.

F. 미래주의 종말론

몰트만(Jürgen Moltmann, 1926-)의 종말론은 하나님의 미래와 예수 그리스도의 미래를 바라보는 것을 그 중심으로 하기 때문에, 우리는 그의 견해를 미래주의 종말론(futuristic eschatology)이라고 부른다. 몰트만은 유대인 마르크스주의 철학자 에른스트 블로흐(Ernst Bloch)의 영향을 크게 받았다. 그는 블로흐의 저서 『희망의 원리(Prinzip Hoffnung)』에서, "인간은 미래를 향해 가는 도중에 있는 존재"라는 인간에 관한 블로흐의 착상을 기독교 신학에 도입하여, 그것을 자신의 저서 희망의 신학(Theology of Hope)을 통하여 널리 보급한 것이다.

1136 *Theology of the New Testament*, I, 6-7.
1137 *Jesus and the Word*, 1958, p.51.

몰트만은 바르트와 불트만이 성경적 종말론의 미래적 지향성을 공정하게 인정하지 못한 데 대하여 비판하였다. 그는 바르트가 종말을 단지 "영원의 초월적 현재(the transcendental present of eternity)"로 생각하고, 종말론을 역사적 전개라는 측면에서 보지 못한 데 대하여 비난하였다.1138 그는 또한 불트만이 종말을 다만 복음 선포에서 오는 위기로서만 생각한 데 대하여도 비판하였다.1139 사람은 자신의 현 존재에 대한 "아직은 아니다(not-yet)"의 특성을 인식하지 못하고는 참다운 자아를 이해할 수 없다고 하면서, 몰트만은 결단의 순간에만 자아를 이해할 수 있다고 주장한 불트만을 비난하였다. 사람은 신앙의 순간에 진정한 실존(實存)에 도달하는 것이 아니라, 그는 다만 진정한 실존으로 가는 도중에 있는 것뿐이라고 몰트만은 주장하였다.1140

몰트만의 미래주의 신학을 이해하는 데 열쇠가 되는 것은, 하나님은 시간의 과정에 굴복한다는 사상이다. 이 시간의 과정 속에서 하나님은 미래로 나아가는 시간의 일부이기 때문에 완전한 하나님이 아니다. 전통적인 기독교에서는 하나님과 예수 그리스도는 시간의 일부가 아니라 시간 밖에 서 계신다고 가르친다. 그러나 몰트만의 신학에서는 영원은 시간 속에 소실되고 만다.1141

몰트만에 의하면 성경의 하나님은 "미래를 그 본질로서 가지시는" 하나님이시다.1142 신구약 성경이 가르치고 있는 하나님은 내적 세계의 하나님이 아니며, 그렇다고 해서 외적 세계의 하나님도 아니다. 그는 "소망의 하나님"이시다(롬 15:13). 이 하나님은 출애굽의 역사와 예언서에서 알려진 대로, "본질로서의 미래"를 소유하고 계시는 하나님이시다. 그러므로 그는 항

1138 Jürgen Moltmann, *Theology of Hope*, trans. by J. W. Leitch (New York: Harper & Row, 1967), 40.

1139 J. Moltmann, *Theology of Hope*, 41.

1140 J. Moltmann, *Theology of Hope*, 67-9.

1141 Harvie M. Conn, *Contemporary World Theology*(New Jersey: Presebyterian and Reformed Pub. Co., 1974), 61.

1142 J. Moltmann, *Theology of Hope*, 29-32, 42ff.

상 우리 앞에 있으면서 미래를 위한 약속을 가지고 우리를 만나시는 하나님이시다. 그는 자기 백성이 시내 광야를 통과할 때 앞장서서 인도하신 하나님이며, 미래로 이끄신 하나님이다. 그러므로 출애굽 사건은 선민에 대한 하나님의 약속 이행과 미래로 인도하심의 근본적인 표본이 된다. 과거는 미래를 위해 있고, 현재는 미래가 통과하는 지점일 뿐이다. 따라서 하나님은 우리가 소유할 수 없는 분이시며, 오직 능동적인 소망으로만 기다려야 할 분이라고 몰트만은 주장한다.

몰트만의 종말론을 이해하기 위해서 우리는 그의 계시관을 알 필요가 있다. 몰트만에게 있어서 하나님의 모든 계시는 약속이다. 그리고 이 약속은 계시를 결정짓는 범주라고 그는 말한다. 구약과 신약의 계시는 주로 약속의 언어로 되어 있다. 하나님은 이처럼 약속의 형식으로 그리고 약속으로 특징 지어지는 역사 속에서 자신을 계시하셨다고 한다. 그러므로 하나님의 계시에 대한 기독교의 교리는 신론이나 인간론에 속하지 않고 종말론에 속해야 한다. 그것은 진리의 미래에 대한 기대이기 때문이라고 한다.[1143]

그러나 몰트만이 계시를 전적으로 약속이라는 측면에서만 해석하는 것은 잘못이다. 성경의 하나님의 계시는 하나님의 약속들을 포함하고 있는 것이 사실이지만, 그 이상의 것들도 포함하고 있다. 성경에 있어서의 하나님의 계시는 과거에 행하신 하나님의 구원 행동의 계시이기도 한 것이다. 그리스도의 십자가의 죽으심과 부활은 미래를 위한 약속이었으나 동시에 과거의 승리를 의미하기도 한 것이다. 그리스도의 십자가와 부활은 위대한 종말론적 자국이 이미 역사 속에 나타났다는 것을 의미한다. 그러므로 그리스도에 대한 우리의 지식이 다만 미래의 그리스도에 대한 단편적 지식이라는 주장은 지극히 잘못된 것이다.[1144]

몰트만은 모든 기독교 신학은 종말론에 의하여 형성되어야 한다고 주

[1143] J. Moltmann, *Theology of Hope*, 42-3.

[1144] Anthonya. Hoekema, 316.

장한다. 종말론은 교의학의 부록이 아니라고 주장함으로 그는 종말론의 중요성을 강조하였다. "종말론은 처음부터 끝까지 책 끝 부분에 있는 후기(後記)가 아니다. 기독교는 종말론이며, 희망이며, 앞을 바라다보며 앞을 향해 움직이며, 따라서 현재를 혁명하고 변혁시킨다. 더욱이 종말론은 기독교 교리의 한 부분이 될 수 없다. 오히려 종말론적 전망은 복음의 선포, 모든 그리스도인의 존재, 그리고 온 교회의 특성을 나타내 주는 것이다."[1145]

그러나 몰트만이 말하는 종말론은 무엇인가? 그것은 전통적인 그리스도의 재림을 대망하는 그런 것이 아니다. 몰트만에게 있어서, 재림은 실제적으로 떠났던 분이 돌아오는 것을 의미하는 것이 아니라, "임박한 도래"를 의미하기 때문이다. 그것은 "우리를 향하여 오고 있는 미래"를 의미하는 것이다.[1146] 그러므로 종말은 미래를 향하여 열려진 것, 즉 미래의 자유라고 몰트만은 해석한다. 하나님께서 이미 영원 가운데 존재하고 계시는 그런 초자연적 영역 같은 것은 없다. 시간이 종말에 이르게 되는 고정된 순간도 없다. 미래는 사람과 하나님에게 다 같이 알려지지 않은 분량이다. 미래는 단순히 사람에게만 미지의 것이 아니라, 하나님에게도 미지수의 것이라고 한다. 몰트만에 의하면, 하나님은 영원에서 영원까지 존재하지 않으신다. 하나님은 오직 미래에만 존재하시며, 시간의 흐름에 따라서만 존재하시는 하나님이시라고 한다. 그러나 우리는 성경에서 하나님은 시내 산에서 모세에게 "나는 스스로 있는 자"라고 하신 말씀을 들을 수 있다.[1147]

몰트만은 하나님의 나라는 현재적이 아니라, 미래적이라고 한다. 기독교는 하나님의 나라를 기다리는 자들의 공동체이기 때문이다. 하나님의 나라가 미래적이라는 것은, 우리의 현재의 존재가 미래의 존재와 반대된다는 것을 의미한다. 현재와 미래, 경험과 소망은 종말론에서 서로 모순된다는 것이다. 소망은 현실과 반대편에 서 있기 때문에, 소망은 미래의 축복을 단순

[1145] J. Moltmann, *Theology of Hope*, 16.

[1146] J. Moltmann, *Theology of Hope*, 229.

[1147] Harvie M. Conn, 65.

히 수동적으로 기대해서는 안 되며, 오히려 우리의 생각을 격동시키며 현실을 창조적으로 변혁시켜야 한다. 그리스도인의 소망은 결코 현 상태 그것으로 만족할 수 없고 좀 더 나은 세계를 목표로 하여 역사적 변화의 운동을 그 자체 안에서 일으켜야 하는 것이다.

다시 말하면 그리스도인의 소망은 단순히 수동적인 기다림에 의하여 성취되는 것이 아니다. 왜냐하면 "우리는 건설하는 일꾼들이지 단순히 미래를 해석하는 자들이 아니기 때문이다. 이것은 그리스도인의 소망은 역사 안에서 이루어지게 될 창조적이며 전투적인 소망임을 의미한다."1148 몰트만은 이 소망의 실현을 목표로 하고 세계를 변화시키기 위하여 정치 신학을 발전시켰다. 우리는 종말론적 미래의 도래를 수동적으로 기다려서는 안 된다고 그는 말한다. 왜냐하면 그 미래의 모습은 우리의 노력 여하에 따라 크게 좌우되기 때문이다. 그 미래를 얻기 위해 요구되는 것은 행동이지 신학적인 설명이 아니라고 한다. 신정론(theodicy, 神正論)을 제시함으로 악의 문제를 다루고자 하였던 초기의 신학자들과는 달리, 희망의 신학은 왜 하나님은 세상의 악을 그대로 방치하시는가를 묻지 않고, 다만 그 악을 해결하기 위하여 행동을 취한다. 그래서 신앙은 행위로 바뀌게 되고, 행위는 그 신앙의 목표가 성취되도록 돕는다.1149

교회의 임무는 사람들로 하여금 미래를 능동적으로 기다리며 사회에 능동적으로 참여케 하는 일이다. 교회는 복음 선포를 통하여 미래가 현재 각 사람을 붙잡아 미래를 형성하도록 행동하게 해야 한다.1150 교회는 미래를 변화시키기 위해서 과거의 사실을 전하는 것이 아니다. 현재 자체는 그리 중요하지 않다. 중요한 것은 현재에 미래가 각 사람을 붙잡는 것이다. 사람은 각자가 자기의 메시아적 가능성을 알아야 한다고 몰트만은 주장한다.

1148 J. Moltmann, *Theology of Hope*, 384.

1149 Millard J. Erickson, 1162.

1150 Jürgen Moltmann, *Religion, Revolution and the Future*(New York: Charles Scribner's Sons, 1969), 52.

몰트만에 의하면, 하나님의 나라는 정치와 혁명에 의하여 도입된다고 한다. 그러나 사도 바울은, 하나님의 나라는 예수 그리스도의 구원하는 능력의 선포로 도입되며, 앞으로도 그렇게 하여 도입될 것이라고 가르친다(행 28:30, 31). 몰트만에 의하면, 그 나라는 만질 만한 지상의 현실이다. 그러나 그리스도에 의하면, 그를 믿음으로써만 그 나라에 들어갈 수 있다. "… 사람이 거듭나지 아니하면 하나님나라를 볼 수 없느니라 … 사람이 물과 성령으로 나지 아니하면 하나님나라에 들어갈 수 없느니라."(요 3:3-5) 그리고 그것은 혁명이 아니고 평강을 가져다준다. "하나님의 나라는 먹는 것과 마시는 것이 아니요 오직 성령 안에서 의와 평강과 희락이라."(롬 14:17)

철저한 종말론을 주장한 바이스와 함께 슈바이처의 신학적 공헌은 예수님을 단순히 도덕적 모범이나 윤리 선생으로 묘사했던 옛 신학자들의 예수님상(像)에 대하여 치명적인 타격을 주었다는 점이다. 슈바이처는 "예수님의 모든 사역과 교훈은 고정된 종말론적 기대를 기초로 하고 있었는데, 이 기대는 반드시 유대인의 묵시 문학에서 발견 되는 용어로 해석되어야한다"고 하였다.1151 그러나 슈바이처의 견해에서, 이 종말론적 기대는 결국 환상이 되고 만다. 그에게 있어서 예수님은 비극의 인물이 되었다. 즉, 하나님의 실제적인 아무런 계획도 없는 것을 이루기 위하여 예수님은 스스로 죽음을 택하였던 것이다. 결국 슈바이처의 철저한 종말론은 자유주의적 기독론의 폐해를 계속 남겨 두게 되었다.

뿐만 아니라 실현된 종말론을 주장했던 다드는 예수님의 교훈에 나타난 하나님의 나라는 전적으로 미래적이라고 주장한 슈바이처의 일방적인 견해를 수정한 점을 그의 공으로 꼽을 수 있다.1152 다드는 예수님과 사도들에게 있어서 하나님의 나라는 현재적이라는 것, 그렇기 때문에 성경의 종말론이 관심을 갖는 것은 단순한 미래적 사건만이 아니라, 역시 현재의 실체

1151 Anthony Hoekema, 392.

1152 Anthony Hoekma, 398.

들에 대해서도 관심을 갖는다고 강조하였다. 이것이 실현된 종말론의 진상이다. 그러나 한편 다드는 지나치게 한쪽만을 강조했다는 사실을 지적하지 않을 수 없다. 우리가 이미 보았듯이 다드에게는 미래 종말론의 요소가 전적으로 결핍되었거나 설령 있다 하더라도 모두가 플라톤적으로 착색되어 설명되고 있다. 다드는 그리스도의 재림과 하나님나라의 미래의 완성에 대하여 명백한 제시를 주지 못함으로 자신의 실현된 종말론에 대해서까지도 성경전체의 메시지를 공평하게 적용시키지 못하게 되었다. 오스카 쿨만(Oscar Cullmann)이 지적한 것처럼,1153 성경 저자들이 이해하고 있던 하나님나라의 미래성과 그리스도의 재림은 무시간적 실체들이 아니라, 그리스도의 초림과 동일한 시간적 연속성의 궤도에서 발생한 것으로 이해되어야 한다.1154 더욱이 새 하늘과 새 땅에 관한 분명한 성경의 교훈에서, 하나님 나라의 미래성은 "공간을 넘어선 것"이 아니라는 것을 보게 된다. 따라서 다드는 여기서 신약 저자들의 교훈에다가 외래적 요소들을 삽입시키고 있다는 느낌을 갖게 된다.

1153 Oscar Cullmann, *Salvation in History*(New York: Harper & Row, 1967), 34, 174, 204.
1154 신복윤, 84.

IV
칼빈의 종말사상

칼빈은 종말론을 따로 다루지 않고, 성령을 통해서 예수 그리스도와 그가 성취하신 구속 사역을 성령을 통해서 수용하는 3권의 마지막 장에 위치한 "마지막 부활"에서 논했다. 그래서 그의 종말론은 교회 안에서 그리고 교회를 통하여 복음을 성령 역사로 받아들여, 이신칭의의 구원을 받고, 성화로 나아가는 그리스도인의 삶의 미래 소망에 해당한다. 칼빈은 이 『기독교강요』 3권에서 이신칭의와 성화를 논한 다음에 선택(electio 혹은 praedestinatio)과 유기(the reprovation)에 대해서 논한다. 이 점에서 '하나님의 영원한 작정'(God's eternal Decree)을 먼저 논하고 다음에 이신칭의와 성화를 논한 『웨스터민스터 신앙고백』과 다르다. 하지만 칼빈에게서 결국 복음을 받아들이지 않은 사람들은 '유기된 자'에 해당하고, 결국 이들이 멸망으로 예정된 사람들이다. 그리하여 칼빈은 무천년설과 최후 심판의 이중적인 결과에 관하여 뿐만 아니라 이중예정론에서도 아우구스티누스 전통을 이어받았음을 알 수 있다. 칼빈은 그의 종말론을 논하는 "마지막 부활" 바로 앞 장에서 "선택은 하나님의 부름에 의하여 확인되고, 악인들은 그들이 운명 지워진 마땅한 파멸을 자초한다."1155를 논하였다. 이제 그의 신학사상 중 종말론에 관하여 살펴보자.

A. 영혼불멸에 관한 사상

1155 J. Calvin, 『기독교강요』 III, XXIV, 235.

칼빈은 요한 계시록의 주석을 하지 않았으며, 종말론의 교리를 전반적으로 간략하게 다루었다. 그러나 이번 장에서 다루고자 하는 죽음과 마지막 심판사이의 영혼불멸에 관한 내용은 예외에 속한다.[1156]

이 교리는 초대교회나 중세교회에서 인정하고 있었던 것이며 1215년 제4차 라테란회의(The Fourth Latteran Council)에서 공식적으로 인정되었던 교리이다[157]. 그러다가 개혁교회 시대에 와서 논쟁의 주제가 되었다.

오스카 쿨만(Oscar Cullmann)은 1958년에 "영혼불멸과 죽은 자의 부활" 이란 책을 써서 세계적으로 많은 토론과 큰 파문을 불러일으키기도 했다.[1158] 칼빈은 재세례파 운동의 자유주의자들을 범신론자로서 규정하여 반대했다. 그 이유는 영혼불멸사상에 관련된 때문이었다.

칼빈이 영혼문제에 있어서 플라톤의 영향을 많이 받았다고 말하는 사람들이 있지만 그러나 그것은 잘못된 판단이다. 이 사실은 그 자신이 플라톤 학파에 속한 사람이 아니라고 강조한 것으로 보아 알 수 있다.[1159]

그는 다만 플라톤에게서 영혼불멸에 대한 일종의 자연적 이해가 발견된다는 것을 말하려는 것뿐이었다.[1160] 칼빈은 "영혼(anima)"을 "불멸적인 영이면서도 창조된 실제, 그리고 보다 고상한 부분이라"고 정의한다.

그의 종말에 관한 중요한 첫 저서는 (1534년에) 『영혼의 깨어있음에 관하여(Psychopannychia)』이다.[1161] 이 저서는 칼빈의 첫 신학적 저서이기도 하며

[1156] Heinrich Quistorp, *Die Letzten Dinge im Zeugnis Calvins*, trans. by Harold Knight, *Calvin's Doctrine of the Last Things*. (London: Lutterworth Press, 1995), 55.

[1157] Heinrich Quistorp, 56.

[1158] 전경연, "영혼불멸과 죽은 자의 부활" 『복음주의 신학총서』제 5권. 1965년. Oscar Cullmann은 *"The Immortality of the Soul or the Resurrection of the dead?"* (1958)에서 그는 성서석의에서 발하여 신약성서의 독특한 사고방식을 가려내어 준다. 죽음에 대한 일반적 그리스도교 관념에 얼마나 헬라적인 것이 섞여 있는가를 밝혀주고 사후문제에 대한 성서적 관념과 한계를 똑똑히 가르쳐 준다.

[1159] John Calvin, *Last Admonition to Joachim Westphal*, Calvin's Tracts and Treatises, by Henry Beveridge, Ⅱ Grand Rapids: Eerdmans, 1958, 456.

[1160] 신복윤, "칼빈의 영혼관", 『신학지남』제 42권 4집 1975년 12월호., 48.

[1161] Psychopannychia의 뜻은 'φυχη'와 'πααυxίεω' (밤새도록 깨어있음)의 결합어로서 '영혼의

그의 종말에 관계된 성서주석에 있어서 설교와 저서의 성격에 특징을 지어 주고 있다.1162

그의 이러한 종말론 사상은 거의 변치 않고 계속해서 그의 기독교강요에 끼워 넣었고 1559년 최종판에는 "최후의 부활에 대하여(De resurrectione Ultima)"(Ⅲ, 25)와 "영원한 생명의 명상(Ⅲ, 9)"에 새로운 형태로서 나타나 있다.

칼빈은 당시의 영혼불멸을 반대하는 자들과 심각한 갈등의 관계에 있었다. 이러한 갈등은 그에게 매우 위태로운 지경에 이르게 되었다. 이러한 맥락에서 소시니안주의나 재세례파들은 죽음과 마지막 부활사이에 "영혼의 잠" 즉 사람은 죽음으로써 영혼은 완전히 활동의 정지 상태에 들어가고 보편적 부활에서 깨는 상태에서만 영혼은 이성이나 의지 같은 그 기능을 발휘하여 하나님을 찬송하게 된다고 주장하였다. 이 입장은 루터와 같은 입장을 취하는 것인데 칼빈은 이것을 영원불멸한 영혼의 지속적 존재를 부정하는 것이라고 하여 신랄하게 반대하였다.1163 그래서 이 영혼불멸의 교리는 칼빈의 종말론에 매우 중요한 의미를 가지게 되었다.

1. 영혼과 육체의 분리로서의 죽음

칼빈의 영혼불멸의 교리에 대한 배경을 알기 위해서는 그의 죽음에 대한 문제를 살펴봐야 한다. 루터에게 있어서 "그의 신학적 사고의 출발이 죽음의 공포에서 비롯된다."1164고 한다면 칼빈은 개혁자로서의 생애 초기부터 죽음에 대한 복음주의적 해석으로 죽음에 깃들인 고통, 불만의 극복이라는 것보다 시종 죽음의 이해라는 세계관적 관심이었다. 그는 죽음을 현 재와 미래의 삶을 나누는 분계선이라고 이해한다. 그래서 현세의 비참한 생의 종

잠' 이 아니라 '영혼의 깨어있음' 이다.

1162 T. F. Torrance, *Kimgdom and Church*, London: Oliver and boyd, 1956, 90.
1163 김성환, 『칼빈주의 해설』, (서울: 정음서림, 1976), 335.
1164 Karl Hall, *Gesammelte Aufs ze Zum kirchengeschichte*, I. Luther. s. 3.

말이라기보다는 건너편의 축복된 삶의 시작이라고 보고 있는 것이다. 죽음이나 그 자신의 생애가 끝나는 것을 기뻐할 사람은 아무도 없다. "그러나 우리에게 손짓하는 하늘의 영광과 축복을 믿음으로 받아들이게 될 때에 우리는 죽음을 인내로 극복할 뿐 아니라 신앙과 소망의 목표까지 가는데 충성하게 된다."1165 그는 "우리자신의 죽음을 묘사함에 있어서 "떠남"이라는 단어를 써서 우리가 죽을 때 전적으로 멸망하고 마는 것이 아니라는 점을 시사해주고 있다. 곧 그것은 몸으로부터 영혼이 떠나가는 것에 불과하다. 따라서 우리는 죽음이란 단순히 영혼과 육체의 분리를 의미하기 때문에 죽음을 아무렇지도 않게 생각하고 있다. 이와 같이 칼빈은 죽음을 영혼과 육체사이의 투쟁의 종말로 본다."1166 그러므로 육체의 짐을 벗어버리면 영혼과 육체의 싸움은 끝나게 된다. 그래서 죽음 은 신자들에게 싸움의 종식을 의미한다. 왜냐하면 육체에서 자유로워진 신자들은 더 이상 육체의 욕망과 싸울 필요가 없을 것이기 때문이다.1167

칼빈은 죽음을 인간학적인 영혼과 몸의 차이와 신학적으로 반대개념인 $\sigma\alpha\rho\xi$와 $\pi\nu\varepsilon\upsilon\mu\alpha$의 차이를 동일시한다. 죄의 경향성을 몸에다 관계시키는 시도는 일반적으로 어리석게 보일지 모르나 이런 시도 없이는 진정한 의미에 있어서 영혼은 참된 생명을 지닐 수 없다.1168 바울은 "성령은 육체를 거스른다."(갈 5:17)는 말은 성령이 육체와 싸우며 이성이 욕망을 거스른다는 것이 아니라 영혼이 하나님의 성령이 없을 때는 영혼이 욕망에 지배되며 그 자신과 싸우게 된다는 것이다.

1165 존 칼빈, 존 칼빈 성경주석 출판위원회 편, 『신약성서주석』, 전 10권, 서울 : 성서교재간행사, 1979. 제 2권 공관복음 Ⅱ. 372. 이하 『칼빈주석』으로 약한다.

1166 John Calvin, *Psychopannychia, in Calvin's Tracts and Treatises*, tr by henry Beveridge, 54:196. (Grand Rapids : Eerdmans, 1958). (H. Quistorp. op. cit.)이하 Psy로 약한다. 이 논문은 1533년 11월 칼빈이 그의 친구 Nicolas Cop의 빠리대학 학장취임 연설원고 초안사건으로 피난하여 친구인 Loui du Tillet의 집에서 머무는 동안에 집필하였다. 그는 이 논문에서 재세례파들이 주장하는 영혼 수면설을 반박하고 있다.

1167 칼빈의 빌립보주석, 1:6, 7권, 474.

1168 칼빈의 로마서주석, 8:10 f. 7권, 244.

이러한 칼빈의 표현은 πνεύμα와 φυχή 또는 성령(Spiritus)과 영혼(anima)을 자주 혼동해서 사용하는 것에 근거한다. 영혼은 자주 영(Spirit)이라고 표현한다. "이 두 단어는 나란히 놓고 비교할 때는 다른 의미를 가졌다고 해도 영이 홀로 쓰일 때는 영혼과 같은 의미로 쓰인다."

칼빈은 은유(metaphor)로서 죽음을 영혼과 육체의 분리로 본다. 바울은 "우리는 주님으로부터 떠날 외국당의 여행자이다. 외국 땅을 여행하는 동안 우리는 몸에 거한다." 또 "육체를 우리가 죽을 때에 버리고 떠나가는 육신의 장막 집으로 생각한다(벧후 1:14, 고후 5:1)." 그러므로 우리의 죽음은 육체로부터 영혼의 출애굽이라고 결론 내릴 수가 있다. 딤후 4:6은 영혼불멸에 대한 증거가 담겨 있음을 알 수 있다. 또한 칼빈은 루터와 같이 로마서 6장에서 인간의 죽음을 세례와 비교한다. 즉 그리스도는 죽음과 세례를 비교하는 것은 하나님의 자녀에게 있어서 몸의 분리는 한동안 물에 잠겼다가 생명으로 다시 나오는 것처럼 죽음을 단순히 물을 통과하는 것과 같은 것으로 본다.1169 그럼에도 그는 대부분 죽음을 감옥으로 부터의 해방에 비유했다. 우리가 세상에서 여행하고 있는 동안 죽음은 치욕이 끝나는 유일한 수단으로서 그 죽음을 동경하게 된다는 것이다.1170 그러므로 믿는 자는 기꺼이 죽음을 주저하지 않는데 그 이유는 죄의 노예에서 놓임을 받으며 하늘나라에 들어가는 과도기라는 것이다. 칼빈은 "나는 죽기를 원한다. 왜냐하면 내가 이것을 통해서 그리스도와 연합하는 자리에 이를 것이기 때문이다."라는 것이다.1171 이처럼 육체를 경시하고 영혼을 강조하지만 한편으로는 "우리 몸이 지저분한 오물과 같다 해도 하나님은 성령의 전이되기를 쉬지 않으시며 그 속에서 영광 받기를 원하신다."는 최상의 표현을 하기도 한다.

그러나 이와 같은 칼빈의 사상이 성서적이냐 하는 데는 의문의 여지가 있다. 특별히 구약성서에서는 사람은 생명과 육체가 서로 작용하는 피조적

1169 칼빈의 공관복음 Ⅱ 주석, 12:50. 2권, 372.
1170 칼빈의 로마서 주석, 7:24. 7권, 228.
1171 칼빈의 빌리보서 주석, 1:23, 7권,125.

인 연합체로 본다. 그래서 육체는 영혼을 감싸고 있는 물질로만 본다는 것은 지나친 것이며, 칼빈의 분리의 요점은 육체를 염세적 경멸로서 본 것이 아니라 육체를 담지 않은 영혼이 불멸하다는 것을 말하려던 것이다.

칼빈은 『영혼의 깨어있음에 관하여(Psychopannychia)』에서 인간의 생명은 결단코 하나님에게서 분리 될 수 없다고 주장한다. 신자의 영혼은 하나님의 장중에 있다.1172 하나님은 영혼의 생명이요, 영혼은 육체의 생명이다. 동시에 죄가 없었더라면 육체도 불멸하였을 것이다.1173 그러나 죄가 세상에 들어옴으로 말미암아 죽음이 왔고, 이 죽음을 가리켜서 영혼과 육체의 분리라고 말하는 것이다.

그러나 이미 밝힌 것처럼 칼빈은 영혼에 의하여 점차 회개하여 감에 따라 육체의 흔적은 극복되어지고 영혼 속에서 육체의 속박으로부터 자유로워지고 죽음으로 하늘의 완전을 얻게 된다는 것이다.

칼빈은 플라톤과 달리 이 육체가 부활한다고 가르쳤다. 그는 육체의 부활을 떠나서는 영혼의 불멸을 바로 이해할 수 없다고 믿는다. 그가 육체의 부활을 믿는 것은 죽은 자 가운데서 살아난 첫 사람, 그리스도의 부활에 근거한다.

2. 영혼 불멸의 존재

a. 영혼의 독립성

칼빈의 영혼불멸의 교리를 올바로 이해하기 위해서 신학적 인간학으로 발생한 영혼의 교리를 자세히 공부해야 한다. "칼빈은 사람의 영혼은 육체라는 독자적인 그 자신의 생명과 존재(essentia)를 가지고 있는 실체

1172 Psy, 490.
마태복음, 7:3을 참조하라.

1173 존 칼빈, 존 칼빈 성경주석 출판위원회 편, 구약성서 주석 전30권, (서울, 성서교재 간행사, 1979), 제1권, 창세기 I 권 주석, 91.

(Substance)로 본다." 자유주의자들에(Libertines) 대한 그의 주된 비난은 그들이 이 사실을 인정치 안했기 때문이었다. 칼빈은 "성서의 명백한 증언에 따라 영혼은 본래적으로 실체이며 육체와 분리된 후에 실제적으로 계속해서 생존하는 것이라"고 주장한다. 또 "영혼이나 사람의 영은 육체와는 구별되는 실체라는 것이다." 몸이 간접적으로 생성과 출생을 통하여 창조된다면 영혼은 육체의 출현과 동시에 직접적으로 하나님에 의해서 창조된다. 즉 "하나님이 어머님의 몸속에서 인간을 창조하실 때에는 아직 영혼이 존재치 않으나 인간이 형성되어가는 동안 하나님이 영혼을 불어 넣으시며 그때 생명의 씨가 확장되어 간다."는 것이다.

그래서 칼빈은 어거스틴의 영혼창조설(creationism)의 입장을 따랐다. 이에 비해 루터는 영혼전이설(traducianism)의 입장을 취했다. 칼빈은 영혼이 불멸적이긴 하지만, 그러나 창조된 실체라고 말한다. "영혼은 불멸적이기는 하지만 영원한 것이 아니다. 왜냐하면 영혼은 하나님 없이는 존재할 수 없기 때문이라는 것이다."[1174] 그는 또 육체는 아래에서 오고 영혼은 위로부터 오며 그리고 육체는 세상의 진흙으로부터 오고 영혼은 하나님의 생기 있는 호흡에 의해 생명이 생성된다는 것이다. "인간의 영혼은(동물과는 다른) 세상에 속한 것이 아니라 하나님의 말씀, 즉 신비한 능력에서 나온다는"[1175] 것이다. 육체는 땅에서 왔기에 땅으로 돌아가고 영혼은 하나님께 속한 것이기에 다시 하나님에게로 가야 한다는 것이다. 이처럼 육체와 영혼은 하늘과 땅같이 다르므로 말미암아 하늘이 땅으로부터 멀어지는 한, 하늘의 영혼은 이 땅의 육체와 멀어진다.

칼빈은 "인간이 영혼과 육체로 구성되어 있다는 사실은 하늘과 땅은 피조물, 그리고 천사와 동물사이의 중간상태의 대표자가 된다.[1176] 인간은

[1174] Wilhelm niesel, *The Theology of Calvin*, trans. by Harold knight (Philadelphia: Westminster Press, 1956), 66.

[1175] Psy. 28:181.

[1176] Quistorp, 65.

이러한 영혼과 육체의 이원론 가운데서 보이는 존재인 동시에 보이지 않는 존재이기도 하다."는 것이다.

여기에서 칼빈은 육체와 영혼의 연합(Union)상태에 있어서 긴장관계로 알았다. 왜냐하면 인간에게 있어서 영혼은 실제로 선한 것인 동시에 보다 고상한 부분이기 때문이다.1177 세상적인 육체는 영혼을 부여받은 단순한 동물적 육체이지만 부활 시에는 영광에 참여하는 것이다.

칼빈은 영혼의 우월성(Pre-eminance)은 창조의 사실에 근거하고 있다고 본다. 영혼은 하나님의 실제적인 형상이다. 그러나 인간의 영혼이 하나님의 실제적인 형상이기는 해도 하나님과 동등해 질수는 없다. 왜냐하면 하나님은 영적(Spiritual)인 분이어서 육적 형상으로 나타날 수 없기 때문이다.1178 하나님의 형상은 언제나 영적 존재가 되어야 한다. 그는 이렇게 인간존재를 하나님과의 관계 속에서 설명하고 있다. 그래서 그의 기독교 강요 III권 25장에서 인간이 동물과 다름을 강조하여 인간존재의 영적요소는 성령과 유비관계가 있음을 설명하였다.

칼빈은 우리 안에 이러한 영혼의 우월성의 근거를 창조에서 뿐 아니라 구속에 더 근거를 두었다. 즉 타락하고 훼손되고 부서진 신의 형상을 그리스도를 통한 회복에 있다는 것이다. "이 새롭게 태어남의 목적은 그리스도가 우리 안에 신의형상을 회복시킨다는데 있다." 그는 또한 성서의 사실로 새로운 형상의 본이 되는 그리스도를 통하여 회복되는 것으로서 그는 하나님의 가장 완전한 모습을 지니고 있다는 것이고 "둘째 아담(고전 15장)이 우리의 타락한 본성을 새롭게 하며 원래의 상태보다 더욱 빛나게 한다."는 것이다.

이렇게 칼빈은 하나님의 형상 개념 하에 "영적인 영원한 삶"과 관련된 모든 것을 포함시켰다. 칼빈이 영혼을 영원한 삶, 미래의 삶과 관련 시켰다는 사실은 의미 있는 일이다. 그렇기 때문에 그에게는 인간이 하나님과의 관

1177 Inst. I. 15. 1.
1178 Inst. I. 15. 3.

계 속에서 비록 그가 죄를 지은 존재라 할지라도 완전해지는 축복의 삶을 살 수 있는 것이라고 생각했다. 그리스도 안에서 새로운 창조, 이것이 바로 인간 영혼의 진실이요, 처음부터 삶의 영원성에로 운명 지어진 것이다.[1179]

즉 그리스도를 통한 중생(Regeneration)속에서만 이러한 인간의 운명은 결정되어진다는 말이다. 이러한 점에서 칼빈의 영혼개념은 철학자들의 개념과는 구별이 된다. 하나님이 인간에게 계속해서 불멸성을 부여해주시는 이유는 하나님의 영광을 위한 것이라고 칼빈은 설명한다. 따라서 진정한 불멸성은 하나님에 대한 복종에 있고 하나님의 영광에 있다.

b. 영혼불멸의 이중적 근거

칼빈에게서 영혼불멸은 영혼의 독자성과 밀접하게 관련되어 있다. 왜냐하면 이미 우리는 전장에서 칼빈의 영혼에 대한 견해가 본질적으로 불멸하므로 육체보다 우월하다는 사실을 계속적으로 주장한 것과 영혼불멸이 창조의 사실에 대부분 근거하고 있다는 것을 보아왔기 때문이다. 칼빈은 창세기 주석에서 인간의 창조를 설명하면서[1180] 영혼이 하나님의 말씀과 성령으로 창조되었기 때문에 영혼이 신의 불멸을 소유하게 되었다는 것이다. 칼빈은 인간에게 신적존재가 단순하게 유출되는 것이 아님을 주장하기 위해서 조물주와 피조물사이의 구분을 두지 않으려고 한다. 그는 우리의 영혼이 모든 오물이 가라앉은 저장소라는 것이다. 그런데 영혼의 타락의 근거가 죄의 사실을 언급하지 않고 신적 존재의 반대되는 피조물의 지위에 있음을 강조했다. "피조물은 신적존재의 유출(emanation)이 아니다. 그것은 무(無)에서 새로운 존재의 시작이라 할 수 있다." 이런 점에서 칼빈은 자신의 영혼

[1179] 칼빈의 『창세기 I 주석』, 1권, 2:7, 91. 정성구 교수는 예수 그리스도를 세상의 재창조자임을 밝히면서 그리스도의 탄생, 고난, 영광의 관계에서 보았다. 그는 "예수 그리스도와 세상의 재창조"란 논문 42에서 인간의 타락으로 말미암아 세상이 철저히 병든 것을 알 때 세상의 재창조자로서의 예수 그리스도의 위대함과 영광과 그의 구속역사의 깊이를 폭넓게 알게 될 것이라고 말했다.

[1180] 칼빈의 창세기 주석, 2:7, 1권, 91. 칼빈은 인간창조의 세단계가 있음을 다음과 같이 설명한다. 즉 ① 땅으로부터 생명 없는 육체를 만들고 ② 영혼을 제공하여 생명과 운동을 하게하고 ③ 하나님은 그 영혼에다 자신의 형상인 영원불멸성을 불어넣어 주셨다.

의 교리를 플라톤이나 신플라톤의 이론과 구별하고 있다. 칼빈은 성경에서 이 새로운 존재는 "인간은 신적 존재의 유출이 아니라 은혜와 성령의 능력에 의해 하나님과 유비관계"라는 것이다.

바울은 우리가 그리스도의 영광을 생각하는 비율에 따라 주의 성령에 의해 같은 형상대로 변화하게 된다고 말한다. 또한 인간 영혼의 존재가 신적인 것의 유출일 때 인간영혼의 불멸도 신적불멸과 같다는 것이다.

칼빈은 하나님만이 영원하다는 것을 알고 있다. "시작이 있음은 마찬가지로 종말을 가지고 있으며 멸망하게 된다."[1181]는 것이며 또한 "하나님께서 우리에게 영원한 생명을 제공하지 않는다면 우리의 죽음은 동물의 죽음과 다를 바가 없게 된다."[1182]는 것이다. "악마와 저주받은 자들도 생존하게 되는데 그것을 다른 종류의 것임 그들은 하나님에 의해 배척받은 자들이다." 그러나 진정한 영혼불멸은 하나님 안에서만 그리고 그 나라를 간절히 열망하는 데서만 존재하게 되는데 이것은 그리스도 안의 인간과 영혼의 생명 속에서 일차적으로 회복되는 것이다.

창조질서에 근거를 둔 칼빈의 영혼불멸 이론은 성서에 근거를 둘뿐 아니라 경험에도 근거하고 있다. 인간은 사후세계에 대한 인식을 할 수 없음에도 이에 대한 인식을 가질 수 있게 되는 것은 무엇보다도 양심 때문이다. 양심은 하나님이 심판석에 앉아있는 것처럼 옳고 거름을 구별하는데 이것은 분명히 인간의 영혼이 불멸하다는 표시이다. 영(the spirit)이나 인간의 영혼은 이성으로 하나님이나 천사를 인식할 수 있다. 그러나 육체는 인식할 수 없다. 물론 경건한 사람들만은 이런 말을 할 수 있다.

그런데 여기에서 칼빈의 자연신학문제가 대두하게 된다. "인간의 영혼은 자연적인 직관으로 신적인 것에 대한 느낌을 가질 수 있으며 하나님은 인간에게 그의 신성을 깨닫도록 부여하셨다. 그래서 어느 누구도 무지의 불신

[1181] 칼빈의 디모데전서 주석, 6:15f; 9권, 516.
[1182] 칼빈의 디모데전서 주석, 6:16, 9권, 527.

앙에 대한 변명을 못하게 된 것이다." 그런데 이런 하나님에 대한 인식이 어떤 사람은 미신으로 빠지게 된다. 그래서 참 하나님의 지식에서 벗어난 자들이 "창조자인 참 하나님의 지식을 얻고자 하는 자는 성경을 그의 안내자와 교사로 삼아야 한다."고 그의 기독교강요 1권 6장의 표제어로 말하고 있다.

칼빈은 영혼불멸의 지식을 이방인이나 철학자에게서 얻어질 수 없고 처음부터 마지막까지 성서에서 그리고 창조와 구속에 관한 성서의 증언에서 얻어질 수 있음을 말한다. "철학자에게서 영혼불멸에 관해 조언을 구하는 것은 어리석은 일이다. 플라톤을 제외한 다른 모든 철학자는 그것을 바로 인식하지 못했다."고 말하고 칼빈은 이것을 "성서의 조명에 근거 하여 가르쳤다." 그래서 인간은 영혼불멸을 인식할 수 없고 오직 성경의 계시에 의해서 알 수 있다. 그러므로 신자만이 영원불멸을 소유하게 된다는 것이다. 또 이것은 일반적 확신에 근거해서 되는 것이 아니고 확고한 인격적(Personal) 신앙에 의해 가능하게 된다.

칼빈은 영원불멸의 증거를 신자들이 참여하는 그리스도와의 연합으로 인용된다. "신앙을 통하여 그리스도의 몸에 연합함으로 그의 구성원들은 성령을 받게 되고 영원한 생명을 부여받는다. 그리고 죽음은 그를 더 이상 빼앗지 못 하게 된다."는 것이다. "그리스도와 함께 잠을 잔다는 것은 죽음 안에서 그리스도와 연합하는 것이며, 신앙으로 그와 함께 된 자들은 살기 위하여 또한 함께 죽는다."1183 여기에서 영(Spirit)은 성령으로 거듭난 것을 의미한다.

칼빈은 죄 많은 영혼은 어떤 의미에서 죽게 되어야 하는데 이 죽음은 영혼의 죽음을 의미한다. 영혼의 죽음은 육체의 죽음과 다른 것이며 이러한 죽음은 신의 심판이다. 이 심판은 가혹하여 병든 영혼은 실망하며 쓰러지고 죽게 된다. 하나님은 인류의 진정한 생명과 빛이기 때문에 하나님을 잃어버린다는 것은 생명을 잃어버리는 것인데 이것이 영혼의 죽음이다. "하나님에

1183 칼빈의 데살로가전서 주석, 4:14, 6권, 454.

게서 멀어진다는 것은 심판이며 죄로 인한 파멸을 의미한다."1184 우리가 욕망에 사로잡혀 있는 한 우리는 하나님에 대하여 죽은 것이다. 즉 "살아있는 것 같으나 실상은 영원히 죽은 것이다(딤전 5:6)." 이러므로 죄의 결과로서 하나님에게서 멀어지고 영원한 죽음의 운명에 빠지게 된다.

이러한 영혼의 죽음으로부터 한 구세주가 있다. 그는 우리를 위하여 영혼의 죽음, 육체의 죽음을 담당하신 곧 예수그리스도이다. 그의 영혼의 죽음은 음부에 내려간 것부터 승천까지를 포함시킨다. 신자들도 영혼의 죽음을 경험하게 된다. 그러나 "비통과 절망에서 자유와 희망에로 끌어올리시는 하나님"1185과 "자신 안에 생명을 가지고 계시는 예수그리스도를"1186 우리가 소유한다면 예수그리스도는 우리를 위해 두 번째 죽음도 담당하실 것이다. 그러므로 그의 능력이 제한을 받지 않는다면 그리스도와 연합하는 우리를 어떤 죽음도 우리를 부수지 못할 것이다.

또한 우리의 새로운 생명은 단계적으로 발생하는 과정을 지나게 된다. "우리는 거듭난 생명이 매일 그리스도를 닮아가야 한다."1187 그런데 이러한 영혼의 잠이나 죽음에 의해 파괴되고 성장이 끝나게 되지만1188 그리스도의 강림으로 분리된 영혼은 축복으로 변화되며 이때 그들의 영혼불멸이 구원을 이루는 것이다.

칼빈은 구속에 근거한 영혼불멸은 그리스도와의 연합의 확실성속에서 신학적인 의인을 이룩하였다. 그런데 이러한 그리스도와의 교제의 확실성과 영원성은 우리에게 있지 않고 그분 자신에게 있으며, 살아 있는 주님과의 연합을 위태롭게 하는 것은 신약성서 속에서 육체의 부활로 충분한 답을 구하게 되어 완전히 해결을 보게 되었던 것이다.

1184 Inst. Ⅱ. 1. 5.
1185 Psy. 102;227.
1186 Psy. 47;192.
1187 칼빈의 고린도전서 주석, 15:49. 8권. 462.
1188 Quistorp, 79.

c. 사후(死後)의 영혼의 상태

1) 잠정적인(Provisional) 축복

칼빈은 인간의 영혼은 본질적으로 영원불멸하며 죽음으로 멸망하거나 잠자지 않는다는 것이다. 만약 그 영혼이 그리스도 안에서 새로 거듭났다면 몸의 부활을 기대하면서 하늘의 평화를 이미 누리는 최상의 축복을 받는다고 가르친다. 그러나 불경건한 자의 영혼은 마지막 저주의 무서운 기대 속에 사로잡히게 될 것이다.

구속받은 영혼은 불경건한 영혼과는 달리 반대의 개념을 가지고 있다. "즉 하나는 육체로부터 해방 받은 후에 갖는 영혼의 상태가 새 희망의 목표를 위해 강열한 열망으로 묘사되며, 또 하나는 이미 축복은 시작 되었으나 아직 완성에 이르지 못했다는 것이다."[1189] 이 두면이 영혼의 중간 상태에 관해 진실할 때 나타나지만 첫째번의 것이 더 강하다고 할 수 있다.

2) 영혼의 휴식

구원받은 영혼은 죽음에서 영원한 평화를 획득했다. 이들은 아브라함의 품에 있으며[1190], 하나님과 예수그리스도와 함께 있다. "예수그리스도를 통해 우리에게 이러한 휴식을 주는 것은 하나님의 은혜이다."[1191] 칼빈은 이러한 휴식을 성서에서의 잠이라는 의미에 동의하고 있다. 그러나 재세례파 들이 주장하는 수면(*hyponologists*)은 그들이 잘못 이해하고 있다고 날카롭게 반대하고 있다. 하나님께 영광을 돌리고 그의 진정한 생명으로 생활하는 깨어있는 상태에서만이 영혼은 그의 능력을 발휘하기 때문에 그는 "재세

[1189] Quistorp, 81f.

[1190] Psy. 41:88.
"여기에서 말하는 아브라함의 품은 성경에서 평화의 상태를 상징화 한 것이다."

[1191] Psy. 82:214.

레파가 주장하는 영혼의 잠은 영혼의 죽음과 완전한 타락을 의미한다."고 말한다.

칼빈은 이러한 휴식의 본질을 양심의 평화에서 찾는다. 웨스트민스터 신앙고백에도 "신자의 영혼이 부활 때까지 무덤에서 쉰다."[1192]고 표현하고 있는데 칼빈은 이 쉼은 할 일 없는 한가한 시간이 아니라는 것이다. 그는 죽음 후부터 마지막 심판사이의 중간기를 인간의 시간의 척도에 따라 한 기간으로 이해하고 있는데 이 시간에는 지상에서 시작된 영혼의 진보가 그 완성까지 계속해서 성장해야 한다는 것이다. 영혼의 죽음은 하나님과 그의 심판의 경험에서 떠나가는 것이기에 영혼의 축복은 신앙을 통해서 하나님과 화해됨을 알고 있을 때 일어나는 것이다. 이런 신앙과 관련된 양심(Conscience)의 휴식과 평화는 죽음후가 아니고서는 결코 완성될 수가 없다. 죽음이 이런 평화를 증가시키고 더 좋은 것으로 인도되는 것이다. "이 평화는 하나님 안에 있으므로 그들이 세상과 전쟁 가운데 처해 있다 해도 하나님은 그들을 평화의 마지막 단계까지 인도한다." 그래서 칼빈은 하나님 안에서의 이러한 휴식은 아브라함의 품과 같은 것이며 여기에서 쉴 수 있도록 선택받은 자는 평화의 자리에 그와 함께 거하는 것이라고 말하였다. "우리의 신앙의 눈이 먼 거리에서 하나님을 바라보다가 우리의 여행이 끝나면 그땐 하나님을 직접 얼굴을 대하고 보게 될 것이다."[1193]

예수께서 한편 강도에게 "너는 나와 함께 낙원에 있으리라(눅 23:43)"하셨다. 그러므로 구원받은 영혼은 본질적으로 그들이 죽을 때 영원한 축복으로 들어가게 된다. 칼빈은 이러한 구원받은 자의 축복이 성서에서 말하는 부활의 중심성에서 유래되었다고 생각하였다. 만일 우리가 성서의 교훈을 올바로 이해한다면 사실상 부활의 희망 없이 영혼의 계속된 삶은 환상에 불과하다는 사실을 깨닫게 될 것이다.

[1192] Westminster Faith Cofesion, ch, 32 sec. 김성환, 『칼빈주의해설』, 337.

[1193] 칼빈의 고린도전서 주석, 13:12, 8권, 382.

3) 영혼의 기다림

칼빈은 신자들의 행복의 잠정적인 본성을 언급하면서 구속 받은 영혼의 축복을 강하게 강조하고 있다. 이것에 대한 그의 사상은 성서의 부활의 중심적인 내용에서 이끌어 내고 있다. 죽음 후 의식을 가지고 있는 구원 받은 영혼은 심판 날에 그의 완성을 기다리고 있다. 성경은 우리에게 그리스도의 재림의 기대를 굳게 잡으라고 말하고 있다. "우리는 하나님이 죽은 후의 상태에 대해 언급하신 것보다 더 알려고 해서도 안 되고 하나님의 말씀의 경지를 넘어가려고 시도해도 안 된다."고 말한다. "경건한 자의 영혼은 세상 시험을 견딘 후에는 영원한 기쁨으로 약속된 영광이 기다리는 축복된 휴식으로 들어간다. 모든 것은 그리스도가 나타날 때까지 균형 가운데 유지될 것이다."

우리의 영혼의 축복(부활에 대한 희망)은 오스카 쿨만이 강조한 바,[1194] 희랍 사상과 유대사상 사이에 벌어진 인간학적인 투쟁에서 얻어질 수 없으며, 판넨베르그가 시도한 인간의 세계를 향한 개방성(Weltoffenheit desMenschen)을 말하는 현대 인간학의 틀 속에서 형성될 수 있는 것이 아니다.[1195] 구약성서에서의 개인의 부활에 대한 믿음이 발전하게 된 것은 하나님의 의가 완성되기를 기대한 것에서 기인한 것처럼,[1196] 엄밀하게 말해서 신앙에 근거한 것이라기보다는 눈으로 볼 수 있다는 기대에서 이루어지는 것이다. 영혼은 그날을 기다리고 있다. 그들은 아직까지는 완전하지 못한 하나님과 그리스도의 꿈을 즐기고 있다. 마지막 심판은 그들의 행동을 어느 정도 증가시키며 과정을 완성시키는 중요성을 지니고 있다.

칼빈은 영혼의 죽음 후의 상태를 잠(Sleep)이란 용어로 보면서 어떤 기대한 것은 성취하지 못한 의미로 보았다. 우리 자신의 행복은 하나님의 영

[1194] O. Dullmann, *Immortality of the Soul or Rewurrection of the Dead*, in:*Immortality and Resurrection*, 1958, 9ff.

[1195] W. Pannenberg, *Was ist der Mensch?* Göttingen 1962, 345.

[1196] J. Pedersen, *Wisdom and Imomortality*, Suppl. to VTⅢ, Leiden 1955, 245.

광이 마지막으로 완전하게 나타날 때 완성되는데 이것은 하나님의 심판 날에 일어나게 될 것이다.

칼빈은 희망의 궁극적인 방향을 부활의 희망에 강조점을 두고 있다. 부활의 희망이 없는 영혼의 계속적 존재는 단순히 환상에 불과하다는 것이다. 몰트만은 부활에 대한 희망은 피안의 영역을 가지고 차안의 삶을 무의미하게 만들어 버리지 아니한다고 했다.1197

"성서에 의하면 영혼의 생명은 부활과 뗄 수가 없으며 육체로부터 벗어난 영혼은 부활의 날을 기다리게 된다."1198 칼빈은 영혼불멸의 교리가 성서의 말씀과 부활의 메시지에 의해 일치시키기를 허용하고 있다. 만약 부활이 없다면 우리는 아주 비참한 사람들이라고 말하면서 의인의 영혼은 평화 속에서 부활의 희망 가운데 휴식하고 있다.1199는 것이다. 또한 그는 "하나님나라는 아직 존재하지 않으므로 그 나라는 아직 완성되지 않았다. …… 그 나라는 너희 안에 있다(눅 17:21). 그리고 하나님나라는 성령의 인도하심을 받는 성도의 삶 속에서 통치하고 있다."고 말한다.

여기에서 칼빈은 그리스도의 재림 때, 재창조된 몸의 부활에서 점진적인 성화에 대한 가르침의 절정을 이룬다. 하나님의 나라는 그에게 있어서 죽음과 그의 통치에 복종하는 기독교인의 삶에서 시작된다. "그의 나라는 교회의 구조와 성도들의 성장 속에서 존재한다(엡 4:13). 눈에 보이게 시작은 했으나 그것의 완성은 그리스도 안에 감추어진 새 생명의 부활의 완성에로 우리의 신앙을 굳게 잡고 있어야 한다. 그래서 우리의 영광과 축복을 실현하기 위해서 하나님과 온전히 연합되어야 한다."는 것이다.

4) 잠정적 저주

1197 위르겐 몰트만, "부활의 희망", (서울: 기독교사상사), 1973년 4월호, 113.
1198 칼빈의 마태복음 주석, 274.
1199 Quistorp, 92.

선택된 이들의 영혼은 죽음에서 아브라함의 품이나 낙원에 들어가 그들의 영원한 구원의 첫 열매를 즐기게 되는데 비해, 책망 받을 영혼들은 육체와 분리되어 죽을 수도 없는 상태에서 영원한 저주의 고통을 두려워하며 기다리는 감옥에 들어가게 된다. 즉 책망 받을 영혼들은 큰 날인 심판 날까지 영원한 결박으로 흑암에 가두셨다(유다서6절).

여기에서도 영혼이 잠잔다는 교리를 반대하고 있다. 왜냐하면 불경건한 자의 죽음에도 휴식이 없기 때문이다. 이들의 영혼은 그들을 기다리는 마지막 심판 날의 두려움에 떨고 있다고 한다. 그들은 신의 교사인 성령의 충분한 가르침과 하나님의 말씀에 '내게 와서 들으라. 그리하면 너희 영혼이 살리라'고 하셨음에도 불구하고 신적 신비의 혼돈을 추구하였기 때문이다. 불경건한 자들은 죽을 때 죄를 간직하고 있으며 하나님으로부터 떠나 있는데 그들이 이러한 사실을 깨달을 때는 이미 너무 늦었다. 그들의 공포로 떠는 의식은 죽을 때에 평화를 얻지 못한다. 그래서 이들의 죽음은 평화로운 잠과 전혀 다른 것이다. 불경건한 자들의 죽음후의 영혼은 타락한 천사들이 지옥에 떨어진 것 같은 고통을 당한다. 이러한 고통은 그들이 마지막 심판의 영원한 불에 들어갈 때 그 절정에 이르게 된다.[1200]

칼빈의 이러한 입장은 어거스틴의 영향에 근거하고 있다. 어거스틴은 "죽음후의 경건한 영혼은 아브라함 품에 안기고 불경건한 영혼은 지옥에 떨어지고 만다고 말한다."[1201] 요세푸스도 "모든 영혼은 불멸하나 선한영혼 만이 다른 몸으로 변화되고 악한 영혼은 영원한 형벌을 당하여 고통하게 된다."[1202]고 했다. 죽음후의 영혼의 상태에 대한 칼빈의 가르침은 그의 종말론에 대한 근본적인 문제이다. 그는 이에 대한 성서적 증언을 들어가며 주

[1200] Psy. 85:216.

[1201] Hans Eger, *Die Eschatologie Augustins*, 1933, 24ff. (Quistorp, 94에서 재인용) "어거스틴은 죽음 후에 바로 하늘의 축복이 시작된다고 보는 전통과 마지막 심판에 축복을 관계시키는 두 전통에서 그는 전자의 전통에 서게 되었다. 그런데 칼빈은 당시 유행한 첫 번째 전통에 동조하지는 않았으나 그와 비슷한 이원론적 입장과 영원불멸에 대한 관심의 근거를 가지고 있다.

[1202] See F. Josephus, *Jewish War*, Book, Ⅱ, 163.

장하나 우리에게 영혼불멸이 성서적이라는 확신을 주지는 못한다. 이것을 구약성서는 영혼과 육체의 구별을 하지 않고 있으며 신약성서에도 죽음을 부활의 빛으로 보기 때문에 죽음후의 영혼의 상태에 대해서 별로 다루지 않고 있다. 그러나 "누구든지 하나님의 약속을 받은 자들은 죽은 것이 아니라 잠자는 것이다. 이러한 사람은 하나님과 관계되어 있기 때문에 사는 것이다."[1203] 그래서 그리스도에 의하여 뿌리를 갖고 그에 의하여 형성된 약속 가운데 주어진 부활의 희망을 표현하는 것으로서 죽음을 잠 이라고 부르는 것이다. 그러나 그러한 약속아래 있지 아니하고 심판의 영향아래 있는 자는 죽은 자인 것이다. 인간은 물론 죽음으로 없어지는 것이 아니다. 부활은 무(無)에서의 새로운 창조가 아니라 깨어남을 말한다.

성경에는 인간은 결코 무(無)에로 해체되지 않는다고 하였다. 성서에는 죽을 때나 죽음후의 영혼의 상태에 대해서 자세한 언급이 없다. 왜냐하면 성서의 관심이 영원한 생명의 희망에 집중되어 있기 때문이다. 마찬가지로 칼빈도 영혼은 육체와 같이 부피를 가지고 있는 것이 아니라고 말한다. 또한 그는 하늘의 영광을 누리느냐의 여부에 대해 자세한 언급을 피하고 하나님이 우리에게 알게 하지 아니한 것에 대한 탐구는 어리석은 일이라고 한다. 즉 그는 선택된 자와 책망 받을 자의 잠정적 완성의 사실이라는 본질적 선언을 하는데 그쳤다. 사도들은 "우리의 경건에 어떠한 도움이 되지 않기에 사후 영혼의 상태에 대한 자세한 지식을 의식적으로 제공하지 안했다."[1204] 고 한다.

d. 연옥의 문제

칼빈은 죽음과 보편적 부활이 영혼의 특별한 상태에 있다는 것과 그것은 부분적인 성취의 일종이라고 가르쳤으나 그는 죽음후의 우리의 영원한 운명에 대한 결정과 이 세상으로부터의 영향에 의하여 우리의 영원한 운명의 수

[1203] O. Michel, *Die Christliche Hoffnung*, 1936, 27.
[1204] 칼빈의 고린도전서 주석, 13:12. 8권, 382.

정 가능성에 대해서 강한 이의를 제기 하였다. 그러므로 칼빈은 로마 가톨릭의 연옥교리1205, 즉 죽음후의 형벌적 고난을 통하여 우리의 정화(Purification) 가능성과 이것과 관련된 죽은 자를 위한 기도와 헌금을 배척했다.

칼빈이 반대하는 첫 번째 이유는 이 교리가 하나님의 말씀에서부터 나오지 않았다는 것이다. 그는 신명기 18:11을 인용하며 성경은 "사후 영혼의 탐구를 금지시키고 있다."1206는 것이다. 그러나 그의 주된 반대 이유는 이 교리가 그리스도의 유일한 구속 사업을 무효로 하는데 있다고 보는 것이다.

"연옥의 교리는 악마의 파멸을 초래하는 조언이며, 그리스도의 십자가를 공허하게 하며, 하나님의 자비에 대한 견딜 수 없는 모욕이며, 우리의 신앙을 약하게 하며, 뿌리째 뽑아버리는 것이다."라고 했다.1207

칼빈은 우리 자신이 우리의 죄에 대한 속죄를 하는 것은 불가능하며 그리스도의 피가 신앙인의 죄를 위한 유일한 속죄가 된다. 그러나 이연옥의 교리는 "하나님을 모욕하며 불 경건을 초래한다."는 것이다.

로마 가톨릭에서 연옥에 대한 성경 본문을 말할 때 고전 3:12-15를 잘 사용하고 있다. 교회 교부들은 이 본문을 십자가의 고난을 받는 우리 존재를 말하는 것으로 보는데 비해 칼빈은 그의 고린도전서 주석에서 우리의 존재는 성령에 의해 시험을 받으며 성령은 여러 번 성서에서 빛을 내며, 정화하고 심판받는 불로 비유하고 있다.1208 여기에서 바울은 의심할 것도 없이 교회의 교사에 관해 이야기하며 그의 가르침에 대해서 말하고 있다. 이 본문의 전반적인 내용은 하나님이 행하시고 또 앞으로 행하실 복음 설교자의 설교내용에 거짓과 참된 요소를 구별한다는 비유이다. 칼빈은 "그날이

1205 Quistorp, 102.
　"구교에서 주장하는 연옥이란 말은 '정화 한다'는 뜻인데, 세례 받지 않은 자, 성화되지 못한 자들이 가는 곳으로 정화와 보응의 기간과 장소로 본다. 구교신학자 Bellarmine은 '연옥의 고통은 이 지상의 어떤 고통보다도 잔혹한 것이다" Westminster Faith Confession, ch. 32 sec.

1206 칼빈의 신명기 주석 Ⅰ, 18:11, 3권, 420.

1207 Inst. Ⅲ. 5. 9.

1208 칼빈의 고린도전서 주석, 3:15b, 8권, 120.

공력을 밝히리니(13절)"에서 그날을 마지막 심판 날로 보고 있다. 이 본문을 그의 기독교강요에서는 다르게 이해하고 있다. 즉 "사람들이 신의 임재의 특별한 계시를 알게 되는 때가 바로 사람들이 직면하는 심판의 날이다."[1209] 라고 보고 있다. 이런 것에 비추어 볼 때 그의 종말론은 이중적 심판 사상임을 발견하게 되는데 그래서 그의 종말론은 가치론적이고 목적론적 종말론이라고 할 수 있겠다.

칼빈에게서 이것은 성경 안에서 신앙과 희망의 밀접한 관련 속에서 조화를 이루고 있다. 칼빈은 죽은 자의 영혼을 위한 기도를 비성서적이라고 규정하여 반대한다. 그는 우리의 기도는 우리들 자신이 고안되는 것이 있으면 타당치 않으며 우리가 원하는 것은 하나님 말씀에 순종하는 것이므로 이것을 기억 해야만 한다는 것이다. 그런데 로마 가톨릭의 경건의 대부분은 세상을 떠난 자를 위해 형벌적 고난을 덜어주는 일이기 때문에 칼빈은 "주안에서 죽은 자들은 복이 있도다. …… 저희 수고를 그치고 쉬리라"(계 14:13)의 말씀처럼 세상을 떠난 자들은 하나님 손에 맡겨두는 것이지 우리가 어떻게 해서 그들의 영혼에 무엇을 더하여 줄 수 있는 것이 아니라는 것이다.

칼빈에게 있어서 죽음으로 말미암아 결정적으로 영원한 축복이나 영원한 저주로 향하는 문이 열려져 있고, 그리고 궁극적 성취를 기다리고 있으나 지나간 일들에 대한 평가의 변동가능성은 없는 것이다.

e. 보편적 부활(General Resurrection)

기독교 강요의 종말론의 장은 Ⅲ권 25장으로서 "최후의 부활에 대하여"란 표제어를 붙이고 있다. 칼빈에게 있어서 영혼불멸은 매우 중요한 것이었으므로 그가 죽은 자의 부활이 기독교인의 희망에 중심으로 놓이면서 성서와 교회 신조가 조화 되게 주장하고 있다.[1210] 그에게 있어서 육체의

[1209] Inst. Ⅲ. 5. 9.
[1210] 1536년판 기독교강요는 종말론을 아주 간략하게 취급했으며 1539년 제2판은 약간 상세하게

부활은 기독교 교리의 부록이 아니라 모든 것에 우선하고 아주 중요한 중심적인 것들을 통합하는 정점이라는 것이다.[1211] 칼빈은 마지막 부활을 그리스도의 부활과 신자의 영혼의 부활의 빛에서 다루고 있다. 보편적 부활은 재림시 그리스도 사역의 결론을 형성하고 있다. 그리스도의 재림과 그를 통하여 죽은 자의 깨어남은 같은 의미로 쓰이고 있으면서 이 두 가지 사상은 하나를 의미하게 된다.

이것은 다시 오실 예수그리스도에게 방향 지워져 있으며 칼빈의 종말론을 말하는 것은 미래의 다시 오실 예수그리스도에게 모든 것을 방향지우고 있다고 볼 수 있다. 그의 종말 재림사상에 관한 여러 가지 사상 패턴을 분류하는 것은 논리전개에 명확하기 위함이다. 이러한 명확한 논리를 통해 그의 종말론의 특징인 그리스도 중심적 관점에 얼마나 철저한가를 알게 될 것이다.

1) 그리스도의 가시적 임재

칼빈은 예수그리스도의 두 번째 오심을 그리스도의 임재로 특징을 지운다. 이 임재는 그가 영광을 받고 승천한 주가 보이지 않는 전능한 상태에 있는 것과는 구별된다. 그는 우리에게 성육신하신 이 세상의 삶에서 보다 더 많은 축복을 주시기 위해서 다시 오시는 것이며, 하늘과 세상을 좀 더 효과적인 능력으로 다스리기 위해 오시는 것이다. 여기에서는 기대의 본질과 마지막 날의 기대를 살피려고 한다.

(a) 재림의 기대(expectation)

칼빈은 신약성서의 종말의 긴박성보다 그리스도의 날이 언제인지 모른다는 증언에 더욱 많은 관심을 기울인다. 심지어 칼빈은 만약에 사도바울이 특별계시를 통해서 그리스도의 날을 알았다 해도 불경건한 관심에서 신

취급하면서 부활의 희망 철학적 불멸의 교리사이에는 반대가 있다는 것을 강조하였다.
[1211] Quistorp, 108.

자들을 보호하기 위해 즉 진정한 대망으로 그들이 깨어있도록 하기 위해 그것을 모른다고 할 것이라고 까지 주장했다. 그의 관심은 신자들이 보초근무를 하는 병사처럼 강한 기대의 상태 속에 준비하며 계속적으로 깨어 있도록 하는데 있다. 재림의 날은 밤에 도둑같이 갑자기 오기 때문에 예언으로 계산하여 그때를 결정하려고 하는 것은 어리석은 일이다.

칼빈은 베드로후서 3장의 임박한 종말의 기대 문제를 해결함에 있어서 "천년이 하루 같은(벧후 3:8)" 하나님의 관점에서 본다면 그날은 가깝다. 그러나 우리는 그때가 어느 때인가를 알려지지 말고 깨어있어 기다려야 하며 그리스도의 초림으로 새 시대(aeon)가 이미 시작되었기 때문에 "이것을 느낄 줄 아는 신자들은 마지막 날이 동터오는 것을 기대하여야 한다."1212 는 것이다.

이러한 마지막 날을 기대하는 것은 칼빈이 아내의 죽음에 대해서 한 말에 근거한다. 그는 그의 아내의 죽음과 관련해 파렐에게 편지하기를 "그녀는 그녀의 마음이 이세상 위로 날고 있다는 것을 오! 영광의 부활이여, 오! 아브라함과 모든 우리열조의 하나님, 오랫동안 모든 성도들은 당신을 희망 했으며 어느 누구도 속아 넘어가지 아니하고 그렇게 나의 신뢰도 당신에게 있습니다."1213고 하였다. 그래서 구원받은 영혼의 축복은 칼빈에게 있어서 인격적 기대에 좌우된다고 본다. 재림은 기대 즉 희망에 강한 강조를 하고 있다. 몰트만은 예수에게서 시작된 부활에 대한 희망의 성취는 아직도 한 번도 주어지지 아니한 미래에 대한 기다림, 하나님의 임재를 기다리는 그 기다림과 결합되어야 한다고 했다.

(b) 재림의 표징

칼빈의 종말 기대는 마지막 날 그가 인격적으로 몸을 입는 순간으로서 죽음의 날을 기다리는 것이다. 예수의 재림에 대한 계속적인 깨어 있음은 죽

1212 칼빈의 고린도전서 주석, 15:52, 8권., 465.

1213 H. Quistorp, 113.

음에 대한 준비와 동일하게 본다. 칼빈은 신약 성서적 희망의 특성이 있는 재림의 기대를 환영하지 않는다. 다가오는 심판과 하나님의 새 세계에 대한 대망은 예수의 설교와 1세기 교회의 설교에 있어서 근본적인 것이다. 급박한 종말 기대는 이것에서 유래한다. 이것은 초대교회 종말론과 모든 거짓된 묵시문학주의라는 구별된 것이다. 특히 칼빈은 그의 생존당시의 묵시문학적 열광주의에 혐오를 느끼고 임박한 종말에 관한 설교를 하려하지 않았다.

칼빈은 데살로니가전서 5장을 주석하면서, 또 마태복음 24장 이하의 예수의 묵시문학적 말씀과 관련지으면서 종말의 표징으로서 교회를 외적, 내적으로 분산시키는 증언을 박해와 이탈의 결과로 보고 있다. "사단은 우리가 종말의 날을 미리 알아야 한다고 하며 호기심이 많은 백성들에게 신앙이 흔들리도록 유혹하고 있다."[1214]고 말한다. 이러한 이유로 칼빈에게 있어서 전반적으로 모든 교회의 고난은 종말론적인 의미를 지니고 있다. 세상을 통과하는 오랜 고난으로 교회는 종말의 궁극적 성취에로 더욱 가까이 다가서게 된다. 그래서 교회가 고난을 당하면 당할수록 마지막 구원을 이루는 징조가 된다는 것이다.

또한 칼빈은 복음의 약속이 한 번에 성취되어야만 한다고 생각하는 것은 큰 착각이며, "나의 교회를 힘들고 어려운 시련으로 오랫동안 단련하기 전에는 이세상의 끝이 오지 않을 것이다."라고 주장한다.[1215] 즉, 자연세계의 종말에 대한 특별한 표징은 불의 연단을 받는 교회의 발전에 의존된다고 본다. 칼빈의 종말에 있어서 신학의 진보사관이 중요한 위치를 차지하고 있는 것이다. 종말은 그 기간을 다 채워 성장한 잘 익은 과일과 같다는 것이다. 이러한 때의 표징해석은 종말론적 해석이기 보다는 교회의 역사철학적이라고 말할 수 있겠다.

이러한 교회의 발전과 밀접하게 관련된 세상 속에 복음의 활동이 다가

[1214] 칼빈의 데살로니가후서 주석, 2:1, 6권, 492.
[1215] 칼빈의 마태복음 주석 II, 24:14, 2권, 341.

오는 종말의 특별한 표징이 된다. 칼빈은 교회의 사명을 복음이 온 세계에 전파되는데 있다고 본다. 우리는 복음의 설교를 씨를 뿌리는 것으로 여겨야 한다. 그러므로 우리는 인내로 참고 수확하기까지 참을성 있게 기다려야 한다는 것이다. 이것과 관련하여 말씀의 전파는 세상의 반대에 부딪친다. 하나님께서 더욱 긴급하게 복음 안에서 자기 자신은 세상에 나타내시고 사람들을 청하여 그의 나라에 들어오게 하기 위함인데, 그러면 그럴수록 더욱 악인들도 담대해져서 그들의 불경건의 독소를 마구 퍼뜨린다는 것이다. 이러한 어려움에도 칼빈은 복음이 빠르게 전파된다고 본다. 이렇게 "복음이 세상에 번쩍이는 섬광과 같이 빛을 비추는 능력은 사람들에게서 오는 것이 아니고 그리스도에게서 오는 것이다."1216 칼빈이 여기서 말하는 번쩍이는 빛은 예수께서 말한 '인자의 갑작스런 오심'에 비교하여 말한다. 그래서 교회의 사명과 성취는 주의 갑작스런 오심에 좌우된다.

전 세계에 증거 되는 복음의 설교는 항상 거짓교리와 반(反) 기독운동에 의해 위험에 처해지게 되었다. 그러므로 그리스도와 그의 참교회로부터 떨어져가는 큰 타락을 낳게 되는 것이다. 이러한 모든 것은 적그리스도의 출현과 그의 일시적인 기독교 세력을 겪는 승리로 정점에 이른다.

칼빈은 당시의 자신의 회중에서 이것을 직접 적용하여 "그러므로 우리는 그리스도의 급박한 재림을 위해 신앙으로 준비해야 하며 또 사탄이 교회를 혼란에 빠뜨리려고 안간힘을 쓰고 있는 이때에 깨어 일어나 믿음으로 그리스도의 재림이 임박한다는 사실을 깨달아야 하는데 이러한 사단의 소동이 종말의 징표라"1217는 것이다.

칼빈은 "성령에 의하여 적그리스도를 규정하는 모든 표징은 전조직의 의인화인 교황주의에서 명확하게 발견한다."는 것이다. 이 적그리스도는 교회 안에서 사탄의 대표자의 통치를 받는 왕국을 의미한다고 생각한다.

1216 칼빈의 마태복음 주석, 24:36, 2권, 350.
1217 칼빈의 요한1서 주석, 2:18, 4권, 212.

칼빈에게 있어서 문자의 의미로는 그리스도교회 그 자체 안에 그리스도와의 적대관계를 의미한다. 이 적그리스도는 "그의 불경건한 교리로 영혼들에게 권위를 행사하며 분명한 기적을 행하고 그리스도와 대적하기 위해 더 좋은 것으로 그를 모방한다."[1218]

적그리스도의 출현은 복음 선포와 불경건한 영혼에게 신적심판의 연속적인 종말을 의미한다. 그러나 사도 바울은 적그리스도가 복음의 초청에 불순종하고 불경건과 잘못에로 빠진 자에게 하나님의 심판과 벌을 실행하는 자라고 말한다. 그들의 종말인 하늘의 영원한 저주가 눈에 보이기 시작한다. 칼빈은 교황주의의 미신에 빠진 광신적인 자들이 모두 저주의 숫자에 속한다고까지 말하였다. 그러나 이러한 적그리스도의 승리는 그리스도의 재림이나 종말로 생각하지 않는다. 그는 이것을 교황주의에 대한 복음적 승리의 희망으로 진술하기를 원했다. 이것은 그의 재림 전에 번쩍이는 빛처럼 모든 어두움을 물리치는 것이다. 그리고 그리스도의 임재만이 선택된 자들을 사탄의 궤계에서 보호할 수 있으며[1219] 이것이 그리스도의 마지막 나타남의 계시라고 보았다.

(c) 파루시아(Parousia)의 사건

그리스도의 미래의 강림은 지상에 그의 새로운 모습과 마지막 나타남을 의미한다.[1220] 이것은 겸손한 모습으로가 아니라 그의 신적능력의 눈부심으로 나타난다. "그의 초림은 그의 왕국을 창설했다고 보기 어렵다." 그러므로 그의 제자들은 그의 두 번째 강림을 희망하며 기다려야 한다. 우리가 지금은 신앙으로만 이해할 수 있는 것을 그때에는 우리의 눈으로 보게 될 것이다.

[1218] 칼빈의 데살로니가후서 주석, 2:3, 6권, 493.

[1219] 칼빈의 데살로니가후서 주석, 2:8, 6권, 500.

[1220] 육체의 재림을 부인하는 학자들인 Douglas Clyde Macintosh는 윤리적 성숙을, William Newton Clake는 정신적 성숙을, William Adams Brown은 영적정복을 곧 재림으로 본다(김성환, 360).

특히 칼빈은 그리스도의 두 번째 강림을 초림과 반대된 것으로 이해한다. 하늘에서 별이 떨어졌다는 사실은 문자적으로 이해해서는 안 되고 우리의 이해의 영역에 적응된 이미지라고 이해한다. 그래서 칼빈은 파루시아에 대한 성서의 모습을 신령화(Spiritualize)하는 경향이 있다. 이러한 것은 성서의 본문이 지적인 이해를 요구할 정도로 거친 경우에 그는 잘 이용하고 있다. 이날에는 모든 피조물을 한곳으로 모이게 한다. 이 집행에 하나님의 특별한 종인 천사들을 사용한다. 그의 선택된 자들을 위하여 그의 천사를 보내는 것이다. 이것이 그의 백성들에게 강한 위로가 된다. "우리의 신앙의 장애물을 극복하는데 있어 그리스도는 그들에게 우리의 생활을 인간적 수단 이상의 것을 주시겠다."고 하셨다. 또한 칼빈은 그리스도가 그의 교회의 특별한 보호를 위해 특별히 신임하고 있다. 천사들은 그리스도가 머리이신 주의 몸 된 교회를 돌봐줄 것이다.

그리스도의 강림하는 날에는 그의 교회와 함께 하지 아니한 자들에게 매우 두려운 날이 될 것이다. 그들이 잠든 것 같이 세상일에 깊이 관련되고 관심을 가졌기 때문이다. 그러나 신자들은 세상의 잠 속으로 빠져들어 가지 않도록 계속적인 권면이 필요하다. "거룩과 의로움 속에서 열심을 갖기 위해 신자들은 신앙의 눈을 하늘의 생활로 향해야만 한다."[1221]는 것이다.

칼빈은 그의 종말론을 말하면서 단순히 종말론적 사건만을 다루지 아니 하고 항상 윤리의 문제와 관련시켰음을 보여주고 있다. 그래서 우리를 신앙과 희망의 생활로 살도록 하는데 관심하고 있음을 볼 수 있다.

2) 그리스도를 통한 부활

재림과 마지막 부활은 칼빈에게 있어서 밀접하게 관련되어 있다. 그에게 있어서 재림의 희망은 본질적으로 부활의 희망을 말하는 것이다. 그런데

[1221] 칼빈의 마태복음 주석, 25:23. 2권, 228.

육체의 부활에 있어서 그것이 축복인 한에는(신자의) 영적부활의 결과로서 일어난다. 육체의 부활은 영적 삶의 열매이다. 이것은 영혼의 부활보다는 믿기가 어려운 것이 사실이다.

(a) 부활의 이중적 근거

이 근거를 신앙이 그러한 어려움을 극복하도록 성서는 우리에게 두 가지 근거를 제공하는데 하나는 그리스도의 모범을 보인 것과 둘째는 하나님의 전능하신 능력의 존재이다.

죽은 자 부활은 예수그리스도의 부활에 근거하고 있다.[1222] 이것을 신약성서가 명백하게 증언하고 있다. 믿음으로 그리스도의 몸에 연합하는 것은 칼빈에게 있어서 부활희망의 결정적이고 아주 확고한 기반이다. 그리스도는 죽을 수밖에 없는 우리에게 그의 성령을 제공하여 주셨다. "이것이 하나님의 성령을 통하여 그리스도가 부활한 것이다."[1223] 이 부활에 있어서 그는 관념이나 상징으로 본 것이 아니라 생명력 있는 몸의 사실을 말하는 것이다. 영적부활은 눈으로 볼 수 없다. 그래서 칼빈은 중생(regeneration)을 영적부활로 부르지 않고 살아나신 주님의 부활과 죽은 자의 마지막 부활로 제한하길 원한다. 이러한 그의 주장은 부활에 관한 성경의 내용을 근거하여 그중에서도 가장 결정적인 내용이 그리스도 자신의 부활에 관한 증언이다.

우리가 그렇게 많은 증인에게 나타난 예수를 믿지 못한다면 그것은 우리의 신앙이 부족 된 때문이 아니라 우리가 약하고 타락했기 때문이다. 이렇게 하여 예수의 부활에 대한 신앙뿐 아니라 자신의 부활에 대한 신앙을 강하게 하길 원하고 있다.

칼빈에게 있어서 죽은 자의 부활은 하나님의 창조와 전능에 근거하고 있다. 부활은 역설적인 사건이다. 그것은 우리의 썩을 육체가 다시 생명을

[1222] 칼빈의 데살로니가전서 주석, 1:10. 6권, 424.
[1223] Inst. Ⅲ. 25. 3.

얻고 새롭게 더 좋은 상태로 태어난다는 사실은 인간 이성을 무시하는 것이다. 만일 하나님의 무로부터의 창조를 동의한다면 육체의 부활도 우리에게 신뢰할만한 것이 된다. 이러한 부활의 사실을 자연적인 평가기준으로서는 이해가 되지 않기에 "하나님에 의해 감동을 받은 사람만이 몸의 부활과 더욱 영광스러운 상태에로 변화된다."[1224]는 것을 믿게 된다.

(b) 부활의 모습

칼빈은 부활이 우리와 같은 모습을 가진 몸의 부활이라고 말한다. 그가 영혼불멸 사상을 중요시하고 있음에도 몸의 부활사상을 말함에 있어서 특별히 마니교(manichaeanism)를 반대한다. 마니교에는 몸이나 육체를 반(反)영적이며 부활의 가치가 없다고 주장한다. 칼빈은 그의 논리를 "사람이 죄로 말미암아 전적으로 타락하였으며 은혜의 약속의 전체성이 몸과 영혼에 미친다."고 했다.

성서에서는 항상 전인(全人)의 구원이 문제가 되었다. 칼빈은 "만약에 우리가 부활할 때 '새로운 몸'을 입는다면 죽으실 때의 육체로 부활하신 주님과 무슨 같은 점이었겠느냐'[1225]고 반문하며 육체의 부활을 강조한다. 적대자들과의 논쟁에서 살아있는 몸으로 부활하지 아니하고 새롭게 창조된다는 자들에게 대하여 하나님을 신뢰하지 못하는 자들이라고 반박한다. 자신의 논리를 성서의 부활메세지의 사실주의(realism)에 근거하며 열광주의의 영화화(spiritualizing)경향에 제동을 걸었던 것이다.[1226]

칼빈은 어거스틴의 입장을 받아들인 것이다. 그는 몸을 본질(substantia)과 특성(qualitas)으로 구별을 한다. 우리의 육체의 기본적 본질에 있어서는 같은 육체로 부활하나 특성과 용적(capacities)은 다른 것이다. 이는

[1224] 칼빈의 고린도전서 주석, 15:35. 8권, 454.
[1225] Inst. Ⅲ. 25. 7.
[1226] H. Quistorp, 137.

예수그리스도가 못 박히신 몸과 싸맨 상처로 부활 하신 것에 근거한다. 그렇지 않다면 우리에게 구속의 능력이 될 수 없을 것이다. 그러나 부활하신 주님의 몸은 전에는 가지지 못한 새로운 특질(quality)을 지니셨다. 그리스도의 육체이기는 하나 다른 육체가 된 것처럼 다른 능력으로 구별되는 것이다. 이것을 영광 받은 몸 하늘의 형체라고도 하며 이것이 하늘나라를 상속하게 된다고 말한다.[1227]

그렇다고 한다면 주님이 죽은 자들에게 돌아왔을 때 살아있는 자들에게는 어떤 일이 일어나겠는가 하는 물음이 제기된다. 이에 대한 칼빈의 대답은 생명을 유지하고 있는 이들은 다른 이들처럼 죽거나 어떤 특별한 생명으로 들어갈 수 없기에 변화되어야 한다는 것이다. 그래서 살아있는 자들은 죽은 자들보다 편의를 가지고 있지 못하다. 히브리서는 인간의 본성이 변화의 과정을 통할 때 그것은 일종의 죽음이 발생한다고 했다. 그러나 이것은 정상적인 죽음의 과정과는 아주 다른 것인데 그 이유는 이러한 변화에는 영혼과 육체가 분리되는 것이 아니므로 영혼의 잠에 빠질 수 없게 된다. 즉 그것은 영혼의 육체로부터 떠나지 못하기 때문이다.

이 변화는 급작스럽게 일어난다. 이것은 보편적 부활사건과 같이 아주 독특한 것이다. 이것은 하나님의 아들의 행동이기 때문에 "한순간"에 일어난다. 칼빈은 종말시의 나팔소리를 은유적으로 다음과 같이 표현한다. "야전의 대장이 그의 군대를 나팔로 불러 모으는 것처럼 그리스도도 온 세상을 통하여 들리는 목소리로 모든 죽은 자들을 불러 모으는 것이다."[1228]라는 것이다.

(c) 부활의 우주성

칼빈은 그의 종말론에 있어서 성서를 따라 부활의 사건에 있어 그리스

[1227] 칼빈의 고린도전서 주석, 15:50. 8권.
[1228] 칼빈의 고린도전서 주석, 15:52. 8권, 464.

도 중심적으로 강조하고 있다. 불의한자의 부활의 문제에도 그는 다른 기독교 종말론과 같이 그리스도 중심적으로 생각하고 있다. 아담 안에서 모든 사람이 죽을 수밖에 없으나 생명과 부활을 주기위하여 그리스도가 오셨다. 이것은 전 인류를 구별함이 없이 생명으로 화목케 한다는 것을 의미하지 않는다. 그리스도는 한편으로는 생명의 부활로 또 한편으로는 심판의 부활로 양과 염소를 구별하기 위해서 오셨다.

칼빈은 이중적 근거로 주장하는데 첫째는 심판하고 구원하는 신의 은혜의 우주성속에 부활의 우주성이 근거한다. 즉 하나님은 그의 은혜를 우주성의 표징을 모든 인류의 일상생활 속에 좋은 하나님으로 매일 경험하도록 하며 불신자들에게 나중에는 변명할 것이 없도록 하게 한다. 불경건한 자들의 부활에는 지상의 특권이 배제되고 영원한 저주의 고통이 직접적으로 나타나게 된다. 그들은 죽음으로 던져지며, 영원한 죽음을 맛보게 된다.

둘째는 불경건한 자의 부활은 심판자로서의 그리스도의 영광의 나타나심에 근거하고 있다. 그리스도는 하나님의 적들과 그의 왕국을 저주하고 처벌한 능력을 가지고 있기 때문이다. 그리스도를 구주로, 스승으로 모시기를 거부한 사람들은 그리스도 앞에 나타나야만 한다." 그리고 "부활 시에 불경건한 자들의 몸도 변화될 것이다. 그들은 영광된 몸을 입지 못하고 벌거벗은 채로 수치스럽게 부활할 것이다. 칼빈은 더 이상 불경건한 자에 대한 언급을 하지 않고 있다. 그것은 그에게 있어서 그리스도가 오신 것은 세상의 멸망보다도 세계를 구원하는 것이 중요하다는 것을 알기 때문이다.[1229]

3) 그리스도의 심판

그리스도의 오심과 이로 인한 보편적 부활은 마지막 심판에 그 목적이 있다. 이것은 구세주가 양과 염소를 분류하는 것을 의미한다(마 25장).

[1229] H. Quistorp, 145.

칼빈에게 있어서 심판의 정반대의 두 양상-이중의 부활에 근거하는-은 예정론의 두 측면보다는 덜 중요하게 생각한다. 그래서 은혜의 심판을 크게 생각하고 진노의 심판은 은혜의 심판의 빛에 동반하는 그림자 정도로 생각한다.

(a) 은혜의 심판

선택된 자를 위한 그리스도의 마지막 심판은 궁극적 구속을 의미한다. 칼빈은 그리스도 사업의 성취로서 구속이라는 표현을 사용하길 좋아한다. "그리스도는 우리를 죄의 사슬과 죄가 포함하고 있는 모든 재난에서 구속하셨다."[1230] 이 사업은 본질적으로 그리스도의 희생으로 목적을 달성하였으나 아직 완전히 성취하지는 못했다. 그러므로 그리스도의 죽음의 희생은 그것의 마지막 열매를 맺어야 한다.[1231] 마지막 심판 날은 이때 "우리의 모든 고통에서 진정으로 해방되기 때문에"[1232] 성경은 구속의 날로 불리 운다.

이 그리스도의 심판은 성도들의 마지막 구원을 의미한다. 이것은 성도들이 구속주의 좌석 앞에 서게 되며 복음에 선포된 축복의 약속이 가장 확실하게 성취되게 된다. 이러한 축복은 그리스도가 우리를 위하여 주었던 은혜의 은사를 우리가 어느 정도 용납하였나 하는 정도에 따라 우리는 심판을 받게 될 것이다. 또한 예수그리스도의 메시지에 대한 우리의 태도로 영원한 축복이나 영원한 저주를 받게 될 것이다.

그리스도의 심판 때 우리는 그리스도와 그의 말씀에 대한 태도로 인하여 결정된 우리의 존재 의를 드러내게 된다. 그때에는 우리 마음의 비밀이 드러나며 여태까지 덮여있던 책을 펼쳐서 보상이 있게 된다. 인간의 보응에 있어서 선한 이는 예수그리스도의 신앙으로 말미암은 은혜의 의인이며 이

[1230] 칼빈의 고린도전서 주석, 1:30. 8권, 79.
[1231] 칼빈의 로마서 주석, 8:23. 7권, 259.
[1232] 칼빈의 예배소 주석, 4:30. 9권, 358.

것이 하나님의 선택된 자들의 영원한 근거를 가지고 있다. 그래서 의인과 공적의 보상은 종말에 서로 반대되는 것이 아니다.

마지막 심판에서 구원받은 성도들은 그의 적들에 대한 그리스도의 궁극적 승리에 참여하게 된다. 그것은 성도들이 그리스도와 그의 교회를 박해하고 배척했던 세상을 심판하게 될 것이다. 이것은 박해에 직면하여 어려움을 겪는 교회에 큰 힘이 된다. 그러면서 교회는 계속 복음의 설교를 통하여 예수그리스도의 통치를 창설하고 넓혀가는 것이다. 이러한 전 세계 교회의 봉사에 비례하여 마지막 심판 때 그리스도의 종들은 그의 나라의 계시와 성취에 동참하여 그의 영광과 승리에 참여하게 된다.

마지막 하나님의 보상도 일부에서는 인간의 공로로 보지만 칼빈은 보상도 구원도 하나님의 은혜로 보는 것이다.

(b) 진노의 심판

이미 살펴본바와 같이 불경건한 자의 심판은 선택된 자의 은혜로운 심판과 밀접하게 관련되어 있다. 칼빈은 그리스도의 재림이 선택된 자의 부활과 불경건한 자들을 심판하시기 위하여 오셨다는 이중적 의미로 묘사한다. 이 두 가지 기능이 종말의 심판 날에 집중되어 있다.

그러나 개혁자시대에 있어서는 일반적으로 영원한 형벌에 대한 교리에 대해서 무관심했다. 루터는 사후의 중간상태나 지옥에 대하여 분명치 않았으나[1233] 칼빈은 그들의 고통을 물질적(물체적)상징으로, 어두움, 통곡, 이를 갊, 꺼지지 않는 불, 벌레도 타서 죽지 않는 곳 등 구체적으로 표현하고 있다.[1234] 이러한 표현은 성령님께서 우리들의 기능을 이용하여 두려움을

[1233] M. Lutter는 1522년에 Hansen Von Rechenberg 에게 보낸 편지에서 사람이 죽은 후에도 구원을 받을 수 있는 여지를 남겼다. "하나님은 현세에서만 하나님을 믿어야 한다는 시간적 제한을 하지 않은 줄로 압니다. 하나님의 무하하신 자비는 사후에도 구원의 기회가 있으리라고 생각합니다."

[1234] H. Quistorp, 11.
"성서에는 지옥(영원한 형벌)에 대해서 구약성서는 Sheol, 신약에서 Hades 라는 용어를 사용한다."

주려는 의도인 것이다.

불신자들에 대한 심판은 하나님의 말씀과 그것을 전하는 자들을 대하는 태도 결정 속에서 이미 지금 여기서 시작되고 있다. 그는 적그리스도가 복음을 경멸하는 자에게 형벌을 집행하는 자라고 특징짓고 있다.

처벌의 정도는 그들이 하나님의 말씀에 대한 태도에 따라 좌우된다. 하나님의 말씀의 거부뿐 아니라 그의 교회에 대한 박해로 인해서 세상에 대한 미래의 심판이 이미 시작되고 있다. 이러한 박해는 동일한 사물의 외적표징과 같은 것이다. 불경건한 자들에게 있어서 그리스도의 재림이 공포를 의미하여 그들은 이것에서 어떻게든 피하려고 할 것이다. 이러한 하나님의 심판이 시작되었는데도 불의한자들은 이 세상에서 번영하며 잘 사는 것에 대한 의문을 칼빈은 제기하고 있는데, 그 답은 "주님께서 그들을 돼지같이 도살 할 날을 위하여 예비하고 있다."[1235]고 말한다. 그는 그의 적들에게 임하는 심판의 날은 검은 색깔로 묘사하며 공포와 두려움의 날과 울음과 절망의 날이 될 것이라고 한다.

이러한 점에서 칼빈은 교회에게 성화의 생활을 하도록 권면한다. 그는 단순히 묵시문학적인 삶을 제공하려하지 않고 그리스도의 재림에 대한 간절한 기대로 살도록 촉구하고 있다.

(c) 천년왕국설의 문제

칼빈에게 있어서 마지막 심판으로서의 그리스도의 심판은 그리스도의 통치의 마지막 완성이거나 하나님의 왕국의 최고의 정점이다. 현재는 말씀을 통하여 주님은 이 세계를 통치하시며 …… 이것은 모든 적들이 그의 발아

성서의 표현들을 보면 ① 암흑의 세계, (욥10:21-22) ② 침묵의 장소(시 94:17), ③ 망각 (忘却)의 장소 (시 88:12), ④ 하나님과 단절된 세계 (시6:5) ⑤ 세상과의 교통이 두절된 곳(욥 14:12) ⑥ 고통의 장소 (시 116:3), 등이다.

[1235] 칼빈의 고린도전서 주석, 15:19, 8권, 436.

래 무릎을 꿇는 만인의 부활의 날에 완전하게 성취가 되며 통치하게 된다. 그리스도의 나라는 그것이 하나님의 나라이기 때문에 영원한 왕국이 될 것이다. 칼빈은 이것을 강하게 강조한다. 이런 의미에서 그는 천년왕국설을 결정적으로 부정한다. 이 설은 그리스도의 왕국을 천년이라는 일시적이며 잠정적인 것으로 만들게 된다. 칼빈은 이 설을 사탄이 사도 시대 이후로 기독교인의 희망을 무너뜨리기 위해서 활동하는 것이라고 단정한다.

그는 천년왕국의 탄생을 논박할만한 가치도 없다고 주장한다. 왕국의 영원한 성격과 신앙생활에서 귀중하게 여기는 미래의 전 기대를 흔들리게 한다고 본다. 성경은 우리에게 신뢰의 축복과 불경건한 자의 저주는 영원 하다고 증언하고 있다.[1236] 그리스도와 그의 교회와의 연합은 뗄 수 없는 영원한 것이기에 왕국을 그렇게 제한하게 되면 경건한 자의 신적인 변화와 영광 받은 머리이신 그리스도의 변화도 위태롭게 될 것이다. 그래서 칼빈은 이설을 신앙과 통찰력의 부족에 기인한다고 본다.

천년왕국설의 인용 본문인 요한계시록 20:1-6을 주석하면서 이것은 교회의 축복이 천년이면 끝난다는 것이 아니라 교회가 지상에서 기대하게 될 여러 가지 변혁의 문제로 보는 것이다. 칼빈은 서구 종말론의 결정적 영향자인 어거스틴의 입장을 따라 그것을 교회의 전 시대 즉 주님의 초림과 재림의 기간까지를 말한다고 이해한다. 교회 역사적 용어로 이해하여 지상 삶의 개인적 영혼에 대한 그리스도의 영적 통치의 기간으로 보았다.

4) 그리스도 안에서 영원한 성취

우리는 그리스도의 재림사건에 중심한 종말의 여러 가지 행동들을 구별해 본다면 증보자로서의 그리스도의 마지막 행동은 영원한 분류가 완성된 후에 아버지께 그의 통치권을 넘겨주는 것이다. 이러한 하나님의 통치의 성취는 2중의 양상이 있는데 영원한 축복과 영원한 저주인 것이다.

[1236] H. Quistorp, 159.

(a) 왕국을 넘겨줌

그리스도의 통치의 성취는 모든 다른 통치와 권위의 종말을 의미한다. 이러한 종말은 하나님과 절대적인 관계를 갖고 있는 모든 것까지도 포함한다. 이것은 악마와 그의 권세에 대한 승리뿐만 아니라[1237] 현 생활을 유지하는데 필요한 모든 사회적 질서의 종말까지를 의미한다. 또한 어떤 의미에서는 교회의 종말까지 포함하는 것이다. 물론 이러한 종말을 고하는데 필요한 적들과 그의 권세에 대한 복종을 자발적인 복종이 아니라 강한 힘이 그들의 무릎을 그리스도 앞에 꿇게 될 것이다.[1238]

하나님이 우리의 지상적 순례의 삶을 위해서 임명한 신적 질서를 하나님의 통치의 성취와 대립되고 있다. 이것은 각개인의 완성을 의미하는 결론까지 포함하는 것이다. 또 지상의 성직자와 국가까지 포함하는 것이다. "시민 정부는 사람들이 공동체 속에서 사는 한 하나님을 외적으로 공경하기를 보호하고 조장시키는 과제를 가지고 있다.[1239] 이러한 것은 일시적인 땅의 생활과 지나갈 세계를 위해 만들어진 것이다.

그리스도는 그의 왕적 통치의 완성으로 모든 다른 세력과 영향력들을 복종케 하고 중보자로서 이 통치 기간에 복종한 모든 피조물을 아버지께 넘겨주는 것이다. 주의 날에 그리스도는 영광을 받고 하나님이 모든 것 중에 모든 것이 되게 하기 위해 그리스도의 주권과 권세를 하나님께 넘겨준다.[1240] 이 때에 우리는 아버지의 얼굴을 대하고 보게 되며 더 이상 성육신한 아들의 모습을 볼 수 없다. 그리고 "우리는 완전하고 신속적으로 하나님과 연합하게 된다." 이점에서 칼빈은 신자와 그리스도와의 연합을 잊어버렸다는 것은 주목할 만한 가치가 있다. 아버지께 전권을 넘겨준 후에는 부활한

[1237] 칼빈의 고린도전서 주석, 15:28. 8권, 445.

[1238] H. Quistorp, 163.

[1239] Inst. Ⅳ. 20. 2

[1240] 칼빈의 베드로후서 주석, 3:12. 10권, 526.

이 모두는 영원한 축복이나 저주상태에 처하게 된다.

(b) 영원한 축복

아들이 아버지에게 그 나라를 건네주므로 하나님의 완성된 통치는 하나님의 자녀의 마지막 구원과 새 피조물의 완성으로 존재한다.

① 신자를 완전케 함

칼빈에게 있어서 이 성취는 우선적으로 그리스도에 의해 의로워지고 성화된 신자의 최상의 축복에 존재한다. 그리스도를 통하여 하늘의 영광과 축복을 얻게 되며 이것은 그의 구속사업의 면류관이다.[1241] 그리스도와의 연합의 완전함은 신비적이 아니라 그리스도의 형상으로의 완전한 변화를 말한다.[1242] 이것은 그와 동일시되는 것이 아니라 닮은 형을 의미한다. "우리는 그를 닮게 될 것이다. 그가 우리 몸을 그의 영광스런 몸과 같이 만들어 주실 것이기 때문이다". 이것은 우리 몸이 그리스도의 영광스러운 몸과 같이 변형(Transfiguration)함에 있다. "이러한 변형은 주님의 영광스런 비전을 통하여 완전하게 될 것이다." 주님이 그의 영광과 능력과 의를 선택된 자들과 친교 할 때에는 주의 완전한 기쁨을 누리게 되는데 그때의 은혜는 모든 종류의 축복을 포함하는 것을 명심하고 있어야 한다.[1243]

대체적으로 칼빈이 구속받은 자의 영원한 성취를 두 가지 개념으로 묘사한다. 첫째는 축복인데 이것은 그리스도와 완전한 구원과 죄와 죽음 모든 세상적인 슬픔과 고통으로부터 완전한 해방을 의미한다.[1244] 다음으로 영광은 하늘의 상급으로서 믿는 이가 받기는 하되 각기 다른 정도로 받는 것이

[1241] H. Quistorp, 171.
[1242] 칼빈의 요한일서주석, 3:2f. 4권, 227.
[1243] Inst. Ⅲ. 25. 10.
[1244] Inst. Ⅲ. 25. 10.

다. 이것은 우리의 거듭남으로서 그 과정이 시작되고 우리가 완전하게 구원 받을 때 그 관계가 완성에 도달하게 된다.

그리스도의 모인 모든 지체의 영원한 축복은 같으나 이들의 하늘영광의 정도는 그들이 이 시대에 받았던 성령의 은사의 다양성에 따라 다르다. 하나님이 그의 은사를 모든 성도들에게 여러 가지로 나눠주셨던 것처럼 영광의 정도도 일정치 않다. 이러한 은사의 다양성이 이 세상에서 시작 되고 점점 자라가는 칼빈의 진보사상은 하늘에서 그들이 완전하게 하고 영광스럽게 될 것이다.

② 교회를 완전케 함

교회를 완전케 하는 것은 개인적인 신자들의 궁극적 구원뿐만 아니라 전체로서의 성취까지 포함하는 것이다. 이것은 특별히 그의 흐트러진 구성원들을 모으는 일로 나타날 것이다. 교회를 위한 주님의 재림은 그 리스도 몸의 완전한 일치를 이루게 하므로 매우 중요하다. 이 희망이 현재의 혼란과 연약함 가운데 처하고 있는 기독교인들에게 큰 위로를 준다. 기독교의 분파나 연약함은 기독교인들의 죄의 결과인 것이므로 애통과 참회를 해야 한다.

그리스도의 재림으로 교회의 일치를 이루리라는 계시처럼 교회의 변형을 가져오게 된다. 사탄이 교회를 흩트린다고 해도 우리들은 주님께서 신자들을 연합시키겠다는 약속을 바라며 위로를 받게 될 것이다.

교회가 영광 받으므로 세상에 대한 그의 주권의 완성을 이루게 할 것이다. 인간은 지상의 피조물을 다스리도록 임명되어졌다. 새로운 피조물에 대한 지배는 하나님의 성도들에게 그들의 머리되는 예수그리스도의 지도 아래 허락되어진 것이다. 이러한 교회의 통치는 독자적으로 하지 않고 예수그리스도의 통치 속에 함께 다스려지는 것을 알아야 한다.

③ 세상을 완전케 함

칼빈은 인간의 구속과 교회의 성취 또한 자연세계의 완전케 함도 가르친다. 그것은 완전한 창조된 질서를 말한다. 원래 세상도(인간을 제외한 피조물) 하나님의 피조물이다. 이것들은 사람의 지배하에 있게 된 것이다. 그러나 이세상도 인간의 죄로 말미암아 하나님의 저주아래 있게 되었다. 그러나 예수 그리스도 안에서 인간과 더불어 구원되고 재창조된 것이다.

그래서 바울은 로마서 8장에서 "피조물은 신음하고 울부짖고 있으며 자연이 타락하고 고통을 당하게 된 것은 우리의 잘못 때문이다."1245고 말한다. 그러므로 인간의 구원이 완성될 때 그 피조물, 즉 자연도 영광에 이르게 된다.1246 "마지막 심판은 역사의 종말뿐 아니라 현 자연세계의 종말이기도 하다. 그리스도의 재림은 인간의 완전한 갱신과 마찬가지로 세상의 전적인 변화도 의미한다. 그리스도가 재림하실 때 창조된 모든 세계는 다변화 할 것이지만 그리스도의 왕국은 영원하다. 그러므로 모든 피조물은 새롭게 형성되고 변화되어야만 한다."1247는 것이다.

지구의 오랜 역사로부터 그것의 계속적 존재를 추론하는 사람은 하나님심판에 대해 눈이 먼 사람이다. 칼빈은 베드로후서에서 세상이 신적은혜와 자비로 유지하게 되는 것이며 그것을 보존할 본능적 힘을 가지고 있지 못하다는 것이다. 그래서 우리는 세상이 정상적으로 유지되는 것은 하나님의 말씀으로 되는 것이지 다른 권세로 되는 것이 아니라는 것을 잊어서는 안 된다. 자연의 권세는 그의 도구밖에 되지 않는다.

칼빈은 우주의 변형에서 인간 몸의 부활과 같이 본질(Substance)과 특질(Quality)을 구별 한다. 세상의 근본적인 물질은 물러가고 새로운 구조가 나타나게 된다. 그러나 내적인 중요한 부분은 남아있게 된다. 그래서 세상의

1245 칼빈의 로마서 주석, 8:21. 7권, 257.
1246 정성구, "예수그리스도와 세상의 재창조", 『신학지남 78』, 제 45권. 3, 4집. 10월호.
1247 칼빈의 히브리서 주석, 12:27. 10권, 307.

멸망보다는 변화를 의미하게 되었다. 그래서 우주의 마지막 영원한 성취의 목적은 교회와 마찬가지로 하나님께 우주적으로 찬양 드리는 것이다.1248 계시록 5:13에서 아무것도 주장하지 않으나, 하늘의 높은데 서부터 땅에 이르기까지 세상은 여러 부분들이 창조의 영광을 선포하였다.1249 사람과 세상의 영광의 마지막은 하나님의 영광이다.

(c) 영원한 저주

칼빈은 선택된 자의 영원한 구원뿐만 아니라 저주받은 자의 벌도 하나님의 큰 영광을 섬긴다고 가르친다. 영원한 구원이 하나님과의 완전한 연합이라고 하면 영원히 저주받은 자들은 하나님과의 친교가 단절된 것이라 생각해야 한다. 불신자의 영원한 고통은 하나님의 영원한 생명의 부재를 의미한다.

불신자들은 하나님 보기를 두려워한다. 그것은 하나님의 진노와 그의 영광의 모습을 안다고 하는 것은 "영원히 타는 진노의 불"과 같다는 것이다. 칼빈은 이 불이 하나님의 진노의 상징이라고 말한다. 그리고 이 불에 대한 자세한 묘사를 하지 않고 있는 것은 우리 인간의 사고를 넘는 것이기 때문이라고 한다. 불이 영원한 것처럼 저주도 영원하며 영광이 신자들에게 영원을 약속하는 것처럼 불도 영원히 지속할 것이다. 악마와 마귀들이 거하는 지옥(hell)도 영원한 형벌을 받는 곳이다. 그들은 예수그리스도를 통해서 하나님 나라에 들어가지 못한다.

C. 종말론적 삶

지금까지 살펴본 것처럼 칼빈의 종말론이 그의 성서주석이나 신학활동에 많은 영향을 주었다. 칼빈은 그의 종말론을 다루면서 종말 그 자체만을

1248 H. Quistorp, 186.
1249 Inst. Ⅲ. 5. 8.

다루어 사색적인 것에 빠지는 것이 아니라 항시 기독교인의 현재의 삶에 관심을 기울이며 윤리의 생활에 자극을 주는 것이었다.

칼빈의 종말론은 루터의 종말론보다 거의 모든 신학에 더 많은 영향을 끼치고 있다. 루터의 종말론을 신앙의 종말론이라고 부를 수 있다고 한다면 칼빈은 단연코 희망의 종말론이라고 말할 수 있다.[1250] 그만큼 그의 종말론에 있어서 희망의 요소가 강하게 부각되어 있으며 이러한 희망이 그의 종말론에 철저하게 영향을 끼치고 있다. 기독교의 희망은 그 희망의 대상에 의해 존재하는 것이요 예수그리스도의 오심과 미래에 대한 삶의 표현인 것이다. 그래서 미래를 바라보며 사는 희망의 생활에 힘과 활기를 불어넣어 주게 되므로 말미암아 오늘의 삶을 사랑으로 충실하게 조금도 남김 없는 삶을 살게 되는 것이다.

이와 같이 칼빈은 기독교인의 현재의 삶을 강조하고 있음을 볼 수 있다. 그의 종말론적 삶을 살도록 하는 요소를 이 장에서 살펴보게 될 것이다.

1. 말씀과 성령

칼빈은 초기에 Psychopannychia와 또 다른 중요한 저서인 *Responsio ad Sadoleti Epistolam*(사돌렛 추기경의 서한에 대한 답변, 1539)을 출판하게 되었다.[1251] 이 두 저서에서 칼빈은 개혁자로서 단연 수위의 위치를 지키게 되었다. 칼빈은 재세례파와 카톨릭과 반대하여 말씀과 성령의 일치를 강조하였던 것이다. 즉 그들에게 주어진 성서를 해석하고 가르치게 될 때 그리스도의 영이 그들에게 말하는 방법을 보이셨고 할 말을 그대로 했을 따름이다. 그런고로 예수 그리스도는 성서의 영이시며 따라서 이 둘은 결합되어 있다.[1252]

[1250] T. F. Torrance는 "루터는 신앙의 종말론, 부쳐는 사랑의 종말론, 칼빈은 희망의 종말론으로 분류하고 있다."

[1251] T. F. Torrance, 97.

이 말씀과 성령을 통하여 지상의 교회는 그리스도의 통치에 계속적으로 참여할 수 있게 된다.[1253] 뿐만 아니라 이로 말미암아 그 왕국에 맞는 형태로 형성되며 개혁되어 가게 될 것이다. '당신의 나라가 임하옵시며' 라는 주의 기도 주석에서 칼빈은 "이것은 부분적으로는 말씀의 설교와 성령의 능력으로 이루어진다. 두 가지 모두 하나님의 나라가 확립되기 위하여 함께 협조하여야 한다."[1254] 이것은 재세례파에 반대하면서 교회는 말씀과 성령을 통한 그리스도와의 연합으로 역사 속에서 자라는 교회의 진보와 성장이 되어야 함을 강조하는 것이다. 뿐만 아니라 이것은 가톨릭을 반대함에 있어서 모든 분파주의를 배격하며 새로운 교회를 창설하려는 것이 아니라 교회의 머리되시는 이의 말씀에 따라 교회를 개혁하려는 것이다. 그래서 하나님 말씀의 종말론적 영향아래 교회의 계속성을 유지해야 함을 강조하는 것이다.

기독교인들이 가지고 있는 희망은 불확실한 것이 아니며 하나님의 약속된 말씀에 근거하고 있는 것이다. 이 말씀은 예수님께서 미래에 오실 약속의 말씀이며, 이 말씀을 우리는 성령의 도움을 받아 그 본래의 뜻을 이해하게 한다. 또한 성령은 성서의 말씀을 도구로 하여 역사하시며, 오늘의 현실 속에서 미래를 바라보며 종말론적 삶을 살아가게 되는 것이다.

2. 신앙과 희망

신앙과 희망은 칼빈에게 있어서 밀접하게 관련된 사상이다. 이 두 사상들은 서로 관련되어 있다. "신앙은 희망이 머무는 터전이며 희망은 신앙에게 영양을 공급하며 보조한다."[1255] 사실 신앙은 약속의 진리를 확신하는 것이며, 그것은 필수적으로 그 약속을 기대로 바꾸게 한다. "신앙은 이렇게 하나님이 참되시다는 것을 기대하는 것이다. 신앙은 우리에게 영원한 약속

[1252] Wilhelm Niesel, *The Theology of Calvin*, 이종성 역 (서울: 대한기독교서회, 1973), 33.

[1253] T. F. Torrance, 98.

[1254] 칼빈의 누가복음 주석, 11:1, 1권, 291.

[1255] Inst. Ⅱ. 2. 42.

이 주어졌다는 것을 믿는 것이다. 희망은 어느 땐가 영원한 것이 나타날 것을 기대하는 것이다." 그러므로 신앙은 희망의 어머니며 신앙은 희망을 낳는다.1256 희망은 신앙 없이 존재할 수조차 없다. 또한 신앙은 희망 없이 살 수 없다. 희망에 의해 제공된 예견 없이는 신앙의 행동을 지속할 수 없을 뿐 아니라 피로하여 쓰러지게 된다. 신앙은 희망 없이 그의 싸움을 계속 수행할 수 없다. "희망은 신앙의 확고부동함을 의미한다."1257 희망은 신앙이 영원을 향해 바라보면서 기다리고 있는 사실에서 신앙은 이 세상의 압박을 견디어내는 것을 배운다. 칼빈은 히브리서 주석에서 확고한 신앙이 문제가 될 때마다 반복해서 희망을 말하며 신앙을 대신하기조차 한다. "희망은 신자들에게 인내하도록 권면하기 때문에 그것은 이 점에서 신앙의 자리를 대신한다. 희망은 신앙의 열매이며 신앙의 힘이며 신앙을 보존하게 한다."

희망은 신앙을 자극하며 또한 제어하기도 한다. 희망은 신앙이 느슨했을 때 신앙을 자극할 뿐만 아니라 너무 과열했을 때도 점검하여 억제시킨다. 사실 칼빈에게 있어서 희망은 참되고 생기 있는 신앙의 시금석과 같다. 어떤 사람이 신앙이 아무리 놀라울 정도라 하더라도 그가 진정한 희망과 결합이 되어있지 않으면 그의 신앙은 공허한 것이라고 말할 수 있다. 희망에 의한 진정한 신앙은 단순한 동의(assent)와 구별되는 것이다.

칼빈은 성서에서 신앙과 희망이 서로 교체해가며 사용했다고 보고 있다.1258 "신앙과 희망은 성서에서 서로 밀접하게 접근되어 있어서 자주 이 두 단어를 서로 교체하며 사용한다." 그는 신앙을 희망 속에 존속시키는 것이 아니라 서로 상호 보완적 관계로 보고 있다. 그는 기독교인의 생활 속에 신앙이 처음에 나오고 다음으로 희망이 온다고 보았다. 그는 또 성화의 생의 과정을 굳게 지키기를 원하는 사람이라면 누구든지 그리스도의 재림 때까지 희망을 굳게 붙들고 있어야 한다는 것이다. 결국 신앙과 희망은 모두 그

1256 칼빈의 고린도전서 주석, 13:13. 8권, 385.
1257 칼빈의 히브리서 주석, 3:6. 10권, 82.
1258 Inst. Ⅲ. 2. 43.

리스도를 바라보는 것이요. 이렇게 될 때 이 둘은 일치하는 것이다.

3. 그리스도와의 교제

기독교인의 희망은 그리스도와의 교제에 유래한다. 예수그리스도와 함께 죽고 사는 신앙을 통하여 기독교인은 그의 몸에 연합되어진다. 기독교인 들은 그리스도의 몸의 구성원으로서 영원한 운명을 지니고 있다. 칼빈은 신자들은 하늘의 유산에 대한 희망이 그리스도와 연합하는 은혜로 말미암아 그들이 의로워졌다는 사실에 있음을 깨달아야 한다고 말한다. 영광으로 들어간 머리되시는 이가 그의 뒤를 따라 교회의 구성원들을 끌어 올릴 것이라는 믿음을 우리가 가지게 되는데 이것이 기독교 신앙의 희망이며 또한 그리스도의 몸에 대한 희망이기도 하다.[1259]

그래서 그리스도는 기독교의 희망의 원천이기도 하다. "우리의 구원이 영광 가운데 그리스도의 부활과 통치에 있으므로 우리의 신앙과 희망은 확고한 근거를 갖게 된다.[1260] 그러므로 그리스도 안에 영원한 유산이 이미 본질적으로 우리에게 주어졌다. 미래의 완전한 의와 축복이 이미 그의 안에 존재하고 있고 또 모든 것을 소유하고 있기에 다른 무엇을 구하려 그리스도 밖으로 나갈 필요가 없다. 우리 자신을 위하여 다른 무엇을 구하는 것은 불가능한 일이다. 즉 그리스도가 완성한 사업이나 그와의 교제 외에는 어떤 희망도 존재하지 못하다는 말이다.

그리스도가 우리를 위하여 이미 모든 것을 행하였기에 완전하게 계시될 그날까지 그를 열망하며 희망 가운데 기다리면 되는 것이다."[1261] 우리는 어떤 의미에서든 걱정해서는 안 된다. 왜냐하면 그리스도의 유일한 죽음이 우리를 완전하게 하는데 충분하며 …… 그의 재림 시에 그의 죽음의 영향

[1259] H. Quistorp, 20.
[1260] 칼빈의 베드로전서 주석, 1:21, 10권, 372.
[1261] H. Quistorp, 21.

이 완전하게 나타나게 될 것이기 때문이다."1262 신앙자체는 아무 가치가 없으며 아무 구원의 의도 없다. 그것은 속이 텅 빈 그릇에 불과하다. 그것이 우리의 구원을 위해 의를 갖는 것은 예수그리스도와의 관계를 갖기 때문이다. 우리는 믿음 안에서 우리에게 필요한 모든 것을 소유하며 그리스도와의 교제를 갖는다.

칼빈은 성령이 우리를 그리스도에게 매는 줄이다. 성령은 그리스도에게서 나와서 우리 안에 신앙의 불을 붙이며 그와 우리사이에 다리를 놓는다. 그리스도와의 교제란 전적으로 신의 자유재량의 권리에 맡겨져 있다.1263 칼빈은 "그리스도는 분리시킬 수 없는 교제의 줄로 우리를 부착시킬 뿐만 아니라 놀라운 연합으로 결국 그가 완전히 우리와 한 몸이 될 때까지는 매일 점점 더 우리와 하나가 되는 몸 안에서 합일이 될 것이다."1264라고 말한다.

예수그리스도와의 교제는 성령의 역사에 의해서 이 지상생활 속에서 이미 하나의 현실로 되어있다. 칼빈이 가르치는 그리스도와의 맺어지는 신자와의 합일은 경건한자들의 신적인 영역에로의 자기몰두 같은 것과는 추호도 관계가 없다.1265

그리스도는 기독교인의 희망의 원천이며 목적이 될 뿐만 아니라 그 자신 이 기독교인의 삶의 여정의 안내가 된다. 즉 그는 희망의 길에서 기독교인의 생활을 안내하고 지탱해주는 것이다. 우리가 희망하고 있는 그리스도는 우리의 마지막 여정에 이를 때까지 그리스도와의 교제 가운데로 우리를 보호하며 계속 유지하게 한다. 우리는 단지 마지막 날 그리스도가 눈에 보이게 나타나심에 대한 확고한 희망을 통해서만이 그리스도와 교제를 할 수 있고 지속할 수 있다.1266

1262 칼빈의 히브리서 주석, 9:27, 10권, 208.
1263 Wilhelm Niesel, 124.
1264 Inst. Ⅲ. 2. 24.
1265 Wilhelm Niesel, 124.
1266 H. Quistorp, 22.

4. 순례자로서의 인생

칼빈은 기독교인의 생활을 미래의 영광을 위해 인내하는 희망 속에서 외국 땅을 거쳐 약속의 땅으로 가는 순례자의 모습으로 표현하고 있다. 이 순례자의 길은 적진을 지나가는 것처럼 위험하고 어려운 일이며 조심과 겸손으로 고통 중에 가야하는 길인 것이다. 그러므로 이 길을 가는 우리는 위로를 받아야하고 용감하고 정열적인 순례자가 되어야 하는 것이다.

(a) 투쟁의 인생

이 세상을 여행하는 기독교인은 계속적으로 내적 외적인 유혹과 시련 속에서 싸움을 하게 된다. 바울도 "기독교인의 인생은 사탄이 그를 쉼 없이 괴롭히고 공격하는 전투로 비유한다."[1267] 그러므로 기독교인은 항상 깨어 무장하고 있어야 하며 그의 무기는 믿음, 소망이며 특히 사랑이다. 이 싸움이 힘들고 많은 악마의 시험의 여정이라 해도 우리는 이것을 통과해야만 하는 것이다. 우리는 현실의 삶을 살면서 그의 제자 직을 지키기 위해 선한 싸움을 계속 싸워야 한다. "하나님께서는 이런 투쟁을 통하여 우리를 시험하며 신앙과 희망을 단련시킨다. 그러므로 이것들은 구원의 용광로라고 말할 수 있다."[1268] 우리에게 이러한 시험을 겪게 하시는 이는 하나님 자신이다. 동시에 그의 사랑이 우리를 보호하고 도와주신다. 그리고 이세상보다 하나님을 더 사랑하는 자만이 이 싸움에서도 신앙을 굳게 지키며 존재할 것이다.

(b) 십자가의 고난

우리는 기독교인의 삶을 적극적 의미에서 투쟁이라고 표현한다면 소극적 의미에서는 십자가를 지는 고난이라고 할 수 있을 것이다. 이것을 유혹

[1267] 칼빈의 데살로니가전서 주석, 5:8, 6권, 46.
[1268] 칼빈의 디모데전서 주석, 6:12, 9권, 524.

가운데서 인내하는 삶이라고 표현한다.[1269] 우리는 이러한 고난의 인내가운데서 그의 오실 영광에 연합하며 그리스도와 친교의 관계에 있게 된다. 우리가 우리의 십자가를 지므로 그리스도의 십자가에 참여하는 것이 되는 것이다.[1270]

기독자의 전 생애는 고난과 죽음의 영향 아래에서만 십자가의 표징아래 있게 된다. 이 고난은 "단순한 고난과 죽음으로 끝나지 아니하고 우리에게 영광의 위로를 준다."[1271] 그리고 그것은 "영원한 축복이 될 것이다." 다른 말로 표현하면 고통가운데서도 우리는 영광을 희망으로 강건하여 진다는 것이고 축복된 부활의 희망이 모든 역경가운데서 우리를 강하게 한다. 희망가운데의 고난은 성화와 참회(Penitence)과정의 일부분에 속한다. 칼빈은 이것을 고행적 금욕(mortification)과 소생(revivification)으로 구별한다. 이것은 죄에서 은혜로 단순하게 돌아서는 것이 아니라 인간의 통합적 갱신을 의미한다. 이 참회는 한마디로 표현하면 새롭게 태어남으로 묘사되며 이 참회의 목적은 우리 안에 하나님의 형상의 회복을 추구함에 있다.

중생(regeneration)은 인내의 싸움 가운데서 점차적인 성장의 과정 속에서 일어난다. "하나님은 그의 선택된 이들을 육체의 타락된 점들에 대한 계속적이고 느린 과정을 통해서 깨끗하게 하신다." 이러한 과정 중에서의 갈등은 항시 내적인 자기부정과 고난을 통해서 이루어지며 이러한 것을 통해서 더욱 새로운 인간으로 변해가는 것이다.[1272] 칼빈은 결코 비관주의나 낙관주의를 가르치지 않는다. 다만 예수그리스도는 그의 제자가 되도록 부르고 있다. 주께 속한 자들의 현생은 천국을 향한 순례이다.

(c) 영원을 사모함

[1269] H. Quistorp, 34.
[1270] 칼빈의 고린도전서 주석, 4:10. 8권, 142.
[1271] 칼빈의 빌립보 주석, 3:10. 7권, 533.
[1272] 칼빈의 고린도후서 주석, 4:10. 9권, 100.

칼빈에게 있어서 순례로서의 마지막 진술을 그의 기독교강요 Ⅲ권 9장의 "내세에 관한 명상"에서 모든 것을 요약하고 있다. 칼빈의 "영원한 생에 대한 갈망(*Meditatio vitae futurae*)"은 반성(reflection)과 명상(meditation)과 영원과 초월에 대한 숙고(contemplation)를 넘어서는 것으로서 이것은 인간이 온전히 일생동안 미래의 목적을 향해 바라보며 노력하는 것을 말한다. 칼빈의 이러한 본문을 잘 반영하는 성경본문이 골로새 3:1이하의 주석에 나타난다. "여기에서 바울은 위의 것을 찾으라"고 골로새 교인들에게 권면하고 있다. …… *Cogitare*(φρονεύν) – "너희 마음을 쏟다"는 말은 차라리 배려, 그리고 집중을 의미한다. 즉 너희 생각을 이것에 집중시키다와 같은 의미이다.[1273]

우리는 여기에서 칼빈의 교리가 그리스도론적 근거를 가지고 있음을 발견하게 된다. 미래의 삶을 향한 기독교인의 목적은 그리스도의 승천에 근거하고 있다. 부활하신이가 우리의 육체에게 하늘의 영광을 주었으며 그리고 하나님 우편으로 승천하셔서 우리를 위해 중보해주시고 계신다. "승천은 부활 다음에 오는 것이므로 우리도 역시 그리스도의 지체라면 하늘로 승천하여야 한다." 우리를 하늘의 영광으로 인도하실 이가 그리스도라고 하면 우리는 더 이상 이세상과 현세의 삶에 다 우리의 마음을 빼앗겨서는 안 된다. "너희는 그리스도와 더불어 하늘로 올리었으니 너희는 위엣 것만을 생각하고 땅의 것들을 벗어버리라."[1274]고 말한다. 그래서 영원한 삶을 향한 방향정립은 필수적으로 현세의 삶을 경멸하게 만든다.

칼빈은 "내세에 관한 명상"은 기독교강요에서 현세의 해방됨이라는 부정적 의미로 설명을 시작하고 있다. 우리는 이것을 염세적 의미로 보아서는 안 되며 그는 이것을 좀 더 적극적으로 받아들이고 있다. "어떤 종류의 환난이 우리를 누른다고 할지라도 우리가 알아야 할 것은 우리 자신이 현세

[1273] 칼빈의 골로새 주석, 3:1, 10권, 595.
[1274] 칼빈의 골로새 주석, 3:2, 10권, 595ff.

에 대하여 멸시하도록 익숙케 하는 것과 그 때문에 내세를 묵상할 수 있도록 일깨워주는데 두지 않으면 안 된다."1275고 말한다. 우리는 지상생활을 즐겨하는 경향이 있어 동물처럼 탐닉하게 한다. 그러나 이 지상생활의 삶이 진정한 행복을 주지는 못한다. 그래서 우리 마음을 현세적인 생활로부터 하늘의 영원한 것으로 향하도록 해야 한다.

그러나 우리가 이 현세 생활에 대해 염세적인 생각을 가져서는 안 된다. 이 세상은 하나님이 주신 것이다. 염세적 태도는 창조주 하나님께 배은 망덕한 처사가 된다. 이 세상은 하나님의 축복 가운데 하나이며 신의 은혜를 받게 된다. 그러나 이 세상은 죄로 인하여 세상의 가치가 도적을 맞게 되었다. 성경은 이것에 대해 아주 평이하게 많은 사실을 우리에게 제공하여 주고 있다. 이런 세상을 살아가는 우리는 하나님이 오라고 부를 때까지 참고 인내하며 충성스럽게 생활해야 한다. 칼빈은 이것을 인생은 주님께서 우리에게 한곳을 지정하여 보초를 서게 한 것과 같다. 그래서 하늘의 삶에 대한 열망은 이 세상으로부터의 도피가 아니라 이 세상에서 다른 종류의 삶을 살아야 하는 의미라고 했다. 신자들은 현세에서도 천국의 삶을 살아야만 하기 때문에1276 우리가 받은 모든 은사를 가지고 영원한 삶을 바라보며 훈련 받은 자세로 생활해야 한다는 것이다.

칼빈에게서 내세에 대한 명상은 죽음의 공포를 극복하는 의미다. "기독교인들은 어떤 것을 바라기위하여 죽음을 원하는 것이 아니고 더 좋은 생명을 얻기 위해 죽음을 원하기 때문에"1277 죽음에 대한 공포는 은혜롭지 못한 것이다.

칼빈에게 있어서 영원을 사모하는 것은 부활을 의미하기도 한다. 죽음과 마지막 심판의 시간은 한 종말의 두 양상을 의미한다. 그리스도의 학교에서 참 진보의 과정을 거치지 않고 그의 죽음과 부활의 날을 기쁨으로 기다릴

1275 Inst. Ⅲ. 9. 1.
1276 칼빈의 빌립보 주석, 3:20. 7권, 539.
1277 Inst. Ⅲ. 9. 5.

자는 한사람도 없다. 칼빈이 기독교인의 순례로서의 인생의 종말에 대해 말할 때 "육체를 지닌 삶의 종말과 마지막 성취"의 두 가지 사실을 의미한다.

결국 칼빈의 내세에 관한 명상은 희망찬 신앙을 의미한다. 이것은 우리를 영원한 삶으로 인도하여 그리스도의 영광을 나타내실 하나님의 그리스도에 대한 확신을 가지고 있는 것을 말하며 이러한 사람은 신앙으로 그리스도와 연합하며 하늘의 삶을 영위하는 것이다. 영원을 사모하고 현세의 삶을 멀리하게 하는 것은 신앙이 하는 일이지만 그러나 우리의 자연적 본능은 이것을 추구하려하지 않으므로 하나님은 우리를 예정하셔야 한다는 것이다. 이것은 성령을 통해서 하신다. 성령은 향하여야할 목표를 가르쳐주고 그것을 따르도록 강한 추진력이 되어 주신다.[1278] 이와 같은 확실함속에서 "우리는 더 좋은 희망을 갖게 되고 평화 속에 살다가 위로 가운데 죽게 된다."[1279]

영원을 사모하여 약속의 말씀에로 향한 신앙은 눈에 보이는 도움을 받는 것은 우리가 여행의 도상에 있기 때문이다. 우리가 세상에 살고 있는 동안 우리의 신앙이 소멸되어서는 안 되기 때문에 바울은 우리에게 성만찬의 그리스도가 다시 오실 때까지 행하여 기념하라고 명하셨다. 주의 만찬(Lord's supper)[1280]은 우리를 위협하는 모든 유혹에 대한 싸움에서 우리를 강건하게 해준다. "그가 우리에게 주는 성례전은 우리를 자라게 하며 신앙을 확고하게 하기 위함이라는"[1281] 것이다.

칼빈은 주의 만찬에서 우리의 시선을 위의 것을 보게 한다고 믿었다. 그래서 칼빈은 이 귀한 은혜의 자리를 가능한 한 자주 집행하려고 했다.

이상과 같이 칼빈은 내세에 대한 명상은 잠시뿐인 세상 속에서 묻혀 그리스도로부터 떠나가는 것이 아니라 오실 그분을 희망하며 그때를 바라보고 살아가자는 간곡한 권면이었던 것이다. 칼빈에 있어서 종말사상이 어

[1278] H. Quistorp, 50.
[1279] 칼빈의 고린도전서 주석, 5:5, 8권, 161.
[1280] 칼빈은 "주의 만찬(Lord's Supper)"이라 부른다.
[1281] 칼빈의 고린도전서 주석, 10: 14ff의 설교 중에서.

떤 사상패턴에 머무는 것이 아니라 성서가 우리에게 가르치는 하나님의 말씀 속에서와 다가오는 그리스도의 미래의 오심에 대한 증거에 있는 것이 그 특징으로 보인다.

칼빈에게 있어서 영혼불멸은 매우중요하다. 기독교인의 희망의 근거를 죽은 자의 부활의 빛에서 찾았다. 그의 신학에 있어서 육체의 부활은 기독교 교리의 부록정도가 아니라 모든 것에 우선하고 중요한 부분들을 통합하는 장점이라고 보았다. 그는 마지막 부활을 그리스도의 부활과 신자의 영적부활의 빛에서 다루고 있다. 만인의 부활은 재림 시에 그리스도의 모든 사업을 종결한다. 그리스도의 재림과 그를 통하여 죽은 자가 일어남은 같은 의미로 쓰이고 있으면서 이 두 가지 사상은 하나를 의미하게 된다. 이것은 다시 오실 예수그리스도에게 방향 지어져 있으며 칼빈의 종말론을 말하는 것은 미래에 다시 오실 예수그리스도에게 모든 것을 방향지우고 있다고 볼 수 있다. 그의 종말사상에 대한 강조, 선택된 자의 마지막 구원의 의미로서 심판사건, 그리스도 안에서 이루어지는 신적인 성취 등은 본질적으로 그리스도론 적이라고 볼 수 있다. 그는 이러한 종말론적 특징을 말씀 속에서 찾았다. 즉 하나님말씀의 중심적 진리로서 그리스도에 대한 증언을 했던 것이다.

그러나 그의 종말론이 성서주석이나 신학활동에 많은 영향을 주었다. 칼빈은 종말론을 다루면서 종말 그 자체만을 다루어 사색적인 것에 빠지는 것이 아니라 항상 기독교인의 현재의 삶에 관심을 기울이며 윤리의 생활에 자극을 주는 것이었다. 칼빈의 종말론은 루터의 종말론보다 거의 모든 신학에 더 많은 영향을 끼치고 있다. 루터의 종말론을 신앙의 종말론이라고 한다면 칼빈의 종말론은 희망의 종말론이라고 말할 수 있다. 그만큼 그의 종말론에 있어서 이 희망의 요소가 강하게 부각되어 있으며 이러한 희망이 그의 종말론에 철저히 영향을 미치고 있다. 기독교의 희망은 그 대상에 의해 존재하는 것이요 예수그리스도의 오심과 미래에 대한 삶의 표현인 것이다. 그래서 칼빈은 기대와 희망 속에서 살기를 원했다. 그는 종말을 강조하면서 종말론적 삶을 살기를 강조했으며 그 삶은 십자가를 지고 고난을 당하며 유혹과 시련을 견디어내는 삶이다. 그러면서 종말의 기쁨과 축복을 기대하며 사는 것이다. 이것은 단순히 요즘 한국교회의 종말론현상에 대한 비판에서 그 현실이 너무 타계적(他界的)이라는 것에 경종을 울린다.

요즈음 같이 어렵고 힘든 불확실한 상황 속에서 살아가는 현대인에게 영혼의 안식과 새로운 삶의 용기를 줌에 있어서 절대적으로 칼빈의 종말론적 관점이 필요하다고 본다.

또한 교의학 측면에서 보아 구속과 은총, 윤리만을 강조하는 상태에서 분명히 미래의 목표와 연결되는 신학활동이 필요하며 그러면서 요즘 종말에 대해 연구와 관심을 회피하려는 이들에게 경종이 된다. 마지막으로 종말론 연구에 관심을 촉구하며 이에 근거한 삶의 양식이 개발되어야만 할 것이다.

V. 칼빈 사상에 나타난 종말관

칼빈의 신학 전반에는 하나님의 초월적 절대 주권에 대한 우선적 인식이 전제돼 있는 것으로 보인다. 하나님이 자신에 대하여 드러내시는 가장 기본적인 사실은 그의 전적인 신비성이요 절대적 은폐성이다. 인간에게 하나님은 근본적으로 불가해하다. 선택과 유기의 이중 예정론에서 강조되는 것은 구원은 이러한 하나님의 주권에 의한 선택의 영역이라는 점이다. 구원에 관해서 인간은 전적으로 수동적인 존재이다. 현재의 신자에게 주어지는 믿음이 하나님의 주권적 선택을 드러내는 한 표징이라면 그 표징은 종말론적인 미래의 현재화요, 약속이라 할 수 있다. 그 점에서 칼빈의 종말론적 전망의 시작은 인간의 의지가 배제된 채 수동적으로 주어지는 데서 출발한다고 볼 수 있다.

칼빈에게 있어서는 죽음에 대한 동경은 기독교인으로서 당연히 가져야 할 동경이다. 죽음에 대한 동경은 지상의 죄악 된 삶의 종결로서의 죽음을 바라는 것으로서 그것은 천국에 대한 소망으로 연결된다. 개인의 죽음은 시간과 영원, 현재와 미래 사이를 구분하는 선이 되어서 종말론적인 중심 사건이 된다. 칼빈의 영혼의 불멸, 육체에 대한 영혼의 우월성 주장은 그의 희랍 철학적인 인식을 보여 주지만 그는 이것을 성경적인 창조론으로 극복 한다. 사후의 영혼의 상태에 관한 칼빈의 교리는 그의 종말론의 근본적인 문제로서, 여기에서 나타나는 칼빈의 종말론적 지평은 본질적으로 영적이고 지적이다.

교회사가 곤잘레스는 칼빈이 루터보다 국가와 정치 관계에 대해 더 많은 관심을 기울였으며, 성화에 대한 그의 관심이 그로 하여금 루터파 신학의 특징인 칭의에 대한 우선적 강조를 넘어서도록 이끌었다고 지적한다.[1282] 칼빈의 제네바 신정 정치는 이를 역사적으로 증거 한다고 볼 수 있다.

칼빈에게 있어서 이러한 우주적 차원의 종말론적 비전은 잘 발견 되지 않는다. 『기독교 강요』III권, xxv장, 12에서 칼빈은 버림 받은 자들을 심판하는 도구로 우주의 피조물을 언급한다. 그때에 하나님의 심판은 모든 것을 삼켜 버리는 소멸하는 불길 같으며 모든 피조물들(하늘, 땅, 바다, 생물, 무생물, 모든 만물)이 모두 불에 휩싸여 불신자를 심판할 것이다. 즉, 이 모든 피조물들이 하나님의 심판을 위한 도구로 사용된다.

중세 가톨릭의 입장과는 달리 칼빈은 세상의 끝이 이미 인간 안에서 이루어졌기 때문에 지금 지상의 교회는 마지막 시대에 살고 있으며 지금 마지막 일들이 역사 안에서 일어난다고 인식했다. 칼빈은 그리스도의 재림에 대하여 종말론적인 강한 소망을 가지고 있었다. 이와 함께 그에게는 이미 하나님의 나라가 부활하신 그리스도와의 연합을 통하여 신자 개개인에게 그리고 교회를 통해 시작되었다는 현재적 종말론 사상이 있었다.

칼빈의 성화는 종말론적인 하늘나라까지는 연결되지 않는다. 그의 성화는 다분히 이 땅에서만 의미를 가지는 듯하다. 역사의 이편이 아닌 역사의 저편은 그에게 있어서 궁극적인 소망으로 비쳐지지만 잘 모르는 곳이요 섣불리 언급하지 못할 곳이다.

칼빈이 종말론에서 이와 같이 소극적인 태도를 보이는 것은 아마도 당시의 광신주의자들의 신비주의적 묵시적 종말론에 대한 경계심에서 나온 것 일 수 있다. 이점은 그가 요한 계시록에 대해서는 언급을 삼가고 주석서를 쓰지 않은 데서도 볼 수 있지 않을까 한다.

한편으로 칼빈이 종말에 관해서 우주적인 폭까지 연결시키지 못한 것은 당시 가톨릭의 자연 신학에 대한 반감에서도 비롯되지 않았나 싶다. 이점

[1282] J. L. Gonzalez, *"Christian Thought Revisited: Three Types of Theology"*, 이후정 역, 『기독교사상사』, 1991, 179.

에서 칼빈은 시대적 한계의 제약을 받았거나 혹은 달리 말해서 시대적 사명에 충실했다고 말할 수 있지 않을까. 이렇듯이 어찌 보면 소극적이고 체계화되지 못한 그의 종말론은 그 뒤의 개신교 신학에서도 종말론에 대해 소극적인 태도를 낳게 한 원인으로 작용한 것 같다.

종말이 언제 올 것인가에 대한 질문은 2천년 기독교 역사 안에서 끊임없이 제기되어 왔다. 이와 같은 종말론 혼돈의 주된 원인은 예수가 자신의 재림 시기를 점성가적 입장에서 예보한(predict) 것으로 착각한 데서 연유하였으며, 그 결과 종말론의 본질적인 문제보다는 재림 시기 측정과 같은 비본질적인 문제에 더욱 관심을 갖게 되었으며,1283 세상에서 자기의 할 일을 등한히 여기는 현실 도피적인 말세론에 빠지게 만들었다. 그러나 여러 성경에 나타나는 종말론은 흑암에서도 용기를 잃지 않고 소망을 가지고 책임적인 존재로서 영원하고 가치 있는 삶을 추구하는 삶, 즉 절망에서 소망을 찾는 삶1284 임을 잊어서는 안 된다. 단순히 앉아서 예보한 종말을 기다리는 것이 아니라 하나님의 역사에 동참하여서 세상의 변화를 추구하고 그 변화를 위해 현실에 적극적으로 참여하는 것이 예언자적인 삶이며 종말론적인 삶이다.

예수의 재림 시기에 관한 성경의 정신은 크게 세 부분으로 나누어 생각할 수 있다. 첫째, 주님의 재림이 반드시 있다는 점이다. 오늘날에도 부리(F. Buri)나 베르너(M. Werner)와 같은 자유주의 신학의 유산을 이어받은 신학자들은 재림이란 유대인들의 묵시문학으로부터 빌어 온 개념으로 기독교 신앙과 조화될 수 없다는 관점을 갖고 있지만 이를 지지하는 사람은 많지 않다.1285 그러나 성경은 예수께서 분명히 재림 하실 것임을 여러 곳에서 언급하고 있다. "너희 가운데서 하늘로 올리우신 이 예수는 하늘로 가심을 본 그대로 오시리라(행 1:11)". "이것들을 증거 하신 이가 가라사대 내가 진실로 속히 오리라

1283 박수암, "신약성서에 나타난 미래적 종말사상," 장신대 개교 90주년 특강 (서울 : 장로회 신학대, 1991), 7. 박수암은 본 특강에서 예수가 예보한 것이 아니라 예언을 한(prophesy)것이라 주장한다.

1284 강사문, "구약 성경에서 본 말세론", 94.

1285 김명용, "1992년 재림론, 천년왕국, 열 뿔 짐승과 666", 118.

하시거늘 아멘 주 예수여 오시옵소서"(계 22:20). "인자가 권능자의 우편에 앉은 것과 하늘 구름을 타고 오는 것을 너희가 보리라"(막 15:62). 이상의 성구들 외에도 성경은 여러 곳에서 재림을 언급하고 있다(살전 5:2, 빌 4:5, 약 5:8).

예수 재림에 관한 성경의 가르침은 둘째, 예수의 재림의 시기는 아무도 알 수 없다는 것이다. 그럼에도 불구하고 시한부 종말론자들은 예수 재림 시기를 알 수 있다고 한다. 이들은 성경을 곡해하고, 일반 예언가들의 주장을 믿고, 더 나아가 직통 계시에 근거하여 시한을 정해 놓고 휴거가 있다고 주장하기도 하였다. 그러나 성경은 여러 곳에서 분명히 그날을 알 수 없다고 말하고 있다. "그러나 그 날과 그 때는 아무도 모르나니 하늘에 있는 천사들도, 아들도 모르고, 오직 아버지만 아시느니라"(마 24:36). 예수님께서는 다음과 같은 말씀으로 열처녀 비유를 마무리 짓고 있다. "그런즉 깨어 있으라 너희는 그 날과 그 시를 알지 못하느니라"(마 25:13). 마가복음에서도 재림의 시기에 대한 불확실성을 강조하고 있는 구절이 있다.[1286]

이상의 구절들을 통하여 그리스도의 재림의 정확한 시기를 알 수 없다는 사실을 배울 수 있다. 이처럼 종말의 시기는 아무도 알 수 없다. 종말의 시기는 성경에 감추어져 있는 비밀이다. 이 시기는 예수님도 모른다고 하셨다. "그러나 그 날과 그 때는 아무도 모르나니 하늘에 있는 천사들도, 아들도 모르고 아버지만 아시느니라"(막 13:22).[1287]

예수의 재림에 대한 성경의 증거는 셋째, 종말이 언제인지 알 수 없기 때문에 매순간 주의하고 깨어 있어야 한다는 점이다. 그리스도의 재림은 우리가 전혀 예기치 못한 시간에 일어날 것이다. 그러나 재림의 때를 전혀 알 수 없기 때문에 우리는 항상 준비하고 경성해 있어야 할 것이다.[1288] 예수

[1286] 주의하라 깨어있으라 그 때가 언제인지 알지 못함이니라 그러므로 깨어 있으라 집 주인이 언제 올는지 혹 저물 때 일런지, 밤 중 일런지, 닭 울 때 일런지, 새벽 일런지 너희가 알지 못함이라 그가 홀연히 와서 너희의 자는 것을 보지 않도록 하라 깨어있으라 내가 너희에게 하는 이 말이 모든 사람에게 하는 말이니라(막 13:33-37).

[1287] 김명용, "1992년 재림론, 천년왕국, 열 뿔 짐승과 666", 119.

[1288] a.a. Hoekema, *The Bible and the Future*, 169.

님 자신은 그의 재림의 징조들을 제시하고 있다. 그러므로 그의 재림을 위해 우리가 깨어 있어야 한다는 것은 또한 이런 징조들에 대해서도 정신 차려야 한다는 것을 의미하기도 한다. 즉, 항상 그리스도께서 다시 오실 것을 대비해 준비해야 함을 의미한다.[1289]

한국 교회는 세대주의적 영향을 받은 시한부 종말론의 극성 때문에 심한 홍역을 치렀던 바 있다. 그러나 지금도 군소집단으로 모여 시한부 종말론을 주장하고 있다는 것에 그 심각성이 더욱 크다 할 것이다. 그럼으로 우리는 이러한 도전 앞에 다음과 같은 자세로 대처해 나가야 할 것이다.

첫째, 한국 교회는 이러한 이단적 종말론에 교인들이 미혹되지 않도록 올바른 종말론을 가르쳐야한다. 이단들의 특징을 살펴보면 최종적인 계시인 성경보다 직통계시나 신비 체험 등을 더 중요시 하는 특징이 있다. 그런데 문제가 되는 것은 기성교회 내에서는 종말론에 대한 가르침이 거의 없음으로 교인들이 이단들이 하는 부흥회나 기도원 등에서 이러한 잘못된 종말론을 배우고 있다는데 있다. 이런 것에 미혹되지 않기 위해서는 그리고 거짓 예언과 잘못된 성경 해석을 분별할 수 있기 위해서는 성경이 최종적인 계시이며, 최고의 규범과 권위라는 신앙과 성경적인 종말론에 대한 바른 지식이 세상에 안주하여 종말을 부정하거나 종말에 무관심한 현상과 현실 도피적으로 임박한 종말을 지나치게 강조하는 현상, 이 양극단을 피하여 성경적인 종말 신앙을 가지기 위해서는 종말에 대한 바른 이해가 필요하다. 현재의 불안과 미래의 불확실성을 단순히 내세로 도피하는 것으로 해결하기 보다는 기독교적 신앙으로 대처하고 극복하는 적극적인 자세가 요구되어야 한다.

둘째, 사회가 불안하고 교회가 세속화되며 종말 신앙이 약화될 때마다 이단적 종말론이 일어난다는 것을 알아야 한다. 그럼으로 한국 교회는 물량주의, 대형교회주의 등 양적 성장과 현세 지향적 축복을 강조하는 등 세속화되고 부패되지 않았는지를 점검해야만 한다.

[1289] a. a. Hoekema, *The Bible and the Future*, 169.

셋째, 올바른 성경해석법을 교육해야 한다. 이단 종파는 성경을 편협하게 해석하거나 짜 맞추기 식으로 해석하여 정통적인 기독교 신앙을 변형시키거나 왜곡시킨다. 그러므로 우리는 올바른 성경 해석을 통하여서 바른 종말 신앙을 가져야 한다. 즉 바른 종말신앙이란 역사의 종말은 예수의 재림과 함께 나타난다는 것이고, 예수의 재림이 언제 있을지 아무도 모른다는 것이다. 그리고 신자들은 예수가 재림할 때까지 지상에 소금과 빛의 역할을 다하고 세상에 하나님의 나라를 건설하도록 봉사해야 한다. 거기에 더 나아가서 교회와 교인은 현세에서 가장 평화적이고 건설적이고 협조적이고 봉사적이고 사랑의 실천을 함으로써 현 역사를 하나님이 약속하신 새 하늘과 새 땅과 유사한 역사를 만들도록 최선을 다해야 한다는 것이다.

넷째, 성경지식을 떠난 지나친 신비체험주의를 경계해야 한다. 성경에 근거하지 않은 체험신앙은 위험하다는 인식이 있어야 한다. 이처럼 성경을 능가하거나 역사를 외면하는 신비체험은 위험할 뿐 아니라 공허하다. 환상이나 직통계시를 좇다 성경을 버리는 어리석음을 범해서는 안 된다. 그러므로 우리는 성경과 체험신앙을 잘 조화하여 신앙생활을 해야 한다.

다섯째, 성경적 종말론 신학이 확립되어야 한다. 역사적으로 교리학이 발전되어 온 이유 중의 하나가 바로 이단들의 도전에 대응하기 위한 것이었다. 삼위일체 교리는 아리우스주의의 도전에 대응하여 만들어졌고, 예수의 양성교리는 네스토리우스주의에 대응하여 만들어진 것이다. 그러므로 한국 교회는 세대주의적 종말론에 근거를 둔 시한부 종말론의 도전에 대응하여 올바른 성경적 확립과 종말론적 신앙의 부흥을 위한 계기로 삼아야 할 것이다.

끝으로, 한국교회는 영혼의 결핍, 정신적 결핍, 사화경제적 결핍을 느끼는 소외 자들에게 관심을 가져야 한다. 잘못된 종말론에 매력을 느끼고 찾아가는 자는 사회에서 제외된 자, 피해를 받은 자, 서민 대중들이 많음으로 교회는 그들에게 삶의 소망을 들려주어야 한다. 그리고 교회는 사회 개혁의 책임적 존재가 되고 사회 개혁의 주체로써의 요청에 응답해야 한다.

참고문헌(Bibliography)

1. 국내문헌

Calvin, John. 『칼빈의 예정론』 한국칼빈주의연구원역. 서울: 기독교 문화협회, 1986.
_____. 『기독교강요(상)』 김종흡·신복윤·이종성한철하 공역. 서울: 생명의 말씀사, 1988.
_____. 『기독교강요(중)』 김종흡·신복윤·이종성한철하 공역. 서울: 생명의 말씀사, 1988.
_____. 『기독교강요(하)』 김종흡·신복윤·이종성한철하 공역. 서울: 생명의 말씀사, 1988.
_____. 『깔뱅의 요리문답』 한인수 역. 서울: 도서출판 경건, 1995.
_____. 『신약성경주해- 디모데전서』 존 칼빈 성경주석출판위원회. 서울: 성서교재간행사, 1979.
_____. 『신약성경주해- 에베소서』 존 칼빈 성경주석출판위원회. 서울: 성서교재 간행사, 1979.
김길성. 『개혁신학과 교회』 서울: 총신대학교 출판부, 2004.
박윤선. 『개혁주의 교리학』 서울: 영음사, 2003.
서철원. "칼 발트의 선택교리와 선교문제." 『신학지남』 통권 제272호(2002년 가을호).
_____. 『서철원박사 교의신학- 신학 서론』 서울: 쿰란출판사, 2018.
_____. 『서철원박사 교의신학- 하나님론』 서울: 쿰란출판사, 2018.
_____. 『서철원박사 교의신학- 인간론』 서울: 쿰란출판사, 2018.
_____. 『서철원박사 교의신학- 그리스도론학-』 서울: 쿰란출판사, 2018.
_____. 『서철원박사 교의신학- 구원론』 서울: 쿰란출판사, 2018.
_____. 『서철원박사 교의신학- 교회론』 서울: 쿰란출판사, 2018.
_____. 『서철원박사 교의신학- 종말론』 서울: 쿰란출판사, 2018.
_____. 『성령론 어떻게 교육할 것인가』 서울: 대한예수교장로회총회, 2003.
_____. 『교리사』 서울: 총신대학교출판부, 2005.
安衡社. 『創世記講解』, 서울: 한양신학교출판부, 1971.
이승구. 『개혁신학 탐구』 서울: 하나, 1999.
_____. 『성령의 위로와 교회』 서울: 이레서원, 2001.
_____. 『기독교 세계관이란 무엇인가』 서울: SFC, 2005.
_____. 『기독교 세계관으로 바라보는 21세기 한국사회와 교회』 서울: SFC, 2010.
_____. 『광장의 신학』 서울: 합신대학원출판부, 2010.
_____. 『우리 사회 속의 기독교』 서울: 나눔과 섬김, 2010.
_____. 『교회란 무엇인가』 서울: 나눔과 섬김, 2010.

_____. 「전환기의 개혁신학」 서울: 이레서원, 2016.
_____. 「21세기 개혁신학의 방향」 서울: CCP, 2018.
_____. 「하나님께 아룁니다– 요리문답강해시리즈Ⅳ」 서울: 말씀과 언약, 2020.
G. Vos, Biblical Theology, 이승구 역, 「성경신학」 개정역, 서울: CLC, 2000.
전경연. 「칼빈의 생애와 신학사상」 서울: 대한기독교서회, 1992.
정성구. 「칼빈주의 사상대계」 서울: 총신대학출판부, 1995.
정일웅 편. 「천년왕국과 종말」 서울: 총신대학부설 한국교회문제연구소, 1993.
鄭正淑. 「改革主義神學과 信仰」 서울: 예수교문서선교회, 1979.
조종남. 「요한 웨슬레의 신학」 서울: 대한기독교 출판사, 1984.
_____. 「요한 웨슬레 설교선집Ⅰ」 서울: 도서출판 청파, 1994.
김홍기. 「존 웨슬레 신학의 재발견」 서울: 대한기독교서회, 1993.
송흥국. 「웨슬레 신학」 서울: 대한기독교서회, 1983.
_____. 「요한 웨슬레의 신학」 서울: 대한기독교 출판사, 1969.
이성주. 「웨슬리 神學」 서울: 성광문화사, 1987.
강정진. "깔뱅의 예정론의 전개" 「종교개혁과 개혁신학」 낙산 홍치모 교수 은퇴기념 논문집 편찬위원회. 서울: 성광문화사, 2000.
기독교사상 편집부 엮음. 「종말론의 올바른 이해」 서울: 대한기독교서회, 1993.
김길성. 「개혁신앙과 교회」 서울: 총신대학출판부, 2001.
김달생. 「바른신학」 서울: 생명의 말씀, 2010.
김명용. "예정론에 대한 바른 신학적 이해" 「장신논단」 제10집. 서울: 장로회신학대학교출판부, 1994.
_____. "천년왕국신앙과 '92년 10월' 시한부 종말론" 「종교와 사회」 서울: 문경출판사, 1997.
_____. "1992년 재림론, 천년왕국, 열 뿔 짐승과 666", 「시한부 재림론 과연 성경적인가」 서울: 대한예수교장로회총회출판국, 1991.
_____. 「한국교회와 종말」 서울: 총회신학 교육부, 1991.
_____. 「현대의 도전과 오늘의 조직신학」 서울: 장로회 신학대학교출판부, 1997.
김성건. 「종교와 이데올로기」 서울: 민영사, 1991.
김성재 편. 「밀레니엄과 종말론」 천안: 한국신학연구소, 1999.
김영한. 「개혁신학이란 무엇인가」 서울: 한국기독학생회출판부, 1995.
김의환 편역. 「개혁주의 신앙 고백집」 서울: 생명의 말씀사, 1984.
김진두. 「웨슬리의 실천신학」 서울: 도서출판 진흥, 2000.
김철손. 「요한계시록 신학」 서울: 대한기독교서회, 1989.
김홍기. 「존 웨슬리 신학의 재발견: 개인적 성화와 사회적 성화의 역사적 재조명」 서울: 감리교신학대학교 출판부, 1995.
_____. 「존 웨슬리의 구원론」 서울: 성서연구사, 1995.
_____. 「역사신학연구」 서울: 성서연구사, 1996.
김홍기, 이후정, 임승안, 권희순 공저. 「존 웨슬리의 역사신학적 조명」 서울: 감리교신학대학교 출판부, 1995.
노길명. "시한부 종말론의 배경과 성격", 「한국신흥종교연구」 서울: 경세원, 1996.
라보도 편저. 「칼빈주의 신학과 신앙」 서울: 성광문화사, 1985.
민경배. 「한국기독교회사」 서울: 대한기독교서회, 1983.
목창균. 「현대신학논쟁」 서울: 두란노출판사, 1996.

_____. 「종말론 논쟁」 서울: 두란노, 1998.
박건택. "칼뱅의 기독교강요에 따른 그리스도인의 자유," 「신학지남」 통권 제 224 호 (1995년 가을호).
박봉근. 「칼빈의 예정론 – 칼빈신학의 현대적이해」 서울: 한국신학대학출판부, 1978.
박수암. 「요한계시록」 서울: 대한기독교출판사, 1996.
박영관. 「이단사이비종파」 서울: 예수교문서선교회, 1994.
박용규. 「초대교회사」 서울: 총신대학출판부, 1994.
박윤선. 「요한계시록」 서울: 영음사, 1977.
박형용. 「교의신학」 서울: 은성문화사, 1974.
_____. 「박형용박사저작전집」 서울: 한국기독교교육연구원, 1981.
신복윤. 「종말론」 서울: 개혁주의 신행협회, 2001.
심창섭. 「재림과 종말」 서울: 두란노, 1994.
유동식. 「한국신학의 광맥」 서울: 전망사, 1982.
유해무. 「개혁교의학」 서울: 크리스찬다이제스트, 1997.
이광복. 「1000년 왕국논쟁」 서울: 도서출판 흰돌, 1994.
이근삼. 「개혁주의 신학과 교회」 서울: 기독교문서선교회, 1985.
이대복. 「이단종합연구」 서울: 기독교이단문제연구소, 2000.
이상근. 「요한계시록」 서울: 대한예수교장로회총회교육부, 1968.
이상호. 「종말론의 올바른 이해」 서울: 대한기독교서회, 1993.
이원규. "개신교 근본주의의 문제", 「한국교회 무엇이 문제인가?」 서울: 감신대출판부, 1998.
_____. "해방후 한국인의 종교의식구조 변천연구", 「현대 한국종교 변동 연구」 성남: 한국정신문화연구원, 1993.
이장림. 「다가올 미래를 대비하라」 서울: 다미선교회 출판부, 1988.
_____. 「하늘문이 열린다」 서울: 다미선교회 출판부, 1989.
_____. 「경고의 나팔」 서울: 다미선교회 출판부, 1989.
_____. 「1992년의 열풍」 서울: 광천출판사, 1991.
이재록. 「죽음 앞에서 영생을 맛보며」 서울: 도서출판 우림, 1981.
_____. 「엿새동안의 만나 上」 서울: 도서출판 우림, 1990.
_____. 「엿새동안의 만나 下」 서울: 도서출판 우림, 1990.
_____. "십자가의 도". 「기도의 햇불」 서울: 도서출판 우림, 통권149호, (1995).
_____. 각종 주보 설교 모음집 및 주의 종 교육 자료집 27권.
_____. 「만민중앙교회 당회장 이재록 목사님 설교 목록집」 서울: 비서실 편집팀, 1997.
이종성. 「종말론」 서울: 대한 기독교 출판사, 1990.
이형기. 「종교개혁신학사상 – 루터와 칼빈을 중심으로」 서울: 장로회신학대학교출판부, 1997.
_____. 「역사속의 종말론」 서울: 대한기독교서회, 2004.
임종만. 「내세론」 서울: 성광문화사, 1986.
전영식. 「예지예정과 성결」 서울: 성광문화사, 1984.
정일웅. "종말론의 혼란과 교회의 교육적 책임", 「신학지남」 (1991년 가을호).
정행업. 「한국교회사에 나타난 이단논쟁」 서울: 한국장로교출판사, 1999.
조성노. 「역사와 종말」 서울: 현대신학연구소, 1992.
조영엽. 「종말 – 내세론」 서울: 도서출판 미스바, 2004.

조용기. 『순복음의 진리』. 서울: 영산 출판사, 1980.
_____. 『다니엘서 강해』. 서울: 서울서적, 1981.
_____. 『종교냐 자유냐』. 서울: 서울서적, 1986.
_____. 『요한계시록 강해』. 서울: 서울서적, 1990.
조종남. 『요한 웨슬레의 신학』. 서울: 대한기독교서회, 1994.
천영숙. "성령론 세미나" 2002. 11. 19. 강의안.
_____. "종말론과 윤리에 관한 연구". 『敎授論文集』. 서울: 韓榮神學大學校, 第6輯, 2002.
천정웅. 『요한계시록』. 서울: 말씀의 집, 1993.
최삼경. 『시한부종말론 과연 성경적인가』. 서울: 대한예수교장로회총회 출판국, 1991.
최정만. "기독교 강요에 나타난 요한 칼빈의 선교사상" 『칼빈과 개혁사상』. 광주: 광신대학교출판부, 2001.
최홍석. "도르트 신조에 나타난 TULIP 교리의 정당성과 선교적 함축" 『신학지남』. 통권 제272호 (2002년 가을호)
총회교육국 편. 『기독교의 이단들』. 서울: 대한예수교장로회총회, 1997.
하문호. 『교의신학』. 서울: 한국로고스연구원, 1990.
한국기독교역사연구소. 『한국기독교의 역사』. 서울: 기독교문사, 1996.
한국개혁주의 신행협회. 『신학사전』. 서울: 성광문화사, 1981.
한영태. 『웨슬레의 조직신학』. 서울: 성광문화사, 1993.
한국웨슬리신학회. 『웨슬리와 감리교 신학』. 서울: 감리교신학대학교출판부, 1999.
황승룡. 『조직신학 (하)』. 서울: 한국장로교출판사, 1993.
_____. 『세계철학대사전』. 서울: 교육출판공사, 1988.
한국개혁주의 신행협회. 『신학사전』. 서울: 성광문화사, 1981.
강춘호. "시한부 종말론 그 역사와 배경" 『풀빛 목회』 제10월호(1992. 10).
김균진. "종말론과 윤리" 『신학사상』 제74권 1991.
김동완. "세대주의의 새로운 동향" 『목회와 신학』 제2월호 (1995. 2).
김성건. "종말론 대두에 관한 사회학적 분석" 『신학사상』 (1991. 가을호).
_____. "천년왕국신앙과 '92년 10월' 시한부 종말론", 『종교와 사회』. 서울: 문경출판사, 1997.
김영한. "사이비 이단과 정통의 표준", 한국기독교문화 연구소 편, 『한국기독교와 사이비 이단운동』. 서울: 숭실대학교 출판부, 1995.
김진수. 『개혁주의 신학해설 사전』. 서울: 생명의 말씀사, 1984.
노길명. "시한부 종말론의 배경과 성격". 『한국신흥종교연구』. 서울: 경세원, 1996.
목창균. "시한부 종말론의 위험과 대책." 목회와 신학 제1월호 (1992. 1).
성기호. "세대주의 신학이 한국교회에 미친 영향은" 『목회와 신학』. 제2월호 (1995. 2).
심창섭. "한국교회사에 나타난 종말사상" 『목회와 신학』. 제4월호 (1990. 4).
이원규. "개신교 근본주의의 문제". 『한국교회 무엇이 문제인가?』. 서울: 감신대출판부, 1998.
_____. "해방후 한국인의 종교의식구조 변천연구". 『현대 한국종교 변동 연구』. 성남: 한국정신문화연구원, 1993.
이종성. "천년왕국신앙과 그리스도교 역사관" 『기독교사상』. (1991. 2).
정일웅. "한국교회의 종말신앙과 윤리" 『목회와 신학』. 제2월호 (1992. 2).
_____. "종말론의 혼란과 교회의 교육적 책임", 『신학지남』 (1991년 가을호).
_____. 『천년왕국과 종말』. 서울: 총신대학부설 한국교회문제연구소, 1993.
정진홍외 2인, "한국교회 성장과 신앙 양태에 관한 조사연구" (1982).
한정건. "시한부 종말론 이후의 천년왕국설을 재고찰한다" 『목회와 신학』 제10월호(1993. 10).

황승룡, "시한부 종말론의 이단성" 「신학이해」 제9집 (1991).
_____, "종말에 나타난 이단" 「사이비 이단 연구」 상담자료 제6집(1993).
홍치모, "초기 미국선교사들의 신앙과 신학" 「신학지남」 제51권 (1984년, 봄, 여름호).
이정석, 「세속화 시대의 기독교」 (서울: 이레서원, 2000)
천제교육편집부, 「학습용어사전 법과 정치」
국제종교문제연구소 편, 「한국의 종교단체 실태조사 연구」 서울: 국제종교문제연구소, 2002.
권오호, "비결", 「한국민족문화대백과사전」, 10, 서울: 한국정신문화연구원, 1989.
김경래, 「사회악과 사교운동」, 서울: 기문사, 1957.
김백문, 「기독교 근본원리」 서울: 동아출판사공무부, 1958.
_____, 「성서신학」 서울: 평문사, 1954.
김선환, "국산재래이단의후계자", 김경래편, 「사회악과사교운동」, 서울: 기문사, 1957.
김성준, 「한국기독교사」, 서울: 기독교문화사, 1993.
김영한, 「현대신학과 개혁신학」 서울: 성광문화사, 1996.
김옥경, 「영광에서 영광으로」 서울: 거룩한진주, 2019.
김인서, "龍道敎會의내막조사발표, 3. 교리문제와 책동자의가면", 「신앙생활」 1934년 4월호.
김성여, 「박태선 장로의 이적과 신비경험」 서울: 한국예수교전도관부흥협회, 1974.
김항제, "인간타락의 성적 이해: 현대신학과 한국 신령집단에서의 타락설화 해석", 「신종교 연구」, 창간호, 1999.
김홍철, "신종교학연구 어디까지 왔나", 한국종교학회 편, 「해방 후 50년 한국종교 연구사」 서울: 창, 1997.
노길명, 「한국의 신흥종교」 대구: 가톨릭신문사, 1988.
_____, 「한국신흥종교연구」 서울: 경세원, 1996.
대종교총본부, 「대종교중광 60년사」 서울: 대종교총본사, 1971.
대한예수교장로회총회, 「종합사이비, 이단 연구보고집」 서울: 한국장로교출판사, 2001.
민경배, "백남주", 「기독교대백과사전」 제7권 서울: 기독교문사, 1982.
민병소, 「한국종교사」, 상, 서울: 왕중왕, 2006.
문상희, "한국의 신흥종교", 한국종교사학회 편, 「한국종교」 익산: 원광대학교종교문제 연구소, 1973.
문선명, 「문선명 전집」 서울: 성화출판사, 1996.
박종만, "이단이 교회와 사회에 미치는 영향에 관한 연구", 서울: 석사학위논문, 국제신학대학원대학교, 1999.
박정화, 「야록 통일교회사」 서울: 큰샘출판사, 1996.
박준철, 「빼앗긴 30년 잃어버린 30년-문선명 통일교 집단의 정체를 폭로한다」 서울: 진리와 생명사, 2000.
변종호, 「이용도목사 연구 40년」 서울: 장안문화사, 1993.
신철호, 「한국중흥종교 교조론-홍암 나철 대종사」, 대종교총본사, 1992.
세계기독교통일신령협회 역사편찬위원회 편, 「(史報)」, No. 157호.
엄유섭, 「생의 원리」 서울: 세종문화사, 1958.
이길구 「鷄龍山」 서울: 도서출판 대문사, 1997.
이대복, 「통일교 원리비판과 문선명의 정체」 서울: 큰샘출판사, 1999.
이영호, "새주파와 신비주의자들", 「현대종교」 서울: 2000년 4월호.
_____, "토종이단의 원조(元祖), 성주교의 김성도권사", 「교회와 신앙」 (인터넷판)
이원순, 「한국천주교회사연구」 서울: 한국교회사연구소, 1986.
이재록, "만민중앙교회 주일3부 예배 설교", 테이프 녹취, 1998.

원불교정화사 편, 『원불교전서』, 익산: 원불교중앙총부 교정원, 1989.
윤성범, 『기독교와 한국사상』, 서울: 대한기독교서회, 1998.
전도관 편, 『오묘』, 서울: 제9중앙전도관청년천성회, 1970.
전정희, "사람 지으시고 불어넣은 '생기'는 하나님의 피", 『교회와 신앙』, 2013.
정동섭, 『한국의 종교단체실태조사연구』, 국제종교문제연구소 책임연구원, 2000.
최중현, 『한국메시아운동사 연구』, 제1권, 서울: 생각하는 백성, 1999.
탁명환, 『기독교 이단 연구』, 서울: 도서출판연구사, 1986.
허호익, 『한국의 이단기독교』, 서울: 동연, 2016.
현대종교 편집부, 『한국신흥종교실태조사연구집1』, 서울: 한미사, 2002.
황선조 편, 『평화훈경 – 평화메시지와 영계보고서』, 서울: 천주평화연합, 세계통일평화가정연합, 2007.
김의환 편역, 『개혁주의 신앙고백』, 서울: 대한예수교장로회총회, 2004
이근삼 전집 편찬위원회 엮음, 『개혁주의 조직신학 개요 Ⅰ』, 서울: 생명의 양식, 2007.
이종성, 『신론』, (서울: 대한 기독교 출판사, 1993)
옥한흠, 『평신도를 깨운다』, 서울: 국제제자훈련원, 2019.
김해연, 『개혁과 신학개론』, 서울: 성광문화사, 1996.
金英漢, 『21세기와 개혁신학』, 서울: 한국장로교출판사, 1998.
차영배, "성령론", 『성경과 신학』, 제7권, 1989.
심창섭, 『기독교의 이단들』, 서울: 대한예수교장로회총회, 1997.
국제기독교이단대책협의회, 『한국교회를 살리는 제13차 신학세미나, "바른 신학, 바른 교리"』, 서울: 국제기독교이단대책협의회, 2021.
정명석, 〈구원의 말씀〉, 도서출판 명, 2005.
정명석, 〈비유론〉, 도서출판 명, 1998.
김계화, 『외길가게 하소서』, 서울: 쿰란출판사, 1992.

2. 외국문헌

Burtner, W. Robert and Chiles, E. Robert, *A Compend of Wesley's Theology*. Nashville: Abingdon, 1954.

Calvin, John. *Institute of The Christian Religion*. Trans. and Indexed. Ford Lewis Battles. Philadelphia: The Westminster Press, 1975.

_____. *The Bondage and Liberation of the Will*. Ed. A. N. S. Lane, Trans. G. I. Dvies. Michigan: Baker Books, 1996.

_____. *Harmony of Mattew, Mark, and Luck II*. Trans. Pringle William. Grand Rapids: Wm. B. Eerdmans Publishing Company, 1949.

_____. *The Epistles of Paul The Apostle to the Romans and to the Thessalonians*. Trans. Ross Mackenzie. Grand Rapids: Wm. B. Eerdmans Publishing Company, 1973.

_____. *Sermon on Ephesians*. trans. The Banner of Truth Trust. Edinburgh: The Banner of Truth Trust, 1987.

_____. *Commentaries on the Epistle of Paul to the Galatians an Ephesians*. Trans. Pringle

William. Grand Rapids: Wm. B. Eerdmans Publishing Company, 1948.

_____. *The Eschatology of the Reformation*. ed. w. Manson. Eschatology, London, oliver and Boyd 1953.

_____. *LasT Admonition to Joachim Westphal*. Calvin's tracts and Treatises, by Henry Beveridge, n Grand Rapids: Eerdmans. 1958.

_____. *Psychopennychia, in calvin's Tracts and Traetises* tr by Henry Beveridge, 54:196. Grand Rapids: Eerdmans, 1958.

Canon. William R. "*The Theology of John Wesley*." Nashville:Abingdon Press. 1956.

Curnock, Nehemiah. cd. "*The Journal of the Rev. John Wesley.*" 8Vols. London : Epworth Press, 1909-16.

Jackson, Thomas. ed. "*The Works of the Rev. John Wesley.*" 14 Vols; London: *Wesleyan-Methodist Book-Room*, 1829-31.

    Ⅰ-Ⅳ : Journal.
    Ⅴ-Ⅶ : Sermons totaling 141.
    Ⅷ : Essays and letters.
    Ⅸ : Letters and "*the Doctrine of Original Sin*"
    Ⅹ : Essays
    ⅩⅠ : Essays. thoughts and observations.
    ⅩⅡ : Letters.
    ⅩⅢ : Letters, essays and thoughts.
    ⅩⅣ : Letters.

Outler, Albert C. "*John Wesley.*" N. Y.: Oxford University Press, 1964.

Sugden, Edward H. ed. "*Wesley's Standard Sermons*"2 Vols. London: Epworth Press, 1921.

Telford, John. ed. "*The Letters of the Rev. John Wesley.*" 8 Vols. London: Epworth Press, 1931.

Auctoritas Sanctae Scripturae est dignitas et excellentia soli sacrae scripturae Prae Omnibus aliis scriptis competens, Polanus, Ⅰ

B.B. Warfield, *Calvin and Augustine*, ed., Samuel G. Craig, Philadelphia: Presbyterian and Reformed Pub. Co., 1956

Baker, Frank. *John Wesley: Contemporary Perspectives*. London: Epworth Press, 1988.

Bancroft, Emery H. *christian Theology*. Zondervan. 1949.

_____. *Elemental Theology*. Zondervan. 1977.

Basinger, David and Basinger, Randall. "Inerrancy and Free Will: Some Further Thoughts". The Evangelical Quarterly

Bayant, Barry. "John Wesley on the origins of Evil". Wesleyan Theological Journal. 1995. Spring.

Beasley - Murray. *Jesus and The Last Days*, Hendrickson. 1993.

Berkhof, L. *Systematic Theology*. Grand Rapid: WM. B. Eerdmans Publishing Co, 1981.

Blocher, Henri. *Evil and The Cross: Christian thought and the problem of evil*. Leicester: Apollos. 1994.

Boettner, L. *Postmillennialism, in The Meaning of Millennium*, ed. by R. G. Clouse. Downers Grove: IVP, 1977.

_____. *The Millennium*, Grand Rapids: Baker, 1958.

Braatan, C. E. *Christ and Counter-Christ:* Apocalyptic Themes in Theology and Culture. 1972.

Brown, William Adams. *Christian Theology in Outline*. New York: Charles Scribner's Sons. 1907.

Bultmann, R. K. *Jesus christ and my theology*. 1958.

Buswell, J. Oliver. *Systematic Theology of Christian Religion*. Grand Rapids, MI: Baier Book House, 1984.

Campell A. Ted. "John Wesley and Conyers Middleton on Divine Intervention in History". Church History. 1986. vol 55. no 1.

_____. *The future of God*. 1969.

Chafer, Lewis Sperry. *Dispensationalism*. Dalls: Seminary Press, 1936.

_____, Lewis Sperry. *Systematic Theology*. 8 vols. Dallas: Dallas Seminary Press, 1948.

Clouse, Robert G. edited. *Meaning Millenium 4 views*. IVP. 1973.

Collins, Kenneth J. "Recent Trends in Wesley Studies and Wesleyan/Holiness Scholarship". Wesleyan Theological Journal. 2000. Spring. vol 35. no 1.

Cohen, Arthur A. and Marvin Harlverson. *A Handbook of Christian Theology*. Abingdon. 1958.

Cullmann, O. *Christ and Time: The primitive Christian of Time and History*. 1962.

Cameron, R. M. *Methodist and Society in Historical Perspective*. New York: Abingdon Press. 1961.

Cannon, William R. *The Theology of John Wesley*. Nashville: Abingdon Press, 1946.

Carter, W. Charsles ed., *A Contemporary Wesleyan Theology vol. I, II: biblical, Systematic, and Practical*. Wimore: Francis Asbury Press, 1983

Cobb, Jr. John B. *Grace & Responsibility: A Wesleyan Theology for Today*. Nashville: Abingdon Press, 1995.

Collins, Kenneth J. *The Scripture Way of Salvation: The Heart of John Wesley's Theology*. Nashville: Abingdon Press, 1997.

Coppedge, Allen. *John Wesley in Theological Debate*. Wimore: Wesley Heritage Press, 1987.

Cox, Leo George. *John Wesley' Concept's of Perfection*. Kansas City: Beacon Hill Press, 1964.

Cushman, Robert E. *John Wesley's Experimental Divinity: Studies in Methodist Doctrinal Standards*. Nashville: Kingswood Books, 1989.

Dabney, Charles. *Lectures in Systematic Theology*. Zondervan. 1972.

Dabney, Robert Lewis. *Systematic Theology*. Banner of Truth. 1878.

Dodd, C. H. *The parables of kingdom*. 1961.

Douglas. J. D. *Who's Who in Christian History*. Tyndale. 1992.

Dowley, Tim. *The History of Christianity*. A Lion Book. sydney. 1990.

Dallimore, Arnold A. *Susnna: the Mother of John and Charles Wesley*. Darlington: Evangelical Press, 1992

Davies, Rupert & Rupp, Gordon. *A History of The Methodist Church in Great Britain vols I ~ III*. London: Epworth Press. 1965

Deschner, John. *Wesley's Christology: An Interpretation*. Dallas: Southern Methodist University Press, 1985. Reprint of 1960 edition with a new foreword by the author.

Doughty, William Lamplough. *John Wesley: Preacher*. London: The Epworth, 1955.

Edwards, Maldwyn. *John Wesley and the Eighteenth Century*. London: The Epworth Press, 1956.

_____. *A History of the Methodist Church in Great Britain Vol. I*. London: Epworth Press, 1965.

Evans, G. R. *Augustine on Evil*. New York: Cambridge University Press, 1984.

Freedman, David Noel ed. *The Anchor Bible Dictionary* vol 6. New York: Doubleday, 1992.

Feinberg, John. *predestination & Free Will*. Downer Grove: Inter Varsity Press, 1986.

Geisler, Norman. *Predestination & Free Will*. Illinois: InterVarsity Press. 1986.

George, Timothy. *Theology of the Reformers*. Nashville: Broadman Press, 1988.

Green, V. H. H. *The Young Mr. Wesley : A Study of John and Oxford*. London: Epworth Arnold (Publishers) Ltd, 1961.

Grenz, Stanley. *Theology for The Community of God*. Grand Rapids: W. B. Eerdmans, 1994.

Gunter, W. Stephen. *The Limits of "Love Devine": John Wesley's Response to Antinomianism and Enthusiasm*. Nashville: Kingswood Books, 1989.

Hanson, P. D. *The power of Apocalyptic*. 1975.

Hesselink, I. John. *Calvin's First Catechism*. Kentucky: Westerminster/ John Knox Press, 1997.

Harper, Steve. *John Wesley's Message for Today*. Michgan: Zondervan Publishing House, 1983.

Heitzenrater, Richard P. *The Elusive Mr. Wesley vol Ⅰ, Ⅱ: John Wesley as seen by Contemporaries and Biographers*. Nashville: Abingdon Press, 1984.

_____. *Mirror and Memory: Reflections on Early Methodism*. Nashville: Abingdon Press, 1989.

_____. *Wesley and the People Called Methodists*. Nashville: Abingdon Press, 1995.

Henderson, D. Michael. *John Wesley's Class Meeting: A Model hor Mking Disciples*. Nappanee: Evangel Publishing House, 1997.

Hynson, Leon D. *To Reform the Nation*. Grand Rapids: Francis Asubury Press, 1984. Knight, Henry H. Ⅲ. *The Presence of God in the Christian Life: John Wesley and the Means of Grace*. Metuchen, N. J.: Scarecrow Press, 1992.

Ladd, G. E. *Last Things*. 1978.

Leith, John H. *Basic Christian doctrine*. Louisville: Westerminster/John Knox Press, 1993.

Lindstr m, Harold. *Wesley and Sanctification*. London: Epworth Press, 1946.

Lerch, David. *Heil und Heiligung bei John Wesley*. Z rich: Christliche Vereinsbuchhandlung. 1941.

Livingston, James C. *Modern Christian Thought: From the Enlightenment to Vatican Ⅱ*. New York: Macmillan Publishing co., inc., 1971.

Lowe, Walther. *Evil and the unconscious*. Chicago: Scholar. 1983.

Lyman, Eugene. W. *Theology and Human Problems*. New York: Scribner. 1910.

Maddox, Randy L. *Responsible Grace: John Wesley's Practical Theology*. Nashville: Abingdon Press, 1994.

_____. ed. *Rethinking Wesley's Theology for Contemporary Methodism*. Nashville: Abingdon Press, 1998.

_____. *"Prelude to a Dialogue: A Response to Kenneth Collins"*. Wesleyan Theological Journal. 2000. Spring. vol 35. no 1.

Meeks, M. D. *Origins of Theology of Hope*. philadelphia: Fortress press, 1974.

_____. ed., *The Future of The Methodist Theological Traditions*. Nashville: Abingdon Press, 1985.

Michy, P. A. *Essentials of Wesleyan Theology*. Michigan: Zondervan Publishing House. 1980.

Migliore, Daniel L. *Faith Seeking Understanding*: An Introduction to Christian Theology. Grand Rapids: W. B. Eerdmans Publishing Company. 1991.

_____. *Faith seeking understanding*. Michigan: Willim B. Eerdmans Publishing Company. 1991.

Moltmann, J. *Theology of Hope: on the Ground and the Implications of a Christian Eschatology*. New York: Harper & Row, 1971.

_____. *The Future of Hope*. 1971.

_____. *The coming of God: Christian Eschatology*. Minneapolis: Fortress press, 1996.

Moore, L. Robert. *John Wesley and Authority: A Psychological Perspective*. Missoula: Scholars Press, 1979.

Mozley, J. B. *A Treatise on the Augustinian Doctrine of Predestination*. London: John Murray, 1883.

Niesel, Wilhelm. *The Theology of Calvin*. Trans. Harold Knight. Grand Rapids: Baker Book House, 1980.

Oden, C. Thomas, *John Wesley's Scriptural Christianity*. Michigan: Zondervan Publishing House, 1994.

Outler, Albert C. *John Wesley*. New York: Oxford University Press, 1964.

_____. *The Wesleyan Theological Heritage: Essays of Albert C. Outler*. ed. Thomas C. Oden and Leicester R. Longden. Grand Rapids: Zondervan Publishing House, 1991.

Pannenberg, Wolfhart. *Systematische Theologie Band 3*, Vandenhoeck: Göttingen 1993.

Parker, D. "Original Sin: A Study in Evangelical Theory". The Evangelical Quarterly. 1989. 61:1.

Parker, T. H. L. *Calvin An Introduction to His Thought*. Kentucky: Westerminster/ John Knox Press, 1995.

Park Jong Choen ed., *Systemic Theology*. 서울: 감리교신학대학교, 1998.

Peters, Ted. *Sin: Radical evil in soul and society*. Michigan: Willian B. Eerdmans Publishing Company. 1994.

Pittenger, Norman W. *The Christian Understanding of Human Nature*. Philadelphia: The Westminster Press, 1991.

Plüger, O. *Theocracy and Eschatology*. 1965.

Rack, Henry D. *Reasonable Enthusiast: John Wesley and Rise of Methodism*. Philadelphia: Trinity Press International, 1989.

Ramsey, Boniface. *Beginning To Read the Father*. New York: Paulist Press, 1985.

Rattenbury, Ernest J. *The Conversion of the Wesley: A Critical Study*. London: Epworth Press, 1938.

Richey, Russell E., Kenneth E. Rowe, and Jean Miller Schmidt, eds. *Perspectives on American Methodism: Interpretive Essays*. Nashville: Abingdon Press, 1993.

Rowe, Kenneth E. *The Place of Wesley in Christian Tradition*. Metuchen, N. J.: Scarecrow, 1976.

Runyon, Theodore. *The New Creation: John Wesley's Theology Today*. Nashville: Abingdon Press, 1998.

_____. ed. *Wesleyan Theology Today*. Nashville: Kingswood Books, 1985.

Rupp, E. Gordon. *Religion and England, 1688-1791*. Oxford: Clarendon, 1986.

Ryrie, Charles C. *Basic Theology*. Illinois: Victor Books, 1986.

Sangster, William. *The Path to Perfection*. London: Epworth, 1942.

Schmidt, Martin. *John Wesley: A Theological Biography*. Tr. by Norman P. Goldhawk. vol. Ⅰ~Ⅱ. Nashville: Abingdon Press, 1973.

Schweitzer, A. *The Kingdom of God and primitive Christianity.* 1968.

_____. *The Quest for the Historical Jesus.* 1966. Shaw, Robert. An Exposition of The Westminster Confession of Faith Fearn: Christian Focus Publication, 1992.

Snyder, Howard A. *The Radical Wesley.* Downer Grove: Inter-varsity Press, 1980.

Spykman, Gordon. *Reformational Theology*; A New Paradigm for Doing Dogmatic. Grand Rapids: W. B. Eerdmans, 1992.

Sykes, Stephen. Booty, John and Knight Jonathan ed., *The study of Anglicanism.* London: Fortress Press. 1998.

Tanner, Norman P. ed. *Decrees of The Ecumenical Councils vol. 2 (Trent to Vatican II).* Washington: Georgetown University Press. 1990.

Thiessen, Henry C. *Introduction Lectures in Systematic Theology.* Grand Rapids: W. B. Eerdmans, 1959.

Torrance, T. F. *Calvin's doctrine of Man.* London: Oliver and Boyd. 1974.

Wainwright. G. *Eucharist and Eschatology.* 1973.

Starkey, Lycurgus M. *The Work of the Holy Spirit: A Study in Wesleyan Theology.* Nashville: Abingdon Press, 1962.

Taylor, Richard S. *Exploring Christian Holiness: The Theological Formulation.* Kansas City: Beacon Hill Press, 1985.

Towlson, Clifford W. *Moravian and Methodist: Relationships and Influences in the Eighteenth Century.* London: Epworth Press, 1957.

Turner, George Allen. *The Vision which Transform.* Kansas: Beacon Hill, 1964.

_____. *The More Excellent Way: The scriptural Basis of the Wesleyan Message.* Indiana: Light and Life Press, 1952.

Tuttle, Robert G., Jr. *John Wesley: His Life and Theology.* Grand Rapids, Michigan: Zondervan, 1982.

Tyerman, L. *Life and Times of the John Wesley, M. A. vol. I ~ III.* New York: Harper & Brothers, Publishers, 1872.

Wearmouth, Robert F. *Methodism and Common People of the Eighteenth Century.* London: Epworth Press, 1945.

Wynkoop, Mildred Bangs. *Foundations of Wesleyan Arminian Theology.* Kansas City, Mo.: Beacon Hill, 1967.

_____. *The Theology of Love.* Kansas City, Mo.: Beacon Hill, 1972.

Im, Seung An. *John Wesley's Theological Anthropology: A Dialectic Tension Between The Latin Western Patristic Tradition(Augustine) and The Greek Eastern Patristic Tradition(Gregory of Nyssa).* A Dissertation for degree of Doctor of Philosophy of Drew University, 1994.

Kim, Hong Ki. *The Theology of Social Sanctification Examined in the Thought of John Wesley and in Minjung Theology: A Comparative Study.* Ph. D. Dissertation, Drew University, 1991.

Lee, Hoo Jung. *The Doctrine of New Creation in the Theology of John Wesley.* Ph. D. Dissertation, Emory University, 1991.

McCormick, K. Steve. *John Wesley's Use of John Chrysostom on the Christian Life: Faith Feilled with the Energy of Love.* A Dissertation for degree of Doctor of Philosophy of Drew University, 1983

Rogers, A. Charles. *The Concept of Prevenient Grace in The Theology of John Wesley.* A

Dissertation for degree of Doctor of Philosophy of Duke University, 1967.
Scanlon, M. J. *The Christian Anthropology of John Wesley*. A Dissertation for degree of S. T. D. of The Catholic University of America, 1969.
Walker, G. Clinton. *John Wesley's Doctrine of Justification in Relation to Two Classical Anglican Theologians: Richard Hooker and Lancelot Andrewes*. A Dissertation for degree of Doctor of Philosophy of Baylor University, 1993.
H. Bavink, "The Doctrine of God", *The Banner of Truth. Trust*, G. B.
J. W. Becker and R. Vink, *Secularisatie in Nederland 1966-1991: De verandering van opvattingen en enkele gedragingen*, Sociale en Culturele Studies 19, Sociaalen Cultureel Planbureau, Rijswijk 1994, 46.
L. Osterrom, *Contemporary Thought in the Republic of Korea: Three case-studies on the missionary thought of Presbyterian churches in Korea*, IIMO Research Publication 28, Utrecht-Leiden 1990
L. Russ Bush, "The History of the Future- or What should we do now?", *Journal of the Evangelical Theological Society* 38, 1 March 1955.
L. Newbigin, *Honest Religion for Secular Man*, London 1966
B. B. Warfield, *The Inspiration and Authority of the Bible*(Philadelphia: Presbyterian and Reformed, 1948), 153.
George M. Marsden, "Evangelical and Fundamental Christianity", The Encyclopedia of Vol. 5, 1987, 192.
G. Maier, *Das der Historisch-Kritischen Methode*, Wuppertal, 1975.
R. Gaffin, *Perspectives on Pentecost*(Philipsburg: Presbyterian and Reformed, 1979).
P. Carnegie Simpson, *The Fact of Christ*, 1930; James Clarke edition, 1952
W. H. Griffith Thomas, *Christianity is Christ*, 1909; Church Book Room Press edition, 1948.
Walter Bauer, **A Greek-English Lexion of the New Testament and other Early Christian literature** trans., F. Wilbur Gingrich and Frederick W. Danker (Chicago: The University of Chicago press, 1979)
Gerhard Kittel ed., **Theological Dictionary of the New Testament Geoffrey W. Bromiley** trans., (Grand Rapids: Eerdmans Publishing Co., 1995
W. P. Alston, "Religion", *in Encyclopedia of Philosophy*, ed. Paul Edwards(New York: Macmillan, 1967), vol. 7.
Benjamin B. Warfield, 'The Biblical Idea of Revelation', in *The Inspiration and Authority of the Bible*, ed. Samuel G, craig (London; marshall, Morgan and Scott, 1951
James Orr, *The Christian View of God and the World* (Grand Rapids: Eerdmans, 1954
J. Butler, *The Analogy of Religion*, Macmillan, 1900, 46-7. ch. Ⅲ : "of the moral government of God."
A. B. Bruce, *Apologeties; or, Christianity Defensivrely Stated*, T. T. Clark, Edinburg, 1911
Dodd C. H. *The Parables of the Kingdom.*, London: Nisbet, 1935.
_____. *The Apostolic Preaching and its Developments.*, London: Holder and Stoughton, 1936.
Torrance, T. F. "*The Eschatology of the Reformation*", Scottish Journal of Theology Occassional Papers No.2., Edinburgh: Oliver and Boyd, 1953.

3. 번역문헌

J. Rogers, D. Mckim. E. Hartill 著. 俞柄宇 譯. 『改革主義 聖經解釋學』. 서울: 韓國基督敎社會學會, 2013.
Custance, Arthur C. 『칼빈의 교리신학』. 한국칼빈주의연구원편역. 서울: 기독교문화협회, 1986.
Davies, Mervyn A. 『칼빈주의 사상과 자유사상』. 한국칼빈주의연구원편역. 서울: 기독교 문화사, 1986.
Wendel, Francois. 『칼빈 그의 신학사상의 근원과 발전』. 김재성 역. 서울: 크리스찬다이제스트, 1999.
Althaus, Paul. 『마르틴루터의 신학』. 구영철 역. 서울: 성광문화사, 1994.
Ames, William 『신학의 정수』. 서원모 역. 서울: 크리스찬다이제스트, 1988.
Aquinas, Thomas. 『신학대전1부 제2권』. 정의채 역. 서울: 성바오로출판사, 1993.
_____. 『신학대전1부 제3권』. 정의채 역. 서울: 바오로딸, 1994.
Augustine. 『자유의지론』. 박일만 역. 서울: 풍만출판사, 1985.
_____. 『Anti-Pelagian Writings』(어거스틴의 은총론Ⅱ). Ed.
_____. 『작품으로 살펴본 어거스틴 사상』. Ed. Norman L. Geisler. 박일만 역. 서울: 성광문화사, 1994.
_____. 『하나님의 도성』. 조호연·김종흡 역. 서울: 크리스찬다이제스트, 1998.
Barth, Karl. 『은총의 선택 및 복음과 율법』. 전경연 역. 서울: 한국신학대학출판부, 1985.
Bavinck, Herman. 『개혁주의 신론』. 이승구 역. 서울: 기독교문서선교회, 1992.
_____. "칼빈과 일반은총." 『칼빈의 종교개혁사상』. 윌리암 팩 암스트롱 편저. 한국칼빈주의연구원편 역. 서울: 기독교문화협회, 1986.
Berkhof, Louis. 『조직신학』. 권수경·이상원 역. 서울: 크리스찬다이제스트, 1992.
Boice, James M. 『기독교강요 교리설교』. 지상우 역. 서울: 크리스찬다이제스트, 1996.
Bromiley, Geoffrey W. 『칼 바르트 신학개론』. 신옥수 역. 서울: 크리스찬다이제스트, 1995.
_____. 『역사신학』. 서원모 역. 서울: 크리스찬다이제스트, 1994.
Cell, George Croft. 『존 웨슬레의 재발견』. "The Rediscovery of John Wesley". 송홍국 역. 서울: 대한기독교출판사, 1992.
Clouse, Robert G. 『천년왕국』. 권호덕 역. 서울: 성광문화사, 1999.
Custance, Arthur C. 『칼빈의 교리신학』. 한국칼빈주의연구원편 역. 서울: 기독교문화협회, 1986.
Erickson, Millard. 『구원론』. 김광렬 역. 서울: 기독교문서선교회, 1992.
Genderen&Velema, 『개혁교회교의학』. 서울: 새물결플러스, 2018.
Gonzalez, Justo L. 『초대기독교회사』. 서영일 역. 서울: 은성, 1987.
Grudem, Wayne. 『조직신학(중)』. 노진준역. 서울: 온성, 1996.
Hodge, Charles. 『조직신학Ⅰ』. 김귀탁 역. 경기도: 크리스찬다이제스트, 2002.
Hodgson, Peter C. and King, Robert H. ed., 『기독교 신학』. "Christian Theology: An Introduction to its Traditions and Tasks". 황승룡 역. 서울: 성광출판사, 1986.
Hoekema, Anthony A. 『개혁주의종말론』. 류호준 역. 서울: 기독교문서선교회, 1998.
Holtrop, Philip C. 『기독교강요핸드북』. 박희석·이길상 역. 서울: 크리스찬다이제스트, 1995.
Kelly, J. N. D. 『고대 기독교 교리사』. "Early Christian Doctrine". 김광식 역. 서울: 한국 기독교 문학 연구소, 1980.
Klooster, Fred H. 『칼빈의 예정론』. 신복윤 역. 서울: 성광문화사, 1994.
Lane, Tony. 『기독교사상사』. 김응국 역. 서울: 도서출판 나침반, 1994.

Lohse, Bernhard. 『A Short History of Christian Doctrine』 차종순 역. 서울: 목양사, 1990.
Ladd G. E. 『개혁주의 종말론 강의』 이승구 역. 서울: 도서출판 이레서원, 2000.
Lamprecht, S. P. 『서양철학사』 김태길외 2인역. 서울: 을유문화사, 1983.
McGrath, Alister E. 『이신칭의의 현대적의미』 김성웅 역. 서울: 생명의 말씀사, 1996.
_____. 『역사속의 신학』 김홍가이형가임승안이양호 역. 서울: 대한기독교서회, 1998.
Meeter, H. Henry. 『칼빈주의 근본원리』 신복윤 역. 서울: 성광문화사, 1990.
Melanchthon, Philip. 『신학총론』 이승구 역. 경기도: 크리스챤다이제스트, 2000.
Neve, J. L. 『기독교 교리사』. "A History of Christian Thought", 서남동 역. 서울: 대한 기독교 서회, 1965.
Niesel, Wilhelm. Trans. Harold Knight. 『칼빈의 신학사상』 기독교학술연구원 역. 서울: 기독교문화사, 1986.
Ott, Heinrich. 『神學解題』 김광식 역. 서울: 한국신학연구소, 1993.
Outler, Albert C. 『웨슬레 정신으로 본 복음주의』. "Evangelism in the Wesleyan Spirit", 허선규 역. 서울: 기독교대한감리회본부교육국, 1982.
Parker. T. H. L. 『칼빈신학입문』 박희석 역. 경기도: 크리스찬다이제스트, 2001.
Perrin, Norman. 『하나님의 나라』 이훈영·조호연 역. 서울: 도서출판 솔로몬, 1999.
Placher, William. C. 『기독교신학사』 박경수 역. 서울: 크리스챤다이제스트, 1988.
Pöhlmann, Horst G. 『교의학』. [Abriss der Dogmatik] 이신건 역. 서울: 한국 신학 연구소, 1995.
Ridderbos, Herman. 『하나님 나라』 오광만 역. 서울: 도서출판 엠마오, 1999.
Sproul, R. C. 『개혁주의 은혜론』 노진준 역. 서울: 기독교문서선교회, 1999.
Sauter, G. 『종말론 입문』 최성수 옮김. 서울: 한들출판사, 1999.
Seeberg, Reinhold. 『기독교 교리사 중근세편』. "The History of Doctrines vol. Ⅱ" 김영배 역. 서울: 도서출판 엠마오, 1985.
Tabraham, Barrie. 『감리교회 형성사』. "The Making of Methodism", 김희중 역. 김홍기 감수. 서울: 도서출판 감신, 1998.
Wallace, Ronald S. 『칼빈의 사회 개혁 사상』 박성민 역. 서울: 기독교문서선교회, 1995.
Warfield, Benjamin B. 『The Plan of Salvation』 모수환 역. 서울: 크리스챤다이제스트, 1993.
_____. 도날드 맥킴 편저. 『칼빈신학의 이해』 이종태 역. 서울: 생명의 말씀사, 1996.
Wiley, H. Orton. · Culbertson Paul T. 『웨슬리안 조직신학』 전성용 옮김. 서울: 도서출판 세복, 2002.
Williams, I Collin W. "John Wesley's Theology Today" 이계준 역. 서울: 전망사, 1983.
_____. 『하나님 나라』 원광연 역. 서울: 크리스챤 다이제스트, 2000.
_____. 『예수와 하나님의 나라』 이태훈 역. 서울: 도서출판 엠마오, 2001.
J. 판 헨더렌 & W. H. 펠레마 지음. 『개혁교회 교의학』 신지철 옮김. 서울: 새물결플러스, 2018.
Yocum, Dale M. 『웨슬레신학과 칼빈신학의 비교』 손택구 역. 서울: 보이스사, 1998.
루터. 『루터저작선』 존 딜렌버거 편집. 이형기 옮김. 서울: 크리스챤다이제스트, 1994.
마키다 요시카즈. 『개혁파 신앙이란 무엇인가』 이종전 역. 인천광역시: 아벨서원, 2002.
미하엘 벨카․존 폴킹혼 엮음. 『종말론에 관한 과학과 신학의 대화』 신준호 옮김. 서울: 대한기독교서회, 2002.
베르나르 코트레. 『루터 칼뱅 웨슬리』 박건택 옮김. 서울: 솔로몬, 2004.
뵈트너, 로레인. 『칼빈주의 예정론』 홍의표 역. 서울: 백합출판사, 1972.
스틸, D. N. 토머스, C. C. 『칼빈주의와 알미니안주의』 김남식 역. 서울: 베다니출판사, 1982.
샤프, 필립. 『필립샤프의 교회사(Ⅷ)』 서영일 역. 서울: 은성, 1994.
해그룬트, 뱅트. 『신학사』 박희석 역. 서울: 성광문화사, 1991.

O. Chadwick, 『19세기 유럽 정신의 세속화』, 이정석 역. 크리스챤 다이제스트, 1999.
루이스 벌코프, 『基督敎敎理要約』 박수준 역. 서울: 소망사, 2003.
한스 큉, 『교회란 무엇인가』, 이홍근 옮김. 서울: 분도출판사, 1994.
김의환 편역, 『개혁주의 신앙고백』, 서울: 대한예수교장로회총회, 2004.
밀라드 J. 에릭슨, 『복음주의 조직신학』, 신경수 옮김. 서울: 크리스챤 다이제스트, 2005.
E. 르낭, 『예수의 생애(生涯)』, 李亨 역. 서울: 정음사, 1976.
제임스 C. 리빙스톤, 『현대기독교 사상사』, 서울: 은성, 1993.
콜린 채프먼 지음, *The Care for Christianity*, 『현대사조와 기독교 세계관』, 서울: 나침반사, 1987.
Young, 『이사야 주석』, P&R, Phillipsburg, N.J., 1978.
우찌무라 간조, 『內村鑑三 全集 제4권』, 서울: 크리스챤서적, 2002.
존 스토트, 『기독교의 기본 진리』, 황윤호 옮김. 서울: 생명의 말씀사, 2006.
막스, 엥겔스, 『공산당 선언』, 김기연옮김. 서울: 도서출판 새날, 1991.
존 로빈슨, 『신에게 솔직히』, 역자 현영학. 서울: 대한기독교서회, 1968.
니체, 『짜라투스트라는 이렇게 말하였다』, 박준택. 서울: 박영문고, 1983.
문성학, 『칸트 哲學과 物自本』, 서울: 양문출판사, 1988.
까뮈, 『페스트』, 유혜경 옮김. 서울: 삼성출판사, 1975.
임석진 외 편저, 『철학사전』, 서울: 중원문화사, 2009.
오쇼 라즈니쉬, 『우파니샤드』, 신종현 옮김. 서울: 청하, 1993.
Louis Berkhof, 신복윤 역. 『기독교 신학개론』, 서울: 성광문화사, 1987.
John Calvin, 이종성 역. 『기독교 강요서』, 서울: 대한기독교서회, 1969.

4. 인터넷 자료들

블로그, "이승구교수의 개혁신학과우리사회이야기", https://blog.daum.net/wminb/category/신학이야기?page=14
한국민족문화대백과사전, 검색일: 2021.3.17.
위키백과사전, 검색일: 2021. 3. 11.
자치세상, "증산교창시자 강일순", https://blog.daum.net, 검색일: 2021.3.16.
반통일교, 통일교피해대책시민연대, "통일교의자금완-조상해원식", https://blog.naver.com, 검색일: 2021. 3. 12.
깨복이[gnbone] 블로그, "증산도, 참 진리의 세계", https://blog.naver.com
증산도의 진리, "한국에서 태동한 민족종교 증산도, 개벽을 말하다.", https://cafe.daum.net
불교신문, http://www.ibulgyo.com.
치대마왕, "설립자 이승헌을 살아 있는 단군으로 숭배", https://blog.daum.net.
cleanrich블로그, http://blog.daum.net/cleanrich/8934507, 검색일 2021.3.13.
위키백과, 정득은, 검색일: 2021.3.16.
한빛교회, https://cafe.daum.net/ccm2, 검색일: 2021. 3. 18.
올바른 신앙지킴이 진리수호, https://blog.naver.com, 검색일: 2021. 3. 11.
두기고(samapp)의 블로그, https://blog.naver.com/samapp, (검색일: 2021. 3. 11.

지혜로운하늘님, http://blog.naver.com, 검색일: 2021.3.16.
안인섭, 'JMS에 대한 비판', 〈교회와신앙〉(www.amennews.com), 2009.
정윤석, '법정서 딴소리 자칭 재림주 정명석 씨', 〈교회와신앙〉(www.amennews.com), 2009.
____, '김백문의 '섹스 타락론', 무엇을 말하나', 〈교회와신앙〉(www.amennews.com), 2007.